中华古籍保护

中華古籍保護計劃

ZHONG HUA GU JI BAO HU JI HUA CHENG GUO

·成果·

（唐）柳宗元　撰

宋本河東先生集

第一册

國家圖書館出版社

圖書在版編目(CIP)數據

宋本河東先生集:全十一册/(唐)柳宗元撰.-- 北京:國家圖書館出版社,2019.1

(國學基本典籍叢刊)

ISBN 978-7-5013-6487-9

Ⅰ.①宋… Ⅱ.①柳… Ⅲ.①柳宗元(773-819)-人物研究-文集 ②柳宗元(773-819)-文學研究-文集 Ⅳ.①K825.6-53 ②I206.2-53

中國版本圖書館 CIP 數據核字(2018)第 160672 號

書　　名	宋本河東先生集(全十一册)
著　　者	(唐)柳宗元　撰
責任編輯	南江濤　徐晨光
封面設計	徐新狀
出　　版	國家圖書館出版社(100034　北京市西城區文津街7號) (原書目文獻出版社　北京圖書館出版社)
發　　行	010-66114536　66126153　66151313　66175620 66121706(傳真)　66126156(門市部)
E-mail	nlcpress@nlc.cn(郵購)
Website	www.nlcpress.com→投稿中心
經　　銷	新華書店
印　　裝	北京市通州興龍印刷廠
版　　次	2019年1月第1版　2019年1月第1次印刷
開　　本	880×1230(毫米)　1/32
印　　張	75
書　　號	ISBN 978-7-5013-6487-9
定　　價	220.00圓

《國學基本典籍叢刊》前言

國家圖書館出版社(原書目文獻出版社 北京圖書館出版社)成立三十多年來,出版了大量的中國傳統文化典籍。由於這些典籍的出版往往採用叢書的方式或綫裝形式,供公共圖書館和大學圖書館典藏使用,普通讀者因價格較高、部頭較大,不易購買使用。爲弘揚優秀傳統文化,滿足廣大普通讀者的需求,現將經、史、子、集各部的常用典籍,選擇善本,分輯陸續出版單行本。每書之前均加簡要説明,必要者加編目録和索引,總名《國學基本典籍叢刊》。歡迎讀者提出寶貴意見和建議,以使這項工作逐步完善。

編委會

二〇一六年四月

序言

柳宗元(七七三—八一九),字子厚,祖籍河東(今山西永濟)。唐德宗貞元九年(七九三)進士及第,貞元十四年(七九八)登博學宏詞科。順宗即位,柳宗元被擢爲禮部員外郎,後參與『永貞革新』(八〇五)。同年革新失敗,順宗被迫禪位於憲宗,柳宗元被貶爲永州司馬,與同時遭貶的劉禹錫等七人合稱『八司馬』。柳宗元居永州貶所九年,著述甚富。憲宗元和十年(八一五),柳宗元改任柳州刺史,元和十四年(八一九)卒於任所,世稱『河東先生』。《舊唐書》卷一六〇、《新唐書》卷一六八有傳,史稱柳宗元『著述之盛,名動於時……有文集四十卷』(《舊唐書》本傳)。時人稱其文『雄深雅健似司馬子長』(劉禹錫《故唐尚書禮部員外郎柳君集紀》引韓愈語),後人譽其詩『發纖穠於簡古,寄至味於淡泊』(蘇軾《東坡後集》卷九《書黄子思詩集後》)。

柳宗元臨終前將文稿囑托給友人劉禹錫,去世後其遺稿即由劉禹錫編次行世(劉禹錫《河東先生集序》)。這就是《河東先生集》的祖本,其成書時間大約在元和十四年(八一九)柳宗元去世至長慶元年(八二一)劉禹錫授任夔州刺史之間。至北宋天聖元年(一〇二三),穆修『從好事者訪善本』，得見『夔州前序其首』之本，『因按其舊，録爲別本。與隴西李之才參讀纍月，詳而後止』（穆修《河東先生文集後序》）。是爲今所知宋人編校《河東先生集》之第一種，也是此後宋刊柳集最重要的底本。到了北宋政和四年（一一一四），胥山沈晦（元用）以穆修本爲底本（『大字四十五卷所傳最遠，初出穆修家，云是劉夢得本……今以四十五卷本爲正』），參校三種他本（分別是『元符京師開行小字三十三卷本』『曾丞相本』『晏元獻家本』），『以諸本所餘作外集。參考互證，用私意補其缺……凡漫乙是正二千處而贏』，是爲新訂『四明新本』（沈晦《四明新本河東先生集後序》）。上述穆修本、沈晦本及參校各本雖皆已不存，但其影響未曾中斷。南宋淳熙四年（一一七七），韓醇《新刊詁訓唐柳先生文集》（正集四十五卷、外集二卷、新編外集一卷）刊行，他自稱在沈晦『參考互證，是正漫乙』基礎上，『紬繹既久，稽之史籍……用各疏於篇』，另外『諸本所餘，復編爲一卷，附於外集之末，如胥山之識云』（韓醇《河東先生集記後》）。南宋末年，著名刻書家廖瑩中世綵堂合刻韓、柳集，其中的《河東先生集》（正集四十五卷、外集二卷）承襲的正是韓醇詁訓本。『穆修本—沈晦本—韓醇本—世綵堂本』一系傳承有緒，不絶如縷。

此部南宋世綵堂本《河東先生集》，在明代爲著名鑒賞收藏家項元汴（字子京，號墨林，一五二五—一五九〇）所得。入清，爲著名詩人宋犖（字牧仲，一六三四—一七一三）之子宋至（一六五九—？）緯蕭草堂收藏。近代以來，又爲著名藏書家潘宗周（明訓）寶禮堂所得。傅增湘

《藏園群書題記》記載説：『近世始有世綵堂本出世，其書出於紹興山中故家。余方游申江，聞訊急資助肆估往致之，嗣乃爲粤人潘明訓以高價攫取。』此後由潘氏寶禮堂轉歸陳清華（澄中）郇齋，與郇齋原藏世綵堂本《昌黎先生集》合璧。張元濟爲潘氏代筆的《寶禮堂宋本書録》記載其原委説：『《河東先生集》四十五卷、《外集》二卷，十六册……（世綵堂）韓集由丁氏持静齋歸於聊城楊氏海源閣，近遭兵燹，流入故都書肆，爲友人陳澄中所收。極欲得此，以爲兩美之合。世間瑰寶，余雅不願其離散，因舉以歸之，七百年僅存之秘籍，分而復合，亦書林之佳話也。』一九四九年後，陳清華携郇齋藏書定居香港。一九五五年，第一批陳氏郇齋藏書由鄭振鐸、趙萬里諸先生接洽購回大陸，入藏北京圖書館（今國家圖書館）。世綵堂本《河東先生集》《昌黎先生集》正在其中（見《祁陽陳澄中舊善本古籍圖録》，上海古籍出版社二〇〇六年）。今藏國家圖書館之世綵堂本《河東先生集》，版框高二十點七厘米，寬十三點七厘米，半葉九行，行十七字，小字雙行同，版心細黑口，雙魚尾，四周雙邊。書中鈐有『項元汴印』『項墨林收秘笈之印』『墨林山人』『項氏萬卷堂圖籍印』『項篤壽印』『項子京家珍藏』『天籟閣』『退密』『牧翁鑒定』『緯蕭草堂藏書記』『沈錫祚印』『陳清華印』『陳氏澄中藏書』『祁陽陳澄中藏書印』『郇齋』等印，可見其傳承之迹。世綵堂本《河東先生集》不但是傳世柳集，也是傳世宋刻唐集中最爲重要者之一，其刊刻之精，向有『無上神品』之譽。明代嘉靖年間東吴郭雲鵬濟美堂覆刻世綵堂本柳集（將『世綵堂』改爲『濟美堂』），與萬曆年間徐時泰東雅堂覆刻世綵堂本《昌黎先生集》(將『世綵堂』改爲『東雅堂』),合稱明覆宋刻之雙璧。民國十二年(一九二三),上虞羅振常蟫隱廬據世綵堂本影印,名爲《影宋柳河東集》,爲藏家所重。一九五八年,中華書局上海編輯所據蟫隱廬影印本斷句排印爲《柳河東集》。一九七四年,因『批林批孔』中柳宗元被認定爲法家代表人物,上海人民出版社重印《柳河東集》排印本,發行量之大爲其時古籍圖書印行所罕有。二〇〇三年,世綵堂本《河東先生集》入選《中華再造善本》。今又入選《國學基本典籍叢刊》,以平裝、灰度影印的方式出版,價廉易得,頗便讀者。

最後談一談《河東先生集》祖本與所謂『三十卷』『四十五卷』兩大版本系統的關係。這個問題過去已爲歷代著録柳集的目録學者所注意,近來又因爲新資料的出現,引起研究者的格外關注。前面已經提及,劉禹錫受柳宗元遺囑所託編次其遺稿,是爲柳集祖本。關於劉禹錫編次之本的卷帙,衆説不一。一方面,《崇文總目》《新唐書·藝文志》《郡齋讀書志》等著録爲三十卷,《四部叢刊初編》影宋本《劉夢得文集》所載劉禹錫《河東先生集序》也作『編次爲三十通』。另一方面,宋刊柳集最重要的底本穆修本却説『不圖晚節,遂見其書,聯爲八九大編,夔州前序其首,以卷别者凡四十有五……書字甚樸,不類今迹,蓋往昔之藏書也……因按其舊,録爲别本』(穆修《河東先生文集後序》)。姚鉉《唐文粹》、世綵堂本《河東先生集》所載劉禹錫《河東先生集序》也作『編次爲四十五通』。

在這兩種説法中，學者過去傾向認爲三十卷本較得其實，如清末莫繩孫《宋乾道永州本柳柳州外集跋》和劉壽曾《宋乾道永州本柳柳州外集跋》都認爲柳集『以三十卷爲最古』。按，《崇文總目》爲北宋初年修成的官修目録，它是在三館秘閣藏書的基礎上，經歐陽修、王洙等編修而成。《新唐書·藝文志》作爲北宋初期成書的史志目録，其編纂者之一歐陽修又是《崇文總目》的編修者之一，兩書史源相近，説法一致原在情理之中。三十卷本的説法出於《崇文總目》《新唐書·藝文志》，具有官目史志的權威性。但尋繹各家説法的時間，《唐文粹》編選始於宋真宗咸平五年（一〇〇二），成於大中祥符四年（一〇一一）（姚鉉《文粹序》）；穆修《河東先生文集後序》作於仁宗天聖元年（一〇二三）；《崇文總目》編纂始於景祐元年（一〇三四），成於慶曆元年（一〇四一）；《新唐書》編撰始於慶曆四年（一〇四四），成於嘉祐五年（一〇六〇）。綜合現有記載，以穆修作《河東先生文集後序》的仁宗天聖元年（一〇二三）爲限，四十五卷本柳集在此之前就已存在，不但四十五卷之名載於真宗朝成書之《唐文粹》，而且四十五卷之本爲穆修所親見。所有關於三十卷本柳集的綫索都出現在天聖元年（一〇二三）之後。從時間上看，三十卷本之説在著録記載層面晚於四十五卷本。

二〇一七年，日本學者户崎哲彦教授撰文稱，南宋嘉定刊永州本柳集殘本十一卷在日本山本書店被發現，售價一億九千四百四十萬日圓，『共有二册：卷一四至卷一八，五卷爲一册；卷二九至卷三二、《外集》一卷及《後序》《跋》一卷，六卷爲一册』，嘆爲『驚喜觀止』（《劉禹錫編〈唐柳先生文集〉三十卷本新探——由南宋永州刊三十三卷本窺探劉禹錫『編次』及其用意》，《文學遺産》二〇一七年第五期）。按，翻檢日人澀江全善、森立之等撰《經籍訪古志》，内載賜蘆文庫藏有宋槧《唐柳先生文集》殘本，原三十二卷、《外集》一卷，現存卷一四至一八，卷二九至三二，并《外集》一卷。兩相對照，似恰與山本書店藏柳集殘本卷帙吻合。可見其爲日本流傳有緒之藏書，此點文中似言之未詳。又，日本學者清水茂先生《日本留下來的兩種柳宗元集版本》（《清水茂漢學論集》，中華書局二〇〇三年）做過考證，永州本柳集在日本流傳綫索是：金澤文庫—賜蘆文庫—松方岩—竹添進一郎—静嘉堂文庫。如此看來，静嘉堂文庫所藏遠少於《經籍訪古志》所載，很可能由賜蘆文庫向静嘉堂文庫流傳的過程中，散佚若干卷，後爲山本書店所得。從卷帙上看，嘉定刊永州本柳集爲三十卷系統之本，户崎哲彦教授顯然贊同『以三十卷爲最古』的觀點，指出此本意義在於『大有助於恢復劉原編本，必在柳學上開新局面無疑』。按，學者關注柳集三十卷本、四十五卷本孰早孰晚，其深意不但在於窺見唐集舊貌，還試圖以此探求唐人編集中透露出的文學風尚。錢穆最早揭櫫此義：『劉夢得之編次柳集，余疑其必有特出之勝義，其編次首尾、分類後先有所異於前人者，正可藉以窺見當時柳、劉諸人對於創爲古文之意見與其抱負。』（《讀柳宗元集》，《新亞學報》一九六五年第三卷第二期）錢文認爲，劉禹錫編纂三十卷本柳集應該始於四十五卷本的卷三『論』或卷一四『説』，而不是始於今四十五卷本的卷一『雅詩歌曲』。户崎哲彦教授藉助嘉定刊永州本三十卷本殘卷探求劉禹錫『編次』用意，其結論與錢穆相反，以爲『唐雅』『唐詩』『貞符』三種（即《獻平淮夷雅表》《平淮夷雅》《鐃歌鼓吹曲并序》《貞符并序》《視民詩》）爲柳文大義所在，劉禹錫原編必置於全書之首，而韓愈所撰銘文、祭文置之『第一通』，不計入正集，乃全書之『〇〇卷』，『唐雅』『唐詩』『貞符』三種爲正集『第一通』，乃全書之『〇一卷』。此説有理。然而，户崎哲彦教授以所謂最得劉禹錫『編次』原意的三十卷本殘卷得到的結論，以四十五卷本（如世綵堂本）的完整編次觀之，則一目瞭然，似無須費辭如此。换言之，三十卷本早於四十五卷本之説，在體現劉禹錫『編次』原意的層面也缺乏説服力。

要之，不論從刊刻之精美程度，還是從三十卷本與四十五卷本孰爲劉禹錫編次原貌尚未最終定論來看，作爲宋刻唐集精品的世綵堂本《河東先生集》，都值得珍視寶藏。

曾祥波

二〇一八年九月

總目録

第一册

《河東先生集》序……三
《河東集》叙説……七
《河東先生集》目録……一七
《河東先生外集》目録……九三
卷第一　雅詩歌曲
獻平淮夷雅表……九九
平淮夷雅二篇并序……一〇三
唐鐃歌鼓吹曲十二篇并序……一一七
貞符并序……一四九
視民詩……一六六

卷第二　古賦
佩韋賦并序……一六九
瓶賦揚雄酒箴附……一八〇
牛賦……一八三
解祟賦并序……一八五
懲咎賦……一九〇
閔生賦……一九八
夢歸賦……二〇三
囚山賦……二一〇
愈膏肓疾賦……二一三

第二册

卷第三　論

封建論……三
四維論……一九
天爵論……二二
守道論……二六
時令論上……二九
時令論下……三八
斷刑論上文闕……四一
斷刑論下……四二
辯侵伐論……四八
六逆論……五一

卷第四　議辯

晉文公問守原議……五九
駁復讎議……六三
桐葉封弟辯……六九
辯列子……七二
辯文子……七五
論語辯二篇……七七
辯鬼谷子……八一
辯晏子春秋……八三
辯亢倉子……八五
辯鶡冠子……八七

卷第五　古聖賢碑

箕子碑……九一
道州文宣王廟碑……九五
柳州文宣王新修廟碑……一〇三
終南山祠堂碑并序……一〇六
太白山祠堂碑并序……一一二
碑陰文……一一三
湘源二妃廟碑……一一五

饒娥碑……………………一一九
唐故特進贈開府儀同三司揚州
大都督南府君睢陽廟碑并序……一二四

卷第六　釋教碑
曹溪第六祖賜謚大鑒禪師碑……一四一
南岳彌陀和尚碑……………一四九
岳州聖安寺無姓和尚碑………一五三
碑陰記……………………一五七
龍安海禪師碑………………一五九

卷第七　釋教碑銘
南岳雲峰寺和尚碑……………一六七
南岳雲峰和尚塔銘……………一七一
南岳般舟和尚第二碑…………一七三
南岳大明寺律和尚碑…………一七九
碑陰………………………一八三
衡山中院大律師塔銘…………一八五

卷第八　行狀
段太尉逸事狀………………一九一
故銀青光禄大夫右散騎常侍
輕車都尉宜城縣開國伯柳
公行狀……………………二〇一
唐故秘書少監陳公行狀………二二四

第三册
卷第九　表銘碣誄
唐丞相太尉房公德銘李華德銘附……一
國子司業陽城遺愛碣…………八
唐故給事中皇太子侍讀陸文通
先生墓表……………………一四

唐故兵部郎中楊君墓碣……二〇
故御史周君碣……二六
唐故衡州刺史東平吕君誄……二九
唐故尚書户部郎中魏府君墓誌并序……三八
唐故朝散大夫永州刺史崔公墓誌……四四
故永州刺史流配驩州崔君權厝誌……五一
唐故萬年令裴府君墓碣……五四

卷第十　誌

唐故中散大夫檢校國子祭酒兼安南都護御史中丞充安南本管經略招討處置等使上柱國武城縣開國男食邑三百户張公墓誌銘并序……六三
唐故邕管經略招討等使朝散大夫持都督邕州諸軍事守邕州刺史兼御史中丞賜紫金魚袋李公墓銘并序……七三
唐故邕管招討副使試大理司直兼貴州刺史鄧君墓誌銘并序……八二
吕侍御恭墓誌……八九
唐故嶺南經略副使御史馬君墓誌……九三
唐故安州刺史兼侍御史貶柳州司馬孟公墓誌銘……九八
故連州員外司馬凌君權厝誌……一〇三
故連州員外司馬凌君墓後誌……一〇九
故嶺南鹽鐵院李侍御墓誌……一一〇

卷第十一　誌碣誄

故試大理評事裴君墓誌……一一七
故大理評事柳君墓誌……一二〇

故秘書郎姜君墓誌……一二四
亡友故秘書省校書郎獨孤君墓碣……一二七
故襄陽丞趙君墓誌……一三〇
故温縣主簿韓君墓誌……一三四
東明張先生墓誌……一三七
虞鳴鶴誄并序……一四〇
故處士裴君墓誌……一四五
覃季子墓銘……一四九
續滎澤尉崔君墓誌……一五一
卷第十二　表誌
先侍御史府君神道表……一五三
先君石表陰先友記……一六三
故殿中侍御史柳公墓表……一八六
故叔父殿中侍御史府君墓版文……一九二
故弘農令柳府君墳前石表辭……二〇〇
志從父弟宗直殯……二〇四
卷第十三　誌
先太夫人河東縣太君歸祔誌……二〇七
伯祖妣趙郡李夫人墓誌銘……二一三
叔妣吴郡陸氏夫人誌文……二一九
亡姑渭南縣尉陳君夫人權厝誌……二二一
亡姊崔氏夫人墓誌蓋石文……二二四
亡姊前京兆府參軍裴君夫人墓誌……二二七
亡妻弘農楊氏誌……二三三
下殤女子墓磚記……二三八
小侄女子墓磚記……二三九
故尚書户部侍郎王君先太夫人

河間劉氏誌文……二四〇
朗州員外司戶薛君妻崔氏
墓誌……二四五
韋夫人墳記……二五〇
馬室女雷五葬誌……二五一

第四册

卷第十四 對
設漁者對智伯……三
愚溪對……一一
對賀者……一八
杜兼對……二一
天對……二四
卷第十五 問答
晉問……一三三
答問……一六四
起廢答……一七二
卷第十六 説
天説劉禹錫天論三篇附……一八一
鶻説……二〇〇
祀朝日説……二〇四
捕蛇者説……二〇七
䄍説……二一一
乘桴説……二一五
説車贈楊誨之……二一七
謫龍説……二二三
復吴子松説……二二四
羆説……二二七
觀八駿圖説……二二八

第五册

卷第十七　傳
宋清傳……一
種樹郭橐駝傳……四
童區寄傳……八
梓人傳……一二
李赤傳……一九
蝜蝂傳……二四
曹文洽韋道安傳元闕……二六
卷第十八　騷
乞巧文……二九
罵尸蟲文并序……三七
斬曲几文……四三
宥蝮蛇文并序……四七
憎王孫文并序……五二
逐畢方文并序……五六
辯伏神文并序……六〇
愬螭文并序……六三
哀溺文并序……六五
招海賈文……六九
卷第十九　吊贊箴戒
吊萇弘文……七七
吊屈原文……八一
吊樂毅文……八七
伊尹五就桀贊……九〇
梁丘據贊……九三
霹靂琴贊引……九五
尊勝幢贊并序……九六
龍馬圖贊并序……九八
誡懼箴……一〇〇
憂箴……一〇一

師友箴并序……一〇二
敵戒……一〇四
三戒并序……一〇五

卷第二十　銘雜題

沛國漢原廟銘并序……一一三
劍門銘并序……一二二
塗山銘并序……一二八
壽州安豐縣孝門銘并序……一三三
武岡銘并序……一三八
井銘并序……一四三
舜禹之事……一四五
謗譽……一五〇
咸宜……一五四
鞭賈……一五五
吏商……一五八
東海若……一六一

卷第二十一　題序

讀韓愈所著毛穎傳後題……一六九
裴墐崇豐二陵集禮後序……一七三
柳宗直西漢文類序……一七九
楊評事文集後序……一八五
濮陽吴君文集序……一八九
王氏伯仲唱和詩序……一九二

第六册

卷第二十二　序

送楊凝郎中使還汴宋詩後序……一
送崔群序……四
送邠寧獨孤書記赴辟命序……六
同吴武陵送前桂州杜留後詩序……一〇
送寧國范明府詩序……一二
送幸南容歸使聯句詩序……一四

送李判官往桂州序……一七
送苑論登第後歸覲詩序……一八
送蕭鍊登第後南歸序……二一
送班孝廉擢第歸東川覲省序……二四
送獨孤申叔侍親往河東序……二七
送豆盧膺秀才南游序……二九
送趙大秀才往江陵謁趙尚書序……三一

卷第二十三　序別

同吴武陵贈李睦州詩序……三七
送南涪州量移灃州序……四〇
送薛存義序……四三
送薛判官量移序……四五
送李渭赴京師序……四七
送嚴公貺下第歸興元覲省詩序……四八
送元秀才下第東歸序……五一
送辛殆庶下第游南鄭序……五四
送崔子符罷舉詩序……五八
送蔡秀才下第歸覲序……六一
送韋七秀才下第求益友序……六三
送辛生下第序略……六六

卷第二十四　序

送從兄偁罷選歸江淮詩序……六九
送從弟謀歸江陵序……七二
送澥序……七七
送内弟盧遵游桂州序……七九
送表弟吕讓將仕進序……八二
陪永州崔使君游宴南池序……八五
愚溪詩序……八七
婁二十四秀才花下對酒唱和詩序……九一
法華寺西亭夜飲賦詩序……九三
序飲……九四

序棋……………………………………………………九八

卷第二十五　序隱遁道儒釋

凌助教蓬屋題詩序……………………………………一〇三
送韓豐群公詩後序……………………………………一〇五
送婁圖南秀才游淮南將入道序………………………一〇八
送易師楊君序…………………………………………一一三
送徐從事北游序………………………………………一一五
送詩人廖有方序………………………………………一一七
送元十八山人南游序…………………………………一一八
送賈山人南游序………………………………………一二二
送方及師序……………………………………………一二五
送文暢上人登五臺遂游河朔序………………………一二六
送巽上人赴中丞叔父召序……………………………一三一
送僧浩初序……………………………………………一三五
送元暠南游序并引……………………………………一三八
送琛上人南游序………………………………………一四一
送元暠師序……………………………………………一四四
送文郁師序……………………………………………一四六
送玄舉歸幽泉寺序……………………………………一四八
送濬上人歸淮南覲省序………………………………一四九

卷第二十六　記官署

監祭使壁記……………………………………………一五三
四門助教廳壁記………………………………………一五九
武功縣丞廳壁記………………………………………一六四
盩厔縣新食堂記………………………………………一六九
諸使兼御史中丞壁記…………………………………一七二
館驛使壁記……………………………………………一七五
嶺南節度饗軍堂記……………………………………一八〇
邠寧進奏院記…………………………………………一八八
興州江運記……………………………………………一九二

全義縣復北門記……………………一九九

第七冊

卷第二十七　記亭池

潭州楊中丞作東池戴氏堂記…………三
桂州裴中丞作訾家洲亭記…………六
邕州柳中丞作馬退山茅亭記…………一一
永州韋使君新堂記…………一五
永州崔中丞萬石亭記…………一九
零陵三亭記…………二三

卷第二十八　記祠廟

零陵郡復乳穴記…………二七
道州毁鼻亭神記…………三〇
永州龍興寺息壤記…………三三
永州龍興寺東丘記…………三五
永州法華寺新作西亭記…………三八
永州龍興寺西軒記…………四〇
柳州復大雲寺記…………四二
永州龍興寺修净土院記…………四五
永州鐵爐步志附…………四八

卷第二十九　記山水

游黄溪記…………五三
始得西山宴游記…………五七
鈷鉧潭記…………五九
鈷鉧潭西小丘記…………六一
至小丘西小石潭記…………六四
袁家渴記…………六六
石渠記…………六八
石澗記…………七〇
小石城山記…………七二
柳州東亭記…………七三

柳州山水近治可游者記……七六

卷第三十　書明謗責躬

寄許京兆孟容書……八一
與楊京兆憑書……九四
與裴塤書……一〇九
與蕭翰林俛書……一一三
與李翰林建書……一二〇
與顧十郎書……一二六

卷第三十一　書

與韓愈論史官書……一三三
與史官韓愈致段秀實太尉逸事書……一三九
與劉禹錫論周易九六書……一四二
答劉禹錫天論書……一四六
答元饒州論春秋書……一五〇
與呂道州温論非國語書……一五六
答吴武陵論非國語書……一六〇
與呂恭論墓中石書書……一六三
與友人論爲文書……一六七

卷第三十二　書

答元饒州論政理書……一七三
與崔饒州論石鐘乳書……一八〇
答周君巢餌藥久壽書……一八八
與李睦州服氣書……一九二

第八册

卷第三十三　書

與楊誨之書……一
與楊誨之第二書……五
答貢士沈起書……二九

賀進士王參元失火書……………………三二

卷第三十四　書

與太學諸生喜詣闕留陽城司
　業書……………………………三九
答韋中立論師道書………………四六
答貢士元公瑾論仕進書…………五五
答嚴厚輿秀才論爲師道書………五九
報袁君陳秀才避師名書…………六三
答韋珩示韓愈相推以文墨事書…六六
答貢士廖有方論文書……………六九
答貢士蕭纂欲相師書……………七一
報崔黯秀才論爲文書……………七三
答吳秀才謝示新文書……………七七
復杜温夫書………………………七八
上門下李夷簡相公陳情書………八二

卷第三十五　啓

上廣州趙宗儒尚書陳情啓………八九
上西川武元衡相公謝撫問啓……九一
謝襄陽李夷簡尚書委曲撫問啓…九四
賀趙江陵宗儒辟符載啓…………九六
與邕州李域中丞論陸卓啓………九九
謝李中丞安撫崔簡戚屬啓………一〇一
上湖南李中丞干廩食啓…………一〇三
上桂州李中丞薦盧遵啓…………一〇六

卷第三十六　啓

上權德輿補闕温卷决進退啓……一一一
上大理崔大卿應制舉不敏啓……一一七
上裴晋公度獻唐雅詩啓…………一二四
上襄陽李愬僕射獻唐雅詩啓……一二六
上揚州李吉甫相公獻所著
　文啓……………………………一二九

謝李吉甫相公示手札啓……一三二
上江陵趙相公寄所著文啓……一三四
上嚴東川寄劍門銘啓……一三六
上江陵嚴司空獻所著文啓……一三八
上嶺南鄭相公獻所著文啓……一三九
上李中丞獻所著文啓……一四一
上裴行立中丞撰訾家洲記啓……一四二
上河陽烏尚書啓……一四四

卷第三十七　表慶賀

禮部爲百官上尊號表……一四七
禮部賀册尊號表……一五三
爲京兆府請復尊號表三首……一五六
爲耆老等請復尊號表……一六四
禮部爲文武百寮請聽政表
三首……一六七
賀踐祚表……一七四
禮部賀改永貞年元表……一七六
禮部太上皇誥宜令皇帝即位
賀表……一七八
禮部賀立皇太子表……一七九
禮部賀皇太子册禮畢德音表……一八一
爲王京兆皇帝即位禮畢賀表……一八三
代韋中丞賀元和大赦表……一八五
禮部賀册太上皇后表……一八七
禮部賀太上皇后册畢賀表……一九〇
賀皇太子箋……一九一
御史臺賀嘉禾表……一九二
禮部賀嘉禾及芝草表……一九三
京兆府賀嘉瓜白兔連理棠樹
等表……一九五
禮部賀甘露表……一九七
禮部賀白龍并青蓮花合歡蓮
子黄瓜等表……一九九

禮部賀白鵲表……………………二〇一
禮部賀嘉瓜表……………………二〇二
爲王京兆賀嘉蓮表………………二〇四
爲王京兆賀雨表五首……………二〇六

第九册

卷第三十八　表

爲裴中丞賀克東平赦表…………三
柳州賀破東平表…………………六
代裴中丞賀分淄青爲三道節度表……九
爲韋侍郎賀布衣竇群除右拾
遺表………………………………一一
爲樊左丞讓官表…………………一五
爲王户部薦李諒狀………………一八
爲户部王叔文陳情表……………二〇
代裴中丞謝討黄少卿賊表………二二
爲裴中丞舉人自代伐黄賊表……二五
爲崔中丞請朝覲表………………二六
代柳公綽謝上任表………………二九
代李愬襄州謝上任表……………三一
代節使謝遷鎮表…………………三三
爲劉同州謝上表…………………三四
代裴行立謝移鎮表………………三七
代韋永州謝上表…………………四〇
謝除柳州刺史表…………………四二
柳州謝上表………………………四四
代廣南節度使舉裴中丞自代表……四七
奏薦從事表………………………四九
代廣南節度使謝出鎮表…………五〇
爲楊湖南謝設表…………………五一
爲武中丞謝賜櫻桃表……………五三
謝賜時服表………………………五五
謝賜端午綾帛衣服表……………五六

卷第三十九　奏狀

爲廣南鄭相公奏百姓産三男狀……五九
爲薛中丞浙東奏五色雲狀……六〇
爲裴中丞奏邕管黄家賊事宜狀……六一
讓監察御史狀……六三
爲京兆府昭應等九縣訴夏苗旱損狀……六四
爲南承嗣請從軍狀故某官贈某官南霽雲男某官承嗣……六六
進農書狀農書三卷……六九
代人進瓷器狀……七〇
柳州舉監察御史柳漢自代狀……七一
上户部狀……七二
柳州上本府狀……七三
爲裴中丞伐黄賊轉牒……七五
賀誅淄青逆賊李師道狀……八三
賀平淄青後肆赦狀……八六
賀分淄青諸州爲三道節度狀……八九
爲裴中丞上裴相賀破東平狀……九一
爲裴中丞上裴相乞討黄賊狀……九四
爲桂州崔中丞上中書門下乞朝覲狀……九五
爲南承嗣上中書門下乞兩河效用狀……九七
柳州上中書門下舉柳漢自代狀……一〇〇
爲長安等縣耆壽詣相府乞奏復尊號狀……一〇一
爲京畿父老上府尹乞奏復尊號狀……一〇三

卷第四十　祭文

祭楊憑詹事文……一〇七
祭穆質給事文……一一二

祭吕衡州温文……一一六
祭李中丞文……一二一
爲韋京兆祭杜河中文……一二五
爲韋京兆祭太常崔少卿文……一二九
爲李京兆祭楊凝郎中文……一三四
爲安南楊侍御祭張都護文……一三八
祭萬年裴令文……一四三
祭吕敬叔文……一四六
祭崔君敏文……一四九
祭段弘古文……一五二
哭張後餘詞……一五四
祭李中明文……一五八
楊氏子承之哀辭……一六〇

卷第四十一　祭文

舜廟祈晴文……一六七
雷塘禱雨文……一六九
祭纛文……一七一
禡牙文……一七四
祭井文……一七七
禜門文……一七八
祭六伯母文……一八〇
祭獨孤氏丈母文……一八二
祭從兄文……一八四
祭弟宗直文……一八六
祭姊夫崔使君簡文……一八九
又祭崔簡旅櫬歸上都文……一九二
祭崔氏外甥文……一九四
祭崔氏外甥女文……一九五
祭外甥崔駢文……一九八

第十册

卷第四十二　古今詩

同劉二十八院長述舊言懷感時書事奉寄澧州張員外使君五十二韻之作其韻增至八十通贈二君子……一
弘農公以碩德偉材屈於誣枉左官三歲復爲大僚天監昭明人心感悅宗元竄伏湘浦拜賀未由謹獻詩五十韻以畢微志……一八
酬韶州裴曹長使君寄道州吕八大使因以見示二十韻一首并序……三〇
酬婁秀才將之淮南見贈之什……三五
酬婁秀才寓居開元寺早秋月夜病中見寄……三七
初秋夜坐贈吴武陵……三八
晨詣超師院讀禪經……三九
贈江華長老……四一
巽上人以竹間自采新茶見贈酬之以詩……四二
零陵贈李卿元侍御簡吴武陵……四三
界圍岩水簾……四四
古東門行……四五
寄韋珩……四九
奉和楊尚書郴州追和故李中書夏日登北樓十韻之作依本詩韻次用……五二
楊尚書寄郴筆知是小生本樣令更商榷使盡其功輒獻長句……五四
南省轉牒欲具江國圖令盡通風俗故事……五五
與浩初上人同看山寄京華親故……五六
再至界圍岩水簾遂宿岩下……五七

詔追赴都回寄零陵親故……………五八
過衡山見新花開却寄弟……………五八
汨羅遇風……………………………五九
朗州竇常員外寄劉二十八詩見
　促行騎走筆酬贈…………………五九
離觴不醉至驛却寄相送諸公………六一
北還登漢陽北原題臨川驛…………六二
善謔驛和劉夢得酹淳于先生………六三
詔追赴都二月至灞亭上……………六四
李西川薦琴石………………………六四
同劉二十八哭吕衡州兼寄江陵
　李元二侍御………………………六五
奉酬楊侍郎丈因送八叔拾遺戲
　贈詔追南來諸賓二首……………六七
衡陽與夢得分路贈别………………六九
重别夢得……………………………七二
三贈劉員外…………………………七三
再上湘江……………………………七四
青水驛叢竹天水趙雲余手種一
　十二莖……………………………七四
長沙驛前南樓感舊…………………七四
桂州北望秦驛手開竹逕至釣磯
　留待徐容州………………………七五
登柳州城樓寄漳汀封連四州………七六
柳州寄丈人周韶州…………………七七
登柳州峨山…………………………七八
得盧衡州書因以詩寄………………七八
答劉連州邦字………………………七九
嶺南江行……………………………八〇
柳州峒氓……………………………八一
酬徐二中丞普寧郡内池館即事
　見寄………………………………八二
酬賈鵬山人郡内新栽松寓興見
　贈二首……………………………八三

種柳戲題……八四
柳州二月榕葉落盡偶題……八五
浩初上人見貽絶句欲登仙人山因以酬之……八五
雨中贈仙人山賈山人……八六
別舍弟宗一……八六
奉和周二十二丈酬郴州侍郎衡江夜泊得韶州書并附當州生黄茶一封率然成篇代意之作……八七
殷賢戲批書後寄劉連州并示孟崙二童……八八
重贈二首……九〇
疊前……九三
疊後……九四
銅魚使赴都寄親友……九四
韓漳州書報徹上人亡因寄二絶……九五
柳州城西北隅種甘樹……九六
聞徹上人亡寄侍郎楊丈……九七
段九秀才處見亡友吕衡州書迹……九八
柳州寄京中親故……九八
種木槲花……九九
摘櫻桃贈元居士時在望仙亭南樓與朱道士同處……九九
酬曹侍御過象縣見寄……一〇〇

卷第四十三　古今詩

法華寺石門精室三十韵……一〇三
游朝陽岩遂登西亭二十韵……一〇六
湘口館瀟湘二水所會……一〇八
登蒲洲石磯望横江口潭島深迴斜對香零山……一〇九
南澗中題……一一〇
游石角過小嶺至長烏村……一一二
與崔策登西山……一一三

構法華寺西亭……………………一一五
夏夜苦熱登西樓…………………一一六
覺衰…………………………………一一七
游南亭夜還叙志七十韵…………一一八
韋道安………………………………一二八
哭連州凌員外司馬………………一三一
旦携謝山人至愚池………………一三五
獨覺…………………………………一三五
首春逢耕者…………………………一三六
溪居…………………………………一三六
夏初雨後尋愚溪……………………一三七
入黄溪聞猿…………………………一三九
韋使君黄溪祈雨見召從行至祠
下口號………………………………一三九
郊居歲暮……………………………一四〇
秋曉行南谷經荒村…………………一四一
雨後曉行獨至愚溪北池……………一四一
中夜起望西園值月上………………一四二
零陵春望……………………………一四二
從崔中丞過盧少府郊居……………一四三
夏晝偶作……………………………一四四
雨晴至江渡…………………………一四四
江雪…………………………………一四四
冉溪…………………………………一四五
法華寺西亭夜飲……………………一四六
戲題石門長老東軒…………………一四六
茅簷下始栽竹………………………一四七
種仙靈毗……………………………一四九
種术…………………………………一五〇
種白蘘荷……………………………一五二
新植海石榴…………………………一五四
戲題階前芍藥………………………一五四
始見白髮題所植梅石榴樹…………一五五
植靈壽木……………………………一五五

自衡陽移桂十餘本植零陵所住精舍……一五六
湘岸移木芙蓉植龍興精舍……一五八
早梅……一五八
南中榮橘柚……一五九
紅蕉……一五九
巽公院五咏……一六〇
梅雨……一六三
零陵早春……一六四
田家三首……一六四
行路難三首……一六六
聞籍田有感……一七一
跂烏詞……一七二
籠鷹詞……一七四
放鷓鴣詞……一七五
龜背戲……一七六
聞黄鸝……一七八
渾鴻臚宅聞歌效白紵……一七九
楊白花……一八〇
漁翁……一八一
飲酒……一八二
讀書……一八三
感遇二首……一八四
咏史……一八六
咏三良……一八七
咏荆軻……一八九
掩役夫張進骸……一九二
省試觀慶雲圖詩……一九四
春懷故園……一九四

第十一册

卷第四十四　非國語上

序……一

滅密……二
不藉……三
三川震……六
料民……九
神降於莘……一一
聘魯……一四
叔孫僑如……一六
郄至……一七
柯陵之會……二一
晉孫周……二三
穀洛鬥……二五
大錢……二六
無射……二八
律……三〇
城成周……三三
問戰……三五
躋僖公……三八
莒僕……三九
仲孫它……四一
羵羊……四二
骨節專車 楛矢……四三
輕幣……四四
卜……四七
郭偃……四八
公子申生……四八
狐突……四九
虢夢……五〇
童謠……五二
宰周公……五二
荀息……五四

卷第四十五 非國語下

狐偃……六三
輿人誦……六五

葬恭世子……六六
殺里克……六七
獲晋侯……六八
慶鄭……七一
乞食於野人……七二
懷嬴……七三
筮……七四
董因……七五
命官……七五
倉葛……七六
觀狀……七七
救饑……七八
趙宣子……八〇
伐宋……八一
鉏麑……八二
祈死……八四
長魚矯……八五
戮僕……八六
叔魚生……八七
逐欒盈……八八
新聲……八九
射鷃……九〇
趙文子……九一
醫和……九二
黄熊……九四
韓宣子憂貧……九五
圍鼓……九六
具敖……九七
董安子……九八
祝融……一〇〇
褒神……一〇二
嗜芰……一〇四
祀……一〇五
左史倚相……一〇六

伍員……一〇七

《河東先生外集》卷上　賦文誌……一一一
披沙揀金賦……一一一
迎長日賦……一一五
記里鼓賦……一一九
吾子……一二三
劉叟傳……一二四
河間傳……一二五
箏郭師墓誌……一三二
趙秀才群墓誌……一三六
太府李卿外婦馬淑誌……一三八

《河東先生外集》卷下　表啓……一四一
爲文武百官請復尊號表六首……一四一
及大會議户部尚書班宏又請改所上尊號加奉道字故其文如後表……一六六
及大會議國子祭酒韓洄請歷數近日徵應祥瑞故又改其文如後表……一六八
爲崔中丞賀平李懷光表……一六九
爲裴令公舉裴冕表……一七一
爲武中丞謝賜新茶表……一七五
爲裴中丞賀破東平表……一七六
賀赦表……一八〇
賀皇太子箋……一八二
賀裴桂州啓……一八三
與衛淮南石琴薦啓……一八五
答鄭員外賀啓……一八六
答諸州賀啓……一八七

朱彝尊題跋……一八九
羅振玉題款……一九〇

鄭孝胥題詩……………………一九一一

第一册目録

《河東先生集》序……三
《河東集》叙説……七
《河東先生集》目録……一七
《河東先生外集》目録……九三

卷第一　雅詩歌曲

獻平淮夷雅表……九九
平淮夷雅二篇并序……一〇三
唐鐃歌鼓吹曲十二篇并序……一一七
貞符并序……一四九
視民詩……一六六

卷第二　古賦

佩韋賦并序……一六九
瓶賦揚雄酒箴附……一八〇
牛賦……一八三
解祟賦并序……一八五
懲咎賦……一九〇
閔生賦……一九八
夢歸賦……二〇三
囚山賦……二一〇
愈膏肓疾賦……二一三

據國家圖書館藏宋咸淳廖氏世綵堂刻本影印原書版框高二十點七厘米寬十三點七厘米

河東先生集　目錄

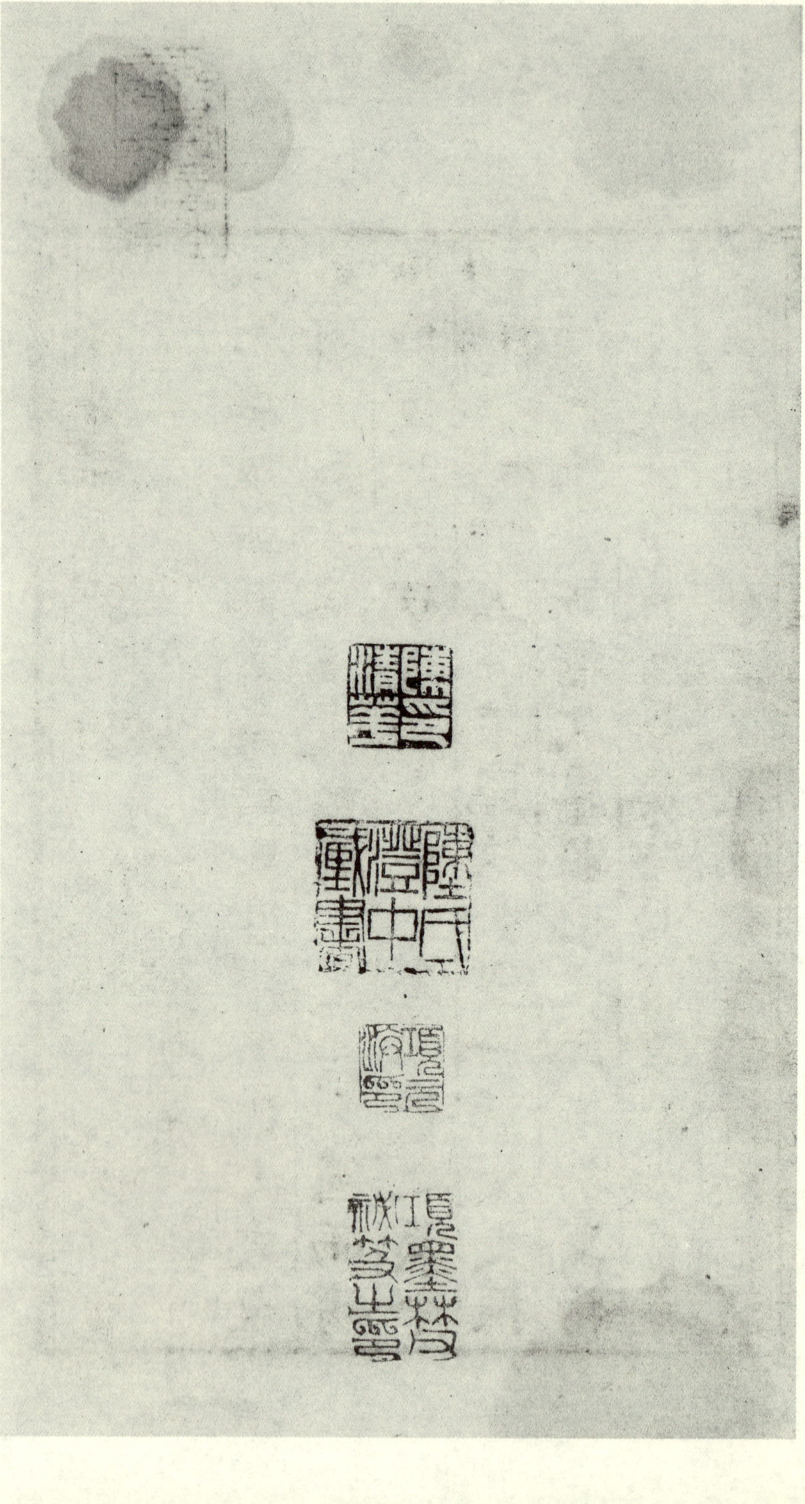

河東先生集序

劉禹錫

八音與政通而文章與時高下三代之文至戰國而病涉秦漢復起漢之文至列國而病唐興復起夫政厖而土裂三光五嶽之氣分扶問切羣經音辨分限也大音不完故必混一而後大振初貞元中上方嚮文章昭回之光下飾萬物天下文士爭執所長與時而奮粲焉如繁星麗天而芒寒色正人望而敬者五行而已河

東柳子厚斯人望而敬者歟子厚始以童子有奇名於貞元初至九年爲名進士十有九年爲材御史二十有一年以文章稱首入尚書爲禮部員外郎是歲以踈儁少檢獲訕出牧邵州又謫佐永州居十年詔書徵不用遂爲柳州刺史五歲不得召歸病且革（音亟急也）留書抵其友中山劉禹錫曰我不幸卒以謫死以遺草累故人禹錫執書以泣遂編次爲四十五通行於世子厚之喪昌黎韓退之誌其

墓且以書來弔曰哀哉若人之不淑吾嘗評其文雄深雅健似司馬子長崔蔡不足多也安定皇甫湜視力切於文章少所推讓亦以退之言爲然凡子厚名氏與仕與年暨行己之大方○暨其冀切及也有退之之誌若祭文在今附于第一通之末云

河東集敘說

東坡云子厚之文發纖濃於古簡寄至味於淡泊非餘子所及又云詩在陶淵明下韋蘇州上退之豪放奇險則過之而溫麗靖深不及也

呂居仁云韓退之文渾大廣遠難窺測柳子厚文分明見規摹次第初學者當先學柳文後熟韓文則工夫自易爾

浮休先生云扶導聖教剗除異端以經常爲己任死而無悔韓愈一人而已非獨以屬辭比事爲工也如其祖述典墳憲章騷雅上轢三古下籠百氏極萬變而不華會衆流而有歸逌然沛然横行闊視於著述之場子厚其人也彼韓子者特以醇正高雅凜然無雜乃得與之齊名爾必也兼誦博記馳騖奔放則

非柳之敵

陳長方云柳子厚之才韓退之有所不逮但韓公下筆便以三代爲法其文章如人少年暮年毛髮不同而風儀皆此人也子厚在中朝時尚有六朝規矩讀之令人鄙厭自永州以後始以三代爲師至淮西一事退之作碑子厚作雅逞其餘力便覺退之不逮子厚直一日千里

也死於元和十二年退之長慶間著述覺子厚瞠若其後耳余嘗以三言評子厚文章曰其大體如紀渻子養鬬雞在中朝時方虛驕而恃氣永州以後猶聽影響至柳州後望之似木雞矣

邵氏聞見録云韓退之之文自經中來柳子厚之文自史中來

金華先生程子山曰前輩謂退之子厚

皆於遷謫中始收文章之極功蓋以其落浮誇之氣得憂患之助言從字順遂造眞理耳

河東集叙説

河東集凡例

韓柳二集閣京杭蜀及諸郡本或刊韓而遺柳或刊柳而遺韓以故板帙大小不相侔而註釋亦未盡善惟建安所刊五百家註本二集始具然所引蔡夢弼任淵孫汝聽劉崧韓醇童宗説張敦頤陳鶚諸家註文蔡增註任孫劉韓童並全解張音辯陳音釋間多庵雜而胥山沈晦辯雲間潘緯音義却未附見非闕與今并會稡增入且

板帙與韓集大小等亦學者之一便也
今舉凡例于左
一閣京杭蜀及諸郡本互有同異
今並加讎校仍於正文之下註
云一本作某字其間是正頗多
觀者當自知之
一他本所引註有不載所出之始
而載後人所引用者蓋未深加
考索耳今並訂證刪改

一嘉禾註本引黃唐柳文雎黃於篇章之後其辭每多詆訾殊非崇尚此集之意今刪去

一卷帙所載篇章諸本互有先後今並從沈晦本所定次第

一舊註引某氏云者並倣　朱子離騷集註例皆刪去

一中有如騷叶音者更不贅音可以意求

一中有增註又諸本所闕者今擇
其的當者添入
一每篇題下註所作日月皆參以
年譜其事關繫時政及公卿拜
罷日月係博採新舊史攷定
一皇朝　廟諱及唐舊諱並見昌
黎集例

河東集凡例

河東先生集目録

第一卷
雅詩歌曲
獻平淮夷雅表
平淮夷雅
鐃歌鼓吹曲 并序
貞符 并序
晛民詩
第二卷

賦

佩韋賦
瓶賦 楊雄酒箴附
牛賦
解祟賦
懲咎賦
閔生賦
夢歸賦
囚山賦

愈膏肓疾賦
第三卷
論
封建論
四維論
天爵論
守道論
時令論上下
斷刑論上下

辯侵伐論
六逆論

第四卷

議辯

晉文公問守原議
駁復讎議
桐葉封弟辯
辯列子
辯文子

論語辯二篇
辯鬼谷子
辯晏子春秋
辯亢倉子
辯鶡冠子
第五卷
碑
箕子碑
道州文宣王廟碑

柳州文宣王廟碑
終南山祠堂碑并序
太白山祠堂碑并序
碑陰文
湘源二妃廟碑
饒娥碑
南霽雲睢陽廟碑并序

第六卷

碑

曹溪大鑒禪師碑
南嶽彌陀和尚碑
岳州聖安寺無姓和尚碑
碑陰記
龍安海禪師碑

第七卷

碑銘

南嶽雲峯和尚碑
雲峯和尚塔銘

南嶽般舟和尚第二碑
大明和尚碑
大明碑陰
衡山中院律師塔銘
第八卷
行狀
段太尉逸事狀
柳常侍行狀
陳給事行狀

第九卷

表銘碣誄

相國房公德銘之陰 李華德銘附
國子司業陽城遺愛碣
文通先生陸給事墓表
兵部郎中楊公墓碣
侍御史周公碣
衡州刺史呂公誄
戶部郎中魏公誌

永州刺史崔公誌
永州刺史崔公權厝誌
長安萬年裴令墓碣

第十卷

誌

安南都護張公誌 并序
邕州刺史李公誌 并序
貴州刺史鄧君誌 并序
桂管防禦副使吕恭誌

嶺南經略副使馬君誌
柳州司法孟公誌
連州司馬凌君權厝誌
凌君墓後誌
嶺南鹽鐵院李侍御誌
第十一卷
誌碣誄
大理評事裴君誌
大理評事柳君誌

祕書郎姜君誌
校書郎獨孤君碣
襄陽丞趙君誌
温縣主簿韓君誌并序
張先生誌
虞鳴鶴誄并序
裴處士誌
單季子誌銘
續滎澤尉崔君誌

第十二卷

墓表誌

先侍御史府君神道表

石背先友記

叔父殿中侍御史墓表

墓版文

弘農令府君石表辭

第十三卷

從弟宗直墓誌

墓誌

先夫人歸祔誌

伯祖妣李夫人墓誌

叔妣陸夫人遷祔誌

亡姑陳夫人墓誌

亡姊崔君夫人墓誌蓋石文

亡姊裴君夫人墓誌

亡室弘農氏墓誌

下殤女子墓塼銘

小姪女墓塼銘
王侍郎母劉氏誌
薛君妻崔氏誌
韋夫人墳記
馬室女雷五葬誌
第十四卷
對
設漁者對智伯
愚溪對

對賀者
杜兼對
天對 屈原天問附
第十五卷
問答
晉問
答問
起廢答
第十六卷

說

天說 劉賓客天論三篇附
鶻說
朝日說
捕蛇說
䄍說
乘桴說
說車
謫龍說

復吳子松說
羆說
觀八駿圖說
第十七卷
傳
宋清傳
種樹郭橐駝傳
童區寄傳
梓人傳

李赤傳

蝜蝂傳

河間傳有數本附于此建本瑞本皆入外集今從之

曹文洽韋道安傳 闕

第十八卷

騷

乞巧文

罵尸蟲文 并序

斬曲几文

宥蝮蛇文　并序
憎王孫文
逐畢方文　并序
辯伏神文　并序
愬螭文　并序
哀溺文　并序
招海賈文

第十九卷

弔贊箴戒

弔萇弘文
弔屈原文
弔樂毅文
伊尹五就桀贊
梁丘據贊
霹靂琴贊引
尊勝幢贊并序
龍馬圖贊
戒懼箴

憂箴
師友箴 并序
敵戒
三戒
臨江之麋
黔之驢
永某氏之鼠
第二十卷
銘雜題

泲國漢原廟銘
劒門銘 并序
塗山銘 并序
壽州安豐縣孝門銘 并序
武岡銘 并序
井銘 并序
舜禹之事
謗譽
咸宜

鞭賈
吏商
東海若
第二十一卷
題序
讀韓愈所著毛穎傳後題
裴墐崇豐二陵集禮後序
柳宗直西漢文類集序
楊評事文集後序

濮陽吴君文集序
王氏伯仲唱和詩序
第二十二卷
序
送楊凝郎中使還汴宋詩後序
送崔羣
送邠寧獨孤書記
同吴武陵送杜留後
送范明府詩序

送幸南容聯句詩序
送李判官
送苑論詩序
送蕭錬
送班孝廉
送獨孤申叔
送豆盧膺南遊詩序
送趙大秀才

第二十三卷

序

同吳武陵贈李睦州詩序
送南涪州量移澧州
送薛存義之任
送薛判官量移
送李渭赴京師
送嚴公貺下第詩序
送元秀才下第
送辛殆庶遊南鄭

送崔子符詩序
送蔡秀才歸覲
送韋七下第
送辛生下第
第二十四卷
序
送從兄偁罷選歸江淮詩序
送從弟謀
送澥

送内弟盧遵
送表弟呂讓
陪崔使君遊宴
愚溪詩序
婁二十四秀才花下對酒唱和序
法華寺西亭夜飲賦詩序
序飲
序棊
第二十五卷

序

凌助教蓬屋題詩序
送韓豐羣公詩序
送婁圖南秀才遊淮南
送易師楊君
送徐從事北遊
送廖有方
送元十八山人
送賈山人南遊

送方及師

送文暢上人

送巽上人

送僧浩初

送元暠師 劉禹錫序并詩附

送琛上人

送文郁師

送玄舉師

送濬上人

第二十六卷

記

監祭使壁記

四門助教壁記

武功縣丞廳壁記

盩厔縣新食堂記

諸使兼御史中丞壁記

館驛使壁記

嶺南節度使饗軍堂記

邠寧進奏院記
興州江運記
全義縣復北門記

第二十七卷

記

潭州東池戴氏堂記
桂州訾家洲亭記
邕州馬退山茅亭記
永州新堂記

永州萬石亭記
零陵三亭記

第二十八卷

記

零陵郡復乳穴記
道州毀鼻亭神記
永州龍興寺息壤記
永州龍興寺東丘記
永州法華寺西亭記

永州龍興寺西軒記
柳州復大雲寺記
永州修淨土院記
永州鐵爐步志 附

第二十九卷
記
游黃溪記
始得西山宴游記
鈷鉧潭記

鈷鉧西小丘記
至小丘西小石潭記
袁家渴記
石渠記
石澗記
小石城山記
柳州東亭記
柳州山水近治可游者記

第三十卷

書

寄許京兆孟容

與楊京兆憑

與裴塤

與蕭翰林俛

與李翰林建

與顧十郎

第三十一卷

書

與韓愈論史官
與史官韓愈致段太尉逸事
與劉禹錫論易
與劉禹錫天論
答元饒州論春秋
與呂道州論非國語
答吳武陵論非國語
與呂恭
與友人論文

第三十二卷
書
答元饒州論政理
與崔饒州論石鍾乳
答周君巢
與李睦州論服氣
第三十三卷
書
與楊誨之

再與楊誨之
答沈起
與王叅元
第三十四卷
書
與太學諸生
答韋中立
答貢士元公瑾
答嚴厚輿

報袁君陳秀才
答韋珩
答貢士廖有方
答貢士蕭纂
報崔黯秀才
答吳秀才
答杜溫夫
上門下李夷簡相公

第三十五卷

啓

上廣州趙宗儒

謝西川武相公

謝襄陽李尚書

賀趙江陵宗儒

與邕州李中丞

謝李中丞

上湖南李中丞

上桂州李中丞

第三十六卷

啓

上權補闕温卷
上崔大卿
上裴晉公
上襄陽李涼公
上楊州李趙公
謝李趙公
上江陵趙相公

上嚴東川
上江陵嚴司空
上嶺南鄭相公
上李中丞
上桂州裴行立中丞
上河陽烏尚書

第三十七卷

表

禮部爲百官上尊號表 二首

禮部賀册尊號表
爲京兆府請復尊號表三首
爲耆老等請復尊號表二首
禮部爲文武百寮請聽政表
林逢表一首附
賀踐祚表
禮部賀永貞改元表
禮部賀太上皇誥宜令皇帝即位表
禮部賀立皇太子表

禮部賀太子冊禮畢德音表
爲王京兆賀皇帝即位禮畢表
代韋中丞賀元和大赦表
禮部賀冊太上皇后表
禮部賀太上皇后冊禮畢表
賀皇太子牋
御史臺賀嘉禾表
禮部賀嘉禾及芝草表
京兆府賀嘉瓜白兔連理棠樹等表

禮部賀甘露表

禮部賀白龍青蓮花合歡蓮子黃瓜表

禮部賀白鵲表

禮部賀嘉瓜表

爲王京兆賀嘉蓮表

爲王京兆賀雨表　五首

第三十八卷

表

代裴中丞賀克東平赦表
柳州賀破東平表
代裴中丞賀分淄青爲三道節度表
爲韋侍郎賀除布衣竇羣右拾遺表
爲樊左丞讓官表
爲王戶部薦李諒表
爲王戶部陳情表
代裴中丞謝討賊表
爲裴中丞舉人自代伐黄賊表

爲崔中丞請朝覲表
代柳公綽謝上表
代李愬襄州謝上表
代節使謝遷鎮表
爲劉同州謝上表
代裴行立謝移鎮表
代韋永州謝上表
謝除柳州刺史表
柳州謝上表

代廣南節使舉人自代表
奏薦從事表
代廣南節使謝出鎮表
爲楊湖南謝設表
爲武中丞謝賜櫻桃表
謝賜時服表
謝賜端午綾帛衣服表

第三十九卷

奏狀

爲廣南鄭相公奏部內百姓産三男狀

爲浙東薛中丞奏五色雲狀

爲裴中丞奏邕管黃家賊事宜狀

讓監察御史狀

爲京兆府奏旱狀

爲南承嗣請從軍狀

進農書狀

代人進甆器狀

柳州舉人自代狀
上戶部狀
柳州上本府狀
爲裴中丞伐黃賊轉牒
賀誅淄青李師道狀中書門下狀下同
賀平淄青後肆赦狀
賀分淄青爲三道節度狀
代裴中丞上裴相賀破東平狀
爲裴中丞乞討黃賊狀

爲桂州崔中丞乞朝覲狀
爲南承嗣乞兩河效用狀
柳州上中書門下舉人自代狀
爲長安耆壽乞復尊號狀
爲京畿父老乞復尊號狀
第四十卷
祭文
祭楊憑詹事
祭穆質給事

祭呂衡州温

祭李中丞

爲韋京兆作祭杜河中

爲韋京兆作祭崔太常

爲李京兆作祭楊郎中

爲楊侍御作祭張都護

祭萬年裴令

祭呂敬叔

祭崔君敏

祭段弘古
哭張後餘辭
祭李中明
楊氏子承之哀辭 幷序

第四十一卷

祭文
舜廟祈晴
雷塘禱雨
祭纛 爲裴中丞作

禡牙

祭井

禜門

祭六伯母

祭獨孤丈母

祭從兄

祭弟宗直

祭姊夫崔簡

又祭崔簡

祭崔氏外甥

祭崔氏外甥女

祭外甥崔駢

第四十二卷

古今詩

同劉二十八院長寄澧州張使君八十韻

獻弘農公五十韻

酬韶州裴使君寄道州呂八大使二

十韻

酬婁秀才將之淮南見贈之作

酬婁秀才病中見寄

初秋夜坐贈吳武陵

晨詣超師院讀禪經

贈江華長老

酬巽上人以竹間自採新茶見贈

零陵贈李卿元侍御簡吳武陵

界圍巖水簾

古東門行

寄韋珩

奉和楊尚書追和故李中書夏日登北樓

楊尚書寄郴筆因獻長韻

南省轉牒欲具江國圖令盡通風俗遺事

與浩初上人同看山寄京華親故

再至界圍巖遂宿巖下

詔追赴都迴寄零陵親故

過衡山見新花開却寄弟

汨羅遇風

朗州竇員外寄劉員外見促行走筆

酬贈

至前驛却寄相送諸公

北還登漢陽北原題臨川驛

善謔驛和劉夢得酹淳于先生夢得詩附

詔赴都二月至灞上亭

李西川薦琴石
同劉二十八哭呂衡州兼寄江陵李
元二侍御 劉二十八詩附
奉酬楊侍郎送八叔拾遺戲贈南來
諸賓 二首
商山臨路孤松
與夢得分路贈別 夢得酬贈別附
重別夢得 夢得答附
三贈劉員外 夢得答附

再上湘江

清水驛叢竹

長沙驛前南樓感舊

桂州北望秦驛手開竹逕釣磯待徐

容州

登柳州城樓寄漳汀封連四州

柳州寄丈人周韶州

登岷山

得盧衡州書因以詩寄

答劉連州
嶺南江行
柳州峒氓
酬徐二中丞普寧郡內池館即事
酬賈鵬山人郡內新栽松寓興見贈
二首
種柳戲題
柳州二月榕葉盡落偶題
浩初上人見貽絕句欲登仙人山因

以酬之

雨中贈仙人山賈山人

別舍弟宗一

奉和周二十二丈酬郴州侍郎衡江
得韶州書并附當州黃茶率然成
篇

殷賢戲批書後寄劉連州并示孟崙
二童 夢得酬家雞之贈附

重贈二首 夢得答前後篇附

疊前
疊後
銅魚使赴都寄親友
韓漳州書報澈上人亡因寄二絕
柳州城西種甘樹
聞澈上人亡寄楊侍郎
段秀才處見亡友呂衡州書跡
柳州寄京中親故
種木槲花

摘櫻桃贈元居士
酬曹侍御過象縣見寄

第四十三卷

古今詩

法華寺石門 三十韻
遊朝陽巖 二十韻
湘口館瀟湘二水所會
登蒲洲石磯望江口潭島深迴對香
零山

南澗中題
遊石角過小嶺長烏村
與崔策登西山
構法華寺西亭
夏夜苦熱登西樓
覺衰
遊南亭夜還七十韻
韋道安
哭連州凌員外司馬

旦携謝山人至愚池

獨覺

首春逢耕者

溪居

夏初雨後尋愚溪 劉禹錫傷愚溪三詩附

入黄溪聞猿

韋使君黄溪祈雨見召從行至祠下

口號

郊居歲暮

秋曉行南谷經荒村

雨後曉行獨至北池

中夜起望西園值月上

零陵春望

從崔中丞過盧少府

夏晝偶作

雨晴至江渡

江雪

冉溪

法華寺西亭夜飲

戲題石門長老東軒

茆簷下始栽竹

種仙靈毗

種朮

種白蘘荷

新植海石榴

戲題堦前芍藥

始見白髮題海石榴

植靈壽木

自衡陽移桂植零陵

湘岸移木芙蓉植龍興

早梅

南中榮橘柚

紅蕉

巽公院 五詠

淨土堂

曲講堂

禪堂
芙蓉亭
苦竹橋
梅雨
零陵早春
田家
行路難
聞籍田有感
跂烏詞

籠鷹詞
放鷓鴣詞
龜背戲
聞黃鸝
渾鴻臚宅聞歌效白紵
楊白花
漁翁
飲酒
讀書

感遇二首
詠史
詠三良
詠荆軻
掩役夫張進骸
省試觀慶雲圖
春懷故園

第四十四卷

非國語上

第四十五卷

非國語下

河東先生集目録終

河東先生外集目録

卷上

披沙揀金賦

迎長日賦

記里鼓賦

吾子

劉叟傳

河間傳

箏郭師墓誌

趙羣秀才墓誌
太府寺李卿外婦馬淑誌
卷下
百官請復尊號表六首
大會議表二首
賀平李懷光表
舉裴冕表
謝賜新茶表
賀破東平表

賀赦表

賀太子牋

賀裴桂州啓

與衞淮南石琴薦啓

答鄭員外賀啓

諸州賀啓

河東先生外集目録終

世綵廖氏刻梓家塾

河東先生集二

第一卷

雜詩歌曲　賦

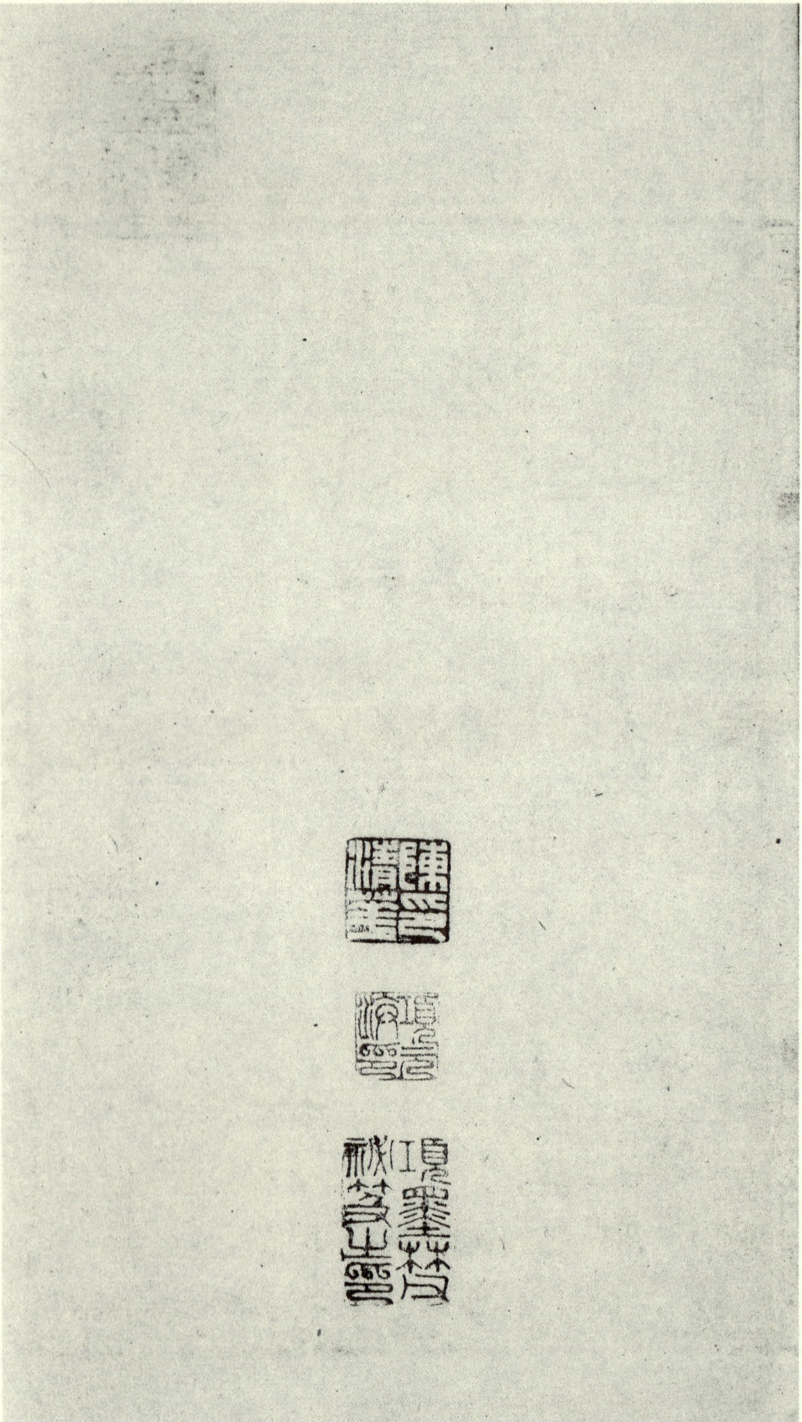

河東先生集卷第一

雅詩歌曲

獻平淮夷雅表

元和十二年十月癸酉淮蔡平按毛詩江漢注淮夷東國在淮浦而夷行也吳元濟在淮西故亦曰淮夷蓋公擬江漢之詩而作也與韓文公平淮西碑同時作先儒穆伯長云韓元和聖德平淮西柳雅章之類皆辭嚴義偉制述如經能崒然聳唐德於盛漢之表談藪云論柳文者皆以謂封建論退之所無淮西雅韓文不逮

臣宗元言臣負罪竄伏違尚書牋奏十有四

年禮部郎官掌尚書牋奏公永貞元年自禮部員外郎貶邵州刺史再貶永州司馬元和十年召至京師三月出爲柳州刺史至是元和十三年爲十四年故云聖恩寛宥命守遐壤柳州懷印曳紱紱綬也有社有人論語有民人焉有社稷焉臣宗元誠感誠荷頓首頓首伏惟睿聖文武皇帝陛下天造神斷克清大憝書康誥曰元惡大憝註大惡之人爲人所大惡此指元濟金鼓一動左傳金鼓以聲氣也萬方畢臣太平之功中興之德推校千古無所與讓臣伏自忖度忖度字見孟子○度徒各切有方剛之力詩旅力方剛不得備戎行音杭致死命況今

巳無事思報國恩（一作恩德）獨惟文章伏見周宣王時稱中興其道彰大于後罕及然徽於詩大小雅其選徒出狩則車攻吉日（小雅）命官分土則嵩高韓奕烝人（大雅烝民作烝人避唐諱也）南征北伐則六月采芑（小雅）平淮夷則江漢常武（大雅）鏗鎗炳耀（鏗鎗鍾鼓聲。鏗丘耕切鎗呼宏切）盪人耳目（聲。盪上又他浪切動也）故宣王之形容與其輔佐由今望之若神人然此無他以雅故也臣伏見陛下自即位以來平夏州（永貞元年八月乙巳憲宗即位其年冬夏綏銀節度留後

楊惠琳反元和元年三月夏州兵馬使張承金斬惠琳

夷劍南永貞元年八月癸丑劍南西川節度使韋皋卒行軍司馬劉闢自稱留後元和元年正月命高崇文與李元奕嚴礪等軍以討闢擒闢以獻十月闢伏誅

取江東元和二年十月鎮海軍節度李錡反殺留後王澹乙丑命王鍔討之癸酉鎮海軍兵馬使張子良執錡以獻十一月錡伏誅

定河北元和七年八月魏博節度使田季安卒其子懷諫自稱知軍府事十月魏博軍以田季安之將田興知軍事是月興以六州歸于有司十一月赦魏博貝衛澶相六州詔興充魏博節度使賜名弘正○元和四年成德軍節度使王承宗反五年赦之至十年有罪絕其朝貢詔六鎮節度進討十三年承宗獻德棣二州降

今又

發自天衷克翦淮右十二年十月克蔡州十一月元濟伏誅○翦子

淺切而大雅不作臣誠不佞然不勝憤懣一作踊懣一作憤踊○懣莫困切踊余隴切伏以朝多文臣不敢盡專數事謹撰平淮夷雅二篇雖不及尹吉甫召穆公等庶施諸後代有以佐唐之光明謹昧死再拜以獻臣宗元誠恐誠懼頓首頓首一本作誠恐誠懼死罪死罪謹言

平淮夷雅二篇并序

皇武命丞相度董師集大功也憲宗元和九年淮西吳少陽死子元濟僞表請主兵不許遂有反謀時遣諸節度兵討之

輒不利朝臣皆請罷兵獨裴度
奏病在腹心不時去且爲大患
十二年宰相逢吉涯又建言宜
休師唯度請身自督戰憲宗謂
曰果爲朕行乎度俯伏流涕曰
臣誓不與賊偕存即拜彰義軍
節度使淮西宣慰招討處置使
以韓洪爲都統表馬揔爲宣慰
副使韓愈爲行軍司馬李正封
馮宿李宗閔備兩使幕府奏罷
中官統監使將得專制號令一
戰氣倍未幾李愬夜入懸瓠城
縛吳元濟以獻度遣馬揔先入
蔡持節徐進撫定其人民始知
有生之樂

皇耆其武○耆致也詩耆定爾功 耆音旨又巨移切于溵于淮說 文

水出潁川陽城少室山東入潁唐溵水縣屬陳州元和九年討蔡以李光顔爲陳州刺史詔以其軍當一面光顔乃壁溵水明年大破賊○溵音殷水名旣巾乃車巾飾也周官有巾車之職左氏傳云巾車脂轄巾一作徒環蔡其來其一作具狡衆昏嚚狡說文少狗也匈奴地有狡犬黑身巨口一曰猾也疾也狡衆賊徒也昏嚚愚也口不道忠信之言曰嚚○狡古巧切嚚魚巾切甚毒于酲音呈酒病也狂奔叫呶叫呶讙聲也詩或不知叫號載號載呶○呶尼交切亦作詉以干大刑干一作扞皇咨于度惟汝一德曠誅四紀自吳少誠少陽至元濟凡五十年○四紀一作四祀按新唐史德宗紀貞元二年六月淮西兵馬使吳少誠殺其節度使陳仙奇自稱留後憲宗紀元和十二年十月克蔡州

又唐宰相表貞元二年丙寅元和十二年丁
酉才三十二年耳安得四紀也憲宗紀元和
九年八月彰義節度使吳少陽卒其子元濟
自稱知軍事九月山南東道節度使嚴綬督
兵討之十二年七月裴度爲淮西宣慰使自
九年至十二年用兵討元濟首尾止四年也
然新史元濟傳曰自少誠盜有蔡四十年王師未嘗傳城下亦自誤耳

其徯汝克 徯待也 **錫汝斧鉞其往視師師是蔡人以宥以釐** 釐理也書允釐百工力之反一音禧福也前漢祠官祝釐師古曰釐本作音禧假借用耳

度拜稽首 首至地也 **廟于元龜** 元龜大龜謂以元龜卜之於廟

旣禡旣類 ○禡音罵 **于社是宜** 禡類宜皆師祭詩是類是禡禮記天子將出征類于上帝宜乎社造乎禰禡于所征之地

金節煌煌 周禮凡邦

國之使節山國用虎節土國用人節澤國用龍節皆以金爲之**錫盾雕戈**錫說文馬頭飾也詩鉤膺鏤錫盾矛盾所以扞身蔽目者雕琢也說文戈平頭戟○錫音陽盾音楯**犀甲熊旂**周禮函人爲甲犀甲七屬楚詞操吳戈兮被犀甲以犀爲鎧甲也又周禮熊虎爲旗令作旂通用熊旂五斿**威命是荷**左傳昭七年弗克負荷○荷音河**度拜稽首出次于東天子餞之**是歲八月度赴淮西上御通化門送之**罍斝是崇**罍說文龜目酒樽刻木作雲雷之象施不窮也斝玉爵夏曰琖商曰斝周曰爵一說斝受六升○斝舉下切**鼎臑俎胾**○臑音濡嫩耎貌選熊蹯之臑又奴刀奴侯二切羊豕臂也胾側吏切大臠也**五獻百籩**禮記一獻質三獻文五獻察**凡百卿士班以周旋**

既涉于滻滻水名出京兆藍田關入灞選控灞乘滻○滻音產乃翼乃
前孰圖厥猶詩厥猶翼翼一作由其佐多賢宛宛周道
周道猶言大道也詩有棧之車行彼周道于山于川遠揚邇昭陟
降連連我斾我旗說文云斾者繼旐之旗沛然而垂于道于
陌阡陌田間道南北曰阡東西曰陌訓于群帥拳勇來格詩巧
言無拳無勇職爲亂階注拳力也格至也公曰徐之無恃頟頟頟頟
勇悍之貌書罔晝夜頟頟一本作額肆惡無休息也鄂格切式和爾容惟
義之宅宅居也進次于郾唐許州潁川郡有郾城縣與蔡州爲鄰裴
度傳云度屯郾城勞諸軍士奮于勇○郾音偃又於獻切彼昏卒狂臯兇

鞠頏爾雅裒聚也詩采芑陳師鞠旅鞠旅謂告其師旅也○裒蒲侯切鞠音掬鋒

蝟斧蟾說文蝟蟲也似豪豬而小爾蝟毛刺是也蟾蟾蟬也詩如蜩如蟾後漢史運螳蜋之斧作螳

赤子匍匐上音蒲手行也又音符下蒲北切伏地也又音服

厥父是亢音岡拒也選充國頌威謀靡亢本傳註亢當也音康怒其萌

芊以悖太陽○悖音佩又音勃亂也王旅渾渾胡本切又音胡昆切流洪也

是佚是怙既獲敵師若飢得餔餔申時食

音步餹餔餌又音布與食也又音逋歠也前漢呂后因餔之註甚詳蔡兇伊窘

悉起來聚左擣其虛靡愆厥慮李祐言於李愬曰蔡之精兵皆在洄曲及四境拒守守城者皆羸老之卒可以乘虛直抵其城比賊將聞之元濟已

成擒矣愬從之遂克蔡州載闢載祓音弗謂祓除不祥也丞相是臨弛其武刑弛音豕解也諭我德心度以蔡卒爲牙兵或諫曰蔡人反側者尚多不可不備度曰吾爲彰義軍節度使元惡既擒蔡人則吾人也又何疑焉蔡人聞之感泣其危既安有長如林長陟丈切如一作有曾是讙譊莊子奚以夫譊譊爲乎讙音歡譊女交切化爲謳吟皇曰來歸汝復相予爵之成國一作公于有晉以下文觀之有意若重複左傳襄公十四年成國不過半天子之事成國謂公侯之國一作于有晉國又作于有晉胙胙以夏虛虛與墟同說文大丘度入朝策勳進金紫光禄大夫弘文館大學士上柱國晉國公戶三千復知政事晉地即夏之所都左傳昔武王克商分唐叔

命以唐誥而封於夏墟註夏墟大夏今太原晉陽也胙報也度拜稽首天子聖神度拜稽首皇祐下人淮夷既平震是朔南宜廟宜郊以告德音歸牛休馬歸馬于華山之陽放牛于桃林之野示天下弗服牛一作刃豐稼于野我武惟皇永保無疆

皇武十有一章章八句

方城命愬守也卒入蔡得其大醜以平淮右左氏楚國方城以爲城方城山名在唐州元和十一年十二月以李愬爲唐鄧隋節度使與元濟戰數有功十二年十月愬自

文城因天大雪疾馳百二十里夜半至懸瓠城破其門取元濟
以獻得其大醜謂此大醜大酋也易曰獲其大醜○愬音訴
方城臨臨王卒峙之○峙直里切供峙具也匪徼匪競
○徼音澆求也皇有正命正一作王皇命于愬往舒余仁
踣彼艱頑周禮凡殺人者踣諸市○踣蒲墨切僵也柔惠是馴愬
拜即命于皇之訓書于帝其訓于謂遵行也旣礪旣攻礪淬
礪以後厥刃後一作復王師嶷嶷詩克岐克嶷註其貌嶷嶷然又
楚辭過萬酋之嶷嶷註海中山數萬頭也○嶷魚力切熊羆是式式猶似也
衙勇韜力日思予殛訖力切謂誅也蓋言欲誅賊也晏本作思奮子·

殛又一本作日思奮殛殛昏以狂敢蹈愬疆蹈一作踰士獲

厥心大祖高驤驤舉首也長戟酋矛考工記酋矛常有四尺註云酋發聲直謂矛爾桀其綏章詩王錫韓侯淑旂綏章註云綏所引以登車有采章也說文車中靶也右翦左屠聿禽其良十二年二月愬擒元濟捉生虞候丁士良士良元濟驍將愬釋其縛署爲捉生將士良感之言於愬曰賊將吳秀琳擁三千之衆據文城柵爲賊左臂官軍不敢近者有陳光洽光洽爲之謀主也士良能擒光洽戊申果擒光洽以歸三月秀琳以文城柵降愬撫其背慰勞之其良既宥

告以父母恩柔于肌卒貢爾有維彼攸恃乃偵乃誘愬厚待秀琳與之謀取蔡秀琳曰公欲取蔡非得李祐不可愬遣廂虞候

史用誠生擒祐以歸釋不殺用其策戰比有功偵博雅問也選偵諜不敢東窺○偵丑盈丑正二切維彼攸宅乃發乃守其恃爰獲我功我多陰諜厥圖諜間諜周禮三曰邦諜○諜達協切以究爾訛雨雪洋洋去聲○雨大風來加十月愬軍出攻蔡夜至張柴村風雪旌旗裂人馬凍死者相望于燠其寒于邇其遐汝陰之浩汝陰地名蔡州之境懸瓠之峨懸瓠蔡州城取其形似愬傳曰愬入蔡州取吳元濟道分輕兵斷橋以絕洄曲道又以兵絕朗山道行七十里夜半至懸瓠城雪甚城旁有鵝鶩池愬令擊之以亂軍聲賊恃吳房朗山戍無知者○瓠音護是震是拔大殲厥家○殲將廉切狡虜既縻輸于國都示之市

人即社行誅愬至懸瓠城壬申攻牙城毀其外門癸酉毀其南門元濟於城上請罪梯而下檻送京師十一月以元濟獻廟社斬于獨柳之下一本作以誅乃諭乃止蔡有厚喜完其室家仰父俯子劉夢得嘉話拾遺言柳八駁平淮西碑云左餐右粥何如平淮夷雅仰父俯子又云韓碑兼有帽子使我爲之便說用兵討叛汝水沄沄音云水流轉之皃旣清而瀰渺瀰水貌瀰一作夷蔡人行歌我步逶遲○逶於危切潘日詩作倭周道倭遲註云歷遠貌蔡人歌矣蔡風和矣風韓作人孰顡蔡初○顡盧對切一作類胡瓶爾居○瓶牛列切又五計切不安貌周禮牧人毀事用厖故書毀爲瓶釋音丘例切揚子剛則瓶音五計切今此謂杌隉不安字當作臲

音五結切不安也書作杌隉式慕以康爲愿有餘是究是咨皇德既舒皇曰咨愬裕乃父功裕大也昔我文祖惟西平是庸愬父晟事德宗平朱泚之亂功居多封西平王庸用也內誨于家外刑于邦刑典刑也孰是蔡人而不率從蔡人率止惟西平有子西平有子惟我有臣疇允大邦以漢書疇其爵邑疇等也蔡平愬檢校尚書左僕射襄州刺史充山南東道節度襄鄧隋唐復郢均房等州觀察使一本允作亢字俾惠我人于廟告功以顧萬方

方城十章章八句

唐鐃歌鼓吹曲十二篇（幷序一本序在篇末鐃如鈴無舌有秉又曰鐃小鉦也軍法卒長執鐃古今註漢樂有黄門鼓吹天子所以宴群臣短簫鐃歌鼓吹之一章爾亦以錫有功説文音律管壎之樂也月令令樂正入學習吹註秋冬重吹○鐃女交切吹尺僞切）

負罪臣宗元（一無負罪二字）言臣幸以罪居永州（元和元年十一月公貶永州司馬）受食府廩竊活性命得視息無治事時恐懼小閒（音閑）又盜取古書文句聊以自娛（元俱切）伏惟漢魏以來代有鐃歌鼓吹

詞見下註唯唐獨無有臣爲郎時以太常聯禮
部公爲禮部員外郎與太常寺聯事嘗聞鼓吹署聞一作問有戎
樂詞獨不列今又考漢曲十二篇晉志云漢時有短簫
鐃歌之樂其曲有朱鷺思悲翁艾如張上之
回雍離戰城南巫山高上陵將進酒君馬黃
芳樹有所思雉子班聖人出上邪臨高臺遠
如期石留務成玄雲黃爵行釣竿凡二十二
曲列於鼓吹多序戰陣之事序云十二篇豈
公之所取者止於是耶唐歐陽詢載梁沈約
鼓吹曲十二首云漢第一曲朱鷺今木紀謝
漢第二曲思悲翁今賢首山漢第三曲艾如
張今桐柏山漢第四曲上之回今道亡漢第
五曲翁離今抗威漢第六曲戰城南今漢東
流漢第七曲巫山高今鶴樓峻漢第八曲上
陵今昏主漢第九曲將進酒今石首局漢第

十曲有所思今期運集漢第十一曲芳樹今於穆漢第十二曲上邪今大梁公云漢曲十二篇疑本於此也

魏曲十四篇

魏受命改其十二曲使繆襲爲詞述以功德代漢改朱鷺爲楚之平言魏也改思悲翁爲戰滎陽言曹公也改艾如張爲獲呂布言曹公東圍臨淮擒呂布也改上之回爲克官渡言曹公與袁紹戰破之於官渡也改雍離爲舊邦言曹公勝袁紹於官渡還譙收藏死亡士卒也改戰城南爲定武功言曹公初破鄴武功之定始乎此也改巫山高爲屠柳城言曹公越北塞歷白檀破三郡烏丸於柳城也改上陵爲平南荊言曹公平荊州也改將進酒爲平關中言曹公征馬超定關中也改有所思爲應帝期言文帝以聖德受命應運期也改芳樹爲邕熙言魏氏臨其國君臣邕穆庶績咸熙也改上邪爲太和言明帝繼體承統太和改元德澤流布也其餘並同舊名

魏樂亦二十二曲令云十四篇

晉曲十六篇

及晉武帝受禪令傅玄製爲二十二篇述以功德代魏改朱鷺爲靈之祥改思悲翁爲宣受命改艾如張爲征遼東改上之回爲宣輔政改雍離爲時運多難改巫山高爲平玉衡改上陵爲文皇統百揆改將進酒爲因時運改有所思爲惟庸蜀改芳樹爲天序改上邪爲大晉承運期改君馬黃爲金靈運改雉子班爲於穆我皇改聖人出爲仲春振旅改臨高臺爲夏苗田改遠如期爲仲秋獮田改石留爲順天道改務成爲唐堯改黃爵行爲伯益釣竿依舊名其改者辭各有所指猶魏之改漢也令云十六篇意見上

漢歌詞不明紀功德魏晉歌功德具令臣竊取魏晉義用漢篇數爲唐鐃歌鼓吹曲十二篇紀高祖太宗功能之

神奇因以知取天下之勤勞命將用師之艱難每有戎事治兵振旅幸歌臣詞以爲容容謂容貌威儀也漢書魯徐生善爲頌蘇林註不知經但能盤辟爲禮容師古註頌讀爲容且得大戒宜敬而不害臣淪棄即死言與不言其罪等耳猶冀能言有益國事不敢效懟懟默已懟亦怨也左傳以死誰懟懟○懟直吏切又音隊謹冒死上

隋亂既極唐師起晉陽平姦豪爲生人義主以仁興武爲晉陽武第一晉陽太原屬邑隋煬帝大業十二年以唐高祖爲太原留守時煬帝

南遊江淮天下盜起太宗在晉
陽陰有安天下之志義寧元年
晉陽宮監裴寂晉陽令劉文靜
與太宗協謀遂起義兵於晉陽
八月高祖克長安武德
元年受隋禪即位焉

晉陽武奮義威煬之渝煬暴也渝一作淪淪喪也言煬帝失德以亡其國○煬音漾德焉歸氓畢屠言民皆屠戮也綏者誰皇

烈烈專天機號以仁揚其旗日之昇九土晞九土九州晞一作熙訴田圻一作斥田圻○圻音沂圻耻格切說文裂也流

洪輝有其二論語三分天下有其二以服事殷翼餘隋斮梟

鷙斮說文云斬也梟鷙惡鳥以喻叛臣前漢郊祀志古天子春祠黃帝用一梟破鏡梟

鳥名食母破鏡獸名食父黃帝欲絕其類使百吏祠皆用之破鏡如貙而虎眼漢五月五日作梟羹以賜百官鷲不祥鳥也白身赤口似鴈所集國亡○斮側略切梟古堯切鷲五高切

連熊螭螭說文如龍而黃一說無角曰螭○螭丑知切枯以肉勍者羸勍左傳勍敵之人彊也○勍渠京切羸倫爲切后土蕩蕩平也玄穹彌合之育莽然施莽莊子適莽蒼者○莽母黨莫補二切又莫郎切惟德輔惟德是輔慶無期

右晉陽武二十六句句三字

唐既受命李密自敗來歸以開黎陽

斥東土爲獸之窮第二李密遼東襄平人隋末楊

元感起兵黎陽密往從之不見
用元感敗密潛歸以策干東郡
賊翟讓讓推密爲謀主號魏公
移檄州縣列煬帝十罪天下震
動義寧元年隋遣王世充選卒
十萬擊密元唐武德元年密失利
遂與其衆二萬人歸關中既至
高祖拜光禄卿封邢國公後禮
寖薄密意不平未幾高祖遣密
詣山東收其餘衆適復有詔召
密密懼遂謀叛據桃林城熊州
副將盛彥師擊斬之傳首長安
一本題云李密自卬山之敗其
下皆貳伯王之業知天授在唐
遂歸於有道享我爵命爲戮之
窮邵本云戮之窮十九句其十
五句句三字其三句句七字其
一句句四字以天厚黃德狙獷

服自亡其徒匪子戮麋以尺組嗷以秩爲三七字句弓弭矢箙爲四字句

獸之窮奔大麓麓山足書納于大麓以獸喻密故云奔大麓也○麓音鹿

天厚黃德狙獷服唐以土德代隋故云黃德揚雄劇秦美新肉角之獸狙獷而不臻註狙獷犬嚙人者也狙廣雅獮猴也○狙七餘切獷古孟切

甲之櫜弓弭矢箙櫜韜也櫜所以藏弓之器詩載櫜弓矢弭止也弭說文弓無緣也詩象弭魚服箙矢房所以藏矢周禮仲秋獻矢箙○櫜音羔弭綿婢切箙音服

皇旅靖敵逾蹙自亡其徒匪子戮屈贙猛○贙音畎猛獸

按唐韻集韻官韻竝無贙字或謂當作虣音暴強侵也周禮有司虣氏爾雅贙有力註出

西海大秦國似狗多力鉉云䝼恐誤作獖虔慄慄音栗麋以尺組噉以秩此謂密至長安以爲光禄卿邢國公○麋忙皮切組摠五切噉杜覽切與啗同

黎之陽土茫茫富兵戎盈倉箱乏之者德莫能享音香協韻義同去聲驅豻兕爾雅兕似牛郭璞云一角青色重千斤一授我疆

右獸之窮二十二句其十八句句三字其四句句四字

太宗師討王充建德助逆師奮擊武牢下擒之遂降充爲戰武牢第三唐武

德元年煬帝凶問至東都王世充等奉越王侗即皇帝位侗封世充鄭國公二年世充脅越王侗求禪遂僭位改元國號鄭三年七月高祖詔秦王世民督諸軍討世充先是竇建德爲侗所封爲夏王與世充結懽四年三月建德悉起兵救世充五月世民大破建德之衆于武牢執之王世充舉東都降河南平王充即王世充也避太宗諱故去世字武牢即虎牢也唐諱虎字改爲武餘倣此

戰武牢動河朔河朔謂建德所據之地逆之助圖掎角

左傳襄十四年譬如捕鹿晉人角之諸戎掎之註掎其足也說文偏引也○掎居綺切

怒鷇麛鷇鳥子生須哺者麛麑子鷇麛以喻世充建德也○鷇古候切諸本作鷇音丘候切義同麛音莫兮切抗喬嶽喬嶽泰山翹萌芽翹舉也傲

霜雹王謀內定申掌握鋪施芟夷二主縛憚

華戎憚一作怛廓封略命之瞢命謂天命○瞢母亘切目不明又音蒙甍夢左傳亦無瞢焉註悶也畀以蔪音斫斬也畀一作畢又畀是楚辭羌兩足以畀蔪歸有德唯先覺

右戰武牢十八句其十六句句三字其二句句四字

薛舉據涇以死子仁杲尤勇以暴師

平之爲涇水黄第四薛舉隋末起兵隴西自號西秦霸王唐武德元年寇涇州敗唐兵八月謀取長安會有疾死子仁杲立復圍涇州十一月秦王至高墌城仁杲使宗羅睺將兵來拒秦王遣將擊之於淺水原羅睺軍大潰秦王乃親率驍騎據涇水臨之仁杲遂降十二月歸斬于長安市

涇水黄漢地理志涇水出安定郡涇陽縣开頭山東南至陽陵入渭詩云涇以渭濁故云涇水黄也隴野茫舉盡有隴西之地茫茫大也負太白騰天狼太白天狼皆星名天官書曰秦之疆候在太白占於狼狐蓋太白當秦疆而涇隴即秦地故云又天狼妖星以喻貪殘楚詞舉長矢兮射天狼有鳥鷙立○鷙

音至說文擊殺鳥也羽翼張鈎喙決前。喙許檅切鉅趯傍
鉅足距一作距。趯音惕跳也怒飛飢嘯翾不可當。翾隳緣切小
飛皃老雄死子復良皋卒仁杲僭稱帝巢岐飲渭肆翱
翔岐岐山渭渭水頻地紘列子八紘九野之水註八極也又前漢八紘註八方
之綱維提天綱選海賦天綱浡潏列鈌掉幟列鈌電名選云霹靂
列鈌陵陽子明經曰列鈌氣去地二千四百里列鈌掉幟言其旗幟飛動如列鈌也。幟
尺志切一作幟招搖耀鍇術家謂之破軍禮記招搖在上急繕其怒招搖北斗
七星也北斗居方宿之中以斗末從十二月建而指之則四方宿不差今軍行法云亦作
此北斗星在軍中舉之於上以正四方晉志招搖主胡兵鍇刃端也選雄戟曜鍇鬼

神來助夢嘉祥腦塗原野魄飛揚謂斬仁杲及其首帥等星辰復恢一方

右涇水黃二十四句其十五句句三字其九句句四字

輔氏憑江淮竟東海命將平之爲奔鯨沛第五輔氏輔公祏也隋季與杜伏威爲盜轉掠淮南伏威號揔管公祏爲長史唐武德二年伏威遣使歸國詔授公祏淮南道行臺封舒國公六年伏威入朝公祏居守八月遂稱帝於丹陽國號宋脩陳故宮室居之遣將侵海州冦壽陽詔趙郡王

孝恭及李靖黃君漢李世勣等討之七年三月公祏敗走野人執送孝恭孝恭斬之傳首京師

奔鯨沛盪海垠鯨魚之王崔豹古今註海魚也大者長千里小者數千丈其雌曰鯢盪搖盪垠岸○盪音蕩又他浪切垠魚巾切吐霓翳日霓屈虹也腥浮雲帝怒下顧哀墊昏○墊音玷授以神柄推元臣此謂詔襄州道行臺僕射趙郡王孝恭等討公祏也推一作雄手援天矛截脩鱗此謂孝恭大敗公祏擒之也援一作授披攘蒙霿爾雅地氣發天不應曰霿霿與霧同晦也○霿武賦切又茂夢二音開海門地平水靜浮天根羲和顯耀淮南子羲和日御也乘清氛赫

炎溥暢融大鈞

右奔鯨沛十八句其十向句三字其八句句四字

梁之餘保荆衡巴巫窮南越良將取之不以師爲苞枿第六

蕭銑後梁宣帝曾孫故曰梁之餘義寧元年十月自稱梁王二年僭稱皇帝西至三峽南盡交趾北距漢水皆附屬勝兵至四十餘萬武德元年徙居江陵四年九月高祖詔發巴蜀兵以趙郡王孝恭李靖統十二揔管討銑十月銑出降送長安斬于都市南方郡縣聞之皆望風

款附枿爾雅曰烈枿餘也謂木斫髠而復生也說文曰伐木餘也詩苞有三蘖前漢書叙傳三枿之起注引詩云包有三枿選東京賦山無槎枿○枿牙葛切又牙結切與蘖同

苞枿黷矣官韻唐韻集韻玉篇並無黷字疑作曥傳寫者誤日爲黑耳○曥音隊哉也玉篇黑部有黗字徒對切恐誤以隊作對邵熊文士也直音黷作隊註曰草木盛皃必有所據惟根之蟠彌巴蔽荆荆即江陵銑所居地負南極以安冃我舊梁氏○冃音冒一作曰緝綏艱難江漢之阻都邑固以皃音宗聖人作神武用有臣勇智奮不以衆投跡死地謀猷縱化敵爲家

慮則中陟仲切浩浩海裔不威而同係縲降王

定厥功孟子係縲其子弟註係縲猶結縛也謂孝恭送銑於長安也○縲力追切

降胡江切澶漫萬里澶漫大水貌杜詩澶漫山東二百州謂散遠也莊子澶漫爲樂選澶漫靡迤○澶音憚漫謨官莫半二切宣唐風蠻夷九譯咸

來從傳四方之言曰譯音亦韓詩外傳成王之時越裳氏重九譯而至凱還一本作旋金奏像形容趙王孝恭傳銑降帝悅遷孝恭荆州大揔管詔圖破銑狀以進震赫萬國罔不龔說文肅也前漢象龔滔天音恭義同通用

右芑枿二十八句其十六句句四字其三句句五字其九句句三字

李軌保河右師臨之不克變或軌以

降爲河右平第七軌字處則武威姑臧人義寧元年七月自稱河西大涼王盡有河西五郡之地唐武德元年高祖與書招撫之冊拜爲涼州摠管封涼王二年軌奉書稱皇從弟大涼皇帝臣軌而不受官爵高祖怒始議討之五月軌將安興貴執軌以聞河西悉平

河右澶漫澶漫見上註頑爲之魁王師如雷震崑崙以頽崑崙山名在西域○崑音昆崙盧昆切頽徒回切上聾下聰驁不可迴軌將安興貴仕長安表請說軌遣之興貴至武威乘間說軌令舉河

西以歸唐不聽鷙與傲通說文倨也莊子則辭以放鷙助讎抗有德惟

人之灾乃潰乃奮執縛歸厥命即謂安興貴執軌以聞也

萬室蒙其仁一夫則病濡以鴻澤皇之聖威

畏德懷功以定順之于理物咸遂厥性

右河右平十八句其十一句句四字其五句句五字其二句句三字

突厥之大古夷狄莫强焉師大破之

降其國告于廟爲鐵山碎第八突厥古匈奴北部隋大業中始畢可汗立其族强盛高祖起義兵遣劉文

靜聘始畢引以爲援遣兵從平
京城自後恃功驕倨唐武德二
年卒立頡利可汗頡利突利承
父兄之資尤有憑陵中國之意
九年入寇便橋太宗親與盟于
渭上未幾復寇貞觀三年太宗
詔李靖李勣六摠管師凡十餘
萬討之十二月突利率所部來
奔四年正月靖進屯惡陽嶺夜
襲定襄破之頡利懼竄鐵山靖
乘間襲擊遂大破滅其國頡利
出奔張寶相生擒之復定襄恒
安之地斥地界自陰山北至大
漠夏曰獯鬻殷曰鬼方周曰玁
狁漢曰匈奴魏曰
突厥○厥九勿切

鐵山碎大漠舒二虜勁二虜頡利突利二可汗也連穹廬

背北海專坤隅歲來侵邊或傳于都于都入寇便橋也○傳音附著也左氏傳于許天子命元帥奮其雄圖破定襄降魁渠靖龔定襄破之頡利所親康蘇密來降窮竟窟宅竟一作競斥余吾斥開也余吾匈奴地名前漢武帝紀馬生余吾水中應劭註云在朔方北也斥一作并蜀本作井百蠻破膽邊氓蘇威武燀耀燀一作煇煇炊也左氏燀之以薪前漢燀燿威靈○燀齒善切明鬼區鬼區夷遠利澤瀰萬祀瀰諸本作彌功不可踰官臣拜手左氏官臣偃實先後之註官臣守官之臣又一本作群臣非惟帝之謩

右鐵山碎二十二句其十一句句三字其

九句句四字其二句句五字

劉武周敗裴寂咸有晉地太宗滅之

爲靖本邦第九唐武德二年劉武周率兵侵幷州又進寇介州陷之五月高祖遣李仲文討之一軍全没六月右僕射裴寂請自行進討七月又爲其將宋金剛所敗武周進逼幷州遂據太原金剛進攻晉州六日城陷太宗表請益兵往擊之三年四月敗金剛於雀鼠谷又破武周于浩州武周及金剛奔突厥太宗進平幷州遂復故地

本邦伊晉惟時不靖根柢之搖柢木根漢書蟠木根柢○

柢典禮切又音蔕枝葉攸病守臣不任謂裴寂爲晉州道行軍摠管與武周戰敗績勩于神聖勩勞也謂勞太宗自平之也○勩羊至切惟
鉞之興翦焉則定洪惟我理洪一作往一本又作汪式
和以敬群頑旣夷庶績咸正皇蓍載大惟人
之慶

右靖本邦十四句句四字

李靖滅吐谷渾西海上爲吐谷渾第
十吐谷渾居甘松山之南洮水之西隋時其王慕容伏允寇
邊煬帝敗之太宗朝屢入寇然
伏允耄不能事其相天柱王用

事貞觀九年詔李靖爲西海道行軍大揔管與侯君集等擊之伏允謀入磧靖等決策深入破之柏海上○渾音魂

吐谷渾盛強背西海以夸歲侵擾我疆退匿險且遐帝謂神武師往征靖皇家烈烈旆其旗詩武王載旆有虔秉鉞如火烈烈熊虎雜龍蛇周禮交龍爲旂熊虎爲旗鳥隼爲旟龜蛇爲旐王旅千萬人銜枚默無譁周官有銜枚氏枚狀如箸橫銜之繣絜於項繣者結礙也絜者繞也蓋爲結繞而繞項也漢書章邯夜銜枚擊項梁顏師古註銜枚者止言語讙囂欲令敵人不知其來也○譁音華束刃踰山徼徼境也前漢南至牂牁爲徼註以木石水爲界○徼古堯切又音叫

張翼縱漠沙一舉刈羶腥尸骸積如麻除惡務本根左傳隱六年善爲國家者見惡如農夫之務去草焉芟夷蘊崇之絕其本根勿使能殖況敢遺萌芽洋洋西海水威命窮天涯係虜來王都見題註犒樂窮休嘉周禮共其犒牛○犒口到切登高望還師還一作旋竟野如春華竟一作競行者靡不歸親戚讙要遮揚雄傳淫淫與與前後要遮○要伊消切凱旋獻清廟萬國思無邪

右吐谷渾二十六句句五字

李靖滅高昌爲高昌第十一高昌地在京師

西四千八百里唐武德二年麴文泰嗣立爲王貞觀四年文泰入朝以之與西突厥通遂踈朝貢之禮十三年命吏部尚書侯君集爲交河道大揔管率薛萬鈞等擊之十四年文泰死子智盛立王師進逼其都智盛乃降以其地爲西州據新舊史高昌傳及李靖傳皆不見靖滅高昌事而公題云靖滅高昌無所考焉

麴氏雄西北別絕臣外區（別異也外區謂西突厥○別筆列切）既恃遠且險縱傲不我虞烈烈王者師熊螭以爲徒（○螭音摛）龍旂翻海浪（龍旂見前篇註）馹騎馳坤

隅○駰音日驛傳也左氏吾將使駰奔問諸晉賁育搏嬰兒揚子注孟賁夏育皆衛人漢書註孟賁古之勇士水行不避蛟龍陸行不避豺狼發怒吐氣聲響動天夏育亦猛士其唐兵滅高昌如賁育之搏嬰兒郭璞註爾雅空手執曰搏○賁音奔一掃不復餘平沙際天極但見黃雲驅臣請執長纓漢終軍自請願受長纓必羈南越王而致之闕下本傳智勇伏囚拘漢賈誼傳窘若囚拘文皇南面坐夷狄千群趨咸稱天子神往古不得俱獻號天可汗貞觀四年李靖係突厥頡利可汗以獻四月戊戌西北四夷君長詣闕請帝爲天可汗帝曰我爲大唐天子又下行可汗事乎羣臣及四夷皆稱萬歲是後以璽書賜西北君長皆稱天可汗郭子

儀傳天可汗存以覆我國都○覆敷救兵戍
乎○汗音寒切蓋也
不交害戍一作戎各保性與軀
右高昌二十二句句五字
旣克東蠻羣臣請圖蠻夷狀如周書
王會爲東蠻第十二唐東謝蠻在黔州西數百里貞觀三年其酋長謝元深入朝冠烏熊皮履以金銀絡額身被毛帔韋皮行縢而著履中書侍郎顏師古因奏言周武王時遠國歸款周史乃集其事爲王會篇今萬國來朝至如此輩章服實可圖寫今請撰爲王會圖詔從之以其地爲應州仍拜元深爲

刺史譚賓録云顔師古奏言乃命尚書閻立本圖之

東蠻有謝氏冠帶理海中自言我異世雖聖莫能通王卒如飛翰翰毛也詩如飛如翰○翰侯肝切又音寒鵬騫駭群龍鵬鳥也騫飛貌○鵬音朋騫音軒轟然自天墜漢書周亞夫東擊吳楚趙涉遮說曰將軍何不從此右去走藍田出武關抵雒陽直入武庫擊鳴鼓諸侯聞之以爲將軍從天而下也此用其意○轟呼宏切羣車聲乃信神武功繫虜君臣人累累來自東前漢志果累累從楚而圜蔡註累讀曰纍纍纍纍不絕之皃○累倫追切無思不服從唐業如山崇百辟拜稽首咸願圖形容如周王會書

汲冢周書第五十九篇名王會其圖天子南面立唐叔康叔周公在左太公望在右內臺四面者正北方應諸侯曹叔伯舅比服次之要服次之荒服又次之是皆朝於內者

永傳無窮睢盱萬狀乖睢盱張目貌集韻睢盱小人喜悅貌列子而睢睢而盱盱選天地未袪睢睢盱盱註視不明貌○睢音錐盱凶于切

咿嗢九譯重咿嗢言不明也咿一音伊字林內悲也嗢乙骨切說文咽也一曰大笑選先嗢噦以理來又選喔咿嚅唲強笑皃前漢越裳氏重譯獻白雉張衡東京賦重舌之人九譯僉稽首而來王九譯者謂譯語度九重之國乃至于此也

廣輪撫四海周禮大司徒周知九州之地域廣輪之數馬融云東西爲廣南北爲輪輪從也○廣古曠切

浩浩知皇風歌詩鐃鼓鬧以壯我元戎

右東蠻二十二句句五字

貞符

幷序按序云臣爲尚書郎時嘗著貞符公爲尚書禮部員外郎在永貞元年貞符蓋是時作然是年冬公繼貶永州司馬而序又云臣所貶州呉武陵爲臣言董仲舒對三代受命之符則序蓋在永州作宋景文筆録云柳子厚貞符禬説雖模寫前人體式然自有新意可謂文矣

負罪臣宗元一無負罪二字惶恐言臣所貶州流人呉武陵諸本流人上有量移二字考之史傳止云坐事流永州晉山沈晦曰宜如唐書去量移字爲臣言董仲舒對三代受命之符董仲

舒策曰天之所大奉使之王者必有非人力所能致而自至者此受命之符也天下之人同心歸之若歸父母故天瑞應誠而至書曰白魚入于王舟有火集于王屋流爲烏此蓋受命之符也誠然非耶臣曰非也何獨仲舒爾自司馬相如劉向揚雄班彪子固皆沿襲唼音癡推古瑞物以配受命司馬相如封禪文劉向洪範五行傳揚雄劇秦美新班彪王命論班固典引皆言符瑞之應其言類淫巫瞽史誑亂後代○誑古況切不足以知聖人立極之本顯至德揚大功一作公甚失厥趣臣爲尚書郎時嘗著貞符言唐家正德受命於生人之

意累積厚久宜享年無極之義（一無年字）本末閎闊會貶逐中輟不克備究武陵郎叩頭邀臣此大事不宜以辱故休缺（缺破也少也集韻缺或作鈌○缺傾雪切）使聖王之典不立無以抑詭類拔正道表覈萬代（表覈猶表正也實也）臣不勝奮激郎具爲書念終泯沒蠻夷不聞于時獨不爲也（獨一作猶）苟一明大道施于人代（一本死字上有臣字）死無所憾用是自決臣宗元稽首拜手以聞曰

孰稱古初朴蒙空侗而無爭（揚子天降生民空侗顓蒙空侗）

無知貌厥流以訛流謂末流訛謬也越乃奮敓鬬怒震

動專肆爲淫威書敓攘矯虔敓古奪字一作擊沈晦曰諸本作振動靜專唐書無靜字今以唐書爲據動字絕句曰是不知道惟人之初

揔揔而生林林而群雪霜風雨雷雹暴其外

於是乃知架巢空穴一無乃知字下同挽草木取皮

革飢渴牝牡之欲敺其內敺一作歐於是乃知噬

禽獸咀果穀㕮咀謂商量斟酌之一曰含味前漢咀噍芝英兮嘰瓊華○噬音誓咀在呂切合偶而居交焉而爭睽焉而鬬睽一作際

力大者搏齒利者齧倪結切噬也爪剛者決羣衆

者軋（乙黠切說文轢也）兵良者殺披披藉藉草野塗血（塗一作流）然後強有力者出而治之往往爲曹於險阻用號令起（一無用字）而君臣什伍之法立（什伍謂兵法也五人爲伍十人爲什）德紹者嗣道息者奪於是有聖人焉曰黃帝遊其兵車（一無遊字）交貫乎其內一統類齊制量（制量謂法制度量也）然猶大公之道不克建於是有聖人焉曰堯置州牧四岳持而綱之立有德有功有能者參而維之運臂率指屈伸把握莫不統率堯年耄（一無堯字）舉聖

人而禪焉大公乃克建由是觀之厥初罔匪
極亂匪一作不而後稍可為也一本爲下有世字也下有而字非
德不樹故仲尼敘書於堯曰克明俊德於舜
曰濬哲文明於禹曰文命祗承于帝於湯曰
克寬克仁彰信兆民於武王曰有道曾孫稽
揆典誓貞哉惟茲德實受命之符以奠永祀
後之妖淫囂昏左傳口不道忠信之言爲囂諸本作囂非是○囂魚巾切
好怪之徒乃始陳大電河圖云少典妃附寶見大電光繞北斗樞
星燿郊野附寶意感而生黃帝於壽丘帝王世紀大電光繞北斗樞星附寶感而懷孕二

十四月生黃帝**大虹**世紀又云舜母握登見大虹意感而生舜瑤光如虹貫月感女樞而生顓頊大星如虹流華渚而女節生少昊見沈約宋書**玄鳥**詩商頌天命玄鳥降而生商註云玄鳥鳦也湯之先祖有娀氏女簡狄配高辛氏生契箋云鳦遺卵簡狄吞之而生契史記帝嚳少妃簡狄以春分祀高禖而玄鳥遺其卵簡狄吞之孕而生契焉**巨跡**詩生民履帝武敏歆箋云高辛初郊禖之時有大神之跡姜嫄履之而生棄史記帝嚳元妃姜嫄見大人跡履之感而生稷**白狼**帝王世紀曰有神牽白狼銜鉤入殷朝尚書璇璣鈐曰湯受金符帝籙白狼銜鉤入殷朝**白魚流火之烏**武王伐紂渡河中流白魚躍入王舟中武王俯取以祭既渡有火自上復于下至于王屋流爲烏其色赤其聲魄云董仲舒策引書白魚入于王舟註謂今文尚書泰誓之辭謂武

王伐紂時有此瑞也前漢郊祀志曰周得火德有赤烏之符註引尚書中候曰有火自天止于王屋流爲赤烏五至以穀俱來以爲符斯爲詭譎闊誕○詭古委切譎音決其可羞也其一作甚而莫知本于厥貞新唐史無而字漢用大度漢書高紀常有大度克懷于有氓登能庸賢濯痍煦寒煦烝也一曰溫潤○痍音夷煦吁句切以瘳以熙玆其爲符也而其妄臣一本作臣妄乃下取虺蛇○虺音卉上引天光史記高祖被酒夜徑澤中有白蛇當道高帝拔劍斬之後人來至蛇所有一老嫗哭曰吾子白帝子化爲蛇當道今者赤帝子斬之又曰高帝入關五星聚于東井班彪王命論曰初劉媼姙高祖而夢與神遇震電晦冥有龍蛇之怪

是以王武感物而折券呂公覩形而進女秦
皇東遊以壓其氣呂后望雲而知所處始受
命則白蛇分西入關則五星聚故淮陰留推
侯謂之天授非人力也公意其指此乎
類號休○號胡刀切下同用夸誣于無知詆增以騶
虞神鼎騶虞仁獸也司馬相如封禪書曰囿騶虞之珍羣又曰般般之獸樂我君囿
白質黑章其儀可喜言時得此獸也元鼎
元年得寶鼎汾水上因是改元四年六月又
得之脅敺縱臾西漢衡山王傳日夜縱臾王謀反事註縱臾勉强也臾一本作
踴前漢日夜縱臾謂獎勸也○縱子勇切臾音勇俾東之泰山石閭
武帝太初三年夏四月還修封泰山禮石閭
郊祀志云石閭在泰山下阯南方方士言仙
人閭也故作大號謂之封禪張晏曰封禪者
上親禪焉天高而可冀近

神靈也說文祭天也一曰讓也王侯功不皆敢當故讓於天○禪音擅古文作禮字

尚書所無有莽述承效王莽傳前輝光謝囂奏武功長孟通浚井得白石上圓下方有丹書著石文曰告安漢公莽爲皇帝符命之起自此始矣述爲益州牧有龍出其府殿中夜有光耀述以爲符瑞因刻其掌文曰公孫帝卒奮鷔逆

其後有賢帝曰光武克綏天下復承舊物猶崇赤伏伏一作服光武在長安時同舍生彊華自關中奉赤伏符曰劉秀發兵捕不道四夷雲集龍鬭野四七之際火爲主羣臣奏曰受命之符人應爲大光武因此崇尚符讖建武元年也以玷厥德魏晉而下尨亂鈎裂厥符不貞邦用不靖亦罔克久駮乎無以議爲

也王篇駁馬色不純前漢白黑雜合謂之駁本作駮積大亂至于隋氏環四海以爲鼎跨九垠以爲鑪垠廣雅厓也前漢漂龍淵而還九垠兮○垠音銀鑪音盧爨以毒燎爨説文齊謂之炊燎放火也○爨取亂切燎音了熛以虐焰熛熾也焰火光也○熛音扇又音羶焰以贍切其人沸湧灼爛號呼騰蹈莫有救止於是大聖乃起丕降霖雨濬滌盪沃蒸爲清氣疏爲泠風○泠音零人乃漻然休然漻漻水清深也集韻變化貌莊子油然漻然註天下未有不變者也○漻連條切又音流相睎以生睎一作晞相持以成相彌以寧琢斮屠剔琢一作椓去陰之刑也書劓刵

椓䵡剔解骨也○琢丁角切膏流節離之禍不作而人乃

克完平舒愉尸其肌膚以達于夷途焚圻抵

掎居綺切奔走轉死之害不起死一作徙而人乃克

鳩類集族歌舞悅懌用祗于元德徒奮袒呼

犒迎義旅讙動六合至于麾下麾大將之旗大盜

豪據阻命過德義威殄戮咸墜厥緒無劉于

虐盡殺曰劉人乃並受休嘉去隋氏克歸于唐躑

躅謳歌躑躅行不進貌○躑音擲躅除玉切灝灝和寧○灝音浩帝

庸威栗惟人之爲敬奠厥賦奠定也積藏于下

韓詩外傳曰王者藏於天下諸侯藏於百姓是謂豐國鄉爲義廩

斂發謹飭歲丁大侵五穀不熟謂之大侵見穀梁傳襄公二十四年

人以有年簡于厥形不殘而懲是謂嚴威小

屬而支而若也屬說文連也不斷而支體也下而字義同○屬之欲切大生

而孥愷悌祗敬用厎于理凡其所欲不譎而

獲凡其所惡不祈而息四夷稽服不作兵革

不竭貨力丕揚于後嗣用垂于帝式十聖濟

厥理高祖太宗高宗中宗睿宗玄宗肅宗代宗德宗順宗凡十帝是爲十聖孝

仁平寬惟祖之則澤久而逾深逾一作愈仁增而

益高人之戴唐永永無窮是故受命不于天
于其人休符不于祥于其仁惟人之仁匪祥
于天匪祥于天兹惟貞符哉一本無符字未有喪
仁而久者也未有恃祥而壽者也商之王以
桑穀昌以雉雊大商太戊時有桑穀共生於朝一暮大拱伊陟曰妖不勝德太戊修修德桑穀死桑穀二木名下音谷說文楮也又古候切南人呼楮如穀北人呼如勃高宗時祭成湯有飛雉升鼎耳而雊高宗修政行德殷道遂復興雊鳴也古候切
宋之君以法星壽廣雅曰法星星熒惑也宋景公三十七年熒惑守心心宋之分野景公憂之司星子韋曰可移於相公曰相吾之股肱曰可移於民公曰君者待

民曰可移於歲公曰歲飢民困吾誰爲君子韋曰天高聽卑君有君人之言三熒惑疑有動於是候之果徙三舍舍行七星星當一年故延二十一年景公在位六十四年而卒見史記宋世家熒惑退舍又見呂氏春秋鄭以龍衰魯昭公十九年鄭大水龍鬭于時門之外洧淵魯以麟弱哀公十四年春西狩獲麟白雉亡漢漢平帝元始元年春正月越裳氏重譯獻白雉一黑雉二黃犀死莽平帝元始二年黃支國獻犀牛王莽班符命總說曰肇命於新都受瑞於黃支惡在其爲符也○惡音烏不勝唐德之代光紹明濬深鴻庬大保人斯無疆一本無大字宜薦于郊廟文之雅詩祗告于德之休帝曰諶哉諶亦作忱時任切乃黜

休祥之奏究貞符之奧思德之所未大求仁之所未備以極于邦理以敬于人事其詩曰

於穆敬德於歎辭穆美也詩於穆清廟一作穆穆敬德黎人皇之皇君也惟貞厥符浩浩將之將助也仁函于膚刃莫畢屠澤熯于爨○熯音罕又虛汗切火乾也灊炎以瀞灊涫也湯沸也瀞濯垢也○灊方味切瀞音綏殄厥凶德殄一作勦乃敺乃夷懿其休風是喣是吹○喣吁句切氣以温之父子熙熙相寧以嬉賦徹而藏孟子周人百畝而徹謂什一之賦厚我糗粻禮記五十異粻○糗去久切又丘救切熬米麥也粻張粮二音刑

輕以清我肌靡傷肌一本作宗一本作宇貽我子孫百代是康十聖嗣于理仁后之子子思孝父易惠于巳于一作丁拱之戴之神具爾宜一作神其佑尔載揚于雅承天之嘏嘏音假福也大也天之誠神宜鑒于仁神之曷依宜仁之歸一本仁作人字濮沿于北一本沿作鉛字祝粟于南前漢禮樂志房中歌曰四極爰轃師古曰四極四方極遠之處也爾雅曰東至于泰遠西至于邠國南至於濮沿北至于祝栗謂之四極幅貟西東商頌幅隕既長註云隕當作圓圓周也祗一乃心祝唐之紀紀一作祀後天罔墜祝皇之壽與地咸久曷

徒祝之心誠篤之神協人同舊本作尸協唐史作神協道

以告之○告音梏俾爾億萬年不震不危我代之

延永永毗之仁增以崇曷不爾思有號于天

○號音豪僉曰嗚呼咨爾皇靈無替厥符

睎民詩詩專以美房元齡杜如晦意有倣於大雅崧高烝民等詩

一本此詩在外集

帝視民情帝上帝匪幽匪明慘或在腹已如邑

聲亦無動威亦無止力弗動弗止惟民之極

帝懷民視書天視自我民視乃降明德明德謂明德之王乃

生明翼書庶明勵翼明翼者何迺房迺杜惟房與杜實爲民路迺定天子迺開萬國萬國既分迺釋蠹民迺學與仕迺播與食書汝后稷播時百穀也迺器與用迺貨與通有作有遷無遷無作士實蕩蕩農實董董工實蒙蒙賈實融融左右惟一出入惟同攝儀以引以遵以肄音曳一作肆其風既流品物載休品物載休惟天子守乃二公之久惟天子明乃二公之成惟百辟正乃二公之令惟百辟穀穀善也書凡厥正人既富方穀乃二

公之禄二公行矣弗敢憂縱是獲憂共二公

居矣弗敢泰止是獲泰已既柔一德四夷是

則四夷是則永懷不忒忒差忒也詩其儀不忒

河東先生集卷第一

河東先生集卷第二

古賦

佩韋賦

并序○西門豹性急故佩韋以自緩董安于性緩故佩弦以自急韋皮繩喻緩也弦弓弦喻急也事見韓非子范丹自以猶急不能從容常佩韋以自戒事見後漢書據集有與呂温書云自吾得友君子而後知中庸之門戶堦室此貞元末事也時公願學中庸見於文字者甚多賦亦當作於貞元二十年後歟○韋雨非切

柳子讀古書覩直道守節者即壯之壯一作狀之即

（一作則）蓋有激也悁懼過而失中庸之義慕西門氏佩韋以戒故作是賦其辭曰

邈予生此下都兮塊天質之慤醇日月迭而化升兮霈遁初而枉神（枉一作柱一作衽神一作抂神○霈音浸）雕大素而生華兮（廣雅云大素質之始也華猶薄也生一作成）汩末流以喪眞（○汩音骨）睎往躅而周章兮（睎慕也周章不決皃）懵倚伏其無垠（垠一作根懵迷惑不明也老子禍兮福所倚福兮禍所伏垠垠堮也○懵母揔母亘二切）世旣奪予之大和兮眷授予以經常循聖人之通途兮鬱縱史而不揚

縱臾猶勉強也註見貞符○縱子勇切臾音勇猶悉力而究陳兮獲貞則于典章嫉時以奮節兮憫己以抑志登嵩丘而垂目兮○嵩息中切中岳也瞰中區之疆理○瞰苦濫切下視也橫萬里而極海兮頹風浩其四起恟驚怛而躑躅兮○恟音凶又上聲憂恐也躑躅行不進皃惡浮詐之相詭思貢忠于明后兮振教導乎遐軌乎一本作之紛吾守此狂狷兮○紛音分懼執競而不柔柔一作求競強也詩執競武王探先哲之奧謨兮○奧於到切攀往列之洪休列一作烈曰沈潛而剛克兮書沈潛剛克

固讜人之嘉猷○讜音黨直言也嗟行行而蹪踣兮行行剛強貌語子路行行如也蹪踣也○行行並下浪切蹪音致踣蒲墨切信往古之所仇彼穹壤之廓殊兮寒與暑而交修執中而俟命兮固仁聖之善謀吾祖士師之直道兮亦愀然於伐國論語柳下惠爲士師三黜人曰子未可以去乎曰直道而事人馬往而不三黜董仲舒傳魯君問柳下惠吾欲伐齊何如下惠曰不可歸而有憂色曰吾聞伐國不問仁人此言何爲至於我哉○愀七小切色變屈父戮齊而誅卯兮本柔仁以作極定十年穀梁傳公會齊侯于夾谷孔子相馬齊人使優施舞於魯君之幕下孔子曰笑君者罪當死使司馬行法馬

首足異門而出家語孔子爲魯司寇七日而誅亂政大夫少正卯戮之于兩觀之下**蘭竦顏以誚秦兮入降廉猶臣僕**秦趙會於河外澠池秦王請趙王鼓瑟趙王鼓之藺相如復請秦王鼓缶秦王不肯相如曰五步之內臣得以頸血濺大王矣左右欲刃相如相如張目叱之皆靡秦王爲一擊缶趙王歸國以爲上卿廉頗曰相如以口舌位居吾上必辱之相如聞之引車避曰顧吾念之強秦不敢加兵於趙者徒以吾二人在也今兩虎共鬬其勢不俱生吾所以爲此者先國家之急而後私讎也降謂下也一本猶上有以字**吉優繇而布和兮殘萑蒲以屏匿**吉鄭子太叔游吉也左氏昭公二十年子太叔爲政不忍猛而寬鄭國多盜取人於萑苻之澤太叔悔興徒兵以攻之萑苻之盜少止○萑音丸苻與蒲同繇與游同前漢優

繇亮直

劌拔刃于霸侯兮退躬躬而畏服劌曹沫也

左氏穀梁作曹劌齊桓公與魯會于柯而盟劌即匕首劫齊桓公左右莫敢動劌曰大國侵魯亦已甚矣今魯城壞即壓齊境君其圖之桓公乃許盡歸魯之侵地劌投其匕首下壇就其群臣之位顏色不變辭令如故躬躬謹也博雅云謹敬之皃史魯世家躬躬如畏然○劌音桂躬丘六切又弓穹二音

寬與猛其相濟兮孰不須

玆之盛德克明哲而保躬兮怏大雅之所朂

詩大雅云既明且哲以保其身○朂音旭勉也

陽宅身以執剛兮率

易帥而蒙辜

左傳文五年陽處父聘于衛過甯甯嬴曰沈潛剛克高明柔克夫子一之其不没乎六年晉蒐于夷使狐射姑將中軍趙盾佐之陽處父至自温改蒐于

董易中軍狐射姑怨陽子之易其班也九月使續鞫居殺䖏父

羽愎心以盭志兮首身離而不懲

羽既敗垓下乃自刎而死王翳取其頭餘騎相蹂踐爭項王相殺者數十人最其後郎中騎楊喜等五人各得其一體愎很也盭戾也○愎蒲逼切盭音戾

雲岳岳而專強兮果黠志而垂圖

前漢朱雲傳五鹿岳岳朱雲折其角師古曰長角貌成帝時雲嘗言於朝願賜尚方斬馬劒斷佞臣張禹上怒曰小臣居下訕上廷辱師傅罪死不赦御史將雲下雲攀殿上檻折呼曰臣得從龍逄比干遊于地下足矣未知朝廷何如爾左將軍辛慶忌死爭之上意始解自是不復仕

咸觸屏以拒訓兮肆殞越而就陵

前漢陳萬年病召子咸教戒于床下語至夜半咸睡頭觸屏風萬年怒咸謝曰具曉所言大要

敎咸諂也萬年遂不復言萬年死元帝擢咸爲御史中丞以言石顯髡爲城旦治訐諫于昏朝兮名崩弛而陷誅左氏宣公九年陳靈公與孔寧儀行父通于夏姬皆衷其衵服以戲于朝洩冶諫曰公卿宣淫民無效焉且聞不令君其納之公曰吾能改矣公告二子二子請殺之公弗禁遂殺洩冶○訐音羯告也苟縱直而不羈兮乃變罹而禍仍○罹音漓仍一作俱歷九折而直奔兮固摧輈而失途漢王陽爲益州刺史行部至卬郲九折坂嘆曰吾奉先人遺體柰何數乘此險遵大路而曲轍兮又求達而不能廣守柔以允塞兮抵暴梁而壞節梁冀鴆殺質帝李固胡廣趙戒杜喬皆以清河王蒜宜立爲嗣先是蠡吾侯志娶冀

妹冀欲立之衆論既異明日冀會公卿意氣凶凶言辭激切胡廣趙戒皆畏憚曰惟大將軍令而固與喬堅守本議冀激怒竟立蠡吾侯是爲桓帝遂枉害李固杜喬固臨命與胡廣趙戒書曰梁氏迷謬公等曲從受主厚禄顛而不扶傾覆大事後之良史豈有所私廣戒得書悲慙家撝謙而溫美兮脅子公而喪哲左傳宣四年子公與子家謀弑鄭靈公子家曰畜老猶憚殺之況君乎反譖子家子家懼而從之夏弑靈公義師仁而惡很兮惡一本無惡字遂潰騰而滅裂宋義下令謂項羽很如狼羽即帳中斬其頭或曰翟義也爲東郡太守王莽居攝義心惡之乃立東平王子信爲天子自號大司馬舉兵討之莽遣將攻之義不勝與劉信弃軍亡去捕得尸磔陳都市夷滅三族斯委懦以從邪兮懦一作儒

悼上蔡其何補始皇崩于沙丘趙高欲殺太子扶蘇而立胡亥謂丞相斯云云斯曰安得亡國之言此非人臣所當議也高曰云云斯曰云云高曰云云斯曰云云高曰云云斯乃仰天而嘆垂淚太息曰嗟夫獨遭亂世既以不能死安託命哉於是斯乃聽高其後爲高所譖具斯五刑論腰斬咸陽市出獄謂其中子曰吾欲與若復牽黃犬出上蔡東門逐狡兔豈可得乎遂父子相哭而夷三族事詳見史記李斯本傳徐偃柔以屏義兮儵邦離而身虜張華博物志徐偃王治其國仁義著聞諸侯服從周王使楚伐之偃王仁不忍鬭其民爲楚所敗走彭城武原東山下桑弘和而郤武兮渙宗覆而國舉桑弘和一作乘柔知名字不同事不可得而考設任柔而自處兮蒙大戮而不

悟（任柔一作仁柔其事未詳或云鱄設諸恐非）故曰純柔純弱兮必削必薄純剛純強兮必喪必亡韜義于中○韜（音叨）服和于躬和以義宣剛以柔通守而不遷兮變而無窮交得其宜兮乃獲其終姑佩兹韋兮（姑一作始）考古齊同亂曰（亂理也所以重理一賦之意）韋之申申佩于躬兮本正生和探厥中兮哲人交修樂有終兮庶寡其過追古風兮（追一作進）

揚雄酒箴（晁太史云雄以諷成帝其文為酒客難法度士）

子猶瓶矣觀瓶之居居井之眉處高臨深

動常近危酒醪不入口藏水滿懷不得左右牽於纆徽一旦叀礙爲甇所轠身提黃泉骨肉爲泥自用如此不如鴟夷鴟夷滑稽腹大如壺盡日盛酒人復借酤常爲國器託於屬車出入兩宮經營公家繇是言之酒何過乎○叀上絹切甇丁浪切轠音雷

瓶賦東坡云揚子雲酒箴有問無荅子厚瓶賦蓋補亡耳子厚以瓶爲智幾於信道知命者鼂太史無咎取公此賦于變騷而系之以詞曰昔揚雄作酒箴謂鴟夷盛酒而瓶藏水酒甘以喻小人

水淡以比君子故鴟夷以親近託車而瓶以疏遠居井而羸此雄欲同塵於皆醉者之詞也故宗元復正論以反之以謂寧爲瓶之潔以病已無爲鴟夷之旨以愚人蓋更相明亦猶雄爲反騷非反也合也今附酒箴于此篇目○賦大意則謂鴟夷雖巧曲不忤於物而或以致敗衆亡國之患未若爲瓶師乎淡泊而不媚私暱則非巧曲徼覬一時者之比此公自喻云耳

昔有智人善學鴟夷鴟夷字見史記齊世家范蠡自號鴟夷子皮註云蓋以吳王殺子胥而盛以鴟夷今蠡以有罪故爲號也韋昭曰鴟夷革囊也又蠡本傳註則云若盛酒之鴟夷用則多所容納不用則可卷而懷不忤於物鴟夷蒙鴻

蒙鴻並上聲廣大貌罍罃相追罍樽也罃缶也○罍音雷罃音鶯罃字本作罌一作彜彜亦樽名音假謟誘吉士喜悅依隨開喙倒腹○喙吁穢切斟酌更持味不苦口昏至莫知頹然縱傲與亂爲期視白成黑顛倒姸媸上倪堅切下音蚩己雖自售人或以危敗衆亡國流連不歸誰主斯罪鴟夷之爲不如爲瓶居井之眉酒箴註云眉井邊也若人目上之有眉作湄字者非鈎深挹潔挹酌也淡泊是師和齊五味○和去聲齊才詣切寧除渴飢不甘不壞久而莫遺清白可鑒終不媚私利澤廣大

孰能去之綆絕身破說文云綆井索也何足怨咎功成事遂復于土泥歸根反初無慮無思何必巧曲徼覬一時徼求也覬幸也○徼古堯切覬音冀子無我愚我智如斯

牛賦公之瓶賦牛賦其辭皆有所託當是謫永州後感憤而作以牛自喻謂牛有耕墾之勞利滿天下而終不得其所爲織縢俎豆之用雖有功於世而無益於己彼羸驢駑馬曲意從人而反得所安終謂命有好醜非若能力皆感憤之辭也東坡云嶺外俗皆恬殺牛海南爲甚乃書子厚牛賦遺瓊州僧道贇使曉諭之

即書此賦也

若知牛乎牛之爲物魁形巨首垂耳抱角毛革踈厚牟然而鳴說文牟牛鳴黃鍾滿脰月令中央土律中黃鍾之宮黃鍾謂土也○脰音豆項也抵觸隆曦音羲曰耕百畒往來修直植乃禾黍自種自斂服箱以走詩睆彼牽牛不以服箱箱車上之器可以盛者輸入官倉己不適口富窮飽飢功用不有陷泥蹷塊常在草野人不慙愧利滿天下皮角見用肩尻莫保○尻苦刀切說文曰脽也或穿緘縢或實俎豆由是觀之物無踰

者不如羸驢音蘽。羸服逐駑馬曲意隨勢不擇

處所不耕不駕藿菽自與藿豆葉菽大豆○藿音霍騰踏

康莊爾雅五達謂之康六達謂之莊出入輕舉喜則齊鼻怒

則奮躑當道長鳴聞者驚辟辟避也項羽叱楊喜人馬俱驚

辟易數里謂開張而易其本處○辟音闢善識門戶終身不惕牛

雖有功於己何益命有好醜非若能力愼勿

怨尤以受多福

解祟賦幷序○祟神禍也音邃據序云柳子既謫蓋在永州時作

柳子既謫公永貞元年爲禮部員外郎以附王叔文出爲邵州十一月再貶永

州司馬猶懼不勝其口筮以玄遇干之八其贊曰赤舌燒城吐水于瓶（于一作干）其測曰君子解祟也（太玄干以準易之升次八赤舌燒城吐水于瓶測曰赤舌吐水君子以解祟也註赤舌謂九也兊爲口舌八爲木木生火火中之舌故赤也赤舌所敗若火燒城詩曰喆婦傾城口舌之由也金生水故吐水也水滅於火雖有傾城之言以水拒之灾無由生矣○晁曰宗元釋玄之意以謂其吉其凶口實爲之赫然陽闢黜然陰翕炎以熾火涼以激水既以是燔亦以是熄蓋靜實躁以喻祟不外作要自勝者常吉）君喜而爲之賦（一有曰字）

胡赫炎薰熇之烈火兮（薰一作重○熇虛驕黑各二切炎氣也）

而生夫人之齒乎上彈飛而莫遁。彈音單極也遁徒困切旁窮走而逾加九泉焦枯而四海滲涸兮滲下漉也涸水竭也。滲所禁切涸音鶴又胡故切紛揮霍而要遮要遮註見鐃歌鼓吹曲風雷唬唬以爲槖籥兮老子天地之間其猶槖籥乎註云槖籥中空虛故能有聲槖以皮籥以竹槖以風動籥以氣動。唬呼交切又古伯切虎鳴也槖音託回禄煽怒而喊呼回禄火神煽熾也喊呵也呼張口皃。煽音扇喊呼咸切又虎覽切呼虛乎切炖堪輿爲甗鏊兮堪輿天地也炖風而火盛皃甗甂屬鏊燒器也。炖他昆切甗語蹇切又平聲又去聲鏊音傲藝雲漢而成霞藝焚也左傳藝僖負羈。藝儒劣切鄧林大椿不足以充於燎兮列子夸父逐日道死其杖化爲鄧林鄧林廣數千里馬莊子上古有大椿者以八千歲爲春八千歲爲秋一本無於字倒扶桑落棠膠轕而相又或作轇轕山海經大荒之中暘谷上有扶桑十日所浴九日居下一日居上枝皆戴烏淮南子曰出於暘谷登於扶桑入于虞泉轇轕廣大貌亦雜亂貌靈光殿賦轇轕無垠廣大貌也東京賦云鈒戟轇轕雜亂貌也又楚辭騎轇轕而雜亂兮○轕音葛膏搖脣而增孅兮爓掉舌而彌葩掉舌字見史記蘇秦掉三寸舌葩華也○葩披巴切沃無瓶兮撲無篲篲旋芮徐醉二切帚也金流玉鑠兮說文鑠銷金也宋玉招魂十日代出流金鑠石鑠式灼切○曾不自比於塵沙獨淒己而燠

物愈騰沸而骹𩩲骹脚腰也𩩲大髂也一本作骹𩩲○骹苦交切𩩲客牙切吾懼夫灼爛灰滅之爲禍往搜乎太玄之奥太玄經之秘奥也訟衆正詐群邪曰去爾中躁與外撓姑務清爲室而静爲家苟能是則始也汝邇令也汝遐涼汝者進烈汝者賖譬之猶豁天淵而覆原燎書若火之燎于原不可嚮邇而一作以○豁呼括切燎音了夫何長喙之紛拏長喙赤舌也拏說文牽引也○拏女加切令汝不知清己之慮而惡人之譁不知静之爲勝而動焉是嘉徒逴逴乎狂奔而西傃盛

氣而長嗟（傃向也傃一作素奔一作莽西傃一作四索）不亦遼乎於是釋然自得以泠風濯熱（莊子列子御風而行泠然善也詩誰能執熱逝不以濯）以清源滌瑕履仁之實去盜之夸（老子是謂盜之夸非道也哉○去上聲）冠太清之玄冕佩至道之瑤華鋪沖虛以爲席駕恬泊以爲車瀏乎以遊於萬物者○（瀏留柳二音水清深貌）始彼狙雎倏施而以崇爲利者夫何爲耶（雎一作雄）

懲咎賦（唐書本傳載此賦曰宗元不得召內憫悼悔念往咎作賦自儆蓋爲永州司馬時作元和三年秋也晁太史取此賦於續

楚辭序曰宗元竄斥崎嶇蠻瘴閒堙厄感鬱一寓於文為離騷數十篇懲咎者悔志也其言曰苟余齒之有懲兮蹈前烈而不頗後之君子欲成人之美者讀而悲之

懲咎愆以本始兮孰非余心之所求處卑汚以閔世兮固前志之為尤始余學而觀古兮怪今昔之異謀惟聰明為可考兮追駿步而遐遊潔誠之既信直兮仁友藹而萃之日施陳以繫縻兮騷云日康娛以自忘兮繫縻一本作擊摩邀堯舜與之為師一無師字上睢盱而混茫兮睢盱註見鐃歌鼓吹曲荒

忽不可考信也下駮詭而懷私駮一作駁旁羅列以交貫兮求大中之所宜曰道有象兮而無其形推變乘時兮與志相迎不及則殆兮過則失貞謹守而中兮與時偕行萬類芸芸兮一作紜紜老子夫物芸芸各歸其根註芸芸華葉茂盛也率由以寧剛柔弛張兮出入綸經綸一作倫登能抑枉兮白黑濁清一本作清濁蹈乎大方兮物莫能嬰奉訏謨以植內兮訏大也謨謀也詩訏謨定命○訏音吁欣余志之有獲再徵信乎策書兮謂炯然而不惑炯一作耿徵信一作明信愚者

果於自用兮惟懼夫誠之不一不顧慮以周圖兮專茲道以爲服讒妬構而不戒兮猶斷斷於所執。斷丁亂切哀吾黨之不淑兮吾黨謂任文之屬也遭任遇之卒迫。卒音猝勢危疑而多詐兮逢天地之否隔選啓泰真之否隔兮此謂順宗有疾憲宗監國之際欲圖退而保己兮悼乖期乎曩昔欲操術以致忠兮衆呼然而互嚇集韻嚇以口距人莊子仰而視之曰嚇音赫註怒而拒物聲也。又呼駕切呼虛牙切張口貌互字一本作予進與退吾無歸兮甘脂潤乎鼎鑊說文鑊鑴也幸皇鑑之明宥兮纍郡印而南適漢書印何纍纍綬若若耶重纍積也永貞元年九月公初貶爲部州刺史惟罪大而寵厚兮宜夫重仍乎禍謫是年十一月再貶爲永州司馬既明懼乎天討兮又幽慄乎鬼責莊子無人非無鬼責惶惶乎夜寤而晝駭兮類麔麚之不息麔麞也麚說文云牡鹿也以夏至解角麔或作麕從禾麚一作麚字○麔倶倫切麚音加凌洞庭之洋洋兮泝湘流之沄沄飄風擊以揚波兮舟摧抑而迴邅楚人名曰轉爲邅霾曀以昧幽兮爾雅云風而雨土爲霾釋名曰霾晦也詩終風注云陰而風曰曀○霾音埋曀音翳黮雲涌而上屯黮青黑色屯聚也列子望之如

雲屯黜字一本作之○黜於糾切暮屑窣以淫雨兮○屑先結切集韻勃屑行貌窣蘇骨切說文從穴中卒出聽噭噭之哀猨噭衆口愁也衆鳥萃而啾號兮鳥一作鳥沸洲渚以連山漂遙逐其詎止兮逝莫屬余之形兒攢巒奔以紆委兮小山上銳曰巒○巒音鸞委于鬼切東洶湧之崩湍畔尺進而尋退兮盪洄汨乎淪漣水平伏曰淪漣水動也詩淪漪註漣風行水成文淪小風水文轉如輪○汨音骨莊子與汨俱出註回伏而涌者汨也又疾也汨沒也又越筆切際窮冬而止居兮羈纍棼以縈纏纍前漢敬弔楚之湘纍註不以罪死曰纍○棼扶分切哀吾生之孔

艱兮循凱風之悲詩罪通天而降酷兮不殛死而生爲元和九年公之母盧氏卒於永州殛一本作亟說文从人从口从又从二二天地也徐鍇曰承天之時因地之利口謀之手執之時不可失疾也○殛訖力去吏二切逾再歲之寒暑兮猶貿貿而自持記檀弓貿貿然來註目不明貌一作貿音茂將沈淵而隕命兮詎蔽罪以塞禍惟滅身而無後兮顧前志猶未可進路呀以劃絕兮○劃忽麥切退伏匿又不果爲孤囚以終世兮長拘攣而轗軻楚辭轗軻而留滯曩余志之脩蹇兮楚辭汝何博蹇而好脩兮紛獨有此姱節又云吾令蹇脩以爲

理註好脩謇謇夸異之節俗本作修騫誤今何爲此戾也夫豈貪

食而盜名兮不混同於世也將顯身以直遂

兮衆之所宜蔽也不擇言以危肆兮固群禍

之際也御長轅之無橈兮說文橈曲木周禮唯輈直且無橈也

。橈乃孝切行九折之峩峩却驚棹以橫江兮泝

凌天之騰波幸余死之已緩兮完形軀之旣

多茍余齒之有繼兮蹈前烈而不頫楚詞循繩墨而

不頫。頫音坡傾也烈一作列死蠻夷固吾所兮雖顯寵其

焉加。焉於虔切何也後以意求配大中以爲偶兮諒天

命之謂何

閔生賦 賦云肆余目於湘流兮蓋在永州時作又云孟軻四十乃始持心兮云云顧余質愚而減齒兮云云當是四十以前也其諸元和五六年間歟

閔吾生之險阨兮紛喪志以逢尤 騷云紛逢尤以離謗 晁無咎云柳宗元雅善蕭俛在江嶺間貽書言情云宗元與罪人交十年官以是進辱在附會居治平世終身爲頑人之類猶有少恥未能盡忘此蓋以叔文輩爲罪人頑人謂己恥辱然悔厲極矣其曰閔吾生之險阨紛喪志以逢尤蓋自以生之不幸喪志而爲此云

氣沉鬱以杳眇兮涕浪浪而常流 騷云攬茹蕙以掩涕

兮霑余襟之浪浪。浪音郎膏液竭而枯居兮魄離散而遠遊言不信而莫余白兮雖遑遑欲焉求合喙而隱志兮幽默以待盡爲與世而斥謬兮固離披以顛隕騏驥之棄辱兮駑駘以爲騁。駑駘音奴臺騁一作哂玄虬蹶泥兮虬龍無角者莊子曰蹶泥則没足滅跗。蹶音厥鼂作蹷虬渠幽切諸韻並作虯畏避鼃黽鼃蝦蟇也黽亦鼃屬與蛙同音烏瓜切黽武幸切一本黽作蠠大蛤也行不容之崢嶸兮。崢助耕切嶸音宏質魁壘而無所隱前漢鮑宣傳云朝廷亡有耆艾魁壘之士服虔曰魁壘壯皃也壘一作能魁能並如字甘泉賦皐伊之徒冠倫魁能。魁口賄切壘音磊鱗介槁以橫陸兮鴟嘯群而厲吻心沉抑以不舒兮形低摧而自愍肆余目於湘流兮望九疑之垠垠湘水出零陵北入江零陵永州也九疑山名湘中記云九山相似行者疑惑故云文穎云九疑山半在蒼梧半在零陵相傳以爲舜所葬。垠音銀波滃溢以不返兮蒼梧鬱其蜚雲蜚古飛字重華幽而野死兮世莫得其僞眞史記舜南巡狩崩於蒼梧之野葬于江南九疑屈子之悄微兮抗巵辭以赴淵屈原仕楚爲上官大夫令尹子蘭所讒賦離騷九辯九章投汨羅而死。悄規緣切古固有此極憤兮矧吾生之藐艱。藐音邈一作眇列徃則以考己兮指斗極以自陳登高岊而企踵兮瞻故邦之殷轔（前漢振殷轔而軍裝轔註盛多也○殷音隱又離珍切）山水浩以蔽虧兮路蓊勃以揚氛（○蓊烏孔切）空廬頹而不理兮（空一作室）翳丘木之榛榛（○翳一計切）塊窮老以淪放兮匪魑魅吾誰鄰（史記舜流四凶族于四裔以禦魑魅○魑丑知切魅音寐）仲尼之不惑兮有垂訓之謩言（語孔子曰吾四十而不惑）孟軻四十乃始持心兮猶希勇乎黜賁（孟子我四十不動心黜賁北宮黝孟賁也見公孫丑上○黜伊糾切賁音奔）顧余質愚而齒減兮（元和七年公年始四

（十時猶未也）宜觸禍以阽身（阽危也楚詞阽余身而危死節兮覽余初其猶未悔○阽音鹽）知從善而革非兮又何懼乎令之人噫禹績之勤備兮曾莫理夫茲川（上文皆言湘中事茲川意謂湘江也湘水禹貢不經見此公所謂曾莫理夫茲川也耶）殷周之廓大兮南不盡夫衡山（衡山南嶽也見周禮職方氏王制南不盡衡山北不盡恒山）余因楚越之交極兮邈離絕乎中原壤汙潦以墳洳兮（○潦魯浩切到二切左氏潢汙行潦之水墳符吻切土膏肥也洳如倨切漸濕也）蒸沸熱而恒昏戲鳧鸛乎中庭兮蒹葭生於堂筵雄虺蓄形於木杪兮

短狐伺景於深淵景即影字楚詞雄虺九首註虺別名也毛詩爲鬼爲蜮陸機䟽蜮一名射影南人將入水先以瓦石投水令濁然後入又博物志江南山有射工虫長一二寸口中有弩形射人影不治則殺人短狐伺景指此狐字一作弧○虺許偉切仰矜危而俯慄兮弨日夜之拳攣病體拘曲易有孚攣如○攣閭緣切慮吾生之莫保兮生一作年忝代德之元醇孰眇軀之敢愛兮竊有繼乎古先明神之不欺余兮一本神字在明上余一作爲庶激烈而有闡冀後害之無辱兮匪徒蓋乎曩愆徒一作攘

夢歸賦公在永州懷思鄉閭而作也晁無咎曰宗元既貶悔其年

少氣銳不識幾微久幽不還故作夢歸賦初言覽故鄉喬木而悲中言仲尼欲居九夷老子適戎以自釋末云首丘鳴號示終不忘其舊當世憐之然衆畏其才高竟廢不起

羅擯斥以窘束兮余惟夢之爲歸精氣注以凝冱兮冱水凝也莊子曰河漢冱而不能寒○冱音互循舊鄉而顧懷夕余寐于荒陬兮心慊慊而莫違○慊苦簟切質舒解以自恣兮息愔翳而愈微○愔伊淫切安和貌歘騰踴而上浮兮歘暴起也說文云有所吹起諸韻無從三火者杜子美虎牙行秋風歘吸吹南國文選江淹詩歘吸鵾雞悲諸家多用从二火字莊子朝菌註

下云歘生楚也後漢張平子思玄賦歘歘神化而蟬蜕兮惟二字從三火○歘歘況物切疾皃

俄滉瀁之無依○滉瀁上力廣切下余掌切深廣皃圓方混而

不形兮顥醇白之霏霏顥白皃楚詞天白顥顥又云雲霏霏而承

宇○顥音昊上茫茫而無星辰兮一作茫洋下不見夫

水陸水一作川若有鉥余以往路兮○鉥音述導也說文綦鍼

也晏本作訹訹言也音恤說文誘也漢書怵於邪說註怵體訹字耳馭儗儗以

回復漢食貨志引詩黍稷儗儗註盛貌詩作薿薿○儗魚紀切浮雲縱以

直度兮云濟余乎西北風纚纚以經耳兮纚纚

連也楚詞索胡繩之纚纚纚纚風聲也一作纚纚晁作纚纚以驚耳○纚音躧又音離

類行舟迅而不息洞然于以瀰漫兮瀰漫大水皃以字一本重作于字○瀰音彌漫音瞞虹蜺羅列而傾側爾雅蝃蝀虹也蜺爲挈貳與電同又蜺雌虹也橫衝飈以盪擊兮○飈甲遙切盪音蕩又他浪切忽中斷而迷惑靈幽漠以瀄汩兮靈字一本作零雨二字瀄汩水流皃○瀄音節汩越筆切進怊悵而不得楚辭怊悵而自悲○怊敕喬切白日邈其中出兮一本出作無又一本無出字陰霾披離以泮釋○霾音埋風雨土也施岳瀆以定位兮乎參差之白黑忽崩騫上下兮一本作崩騫翔以上下以佪徨兮又作忽崩騫翔以上下兮又作崩騫上下以佪徨兮聊按行而

自抑行一作衍指故都以委墜兮瞰鄉閭之脩直○瞰音闞原田蕪穢兮崢嶸榛棘喬木摧解兮垣廬不飾公與許孟容書云先墓在城南無異子弟爲主自譴逐來消息存亡不一至鄉閭又云城西有數頃田樹果百株多先人手自封殖今已荒穢恐便斬伐有哀憤毀傷之意與此賦同書在元和四年作賦亦當後先于此山嵎嵎以巖立兮○嵎音虞山高皃水汩汩以漂激○汩音骨又越筆切魂恍惘若有亡兮○恍音怳惘音罔恍惚也涕汪浪以隕軾○浪音郎晁作浪浪類曛黃之黭漠兮楚詞思美人章指嶓冢之西隈兮與纁黃以爲期註纁黃蓋昏時黭果實黑壞皃揜黯二音晁作黭漠欲周流而

無所極紛若喜而佁儗兮○佁勑吏切儗音毅韻音擬不前也又音態礙心回互以壅塞○互音戶俗作乎一本又作盱音支目汁凝也諸韻皆無盱字作回乎恐是章籍章敦顚釋音作盱眩眩音縣目無常主也鍾鼓喤以戒旦兮○喤音橫陶去幽而開寤罾罻蒙其復體兮○罾罻音曾尉魚網也復字一作後孰云桎梏之不固桎手械梏足械○上音質下姑沃切精誠之不可再兮余無蹈夫歸路偉仲尼之聖德兮德一本作位謂九夷之可居論語子欲居九夷或曰陋子曰君子居之何陋之有○居協韻去聲惟道大而無所入兮猶流游乎曠野野一本作墅非老聃

遁而適戎兮指淳莚以縱步史記老聃見周衰遂去至關關令尹喜曰子將隱矣強爲我著書迺著書五千餘言而去又神仙傳老子將去周而出關以升崑崙關令尹喜掃門道見老子老子以長生之事敎之蒙莊之恢怪兮寓大鵬之遠去莊子蒙人逍遥遊篇云北溟有魚其名曰鵾化而爲鳥其名爲鵬是鳥也海運則徙於南溟苟遠適之若兹兮胡爲故國之爲慕首丘之仁類兮斯君子之所譽禮記狐死正丘首仁也鳥獸之鳴號兮有動心而曲顧禮記鳥獸喪其群匹越月踰時則必返巡過其故鄉翔回焉鳴號焉然後乃能去之膠余衷之莫能捨兮衷一作哀雖判析而不悟列兹

夢以三復兮（三一作往）極明昏而告愬

囚山賦

（永貞元年公謫居永州元和九年作此賦晁太史無咎序公此賦於變騷曰語云仁者樂山自昔達人有以朝市爲樊籠者矣未聞以山林爲樊籠者宗元謫南海久猒山不可得而出懷朝市不可得而復立壑草木之可愛者皆陷穽也故賦因山淮南小山之辭亦言山中不可以久留以謂賢人遠伏非所宜爾何至以幽獨爲狴牢不可一日居哉然終其意近招隱故録之）

楚越之郊環萬山兮勢騰踴夫波濤紛對廻

合仰伏以離迾兮。迾音列又音例遮也一本無對字若重墉之相褰爭生角逐上軼旁出兮。軼迭佚二音說文車相出也下坼裂而爲壕。壕音豪塹也欣下頹以就順兮曾不畝平而又高沓雲雨而漬厚土兮沓合也漬漚物也。沓達合切漬疾智切一本無而字漬作積蒸鬱勃其腥臊周禮辨腥臊羶香之不可食者說文臊豕膏臭也。腥音星臊蘇曹切陽不舒以擁隔兮群陰冱而爲曹冱固寒也西京賦涸陰冱寒曹偶也爲一作與。冱胡故切與沍同側耕危穫苟以食兮哀斯民之增勞斯民一本作下民一作小人攢林麓以爲叢棘兮攢一作積山足曰麓易寘于叢棘䟽云叢棘謂囚執之處以棘叢而禁之也虎豹咆㘖代狴牢之吠嘷咆㘖虎豹聲博物志云狴獄別名嘷亦咆也○咆音庖㘖虎檻切狴音陛嘷音豪㘖一作闞虎檻切恐是蓋韻中無㘖字胡井眢以管視兮眢目無明也又廢井也左傳宣十二年目於眢井而拯註視虛廢井而求拯已東方朔傳以管窺天一本胡字上有予字○眢音剜又作殞窮坎險其焉逃顧幽昧之罪加兮雖聖猶病夫噭噭匪兕吾爲柙兮兕似牛一角論語虎兕出於柙註云柙檻也匪豕吾爲牢詩執豕于牢積十年莫吾省者兮公永貞元年乙酉貶永州司馬至元和九年甲午爲十年矣明年始召至京師又出爲柳州刺史增蔽

吾以蓬蒿聖日以理兮聖一作世賢日以進誰使吾山之囚吾兮滔滔一本無下吾字

愈膏肓疾賦左傳成十年晉景公疾病求醫於秦秦伯使醫緩爲之未至公夢疾爲二豎子曰彼良醫也懼傷我焉其一曰居肓之上膏之下若我何醫至曰疾不可爲也肓鬲也心下爲膏晏元獻嘗親書此賦云膚淺不類柳文宜去之或曰公少作也借以論治國之理焉肓音荒鬲也心上鬲下

景公夢疾膏肓尚謂虛假命秦緩以候問遂俯伏于堂下俯伏一作伏身公曰吾今形體不衰筋

力未寡子言其有疾者何也秦緩乃窮神極思曰○窮一作究 思去聲 夫上醫療未萌之兆中醫攻有兆之者目定死生心存取捨亦猶卞和獻含璞之璧伯樂相有孚之馬然臣之遇疾如涅之處埏 尸連切 和土也 疾之遇臣如金之在冶雖九竅未擁四支且安膚腠營胃○膚音孚 腠音湊 肌脉也 營字一作脘 外強中乾 僖十五年左氏傳 張脉僨興外彊中乾 精氣內傷神沮脉殫以熱益熱以寒益寒鍼灸不達誠死之端巫新麥以爲讖 楚禁切 驗也 果不得

其所餐（成十年左氏傳晉侯夢大厲公覺召桑田巫巫言如夢公曰何如曰不食新矣六月晉侯欲麥使甸人獻麥召桑田巫示而殺之將食張如廁陷而卒。餐七安切）

公曰固知天賦性命如彼暄寒短不足悲脩不足歡哂彼醫兮徒精厥術如何爲之可觀醫乃勃然變色攘袂而起子無讓我我謂於子我之技也如石投水如弦激矢視生則生視死則死膏肓之疾不救衰亡之國不理巨川將潰非捧土之能塞。（捧上聲）大廈將崩非一木之能止斯言足以諭大子令察乎孰是爰有忠臣聞之憤怨忘廢寢食擗摽感歎詩寤辟有摽註辟傷心也摽拊心皃擗音闢摽婢小匹妙二切。生死浩浩天地漫漫甘泉賦指東西之漫漫註無厓際之皃。漫莫半切綏之則壽撓之則散善養命者鮐背鶴髮成童兒鮐海魚也鮐背謂背有鮐文。鮐音台善輔弼者殷辛夏桀為周漢非藥曷以愈疾非兵胡以定亂喪亡之國在賢哲之所扶匡而忠義之心一無而字豈膏肓之所羈絆羈絆馬絡縶也前漢貫仁義之羈絆。羈居宜切絆音半余能理亡國之刓弊。刓五官切剸也齊也愈膏肓之患難君謂之何以醫曰夫八紘之外（○紘音宏）六合之中始自生靈及乎昆蟲神安則存神喪則終亦猶道之衰也患出於邪佞身之憊也（○憊音鞴）疾生於火風彼膏肓之與顛覆匪藥石而能攻者哉因此而言曰余今變禍爲福易曲成直寧關天命在我人力以忠孝爲干櫓（音魯大盾也）以信義爲封殖拯厥兆庶綏乎社稷一言而熒惑退舍（見上貞符序註）一揮而羲和匪昃（淮南子魯陽公與韓戰酣日暮援戈而揮之日爲之反三舍羲和日御也）桑穀生庭而自滅

野雉雊鼎而自息（桑穀雉雊二事並見上貞符註）誠天地之無親曷膏肓之能極醫者遂口噤心醉。（噤巨禁切）踢歛茫然投弃針石匍匐而前。（匍扶蒲二音匐音伏又蒲墨切）吾謂治國在天子謂治國在賢（治字一本作浩）吾謂命不可續子謂命將可延詎知國不足理疾不足痊佐荒淫為聖主祿夭壽為長年皆正直之是與庶將來之勉旃

河東先生集卷第二

（唐）柳宗元 撰

宋本河東先生集

第二册

國家圖書館出版社

第二册目録

卷第三　論
封建論……三
四維論……一九
天爵論……二二
守道論……二六
時令論上……二九
時令論下……三八
斷刑論上文闕……四一
斷刑論下……四二
辯侵伐論……四八
六逆論……五一
卷第四　議辯
晋文公問守原議……五九
駁復讎議……六三
桐葉封弟辯……六九
辯列子……七二
辯文子……七五
論語辯二篇……七七
辯鬼谷子……八一
辯晏子春秋……八三
辯亢倉子……八五
辯鶡冠子……八七
卷第五　古聖賢碑
箕子碑……九一

道州文宣王廟碑……………………九五
柳州文宣王新修廟碑………………一〇三
終南山祠堂碑并序…………………一〇六
太白山祠堂碑并序…………………一一二
碑陰文………………………………一一三
湘源二妃廟碑………………………一一五
饒娥碑………………………………一一九
唐故特進贈開府儀同三司揚州大都督南府君睢陽廟碑并序……一二四
卷第六　釋教碑
曹溪第六祖賜謚大鑒禪師碑………一四一
南岳彌陀和尚碑……………………一四九
岳州聖安寺無姓和尚碑……………一五三
碑陰記………………………………一五七
龍安海禪師碑………………………一五九
卷第七　釋教碑銘
南岳雲峰寺和尚碑…………………一六七
南岳雲峰和尚塔銘…………………一七一
南岳般舟和尚第二碑………………一七三
南岳大明寺律和尚碑………………一七九
碑陰…………………………………一八三
衡山中院大律師塔銘………………一八五
卷第八　行狀
段太尉逸事狀………………………一九一
故銀青光禄大夫右散騎常侍輕車都尉宣城縣開國伯柳公行狀……二〇一
唐故秘書少監陳公行狀……………二二四

河東先生集三

第三卷 論
第四卷 議辯
第五卷 碑
第六卷 碑
第七卷 碑銘

河東先生集卷第三

論

封建論

唐宗室傳贊曰唐興疏屬畢王至太宗時與名臣蕭瑀等喟然講封建事欲與三代比隆而魏徵李百藥皆謂不然顔師古獨議建諸侯當少其力與州縣雜治由是罷不復議至名儒劉秩目武氏之禍則謂郡縣不可以久安大抵與曹陸相上下而杜佑柳宗元深探其本據古驗今而反復焉蘇内翰志林曰昔之論封建者曹元首陸機劉頌及唐太宗時魏徵李百藥顔師古其後劉秩杜佑柳宗元宗元之論出而諸子之論廢矣雖

聖人復起不能易也范太史唐鑑亦以公之論爲然以謂後世如有王者擇守令以治郡縣亦足以致太平何必封建哉又武威孔氏曰韓退之文章過子厚而議論不及子厚作封建論退之所無按唐之藩鎮初非有取於封建之制特自天寳之後安史亂定君臣幸安瓜分河北地以授叛將護養孽萌以成禍根亂人乘之遂擅署吏以賦稅自私不朝獻于庭其與春秋所謂諸侯強而王室弱之患等至元和間爲朝廷擾無虚日公目擊其禍之至此也推原封建之出叅勢之不得已而猶惜乎唐之不能悉置守宰而使強藩悍將爲中國擾也唐史臣詳取公之論

以爲世鑑誠知言哉作之年月未詳

天地果無初乎吾不得而知之也生人果有初乎吾不得而知之也然則孰爲近曰有初爲近孰明之由封建而明之也重校無二之字彼封建者更古聖王堯舜禹湯文武而莫能去之蓋非不欲去之也勢不可也勢之來一有則字其生人之初乎一無生字不初無以有封建封建非聖人意也彼其初與萬物皆生草木榛榛說文云榛叢也鹿豕狉狉篇韻無狉字疑當爲伾伾有力也一曰狸子曰伾疑作駓

楚辭逐人駓駓注駓駓走貌○狉音丕人不能搏噬而且無毛羽莫克自奉自衛荀卿有言必將假物以爲用者也夫假物者必爭爭而不已必就其能斷曲直者而聽命焉其智而明者所伏必衆告之以直而不改必痛之而後畏由是君長刑政生焉故近者聚而爲群群之分其爭必大大而後有兵有德又有大者衆群之長又就而聽命焉以安其屬於是有諸侯之列則其爭又有大者焉德又大者一作德又有大者一者下有焉

字諸侯之列又就而聽命焉以安其封於是有方伯連帥之類禮記王制千里之外設方伯五國以爲屬屬有長十國以爲連連有帥三十國爲卒卒有正二百一十國爲州州有伯則其爭又有大者焉德又大者一本作德又有大者一者下有焉字方伯連帥之類又就而聽命焉以安其人然後天下會於一是故有里胥而後有縣大夫有縣大夫而後有諸侯有諸侯而後有方伯連帥有方伯連帥而後有天子自天子至於里胥其德在人者死必求其嗣而奉之故封建非

聖人意也勢也夫堯舜禹湯之事遠矣及有周而甚詳（一無有字）周有天下裂土田而瓜分之（瓜分者言如剖瓜也）設五等（王制公侯伯子男凡五等）邦群后布緮星羅（緮一作濩濩散也選聲教布濩）四周于天下輪運而輻集（○輻方六切）合爲朝覲會同離爲守臣扞城（詩兎罝公侯干城○守舒救反扞于同戶旦切）然而降于夷王害禮傷尊下堂而迎覲者（禮記覲禮天子不下堂而見諸侯下堂而見諸侯天子之失禮也由夷王以下）歷于宣王挾中興復古之德雄南征北伐之威卒不能定魯侯之嗣陵夷迄

於幽厲迄於一作壞于王室東徙而自列爲諸侯矣一無矣字國語魯武公以括與戲見王王立戲樊仲山父諫曰下事上少事長所以爲順也今立諸侯而建其少是教逆也王卒立之武公歸而卒及魯人殺懿公而立伯御宣王伐魯立孝公諸侯從是而不睦懿公即戲伯御即括孝公名稱懿公之弟事亦見史記孝公二十五年諸侯畔周犬戎殺幽王秦始列爲諸侯歟後問鼎之輕重者有之宣三年左氏傳楚子觀兵于周疆定王使王孫滿勞楚子楚子問鼎之大小輕重焉射王中肩者有之左氏傳桓五年王以諸侯伐鄭鄭伯禦之祝聃射王中肩伐凡伯誅萇弘者有之春秋隱七年戎伐凡伯于楚丘以歸襄三年左氏傳劉氏范氏世爲婚姻萇弘事劉文公故周與范氏趙鞅以爲討

周人殺萇弘○萇音長天下乖盭音戾無君君之心余以爲周之喪久矣徒建空名於公侯之上耳得非諸侯之盛強末大不掉之咎歟說文云掉搖也左傳尾大不掉○掉徒弔切遂判爲十二史記十二諸侯年表謂魯齊晉秦楚宋衛陳蔡曹鄭燕合爲七國合一作吞謂秦楚燕齊韓魏趙威分于陪臣之邦謂田氏篡齊韓趙魏分晉國殄於後封之秦秦伯益之後其末孫非子周恭王時爲附庸及秦仲之孫襄公救周周室東遷始列爲諸侯則周之敗端其在乎此矣秦有天下裂都會而爲之郡邑廢侯衛而爲之守宰據天下之

雄圖都六合之上游攝制四海運於掌握之内此其所以爲得也不數載而天下大壞其有由矣一無其字亟役萬人暴其威刑竭其貨賄負鋤梃謫戍之徒圜視而合從圜視而起見賈誼論驚愕也前漢合從連衡注齊楚韓魏燕趙爲從秦爲衡從謂其地形南北從長也秦地形東西横長故爲衡○從子容切大呼而成群時則有叛人而無叛吏叛人謂陳勝吳廣之屬人怨於下而吏畏於上天下相合合一作咎殺守刼令而並起咎在人怨非郡邑之制失也漢有天下矯秦之枉徇周之

制剖海内而立宗子封功臣數年之間奔命扶傷之不暇困平城（高祖七年擊韓王信困平城）病流矢（高祖十二年擊黥布爲流矢所中）陵遲不救者三代後乃謀臣獻畫而離削自守矣（謂賈誼主父偃欲分王子弟也）然而封建之始郡邑居半時則有叛國而無叛郡（叛國謂吴楚七國反也）秦制之得亦以明矣（一作已）繼漢而帝者雖百代可知也唐興制州邑立守宰此其所以爲宜也然猶桀猾時起虐害方域者失不在於州而在於兵時則有叛將而無

叛州叛將謂藩鎮擁重兵者州縣之設固不可革也或者曰封建者必私其土子其人適其俗修其理施化易也守宰者苟其心思遷其秩而已何能理乎理一作治余又非之周之事跡斷可見矣列侯驕盈黷貨事戎戎謂戎事○黷音讀說文握持垢也大凡亂國多理國寡侯伯不得變其政天子不得變其君私土子人者百不有一有下一有其字失在於制不在於政周事然也秦之事跡亦斷可見矣有理人之制而不委郡邑是矣有理

人之臣而不使守宰是矣郡邑不得正其制守宰不得行其理酷刑苦役而萬人側目失在於政不在於制秦事然也漢興天子之政行於郡不行於國制其守宰不制其侯王侯王雖亂不可變也國人雖病不可除也及夫大逆不道然後掩捕而遷之勒兵而夷之耳大逆未彰姦利浚財怙勢作威大刻於民者無如之何及夫郡邑可謂理且安矣何以言之且漢知孟舒於田叔漢書田叔傳文帝初召叔叔問曰公知天下

長者乎叔曰故雲中守孟舒長者也時孟舒坐虜大入雲中免上曰先帝置舒雲中十餘年矣虜常一入不能堅守士卒戰死者數百人長者固殺人乎叔曰孟舒知士卒罷弊不忍出言士爭臨城死敵以故死者數百人是乃孟舒所以爲長者上曰賢哉孟舒復召以爲雲中太守

得魏尚於馮唐

馮唐傳唐謂文帝曰魏尚爲雲中守坐上功首虜差六級陛下下之吏陛下雖得頗牧不能用也帝悅令唐持節赦尚復以爲雲中守

聞黃霸之明審

漢書黃霸爲潁川太守外寬內明得吏民心治爲天下第一徵守京兆尹

覩汲黯之簡靖

汲黯學黃老言治民好清靜不苛細爲東海太守卧閤不出歲餘東海大治

拜之可也復其位可也卧而委之以輯一方可也有罪得以黜有能

得以賞朝拜而不道夕斥之矣夕受而不法朝斥之矣設使漢室盡城邑而侯王之縱令其亂人一作縱其令亂其人戚之而已孟舒魏尚之術莫得而施黃霸汲黯之化莫得而行明譴而導之一本譴作遣拜受而退已違矣一本違矣上有斯必二字下令而削之締交合從之謀一本合下有約字締說文云結不解也周於同列則相顧裂眦說文眦目匡也○眦疾智切勃然而起而一作四幸而不起則削其半削其半民猶瘁矣曷若舉而移之以全其人乎漢事

然也今國家盡制郡邑連置守宰其不可變
也固矣善制兵謹擇守則理平矣或者又曰
夏商周漢封建而延秦郡邑而促尤非所謂
知理者也魏之承漢也封爵猶建晉之承魏
也因循不革而二姓陵替不聞延祚今矯而
變之垂二百祀大業彌固何繫於諸侯哉或
者又以爲殷周聖王也而不革其制固不當
復議也是大不然夫殷周之不革者是不得
已也蓋以諸侯歸殷者三千焉資以黜夏湯

不得而廢歸周者八百焉資以勝殷武王不得而易徇之以爲安仍之以爲俗湯武之所不得已也夫不得已非公之大者也私其力於己也私其衛於子孫也秦之所以革之者其爲制公之大者也其情私也私其一己之威也私其盡臣畜於我也然而公天下之端自秦始夫天下之道理安斯得人者也一無得字使賢者居上不肖者居下而後可以理安今夫封建者繼世而理繼世而理者上果賢乎

下果不肖乎則生人之理亂未可知也將欲利其社稷以一其人之視聽則又有世大夫世食祿邑（一無祿字）以盡其封略聖賢生于其時亦無以立於天下（一無亦字）封建者爲之也豈聖人之制使至於是乎吾固曰非聖人之意也勢也

四維論

管子牧民篇曰國有四維一維維絕則傾二維絕則危三維絕則覆四維絕則滅何謂四維一曰禮二曰義三曰廉四曰恥禮不踰節義不自進廉不蔽惡恥不從枉公意謂廉恥自禮義

中出未有有禮義而無廉恥有廉恥而無禮義故云吾見其二維而未見其所以爲四也作之年月未詳

管子以禮義廉恥爲四維吾疑非管子之言也彼所謂廉者曰不蔽惡也（一無也字）世人之命廉者（一無世字）曰不苟得也（一無也字）所謂恥者曰不從枉也（一無也字）世人之命恥者（一無世字）曰羞爲非也然則二者果義歟非歟吾見其有二維未見其所以爲四也夫不蔽惡者豈不以蔽惡爲不義而去之乎夫不苟得者豈不以苟得

爲不義而不爲乎雖不從枉與羞爲非皆然
然則廉與耻義之小節也不得與義抗而爲
維聖人之所以立天下曰仁義仁主恩義主
斷恩者親之斷者宜之而理道畢矣蹈之斯
爲道得之斯爲德履之斯爲禮誠之斯爲信
皆由其所之而異名今管氏所以爲維者殆
非聖人之所立乎又曰一維絶則傾二維絶
則危三維絶則覆四維絶則滅若義之絶則
廉與耻其果存乎廉與耻存則義果絶乎人

旣蔽惡矣苟得矣從枉矣諸本作苟得而從枉矣爲非而無羞矣則義果存乎使管子庸人也則爲此言管子而少知理道則四維者非管子之言也

天爵論孟子有天爵者有人爵者仁義忠信樂善不倦此天爵也公卿大夫此人爵也古之人修其天爵而人爵從之今之人修其天爵以要人爵旣得人爵而棄其天爵公以爲未盡作此論

柳子曰仁義忠信先儒名以爲天爵未之盡也夫天之貴斯人也則付剛健純粹於其躬

倬爲至靈○倬音卓大者聖神其次賢能所謂貴也剛健之氣鍾於人也爲志得之者運行而可大悠久而不息拳拳於得善孜孜於嗜學則志者其一端耳純粹之氣注於人也爲明得之者爽達而先覺鑒照而無隱盹盹於獨見說文鈍目也○盹音諄篇韻無此字禮記肫肫其仁註曰懇誠皃字從月集韻從日盹盹懇誠朱閏切淵淵於默識則明明者又其一端耳明離爲天之用恒久爲天之道舉斯二者人倫之要盡是焉故善言天爵者不必在道德

忠信明與志而已矣道德之於人猶陰陽之於天也仁義忠信猶春秋冬夏也舉明離之用運恒久之道所以成四時而行陰陽也宣無隱之明著不息之志所以備四美而富道德也故人有好學不倦而迷其道撓其志者撓釋文云擾也○撓女巧切明之不至耳有照物無遺而蕩其性脱其守者志之不至耳明以鑑之志以取之役用其道德之本舒布其五常之質充之而彌六合播之而奮百代聖賢之事也

然則聖賢之異愚也職此而已使仲尼之志之明可得而奪則庸夫矣授之於庸夫則仲尼矣若乃明之遠邇志之恒久庸非天爵之有級哉故聖人曰敏以求之（論語子曰我非生而知之者好古敏而求之者）明之謂也爲之不厭（論語又曰抑爲之不厭誨人不倦則可謂云爾已矣）志之謂也道德與五常存乎人者也克明而有恒受於天者也嗚呼後之學者盡力於所及焉或曰子所謂天付之者若開府庫焉量而與之耶曰否其各合乎氣者也

莊周言天曰自然吾取之

守道論

左氏傳昭公二十年齊侯田于沛招虞人以弓不進曰昔先君之田也旃以招大夫弓以招士皮冠以招虞人臣不見皮冠不敢進仲尼曰守道不如守官

或問曰守道不如守官何如對曰是非聖人之言傳之者誤也官也者道之器也離之非也未有守官而失道守道而失官之事者也一無也字是固非聖人之言乃傳之者誤也一無乃字夫皮冠者是虞人之物也物者道之準也守

其物由其準而後其道存焉茍舍之是失道也凡聖人之所以爲經紀爲名物無非道者命之曰官官是以行吾道云爾一本作命是以行吾道云爾是故立之君臣官府衣裳輿馬章綬之數會朝表著周旋行列之等昭十一年左氏傳會朝之言必聞于表著之位杜預註云朝内列位常處謂之表著○行戸剛切是道之所存也則又示之典命書制符璽奏復之文璽本作壐說文王者印也所以主上故从爾从土籀从玉參伍殷輔陪臺之役周禮設其參傳其伍陳其殷置其輔註參謂卿三人伍謂大夫五人殷衆士輔府史庶人

在官者陪臺者亦謂臣也出左昭公七年是道之所由也則又勸之以爵祿慶賞之美懲之以黜遠鞭扑梏拲斬殺之慘扑小擊也梏拲者周禮上罪梏拲而桎梏手械拲兩手共械○梏居沃切拲居悚居王二切是道之所行也故自天子至于庶民一作人咸守其經分去聲而無有失道者和之至也失其物去其準道從而喪矣易其小者而大者亦從而喪矣古者居其位思死其官可易而失之哉禮記曰道合則服從不可則去內則篇孟子曰有官守者不得其職則去

然則失其道而居其官者古之人不與也是故在上不爲抗在下不爲損矢人者不爲不仁函人者不爲仁率其職司其局交相致以全其工也（一本工字作公）易位而處各安其分而道達於天下矣（矣一作也）且夫官所以行道也而曰守道不如守官蓋亦喪其本矣未有守官而失道守道而失官者也（一本失官下有之事二字）是非聖人之言傳之者誤也果矣

時令論上

（孔穎達禮記疏案鄭目錄云名曰月令者以其記十

二月政之所行也本呂氏春秋十二月紀之首章以禮家好事抄合之後人因題之名曰禮記言周公所作其中官名時事多不合周法令申鄭旨釋之案呂不韋集諸儒著爲十二月紀名爲呂氏春秋篇首皆有月令與此文同是一證也又周無太尉唯秦官有太尉而此月令云乃命太尉此是官名不同周法二證也又秦正以十月建亥爲歲首而月令於季秋云合諸侯制百縣爲來歲受朔日是九月爲歲終十月爲朔此是時不合周法三證也又周有六冕郊天迎氣則用大裘乘玉輅建太常日月之章而月令服飾車旗並依時色此是事不合周法四證也

故鄭必謂呂不韋作者以此或曰此書純用秦正案始皇二十六年并天下然後以十月爲歲首先是十二年不韋遷蜀死矣安所從受而以十月爲來歲朔日乎是不然夫以十月爲歲首昭王以來旣然矣按秦紀昭王四十一年先書十月宣太后薨次書九月穰侯出之陶四十八年先書十月韓獻垣雍秦軍伐趙次書正月兵罷五十年先書十月白起有罪爲士伍次書十二月益發卒軍汾城旁次書二月攻晉軍斬首六千然則始皇以十月爲歲首特立定爲制耳其實二十六年以前已用十月也或又曰秦并天下立郡縣何得云合諸侯又秦以好兵毒禍

何能布德行惠春不興兵是又不然大不韋集諸儒所作爲一代大典亦擿攟善言遵立舊章秦自不能盡法依行何怪其非不韋所作也按昭王五十三年楚齊韓魏趙皆來賓又孝文莊襄世赦罪人弛苑囿布德惠於民皆秦紀所書而此書作於昭孝文莊襄之後亦其行事之一驗也又可指此爲限斷乎且官名時事各不同周法又安得指爲周公作乎公曰夏后周公之典逸矣信然

呂氏春秋十二紀漢儒論以爲月令措諸禮以爲大法焉其言有十二月七十有二候每月

六候故十二月爲七十二候迎日步氣步謂推步以追寒暑之序類其物宜而逆爲之備聖人之作也然而聖人之道不窮異以爲神不引天以爲高利於人備於事如斯而已矣觀月令之說苟以合五事配五行而施其政令離聖人之道不亦遠乎凡政令之作有俟時而行之者有不俟時而行之者是故孟春修封疆端徑術鄭康成曰術周禮作遂夫間有遂遂上有徑遂小溝也步道曰徑○徑古定切術音遂相土宜無聚大衆季春利堤防達溝瀆音讀止田

獵備蠶器合牛馬百工無悖於時孟夏無起土功無發大衆勸農勉人仲夏班馬政聚百藥此一句在禮記乃孟夏非仲夏季夏行水殺草糞田疇美土疆土功兵事不作孟秋納材葦此一句季夏非孟秋仲秋勸人種麥季秋休百工人皆入室具衣裘舉五穀之要合秩芻養犧牲此二句季夏非是季秋趨人牧斂趨疾也○趨逡遇切又音促督也務蓄菜此二句仲秋非季秋伐薪爲炭孟冬築城郭穿竇窖說文云竇空也窖地藏也入地圓曰竇方曰窖○窖音教修囷倉此四句仲秋非孟冬說文圜廩之圜

者也○囷區倫切謹蓋藏才浪切又徂郎切勞農以休息之

說文云勞慰也○勞朗到切收水澤之賦仲冬伐木取竹

箭季冬講武習射御出五穀種計耦耕具田

器合諸侯制百縣輕重之法貢職之數自合諸侯

以下至此季秋非季冬斯固俟時而行之所謂敬授人

時者也其餘郊廟百祀亦古之遺典不可以

廢誠使古之爲政者非春無以布德和令行

慶施惠養幼少省囹圄省察也審也囹圄獄也○省息井切囹音

零圄音語賜貧窮禮賢者非夏無以贊傑俊遂賢

良舉長大行爵出禄斷薄刑決小罪節嗜慾靜百官非秋無以選士勵兵任有功誅暴慢明好惡（並去聲）修法制養衰老申嚴百刑斬殺必當（去聲）非冬無以賞死事恤孤寡舉阿黨易關市來商旅審門閭正貴戚近習罷官之無事者去器之無用者則其闕政亦以繁矣斯固不俟時而行之者也變天之道絕地之理亂人之紀舍孟春則可以有事乎作淫巧以蕩上心舍季春則可以爲之者乎夫如是內

不可以納於君心外不可以施於人事勿書之可也又曰反時令則有飄風暴雨霜雪水潦大旱沈陰氛霧寒暖之氣大疫風欬鼽嚏瘧寒疥癘之疾欬遂氣也說文云鼽病寒鼻塞也嚏鼻解氣也○鼽音求嚏丁計切螟蝗五穀瓜瓠果實不成蓬蒿藜莠竝興之異女灾胎夭傷水火之訛冦戎來入相掠禮記民多相掠○掠音諒後同兵革竝起道路不通邊境不寧土地分裂四鄙入堡說文堡堤也障也禮記作保註都邑之城曰保○堡音保流亡遷徙之變若是者特瞽史之

語（國語吾非瞽史焉知天道又瞽史之記曰云云）非出於聖人者也

然則夏后周公之典逸矣（夏小正周時訓二書名夏后周公之典謂此也）

時令論下

或者曰月令之作所以爲君人者法也蓋非爲聰明睿智者爲之（一有也字）將慮後代有昏昧傲誕而肆于人上忽先王之典舉而廢之近而取之若陳隋之季是也故取仁義禮智信之事附于時令俾時至而有以發之也不爲

之時一無時字將因循於蕩而皆無其意焉爾於是又爲之言五行之反戾相蕩相摩妖灾之說以震動于厥心古之所以防昏亂之術也今子發而揚之使前人之奧秘布露顯明則後之人而又何憚耶曰聖人之爲教立中道以示于後曰仁曰義曰禮曰智曰信謂之五常言可以常行者也行字下有之字一防昏亂之術爲之勤勤然書於方冊興亡治亂之致永守是而不去也未聞其威之以怪而使之時而

爲善（一又有使之時而爲善六字）所以滋其怠傲而忘理也語怪而威之所以熾其昏邪淫惑而爲禱禳猒勝鬼怪之事（○猒一涉切）以大亂于人也且吾子以爲畏冊書之多孰與畏人之言使謗謗者言仁義利害焯乎列于其前而猶不悟（焯說文曰明也太玄經焯于龜悟一作顧○焯音灼）奚暇顧月令哉是故聖人爲大經以存其直道將以遺後世之君臣（一本重出後世字）必言其中正而去其奇衺（奇衺不正也出周禮○奇居宜切衺與邪同）其有囂然而不顧者（說文

云嚚語聲也左氏口不道忠信之言爲嚚○嚚魚巾切雖聖人復生無如之何又何冊書之有若陳隋之季暴戾淫放則無不爲矣求之二史豈復有行月令之事者乎然而其臣有勁悍者爭而與之言先王之道猶十百而一遂焉然則月令之無益於陳隋亦固矣立大中去大惑捨是而曰聖人之道吾未信也用吾子之說罪我者雖窮萬世吾無憾焉爾

斷刑論上 文闕

斷刑論下

余既爲斷刑論或者以釋刑復於余其辭云云余不得已而爲之一言焉夫聖人之爲賞罰者非他所以懲勸者也賞務速而後有勸罰務速而後有懲必曰賞以春夏而刑以秋冬二句左傳襄公二十六年蔡大夫聲子之言而謂之至理者僞也使秋冬爲善者一無冬字必俟春夏而後賞則爲善者必怠春夏爲不善者一無夏字必俟秋冬而後罰則爲不善者必懈說文云懈怠也○懈居隘切已下竝

同爲善者怠爲不善者懈是毆天下之人而入於罪也○毆音區下同毆天下之人入於罪又緩而慢之以滋其懈怠此刑之所以不措也必使爲善者不越月踰時而得其賞則人勇而有勸焉爲不善者不越月踰時而得其罰則人懼而有懲焉爲善者日以有勸爲不善者日以有懲是毆天下之人而從善遠罪也毆天下之人而從善遠罪是刑之所以措而化之所以成也或者務言天而不言人是惑於

道者也胡不謀之人心以熟吾道熟或作孰取孟子仁亦在夫孰之而已之意吾道之盡而人化矣矣一本作乎是知蒼蒼者焉能與吾事。與去聲一無知字而暇知之哉果以爲天時之可得順大和之可得致則全吾道而得之矣全吾道而不得者非所謂天也非所謂大和也是亦必無而已矣又何必枉吾之道曲順其時以諂是物哉吾固知順時之得天不如順人順道之得天也何也使犯死者自春而窮其辭欲死不可得一無可字貫三木（三木項手足皆有械司馬遷曰魏其大將也衣赭關三木）加連鎖而致之獄吏大暑者數月（吏一作更）痒不得搔（○痒以兩切）痺不得搖（說文云痺足氣不至病○痺必至切）痛不得摩飢不得時而食渴不得時而飲目不得瞑（莫定切閉目也說文云目不明也）支不得舒怨號之聲（○怨號並平聲）聞於里人如是而大和之不傷天時之不逆是亦必無而已矣彼其所宜得者死而已也又若是焉何哉或者乃以爲雪霜者天之經也（一無爲字）雷霆者天之權也非常之罪不時可

以殺人之權也當刑者必順時而殺人之經也是又不然夫雷霆雪霜者特一氣耳非有心於物者也聖人有心於物者春夏之有雷霆也或發而震破巨石裂大木木石豈爲非常之罪也哉秋冬之有霜雪也舉草木而殘之草木豈有非常之罪也哉彼豈有懲於物也哉彼無所懲則効之者惑也果以爲仁必知經智必知權（一本仁下又有一仁字若以爲智四字）是又未盡於經權之道也何也經也者常也權也者

達經者也皆仁智之事也離之滋惑矣經非權則泥（乃計切不通也）權非經則悖是二者強名也曰當斯盡之矣（○當丁浪切下同）當也者大中之道也離而爲名者大中之器用也知經而不知權不知經者也知權而不知經不知權者也偏知而謂之智不智者也偏守而謂之仁不仁者也知經者不以異物害吾道知權者不以常人佛吾慮合之於一而不疑者信于道而已者也（一無于字）且古之所以言天者蓋以愚

蚩蚩者耳說文云蚩蚩敦厚貌非爲聰明睿智者設也或者之未達不思之甚也

辯侵伐論

德宗貞元十五年三月甲寅淮西節度使吳少誠反遣兵襲唐州掠百姓千餘人而去九月丙辰詔削奪少誠官爵令諸道進兵討之時公爲集賢院正字作也

春秋之說曰凡師有鐘鼓曰伐無曰侵莊二十九年左氏之文周禮大司馬九伐之法曰賊賢害人則伐之負固不服則侵之負恃也固險固也然則所謂伐之者聲其惡於天下也聲其惡於天下

必有以猒于天下之心○猒入聲夫然後得行焉
古之守臣有朘人之財朘縮也一作没一作私一作傷○朘音宣
危人之生而又害賢人者內必棄於其人外
必棄於諸侯從而後加伐焉動必克矣然猶
校德而後舉量力而後會備三有餘而以用
其人一曰義有餘二曰人力有餘三曰貨食
有餘是三者大備則又立其禮正其名修其
辭其害物也小則誥誓徵令不過其隣雖大
不出所暴非有逆天地橫四海者不以動天

下之師故師不踰時而功成焉斯爲人之舉也故公之公之而鍾鼓作焉夫所謂侵之者獨以其負固不服而壅王命也内以保其人外不犯於諸侯其過惡不足暴於天下致文告修文德而又不變然後以師問焉是爲制命之舉非爲人之舉也故私之私之故鍾鼓不作斯聖人之所志也周道既壞兵車之軌交於天下而罕知侵伐之端焉是故以無道而正無道者有之以無道而正有道者有之

不增德而以遂威者又有之故世世日亂一變而至於戰國而生人耗矣是以有其力無其財君子不以動衆有其力有其財無其義君子不以帥師合是三者而明其公私之說而後可焉一本可下有行字嗚呼後之用師者有能觀乎侵伐之端則善矣

六逆論左氏隱三年傳曰公子州吁嬖人之子也有寵而好兵公弗禁石碏諫曰愛子教以義方弗納於邪驕奢淫泆所自邪也且夫賤妨貴少陵長遠間親新間舊小加大淫破義所謂六逆

也君義臣行父慈子孝兄愛弟
敬所謂六順也去順效逆所以
速禍也
弗聽

春秋左氏言衛州吁之事因載六逆之説曰賤妨貴少陵長遠間親新間舊小加大淫破義六者亂之本也余謂少陵長小加大淫破義是三者固誠爲亂矣然其所謂賤妨貴遠間親新間舊雖爲理之本可也何必曰亂夫所謂賤妨貴者蓋斥言擇嗣之道子以母貴者也若貴而愚賤而聖且賢以是而妨之其

爲理本大矣而可捨之以從斯言乎此其不可固也夫所謂遠間親新間舊蓋言任用之道也使親而舊者愚遠而新者聖且賢以是而間之其爲理本亦大矣又可捨之以從斯言乎必從斯言而亂天下謂之師古訓可乎此又不可者也嗚呼是三者擇君置臣之道天下理亂之大本也爲書者執斯言著一定之論以遺後代上智之人固不惑于是矣（一無矣字）自中人而降守是爲大據而以致敗亂者

敗一作賊是下一有以字固不乏焉晉厲死而悼公入乃理晉厲公多外嬖欲盡去羣大夫而立其左右使胥童夷陽五長魚矯殺郤錡郤犨郤至遂以甲劫欒書中行偃於朝既而免之公游於匠麗氏欒書中行偃遂執公使程滑弒之逆周子于周而立之是爲悼公既入逐不臣者七人脩舊功施德惠晉以復霸宋襄嗣而子魚退乃亂宋穆公疾太子茲父請立子魚子魚辭茲父即位是爲襄公以子魚爲左師後襄公欲求諸侯子魚連諫不聽襄公於是爲楚所執既而釋之又伐鄭楚伐宋以救鄭襄公欲戰子魚諫公又弗聽遂與楚戰敗傷於泓而卒貴不足尚也秦用張禄而黜穰侯乃安秦武王薨昭王立宣太后自治事任其弟魏冉政封爲穰侯威振秦國范睢得罪於魏更姓名曰張禄西

入秦秦拔魏說秦王曰秦安得王臣在山東時聞大后擅行不顧穰侯出使不報皆謂秦之有太后穰侯不聞其有王也王聞之大懼曰善於是廢太后收穰侯之印黜穰侯拜范雎以爲相與謀國事封爲應侯事見史

魏相成璜而疏吳起乃危（成魏成也文侯之弟璜翟璜也文侯二十五年以成爲相時吳起事魏有功至武侯立以田文爲相起不悅自是去魏之楚楚以爲相事見史璜胡光切）

親不足與也符氏進王猛而殺樊世乃興（晉史符堅招王猛一見如舊堅繼立遂以猛爲中書侍郎日見親幸特進姑臧樊世與猛爭論於堅前世欲擊猛堅怒斬之於是羣臣見猛皆屏息堅日熾矣）

胡亥任趙高而族李斯乃滅（胡亥秦二世也李斯自始皇時已用於秦然胡亥嘗有私於趙高及即位高遂）

誣斯反狀腰斬咸陽市夷三族二世乃以趙高爲相事見史舊不足恃也顧所信何如耳然則斯言殆可以廢矣噫古之言理者罕能盡其說建一言立一辭則甈瓲而不安甈瓲危也上音孽下音兀謂之是可也謂之非亦可也混然而已教於後世莫知其所以去就明者慨然將定其是非則拘儒瞽生相與羣而咻之咻說文云讙念聲孟子衆楚人咻之音休以爲狂爲怪而欲世之多有知者可乎夫人可知及化者天下爲不少矣然可罕有知聖人之道則固

爲書者之罪也

河東先生集卷第三

世綵廖氏
刻梓家藏

河東先生集卷第四

議辯

晉文公問守原議

唐自德宗懲艾泚賊故以左右神策天威等軍委宦者主之置護軍中尉中護軍分提禁兵威柄下遷政在宦人其視晉文問原守於寺人尤甚公此議雖曰論晉文之失其意實憫當時宦者之禍逮憲宗元和十五年而陳弘志之亂作公之先見至是驗矣

晉文公既受原於王難其守問寺人敦鞮以畀趙衰左氏僖二十五年傳晉侯朝王王與之陽樊溫原攢茅之田陽樊不服圍

之出其民冬、晉侯圍原原又不降命去之退一舍而原降晉侯問原守於寺人㪉鞮對曰昔趙衰以壺飧從徑餒而弗食故使處原。㪉音孛鞮音低史記或作履鞮或作㪉鞮註云㪉鞮披也衰初危切晉大夫余謂守原政之大者也所以承天子樹霸功致命諸侯命一作令不宜謀及媟近也媟嬻以忝王命而晉君擇大任不公議於朝而私議於宮不博謀於卿相而獨謀於寺人雖或衰之賢足以守國之政不爲敗而賊賢失政之端由是滋矣况當其時不乏言議之臣乎狐偃爲謀臣先軫將中軍楚師圍宋宋如晉告

急乃蒐于被廬使郤穀將中軍狐偃佐上軍先軫佐下軍未幾穀卒使軫將中軍晉侯之霸皆偃之謀也

晉君疏而不咨外而不求乃卒定於内豎其可以爲法乎且晉君將襲齊桓之業以翼天子乃大志也然而齊桓任管仲以興進豎刁以敗

周莊王十一年齊桓公立鮑叔牙曰君欲伯王非管夷吾不可公從之自仲用而齊以大治及桓公四十一年管仲病桓公以豎刁易牙開方三子問誰可相仲歷數其不可公卒用三子而三子專權自是因内寵殺群吏擅廢立齊以大亂

則獲原啓疆適其始政所以觀視諸侯也

視一本作示。觀去聲

而乃背其所以興跡其所以敗然

而能霸諸侯者以土則大以力則強以義則天子之冊也誠畏之矣烏能得其心服哉其後景監得以相衛鞅史記景監秦孝公之寵臣也衛鞅衛公孫氏衛之諸庶孽公子始事魏相公叔痤後去魏之秦因景監以見孝公凡一再以帝王爲說孝公不納終獻強國之說孝公始善之謂景監曰汝客可與語矣鞅遂用於秦弘石得以殺望之前漢弘恭石顯自宣帝時久典樞機元帝即位委之政事蕭望之等建白以爲中書政本國家樞機用宦者非古制也宜罷中書宦官應古不近刑人之義由是恭顯遂譖望之令自殺誤之者晉文公也誤一作設嗚呼得賢臣以守大邑則問非失舉也蓋失問也一作

問非問舉非舉一作問非失問舉非失舉也然猶羞當時陷後代若此況於問與舉又兩失者其何以救之哉余故著晉君之罪以附春秋許世子止趙盾之義左氏宣公二年傳云趙穿攻靈公於桃園宣子未出山而復太史書曰趙盾弒其君以示於朝昭公二十九年傳許悼公瘧五月飲太子之藥而卒太子奔晉書曰弒其君盾宣子名也○盾徒本切晉君一作晉文公

駁復讎議

事之本始詳新史張琇傳所載子復父讎者凡七人韓文公亦有此議見于集韓謂子復父讎雖不許於律然先王之意將使法吏一斷於法而經術之士得引經而議不可著爲

定制公則以服孝死義之人不可以王法從事欲下所議附于令甞公之意深罪夫陳子昂議法之爲非其人哉史載公此議甚詳蓋有以夫○駁音剝

臣伏見天后時有同州下邽人徐元慶者元慶一作君父爽爲縣吏趙師韞所殺師韞時爲下邽尉○韞音蘊卒能手刃父讎束身歸罪後師韞爲御史元慶變姓名於驛家傭力父之師韞以御史舍亭下元慶手刃之自因詣官當時諫臣陳子昂建議誅之而旌其閭時議者以元慶孝烈欲捨其罪子昂建議以爲國法專殺者死元慶宜正國法然後旌其閭墓以褒其孝義可也議者以子昂

爲是且請編之於令永爲國典臣竊獨過之臣聞禮之大本本下有葢字以防亂也若曰無爲賊虐凡爲子者殺無赦刑之大本亦以防亂也若曰無爲賊虐凡爲理者殺無赦理一作治其本則合其用則異旌與誅莫得而竝焉一本作不得竝也誅其可旌茲謂濫黷刑甚矣旌其可誅茲謂僭左傳善爲國者賞不僭而罰不濫壞禮甚矣果以是示于天下傳于後代趨義者不知所向違害者不知所立以是爲典可乎蓋聖人之制窮理

以定賞罰本情以正褒貶統於一而已矣嚮使刺讞其誠僞讞議罪也○讞魚列魚戰語蹇三切考正其曲直原始而求其端則刑禮之用判然離矣何者若元慶之父不陷於公罪師韞之誅獨以其私怨奮其吏氣漢王尊傳吏氣傷沮虐于非辜州牧不知罪刑官不知問上下蒙冒籲號不聞籲呼也書泰誓無辜籲天○號音豪下同而元慶能以戴天爲大耻枕戈爲得禮孫曰禮記父之讎不與共戴天又曰居父母之仇如之何夫子曰寢苫枕干不仕弗與共天下也○枕去聲卧首據物也處心積慮處心積慮

（見春秋穀梁傳鄭伯克段于鄢公凡兩用之）以衡讎人之胄介然自克即死無憾是守禮而行義也執事者宜有慙色將謝之不暇而又何誅焉其或元慶之父不免於罪師韞之誅不愆於法是非死於吏也是死於法也（一無是字）法其可讎乎讎天子之法而戕奉法之吏（○戕音牆）是悖驁而凌上也（○悖音孛　驁音傲）執而誅之所以正邦典而又何旌焉且其議曰人必有子子必有親親親相讎其亂誰救是惑於禮也甚矣禮之所謂讎

者蓋以寃抑沈痛而號無告也非謂抵罪觸法陷于大戮而曰彼殺之我乃殺之不議曲直暴寡脅弱而已其非經背聖不以甚哉（一作不亦甚哉）周禮調人掌司萬人之讎凡殺人而義者令勿讎讎之則死有反殺者邦國交讎之（周禮地官）又安得親親相讎也春秋公羊傳曰父不受誅子復讎可也父受誅子復讎此推刃之道復讎不除害（定四年公羊傳之文註云一往一来曰推刃不除害謂取讎身而已不得兼其子）今若取此以斷兩下相殺則

合於禮矣且夫不忘讎孝也不愛死義也元慶能不越於禮服孝死義是必達理而闇道者也夫達理闇道之人豈其以王法爲敵讎者哉議者反以爲戮黷刑壞禮其不可以爲典明矣請下臣議附于令有斷斯獄者不宜以前議從事謹議

桐葉封弟辯

史記晉世家成王與叔虞戲削桐葉爲珪以與叔虞曰以此封若史佚因請擇日立之成王曰吾與之戲耳史佚曰天子無戲言於是遂封叔虞於唐此則桐葉封弟史佚成

之明矣若曰周公入賀史不之見又見劉向説苑

古之傳者○傳去聲有言成王以桐葉與小弱弟戲曰以封汝周公入賀王曰戲也周公曰天子不可戲乃封小弱弟於唐吾意不然王之弟當封耶周公宜以時言於王不待其戲而賀以成之也不當封耶周公乃成其不中之戲○中去聲以地以人與小弱者爲之主其得爲聖乎且周公以王之言不可苟焉而已必從而成之耶設有不幸王以桐葉戲婦寺亦將

舉而從之乎凡王者之德在行之何若設未得其當下浪切下同。雖十易之不爲病十一作千要於其當不可使易也而況以其戲乎若戲而必行之是周公教王遂過也吾意周公輔成王宜以道從容優樂要歸之大中而已必不逢其失而爲之辭逢謂逢迎也孟子曰逢君之惡其罪大又不當束縛之馳驟之使若牛馬然急則敗矣且家人父子尚不能以此自克況號爲君臣者耶是直小丈夫缺缺者之事老子其政察察而其民缺缺缺缺小

智兒與鞅鞅同○鞅傾雪切非周公所宜用故不可信或

曰封唐叔史佚成之史佚周武王時太史尹佚也○佚音逸

辯列子漢志列子八篇先於莊子莊子稱之公謂列子當在魯穆公時其曰鄭穆公時非是言實信然嘗考之鄭穆公立於周襄王二十五年則其生當在周莊惠王之際其去孔子生於周靈王之二十年誠幾百年若列子當鄭穆公時則是先夫子而生已若于年今觀其書乃有仲尼篇且多所紀述夫子及諸門弟子事則列子當生魯穆公時而非鄭穆公時決矣一字之誤乃尔哉魯穆公之立在夫子既没之後云

劉向古稱博極群書然其録列子獨曰鄭穆公時人鄭穆公名蘭穆公在孔子前幾百歲列子書言鄭國皆云子產鄧析不知向何以言之一本無之字如此史記鄭繻公二十四年○繻音須楚悼王四年圍鄭鄭殺其相駟子陽子陽正與列子同時是歲周安王三年秦惠王韓烈侯趙武侯二年魏文侯二十七年燕釐公五年○釐虛其切古文僖字齊康公七年宋悼公六年魯穆公十年此皆據史記年表不知向言魯穆公時遂誤

爲鄭耶不然何乖錯至如是其後張湛徒知怪列子書湛字處度東晉人註列子言穆公後事亦不能推知其時然其書亦多增竄非其實一本多下有遭字要之莊周爲放依其辭○放方往切其稱夏棘狙公紀渻子季咸等○渻音省皆出列子不可盡紀雖不槩於孔子道然其虛泊寥闊居亂世遠於利禍不得逮乎身而其心不窮易之遁世無悶者其近是歟余故取焉其文辭類莊子而尤質厚少爲作好文者一本有其字可廢耶

其楊朱力命疑其楊子書其言魏牟孔穿皆出列子後不可信然觀其辭亦足通知古之多異術也術一本作述讀焉者愼取之而已矣

辯文子

漢志文子九篇與孔子同時而稱周平王問似依託者也按文子稱墨子墨子稱吳起皆周安王時人史記范蠡傳文子姓辛名研文子其字也葵丘濮上人號曰計然其書十二篇按唐藝文志有徐靈府註有李暹訓註其學蓋受於老子或者謂此書特文子錄老子遺言爲十二篇且劉向所錄止九卷今觀公之文與藝文志及徐李所註卷數皆合豈徐李有以析之歟

文子書十二篇其傳曰老子弟子其辭時有若可取一去若字其指意皆本老子然考其書蓋駁書也其渾而類者少竊取他書以合之者多凡孟管輩數家一去凡字皆見剽竊一本作劫嶢然而出其類嶢山高貌字或從堯或作嶤○嶢音堯其意緒文辭乂牙相抵而不合說文云乂手指相錯乎齒也象上下相錯之形○乂初加切牙朱加切不知人之增益之歟或者衆爲聚斂以成其書歟然觀其往往有可立者又頗惜之憫其爲之也勞一無也字今刊去謬惡亂雜

者取其似是者又頗爲發其意藏於家

論語辯二篇

上篇公疑論語非成於孔子諸弟子手然聖門師弟子道統之傳咸出此書或曾子諸弟子成之其亦必有自來矣一本無上篇下篇四字

或問曰儒者稱論語孔子弟子所記信乎曰未然也孔子弟子曾參最少少孔子四十六歲夫子生於周靈王二十年曾子生於周敬王十五年孔子卒時七十二曾子年二十六曾子老而死是書記曾子之死則去孔子

也遠矣曾子之死孔子弟子略無存者矣吾意曾子弟子之爲之也何哉且是書載弟子必以字獨曾子有子不然由是言之弟子之號之也然則有子何以稱子曰孔子之歿也諸弟子以有子爲似夫子立而師之其後不能對諸子之問乃叱避而退孔子既歿諸弟子思慕有若狀似孔子弟子相與立爲師師之如夫子時也他日弟子有所問有若默然無以應弟子起曰有子避之此非子之坐也則固嘗有師之號矣今所記獨曾子冣後死余是以知之蓋樂正子春子

思之徒（二人曾子弟子）與爲之爾或曰孔子弟子嘗雜記其言然而卒成其書者曾氏之徒也

下篇

堯曰咨爾舜天之曆數在爾躬四海困窮（論語）（註云困極窮盡言極盡四海皆服其化）天祿永終舜亦以命禹曰（一本無曰字）余小子履（履湯名）敢用玄牡（夏尚黑時未改夏色故猶用黑牡）敢昭告于皇天后土有罪不敢赦萬方有罪罪在朕躬朕躬有罪無以爾萬方

或問之曰論語書記問對之辭爾今卒篇之

首章然有是何也柳先生曰論語之大莫大乎是也是乃孔子常常諷道之辭云爾○諷方鳳切諷也彼孔子者覆生人之器者也○覆敷救切蓋也上之堯舜之不遺上之一作上言一本舜下無之字而禪不及己○禪音擅下之無湯之勢下之一作下字而已不得爲天吏生人無以澤其德日視聞其勞死怨呼一作曰呼一作乎而已之德涸然無所依而施然一本作焉○涸音鶴竭也故於常常諷道云爾而止也此聖人之大志也無容問對於其閒弟子或知

之或疑之不能明相與傳之故於其爲書也卒篇之首嚴而立之

辯鬼谷子史記蘇秦傳註云鬼谷子戰國時隱居潁川陽城之鬼谷因以自號蘇秦張儀師之受縱橫之學其書三卷唐藝文志有樂臺註有尹知章註然其書叙謂此書即授秦儀者捭闔之術十三章本經持樞中經三卷又有梁陶弘景註今公又謂有元冀者爲之指要唐史遂以蘇秦爲鬼谷子誤矣

元冀好讀古書然甚賢鬼谷子爲其指要幾千言鬼谷子要爲無取一作能漢時劉向班固

録書無鬼谷子鬼谷子後出而險盭峭薄○盭音戾戾也恐其妄言亂世難信學者宜其不道而世之言縱橫者時祿其書○祿音保寶也尤者晚乃益出七術鬼谷子書下篇有陰符七術謂盛神法五龍養志法靈龜實意法騰蛇分威法伏熊散勢法鷙鳥轉圓法猛獸損兌法靈蓍七章是也怪謬異甚不可考校其言益奇而道益陿音洽與狹同使人狙狂失守○狙子余切猿屬而易於陷墜晁氏讀書志曰公論鬼谷子書如此而來鶡亦云鬼谷子皆教人詭給激訐揣測檢滑之術悉備於章學之者惟儀秦而已欲知是書者二子之言略盡之幸矣人之祿之者少

今元子又文之以指要嗚呼其爲好術也過

矣治異端者當塞其源去惡木者當拔其本儀秦縱橫孟子以妾婦處之荀卿以詐人待之衞瑄以亂國政責之二子使無鬼谷之學則朝縱暮横孰從而師事之故鬼谷之言不可使一日得行於天下也元冀作爲指要安以七術表而出之則誤天下必甚矣

辯晏子春秋

晏子齊晏嬰也其書十二篇唐藝文志皆載之公謂不當列之儒家中今觀其書信然

司馬遷讀晏子春秋高之而莫知其所以爲書或曰晏子爲之而人接焉或曰晏子之後爲之皆非也吾疑其墨子之徒有齊人者爲

之墨好儉晏子以儉名於世故墨子之徒尊著其事以增高爲己術者且其旨多尚同兼愛墨子有尚同三篇又孟子曰墨子兼愛是無父也非樂節用非厚葬久喪者是皆出墨子又非孔子好言鬼事非儒明鬼又出墨子其言問棗及古冶子等晏子春秋曰公孫捷田開疆古冶子事景公勇而無禮晏子言於公餽之二桃曰三子計功而食之公孫捷曰吾持楯而再搏乳虎可以食桃田開疆曰吾杖兵而禦三軍者再可以食桃古冶子曰吾嘗濟河有一黿殺之可以食桃二子曰勇不若子功不逮子皆反其桃而死古冶子曰吾獨生不仁亦死尤怪誕又往往言墨子聞

其道而稱之此甚顯白者（一本無者字）自劉向歆班彪固父子皆録之儒家中甚矣數子之不詳也蓋非齊人不能具其事非墨子之徒則其言不若是後之録諸子書者宜列之墨家非晏子爲墨也爲是書者墨之道也

辯亢倉子

唐藝文志註云天寶元年詔號亢倉子爲洞靈真經求之不獲襄陽處士王士元謂莊子作庚桑子太史公列子作亢倉子其實一也取諸子文義類者補其亡今此書其士元補亡者耶宜公有所不取也史記註亢音庚庚亢倉子王邵本作庚

桑子司馬彪曰庚桑楚人姓名列子作亢倉子莊子作庚桑楚司馬云楚名庚桑姓也史記作亢桑子唐新語曰道家有庚桑子者世無其書開元末處士王源撰亢倉子兩卷補之

太史公爲莊周列傳稱其爲書畏累亢桑子皆空言無事實史記莊周傳作空語無事實索隱曰按莊子畏累虛篇名也即老聃弟子畏累鄒氏畏累或作喂壘莊子音註云喂壘山名或云在魯或云在梁州○畏於鬼切又烏罪切累音壘又力罪切今世有亢桑子書其首篇出莊子而益以庸言蓋周所云者尚不能有事實又况取其語而益之者其爲空言尤

世劉向班固録書無亢倉子而今之爲術者乃始爲之傳註以教於世不亦惑乎

辯鶡冠子

西漢藝文志有鶡冠子一篇下註云楚人居深山不顯名氏以鶡羽爲冠因自號焉唐志亦有鶡冠子三卷今其爲書凡十九篇蓋論三才變通古今治亂之道韓文公云其博選篇四稽五至之說當矣學問一篇稱賤生於無所用中流失船一壺千金者三讀其詞而悲之即此書也惟世兵篇頗與鵩賦相亂餘十八篇則否公之辯其太取不同如此似但見此一篇故云耳○鶡音曷似雉

余讀賈誼鵩賦嘉其辭（鵩音服）而學者以爲盡出鶡冠子余往来京師求鶡冠子無所見至長沙始得其書讀之盡鄙淺言也唯誼所引用爲美餘無可者吾意好事者僞爲其書（韓本作吾意好僞者爲其書）反用鵩賦以文飾之非誼有所取之决也太史公伯夷列傳稱賈子曰貪夫殉財烈士殉名夸者死權（鶡冠子無此語）不稱鶡冠子遷號爲博極羣書假令當時有其書遷豈不見耶假令眞有鶡冠子書亦必不取鵩賦

以充入之者何以知其然耶曰不類

河東先生集卷第四

世綵廖氏
刻梓家塾

河東先生集卷第五

古聖賢碑

箕子碑 箕子名胥餘紂之諸父

凡大人之道有三一曰正蒙難蒙犯也正蒙難者以正犯難也○難乃旦切二曰法授聖三曰化及民殷有仁人曰箕子孔子曰殷有三仁焉微子去之箕子爲之奴比干諫而死實具茲道以立于世故孔子述六經之旨尤慇懃焉謂下易詩所載是也當紂之時大道悖亂天威之動不能戒書今天動威聖人之言無所用進死以併

命誠仁矣〔謂比干〕無益吾祀故不爲委身以存祀誠仁矣〔謂微子〕與亡吾國故不忍〔○與音預〕具是二道有行之者矣是用保其明哲〔詩既明且哲以保其身〕與之俯仰晦是謩範〔○謩音模〕辱於囚奴〔書囚奴正士正士即謂箕子也〕昬而無邪隤而不息〔○隤徒回切說文下墜也〕故在易曰箕子之明夷〔夷傷也日入地中明夷之義故卦曰明夷〕正蒙難也及天命既改生人以正乃出大法〔大法洪範也〕用爲聖師周人得以序彝倫而立大典故在書曰以箕子歸作洪範法授聖也及

封朝鮮書傳云武王釋箕子之囚箕子不忍周之釋走之朝鮮武王聞之因以朝鮮封之○朝音潮鮮音仙以有汕水故名推道訓俗惟德無陋惟人無遠左傳國無陋矣選惠濟無遠語法本此用廣殷祀俾夷爲華化及民也漢書地理志箕子去之朝鮮教其民以禮義田蠶織作樂浪朝鮮民犯禁八條相殺以當時償殺相傷以穀償相盜者男沒入爲其家奴女子爲婢欲自償者人五十萬雖免爲民俗猶羞之嫁取無所讎是以其民終不相盜無門戶之閉婦人貞信不淫辟其田民飲食以籩豆爲可貴此仁賢之化也率是大道藂于厥躬○藂徂紅切正作叢俗作藂天地變化我得其正其大人歟於虖虖一作呼當其周時未至殷祀未

殄比干已死微子已去向使紂惡未稔而自斃音敝頓也武庚念亂以圖存國無其人誰與興理是固人事之或然者也一無或然者三字非是然則先生隱忍而爲此其有志於斯乎唐某年作廟汲郡歲時致祀汲郡今衛州紂故都也嘉先生獨列於易象作是頌云

蒙難以正授聖以謩宗祀用繁自箕子後傳四十餘世至朝鮮侯準自稱王繁字一作係夷民其蘇夷一作裔憲憲大人○憲音顯與盛貌見中庸顯晦不渝聖人之仁道合隆污

明哲在躬不陋爲奴沖讓居禮不盈稱孤高
而無危卑不可踰非死非去有懷故都時詘
而伸○詘音屈卒爲世模易象是列文王爲徒易内文明而外柔順以蒙大難文王以之内難而能正其志箕子以之大明宣昭
崇祀式孚古闕頌辭繼在後儒

道州文宣王廟碑唐書歸崇敬傳贊引此碑

謹案某年月日按集有斥鼻亭神記云元和九年河東薛公由刑部郎中刺道州此云某年即元和九年也公時年四十二在永儒師河東薛公
伯高伯高名景晦由尚書刑部郎中爲道州明年

二月丁亥（即元和十年）公用牲幣祭于先聖文宣王之廟（廟一作宮）夜漏未盡三刻公玄冕以入（周禮司服卿大夫之服自玄冕而下如孤之服又曰祭羣小祀則玄冕）就位于庭惕焉深惟夫子之祀爰自京師太學徧于州邑遐闊僻陋咸用斯時致奠展誠宿燎設懸（周禮烜氏凡邦之大事共墳燭庭燎注云樹於門外曰大燭於門內曰庭燎設懸謂懸筍簴之屬也○燎力照切）罇俎斿章（禮記月令以爲斿章注云章幟）粢稷布列周天之下嗚呼夫子之道閎肆尊顯二帝三王其無以侔太也然其堂庭庳陋（○庳音婢）

夕音卯短也椽棟毀墜曾不及浮圖外訛克壯厥居水潦仍至歲加蕩沃公廨然不寧若罔獲承既祭而出登墉以望爰得美地豐衍端夷衍廣也水環以流有類宮之制禮記王制天子辟雍諸侯頖宮皆學名也頖與泮同是日樹表列位樹立也由禮考宜然後節用以制貨財乘時以僦功役僦即賃也逾年而克有成廟舍峻整階序廓大序廊也講肆之位肆習也師儒之室立廩以周食周一作囷圃畦以毓蔬周禮園圃毓草木○毓音育權其子母母謂本子謂利周語民患

輕則爲之作重幣於是乎母權子而行若不堪重則多作輕於是乎有子權母而行注云〔重曰母輕曰子權稱也〕羸且不竭。〔羸音盈〕由是邑里之秀民感道懷和更來門下。〔更平聲〕咸願服儒衣冠由公訓程〔程法也〕公攝衣登席親釋經旨丕諭本統父慶其子長勵其幼化用興行人無諍訟〔訟一作允〕公又曰夫子稱門弟子顏回爲庶幾〔顏氏之子其殆庶幾乎〕其後從於陳蔡〔後一作或〕亦各有號〔謂四科之日〕言出一時非盡其徒也于後失厥所謂妄異科第〔異一作引〕坐祀十人以爲哲〔開元八年勅改〕

顔子等十哲爲坐像悉預配享豈夫子志哉余案月令則曰釋奠于先聖先師一無則曰二字一本作則由一本作曰則國之故也按記文王世子釋奠于先聖先師凡釋奠者必有合也有國故則否注若唐虞有虁周有周公魯有孔子則各自奠之不合也舊注以故爲典故乃立夫子像配以顏氏籩豆旣嘉筐鏞旣成鏞大鍾名九年八月丁未當作十年八月蓋唐制釋奠春秋皆用上丁以長曆推之九年八月乙亥朔是月無丁未且新廟之作起於十年二月丁亥旣祭之後云未一作亥公祭于新廟退考疑義合以燕饗萬民翼翼觀禮識古於是春秋師晉陵蔣堅易師沙門凝晉

平免切助教某學生某等來告願刻金石明夫子之道及公之勤惟夫子極于化初冥于道先群儒咸稱六籍具存茍贊其道若譽天地之大褒日月之明非愚則惑不可犯也惟公探夫子之志考有國之制光施彝典光一作先華正道本俾是荒服移爲闕里在周則魯侯申申僖公名能修頖宮詩有其歌在漢蜀守文翁能首儒學史有其贊今公法古之大同于魯化人之難侔于蜀盍銘茲德以告于史氏而刊

之玆碑銘曰

荊楚之陽厥服惟荒民鮮由仁帝降其良良謂良吏振振薛公振振仁厚也○振振音真惟德之造赤旂金節旂一作旆來莅于道師儒咸會嘉有攸告吉日丁亥獻于頖宮庭燎伊煌胡光切有煥其容公升于位心莫不恭心一作以爰念聖祀徧于海邦服冕陳器州邑攸同咸忻以歆香衣切歆也思報聖功卜遷于嘉惟吉之逢畇畇其原詩畇畇原隰曾孫田之畇墾田也○畇均匀二音既夷且大渙渙其流詩溱與洧

方渙渙兮渙渙水流貌實環于外作廟有嚴昭祀顯配潔茲器用觀禮斯會布筵伊位作作廩伊秩以豐其儀以壯其室新宮既成崇報孔明千古有經千一作于公粹厥誠邦民之良弁服是纓公躬講論虔默以聽他經切公降酬酢進退齊平柔肌洽體一作鮮肥合體莫不充盈歸懽于心父子弟兄欽惟聖王厥道無涯世有頌辭益疚其多○疚音究公斯考禮民感休嘉感一作咸從于魯風從一作徒祇以詠歌公錫于天眉壽來加詩天錫公純嘏

眉壽保魯公賚于王賚賜予也休命是荷寒歌切師于辟雍大邦以和侑酳申申賈山傳養三老五更於太學執醬而餽執爵而酳酳者少少飲酒食已而蕩口也此言景晦將入為天子三老養於太學亦魯頌祝僖公之意云○酳音胤王道式訛諸儒作詩思繼頖水丕揚厥聲以告太史

柳州文宣王新修廟碑一作先聖文宣王柳州廟碑憲宗元和十年乙未公時年四十三刺柳州

仲尼之道與王化遠邇惟柳州古為南夷柳州隸嶺南故云古為南夷椎髻卉裳漢書李陵傳胡服椎結師古曰結讀為髻

一撮之髻其形如椎書島夷卉服草也絺葛之屬○椎音槌攻刼鬬暴雖唐虞之仁不能柔柔安也書曰柔遠能邇秦漢之勇不能威至于有國謂唐有天下始循法度置吏奉貢咸若釆衛周禮職方氏辨九服之邦國謂侯甸男采衛蠻夷鎮藩爲九冠帶憲令進用文事一作士學者道堯舜孔子如取讓左右執經書引仁義旋辟唯諾禮記還辟再拜還通作旋盤辟也○辟音璧又音僻中州之士時或病焉然後知唐之德大以遐孔氏之道尊而明元和十年八月州之廟屋壞幾毀神位位一作座刺史柳

宗元始至（是歲七月公至柳州）大懼不任以墜教基丁未奠薦法齊時事禮不克施乃合初亞終獻三官衣布（語曰齊必有明衣布註云以布爲沐浴之衣）洎于羸財取土木金石徵工餞功完舊益新十月乙丑王宮正室成乃安神棲乃正法庭祇會群吏（祇一作刻）卜日之吉虔告于王靈曰昔者夫子嘗欲居九夷其時門人猶有惑聖言（一無有字）今夫子代千有餘載（今下有去字）其教始行至于是邦人去其陋而本於儒孝父忠君言及禮義又

况巍然炳然臨而炙之乎後關一本與惟夫子相接同行爲文惟夫子以神道設教易聖人以神道設教而天下服我今罔敢知欽若兹教以寧其神追思告誨如在于前苟神之在曷敢不虔居而無陋罔貳昔言語子欲居九夷或曰陋如之何子曰君子居之何陋之有申陳嚴祀祀一作祠永永是尊麗牲有碑禮祭義祭之日君牽牲既入廟門麗于碑註麗猶繫也刻在廟門

終南山祠堂碑幷序○漢志扶風武功縣東有終南山潘岳關中記云一名中南山言在天之中居都之南

貞元十二年是歲丙午公年二十四求試博學宏詞時也夏洎秋不雨穡人焦勞嘉穀用虞皇帝使中謁者漢表謁者掌賓贊受事灌嬰爲中謁者後常以閹人爲之諸官加中者多閹人也禱于終南山一無山字申命京兆尹韓府君貞元十一年四月以兵部侍郎韓皐爲京兆尹皐傳云貞元十四年六旱民請蠲租賦皐奏不實遂貶撫州觀此則十二年旱可知矣祇飾祀事飾一作飭考視祠制以爲棟宇不稱宜有加飾遂命盩厔令裴均盩厔縣名裴均字君齊○盩音舟厔音窒縣在鳳翔府水曲曰盩山曲曰厔虔承聖謩掓制祠宇乃徵土工木工石工備器執用來

會祠下斬板榦榦所以當牆兩邊障土者礱柱礎○礱盧紅切礎音楚貟柱石也陶瓴甓說文瓴甓似瓶者爾雅瓴甋謂之甓詩中堂有甓○瓴音零甓蒲歷切築垣墉築一作勤恢度舊制○恢枯回切度徒故切立三蓮六尋既興功玄雲觸石霈澤周被植物擢茂期于豐登神道感而宣靈人心歡而致和嘉氣充溢抃蹈布野於是邑令僚吏至于胥徒黃髮耆艾野夫阪尹書三亳阪尹阪尹阪之尹長僉曰蓋聞名山之列天下也其有能奠方域奠安也產財用興雲雨考于祭法宜在祀典惟

終南據天之中在都之南西至於褒斜（褒斜二谷名梁州記曰萬石城泝漢上七里有褒谷南口曰褒北口曰斜長四百七十里）又西至隴首（隴首山名）以臨于戎東至于商顏（商顏商山之顏）又東至于太華（太華華山）以距于關塞能作固以屛王室其物產之厚器用之出則璆琳琅玕夏書載焉（禹貢終南惇物至于鳥鼠厥貢惟球琳琅玕球玉名琅玕石而似珠○球音求今作璆琳音林）紀堂條枚秦風詠焉（詩終南何有有條有枚條槄枚柟也又云終南何有有紀有堂紀基也堂畢道平如掌也他本或作杞棠條枚或作杞堂條枚皆誤）今其神又能對于禱祝（一作祀）化荒

爲穰易沴爲和沴妖氣也○沴音戾歆功章明宜受大禮俾有憑託而宣其烈也非我后敬神重㲄則曷能發大號尊明靈非我公勤人奉上則曷能對休命作新廟人事既備神明時若明一作用豐我公田遂及我私詩雨我公田遂及我私粢盛無虞儲峙用充儲說文云偫也峙爾雅云供峙具也○儲音除峙丈里切歆猷茂哉遂相與東向蹈舞一去相字拜手稽首顒頌帝力且宣神德永著終古辭曰

皇帝垂德制定統極神道泰寧祀典修飾穰

祈禜雩周禮云禜門祭用瓢齎雩請雨之祭禮記禜雩祭水旱也○禜音詠雩音于皆有準程顧惟終南祠位庳陋不稱顯名

爰降制詔充大厥宇啓寤誠明昭感神衷道

宣天休獲此利貞篤災沴陽化爲豐穰實我

粢盛人賴蓄給鼓腹而歌以樂其生巍巍靈

山興利産材作固鎬京詩宅是鎬京鎬京武王所都其地在長安西上林苑中○鎬下老切擁其嘉休眷祐于人永宅厥靈

弈弈新廟奕奕佼美也詩新廟奕奕奚斯所作整頓端莊神位

寮清後祀承則潔心勤禮導暢純精邑吏嗇

夫鮐背鯢齒鮐背注見第二卷鯢唐韻老人齒落復生曰齯說文齯老人齒通作兒詩黃髮兒齒唯選鯢齒眉壽用此鯢字○鮐音臺鯢音倪願垂表經

頌宣聖德篆刻堅石永世飛聲此詞三句爲韻用秦碑體

太白山祠堂碑

并序○山在鳳翔府郿縣上有靈湫禱雨輒應終南太白地勢相屬韓文公南山詩云西南雄太白突起莫間邃則二山誠關中之名勝禱應如響宜哉此碑與上篇同時皆以禱旱作

雍州西南界于梁雍州謂秦地雍梁皆禹貢九州之舊○雍於用切其山曰太白其地恒寒冰雪之積未嘗已也

其人以爲神故歲水旱則禱之寒暑乖候則禱之癘疾祟降則禱之鬼災曰癘○祟音邃咸若有答焉者貞元十二年孟秋旱甚皇帝遇災悼懼分命禱祀至于兹山又詔京兆尹尹韓皐也宜飾祠廟遂下令于甸邑盩厔次畿縣故云甸邑邑令裴均臨事有恪革去狹陋恢閎棟宇階室之廣三倍其初翌日大雨前漢翌日親登崇高黍稷用豐野夫讙謡欽聖信神願垂頌聲刻在金石文曰文云

碑陰文韓裴蓋有勞於二祠者也故公又作文碑陰以志之

時尹韓府君諱皐祗奉制詔發付邑吏令裴府君諱均承荷君公之命督就祠宇涖事謹甚克媚神意用獲顯貺邑人靈之其事遂聞詔書嘉異勞主者甚厚（○勞力到切）乃刻茲石立于西序右階之下肆列裴氏之政于碑之陰惟君教行于家德施于人撫字惠厚柔仁博愛之道洽于鰥嫠（陵之切無夫也）廉毅肅給威斷猛制之令行於強禦獄訟不私于上罪責不及于下農事課勸厚生克勤征賦首入而其人

益贍創立傳舘（○傳，株戀切）平易道路（○易，去聲）改作甚力而其人彌逸韓府君每用嘉褒稱其理爲甸服最今玆設廟位神神歡而寧宜爲君之誠敬克合于上用啓之也不可以不志

湘源二妃廟碑（永州縣四，湘源其一也。公時爲永州司馬作。二妃事韓文公黃陵廟碑紀之甚悉）

元和九年八月二十日湘源二妃廟災（天火曰災）司功掾守令彭城劉知剛（唐有司功叅軍。守，攝也。以司功攝令也）主簿安邑衛之武告于州刺史御史中丞

清河崔公能能史有傳祗栗厥戒會群吏洎衆工發開元詔書懼廢守祀搜考羸羨延面切餘也延也均節委積周禮遺人掌邦之委積以待施惠注云少曰委多曰積皆聚也○委於僞切積子智切咸執牘聿說文牘書版聿所以書楚謂之聿吳謂之不聿燕謂之弗至于祠下稽度既備度徒各切傭役惟時斬木于上游陶埴于水涯○埴音植埏也涯音宜又宜佳切廼桴廼載桴編木以渡工逸事遂作貌顯嚴毅然而歲十有一月庚辰陳奠薦辭立石于廟門之宇下唯父子夫婦人道之大大哉二神咸

極其會爲子而父堯爲婦而夫舜列女傳舜二妃堯之二女曰娥皇女英齊聖竝明弼成授受內若嚚瞽若順也書曰瞽子父頑母嚚上承輝光克艱以乂德罔不至帝既野死舜南巡狩崩于蒼梧之野記祭法舜勤衆事而野死神亦不返二妃從舜不及道死於沅湘之間食于茲川古有常典歐祓戻孽戻即戾字歐祓戻驅除也恢宣淑靈敢或失職以奸天刑○奸音干有翼其恭有苾其馨○苾薄必切香也沉牲爰告周禮以貍沉祭山林川澤注云祭川澤曰沉即石是銘

銘曰

淵懿承聖舜妻堯女德形嫣汭書釐降二女于嫣汭嫣水之汭也○嫣俱為切汭儒稅切神位湘滸音虎水涯揆茲有初克碩厥宇碩壯大也唐命秩祀茲邑攸主毛牷旣疈周禮牧人凡陽祀用騂牲毛之陰祀用黝牲毛之毛之取純毛也說文牛純色曰牷○牷音全疈一本作肆周禮副辜祭籓作疈疈拍逼切肆託歷切解牲體也椒馨爰糈詩有椒其馨○糈先呂切祭神米胤于萬年期保伊祐潛火爓孽炖于融風說文云炖風而火盛貌左昭十八年梓愼曰是謂融風火之始也註東北風曰融風融風木也木火母故曰火之始神用播遷時罔克龔邑令群吏告于君公廉用積餘廉節也

以就爾功桴木負埴（桴者編竹木爲之大曰筏小曰桴○桴音敷）載流于江既夷以成崇宇峻墉潔嚴清閒（與閑同）左右率從神樂來歸徒御雍雍神既安止邦人載喜奉其吉玉（一作主）以對嘉祉南風滑（新於切又私呂切露貌）湘水如舞將子無讙（一作護）神聽鍾鼓豐其交報邦邑是與刻此樂歌以極終古

饒娥碑（史云饒娥字瓊姬饒州樂平人父勳餘悉如碑所載又云）鄉人異之歸賵具禮葬父及娥鄱水之陰縣令魏仲光碣其墓

建中初黜陟使鄭叔則表旌其閭河東柳宗元爲立碑

饒娥饒人饒姓娥名世漁鄱水○鄱蒲波切娥爲室女淵懿靖專靖一作靜雖小家未嘗出游治絺葛葛所以爲絺綌精曰絺麤曰綌供女事循整循一作脩鄉閭敬式娥父醉漁風卒起不能舟遂以溺死求屍不得娥父勣漁于江遇風濤舟覆尸不出娥聞父死走哭水上三日不食耳鼻流血氣盡伏死明日屍出黿魚鼉蛟浮死萬數塞川下流娥年十四哭水上不食三日死俄大震雹水蟲多死父屍浮出鄱旁小民悲感怨號○怨音寃以

爲神奇縣人鄉人會錢具儀葬娥鄱水西橫道上追思不足相與作石（石一作碑）以詒後世（詒一作詔）其辭曰

生德無類氣靈而休嗟玆孝娥惟行之周淵懿含貞（淵一作沉）好靖不游纖葛絺紵（絺丑知切紵直呂切）克供以修蒸蒸在家其父世漁飲酒不節死乎風濤（乎一作于又作於）匍匐來哭號天以呼顙目耳鼻膏血交流三日頓踣（匹候切又蒲北切說文斃也僵也）氣竭形枯（一作面汚）父屍既出孝質巳殂龜鼈

黿鼉有蛟洎魚充流溢岸旁出仰浮見怪形異適與我謀鄗民哀號或以頌歌齊女邑憂傷槐罷誅

劉向列女傳齊傷槐衍之女嬌齊景公有所愛槐使人守之下令曰犯槐者刑傷槐者死於是衍醉而傷槐景公使拘之且加罪焉嬌懼乃造於晏子之門曰妾聞明君不爲六畜傷人民不爲野草傷禾苗今吾君以槐故殺嬌父鄰國聞之皆謂君愛樹而賤人其可乎晏子明日朝言於公景公即廢傷槐之法出犯槐之囚

趙娟完父操棹爰謳

列女傳趙津女娟者趙河津吏之女趙簡子南擊楚至河津吏醉卧不能渡簡子怒欲殺之娟懼持楫而前曰妾父聞主君且來恐風波起水神動駭故禱祠九江三淮之神不勝杯酌醉至如此願待其醒而殺之簡子渡用楫者少一人

娟願備父持揖許之中流爲簡子發河激之歌簡子悦以爲夫人○謳烏侯切亦音區

肉刑不施漢美淳于史記漢文帝十三年太倉令淳于公有罪當刑其少女緹縈上書天子悲憐其意五月有詔除肉刑法事亦見漢刑法志烈烈孝娥孝一作曹水死上虞邯鄲淳娥碑曰娥上虞曹盱之女盱能按節撫歌婆娑樂神漢安二年五月時迎伍君逆濤而上爲水所淹不得其尸娥時年十四號慕思盱哀吟澤畔旬有七日遂自投江死經五日抱父死屍出度尚設祭誄之范曄後漢史云迎婆娑神謬矣當以碑爲正娥之至德實與爲儔恒人有言惟教是圖懿兹德女家世不儒奇行特出神道莫酬窮哀罔泄終古以留鄉人好禮爰立

兹丘建銘當道當道即謂橫道上也過者下車過一作見

唐故特進贈開府儀同三司揚州大都督南府君睢陽廟碑并序一作唐故特進南公

睢陽廟碑○南府君名霽雲魏州頓丘人祿山反張巡許遠守睢陽遣霽雲乞師於賀蘭進明不果如請事詳碑中霽雲還入城十月城陷與巡等同被害初贈開府儀同三司再贈揚州大都督憲宗元和三年戊子公時三十六永州司馬

急病讓夷義之先國語臧文仲曰賢者急病讓夷居官當事不避難夷平也圖國忘死貞之大昭元年左氏傳趙孟稱叔孫豹曰思難不越官

信也圖國忘死貞也利合而動乃市賈之相求賈音古恩加而感則報施之常道雎陽所以不階王命橫絕凶威超千祀而挺生奮百代而特立者也時惟南公天與拳勇詩無拳無勇注拳力也神資機智藝窮百中史記養由基去楊葉百步射之百發百中霽雲傳善騎射見賊百步內射之發無不應豪出千人不遇與詞鬱尨眉之都尉張衡賦曰尉尨眉而郎潛兮逮三葉而見武注漢武故事曰上至郎署見一老郎鬢眉皓白問何時為郎何其老也對曰臣姓顏名駟以文帝時為郎文帝好文而臣好武景帝好老而臣尚少陛下好少而臣已老是以三葉不遇也上感其言由是擢為會稽

都尉數奇見惜挫猨臂之將軍史記上以李廣數奇孟康曰奇隻不耦也又曰廣爲人長猨臂善射亦天性也如淳曰臂如猨通肩數所角切奇居宜切天寶末寇劇憑陵隳突河華華山名音畫天旋斡斗極之位地圮積狐狸之穴圮毀也又說文云山無草木也圮音起親賢在庭子駿陳謩以佐命劉歆字子駿爲王莽佐命官至國師元老用老夷甫委師而勸進晉王衍字夷甫善清談宅心事外名重當世朝野多慕效之嘗與東海王越共討苟晞越薨衆推衍爲師衍辭俄而舉軍爲石勒所破勒執衍等坐之幕下問以晉故衍具陳禍敗之由因勸稱尊號惟公與南陽張公巡高陽許公遠義氣懸

合許謀大同許大也又說文云齊楚謂信曰許○許匈于切誓鳩武旅以遏橫潰○橫戶孟切裂裳而千里來應文選脫来爲兵裂裳爲旗左袒而一呼皆至漢書太尉以節入北軍一呼士皆袒左爲劉氏○呼火故切柱厲不知而死難列子柱厲叔事莒敖公自以爲不知己去居海上及公有難乃往死之曰以醜後世之人主不知其臣者也狼瞫見黜而奔師文二年左氏傳晉襄公縛秦囚使萊駒以戈斬之囚呼萊駒失戈狼瞫取戈斬囚遂以爲右箕之役先軫黜之狼瞫狼瞫怒及彭衙既陳以其屬馳秦師死焉○瞫尺甚式衽二切忠謀朗然萬夫齊力一作志公以推讓且專奮擊爲馬軍兵馬使出戰則群校

河東集卷五　十九　世綵堂

同強謂賊帥張通晤陷宋曹等州張巡率吏民哭玄元祠遂起兵討賊從者千餘也

入守而百雉齊固百雉城也城三堵爲雉謂賊攻雍丘蟻附而登張巡

於城上束芻灌油以焚賊不敢向也初據雍丘至德元載三月真源令張巡起

兵討賊據雍丘謂單父尉賈賁合兵擊宋州張通晤走襄邑爲頓丘令所殺賁引軍進至

雍丘巡與之合有衆二千也雍丘隸汴州謂非要害將保江淮之

臣庶通南北之奏復周禮諸臣之復萬民之逆謂奏事於王也拔

我義類扼於睢陽十二月巡拔雍丘東守寧陵二載正月賊將尹子奇

寇睢陽睢陽太守許遠告急於巡巡引兵入睢陽睢陽隸宋州前後捕斬要

遮凶氣連沮此謂巡至睢陽與許遠合霽雲戰寧陵北斬賊將二十殺萬餘

人投尸于汴也漢兵已絕守疏勒而彌堅漢永平十七年班超在疏勒國十八年帝崩焉耆以中國大喪攻没都護而龜兹姑墨數攻疏勒超孤立無援吏士單少拒守歲餘○疏音蹤虜騎雖強頓盱眙而不進南史宋文帝元嘉二十八年魏主攻盱眙輔國將軍臧質堅守魏人殺傷萬計尸與城平三旬不拔魏主退走○盱音吁眙音怡賊徒乃棄疾於我悉衆合圍技雖窮於九攻呂氏春秋公輸般爲高雲梯欲以攻宋墨子聞之見荆王曰宋必不可得請令公輸試攻之臣請試守之於是公輸般設攻宋之械墨子設守宋之備公輸般九攻之墨子九却之不能入故荆輟不攻宋矣墨子名翟宋大夫志益專於三板史記趙世家智伯率韓魏攻趙襄子奔保晉陽三國引汾水灌

其城城不沒者三板偪陽縣布之勁襄十年左傳晉荀偃士匄請伐偪陽主人縣布堇父登之及堞而絕之隊又縣之○偪音福又音逼勁一作巧汧城鑿穴之奇晉元康中氐羌反汧督馬敦固守孤城群氐四面雨射城中城中鑿穴而處負戶而汲詳見潘岳馬汧督誄舊註指田單事非○汧音牽息意牽羊羞鄭師之大臨宣十二年左傳楚人伐鄭國人大臨守陴者皆哭三月楚克鄭鄭伯肉袒牽羊以逆○臨力鴆切哭也甘心易子鄙宋臣之病告宣十五年左傳楚子圍宋宋人懼使華元夜入楚師登子反之牀起之曰寡君使元以病告曰敝邑易子而食析骸以爨雖然城下之盟有以國斃不能從也諸侯環顧而莫救國命阻絕而無歸以有盡之疲人

敵無巳之強寇公乃躍馬潰圍馳出萬衆抵賀蘭進明乞師進明乃張樂侑食以好聘待之公曰弊邑父子相食而君辱以燕禮獨何心歟乃自噬其指曰噉此足矣巡等守睢陽死傷之餘纔六百人時河南節度使賀蘭進明在臨淮擁兵不救八月巡令霽雲將三十騎犯圍而出告急臨淮進明具食與樂延霽雲坐霽雲泣且語曰睢陽之人不食月餘矣霽雲雖欲獨食且不下咽因噬嚙落一指以示進明曰霽雲既不能達主將之意請留一指以示信歸報坐中皆爲泣下按舊史云請嚙一指留於大夫示之以信歸報本州新傳云請置一指以示信歸報中丞因拔佩刀斬一指血淋漓以示賀蘭公此所載又云噉此足矣士文小

異温公考異從舊傳遂慟哭而返即死孤城霽雲遂自臨淮還睢陽縋城而入城中將吏知救不至慟哭累日首碎秦庭終懵無衣定四年左傳申包胥如秦乞師秦哀公爲賦無衣九頓首而坐秦師乃出庾信之賦哀江南賦曰申包胥之頓地碎之以首○懵武亘切身離楚野徒傷帶劒之辭楚詞九歌云帶長劒兮挾秦弓首身離兮心不懲至德二年十月城陷遇害霽雲等皆爲賊所執賊將以刃脅巡巡不降又降霽雲霽雲未應巡呼曰南八男兒死耳不可爲不義屈霽雲笑曰將欲有爲也公知我者敢不死亦不降乃與巡等遇害惟遠執送洛陽無傳爕之歎息後漢傳爕字南容爲漢陽太守賊圍漢陽欲送爕歸鄉里爕慨然嘆曰吾行何之吾必死於此遂麾左右

進兵臨陣戰没有周苛之慷慨漢書高祖使周苛守滎陽楚下滎陽生得苛苛罵項羽羽烹之聞義能徙語曰聞義不能徙是吾憂也果其初心烈士抗詞痛臧洪之同日臧洪字子原袁紹執洪殺之洪邑人陳容謂紹曰將軍欲爲天下除暴而先專誅忠義豈合天意又曰今日寧與臧洪同日死不與將軍同日生遂復見殺見者相謂曰如何一日戮二烈士直臣致憤惜蔡恭於累旬劉璠梁典云武帝天監三年魏兵圍義陽司州刺史蔡道恭禦之相持百餘日道恭疾卒詔使郢州刺史曹景宗救援景宗頓兵不進義陽遂陷御史中丞任昉彈劾景宗略曰道恭云逝城守累旬景宗之存一朝弃甲直臣蓋指任昉也朝廷加贈特進揚州大都督定功爲第一等

一無爲字與張氏許氏竝立廟睢陽歲時致祭男

在繈褓繈本作襁說文負兒衣褓與緥同說文小兒衣前漢注繈小兒繃緥小兒大藉皆受顯秩賜之土田葬刻鮑信之形魏志初平二年鮑信擊黃巾于壽張力戰鬭死繼而破之購求信不得衆乃刻木爲信狀祭而哭焉

今本作鮑勛誤陵圖龐德之狀魏志龐德字令明與關羽戰爲羽所得羽謂曰不降何爲德罵曰我寧爲國家鬼不爲賊將也爲羽所殺于禁等七軍皆没孫權稱藩遣禁還魏帝令北詣鄴謁高陵帝使豫於陵屋畫關羽戰克龐德憤怒禁降伏之狀禁見慙恚發病死

納官其子見勾踐之心越語勾踐棲於會稽乃令於三軍曰孤子寡婦疾疹貧病者納官其子註云官仕也仕其子而教之廩以食之也官

一作官羽林字孤知孝武之志漢百官表武帝時從軍死事者之子養羽林官教以五兵號羽林孤兒少壯令從軍舉門關於周典周禮司門職云凡財物犯禁者舉之以其財養死政之老與其孤註云財所謂門關之委積也死政之老國中死事者之父母也孤子也又遺人云掌門關之委積以養孤老徵卹綬於漢儀漢時印佩非若今之金紫銀緋長使服之也蓋居是官則佩是印罷則解之故三公上印綬後漢張奐云吾前後十要銀艾銀印即銀印艾即綠綬十要者一官一佩之耳印不甚大淮南王曰方寸之印丈二之組是也漢世功臣死後多賜印綬馬見孔氏雜說王猷以光寵錫斯備於戲睢陽之事不唯以能死爲勇善守爲功所以出奇以恥敵

立懂以怒冠列子刺客曰虞氏富樂之日久矣而常有輕易人之心吾不侵犯之而辱我以腐鼠不報無以立懂於天下。懂勤謹二音勇也作僅非俾其專力於東南而去備於西北力專則堅城必陷備去則天討可行是故即城陷之辰爲尅敵之日十月癸丑睢陽城陷庚申安慶緒奔河北壬戌克東京世徒知力保於江淮而不知功靖乎醜虜論者或未之思鄭公諱霽雲霽子計切字其范陽人有子曰承嗣七歲爲婺州別駕賜緋魚袋歷刺施涪二州。一本無刺字涪音浮服忠思孝無替負荷左傳其子不克負荷○荷平聲懼祠宇久遠德音不形願斲堅石○斲音卓假辭紀美惟公信以許其友剛以固其志仁以殘其肌勇以振其氣忠以摧其敵烈以死其事出乎內者合於貞行乎外者貫於義是其所以奮百代而超千祀者矣其志不亦宜乎廟貌斯存碑表攸託洛陽城下思鄉之夢儻來後漢溫序字次房爲護羌校尉行部至襄武爲隗囂將茍宇所執欲降之序不聽伏劒而死光武命送喪到洛陽城旁爲冢地長子壽爲鄒平侯相夢序告之曰久客思鄉里壽即弃官上書乞其骸骨歸葬帝許之乃反舊塋焉麒麟閣中

即圖之詞可繼漢書趙充國以功德與霍光等列畫未央宮至成帝時西羌嘗有警上思將帥之臣追美充國廼召黃門侍郎楊雄即充國圖畫而頌之銘曰貞以圖國義惟急病臨難忘身○難乃旦切見危致命漢寵死事周崇死政並見上註烈烈南公忠出其性控扼地利奮揚兵柄東護吳楚西臨周鄭婪婪群凶婪婪群狄出潘岳作馬汧督誄婪貪也○婪盧含切害氣彌盛長蛇封豕封大也左傳吳爲封豕長蛇荐食上國踊躍、不定屹彼睢陽屹崒山貌○屹魚乙切制其要領前漢張騫傳註云要衣要也領衣領也凡持衣者則執要領故以爲喻○要一遥切橫潰不流疾風斯勁梯衝外舞公孫瓚與子書梯衝舞吾樓上缶穴中偵賊爲雲梯勢如半虹置精兵二百於其上推之臨城欲令騰入巡預於城潛鑿三穴候梯將至於一穴中出一大木末置鐵鈎鈎之使不得退一穴中出一木拄之使不得進一穴中出一大木置鐵籠盛火焚之其梯中折梯上卒盡燒死○偵丑正切又猪孟切伺也視也斯一作知析骸猶競解見上鈐馬非艱宣十五年公羊傳鉗馬而秣之鈐鉗通用浩浩列士不聞濟師時許叔冀在譙郡尚衡在彭城賀蘭進明在臨淮皆擁士不救士一作土兵食殲焉守逾三時公奮其勇單車載馳投軀無告噬指而歸力窮就執猶抗其辭解並見上圭璧可碎堅貞

不虧寇力東盡兕威西恧（女六切慙也）孤城既拔渠魁受戮雷霆之誅由我而速巢穴之固由我而覆江漢淮湖群生咸育倬焉勳烈孰與齊躅（廚玉切說文蹢躅也）天子震悼陟是元功旌褒有加命秩斯崇位尊九牧禮視三公建兹祠宇式是形容牲牢伊碩黍稷伊豐虔虔孝嗣望慕無窮刊碑河滸萬古英風（大曆十二年四月以南霽雲子爲歙州別駕又貞元二年二月授承嗣官旌忠烈之後）

河東先生集卷第五

河東先生集卷第六

釋教碑

曹溪第六祖賜謚大鑒禪師碑 據傳燈錄

大鑒即慧能大師俗姓盧氏父武德中仕于南海之新州遂占籍焉始因聞客讀金剛經遂問法焉客以得於黃梅忍大師為對師去直抵韶州與尼無盡藏者解說涅槃經尼驚異之告鄉里耆艾云能有道者居人於是競來瞻禮且營葺寶林古寺舊地居之師謂我求大法豈可中道而止明日遂行遇智遠禪師請益遠曰菩提達摩傳心印於黃梅宜往參決師辭去遂造焉

忍默識之後果傳衣法至儀鳳
元年届南海遇印宗法師於法
性寺師大異因請出所傳信衣
瞻禮會諸名德爲之剃髮受滿
分戒於智光律師明年要歸舊
隱遂返曹溪學者不下千數中
宗嘗詔之不起後化于新州國
恩寺肅宗代宗皆敬事之至憲
宗時始謚大鑒禪師塔曰元和
靈照公在柳州作此碑時年四
十三東坡嘗曰子厚南遷始究
佛法作曹溪南嶽諸碑絕妙古
今儒釋兼通道學純備自唐至
今頌述祖師者多矣未有通亮
簡正如子厚者邵太史曰東坡
於古人但寫淵明子美太白退
之子厚之詩爲南華寫子厚六
祖大鑒禪師碑南華又欲寫劉

夢得碑則辭之

扶風公廉問嶺南三年元和八年十二月以桂管觀察使馬揔爲嶺南節度使扶風人也以佛氏第六祖未有稱號疏聞于上詔謚大鑒禪師塔曰靈照之塔元和十年十月十三日下尚書祠部符到都府都府節度府也公命部吏洎州司功掾告于其祠幢蓋鍾鼓○幢傳江切增山盈谷萬人咸會若聞鬼神其時學者千有餘人莫不欣踴奮厲如師復生則又感悼涕慕如師始亡因言曰自有生物

則好鬭奪相賊殺喪其本實詩乖淫流詩亂也○詩蒲昧切又音勃莫克返于初孔子無大位沒以餘言持世更楊墨黃老益雜其術分裂而吾浮圖說後出推離還源合所謂生而靜者禮記人生而靜天之性也梁氏好作有爲師達摩譏之空術益顯後魏大和十年有僧達摩者本天竺王子以護國出家入南海得禪宗妙法云自釋迦相傳有衣鉢爲記世相付授達摩賫衣鉢浮海而來至梁詣武帝帝問以有爲之事達摩不悅乃之魏隱於嵩山少林寺遇毒而卒是爲初祖六傳至大鑒達摩以其法傳慧可是爲二祖慧可傳璨是爲三祖璨傳道信是爲四祖信傳弘忍是爲五祖

忍傳慧能是爲六祖大鑒始以能勞苦服役能即耐字一聽其言言希以究師用感動遂受信具信具衣鉢也遁隱南海上人無聞知又十六年度其可行乃居曹溪咸亨末能住韶州寶林寺曹溪韶州地名也爲人師會學去來嘗數千人其道以無爲爲有以空洞爲實以廣大不蕩爲歸其敎人始以性善終以性善不假耘鋤本其靜矣中宗聞名使幸臣再徵不能致取其言以爲心術其說具在今布天下凡言禪皆本曹溪大鑒去世百有

六年先天二年是歲癸丑至元和十三年戊戌爲一百六年凡治廣部
而以名聞者以十數莫能揭其號乃今始告
天子得大謚豐佐吾道其可無辭公始立朝
以儒重刺虔州都護安南元和五年七月揔自虔州刺史爲安
南都護由海中大蠻夷連身毒之西身毒史記音捐篤前漢下音篤一名天篤浮圖胡是也西南夷傳註即天竺西域國名浮舶聽命
咸被公德受旂纛節戟纛翳也舞者所執又羽葆幢也蔡邕曰以旄牛尾爲之大如斗或在騑頭或在衡○纛杜皓切又徒沃大到切來蒞南海
按韓文公祭揔文云于泉于虔始執郡符遂殿交州抗節番禺交州即安南都護府番禺

則南海郡廣州也與公此碑合而唐史乃云揔自安南都護遷桂管經略觀察使誤矣東坡曰以碑考之蓋自安南遷南海非桂管也可以正唐史之誤屬國如林不殺不怒人畏無噩說文噩譁訟也潘曰噩當作愕○噩音咢允克光于有仁昭列大鑒莫如公宜其徒之老乃易石于宇下使來謁辭其辭曰

達摩乾乾說文云乾上出也乾乾不息之貌傳佛語心達摩傳以袈裟授慧可曰內傳法師以契燈心外付袈裟以定宗旨六承其授大鑒是臨勞勤專默終揖于深揖一作挹抱其信器行海之陰其道爰施在溪之曹厖合猥附不夷

其高傳告咸陳惟道之褒生而性善在物而具荒流奔軼徒結切車相出也乃萬其趣匪思愈亂匪覺滋誤由師內鑒咸獲于素不植乎根不耘乎苗二乎作胡字中一外融有粹孔昭在帝中宗聘言于朝陰翊王度俾人逍遙越百有六祀號謚不紀由扶風公告今天子尚書旣復大行乃誄魯水切壘也壘述前人之功德光于南土其法再起厥徒萬億同悼齊喜惟師敎所被洎扶風公所履咸戴天子天子休命嘉公德美謚于

海夷浮圖是視師以仁傳公以仁理謁辭圖
堅永胤不已

南嶽彌陀和尚碑公貞元十八年爲藍田尉和尚死於七月十九日此碑蓋七月後作東坡評說見上篇題註

在代宗時有僧法照爲國師乃言其師南嶽大長老有異德天子南嚮而禮焉度其道不可徵乃名其居曰般舟道場公嘗爲般舟和尚第二碑蓋指日悟爲般舟和尚即此所謂般舟道場也用尊其位公始居山西南巖石之下人遺之食則食不遺則食土泥

茹草木其取衣類是南極海裔北自幽都來

求厥道或值之崖谷羸形垢面躬負薪槱詩薪之槱之槱積木燎之也○槱音酉以爲僕役而媟之乃公也○媟音薛瀆也凡化人立中道而敎之權俾得以疾

至故示専念書塗巷刻谿谷谷一作石丕勤誘掖丕一作不以援于下不求而道備不言而物成人

皆負布帛斬木石委之巖戶不拒不營祠宇

旣具以洎于德宗申詔褒立是爲彌陀寺施

之餘則與餓疾者○施施智切不尸其功公始學

成都唐公次資川詵公詵公學於東山忍公傳燈録云五祖忍公姓周黄梅人與四祖道信並住東山寺故謂其法爲東山法法照智詵皆學於忍惟唐公眞公及衡山承遠未詳皆有道至荆州進學玉泉眞公眞公授公以衡山俾爲敎魁人從而化者以萬計初法照居廬山由正定趣安樂國由字一本作中見蒙惡衣侍佛者佛告曰此衡山承遠也出而求之肖焉乃從而學傳敎天下由公之訓公爲僧凡五十六年其壽九十一貞元十八年七月十九日終于寺葬于寺

之南岡刻石于寺大門之右銘曰
一氣迴薄茫無窮其上無初下無終離而爲
合蔽而通始末或異今焉同虛無混冥道乃
融聖神無跡示教功公之率衆峻以容公之
立誡教其中教一作放服庇草木蔽穹隆仰攀俯
取食以充形遊無極交大雄夫子稽首師順
風四方奔走雲之從經始尋尺成靈宮始自
蜀道至臨洪咨謀往復窮眞宗弟子傳教國
師公化流萬億代所崇奉公寓形於南岡幼

曰弘願惟孝恭立之玆石書玄蹤

岳州聖安寺無姓和尚碑（爲永州司馬時作）

維某年月日岳州大和尚終于聖安寺凡爲僧若干年年若干有名無姓世莫知其閭里宗族所設施者（莫下一有知字）有問焉而以告曰性吾姓也其原無初其胄無終（說文云胄胤也）承于釋師以系道本吾無姓耶法劒云若我名也（一本者下有即字）實且不有名惡乎存吾有名耶性海吾鄉也（一有吾師字）法界吾宇也戒爲之墉慧爲

之戶以守則固以居則安吾閭里不具乎度門道品其數無極菩薩大士（佛書云菩提薩埵唐言覺有情也從簡稱菩薩）其衆無涯吾與之戚而不吾異也吾宗族不大乎其道可聞者如此而止讀法華經金剛般若經（般若梵語謂智慧也）數逾千萬或譏以有爲曰吾未嘗作嗚呼佛道逾遠異端競起唯天台大師爲得其說和尚紹承本統以順中道凡受教者不失其宗生物流動趨向混亂惟極樂正路爲得其歸和尚勤求端慤以

成至願至一作志凡聽信者不惑其道或譏以有跡曰吾未嘗行始居房州龍興寺中徙居是州徙居一作徙于作道場于楞伽北峯藏經南海濱有楞伽山釋伽為大慧菩薩說法處故謂之楞伽經不越閫者五十祀○閫苦本切與梱同和尚凡所嚴事一作凡事嚴師皆世高德始出家事而依者曰卓然師一無事字居南陽立山南陽鄧州一本無立字葬岳州葬字上有卒字就受戒者曰道顗師居荊州弟子之首曰懷遠師居長沙安國寺為南岳戒法歲來侍師會其終遂以某月

一本無某月二字某日葬于卓然師塔東若干步銘

曰

道本於一於一作爲離爲異門以性爲姓乃歸其根無名而名師教是尊假以示物非吾所存大鄉不居大族不親淵懿内朗懿一作愨冲虛外仁聖有遺言是究是勤惟動惟默逝如浮雲如一作水教久益微世罕究陳爰有大智出其眞門一作論師以顯示師一作匝俾民惟新情動生變物由湮淪爰授樂國參乎化源師以誘導俾

民不昏道用不作神行無迹晦明俱如生死偕寂法付後學施之無斁夷益切厭也葬從我師無忘眞宅薦是昭銘刻兹貞石貞一作玄

碑陰記

無姓和尚既居是山曰凡吾之求非在外也吾不動矣弘農楊公炎自道州以宰相徵過焉大曆四年八月以道州刺史楊炎同平章事以爲宜居京師强以行不可將以聞曰願聞歲乃往明年楊去相位竄謫南海上建中二年十一月炎自左僕射貶崖州司戶參軍

終如其志趙郡李蕚辯博人也爲岳州盛氣欲屈其道聞一言服爲弟子河東裴藏之舉族受教京兆尹弘農楊公某（元和四年楊憑爲京兆尹）以其隱地爲道場奉和州刺史張惟儉買西峯廣其居凡以貨利委堂下者不可選紀受之亦無言將終命其大弟子懷遠授以道妙終不告其姓或曰周人也信州刺史李某（一本云李公位公集有位墓誌）爲之傳長沙謝楚爲行狀博陵崔行儉爲性守一篇凡以文辭道和尚功德者

不可悉數弘農公自餘杭（楊憑元和四年爲江西觀察使以贓罪貶臨賀尉俄自臨賀尉徙杭州長史）命以行狀來懷遠師自長沙以傳來使余爲碑既書其辭故又假其陰以記

龍安海禪師碑

（公云弟子浩初等狀其師之行謁余爲碑）

按集有送浩初序頗亟稱之即初之賢蓋足以知海之爲人矣

永州作時年三十六

佛之生也遠中國僅二萬里（後漢西域傳天竺國一名身毒）世傳明帝夢見金人長大頂有光相問羣臣或曰西方有神名曰佛以地理考之安南者

嶺南之極邊也而天竺之道自此而通安西者隴右之極邊也而西域之道自此而入則其道里之遠可知矣其没也距今茲僅二千歲故傳道益微而言禪最病拘則泥乎物誕則離乎眞誕歟也眞離而誕益勝故今之空愚失惑縱傲自我者一本作空空愚夫失惑云云皆誣禪以亂其教冒于嚚昏左傳口不道忠信之言爲嚚○嚚魚巾切放于淫荒其異是者長沙之南曰龍安師師之言曰由迦葉至師子迦葉尊者師子尊者佛書迦葉釋迦大弟子一名飲光○迦居牙切葉書涉切二十三世而離離而爲達摩莫固切亦作磨西天第二

十八祖東震旦土謂之初祖由達摩一本無由達摩字至忍五世而益離離而爲秀爲能神秀姓李氏汴州尉氏縣人隋末出家爲僧後遇蘄州雙峯山東山寺僧弘忍以坐禪爲業乃歎伏曰此眞吾師也便往事弘忍專以樵汲自役以求其道咸亨五年弘忍卒秀乃往荊州居當陽山則天聞其名追赴都秀同學僧惠能姓龐氏新州人忍卒往韶州寶林寺秀嘗奏則天請追能赴都至神龍元年中宗遣內侍薛簡馳詔往請能能竟不度嶺而卒天下乃散傳其道謂秀爲北宗能爲南宗南北相訾反戾鬬很○訾將此切其道遂隱嗚呼吾將合焉且世之傳書者一無書字皆馬鳴龍樹道也馬鳴尊者龍樹菩薩摩訶摩耶經曰正法衰微六百載已九十六種諸外

道等耶見競興破滅佛法有一比丘名曰馬鳴善說法要降伏一切外道輩七百歲巳有一比丘名曰龍樹善說法要滅邪見幢燃正法炬選頭陀寺碑云馬鳴幽讚龍樹虛求

二師之道其書具存徵其書合於志可以不慁。胡困切亂也於是北學於惠隱南求於馬素咸黜其異以蹈乎中乖離而愈同空洞而益實作安禪通明論推一而適萬則事無非眞混萬而歸一則眞無非事推而未嘗推故無適混而未嘗混故無歸塊然趣定至于旬時是之謂施用茫然同俗極乎流動是之謂眞常

居長沙在定十四日人即其處而成室宇遂
爲寶應寺去于湘之西人又從之負大木甓
密石（○甓音譬 說文䃺也）以益其居又爲龍安寺焉尚
書裴公某（貞元三年閏五月以國子司業裴冑爲湖南觀察使七年從江西）
李公某（八年十二月以給事中李巽爲湖南十三年九月從江西）侍郎呂
公某（以禮部侍郎呂渭爲湖南十六年七月卒）楊公某（十八年九月以太常
少卿楊憑爲湖南）御史中丞房公某咸尊師之道執
弟子禮凡年八十一爲僧五十三朞元和三
年二月九日而沒其弟子玄覺泊懷直浩初

等狀其師之行謁余爲碑曰師周姓如海名也世爲士父曰擇交同州録事參軍叔曰擇從尚書禮部侍郎師始爲釋其父奪之志使仕至成都主簿不樂也天寶之亂復其初心嘗居京師西明寺又居岣嶁山終龍安寺衡山一名岣嶁在衡州○岣嶁音拘縷又古后力后二切葬其原銘曰

浮圖之修其奥爲禪○奥於到切殊區異世誰得其傳遁隱乖離浮游散遷莫徵旁行○行列也行戶耕切前漢安息國書革旁行爲書記註書皆横行不直下也徒聽誣言空

有互鬬南北相殘誰其會之楚有龍安龍安之德惟覺是則苞并絕異○苞音包苞褁也表正失惑貌昧形靜功流無極動言有爲有一作事彌寂而默祠廟之嚴我居不飾貴賤之來我道無得逝耶匪追至耶誰抑惟世之機惟道之微旣陳而明乃去而歸象物徒設真源無依後學誰師嗚呼玆碑

河東先生集卷第六

世綵廖氏刻梓家塾

河東先生集卷第七

釋敎碑銘

南嶽雲峯寺和尚碑

（南嶽衡山也在衡州按塔銘和尚死於貞元十七年九月葬以十月其年秋公方調藍田尉此碑及塔銘皆同時作年二十九）

乾元元年某月日（乾元肅宗年號元年戊戌）皇帝曰予欲俾慈仁怡愉洽于生人惟浮圖道允迪乃命五嶽求厥元德以儀于下惟茲嶽上于尚書其首曰雲峯大師法證（證一作澄）凡蒞事五十年

貞元十七年乃没其徒曰詮曰遠曰振曰巽曰素（素一作索）凡三千餘人其長老咸來言曰吾師軌行峻特（○軌居洧切法也）器宇弘大（宇一作識）有來受律者吾師示之以爲尊嚴整齊明列義類而人知其所不爲有來求道者吾師示之以爲高廣通達一其空有（一本一其作統一）而人知其所必至元臣碩老稽首受教髫童毁齒（髫童子垂髫貌説文云齓毁齒也男八月而齒生八歲而齓女七月而齒生七歲而齓○髫音迢）踴躍執役故從吾師之命而度者凡五萬人

吾師冬不燠裘○燠乙六威遇二切飢不豐食每歲會

其類讀羣經俾聖言畢出有以見其大又萃

其伜伜一作伍無此一句一伐木輂土作佛塔廟洎經

典俾像法益廣有以見其用將沒告門人曰

吾自始學至去世未嘗有作爲然後知其動

無不虛靜無不爲生而未始來歿而未始往

也二而下或有二知字其道備矣願刻山石知教之所

以大其詞曰

師之教尊嚴有燿恭天子之詔維大中以告

後學是效師之德簡峻淵默柔惠以直渙焉而不積同焉而皆得玆道惟則師之功勤勞以庸維奧祕必通必一作是以興祠宮遐邇攸從師之族由虢而郭周武王封文王弟虢叔於西虢平王東遷奪虢叔之地與鄭武公求虢叔之裔孫序封於陽虢曰郭公虢謂之郭聲之轉也千姓編曰周文王弟封於虢爲晉所滅公子配遂稱郭氏世德有奕從佛于釋師之壽七十有八維終始罔缺丕冒遺烈厥徒蒸蒸維大教是膺維憲言是徵溥博恢弘如川之增如雲之興如嶽之不崩終古其承之

南嶽雲峯和尚塔銘

雲峯和尚族郭氏號法證證一作澄爲竺乾道五十有七年年七十有八貞元十七年九月十七日終十月二十七日葬凡度學者五萬人一有爲字弟子者三千人色厲而仁行峻而周道廣而不尤功高而不有毅然居山之北峯以爲儀表世之所謂賢人大臣者至南方咸所嚴事由其内者聞大師之言律義莫不震動悼懼如聽誓命此即前碑所云有來受律者吾師示之以尊嚴整齊明列

義類而人知其所不爲也由其外者聞大師之稱道要莫不悽欷欣踴○欷音希如獲肆宥此即前碑所云有來求道者吾師示之以高廣通達一其空有而人知其所必至也故時推人師則專其首詔求教宗則冠其位披山伐木崇構法宇則地得其勝捐衣去食廣閱羣經則理得其深其道實勤而其心無求自大師化去教亦隨喪嗚呼大師之葬門人慕號長老愁痛遂相與以爲茲塔礱石峻整植木蓊茂蓊草木盛貌○蓊烏孔切又音翁凡衡山無與爲比者然而未有

能紀其事余既與大乘師重巽遊巽其徒也亟爲余言故爲其銘銘曰

苞元極兮韜大方威而仁兮幽以光行峻潔兮貌齊莊氣混溟兮德洋洋演大律兮離毫芒度羣有兮耀柔剛棟宇立兮像法彰文字闡兮聖言揚詔褒列兮宅南方道之廣兮用其常後是式兮宜久長閟靈室兮記崇岡即玄石兮垂文章學者慕兮哀無疆

南嶽般舟和尚第二碑是歲貞元二十年甲申公

年三十二爲監察御史裏行公嘗作南嶽彌陀和尚碑與此碑合按碑云前永州司馬員外置柳宗元撰并書元和三年十月二十九日僧景秀立刻者林鴻蓋元和三年立也般舟上如字大藏有般舟三昧經

佛法至于衡山及津大師始修起律教由其壇場而出者爲得正法其大弟子曰日悟和尚盡得師之道次補其處爲浮圖者宗世家于零陵蔣姓也和尚心大而行密體卑而道尊以爲由定發慧必用毗尼爲之室宇毗尼梵語

律也傳燈録律師者啓毗尼之法藏遂執業於東林恩大師究
觀祕義乃歸傳教不視文字懸判深微登壇
莅事度比丘衆比丘梵語曰比丘秦言乞士謂上於諸佛乞法資益慧命下於施主乞食資益色身凡歲千人者三十有七而道不
恩以爲去凡即聖必以三昧爲之軌道遂服
勤於紫霄遠大師修明要與得以觀佛浩入
性海洞開眞源碑本作廓開眞源道場専精長跪右
遠碑本無長跪二字不衡不倚碑本無不衡二字又一本作右遠不倚
凡七日者百有二十而志不衰初開元中詔

定制度師乃居本郡龍興寺肅宗制天下名
山置大德七人玆嶽尤重推擇居首師乃即
崇嶺是作精室闢林莽（碑本作斬林林莽）剗巖巒（山小而銳
曰巒）殿舍宏大廊廡脩直（○廡罔甫切說文堂下周屋）不命
而獻力不祈而薦貨凡南方顓念佛三昧者
（遠法師作念佛三昧詠一本方下有人字一本作入念）必由於是命曰
般舟臺焉和尚生十三年而始出家又九年
而受具戒又十年而處壇場（碑本處作居）又三十
七年而當貞元二十年正月十七日化于玆

室嗚呼無得而修故念爲實相不取於法故律爲大乘壞衣不飾四分律云一切上色衣不得蓄當壞作袈裟色揣食不味〇揣徒官切字合作摶見維摩經集韻聚貌賈誼賦何足控揣却作此揣字選作摶覆薦服役凡出於生物者擯而勿用不自知其慈攝取調御凡歸於正眞者動而成羣不自知其教萬行方厲一性恬如寂用之涯不可得也有弟子曰景秀嗣居法會欲廣其師之德延于罔極故中明陳辭俾刊之玆碑銘曰

像教南被（選頭陀寺碑象教陵夷註謂爲形象以教人也）及津而尊
威儀有嚴載闢其門吾師是嗣增濬道源度
衆逾廣大明羣昏乃興毗尼微密是論（盧昆切）
八萬揔結彰于一言聲聞熙熙遐邇來奔如
木既拔有植其根乃法般舟奥妙斯存百億
冥會觀于化元同道祁祁（祁祁盛貌）功庸以彰如
水斯壍流之無垠（魚巾切無涯岸也）帝求人師登我
先覺赫矣明命表玆靈嶽于彼南阜齋宮爰
作負揭致貨（○揭巨列切又丘傑切又音憩牽也）時靡要約祖

奮程力不呼而諾是刈是鑿旣塗旣斲層構孔碩以延後學出不牛馬服不絜帛匪安其躬亦菲其食勤而不勞在用恒寂縱而不傲在捨恒得洪融混合孰究其跡懿兹遺光式是嘉則容貌往矣軌儀無極其徒追思賡薦兹石

南嶽大明寺律和尚碑

時元和九年甲午公年四十二在永州一作大明和尚碑

儒以禮立仁義無之則壞佛以律持定慧去

之則喪是故離禮於仁義者不可與言儒異律於定慧者不可與言佛達是道者唯大明師師姓歐陽氏號曰慧開唐開元二十一年始生一或作二天寶十一載始爲浮圖大曆十一年始登壇爲大律師貞元十三年十一月十一日卒元和九年正月其弟子懷信道嵩尼無染等命高道僧靈嶼爲行狀○嶼音序山在水中列其行事願刊之茲碑宗元今掇其大者言曰師先因官世家潭州爲大姓有勳烈爵位今

不言大浮圖也凡浮圖之道衰其徒必小律而去經大明恐焉於是從峻洎侃以究戒律而大法以立又從秀洎昱以通經教而奧義以修由是二道出入隱顯後學以不惑來求以有得廣德二年始立大明寺于衡山詔選居寺僧二十一人師爲之首乾元元年據史乾元元年肅宗即位之三年廣德代宗即位之初元如此則乾元當在先廣德當在後然此碑正謂南嶽大明寺律和尚則大明寺始立於廣德爲信當是乾元字誤矣一本於此特曰某年疑之也又命衡山立毗尼藏詔選講律僧士

人師應其數凡其衣服罷用動有師法言語行止皆爲物軌執巾匜（余支切又演爾切左氏傳奉匜沃盥註云匜沃盥罷也）奉杖屨爲侍者數百巔髮髦被教戒爲學者數萬得衆若獨居會尊若卑晦而光介而大灝灝焉無以加也（○灝于老切謂夷曠也）其塔在祝融峯西址下（衡山有五峯祝融其一也）碑在塔東其辭曰

儒以禮行覺以律興一歸眞源無大小乘大明之律是定是慧丕窮經教爲法出世化人

無疆疆一本作量垂裕無際詔尊碩德威儀有繼
道徧大州一本作洲徽音勿替祝融西麓音鹿山足曰麓
洞庭南裔音曳末也金石刻辭彌億千歲

碑陰

凡葬大浮圖無窾穴○窾昌絹昌鋭二切說文穿地也周禮葬兆甫窾註鄭讀爲穿杜讀爲毳毳皆謂葬穿壙也今南陽名穿地爲窾聲如腐脃之脃其於用碑不宜然昔之公室禮得用碑以葬檀弓公室視豐碑註斲大木爲之形如石碑於槨前後四角樹之穿中於間爲鹿盧下棺以綍繞其後子孫因宜不去遂銘德行用圖久於世

及秦刻山石號其功德亦謂之碑史記秦始皇帝二十八年鄒嶧山刻石三十二年刻碣石門東萊云刻石始於此而其用遂行然則雖浮圖亦宜也凡葬大浮圖其徒廣則能爲碑晉宋尚法故爲碑者多法梁尚禪故碑多禪法不周施禪不大行而律存焉故近世碑多律凡葬大浮圖未嘗有比丘尼主碑事今惟無染實來涕湊以求其志益堅又能言其師他德尤備故書之碑陰師凡主戒事二十二年宰相齊公映李公泌趙公憬尚書

曹王臯裴公胄侍郎令狐公峘或已上六人史皆有傳師或友齊親執經受大義爲弟子又言師始爲童時夢大人縞冠素舄云。縞古老切說文云白色也舄思積切舄來告曰居南嶽大吾道者必爾也已而信然將終夜有光明笙磬之音衆咸見聞若是類甚衆以儒者所不道而無染勤以爲請故末傳焉無染韋氏女世顯貴今主衡山戒法

衡山中院大律師塔銘

衡山中院大律師曰希操没年五十七没年一作
末年既没二十七年弟子誠盈一作有大弟子奉公之
遺事願銘塔石公胥姓○胥子感切凡去儒爲釋
者三十一祀一無一字掌律度衆者律一作徒二十六
會南尼戒法壞而復正由公而大興衡嶽佛
寺毁而再成由公而丕變故當世之士若李
丞相泌道未嘗屈覩公而稽首尊之不名公前
於大明師碑嘗謂丞相李公泌執經受大義
今又謂覩大律師而脩首尊之則師之出處
蓋泌與大明師同出世之士若石廩公瓚公衡山有石廩峯

言未嘗形遇公而歎息推以護法是以建功之始則震雷大風示其兆滅跡之際則隕星黑祲告其期祲精氣感祥春秋傳見赤黑之祲○祲音浸斯爲神怪不可度已故其與物大同終始無爭受學之衆他莫能偕也凡所受教若華嚴照公蘭若眞公○若而也切唐會要元和二年薛平奏請賜中條山蘭若額爲大和寺蓋官賜額者爲寺私造者爲招提蘭若俱舍論云一牛鳴地可置蘭若取離喧故也荆州至公律公皆大士凡所授教若惟瑗道郢靈幹惟正惠常誡盈皆聞人嗚呼始終哉爲

之銘曰

首有承兮卒有傳華大訛兮持法權衆之至兮志益虔雷發兆兮功已宣星告妖兮壽不延靈變化兮迎大仙礱兹石兮垂萬年世有壞兮德無遷

河東先生集卷第七

河東先生集四
第八卷 第九卷 第十卷
行狀 表銘碣誄 志

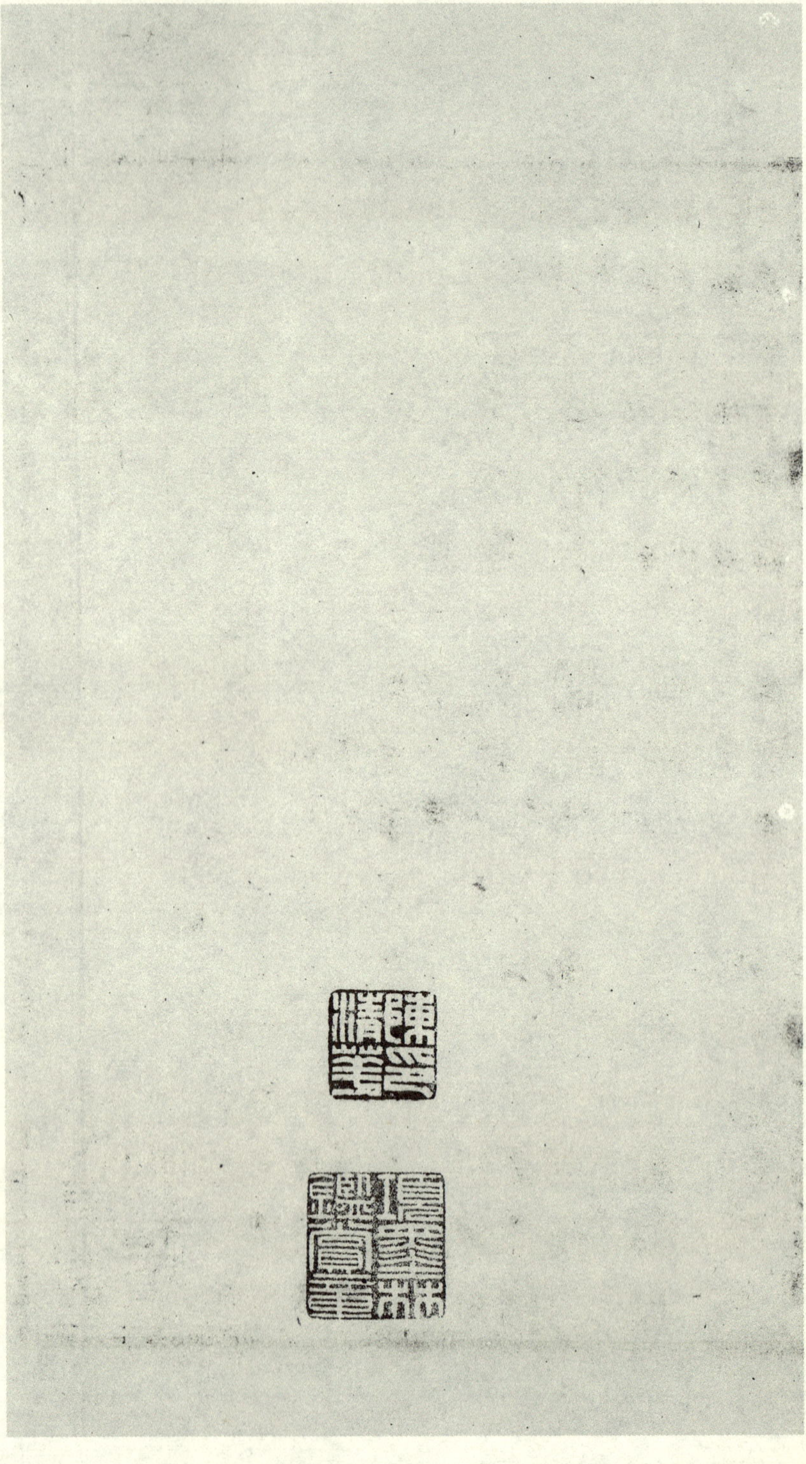

河東先生集卷第八

行狀

段太尉逸事狀

段太尉秀實也字成公新舊史皆有傳此狀公元和九年在永州作時年四十二集又有與史官韓愈致段太尉逸事書狀當在書之先云

太尉始爲涇州刺史時大曆十二年邠寧節度使白孝德薦秀實爲涇州刺史汾陽王以副元帥居蒲是歲正月以汾陽王郭子儀爲關內河東副元帥河中節度等使治河中河中蒲州也王子晞爲尚書晞子儀子時爲左常侍不爲尚書恐誤晞音希領行營節度使

寓軍邠州子儀自行營入朝晞在邠州士放縱不法○邠悲巾切縱士
卒無賴邠人偷嗜暴惡者卒以貨竄名軍伍
中則肆志卒一作率吏不得問日羣行丐取於市
不嗛不嗛不足也○嗛音慊輒奮擊折人手足椎釜鬲
甕盎盈道上鬲鼎屬盎盆也○釜音輔正作鬴鬲音歷盎於浪切盈字一本
作蔡與撒同讀如蔡蔡叔之蔡新史改作盈故或作盈一本又作弃袒臂徐去
袒字一作把非是至撞殺孕婦人○撞傳江切邠寧節度
使白孝德以王故戚不敢言太尉自州以狀
白府願計事至則曰天子以生人付公理一付

作分公見人被暴害因恬然且大亂若何孝德曰願奉教太尉曰某爲涇州涇與邠州皆隸關內道甚適少事今不忍人無寇暴死以亂天子邊事公誠以都虞候命某者能爲公已亂使公之人不得害孝德曰幸甚如太尉請既署一月晞軍士十七人入市取酒又以刃刺酒翁壞釀器壞音怪又胡怪切釀女亮切酒流溝中流一作留太尉列卒取十七人皆斷頭注槊上說文云槊長矛也丈八者謂之槊○槊音朔植市門外晞一營大譟先到切與噪同擾也盡

甲孝德震恐召太尉曰將奈何太尉曰無傷也請辭於軍孝德使數十人從太尉太尉盡辭去解佩刀選老躄者一人持馬說文躄不能行也。躄蒲結俾亦二切至晞門下甲者出太尉笑且入曰殺一老卒何甲也吾戴吾頭來矣邵太史曰宋景文修新史曰吾戴頭來矣去一吾字便不成語吾戴頭來者果何人之頭耶甲者愕因諭曰尚書固負若屬耶副元帥固負若屬耶奈何欲以亂敗郭氏爲白尚書出聽我言晞出見太尉太尉曰副元帥勳塞天地當務

始終今尚書恣卒爲暴暴且亂亂天子邊欲
誰歸罪罪且及副元帥今邠人惡子弟以貨
竄名軍籍中殺害人如是不止幾日不大亂
大亂由尚書出人皆曰尚書倚副元帥不戢
士然則郭氏功名其與存者幾何言未畢晞
再拜曰公幸教晞以道恩甚大願奉軍以從
顧叱左右曰皆解甲散還火伍中敢譁者死
太尉曰吾未晡食○晡音逋晚食也請假設草具旣
食曰吾疾作願留宿門下命持馬者去旦日

來遂卧軍中晞不解衣戒候卒擊柝衛太尉旦俱至孝德所謝不能請改過邠州由是無禍先是太尉在涇州爲營田官（白孝德初爲邠寧署秀實度支營田副使）涇大將焦令諶（時林切）取人田自占數十頃給與農曰且熟歸我半是歲大旱野無草農以告諶諶曰我知入數而已不知旱也督責益急（急下有農字）且飢死無以償即告太尉太尉判狀辭甚巽使人求諭諶諶盛怒召農者曰我畏段某耶何敢言我取判鋪背上以

大杖擊二十垂死輿來庭中太尉大泣曰乃
我困汝即自取水洗去血裂裳衣瘡。衣於既切
手注善藥周禮瘍醫掌祝藥注云祝當為注注謂附着藥旦夕自哺
農者然後食取騎馬賣市穀代償使勿知淮
西寓軍帥尹少榮剛直士也入見諶大罵曰
汝誠人耶涇州野如赭人且飢死而必得穀
又用大杖擊無罪者段公仁信大人也而汝
不知敬今段公唯一馬賤賣市穀入汝汝又
取不恥凡為人傲天災犯大人擊無罪者又

取仁者穀使主人出無馬汝將何以視天地尚不愧奴隸耶○隸郎計切諶雖暴抗史記高祖至暴抗也然籍孺以佞幸然聞言則大愧流汗不能食曰吾終不可以見段公一夕自恨死段公別傳云大曆八年令諶猶存者蓋公之得於傳聞其實令諶不死夕一作昔及太尉自涇州以司農徵建中元年二月秀實自涇原節度使召爲司農卿戒其族過岐音祈州名朱泚所鎮朱泚幸致貨幣慎勿納○泚此禮切及過泚固致大綾三百匹匹一作兩太尉婿韋晤堅拒不得命至都太尉怒曰果不用吾言晤

謝曰𠷋賤無以拒也太尉曰然終不以在吾第以如司農治事堂棲之梁木上（一本無之字）泚反（四年十月詔涇原節度使姚令言率師救哥舒曜丁未出京城至滻水倒戈犯闕乃於晉昌里迎朱泚爲帥）太尉終（庚戌泚殺秀實興元元年二月贈秀實太尉謚忠烈）吏以告泚泚取視（一有之字）其故封識具存（○識音志）

太尉逸事如右

元和九年月日永州司馬員外置同正員柳宗元謹上史館（一本無上二十三字）今之稱太尉大節

者出入以爲武人一時奮不慮死以取名天下不知太尉之所立如是宗元嘗出入岐周邠斄間前漢地理志右扶風斄縣註后稷所封師古曰斄讀與邰同音胎過眞定北上馬嶺歷亭鄣堡戍漢書武帝使狄山乘鄣○鄣音章又去聲堡音保竊好問老校退卒能言其事太尉爲人姁姁凶于切又況羽切前漢韓信傳言語姁姁註云和好貌又一本作煦常低首拱手行步行一作促言氣卑弱未嘗以色待物人視之儒者也遇不可必達其志决非偶然者會州刺史崔公來永州刺史言信行直

備得太尉遺事覆校無疑或恐尚逸墜未集
太史氏敢以狀私於執事謹狀

故銀青光禄大夫右散騎常侍輕車
都尉宜城縣開國伯柳公行狀

曾祖善才皇荆王侍讀
祖尚素皇潤州曲阿縣令
父慶休皇渤海郡渤海縣丞贈
蔡州刺史工部尚書

汝州梁縣梁城鄉思義里柳渾

年七十四狀（貞元十五年己卯公年二十七爲集賢殿正字時作）

公字惟深（又字夷曠）其先河東人晉永嘉年（永嘉懷帝年號）有濟南太守卓者去其土代仕江左（西晉末柳純位平陽太守純子卓避永嘉之亂自本郡遷於襄陽官至汝南太守今云濟南恐誤代字一本作往）公實後之柳氏自黃帝后稷降于周魯以字命族因地受氏載在左氏內外傳及太史公書（魯孝公子伯展展孫司空無駭無駭生禽字季爲魯士師食邑柳下諡曰惠因以柳爲氏魯爲楚滅柳氏入楚楚爲秦滅乃遷晉之解縣後秦置河東郡故爲

河東解縣人自卓至公十有一代卓子恬西河太守恬子憑馮翊太守憑子叔宗字雙鱗宋建威參軍叔宗子世隆字彥緒南齊尚書令世隆子揆字文通梁左僕射曲江穆侯揆子映映子頵頵子善才善才子尚素尚素子慶休慶休子渾自卓至渾十一世也爲士林盛族著于南朝歷代史柳元景弟叔宗已下南史皆有傳及柳氏家諜達協切前漢披圖案諜蘇林曰諜譜第之也惟公質貌魁傑度量宏大弘和博達而遇節必立恢曠放弛而應機能斷其居室奉養撫字之誠儀于宗戚而內行著焉其莅政柔仁端直之德洽于府寺而外美彰焉凡爲

學略章句之煩亂採摭奧旨說文云摭拾也○摭之石切以知道爲宗凡爲文去藻飾之華靡汪洋自肆以適己爲用自始學至於大成躭嗜文籍○躭都含切與耽同注意鑽礪說文云鑽所以穿也○鑽祖官切倦不知游息戚不待榎楚○榎古雅切儒言雅旨雅一作經夙有聞知年十餘歲有稱神巫來告曰若相法當夭且賤幸而爲釋可以緩而死耳位祿非若事也公諸父素加撫愛尤所信異遽命奪去其業從巫言也一云從巫之言也公不可且曰

夫性命之理聖人所罕言縉紳者所不道亟何爲而能盡之也且令從之而生去聖人之教而爲異術不若速死之愈也於是爲學甚篤其在童幼固不惑於怪譎矣○譎古穴切說文云權詐也開元中舉汝州進士計偕百數公爲之冠禮部侍郎韋陟異而目之一舉上第天寶元年禮部侍郎韋陟知貢舉柳載中第十四人載後改名渾調受宋州單父尉操斷舉措通乎細大潔廉檢守形於造次加雲騎尉秩滿江南西道連帥聞其名辟至公

府至德中爲江西採訪皇甫先判官以信州都邑人羅凶害○羅鄰知切遺也靡弊殘耗假守永豐令公於是用重典以威姦暴周禮刑亂國用重典鋪大和以惠鰥嫠○鰥古頑切嫠陵之切毆除物害○毆音區消去人隱吏無招權乾没之患○招音翹前漢招權而爲亂首註招舉也猶責弄也乾音干出張湯傳註得利曰乾失利曰没蘇鶚演義云乾没猶陸沉之義政無犯令尨茸之蠹左傳僖五年狐裘尨茸註亂貌○尨莫江切又音蒙宰制聽斷漸於訟息耕夫復於封疆商旅交於關市既庶而富廉恥興焉既富而敎庠塾列焉禮記

家有塾黨有庠里閈大變克有能稱遂表爲洪州豐城令到職如永豐之政而仁厚加馬授衢州司馬夫器宏者恥效以圭撮之任前漢量多少者不失圭撮孟康曰六十四黍爲圭應劭曰四圭曰撮三指撮之也○撮倉括切足逸者難局以尋常之地左傳爭尋常以盡其民註八尺曰尋倍尋曰常公遂滅跡藏用遁隱於武寧山羣公交書諸侯走幣皆謝絕不就方將究賢人之業窮君子之儒味道腴以代膏粱含德輝而輕紱冕遺榮養素恬淡如也朝右籍甚有聲徵拜御史

拜監察御史公曰君命也安敢逃乎即日裝束上道公常好大體不爲細家之迫速一作束非其志也以疾辭授右補闕不隱忠以固位不形直以奸名○奸音干它本作姧非也除殿中侍御史賜緋魚袋赴江西與租庸使議復推鐵○推音角及常平倉便宜制置得以專任一作征和鈞關石之緒出納平準之宜國利人逸得其要道明年自右補闕除殿中侍御史知江西租庸院事道一作速又音東遷侍御史充江南西路都團練判官大曆三年以刑部侍郎魏少遊爲江西觀察使

（少遊表渾為其府判官）時屬支郡不知連帥之職公請出巡盡征之地大詰姦繆所至風動其有非常之政裕于人者必舉其課績歸之使府又以文采殷勤歌詠之俾其風謠頌聲。（謠音搖）聞于他部達于京師而後已改祠部員外郎轉司勳郎中餘如故就拜袁州刺史（十二年拜袁州刺史）公於是酌古良牧之政宜于今者宗而奉之考諸理國之說稱于人者承而守之均利器用以致其富昭明物則以教之禮示優裕之德以周惠利緩九賦一作惠賦二字推廣厚之心以固和慈保萬人明其制量臨長羣吏示之法禁考中備敗無不得其極理行高第朝廷休之召拜諫議大夫十四年五月以中書舍人崔祐甫平章事崔薦渾為諫議大夫充浙江東西道黜陟使孫曰建中元年二月命黜陟使十一人分巡天下將舉其能政端于外邦也公則修虞書之考績舉漢代之課第課第如蕭何傳給泗水卒史事第一註云課冣上尹翁歸以高第入守扶風黃霸以治行第一入守京兆蕭育為茂陵令課第六之類處事詳諦無依違故縱之敗漢刑法志作見

知故縱之法師古註見知人犯法不舉告爲故縱
奉法端審無隱忌
峭刻之文時分部所繫於公尤重淩江並海
童曰並近也潘曰前漢北至琅琊並海師古曰並讀曰傍傍依也○並蒲浪切
竟吳越之域皆所莅焉復命稱職加朝散大夫又
拜左庶子集賢殿學士奉翊儲后修其宮政
統理文籍紀于秘府拜尚書右丞直而多容
簡而有制去苛削之文而吏皆率法務弘大
之道而政不失中加銀青光禄大夫遷右散
騎常侍涇卒之亂公以變起卒遽盡室奔匿

于終南山左傳盡室以行賊徒訪公所在追以相印旣及公而問焉公變名氏以紿之。紿音怠江南呼欺曰紿捐家屬以委之賊遂執公愛子榜箠訊問。榜音彭笞也又作搒前漢書張敖傳載貫高榜笞數千折其右肱而公不之顧即步入窮谷披草逕踰秦嶺由褒駱朝于行宮四年十月朱泚反渾微服徒行遁終南山谷賊聞其名以宰相召執其子榜笞之搜索所在渾步至奉天邑從至梁州改左散騎常侍。褒韻作襃上嘉其誠節不時召見公頓首流涕累陳計畫賊平策勳賜輕車都尉封宜城縣開國伯拜尚

書兵部侍郎貞元二年拜兵部侍郎封宜城縣伯初公名載字

元輿至是奏請改命以滁僞署之汙賊平渾奏言臣

向名爲賊汚且載於文從戈非偃武所宜請改名渾是歲盜據淮滸淮西

節度使李希烈反方議討戮宰相以大理評事李元

平者有名以爲才堪攘寇拜爲汝州羣臣望

聲徇利者皆曰德舉公獨慷慨言於朝曰是

夫喋喋音牒多言也漢張釋之傳豈效此嗇夫喋喋利口捷給哉銜玉而

賈石者也說文衒行且賣也賈賣售也○衒烏縣切賈音古王衍誤

天下晉王衍嘗造山濤既去濤曰何物老嫗生寧馨兒然誤天下蒼生未必非此人

殷浩敗中軍晉殷浩有盛名朝廷欲引爲心膂以抗桓温爲中軍將軍後北征兵敗温疏浩罪廢爲庶人華而不實異代同德往且見獲何寇之攘時人不之信也未幾盜襲汝州以元平歸四年正月李希烈陷汝州執别駕李元平凡百莫不嗟服焉俄以本官同中書門下平章事貞元三年正月以本官同平章事登翊聖皇匡弼大政造膝盡規諫之志當事無矜大之容援下情于上以酌天心順嘉䜋于外用彰君德故績用茂著而人罕知之然其章布於外數聞在下者十一二

馬貞元初上以甸服長人（禹貢註規千里之內謂之甸服爲天子服治田去王城面五百里鄭玄云服治田出穀稅也）天下理本於是親擇郎吏分宰於京師外部（帝嘗親擇吏宰畿邑而政有狀召宰相語皆賀帝得人）未幾而人謠大和擊壤之頌歸於帝力上召丞相告之左僕射平章事張延賞抃蹈稱慶公俯伏不賀且曰甸服之政固宜慎重然則此屑屑者特京兆尹之職耳陛下當擇臣輩以輔聖德臣當選京兆以承大化京兆當求令長以親細事夫然後宜捨此

而致理可謂愛人矣然非王政之大倫也不知所賀上深然之漢惠悅曹參之言惠帝謂曹參曰飲無所請事參曰蕭何之法臣等守之不亦可乎帝悅絳侯慙曲逆之對文帝問右丞相勃天下一歲決獄錢穀勃不能對問左丞相平平曰有主者上曰君所主何事也平謝曰宰相者上佐天子理陰陽順四時下遂萬物之宜外塡撫四夷諸侯內親附百姓使卿大夫各得任其職上稱善勃大慙考之前志我無負焉既而西戎乘間入邑詐以請盟侍中北平王燧建議許之自公卿以下莫有異慮公獨陳謀獻畫言戎之詐固不可許竟留中不下

而前議遂行於是冊命上將莅盟諸戎戎果縱兵逼好大毆掠而去上召對前殿嘉歎者久之五月以侍中渾瑊爲吐蕃清水會盟使兵部侍郎崔漢衡副之閏五月辛未瑊與吐蕃尚結贊同盟于平凉是日上視朝渾曰戎狄豺狼也非盟誓可結今日之事臣竊憂之瑊果爲蕃兵所刼狼狽而獲免漢衡以下將吏陷没者六十餘人上使謂渾曰卿書生乃能料敵如此其審耶時諫臣有廷爭陷於訕上者上未之善也公從容候閒陳古以諷所以示寬裕之德招讜正之言詞旨切直意氣勤懇動合聖聽卒見納用無何工人有以理乘輿服

器得罪于左右者有司以盜易御物請論如法制初可之公不奉詔因抗疏曰跡其罪狀未甚指明方春殺人懼傷和氣上覽之大悦即原其罪玉工爲帝作玉帶誤毀一銙工不以聞私市佗玉足之及獻帝識不類摘之工人伏罪帝怒其欺詔京兆府論死渾曰陛下殺人則已若委有司須詳讞乃可於法誤傷乘輿服杖六十請論如律詔從之刑官愼恤之事正於邦典聖君含育之德彰于天下論者難之時上相與光祿卿裴腆不協候公休沐以御酒或闕陰請懸之制命既行公堅執不下請訊

支計之吏校其供入之實原本定罪窮理辯刑而朒竟獲宥克復本職白志貞有羈靮之勤說文羈馬絡頭也靮韁也記檀弓執羈靮而從○靮音的獻利屢中一利作謀上嘉其功効特寵異之方議大用公以爲胥徒雜類出自微賤負乘致寇盜之招也累疏以聞而止三年以果州刺史白志貞爲浙西觀察使渾瑊奏志貞與小吏縱嘉其才不當超劇職臣不敢奉詔會瑊移疾出即日詔付外施行疾間因乞骸骨不許公竭誠盡忠憂勞庶務有耄忘之疾○耄音冒忘音望列子宋陽里華子中年病忘註忘不記事也懇迫陳讓除右散騎

常侍罷知政事八月以右散騎常侍罷知政事貞元五年二月五日薨于昌化里卒年五十七終於散地故褒贈不及惟公致君之志孜孜焉不有怠也立誠之節侃侃焉無所屈也侃侃說文云剛直也○侃可旱切故處心積慮出穀梁傳凡兩用之博蹇之道表于朝端弼違釋回禮器禮釋回註釋去也回邪僻也朴忠之誠沃于帝念內有敢言之勇進當不諱之明用能直道自達而無罪悔者也公累更重任祿秩之厚布于宗姻無一廛之土以處其子孫無一

畝之宮以聚其族屬待禄而飽傭室而安終身坦蕩而細故不入其達生知足落落如此夫其子恭父慈（或作恭孝仁義善行也一作孝恭慈仁）善行也拊循制理能政也直廉潔靜儉德也拒疑獨斷明識也冒危以扞牧圉（左傳註牛曰牧馬曰圉）大節也犯顔以陳訏謨至忠也有一于此尚宜旌褒矧兹備體焉可以已固當飾以榮號章示後來而故吏遺孤淪寓遐壤久稽彝典罪在宗屬敢用評騭舊行（說文云騭定也升也○騭音質）敷賛遺

風若乃揚孔氏褒貶之文舉周公懲勸之法徵於誄謚則有司存謹狀

謚議貞元十五年正月日故銀青光禄大夫右散騎常侍輕車都尉宜城縣開國伯柳公從孫將仕郎守集賢殿正字宗元謹上（謚法大行受大名小行受小名以狀考之今所議謚其大名者哉）

尚書考功（一本無此四字）伏以魯史褒貶虞書黜陟彰善癉惡王教之端自周公以來謚法未改

謹按柳公累歷清貫茂著名節貞亮存誠潔廉中禮納忠爲爭臣之表出守乃牧人之良剌舉必聞澄清可紀冒危而大節不奪更名而純誠克彰遂踐鼎司以匡王國奉上盡陪輔之志退迹有推讓之高圭璋聞望洽于人聽所以晉厲在位關於政教聲聞王者（謝本無聲聞王三字）其事實繁褒善勸能固將不廢宗元既當族屬且又通家傳信克備其遺芳考行敢徵於故事謹具署其懿績布以愨詞定謚之

制請如律令謹狀下太常博士裴堪議宜謚
曰貞奉敕依

唐故祕書少監陳公行狀

五代祖某陳宜都王
曾祖某皇會稽郡司馬
祖某皇晉陵郡司功參軍
父某皇右補闕翰林學士贈祕
書少監某州　某縣　某年
某里陳京年若干狀時永貞元年乙酉公

年三十三永州司馬

公姓陳氏自潁川來隸京兆萬年胄貴里諱

京既冠字曰慶復舉進士大曆元年京中進士第爲太

子正字咸陽尉太常博士左補闕尚書膳部

考功員外郎司封郎中給事中秘書少監自

考功以來凡四命爲集賢學士德宗登遐公

病痼輿曳就位備哀敬之節由是滋甚遂以

所居官致仕貞元二十一年四月二十五日

終于安邑里妻黨之室京娶常袞兄女無子京無子以從子

褒爲嗣伯兄前監察御史瓃仲兄前大理評事

蕢蕢娶公妹柳氏以公文行之大者告于嘗吏于公

者使辭而陳之大曆中公始來京師中書常

舍人袞楊舍人炎讀其文驚以相視曰子雲

之徒也常以兄之子妻公由是名聞遊太原

太原尹喜曰重客至矣漢高紀聞令有重客授館致餼

左傳地主致餼厚以泉布獻焉漢食貨志太公立九府圜法貨寶於金利

於刀流於泉布於布公曰非是爲也某嘗爲北都賦未

就願即而就焉其宮室城郭之大河山之富

關閒之壯與其土疆之所出風俗之所安王業之所興苟得聞而觀之足矣若曰受大利是以利來（史記天下熙熙皆爲利來）蓋異前志也吾不能敢辭遂逆大河踰北山彷徉而歸（彷徉徙倚也○彷音房徉音陽）賦成果傳天下爲咸陽尉留府廷主文章决大事得其道爲博士舉疵禮（疵說文云病也）修墜典合于大中者衆焉涇人作難公徒行以出奔問官守（左傳僖二十四年冬王使來告難云云臧文仲對曰敢不奔問官守建中四年十月涇原節度使姚令言反犯京師戊申德宗幸奉天）段忠烈

之死庚戌朱泚殺司農卿段秀實上議罷朝七日宰相曰不可方居行宮無以安天下公進曰是非宰相之言天子褒大節哀大臣天下所以安也況其特異者乎上用之其勤勞侍從謀議可否時之所賴者大巡狩告至告一作所上行罷已之道焉曰凡我執事之臣無所任罪予惟不謹於理而有是也將復前之爲相者公曰天子加惠羣臣而引慝焉德至厚也而爲相者復是無以大警于後且示天下率其黨爭之

上變於色在列者咸恟而退○恟音凶公大呼曰趙需等勿退遂進而盡其辭焉不果復德宗還京以京爲左補闕貞元元年正月赦天下故宰相新州司馬盧杞量移吉州長史未幾用爲饒州刺史制出京與趙需裴佶宇文炫盧景亮張薦共劾杞輔政要位大臣踰時月不得對百官稟稟常若兵在頸今復用之則姦賊皆唾掌而起上大怒諫者稍引却京顧曰趙需等勿退此國大事當以死爭之上意稍解壬戌以杞爲澧州司馬上迎訪太后問數歲外頗怠其禮公密疏發之天子感悅焉帝之初立迎訪沈太后不得意且怠京密白第遣使物色以求帝太悟終代不敢置初禮部試士有與親戚者則附于考功莫

不陰授其旨意而爲進退者（一無者字）及公則否卓然有有司之道不可犯也太廟闕東向之禮且久矣公自爲博士補闕尚書郎給事中凡二十年勤以爲請殷祭之不墜緊公之忠懇是賴故有赤紱銀魚之報焉（京自博士獻議彌二十年至貞元十九年孟夏禘祭方正太祖東向之位已下列敘昭穆其獻祖懿祖祔于德明興聖之廟每禘祫年就本室饗之諸儒無復言帝賜京緋衣銀魚袋）昭陵山峻而高寢宮在其上內官懲其上下之勤輓汲之艱也（○輓武遠切與挽同說文云引之也）謁于上請更之上

下其議宰相承而諷之召官屬使如其請公曰斯太宗之志也其儉足以爲法其嚴足以有奉吾敢顧其私容而替之也（替一作贊）奏議不可上又下其議凡是公者六七人其餘皆曰更之便上獨斷焉曰京議得矣從之（貞元十四年昭陵寢殿爲火所焚四月以宰相崔損爲修奉陵使獻昭乾定泰五陵各造屋三百八十間橋元建三陵據闕補造昭陵占山上宮侍憚輓汲乏請更其所宰相不能抗京曰此太宗之志其儉足以爲後世法不可改議者多附宮人帝曰京議善卒不從）在集賢奏祕書官六員隸殿內（重校奏下有省字）而刊校益

理納貲爲胥而仕者罷之求遺書凡增繕者乃作藝文新志制爲之名曰貞元御府羣書新録始御府有食本錢月權其贏以爲膳有餘則學士與校理官頒分之學士常受三倍由公而殺其二書史之始至入禮幣錢六十緡亦皆分焉公悉致之官以理府署作書閣廣羣官之堂不取於將作少府而用大足居門下簡武官議典禮上以爲能益器之與信臣議且致相位遇公有感疾使視之疾甚不

能知人遂不用帝器京謂有宰相才欲用之會病狂易自刺弗殊遂不用猶自考功員外再遷給事中用鄭吏部高太常爲相十九年十二月以太常卿高郢吏部侍郎鄭珣瑜同平章事而以祕書命公帝疑京爲忌者中傷中人間賚相繼後對延英帝諭遣京沮駭走出罷爲祕書少監所以示優之也公有文章若干卷深茂古老慕司馬相如揚雄之辭而其詁訓多尚書爾雅之說紀事朴實不苟悅於人世得以傳其藁其學自聖人之書以至百家諸子之言推黃炎之事涉歷代洎國朝之故實鉤引貫穿舉大

苞小若太倉之蓄崇山之載浩浩乎不可知也豈揚子所謂仲尼駕說者耶夫其忠烈之褒也相府之有誠也太廟之東向也昭陵之不更其故也官守之不可奪也立言之不可誣也利之不苟就也害之不苟去也其忠類朱雲漢書朱雲請於成帝曰願得尚方斬馬劍斬佞臣一人頭上大怒命御史將雲下雲攀殿檻檻折其孝類潁考叔左傳隱三年鄭伯寘姜氏於城潁既而悔之潁考叔聞之有獻於公公賜之食食舍肉請以遺母公曰爾有母遺繄我獨無考叔曰君何患焉若闕地及泉隧而相見其誰曰不然公從之遂爲母子如初君子曰潁考

叔紙孝也廉類公儀休史記公儀休者魯博士也以高第爲魯相奉法循理無所變更百官自正使食祿者不得與下民爭利受大者不得取小其它辭魚燔機事皆類是而又文以文之學以輔之而天子以爲之知既得其道又得其時而不爲公卿者病也故議者咸惜其始而哀其終焉公之喪凡五十四日而夫人又没毀也夫人之父曰偕司農卿祖曰某贈太子太保宗元故集賢吏也公前爲集賢殿正字得公之遺事於其家書而授公之友一作文以誌公之墓謹狀永貞元年八月五

（唐）柳宗元　撰

宋本河東先生集

第三册

國家圖書館出版社

第三册目録

卷第九　表銘碣誄

唐丞相太尉房公德銘李華德銘附……一

國子司業陽城遺愛碣……八

唐故給事中皇太子侍讀陸文通先生墓表……一四

唐故兵部郎中楊君墓碣……二〇

故御史周君碣……二六

唐故衡州刺史東平吕君誄……二九

唐故尚書户部郎中魏府君墓誌并序……三八

唐故朝散大夫永州刺史崔公墓誌……四四

故永州刺史流配驩州崔君權厝誌……五一

唐故萬年令裴府君墓碣……五四

卷第十　誌

唐故中散大夫檢校國子祭酒兼安南都護御史中丞充安南本管經略招討處置等使上柱國武城縣開國男食邑三百户張公墓誌銘并序……六三

唐故邕管經略招討等使朝散大夫持都督邕州諸軍事守邕州刺史兼御史中丞賜紫金魚袋李公墓銘并序……七三

唐故邕管招討副使試大理司直兼

貴州刺史鄧君墓誌銘并序……八二
吕侍御恭墓誌……八九
唐故嶺南經略副使御史馬君墓誌……九三
唐故安州刺史兼侍御史貶柳州司馬孟公墓誌銘……九八
故連州員外司馬凌君權厝誌……一〇三
故連州員外司馬凌君墓後誌……一〇九
故嶺南鹽鐵院李侍御墓誌……一一〇

卷第十一　誌碣誄

故試大理評事裴君墓誌……一一七
故大理評事柳君墓誌……一二〇
故秘書郎姜君墓誌……一二四
亡友故秘書省校書郎獨孤君墓碣……一二七
故襄陽丞趙君墓誌……一三〇
故温縣主簿韓君墓誌……一三四
東明張先生墓誌……一三七
虞鳴鶴誄并序……一四〇
故處士裴君墓誌……一四五
覃季子墓銘……一四九
續榮澤尉崔君墓誌……一五一

卷第十二　表誌

先侍御史府君神道表……一五三
先君石表陰先友記……一六三
故殿中侍御史柳公墓表……一八六
故叔父殿中侍御史府君墓版文……一九二
故弘農令柳府君墳前石表辭……二〇〇
志從父弟宗直殯……二〇四

卷第十三　誌

先太夫人河東縣太君歸祔誌……二〇七
伯祖妣趙郡李夫人墓誌銘……二一三
叔妣吴郡陸氏夫人誌文……二一九
亡姑渭南縣尉陳君夫人權厝誌……二二一
亡姊崔氏夫人墓誌蓋石文……二二四
亡姊前京兆府參軍裴君夫人墓誌……二二七
亡妻弘農楊氏誌……二三三
下殤女子墓磚記……二三八
小侄女子墓磚記……二三九
故尚書户部侍郎王君先太夫人河間劉氏誌文……二四〇
朗州員外司户薛君妻崔氏墓誌……二四五
韋夫人墳記……二五〇
馬室女雷五葬誌……二五一

河東先生集卷第九

表銘碣誄

唐丞相太尉房公德銘 房琯 李華

玄宗季年逆將持兵天錫房公言正其傾羣凶害直事乃不行虜起幽陵連覆二京天寶十四載十一月范陽節度安禄山反十二月陷東京帝慈蒸人避狄西蜀十五載六月玄宗狩蜀禄山陷西京爰命監撫理兵北朔辛丑皇太子至平涼數日朔方留後度支副使杜鴻漸六城水陸運使魏少遊節度判官崔漪度支判官盧簡金關內鹽池判官李涵河西行軍司馬裴冕迎

太子治兵于朔方登賢爲輔讓子以續公貴冊書

亦捧瑞玉七月玄宗至普安琯以憲部侍郎求謁見即日以琯同平章事

是日太子即位于靈武八月己亥玄宗命琯奉傳國寶玉冊詣靈武傳位聖人

神人天地咸若子孝臣忠元臣踊躍命帥

中軍謀殲羿浞十月加琯持節招討西京兼防禦蒲潼兩關兵馬節

度等使辛丑琯以中軍北軍及安祿山之衆戰于陳濤斜敗績人咸有言

志屈道行公曰不可屈則佞生柄不在公

象昏曀明退師儲宮出守函谷二載五月罷琯爲太

子少師入爲尚書正色諤諤貞元元年四月以琯爲禮部尚

書又刺汾澮邊臨彭濮琯尋出爲晉州刺史八月改爲漢州刺史何負而東何負而西公受挫抑邦人悽悽帝懷明德俾不我迷徵拜秋官僉曰休哉寶應二年薨殂閬中廣德元年八月四日琯卒於閬州僧舍年六十七國瘁人哀詩人之云亡邦國殄瘁喬嶽隕蹟輔星昏霾天子洟涕追崇上台追贈太尉巖巖岱宗瞻其峻極赫赫房公尊其盛德昔撫宜春列郡是式天寶五載殺括蒼郡太守韋堅琯坐與堅善貶宜春太守建銘江濱以慰南國

唐相國房公德銘之陰德銘見上一本唐下有故字無德字

天子之三公稱公王者之後稱公公羊傳文諸侯之入爲王卿士亦曰公有土封其臣稱之曰公尊其道而師之稱曰公楚之僭凡爲縣者皆曰公爲一作與古之人通謂年之長老曰公故言三公若周公召公公羊傳三公者何天子之相也天子之相則何以三自陝而東周公主之自陝而西召公主之一相處乎內王者之後若宋公史記微子開者商帝乙之首子而紂之庶兄也周公既承成王命誅武庚殺管

叔放蔡叔乃命微子開代商後作微子之命以申之國于宋微子開卒立其弟衍是爲微仲微仲卒宋公稽立爲王卿士若衛武公號文公鄭桓公詩淇澳美衛武公能入相于周緇衣美鄭武公公父子並爲司徒鄭武公父即桓公也左傳宮之奇諫曰虢仲虢叔王季之子也爲文王卿士勳在王室藏於盟府其臣稱之則列國皆然師之尊若太公楚之爲縣者若葉公白公爲一作與史記楚世家惠王二年子西召故平王太子建之子勝於吳以爲巢大夫號曰白公服虔曰白邑名楚邑大夫皆稱公葉公公子高也葉亦楚邑名○葉於涉切年之長老若毛公申公涪公漢儒林傳毛公趙人申公魯人又云於魯則申培公培字音陪令此作涪公未詳○涪音浮

而大臣罕能以姓配公者雖近有之然不能著也唐之大臣以姓配公㝡著者曰房公房公相玄宗有勞于蜀人咸服其節相肅宗作訓於岐（至德元載九月肅宗次順化郡琯自蜀至爲相如故遂同至鳳翔鳳翔即岐州也）人咸尊其道惟正直慈愛以成於德用是進退所居而事理辯（辯一作辨）所去而人哀號理袁人袁人不勝其懷（二袁字它本竝作遠）爲文士趙郡李華銘公之德亂故不克立今刺史太原王涯（涯以左拾遺爲翰林學士進起居舍人元和初其甥皇甫湜以賢良對策忤宰

相涯坐避嫌罷學士再貶虢州司馬元和三年徙爲袁州刺史嘉公之道猶在乎人人不忘公之道一本作袁人不忘公之道爲之刻石且曰州之南有亭曰需宴亭公之爲也人之思也乃增飾棟宇即而立焉州人大悅咸會隕涕言曰昔公以周召之德徹子之仁有土封以爲卿士道爲三公德爲國師年爲元老嘗爲縣縣懷其化至于州州濡其澤○濡音儒霑濕也凡我子孫我一作公一罔不戴慕盛德之詞文而不刻一作列更刺史數十莫克興起乃卒歸

於王公王公嘗以機密匡天子于禁中遵公之道（遵一作承）刺於我邦承公之理（承字一本作由又一作序）又能尊公之德起遺文以昭前烈則其入爲卿士三公也孰曰不宜吾懼其去我也遽頤書于銘之陰用永表於邦之良政

國子司業陽城遺愛碣（陽城字亢宗定州北平人後徙陝州夏縣新史列之卓行傳貞元十四年公時年二十七爲集賢殿正字作此碣集又有與太學諸生書論城事亦甚悉）

四年五月皇帝以銀印赤紱即隱所起陽公

爲諫議大夫貞元四年六月以陜虢觀察使李泌平章事泌薦城可用爲諫
議大夫賜緋衣銀魚袋後七年廷諍懇至累日不解帝
尤嘉異遷爲國子司業十一年四月裴延齡誣宰相陸贄等贄坐
貶忠州別駕帝怒甚無敢言者城即率拾遺王仲舒等數人守延英門上䟽論延齡姦佞
贊等無罪德宗怒將加城等罪良久乃解七月下遷城國子司業旋直優賢
道光師儒又四年九月已出拜道州刺史
有太學生薛約者嘗學於城十四年以言事得罪謫連州吏捕迹得之城家城坐吏於門
與約飲訣別涕泣送之郊外帝聞以爲黨罪人九月出城爲道州刺史韓曰按城貶在十
四年逆數之則上所云四年者當作三年字誤太學生魯郡季儻一作

償盧江何蕃等百六十人或云二百七十人投業奔走稽首闕下叫閽籲天○籲音裕呼也書無辜籲天願乞復舊朝廷重更其事如已已詔翌日會徒北嚮如初行至延喜門公使追奪其章遮道願罷遂不果獻生徒噭噭牛刀切相眄徘徊相一作顧○眄音沔邪視也昔公之來仁風扇揚暴慠革面○慠音傲柔輭有立○輭乳兗切一作懦又作輭聽聞嘉言樂甚鍾鼓瞻仰德宇髙逾嵩岱及公當職施政示人準程良士勇善儒夫去飾墮者益勤誕者

益恭沉酗腆酒酗酒醟也腆多也○酗吁句切腆它典切酗亦作酌斥

逐郊遂王制不變移之郊如初禮不變移之遂如初禮違親三歲罷

退鄉黨令未及下乞歸就養者二十餘人為城司業引諸生告之曰凡學所以學為忠與孝也諸生寧有久不省其親者乎明日謁城以歸養者二十有餘人有三年不歸侍者斥之禮順克彰孝悌以興

則又講貫經籍俾達奧義簡習孝秀俾極儒

業城又簡秀才德行升堂上沉酗不率教者皆罷躬講經籍生徒斥斥皆有法度冠

屨裳衣由公而嚴進退揖讓由公而儀公征

甚遐謂城為道州其行甚遠也吾黨誰師遂相與咨度署

吏布告諸儒願立貞珉俾高狀明乃訪于學
古之士紀公名字垂憲于後公名城字亢宗
家于北平隱于條山惟公端粹沖和高嶷懿
醇○嶷魚力切又魚其切道德仁明孝愛友悌城初隱中條山
與弟堦域常易衣出年長不肯娶以爲既娶則閨外姓雖共處而益踈薰襲里
閈布聞天下守節貞固患難不能遷其心怡
性坦厚榮位不足動其神爲司諫義震于周
行爲司業愛加于生徒加一作均宜乎立石俾後
是憲其辭曰

惟玆陽公履道葆醇爰初隱聲覆簣基仁孔子曰譬如平地雖覆一簣進吾往也簣盛土之器○覆孚救切簣音匱德充而形乃作諫臣抗志勵義直道是陳帝求師儒貳我成均開朗蒙滯宣明德敎大和潛布玄機窈照羣生闡禮後學知孝進退作則動言是傚匪公之軌軌一作軌人用奚蹈奚一作爰麤厲貪凌○麤倉胡切待公順之欺僞譎詐待公信之少年中申咸適其宜夏楚廢弛尊嚴而威禮記夏楚二物收其威也又曰師嚴然後道尊註夏楢也楚荊也所以扑撻犯禮者公褒其良

俾升于堂癯者旣肥韓非子子夏始癯而後肥有問之者子夏曰吾戰勝人問曰何爲戰勝子夏曰吾入見夫子之義則榮之出見富貴又榮之二者戰於胷臆故癯今見夫子之義勝故肥也○癯音衢文亦見史記榮如裦衣公棄不用懲咎內訟旣訟于內猶公之誨匪仁孰親匪德孰尊令公于征孰表儒門生徒上言稽首帝閽謂天蓋高曾莫我聞青衿涕濡塡街盈衢遠送于南望慕踟躕○上音馳下音廚立石書德用揚懿則嗚呼斯文遺愛罔極

唐故給事中皇太子侍讀陸文通先

生墓表一無唐故二字陸先生名質本名淳字元沖其後避憲宗諱改賜名質公集有答元饒州論春秋書云宗元出邵州不克卒業於陸先生之門書末又謂始至是州作陸文通先生墓表今以奉獻與宣英讀之此表作於邵州明矣時元和元年丙戌公年三十四

孔子作春秋千五百年以名爲傳者五家漢書藝文志春秋左傳三十卷公羊傳穀梁傳鄒氏傳夾氏傳各十一卷鄒氏夾氏有録無書○夾音頰今用其三焉左氏公羊穀梁三傳秉觚牘觚竹簡也字合作觚牘木板古者用以寫書焦思慮以爲論註疏說者百

千人矣攻訐很恣說文云訐相斥罪相告謁也很不聽從一曰盭也○訐居謁切很下懇切以辭氣相擊排冒没者其爲書處則充棟宇出則汗牛馬或合而隱或乖而顯後之學者窮老盡氣左視右顧視字一本作眂莫得而本則專其所學以訾其所異○訾音紫又即移切說文毁也黨枯竹護朽骨以至於父子傷夷漢宣帝時詔劉向受穀梁春秋及其子歆校秘書見左氏傳大好之數以難向向不能非閒也然猶自特其穀梁義君臣詆悖者前世多有之甚矣聖人之難知也有吳郡人陸先生質與其師友天水

啖助（助字叔佐趙州人後徙關中天寶末爲台州臨海縣主簿上元二年集三傳釋春秋至大曆五年而畢號集傳○啖徒濫切）洎趙匡（匡字伯淳河東人歷淮南節度判官洋州刺史）能知聖人之旨故春秋之言及是而光明使庸人小童皆可積學以入聖人之道傳聖人之教是其德豈不侈大矣哉先生字某（見題註）旣讀書得制作之本而獲其師友於是合古今散同異聯之以言累之以文蓋講道者二十年書而志之者又十餘年其事大備爲春秋集註十篇辯疑七篇微指二篇

明章大中發露公器其道以生人爲主生一作聖
以堯舜爲的苞羅旁魄旁魄混同封禪書云旁魄四塞魄字唯此
音步角切唐韻除匹陌切外別音託註史記落託貧無家集韻又作薄音白各切註云聲
也歐陽尚書火流于王屋爲鵰其聲魄韻中音義於此不通今依封禪書音步角切亦作
旁礴荀子雜能旁魄而無用註旁魄廣博也前漢旁魄四塞註廣被也膠轕下
上膠轕驅馳也○膠或作轇亦音膠轕音葛説文長遠貌一曰車馬喧雜而不
出於正其法以文武爲首以周公爲翼揖讓
升降好惡喜怒而不過乎物禮記仁人不過乎物孝子不過
乎物○好惡皆去聲旣成以授世之聰明之士使陳而

明之故其書出焉而先生爲巨儒用是爲天子爭臣天子有爭臣七人質佐淮南節度使少遊幕府少遊薦之朝授左拾遺尚書郎國子博士給事中皇太子侍讀貞元二十一年四月自給事中爲太子侍讀皆得其道刺二州守人知仁質歷台信二州刺史永貞年是歲改爲永貞元年侍東宮言其所學爲古君臣圖以獻而道達乎上是歲嗣天子踐祚而理謂憲宗即位也尊優師儒先生以疾聞臨問加禮某月日終于京師九月辛巳質卒某月日葬于某郡某里嗚呼先生道之存也以書

不及施於政道之行也以言不及覩其理門人世儒是以增慟將葬以先生爲能文聖人之書通于後世遂相與謚曰（與一作以）文通先生後若干祀有學其書者過其墓哀其道之所由乃作石以表碣（一無碣字）

唐故兵部郎中楊君墓碣（一本無唐故二字楊君凝也新史凝傳一如公碣惟不載其以校書郎爲書記耳時歲在癸未公年三十一爲監察御史裏行）

貞元十九年正月某日守尚書兵部郎中楊

君卒某日葬于奉先縣某原旣葬其子姪洎家老家老猶左傳室老也謀立石以表于墓葬令曰葬令唐時喪葬之令凡五品以上爲碑龜趺螭首趺足也足爲龜形首爲螭形也說文云螭無角如龍而黃。趺音夫螭丑知切降五品爲碣說文云碣特立之石也方趺圓首圓一作圭說文圭瑞玉上圓下方其高四尺按郎中品第五以其秩不克偕降而從碣之制其世系則紀于大墓凝虢州弘農人遠祖越恭公鈞鈞生儉西魏侍中儉生文偉隋安溫二州刺史文偉生榮榮生愔愔生元政司勳郎中元政生志玄殿中侍御史志玄生成名成名生凝君諱凝字懋功與季弟凌生同日凌字恭履不周月而孤伯兄憑憑字虛受一字嗣仁翦髮爲童家居于吳太夫人母道尊愛敎飭謹備君之昆弟孝敬出於其性禮範奉于其舊克有成德輯其休光。輯音集歛也東薄海岱南極衡巫文學者皆知誦其詞而以爲模準進修者率用歌其行而有所矜式君旣擧進士大曆三年凝擧進士第以校書郎爲書記興元元年正月以樊澤爲山南東道節度使凝自秘書省校書郎爲其府掌書記毗贊元侯于漢之陰式徙荊州貞元三年閏五月澤徙荊南節度使凝隨

（府遷）由協律郎三轉御史元戎出師用顯厥謀遂入王庭爲起居郎書法不回著垂國典又爲尚書司封員外郎華正封邑申明嫡媵（送女從嫁曰媵媵以證切）○事連權右斥退勿憚直聲彰聞仍參選部（仍一本作乃隋改吏部爲選部疑爲吏部員外郎）以馭羣吏姦臣席勢（席勢乘勢也）威福自己他人求附離而不可得者○（一無可字離音麗）公則却之私以胥吏求署一皆罷遣曰吾不以三尺法爲己利害居喪致哀內盡其志外盡其物而無有不得

於心者服除爲右司郎中危言直己以致其誠然卒中於詖辭（孟子詖辭知其所蔽○詖彼義切險詖也）不得朝請以撿挍吏部郎中爲宣武軍節度判官（貞元十二年八月凝自左司郎中爲撿挍吏部郎中汴宋亳潁等州觀察判官）亳人缺守往莅其政孤老撫安强猾戮死墾鑿墝鹵（墝與磽同山之多石者鹵鹹地○墝丘交切鹵音魯）茇艾榛荒作爰田（艾與刈同左傳僖十五年作爰田爰易也如周禮一易再易之田也）以贍人食濬決潰汙築復堤防爲落渠以定水禍理不半歲利垂千祀會朝復命次于汴郊帥喪

卒亂不可以入十四年冬凝朝正京師十五年春還汴二月節度使董晉卒汴軍亂凝走還京師遂西走闕下璽書迎門勞徠甚備以疾足家三年復登于朝八年凝起家爲兵部郎中遐邇咏歌仍遇痼疾天子致問逾三月不賜告漢律有賜告賜告者病滿三月當免天子復賜其告使得帶印綬將官屬歸家治其病幸其愈而用之遂卒天下文行之士爲之悲哀嗚呼君有深淳之行有强毅之志内以和於親戚正於族屬外以信於朋友施於政事故身之進退人之喜戚繫焉凡其昆弟申明

于朝制書咸曰孝友君子謂楊氏其仁義之府君之文若干什皆可以傳於世疑有文二十卷權德輿爲之序云若某者以姻舊獲愛公憑之壻見弘農楊氏誌不腆之文君實知之惟車馬幣玉大喪禮云公賵玄纁束帛兩馬雜記云諸侯相含以璧左傳文五年註珠玉曰含車馬曰賵公羊喪事有賵蓋以乘馬束帛穀梁貝玉曰含無可以稱其德用君之所以知者酬焉

故御史周君碣周子諒也按公此碣子諒當是柳州人時貞元十二年丙子公年二十四應博學宏詞

有唐貞臣汝南周氏諱某字某以諫死葬于某貞元十二年柳宗元立碣于其墓左在天寶年有以謟諛至相位開元二十四年十一月以牛仙客爲工部尚書同中書門下三品賢臣放退二十四年十一月侍中裴耀卿爲尚書左丞相中書令張九齡爲尚書右丞相並罷知政事公爲御史抗言以白其事得死于墀下釋文墀塗地也册漆地故稱册墀開元二十五年四月子諒以監察御史彈牛仙客非才引識書爲證上怒甚親加詰問命左右撲於殿庭絕而復蘇仍杖之朝堂流瀼州至藍田而死此云天寶誤也晁氏讀書志曰温公考異辨之矣史臣書之公之死而佞者始畏公議於

摹古之不得其死者衆矣若公之死志匡王
國氣震姦佞動獲其所斯蓋得其死者歟公
之德之才洽於傳聞卒以不試而獨申其節
猶能奮百代之上以爲世軌（一有者也二字）第令生
於定哀之閒則孔子不曰未見剛者出於秦
楚之後則漢祖不曰安得猛士而存不及興
王之用没不遭聖人之歎誠立志者之所悼
也故爲之銘銘曰
忠爲美道是履諫而死佞者止史之志石以

紀爲臣軌兮一無兮字

唐故衡州刺史東平呂君誄呂君名温字化光一字和叔河中人年四十卒周禮小史掌卿大夫之喪讀誄誄謂生時行迹者也一無唐故二字時元和六年辛卯公年三十九拯永

維唐元和六年八月日衡州刺史東平呂君卒爰用十月二十四日藁葬于江陵之野○藁音杲嗚呼君有智勇孝仁惟其能可用康天下惟其志可用經百世經一作康不克而死世亦無

由知馬君由道州（元和三年貶道州刺史）以陟爲衡州（五年以政聞改衡州）君之卒二州之人哭者逾月湖南人重社飲酒是月上戊（六年八月八日戊子社）不酒去樂會哭于神所而歸余居永州在二州中間其哀聲交于北南舟船之下上必呱呱然（呱呱）（泣聲）蓋嘗聞于古而覲于今也（覲一作觀）君之志與能不施于生人知之者又不過十人世徒讀君之文章歌君之理行不知二者之於君其末也（其一作之）嗚呼君之文章宜端於百世今其

存者非君之極言也獨其詞耳君之理行宜極於天下今其聞者非君之盡力也獨其跡耳萬不試而一出焉猶爲當世甚重若使幸得出其什二三則巍然爲偉人與世無窮其可涯也君所居官爲第三品宜得謚于太常余懼州吏之逸其辭也（州吏一作刺史）私爲之誄以志其行其辭曰

麟死魯郊（春秋哀十四年西狩獲麟）其靈不施濯濯夫子故潔其儀（言如麟之復出也故一作胡）冠仁服義干櫓書

詩干櫓盾也禮記禮義以爲干櫓此則言以書詩爲干櫓也○櫓音魯忠貞繼佩智勇承綦綦履飾跨騰商周堯舜是師道不勝禍天固余欺鬼神齊怒齊一作不妖孽咸疑○孽魚列切一作孽何付之德而奪其時嗚呼哀哉命姓惟呂勤唐以力輔寧萬邦受胙爾國史記齊太公呂尚其先爲四岳佐禹平水土有功封於呂國語有曰胙四岳國命爲侯伯賜姓曰姜氏曰呂胙報也維師元聖詩維師尚父書聿求元聖周以降德世征五侯左傳僖四年管仲曰昔召康公命我先君太公曰五侯九伯女實征之以夾輔周室伊祖之則嗣濟厥武前書是式至于化光

爰耀其特春秋之元儒者咸惑君達其道卓焉孔直聖人有心由我而得温從陸質治春秋敷施變化動無不克推理惟工舒文以翼宣于事業與古同極道不苟用資仕乃揚進于禮司試禮部也奮藻含章決科聯中貞元十四年尚書左丞顧少連知禮部貢舉温中第休問用張署儷百氏讎校也温爲祕書省校書郎錯綜逾光超都諫列温與王叔文韋執誼善再遷左拾遺晏皁其囊袁夢麒漢制叢録云漢官儀凡章奏皆啓封其言密事乃用皁囊東方朔言文帝集書囊爲殿幃翟酺又言文帝飾帷帳於皁囊者指此其後靈帝詔蔡邕指陳政要具

對經術以皁囊封上遵前制也帝殊爾能人服其智戎悔厥
禍歎邊求侍戎謂吐蕃歎叩也求侍者遣子入侍盛選邦良難
乎始使君登御史贊命承事二十年六月以秘書監張薦爲
吐蕃弔祭使溫以工部郎中副之轉侍御史風動海壖○壖而宣切海之餘
地皇威以致來揔征賦甲茲郎吏元和九年使還溫遷
戶部貟外郎制用經邦時推重器諸臣之復一作後非
周官匪易周禮宰夫之職掌諸臣之復萬民之逆註云復報也反也反報於王
漢課牋奏鮮云能備後漢左雄奏請自今孝廉年不滿四十不得察
舉皆先詣公府諸生試家法文史課牋奏君自他曹載出其技其一

作於筆削自任羣儒草議正郎司刑溫自戶部員外郎遷司封員外郎刑部郎中邦憲爲貳貳副也寶羣爲御史中丞請溫爲知雜故云邦憲爲貳也羣一作輩當考糺逖伊肅糺郎糺字左傳糺也有惡者糺而速之逖王懸註云逖遠一本作糺佞肅邪諂諛具畏一作邪諂具畏遷理于道三年宰相李吉甫以疾在第召醫人陳登診視夜宿于安邑里第溫問知之詰旦令吏捕登詰問之又劾奏吉甫交通術士憲宗異之召登而訊其事皆盧十月再貶溫道州刺史民服休嘉恩疎若眤惕邇如遐實閑其閻汲黯爲東海太守臥閤不出歲餘東海大治而撫于家載其愉樂申以舞歌賦無吏迫威不刑加浩然順風

從令無譁繇蠶外邑繇作絲一云繇字遙胄由三音據文繇蠶外邑恐字誤我繭盈車雜耕隣邦我黍之蕐既字其畜亦藝其麻鼛鼓斯屏。鼛音臯大鼓也屏必郢切人喜則多始富中教論語既富矣又何加焉曰教之興良廢邪考績既成王用興嗟陟于嶽濵溫自道州遷衡州刺史嶽濵衡嶽之濵也言進其律禮記王制諸侯有功德於民者加地進律號呼南竭謳謠北溢欺吏悍民先聲如失逋租匿役歸誠自出兼幷既息罷羸乃逸惟昔舉會盜奔于隣左傳文十六年晉士會爲太傅晉國之盜逃奔于秦令我興仁化爲齊人惟昔富人或賑之粟左傳文十六年宋公子鮑禮於國人宋飢竭其粟而貸之又襄二十九年鄭飢而未及麥民病子皮以子展之命餼國人粟戶一鍾今我厚生不竭而足邦思其獮人戴惟父善胡召災仁胡罹咎俾民伊祐一本作怙而君不壽矯矯貪凌乃康乃茂嗚呼哀哉廩不餘食藏無積帛○藏才浪切內厚族姻外賙賓客恒是懸磬左傳室如懸磬逮玆易簀簀謂床第也僮無凶服葬非舊陌嗚呼哀哉君昔與余講德討儒時中之奧禮記君子而時中希聖爲徒志存致君笑

詠唐虞揭茲日月莊子昭昭乎若揭日月而行以耀羣愚疑生所怪怒起特殊齒舌嗷嗷牛刀切說文衆口愁也雷動風驅良辰不偶卒與禍俱直道莫試嘉言罔敷佐王之器窮以郡符秩在三品宜謚王都諸生羣吏尚擁良圖故友咨懷累行陳蓍是旌是告永永不渝嗚呼哀哉

唐故尚書戶部郎中魏府君墓誌并序

一無唐故二字魏府君弘簡史無傳公謂居又同開故哀而銘之按公世系其先河東人父鎮後從於吳則府君亦吳人矣時

貞元二十年甲申公年三十二爲監察御史裏行

魏氏世墓于某縣某原唐興有聞士諱之過者○過他歷切又音狄與子及孫咸舉進士嗣爲儒家綿州涪城尉諱全珏魏州臨黃主簿諱欽慈太常主簿諱緄音袞尚書膳部員外郎兼江陵少尹諱萬成凡五代名高而不浮於行才具而不得其禄江陵府君益之以閎達之量經緯之謀故豪士賢大夫痛慕加厚生郎中府君諱弘簡字曰裕之以文行知名既冠而德

禮聞於鄉黨既仕而法制立於官政溫柔發乎外見而人莫不親直方存乎內久而人莫不敬由進士策賢良連居科首建中元年弘簡中進士第貞元元年又中賢良授太子校書歷桂管江西福建宣歙四府爲判官副使累授協律郎大理評事三爲御史諸本多無三爲兩字賜緋魚袋在州六年而人樂之廉使崔衍曰吾敢專天下之士獨惠茲人乎貞元十二年八月衍自虢州刺史遂爲宣歙池觀察使辟弘簡爲副獻于天子拜度支員外轉戶部郎中邦賦克

舉人望逾重年四十七貞元二十年九月三十日不疾而歿震悼之聲遐邇一辭一作一同一作同辭且曰斯人也而不得爲善之利中人其怠乎君嘗三娶而卒無主婦庭無倚廬楊雄傳結以倚廬孟康曰枉倚廬行三年喪師古曰倚墻至地爲之江都易王傳服舍註倚廬堊室之次若記禮奔喪云居扵倚廬此字祖也堂無抱孤有令兄弟以主其喪有孝女以守其祀故哭于客位吊于殯東者咸加哀焉凡爲部從事府喪而當其位者三州缺而居其守者二二或作一皆得其理君

之先再世貧不得葬故以祿仕遊於諸侯薄衣食損車馬凡十有餘祀卒獲于厥心其族屬之無主後者皆位於墓娣姪之無歸從者咸會于家由是處約以終其世旣歛家宰庀其政也家宰即家老也庀治也具也○庀匹婢切視廩唯釜鍾左傳昭三年齊舊四量豆區釜鍾四升爲豆各自其四以登於釜釜十則鍾是四升爲豆四豆爲區四區爲釜釜六斗四升也十釜爲鍾鍾六斛四斗也視廩唯釜鍾言其家無餘積視藏唯束帛無餘積焉十有一月遣車歸于洛師周禮巾車云大喪飾遣車遣車送死者之車說文遣祖奠也書朝至于洛師洛師洛

陽○遣詰戰切某日祔于墓監察御史柳宗元聞其道而歎其文也久居又同閈音翰里門也故哀而銘之其辭曰

郎中之道惟直是保淳泊坦厚温恭孝友郎中之文惟孝是宣溥暢周流炳蔚紛綸爲周賢能周禮鄉大夫之職三年則大比考其德行道藝而興賢者能者爲漢賢良漢文帝紀二年舉賢良方正能直言極諫者賢良科始此始任讎校篇籍有光仍授使檄訏謨用揚詩訏謨定命訏大也二居郎位征賦以理休聲載起顯命伊始生而不

壽孰知其止歿而不嗣孰濟其美有翩其旗爰舉裳帷行道遲遲望墓而歸象物是宜象物明器卜筮孔時里人作銘不愧于辭

唐故朝散大夫永州刺史崔公墓誌

公集又有祭崔史君敏文即永州公也文謂某等咸以罪戾謫玆南方誌云以某年月日歸葬某縣則此誌作於永州

維元和五年九月十五日壬子永州刺史崔公薨于位享年六十八乙未殯于路寢莊三十一年公羊傳云薨于路寢路寢者何正寢也註天子諸侯皆有三寢一高寢三路寢三小寢

景寅遷神于舟以某年某月日歸葬于某縣某原祔于皇考吏部侍郎贈戶部尚書府君之墓尚書諱漪於宜切玄宗南巡內禪聖嗣○禪音擅府君以謀畫定命起一旅以復天下左氏有衆一旅旅五百人厥功載焉天寶十五載六月玄宗狩蜀留太子討賊太子次平涼朔方節度判官崔漪迎太子治兵于朔方七月甲子太子即皇帝位是爲肅宗俗本作崔漪字誤尚書之先曰貴鄉丞贈太常少卿府君諱子美太常之先曰揚州江都丞府君諱道禎陟盈切行高位卑華冠士族公諱某諱敏字某

承世德之清源浚之以蠲潔○蠲圭淵切潔也以端其志采羣言之枝葉植之以茂實以脩其能始由右千牛備身佐環衛武德五年改隋左右備身府曰左右府顯慶五年改左右府曰左右千牛府唐百官志左右千牛衞上將軍各一人掌侍衞及供御兵仗以千牛備身左右執弓箭宿衞又云千牛備身備身左右各十二人掌執御刀更盩厔三原藍田尉盩厔隸鳳翔藍田三原隸京兆皆縣名○盩音輈厔音窒仍有大故三徙同位言三徙皆爲尉也繼授許州臨潁汝州龍興令推以直道二邑齊風哥舒曜尹河南曜字子明興元元年自東都畿汝節度使遷河南尹鯨寇

猾驁黎人播越表公尉河南糗糧芻茭一作爲河南尉書峙乃糗糧峙乃芻茭糗熬米麥也茭乾芻○糗去久切又丘救切戎備畢給版圖田洫周禮聽閭里以版圖版戶籍圖地圖應劭云溝廣四尺深四尺洫廣深倍於溝○洫洫許域切民事時乂遷揚州録事參軍實吳楚之大都會也都會者謂一都之會政令煩拏汝加切貢舉叢沓一日不菁左氏傳昭公二十三年叔孫所館者雖一日必菁其牆屋觀文意菁當是葺字傳寫作菁耳諸韻無此字唯吳本楚辭中有如此書者今從○葺七入切鐫譙四至鐫字本漢書薛宣傳故使掾平鐫令如淳曰檄切使自知過也師古曰瑑鑿也譙字本漢書高帝紀噲因譙讓羽註以辭相責也○鐫遵

全切譙才笑切亦作誚公爲之優游有裕長史司徒杜
公與之揖讓異於賓僚貞元元年十二月以杜佑爲揚州長史淮
南節度使佑奏敏爲州參軍異字一本作夷入爲太子司議郎拜
歸州刺史巖險湍悍人類鳥獸古號難理公
克有聲遷永州刺史朝散大夫惟是南楚風
浮俗鬼其俗尚鬼也尸爲胥徒家有禳禋禳禋皆除疫之
祭○禋音梗謂禋禦未至之害一作禬禋字諸韻並無疑是梗字周禮女祝掌以時招梗
禬禳之事大者虐鰥孤以盜邦賦敺愚蒙以神訛
言悖于政經莫有禁禦公於是修整部吏黜

侵淩年漁者數百人年取也以付信于下而征貢用集擒戮妖師毀焄蒿淫昏者千餘室禮記焄蒿悽愴焄蒿香臭之氣淫昏左氏所謂淫昏之鬼也○焄音薰以舉正羣枉而田閭克和寬以容物直以率下邦人方安其理搢紳猶鬱其望體魄遽降禮記體魄則降志氣在上哀何有窮嗚呼公前夫人徐州參軍滎陽鄭鉅女有子曰義和早夭後夫人萬年尉范陽盧彤女嘉淑之德繼閨宗族有子曰貽哲貽儉克承于家洎公之兄子曰勵曰禮誠願

志于墓無忘公之德銘曰

孰爲德門清河濬源崔氏清河郡人其流沄沄沄沄說文轉流也一本作遠哉沄沄世有顯懿揚其清芬煥炳增華昭于後昆惟魴與鯉詩豈其食魚必河之魴豈其食魚必河之鯉崔氏清河人故以魴鯉喻之言世有顯德也○魴音防舊史是尊孰爲茂功尚書清風禑爲戶部尚書藹其有融勃焉而興左傳禹湯罪己其興也勃焉披草從龍易雲從龍此言禑從肅宗起靈武也布令諸夏敷和六戎赫矣太陽克昇于中孰爲惠政公嗣餘慶形于謠咏小程其功大遂其

性黠吏是省○黠下八切妖風以正于邑于邦作一施于邑邦克揚休命孰爲遺愛公去昭代邦人斯痗詩使我心痗痗病也○痗莫佩切始焉是賴今也何戴孰葬我公于洛之會何以銘之徽音不昧徽美也

故永州刺史流配驩州崔君權厝誌崔君名簡字子敬一無流配驩州四字時元和七年壬辰公年三十九在永州

博陵崔君崔氏出自齊丁公吕伋食邑於崔因以爲氏後分清河博陵二望由進士入山南西道節度府貞元五年簡中進士第始

掌書記（山南西道節度使辟爲掌書記）至府留後凡五徙職

六增官至刑部員外郎出刺連永兩州未至

永而連之人愬君（○愬音許）御史按章具獄坐流

驩州幼弟訟諸朝天子黜連帥（連帥湖南觀察使也）罷

御史小吏咸死投之荒外而君不克復元和

七年正月二十六日卒孤處道洎守訥奉君

之喪踰海水不幸遇暴風二孤溺死七月某

日柩至于永州（時公爲永州司馬）八月甲子藁葬于

社壝之北四百步（○壝以醉切又平上二音社字下一本無壝字北字）

下有壙字崔氏世嗣文章君又益工博知古今事給數敏辯善謀畫南敗蜀虜嚴礪屢破劉闢之師西遏戎師其慮皆君之自出後餌五石五石丹砂之屬病瘍且亂○瘍音陽又音易創癰也故不承于初今尚有五丈夫子夫人河東柳氏簡娶公之姊德碩行淑先崔君十年卒公有柳氏誌其葬在長安東南少陵北君以竄没家又有海禍力不克祔三年將復故葬也徒志其一二大者云

鯢爲祖彝爲父世文儒積彌厚簡五世祖太師子挹國子

祭酒把子湜爲平章事湜子鯢鯢子畢司直畢子簡畢一作卑簡其名子敬

字它本皆作字敬守年五十增以二葬湘澨音筮水涯也

非其地後三年辭當備

唐故萬年令裴府君墓碣一無唐故二字裴府

君葬在元和十三年碣蓋是時作公年四十六刺柳

公諱墐字封叔河東聞喜人聞喜絳州縣太尉公

諱行儉行儉字守約實高祖侍中公諱光庭光庭字連

城玄宗侍中實曾祖刑部員外郎府君諱稹稹以蔭仕

累遷起居郎祠部員外郎稹字一本作植非實祖大理卿府君諱

儆實父。公由進士上第貞元三年墐中進士校書崇文

館崇文有校書郎二人掌校理書籍飭館事飭一作飾修整左春

坊由是立署局貞元八年隸左春坊後參京兆軍事按

覆校巡大尹恒得以取直爲太常主簿唐太常寺

主簿二人從七品上搜遯疑互○遯他歷切探扶遯隱○扶音決

遯音鈍宿工老師不得伏匿皆來會堂下者股

肱左氏國語者其股肱以從司馬者致也役喉喙以集樂事作

坐立二部伎圖卿奇其績奏超以爲丞太常寺卿

一人丞二人司空杜公聯奉崇陵豐陵禮儀再以

爲佐貞元二十一年正月德宗崩七月以太常卿杜黃裳平章事爲禮儀使十月葬崇陵元和九年正月順宗崩仍以杜黃裳爲使七月葬豐陵黃裳再辟堇爲判官離

紛尨尨雜貌導滯塞闕百執事條直顯遂司空

拱手以成自開元制禮諱去國恤章高宗顯慶三年正月長孫無忌等上所修新禮詔中外行之時許敬宗李義府用事所損益多希旨學者非之太常博士蕭楚材等以爲預備凶事非臣子所宜言遂焚國恤一篇由是凶禮遂闕至開元二十年九月新禮成遂因之不改累聖陵寢皆因事擘綴○擘音覽綴株衛切取一切乃已有司卒無所徵公乃

撰二陵集禮公集有裴君豐崇二陵集禮後序藏之南閣轉

殿中侍御史仍拜尚書比部員外郎會校成要比部員外郎掌勾會內外賦斂經費之事會大計也周禮聽出入比其要會註云要會計冣之簿書月計曰要歲計曰會朞歲畢具刺金州決高弛隳弛弓解也隳阬塞也○弛賞是切隳迮逆切隳當作隙丘戟切公集隙字皆作隳檢韻竝無隳惟有鄴音巢縣名也去人水禍渚茭原茅闢成稻梁陟萬年令叢劇辨肅談宴終日人視之若居冗官然會金州猾吏來揚言恐喝以煩褻事○褻音屑曰不得三十萬吾能爲禍公大怒召罵之恣所爲吏巧以聞御史按章具獄再讁

道州循州爲佐掾會赦量移吉州長史元和十二年秋七月日病痁泄卒○痁詩廉切泄音薛始公以唯諾聞長安中奔人危急輕出財力如索水火性開蕩進交大官不視齒類挾同列收下輩下輩漢書灌夫傳薦寵下輩字本此細大畢歡喜博弈知聲音飲酒甚少而工於糺譎謠舞擊咢咢亦歌也詩或歌或咢纖屑促密皆曲中節度而終身不以酒氣加人晝接人事夜讀書考禮收捃策牘左傳序大事書之於策小事簡牘而已疏云策簡也牘方版也單執一札謂之爲簡連編

諸簡乃名爲策簡之所容一行字耳牘可方版版廣於簡可以並容數行又云六經之策長二尺四寸此策牘之別也未嘗釋手以是重諸公間初娶范陽盧氏無子後夫人柳氏柳氏即公之姊德爲九族冠生三男子喪其二焉貞元十六年某月日卒祔于長安御宿之北原御宿長安地名漢書亦作御羞冢子銑蘇典切或添泊永二字奉柩以明年月日克葬于墓銑以文書來柳州告其叔舅宗元願碣于墓左則涕爲之銘其辭曰

有鬱其馨惟裴之鄉墐父爲大理卿世服大僚書有服在

大僚謂世爲大僚也仍燿烈名封叔申之申重也實惟其英雖書宮闈謂校書崇文館佐職于京謂爲京兆府參軍太常命吏以能增秩相儀考禮大弁斯畢書宰循大卞太卞大法也弁與卞同鳩工展伎謂作坐立二部伎圖爰備聲律或圖或書藏之府室史于柱下史記老子傳周守藏室之史也索隱曰藏室史乃周藏書室之史又張陽傳老子爲柱下史即藏室之柱下因以爲官名墄爲殿中侍御史故云史于柱下也郎於會司周禮司會之職以參互考日成以月要考月成以歲會考歲成以周知四國之治補註墄爲比部員外郎故云郎于會司○會古外切徼循以周大比是宜作牧于金金

人允懷溝防漢滸漢滸漢水之滸滸水際也金州臨漢故云漢滸墊沃卒移書下民昏墊○墊都念切增我歲食易其芋魁前漢飯我豆食羹芋魁游手閒民周禮閒民無職事者○閒音閑相顧聚來徼爲萬年治劇于都百務敘成談宴以娛誰恤誰恃不恐悍吏胡巧其辭按章以遂由道斥循施施三年孟子註施施猶扁扁喜悅之貌○施余支切更赦進資廬陵是遷人曰世德宜慶于延又曰良能宜力之宣朝有大賚語曰周有大賚善人是富賚賜也期賜其還一作環鬼神不享命殞在前元和十二年十

月平吳元濟十三年正月大赦而墐以十二年七月卒故云殯命在前也長原有墓高曾祖父淑靈是祔淑靈謂柳氏也封叔爰歸左右惟具孤銑磨石祈辭海陬將侯切隅也公時爲永州刺史爲作此碣遂升其趺于道之周

河東先生集卷第九

世綵廖氏刻梓家塾

河東先生集卷第十

誌

唐故中散大夫檢校國子祭酒兼安南都護御史中丞充安南本管經略招討處置等使上柱國武城縣開國男食邑三百戶張公墓誌銘并序　張公名舟事詳見本篇按舊史公以元和元年爲安南都護五年七月馬揔繼之則死及葬當在元和四五年此誌銘在永州作

漢光中興馬援雄絕域之志漢光武建武十六年交阯女子

徼側反自立爲王十七年以馬援爲伏波將軍往討之晉武一統陶璜布殊俗之恩晉書陶璜字世英孫皓時都督交州諸軍事晉武因而任之在南方三十年威恩著于殊俗安南即古交州也故舉援璜之事理隨德成功與時竝今皇帝載新景命今皇帝憲宗也詩景命有僕景命明命也丕冒海隅書丕冒海隅出日時惟公祗復厥績交阯之理唐安南中都護府本交阯郡武德五年改曰交州治交阯纘于前人公諱某字某某郡人也曾祖彥師朝散大夫尚書駕部郎中祖瑾懷州武德縣令考清朝議郎試大理寺丞贈右贊善大夫咸有懿

美積爲餘慶公以忠肅循其中以文術昭于外推經旨以飾吏事本法理以平人心始命蘄州蘄春主簿句會敏給句會會計也○會古外切厥聲顯揚仍以左領軍衛兵曹爲安南經略巡官申固扞衛有聞彰徹左氏昭三十一年傳有名章徹轉金吾衛判官三歷御史績用弘大揚于天庭加撿挍尚書禮部員外郎換山南東道節度判官復轉郎中爲安南副都護賜紫金魚袋充經略副使遷撿挍太子右庶子兼安南都護御

史中丞充本管經略招討處置等使史元和元年四月舟自安南經略副使充本管都護公自爲吏即上所言爲安南巡官副使云云習於海邦凡其比較勤勞利澤長久去之則夷獠稱亂去謂爲山南東道節度判官獠西南夷名○獠魯皓切又竹巧切復至而寇攘順化及受命專征得陳嘉謨誓拔禍本納於夷軌乃命一其貢奉平其歛施牧人盡區處之方制國備刑體之法道阻而通百貨地偏而具五人儲偫委積偫待也周禮門關之委積以待施惠委積牢米薪芻之總名○儲音除偫直里切羽獵賦音雉委於僞切

積子智切師旅無庚癸之呼左氏哀十三年傳吳申叔儀乞糧於公孫有山氏對曰若登首山以呼曰庚癸乎則諾註云庚西方主穀癸北方主水繕完板榦榦築完之板也控帶兼戊巳之位西域志漢元帝初元元年置戊巳二校尉註戊巳中央鎮覆四方今所置校尉處三十六國之中也又戊巳校尉鎮安西域無常治處亦猶戊巳四季寄王文單環王單單虜姓可單氏後改為單怙力

氏文單即陸眞臘一曰婆鏤環王本林邑一曰占不勞一曰占婆○單都寒切背義公於是陸聯長轂左氏昭五年傳長轂九百註戎車海合艨艟艨艟戰船所以突敵音蒙衝再舉而克殄其徒元和四年八月環王冦安南舟敗其衆三千人獲戰象并王子五十九人廓地數圻

（圻千里地左氏傳今大國多數圻矣○圻音祈數字一本作故）以歸於我理烏蠻首帥負險蔑德公於是外申皇威旁達明信一動而悉朝其長取州二十以被於華風易皮弁以冠帶化姦宄爲誠敬皆用周禮率由漢儀公患浮海之役可濟可覆而無所恃乃剳連烏（連烏疑是山名○剳音枯）以闢坦途鬼工來弁人力罕用沃日之大（沃日之大海也）束成通溝摩霄之阻砦爲高岸（○砦音剔又丑列切毀也周官有砦蔟氏）而終古蒙利公患疆場之制一彼一此而不可常

左傳疆埸之事一彼一此何常之有**乃復銅柱**廣州記馬援到交阯立銅柱爲漢之極界舟復之馬揔充安南都護夷獠便之乃於漢所立銅柱處以銅一千五百斤特鑄二柱刻書唐德以繼伏波之跡以此誌觀之則張公亦嘗有是作特史不書耳**爲正制鼓鑄既施精堅是立固圉之下**圉邊陲左氏傳亦聊以固吾圉也**明若白黑易野之守**周禮險野以人爲主易野以車爲主此言雖易而險也○易以豉切**險逾丘陵而萬世無虞奇琛良貨**爾雅琛寶也○琛丑林切**溢于玉府**周禮玉府掌王之金玉玩好兵器凡良貨賄之藏今本皆作王府**殊俗異類盈於藁街**漢書陳湯傳郅支縣頭藁街藁街街名蠻夷邸在此邸若唐鴻臚客館三輔黃圖云藁街

在長安城門內優詔褒旌其忠良太史嗣書其功烈就加國子祭酒封武城男食邑三百戶凡再策勳桓二年左傳反行飲至舍爵策勳言書勳於策紀有功也至上柱國三增秩至中散大夫某年月薨于位年若干天子震悼傷辭有加傷辭謂贈策也明年其孤某官與宗人號奉裳帷率其家老咨于叔父延唐令某卜宅于潭州某原孔子曰卜其宅兆宅墓也葬用某月某日人謀皆從龜兆襲吉書龜筮協從卜不習吉註云習因也今作襲亦因也乃刻茲石著公之閟以志于丘竁

音劍又充苪切空壙也周禮大喪甫竁以告于幽明銘曰

周限荆衡荆衡之地在周非其所有至秦秦始幷爲三十六郡秦開百

粵秦始皇幷天下分爲三十六郡平百粵又置閩中南海桂林象郡四郡前漢註非一

種若今言百蠻也○粵與越同交州之治炎劉是設漢武帝元鼎元

年定越地以爲交阯郡德大來服道消自絕伏波南征

見上註漢威載烈宛陵北附孫皓降晉手書敕璜歸順晉武帝封

璜爲宛陵侯晉政爰發我唐流澤光于有截詩海外有

截註云四海之外截亦整齊皇帝中興武城授鉞言舟爲都護也

肅肅武城惟夫之哲詩哲夫成城更歷毗贊言舟爲巡

官副使也顯揚彰徽旣受休命秉茲峻節度其謀猷守以廉潔厚農薄征匪貊匪桀孟子欲輕之於堯舜之道者大貊小貊也欲重之於堯舜之道者大桀小桀也註貊夷貊之人在荒服者二十而取一○貊音陌通商平貨有來胥悅踐山跨海堅其鶴列莊子必無盛鶴列於麗譙之閒註鶴列陳兵也制器足兵潰玆蟻結禮蟻結于四隅烏蠻屈服文單翦滅柔遠開疆會朝天闕銅柱乃復環山以誓齊語環山於牢環繞也誓摘墮也又見上註○誓敕列切海無遘迕音午又音忤寇罔踰越琛賷之獻○賷徐刃切亦作贐周于窮髮莊子窮髮之北窮髮

不毛之地帝嘉成德載旌茂閥增秩策勳土封斯裂位厄元侯年虧大耋易大耋之嗟凶說文年八十曰耋○耋音迭邦人號呼夷裔悽咽卜葬長沙連岡啓穴書銘薦辭德音罔缺

唐故邕管經略招討等使朝散大夫持都督邕州諸軍事守邕州刺史兼御史中丞賜紫金魚袋李公墓銘并序

○據葬在元和十四年誌是時作

公諱某諱位字某實惟文皇帝之玄孫太宗初諡文皇

帝別子曰承乾禮記喪服小記別子爲祖繼別爲宗詳見下註○別筆列切爲皇太子以藩愛逼奪危慄致禍後封恒山爲愍王贈荊州大都督太宗長子承乾武德三年封恒山王九年立爲皇太子貞觀中魏王泰有寵於上潛有奪嫡之意由是廢承乾爲庶人天寶中復故封謚曰愍王繼別曰象蘄春郡太守贈越州大都督事封郇國公大宗曰玭禮記別子爲祖繼別爲宗繼禰者爲小宗註曰別子爲公子始來在此國者後世以爲祖又曰繼別爲宗者別子之世適也族人尊之謂之大宗是宗子也又曰繼禰爲小宗者父之適也兄弟尊之謂之小宗誌謂別子曰承乾繼別曰象大宗曰玭以是推之可考矣○玭步田毗賓二切說文云玭珠

也夏書作蠙太子詹事贈祕書監生廙異翼二音尚書
左丞凡四代有土田居貴仕公丕承之以卒
南服克荷天休繼有功德公始以通經入崇
文館唐崇文館學生二十人課送舉試如弘文館登有司第選同
州參軍入佐金吾衛貞元十九年十一月以振武節度使范希朝爲右金吾大將軍奏位佐其府進太僕主簿參引大駕府移
爲左右神策行營兵馬節度以爲推官永貞元年五月以希朝爲左右神策京西諸城鎮行營兵馬節度使鎮奉天復奏位爲府推官拜
監察御史賜緋魚袋凡二使其卒皆范司空

希朝（○率與帥同將帥也）進殿中侍御史湖南都團練判官（永貞元年十一月以御史大夫薛苹爲湖南都團練使苹辟位爲判官）以寬通簡大輔治得中道府遷主後事師人愛慕欲以貞元故事爲請（唐藩鎮傳安史亂天下至肅宗大難略平君臣皆幸安故瓜分河北地以授叛將護養孽萌以成禍根亂人乘之遂擅署吏以賦稅自私至大曆貞元之間其弊尤甚公謂貞元故事者蓋欲擅署之也）公恐懼抑留復從浙東爲都團練副使（元和三年正月苹自湖南遷浙東）轉侍御史又從浙西（一本二從字並作從）如其職（五年八月苹遷仍以位爲副使）加著作郎凡三使其率皆薛大

夫華刺岳信二州得劉向祕書以能卒化黃白劉向傳淮南有枕中鴻寶苑祕書言神仙使鬼物爲金之術向幼而讀誦以爲奇獻之言黃金可成上令典尚方鑄作事日召徒試術爲仇家上變就鞫無事勑管殺告者猶降建州司馬位爲信州刺史好黃老道數禱祠部將章岳告位集方士圖不軌洪州監軍高昌奏位謀大逆追捕位劾禁中薛存誠孔戣一日三表請付御史臺詔戣與三司雜治無反狀岳坐誣罔誅貶位建州司馬詔曰信州刺史李位心希祕術跡狎匪人謂捕影之可求乃先風之是黜名敎之内本無異端典刑之中豈容僻好可守建州司馬云陟刺泉州會烏⿰犭許夷⿰犭許字諸韻無疑是狤楚辭猛烏狤犬戎也考之史傳蓋是烏滸烏滸黃洞蠻也

一本作會烏滸夷叛即無下刺字漢書南蠻傳曰交阯西有噉人國今烏滸人是也選烏滸狼䑋註南夷別名作滸是刺殺郡吏毆縛農民詔以公都督邕州兼御史中丞賜紫金魚袋爲經略招討使既至則轂弓橐甲轂弓衣橐囊也所以藏甲○轂與弢同它刀切橐音託去斥候禁部內無敢以賊名使得自澣濯○澣胡管切諸酋長咸頓首送欵故虜獲輸稅奉貢願比內郡人遣子吏都督所言爲吏於都督所也人復耕稼無有威刑居五月頃有黑螭鼓江流○螭音癡狀似龍而無角壞北岸直城南門覆船

殺人然後去父老泣曰吾公其殆矣嘗合汞
流黃丹砂爲紫丹○汞丹砂所化爲水銀也汞胡貢切與澒同能
入火不動以爲神服之且十年然卒以是病
暴下赤黑數日薨實元和十三年六月十五
日年五十七僚宰庀事有緹五兩緹赤帛也兩疋也周
禮無過五兩註五兩十端也○緹題體二音兩去聲無金銀泉貝泉錢別名
貝說文海介蟲幾不克歛夷人號呼致幣歸以明年
月日葬附其穆長安西南高陽原上穆昭穆也夫
人陳氏先公十五年没父曇亦都督邕州終

貞元十三年六月以陳曇爲邕州經略使孤孟輿愿且文亞曰仲
權次曰季謀年自九歲以下有兩壻博陵崔
行儉勁峭有立志滎陽鄭師貞敏捷能羣皆
闓名銘曰
文濬維祥文謂文皇帝實亘實延家讒不嗣○家一作
冢宗以支傳郇公克庸詹事繼賢湜湜左丞
○緹被力切水清也詩湜湜其沚惟道之宣公寬且惠以敎
則順五參戎政謂佐金吾衞左右神策行營湖南浙東浙西凡五府二
佩郡印謂典岳信二州師歡民愛克懷以信詖辭告

訕一作訕卒白其訊烏犴猖狂盜海剽山帝命于南逖彼羣蠻虎龍煌煌英蕩是將周禮山國用虎節澤國用龍節皆金爲之英蕩輔之註金爲節象龍虎之狀英蕩函器或曰英蕩畫函舟之金玉詩何以舟之維玉及瑤舟帶也謂帶以金玉以爲公服公旣涖止涖臨涖也詩方叔涖止告以文理推義赴仁弢弓服矢○弢音韜解見上闢是垣壘完其父子復我邦賦弛予卒士貌不功矜情不伐喜蠻人渾懷投刃以俟方厎成績蟲孽告妖悍石構突升屋而號詳見禮記喪大記謂以衣升屋招魂也號輒曰皐某復矣皐長

聲也**椎髻卉裳**潘曰髻說文曰簪結也一曰覆髻也書島夷卉服卉猶蕉葛之屬○椎音搥髻音介卉詡里切**來聘來觀膴膴鱗原**膴美也詩周原膴膴○膴音武鱗一作鮮鮮善也詩度其鮮原**祔之顯竁松柏芊芊**芊芊草盛貌○芊音千**封域安安代有高墳堯文之孫**

唐故邕管招討副使試大理司直兼貴州刺史鄧君墓誌銘

幷序鄧氏出南陽安定二望商王武丁封叔父說於河北是爲鄧侯後因爲氏一曰本曼姓春秋有鄧侯吾離後爲楚所滅因爲氏焉公謂刺史鄧君爲曼姓之裔則系蓋出此京兆尹弘農公楊憑也據誌云元和五

年卒明年某月日葬誌當是五年作云

君諱某字某南陽人漢司徒禹之世也禹字仲華南陽新野人漢光武時爲大司徒曾祖倚皇連州普城令連一本作建祖少立皇滄州司馬考邕皇左武衛兵曹參軍惟君敏給以御下廉忠以承上幹蠱之稱易幹父之蠱蠱事也○蠱音古洽於諸侯信謹之跡彰于所涖故自始仕以至没世未嘗無聞焉初以試太常寺奉禮郎更職於劍南湖南江西前後連帥咸器其能以柄於事於劍南劍南節度

使韋皋辟佐其府則亭擬閱實亭亦平也閱實謂檢閱核實之也書閱實其罪以循官刑書鞭作官刑註云官事之刑○循一作修盡哀敬之情書哀敬折獄敬一作矜致淑問之頌詩淑問如皐陶淑問善聽訟也寛猛之適克合于中於湖南貞元十八年九月以太常少卿楊憑爲湖南觀察使以鄧佐其府則外按屬城內專平準莅丱人錫石之地周禮丱人掌金玉錫石之地而爲之禁厲以守之說文丱銅鐵樸石也與礦同○丱號猛切參鳧氏鼓鑄之功周禮鳧氏爲鍾兩欒謂之銑銑間謂之于于上謂之鼓溢山告祥國用益贍吏無竝緣以巧法○竝蒲浪切人無怨讟以苦役讟○

音讀悠也凡處斯職莫能加焉於江西永貞元年十一月以楊憑爲江西觀察使以鄧爲從事則旁緝傳置下繩支郡俾無有異政以一於詔條財賦之重待君而理無何邕州經略使路公恕奏署試大理評事兼貴州刺史元和元年邕管經略使路恕辟佐其府參帷幕之任董龜虎之威龜龜印虎虎符謂其爲貴州刺史也夷俗敬愛革面受事易曰小人革面朝廷將以武定南服命安南大校御史中丞趙良金爲邕州二年以良金爲邕州復以君兼招討判官録其異能奏加司直昇

招討副使兼統橫廉貴三州事乇苴之下乇苴
亂貌。乇莫江切苴如容切直道有立獷悍之內。獷古猛切悍
音汗義威必行賦增而不擾法一而無憾然以
憂慄間於多虞卒成耳目之塞道致齒牙之
猾晉語獻公卜伐驪戎史蘇占之曰遇兆挾以銜骨齒牙爲猾齒牙爲猾以象讒口之
爲害。道一作遂元和五年五月二十一日疾卒於
公館年五十五明年某月日返葬於潭州某
原夫人隴西李氏大理評事練之女年三十
三貞元十六年終於郴州有子四人曰贇曰

某贄十三年矣哀禮具焉京兆尹弘農公楊憑時尹京兆始由湖南爲江西再以君爲從事知之最厚痛君之能不施於劇任惜君之志見屈於羣疑且以誌授宗元使備其闕古者觀其所使而知在上之德今也觀其所使一本作以字而知在下之誠嗚呼可無辭乎銘曰

曼姓之裔左傳楚子夫人鄧曼鄧曼姓後以國氏司徒隆漢惟君是承有植其幹始屬奉常出參藩翰議讞讞議獄也。讞語蹇魚戰巨列三切西蜀平其狴犴揚子狴犴使人多禮乎狴犴獄也○狴部禮切犴音岸巡視南楚總玆條貫貿遷化居書懋遷有無化居今作貿貿交易也化謂以其所有易其所無居謂近水者居魚鹽近山者居林木之類也貨殖攸贊子曰賜不受命而貨殖焉註唯材貨是封殖也贊助也攺煎鎔範貢輸增筭筭數也既飭財賦飭整備也周禮飭化八材是也亦新傳館○傳株戀切去牧荒陬謂爲貴州刺史肅其聽斷紋數以息○紋數古奪攘字暴戾斯逭行非選事進不避難始賴其寧終聞見憚始一本作怛疾與憂積志隨魄散年極中身書文王受命惟中身中身年五十也葬玆高岸才耶命耶君子

與歎

呂侍御恭墓誌 公嘗爲衡州刺史東平呂君温誄今誌其弟侍御恭之墓其稱述二君蓋詳元和八年癸巳永州作

呂氏世居河東至延之始大以御史大夫爲浙東道節度大使 乾元二年六月以延之爲浙江東節度使 延之生渭爲中書舍人尚書禮部侍郎刺湖南七州 渭字君載貞元十三年爲禮部尚書知貢舉擢裴延齡子操居上第會入閣遺私謁之書于廷九月罷爲湖南觀察使 生四子温恭儉讓以温爲尚書郎再贈至右僕射 初贈陝州大都督元和初温爲戶部員外

郎再贈渭尚書右僕射恭字敬叔他名曰宗禮或以爲
字實惟呂氏宗子尚氣節有勇略不事小謹
讀從横書漢書從横十二家一百七篇蓋出於行人之官○從子容切理
陰符握機孫子之術周書陰符九篇握機亦兵書名孫子十三篇
曰我師尚父冑也詩維師尚父師尚父呂望恭之先也大父洎
先人咸統方岳令天下將理平蔡兖冀幽蔡呉
元濟兖李師道冀成德軍幽盧龍軍也洎戎猶負命蚤夜呼憤
以爲宜得任爪牙畢力通天子命作文章咸
道其志云又曰由吾兄而上三世世爲進士

吾之文不墜教戒獨武事未克纘厥緒。纘作管

切因棄去從山南西道節度府掌書記爲山南西道節度使嚴礪掌書記預謀畫不甚合以試守軍衛佐

加協律郎入薦爲長安主簿復出以監察御史參江南西道都團練軍事元和二年正月以韋丹爲江南西道都團練使恭爲軍府參軍府表進殿中侍御史府即江南西道

爲桂管都防禦副使元和八年去桂州相國尚書鄭公遮留假嶺南道節度判官元和五年三月以故相禮部尚書鄭絪爲嶺南節度使至此年恭去桂州絪留爲府判官一云鄭餘慶

至廣州病瘶瘧加痳瘶舊本作疥胥山沈公謂當作瘶瘶梁元帝音該又音皆二日一發瘧也說文熱休寒作曰瘧瘧音虐痳下病也音帶又音帝瘶一作痻素問曰夏傷於暑秋作瘶瘧六月二十八日卒妻裴氏戶部尚書延齡女有丈夫子三人曰奭曰瓌曰特女子三人曰環曰鸞曰倩皆幼行於道而倩又死遂以柩如洛陽祔葬於大墓欵志呂氏世仕至大官皆有道宜興於世溫洎恭名爲豪傑知者以爲是必立王功活生人不幸溫刺衡州年四十卒元和六年溫卒恭未及理人年

三十七又卒世固有有其具而不及其用若温恭者耶恭貌奇壯有大志信善容物宜壽考碩大而又不克呂氏之道惡乎興銘曰

渢渢之風乎不可追左氏襄二十九年傳吳季札來聘爲之歌齊札曰美哉泱泱乎大風也哉表東海者其太公乎爲之歌魏曰美哉渢渢乎呂氏太公後當言泱泱今作渢渢誤也渢渢大聲也○渢音馮有志之大乎今安歸呂君去我死乎吾誰依

唐故嶺南經略副使御史馬君墓誌

馬君史無傳表系亦莫詳時公在柳州作

元和九年月日扶風馬君卒命于守龜命占也祔于先君食食者以墨畫龜然後灼之兆順食墨則爲吉也卜葬明年某月庚寅亦食其孤使來以狀謁銘宗元刪取其辭曰君凡受署署辟置往來桂州嶺南江西荊南道往來一作往事皆大府凡命官更佐軍衛録王府事謂爲王府録事參軍番禺令番禺廣州縣名音潘愚江陵戶曹録府事亦謂爲江陵府録事參軍監察御史皆爲顯官凡佐治由巡官判官至押番舶使嶺南節度府有押番舶使舶蠻夷汎海之舟音白經略副使皆所謂右

職漢書文翁傳太守皋以爲右職註高職也又貢禹傳便巧史書習於計簿能欺上府者以爲右職凡所嚴事御史中丞良良未詳司徒佑興元元年三月杜佑爲嶺南節度使嗣曹王皐建中三年十月以皐爲江西觀察使貞元元年四月徙荆南節度使尚書胄貞元十七年正月以戴胄爲江西觀察使八年二月徙荆南節度使尚書伯儀大曆十二年五月以張伯儀爲嶺南節度使建中三年三月徙荆南節度使尚書昌元和元年四月以趙昌爲嶺南節度使三年四月徙荆南節度使皆賢有勞諸侯其善事凡管嶺南五府儲跱五府謂嶺南安南桂容邕也韓文公集有送鄭權尚書序曰嶺之南其州七十其二十二隷嶺南節度府其四十餘分四府府各置帥○跱丈

里切或作峙出卒致轂以謀叶平哥舒晃大曆八年九月循州刺史哥舒晃反十年十一月江西觀察使路嗣恭討平之假守州邑漢南粵王傳郡縣之職或守或假謂爲番禺令江陵府等官民以便安殄火訛殺吏威海鹽增筭邦賦大減所至皆用是理年七十不肯仕曰吾爲吏逾四十年卒不見大者今年至慮耗年至謂七十當致仕也今俗本誤作年志終不能以筋力爲人羸縮因罷休以經書敎子弟不問外事加七年卒君始以長者重許與聞凡交大官皆見禮司徒佑嘗以國事徵顧

謂君曰願以老母爲累受託奉視優崇至忘其子之去君諱某字某曾祖某某官（一有祖某某官）父某某官嗣子隴西李氏出曰徵由進士爲右衛胄曹早沒次四子皆京兆韋氏出曰徹曰儆曰敏曰庭女一人嫁柳氏壻曰宗一（一宗公之弟也）其銘曰

不懈于位不替于謀慮寇以平。（寇口候切一本作役）撫民以蘇僭火不孽（一本作孽火不作一本作僭夫不孽）悍吏不牟（二句即前所云殄火詆殺吏威也牟侵牟）惟賈于鹽（鹽一作鹽一作）

監亦贏其籌公以忠施私以義躋旣至于年乃靜于懷衣柔膳甘子侍孫攜（侍一作披）覲經考古敎導斯齊克壽克樂嗚呼終哉于陰之原爰位其墓千萬子孫來拜來附

唐故安州刺史兼侍御史貶柳州司馬孟公墓誌銘（孟公名常謙事詳註本篇按公元和十年卒誌當作於十一年云）

孟氏之孤曰遵慶奉其父命書九篇爲善狀一篇（善狀行狀也）來告曰月日君薨月日將葬于

某敢請刻辭嗚呼公自假左贊善大夫栢王

司馬（無栢王）太常少卿爲義成軍中軍兵馬使

（貞元二年九月以賈耽爲義成軍節度使耽辟常謙爲中軍兵馬使）其帥魏國

公耽爲宰相（九年五月耽入爲宰相）命公左領軍衛將

軍（左右領軍衛將軍各二人）事德宗順宗今上立朝九年

加朝議大夫居喪會用兵于趙（一無于字）起復居

故官爲左神策行營先鋒兵馬使（元和四年十月詔削

奪成德軍節度使王承宗官爵命神策右軍中尉吐突承璀率兵討之以常謙爲先鋒兵

馬）使知牙而趙兵罷（五年七月赦承宗）不受祿去金華

服喪終期命安州刺史仍加侍御史安州防遏兵馬使貶柳州司馬公嘗佐魏公平襄陽佐一作從靖梁州大曆十四年十一月以耽爲梁州刺史山南西道節度使建中三年十一月以耽爲襄州刺史山南東道節度常謙皆佐其府立義成軍耽鎮義成時淄青李納雖去王號外奉朝旨而心常蓄併吞之謀耽待之不疑淄青將士皆心服不敢異謀魏公弘大恢奇公能以任軍政是以又爲衞將軍虔恭潔廉動得禮節伐趙之役堅立堡壘誓死麾下法制明具權力無能移進不避患退不敗禮安州迫寇壤安州迫淮西之境時

淮西吳元濟叛多戎事政出一切吏以文持之故貶明年元和十年用兵于蔡一無于字朝廷諸公洎外諸侯咸以公爲請未及徵氣乘肺溢爲水浮膚而卒年六十惟公志專于中貌嚴于外嘗立廷中毅然望之若圖形刻像閭國難輒不寢食謀度憤咤陟駕切怒也以故病不可治曾祖某官諱某祖某官諱某父某官諱某公之諱曰常謙子遵慶第曰某銘曰

魯仲孫氏其世爲孟孟氏世出魯桓公子仲孫之後仲孫爲三桓之

孟故曰孟氏云賁勇光武○賁音奔勇士孟賁軻儒紹聖公傳師法以訓戎政執稽以庸稽士卒兵器簿書也周禮聽師田以簡稽是也咸致嚴命濟濟于朝冕服以光壘非從利壘謂壘其衰絰終役服喪服一作復忠孝孔明君子攸彰彰一作明昔者雲中六級下吏魏尚爲雲中守虜嘗一入尚帥車騎擊之坐上功幕府差六級文帝下之吏公刺于安法亦可議黜伏南荒豪士歔欷○歔音虛欷音當協關難以激去食廢寐神乖氣離支膈莫遂廷臣進言侯伯拜章帝命將施俄什于京京字誤代山丸丸植

柏與松詩松柏丸丸丸丸松柏高直之貌它本作代山兀兀恐非其名惟何名一作下

忠孝孟公

故連州員外司馬凌君權厝誌公與凌君元和元年同貶員外司馬此誌永州作集又有哭連州員外凌司馬詩別集又有後誌而諸本不載今列之此篇後

年月日元和三年尚書都官員外郎和州刺史連州司馬富春凌君諱準卒于桂陽佛寺桂陽連州先是六月告于州刺史博陵崔君曰余嘗學黃帝書切脉視病今余肝伏以濇脉濇而不滑也○濇

音色胥浮以代將不臘而死審矣臘歲終祭名左傳虞不臘矣凡余之學孔氏爲忠孝禮信而事固大謬史記事乃有大謬不然者卒不能有立乎世者命也臣道無以明乎國子道無以成乎家下之得罪于人以譎從醜地上之得罰于天以降被罪疾余無以禦也敢以鬼事爲累又告爲老氏者某曰余生於辰今而寓乎戌一本戌作戊元和三年歲在戊子辰戌衝也吾命與脉叶其死矣乎吾罪大懼不克歸柩於吾鄉是州之南有大岡不食

檀弓子高曰我死則擇不食之地而葬我焉註不食謂不墾耕吾甚樂焉子其以是葬吾及是咸如其言云孤夷仲求仲以其先人之善余也勤以誌爲請嗚呼君字宗一以孝悌聞于其鄉杭州刺史常召君以訓于下讀書爲文章著漢後春秋二十餘萬言又著六經解圍人文集未就有謀略尚氣節賙人之急出貨力猶棄粃粺○粃音匕粺旁卦切與稗同年二十以書干丞相丞相以聞試其文曰萬言擢爲崇文館校書郎又以金吾兵曹爲

邠寧節度掌書記泚涇之亂（建中四年十月涇原節度使姚令言反推朱泚爲主準時爲邠寧掌書記以謀佐其節度使韓遊瓌破賊有功一無泚字）以謀畫佐元戎常有大功累加大理評事御史賜緋魚袋換節度判官轉殿中侍御史府喪罷職（貞元十二年五月邠寧節度使張獻甫卒）後遷侍御史爲浙東廉使判官（十八年正月以常州刺史賈全爲浙東觀察使以準爲判官）撫循罷人（○罷音疲）按驗汙吏吏人敬愛厥績以懋粹然而光聲聞于上召以爲翰林學士（二十一年正月自浙東召爲翰林學士）德宗崩邇臣議祕三日

乃下遺詔君獨抗危詞以語同列王伾畫其不可者十六七乃以旦日發喪癸巳德宗崩甲午發喪六師萬姓安其分遂入爲尚書郎遷尚書都官員外郎仍以文章侍從由本官參度支調發出納姦吏衰止王叔文兼度支鹽鐵副使以準佐其府一作姦利以連累出和州降連州永貞元年九月自都官員外郎貶和州刺史十一月再貶連州司馬員外置同正員居母喪不得歸而二弟繼死不食哭泣遂喪其明以沒蓋君之行事如此其報應如此夫人高氏在越孤四人南仲殷仲在

夫人所未至執友河東柳宗元哀君有道而

不明白於天下離懸逢尤夭其生且又同過

見題註故哭以爲志其辭哀焉銘曰

噫凌君生不淑學孔氏楊芬郁好謀謨富天

祿讎禁書謂準嘗爲崇文館校書郎賛推轂謂爲邠寧掌書記觀

靈龜獲貞卜徙東越翊明牧爲浙東觀察判官罷人

蘇汙吏覆升侍從躬啓沃匡危疑輿大福吏

尚書徒隸肅佐經邦財用足道之躓音致身則

辱烏江垂烏江和州九疑麓九疑連州山名仍禍凶遘兹

酷能知命無怨毒罪不泯死由僇（音戮）何以葬南嶺曲黿有靈故鄉復封兹壤歸骨肉爲之銘志陵谷

故連州員外司馬凌君墓後誌

元和某年月日立太子赦下（元和四年立太子寧王肆赦元和七年六月立遂王宥爲皇太子降德音二説未詳孰是）嘗有非其罪柩得返葬凌氏孤夷仲求仲自連桂陽舉其先人之柩龜筮吉利某年月歸于杭之新城祔于其墓刻前志志其行益以後志志其時立

碣於墳東南隅申志于外噫亦勤矣以其先
人之行宜克大于後以其孤之志宜克承于
初艱其躬以延于無窮承而大宜哉

故嶺南鹽鐵院李侍御墓誌元和十四年作

天寶中詔李氏由涼武昭王以下涼武昭王名暠字玄
盛唐高祖其七世孫也皆得籍宗正故沂州刺史福以
姑臧人姑臧郡涼州附屬於寧岐爲族寧王憲岐王範元宗
兄弟曾祖生樂壽令昱昱生虢州司馬叶馬一作田
世以儒闡叶生監察御史澣字濯纓明兩經

仕歷永興臨晉尉會天子方事誅伐南平蔡元和十二年十月平蔡州北服趙十三年四月成德軍節度使王承宗以德棣二州歸于有司西走戎戎謂吐蕃東討齊魯東平節度使李師道五年閒兵征卒戍羅行千里凡進用唯財賦爲難君以試大理評事佐荆南兩稅使督天下諸侯之半調食饒給車擊舟連或作運又守湖南鹽鐵轉運院湖一作湘以能遷官移嶺南益積功勞以介厲敦勤爲率羣吏先一無率字年五十三元和十三年月日卒妻盧江何氏凡五世

世鄭出父曰士諤季父曰士幹士幹永泰二年及進士第累爲藩鎮有大名君之子二人曰夔曰導女一人曰某夔導皆幼不能事何夫人哭且戒柩行萬里人咸觀其禮焉葬伊闕用明年某月日甲子銘曰

涼爲帝基涼即謂涼武昭王克顧厥胤皇弘國牒四邑顯進沂以屬尊世仕倚儒憲憲濯纓○憲音顯亦用學徒既穀既官式懋爾勞四方用師卒食之饒致其廉介率是諸侯于荆于交佐荆南兩

稅使關石是鈞書關石和鈞三十斤爲鈞四鈞爲石邦有休功惟
吏之勤冀施于大以盡其有孰司壽夭君不
克久吉日來祔伊闞之墓子嗣孫承有達宜
興左傳昭七年聖人有明德者若不當世其後必有達人銘詔于神永
承是徵

河東先生集卷第十

世綵廖氏
刻梓家塾

河東先生集五

第十一卷 誌碣誄

第十二卷 墓表誌

第十三卷 墓誌

項墨林鑒賞章

河東先生集卷第十一

誌碣誄

故試大理評事裴君墓誌

（君之諱字考之史表皆不詳元和十四年卒誌亦是時作也）

裴氏之昭（說文廟昭穆父爲昭南面子爲穆北面係從父坐○昭音韶）曰贈戶部尚書諱某（諱守眞）穆曰起居郎諱某（諱僑卿）生均州刺史諱某（諱叔猷）均州與其弟大理（大理名伯言爲刑部員外郎贈大理卿）更爲刑部郎用文史名於朝善杜禮書長子曰某（長子叔猷之長子也）射進士

策不中去過汴韓司徒弘迎取爲從事（弘爲汴州刺史宣武軍節度使）以聞拜太子通事舍人進大理評事當伐蔡及鄆（蔡謂吳元濟鄆謂李師道）汴常爲軍首賛佐有勞旣事將侍太夫人于京師道發疽（子余切）元和十四年月日終於河南敦厚里年若干字曰某弟某以其喪歸葬于某縣某里未果娶有男子二人女一人男之長曰某通兩經始杖且廬銘曰

世守不遷秀于士鄉不利有司爰客于梁（謂射

進士策不中去爲汴州從事汴大梁也梁委其躬乃相戎政宮人理屬人一本作臣宮人謂爲太子通事舍人理屬進大理評事也仍受國命南蔡北曹北曹亦李師道也師道有鄆曹濮等十二州五載首兵柔剛輔理平視太平馬牛旣寧謂放牛歸馬皆獲安寧也告養于京即上云將侍太夫人于京師棧車草草我來周道詩有棧之車行彼周道棧車役車也周道洛陽○棧仕板切載飢載勞神奪其孝形經于洛寃其馬如庶終爾誠陰侍里閭膳飲不違有弟之恭旣安且盈厥志斯從銘之故人以慰爾衷

故大理評事柳君墓誌

註具本篇元和六年在永州作

晉之亂柳氏始分曰耆爲汝南守居河東耆父景猷晉侍中有二子長曰耆爲汝南太守少曰純爲平陽太守又五世曰慶相魏耆子恭後趙河東太守恭曾孫緝宋州別駕宋安郡守緝子僧習與豫州刺史裴叔業據州歸魏爲揚州大中正僧習子慶字更興後魏侍中左僕射魏相之嗣曰旦旦字匡德仕隋爲黃門侍郎其小宗曰楷禮記別子爲祖繼別爲宗繼禰者爲小宗旦二子長曰則次曰楷以其居次故爲小宗至于唐刺濟房蘭廓四州楷生夏縣令府君

諱繹繹生司議郎府君諱遺愛皆葬長安少陵原遺愛生御史府君諱開葬南陽其嗣曰寬字存諒讀其世書揚于文辭南方之人多諷其什頗學禮而善爲容漢儒林傳徐生善爲頌師古註頌讀爲容蘇林註漢舊儀有二郎爲此頌貌威儀事容謂容貌威儀之事胥吏事始仕家令主簿進左驍衛兵曹試大理評事爲嶺南節度推官判南永安軍判官府罷爲游士出桂陽桂陽郡郴州下廣州中厲氣嘔泄卒於公館元和六年八月七日也年四十七前娶

琅琊王拱子拱國子祭酒後娶河東裴陵子
陵告成令裴氏之出曰裴七君之從弟以君
之喪歸過零陵哭且告于宗元曰吾伯兄從
事嶺南其地多貨其民輕亂能以簡惠和柔
匡弼所奉假守支郡海隅以寧鬬很仇怨敦
諭克順從公于荆綏戎永安仍專郡治政用
休阜是時蜀寇始滅蜀寇劉闢邦人瘡痍懷君之
澤咸忘其痛其理也惠而不施之於大其行
也和而不至于年其言也文而不顯其聲令

將以某月日祔葬苟又不得令辭而誌焉是無以蓋前人之大痛敢固以請嗚呼余懼辭之不令以爲神羞余曷敢不諾銘曰

柳族之分在北爲高充于史氏世相重侯自慶以下四世爲相封侯重侯累將字出後漢中書之世寔曰蘭州蘭州謂楷夏縣政良夏縣謂繹司議德優司議謂遺愛營營御史御史謂開乃佐元侯惟君是嗣其政克脩儲闈補吏謂爲家令主簿環衛分曹謂爲驍衛兵曹南越之庬從事以寧永安披攘荐仍于兵是董是經既柔

且平浩浩呻呼革爲和聲胡不使壽而奪之齡柩于海壖（壖海之餘地。壖而緣切柩一作挺）壙于鄧邦（壙窀穴也謂祔葬南陽。壙苦謗切）厥弟孔哀惟行之恭呱呱小子（。呱音孤）縗而不廬（。縗音崔）充充令妻髽首而居（禮記男子免而婦人髽髽以麻約髮也。髽莊華切）鳥獸號鳴助我踟躕（禮記鳥獸喪其羣匹越月踰時則必反巡過其故鄉鳴號焉踟躕焉乃能去之）刻此悲辭藏之奧隅（爾雅西南隅謂之奧）

故祕書郎姜君墓誌（元和十四年柳州作）

祕書郎姜崿（音諤或作崿）字某開元皇帝外孫也

粤母玄宗女新平公主始楚國公皎與上游益貴幸皎與玄宗有龍潛之舊先天二年預誅竇懷貞等以皎爲銀青光祿大夫工部尚書封楚國公子慶初得尚某公主皎子慶初生未晬玄宗許尚主後淪落二十年李林甫爲相即皎之甥從容奏之天寶十載詔慶初尚主授駙馬都尉生粤粤生三日上曰他物無以餉吾孫即勑有司以第六品告與緋衣銀魚得通籍出入凡名是官七十某年終不徙然其閒在蜀漢荆楚以大諸侯命守州邑輒以勞稱時缺則復命好遊嗜音以生富貴畜妓能傳宮中聲賢豪大

夫多與連歡後加老風病手足奇右○奇音畸一作踦可用不能就官士有載酒來則出妓搏髀笑戲○髀音陛股也觀者尚識承平王孫故態元和十四年月日終桂州都督御史中丞裴公桂管觀察使裴行立曰噫帝慼也葬不可以廉爲具物祭以豚酒月日葬州東南一里子某年若干母曰雷姬銘曰

始賤終貴於世爲遂幼榮老窮枉物爲凶均之得喪誰缺誰豐若君者銀朱於始生鐘鼎

以及壯不矍矍於進取○矍居縛切 矍矍疾走貌不施施於驕伉左絃右壺樂以自放雖老而客死未嘗慼乎已與夫拳拳恐悖蒙謟負義得之拘拘榮不蓋愧以終其身而不能止者不猶優乎

亡友故祕書省校書郎獨孤君墓碣

貞元十八年 藍田尉作

嗚呼有唐仁人獨孤君之墓祔于其父太子舍人諱助之墓之後自其祖贈太子少保諱

問俗而上其墓皆在灞水之左（灞水出藍田谷北入渭隷長安○灞音霸）今王父營陵於其側故再世在此嗚呼獨孤君之道和而純其用端而明內之爲孝外之爲仁默而智言而信其窮也不憂其樂也不淫讀書推孔子之道必求諸其中其爲文深而厚尤慕古雅善賦頌其要咸歸于道昔孔子之世有顏回者能得於孔子後之仰其賢者譬之如日月而莫有議者焉嗚呼獨孤君之明且仁如遭孔子是有兩顏氏也

今之世有知其然者乎知之者其信於天下乎一本作今之世有知其然者其信於天下乎少四字使夫人也夭而不嗣世之惑者猶曰尚有天道嘻乎甚邪君諱申叔字子重年二十二舉進士貞元十三年申叔中進士又二年用博學宏詞爲校書郎又三年居父喪未練而沒禮記三日而食三月而沐期而練練小祥也蓋貞元十八年四月五日也是年七月十日而葬鄉曰某鄉原曰某原嗚呼君短命行道之日未久故其道信於其友而未信於天下今記

其知君者于墓韓泰安平南陽人李行諶元固其弟行敏中明趙郡贊皇人柳宗元河東解人崔廣略清河人（餘人皆有名字此獨言廣略當是脫誤）韓愈退之昌黎人王涯廣津太原人呂温和叔東平人崔羣敦詩清河人劉禹錫夢得中山人李景儉致用隴西人嚴休復玄錫馮翊人韋詞致用京兆杜陵人

故襄陽丞趙君墓誌（趙公矜之死自貞元十八年至元和十三年凡十七載之久來章乃能求於人所不知者而歸）

之公此誌非以神其事所以大其孝也十三年作

貞元十八年月日天水趙公矜[其先河南新安人]年四十二[四或作三]客死于柳州官爲斂葬于城北之野元和十三年孤來章始壯自襄州徒行求其葬不得徵書而名其人皆死無能知者來章日哭于野凡十九日唯人事之窮則庶於卜筮五月甲辰卜秦詷[直廉切晏本作利]兆之曰金食其墨而火以貴其墓直丑在道之右南有貴神冢土是守[書宜于冢土冢土社神]乙巳于野宜

遇西人深目而髯漢書註在頤曰須頰曰髯其得實因七日發之乃覩其神明日求諸野有叟荷杖而東者也荷檐問之曰是故趙丞兒耶吾爲曹信一云於是是邇吾墓噫今則夷矣夷平直社之北二百舉武禮記堂上接武堂下布武武迹也吾爲子蕝焉說文會朝東茅表位曰蕝春秋置茅蕝表坐○蕝子悅切辛亥啓土有木焉發之緋衣緅衾周禮三入爲纁五入爲緅青赤色○緅將侯切凡自家之物皆在一無自字州之人皆爲出涕誠來章之孝神付是叟以與龜偶不然其協焉如此

哉六月某日就道月日葬于汝州龍興縣期城之原夫人河南源氏先歿而祔之矜之父曰漸南鄭尉祖曰倩之鄆州司馬曾祖曰弘安金紫光祿大夫國子祭酒弘安弟弘智唐史有傳始矜由明經爲舞陽主簿蔡帥反貞元十五年淮西節度使吳少誠反犯難來歸擢授襄城主簿賜緋魚袋後爲襄陽丞其墓自曾祖以下皆族以位周禮墓大夫令國民族葬而掌其禁令正其位掌其度數註令族葬各從其親位謂昭穆也以一作在時宗元刺柳用相其事哀而旌之以銘銘

曰

詷也挈之。挈謂鑽龜也信也蘤之有朱其紋

神具列之懇懇來章神實恫汝。恫音通痛也錫之

老叟告以兆語靈其鼓舞從而父祖孝斯有

終宜福是與百越蓁蓁音榛羈鬼相望音忘有子

而孝獨歸故鄉涕盈其銘旌爾勿忘

故温縣主簿韓君墓誌貞元十六年作

有唐故温縣主簿韓愼字某漢弓高侯其先

也韓王信子頽當封弓高侯徙于南陽傳世至今唐侍中

諱瑗瑗字伯玉高宗時爲相克用貞亮奮于國難侍中兄子郢州刺史諱某某生御史著作郎諱某某生尚書庫部郎中萬州刺史諱某郢州著作郎萬州刺史史皆不詳其名字嗣以文行大其家業君萬州長子也萬州三子愼豐泰以父任爲建陵挽郎肅宗山陵累調授王府參軍襄州襄陽尉至于是邑貞元十六年又調于天官署河陽丞未拜十有一日暴病卒于長安永崇里先人之廬又十有二日龜策襲吉襲因也謂龜筮皆吉祔于咸陽洪瀆原

先人之墓禮也先三日外姻家老（左氏傳士踰月外姻至）謀爲之志季弟泰（泰字安平亦爲祠部郎中）哀不能文故託于友焉嗚呼生也以其弟之恭知君之爲友没也以其弟之戚知君之爲愛惟友愛出於孝移于忠施於人事無往不違余故得受其辭書于石曰

友而愛而忠孝宜之貌稱其行行稱其詞賤而不壽爲善是悼祔于祖考初筮攸告（易初筮告）季也之純寘哀無垠終窶且貧。（詩終窶且貧窶郡羽切）

控于仁人備物稱家禮記仲由問喪具子曰稱家之有無其儀式陳爰相其悲載刻茲珉

東明張先生墓誌張因死於封時公在永封與永近故其徒從公誌墓

東明先生張氏曰因嘗有以文薦於天子天子策試甚高因舉詔策以爲長安尉一年投去印綬願爲黃老術詔許之因乞爲道士上許之居東明觀三十餘年受畢法道行峻異得衆眞祕書訣籙籙籍也聚經籍圖史侔於麟閣漢有麒麟閣藏書之府

以弟回降秩封州先生曰吾老矣支體不可解也遂從以去明年回之子襲死哭之慟遂病旣亟以命回曰吾生天寶訖貞元乙酉歲十月（乙酉當是貞元二十一年）令死于汝之手盈吾志矣京師吾生也畢原先人之歸也（畢原在長安文王所葬處）必以返葬乃自爲誌而卒明年（元和元年）正月某日葬如其言弟子某等爲碑以誌于墓辭曰

匪祿而康匪爵而榮漠焉以虛充焉以盈言而不爲華光而不爲名介潔而周流苞涵而

淸寧幽觀其形與化爲冥寂寞以成其道是以勿嬰世皆狂狂奔利死名我獨浩浩端一以生或曰先生友悌以遁慈幼以死若不能忘情者何耶吾曰道去友耶去慈耶從容以求其得之耶盪莽很悻悻亦很也○盪音蕩很下懇切悻下耿切舊本悻作宰胥山沈晦謂當作悻道之非耶且夫虧恩壞禮枯槁顚頷上音樵下音萃隳聖圖壽○隳翾規切離中就異欻然與神鬼爲偶欻說文云有所吹起○欻許勿切欻字見夢歸賦註頑然以木石爲類倥侗而不實○倥侗音空同窮

老而無死先生之道固知異夫如此也乃書于石以紀

虞鳴鶴誄并序○作之年月不可考然公謂羈貫相親又云交歡二紀蓋公生於太曆八年自羈貫及二紀當是貞元十四五年間矣

維某年月日前進士虞九皋字鳴鶴終于長安親仁里既克葬于高陽原二三友生皆至于墓哀其行之不昭于世追列遺懿求諸后土申薦嘉名寔曰恭甫乃作誄曰

吳虞之分史記武王克殷封太伯之後爲二國其一虞在中國其一吳在蠻夷爰宅上陽僖五年左傳晉侯圍上陽註上陽虢所都今云虞宅上陽未詳其後優游在越爲鄉虞氏世爲會稽人會稽越國延翻輔漢後漢永平三年延爲太尉八年爲司徒十四年自殺延字子大陳留東昏人順帝時翻官尚書令翻字升卿陳國武平人○翻況甫切恢定封疆東徙之賢時惟仲翔吳志虞翻字仲翔會稽餘姚人曰預曰喜在晉克彰虞喜字仲寧弟預字叔寧翻之族也義篤斯文有苾其芳說文苾馨香也○苾毗必蒲結二切祕書多能垂耀于唐世南字伯施太宗時爲祕書少監洎于漢陽世德以昌漢陽沔州郡名九皋父當

終泗州刺史毗贊尚父（九皐父當爲郭尚父從事）休徵用陽惟
我先君竝時翺翔○（翺牛刀切翔音祥）洽主記室（据公先表）
（父鎮掌書奏蓋與當共事洽當作狎）蔚其耀光實契伯仲永永
不忘漢陽元子寔紹其美傳襲儒風彪炳文
史（選符采彪炳註王之横文也）克恭以孝惟禮是履譽洽
于鄉論爲秀士（禮命鄉論秀士註秀士鄉大夫所考有德行道藝者）百
郡之選叢于京師眛没騰藉乘凌蔽欺生之
始至則奮其儀退默以謙（默一作然）人悦而隨名
鄉是挈先進咸推方出羣類振耀于時禍丁

舅氏漂淪海沂捧訃號呼匍匐增悲喪有幼
主禮或多違孰徇于名而不是思投袂就道
乘艱若夷竭誠喪具申敬裳帷萬里來復祗
祔于墓遽不凌節儉而有度由其温恭守以
貞固行道咨嗟觀禮興慕復從鄉賦煥發其
華克不再舉闈于邦家倚閭千里歡詠斯多
姻族盈門載笑且歌君之不淑名立志沮慶
歸其鄉身終逆旅生死已閲壽觴方舉賀書
在途委骨歸土哀歡易地弔慶交戶神胡不

仁降此大苦嗚呼哀哉惟昔夏首羈貫相親鎮爲岳鄂都團練判官當爲沔州刺史故公與九皋相善夏口鄂州也羈貫丱角也穀梁子云子生羈貫成童不就師父之罪也○貫與丱同通家修好講道爲鄰既冠于阼音祚思致其身升于司徒王制命鄉論秀士升之司徒曰選士及爾繼年貞元九年公舉進士交歡二紀莫閒斯言愉乎其和確爾其堅更爲砥礪○砥音紙咸去韋弦西門豹以性剛急常佩韋以自戒董安于以性寛緩常佩弦以自警今則遽已吾其缺然嗚呼哀哉誄行諡音示行之迹也惟古之道生而無位沒有其號惟是友

生徘徊顧悼爰用壹惠表記先王謚以尊名節以壹惠恥名之浮於行也幽明是告温温其恭惟德之經先民有作令也是旌嗚呼恭肅欽此嘉名

故處士裴君墓誌君諱字不可得而考惟曾祖寧州公即裴守真也據傳守真之子六次曰耀卿相玄宗又其次曰僑卿即起居郎故誌曰起居郎即丞相弟也員外公求之表系其名位俱不詳中丞公即裴行立守真之傳曰曾孫行立而此誌謂與裴君爲弟兄其系蓋明甚元和十四年柳州作

河東聞喜裴君聞喜縣名在唐屬絳州裴君諱字不可得而考諱某

字某好學未仕年若干元和十四年月日終於京兆渭南墅承與切田盧又洲嶼君之弟中丞公督桂州命其僚柳宗元元和十二年以御史中丞裴行立爲桂州都督桂管觀察使公時爲柳州刺史其管內也故云其僚以銘君之出河間邢羣以狀來告曰曾祖諱某諱守眞寧州刺史贈戶部尚書祖諱某諱僑卿起居郎父諱某諱伯言尚書刑部員外郎議官及浮圖事獨出載在史冊以八使行天下當河北道疑危頑很難處分之地○分扶問切一無分字用天子命制斷得

宜於時爲第一建中元年二月命黜陟使十一人分巡天下刑部員外郎裴伯言爲幽冀澤潞磁邢等道黜陟使天下皆仰以爲相會疾終再贈至大理卿長老咸曰裴氏世積德起居丞相弟也丞相名耀卿字煥之事玄宗爲丞相以文史用大理名世人也咸聞而不大君以友悌慤植承其休光幽而不揚豈天鍾美於中丞嗇而不克竝耶不然君無位以夭其可問哉君前娶韋氏成都少尹士謨女生二子字曰某名曰某字名二字悞以文敏中丞公尤愛幸恒從不幸

卒於桂林某舉明經後娶於薛氏無子父案
位卑是年月日葬渭南某里遷韋夫人之喪
（韋字諸本作奉）自萬年來有俟猶異室銘曰
疇之沃沃（說文疇耕治之田）宜其嘉穀有耕有耨同
施異祿明昭次穆○（昭音韶）丞相之族尚書之孫
大理之門有慶實延宜碩而繁不位不年晦
于丘園懿懿大理惟德之元摧佞抑釋太史
是論（即上云議官及浮圖事載在史冊也摧佞俗本作權佞誤）黜陟莫幽
邦命以尊神嗇豐福不弃于君渭之洋洋爰

墓其南孝思是懷祖考之依郡人作銘惟相其哀一作不弁于君

覃季子墓銘本篇云永州作姓纂云覃本譚氏避難改覃又音尋今嶺南多此姓

覃季子其人生愛書貧甚尤介特不苟受施施智切讀經傳言其說數家推太史公班固書下到今橫竪鈎貫○竪音樹又且數十家通爲書號覃子史纂又取鬻老管莊子思晏孟下到今鬻子書名名熊爲周師自文王以下問焉漢志鬻子二十二篇○鬻音育其術

自儒墨名法（漢志有儒墨名法等九流）至於狗蝨草木凡有益於世者爲子纂又百有若千家篤於聞不以仕爲事黜陟使取其書以氏名聞（建中元年二月遣黜陟使十一人分巡天下）除太子校書某年月日死永州祁陽縣某鄉將死歎曰寧有聞而窮乎將無聞而豐乎寧介而躓乎○（一無乎字 躓音致）將溷而遂乎○（溷胡困切）葬其鄉（其鄉所死之鄉也）後若千年柳先生來永州戚其文不大於世求其墓以石銘銘曰

困其獨豐其辱

續滎澤尉崔君墓誌（前誌贈太傅崔公祐甫爲之祐甫既卒而未克葬故公續誌以書其緩葬之故云）

太傅公既志滎澤君之葬明年爲中書侍郎同中書門下平章事以卒（大曆十四年閏五月以河南少尹崔祐甫同平章事明年建中元年六月卒贈太傅一本云卒贈太傅無以字）滎澤君之嗣曰膺備物具貨入于汴汴陷于戎（四年十二月淮西節度使李希烈陷汴州）喪焉不果行會世難不幸膺亦死膺之亞曰太素（太素膺之弟）仕至雲陽令求

其志將行謫南海上元和九年移信中一作州
猶有累不克如其鄉大懼緩慢玆久哭命其
子某以某月日啓君之喪至于某葬用某月
甲子志用太傅公之辭又命河東柳某書綏
故且志終事之年月日

河東先生集卷第十一

河東先生集卷第十二

表誌

先侍御史府君神道表

公永貞元年八月謫永州司馬明年元和改元先夫人卒于永明年歸祔于侍御之墓表當作于是時

嗚呼先君之墓仲父殿中君誌焉殿中君即公爲作墓表及墓版文所謂叔父殿中侍御史者是也墓表及版文皆不載其諱唐宰相年表亦止曰某朔方營田副使殿中侍御史故其名不得考焉孤宗元不敢稱道先德然而無以昭于外者用敢悉取仲父之

所陳而繫其辭繫辭者謂繫屬於正文之下猶易繫辭之義刻茲石表先君諱鎮字某六代祖諱慶後魏侍中平齊公慶字更興河東解人魏尚書左僕射五代祖諱旦周中書侍郎濟陰公慶四子機弘旦肅旦字匡德仕隋爲黃門侍郎高祖諱楷旦二子則楷隋刺濟房蘭廓四州曾祖諱奭施隻切字子燕唐中書令則子奭高宗永徽三年三月爲中書令奭爲侍御曾祖則當爲公高伯祖矣新史公傳及韓文公爲公作墓誌皆云曾伯祖若有誤馬曾祖諱子夏徐州長史楷二子長曰子夏次曰繹祖諱從裕滄州清池令皇考諱察躬察躬弟爲臨邛令湖

州德清令世德廉孝颺于河滸詩在河之滸滸涯也柳氏世家河東故云○颺音陽又餘亮切士之稱家風者歸焉先君之道得詩之羣詩可以羣書之政漢太史公傳書記先王之事故長於政易之直方大易坤六二直方大不習無不利春秋之懲勸左傳春秋之稱微而顯志而晦婉而成章盡而不汙懲惡而勸善以植于內而文于外垂聲當時天寶末經術高第遇亂奉德清君夫人德清君夫人鎮母也載家書隱王屋山間行以求食深處以修業作避暑賦合羣從弟子姪姪一本作姓前漢田蚡傳跪起如子姓註姓生也同子禮若己所生

也講春秋左氏易王氏衎衎無倦〇（衎空旱切又噓旱切）以忘其憂德淸君喜曰茲謂遯世無悶矣（易不易乎世不成乎名遯世無悶遯逃也）亂有間（間去聲稍息也）舉族如吳無以爲食先君獨乘驢無僮御以出求仁者冀以給食嘗經山澗水卒至〇（卒與猝同）流抵大壑得以無苦被濡塗以行無慍容觀者哀悼而致禮加焉季王父六合君忤貴臣〇（忤音誤逆也）死於吏舍猶鞫其狀先君改服徒行逾四千里告于上由是貸其問旣而以爲天子平

大難發大號且致太平人罹兵戎農去耒耜宜以時興太學勸耦耕竝二耜而耕曰耦耕作三老五更議禮記文王世子天子視學設三老五更之位鄭註云三老象三辰五更象五星蔡邕云三老三人五更五人更當爲叟叟老稱籍田書齋沐以獻道不果用授左衛率府兵曹參軍尚父汾陽王居朔方尚父郭子儀爲朔方節度使備禮延望授左金吾衛倉曹參軍爲節度推官專掌書奏進大理評事以爲刑法者軍旅之楨幹書峙乃楨幹註云題曰楨旁曰幹。楨音貞斥候者邊鄙之視聽不可以不具作晉文公三罪議僖二十九年左傳晉文公殺顛頡祁瞞舟之僑君子謂文公能用刑矣三罪而民服守邊論議事確直勢不能容表爲晉州録事參軍晉之守故將也少文而悍酣嗜殺戮吏莫敢與之爭先君獨抗以理無辜將死常以身扞笞箠拒不受命守大怒投几折簀音責而無以奪焉以爲自下繩上其勢將殆作泉竭木摧詩終秉直以免於恥謂長安主簿居德清君之喪哀有過而禮不逾爲士者咸服服既除常吏部命爲太常博士

常吏部名衮先君固曰有尊老孤弱在吳願爲宣城令三辭而後獲從爲宣城四年作閿鄉令閿鄉屬弘農○閿音聞又音珉考績皆最吏人懷思立石頌德遷殿中侍御史爲鄂岳沔都團練判官元戎大攘狄虜增地進律記王制有功德於民者加地進律作夏口破虜頌後數年登朝爲眞會宰相與憲府比周誣陷正士陷一作諂以校私讎貞元四年陝虢觀察使盧岳卒岳妻分貲不及妾子妾訴之御史中丞盧佋欲重妾罪侍御史穆贊不聽佋與竇參共誣贊受金捕送獄有擊登聞鼓以聞于上上命先

二十三，九冊

君摠三司以聽理至則平反之鎮時爲殿中侍御史詔鎮與刑部員外郎李覿大理卿楊瑀爲三司覆治無之○反音番爲相者不敢恃威以濟欲爲長者不敢懷私以請閒羣寃獲宥邪黨側目封章密獻歸命天子遂莫敢言逾年卒中以他事○中丁仲切貶夔州司馬逾年參卒中以它事貶鎮夔州司馬作鷹鸇詩居三年醜類就殛拜侍御史貞元八年四月參得罪復以鎮爲侍御史制書曰守正爲心疾惡不懼先君捧以流涕曰筆墨閒錄曰此本太史公自敘云遷俯首流涕曰云云前賢文章必有祖法吾唯一子愛甚

方謫去至藍田訣曰吾目無涕今而不知衣之濡也抑有當我哉作喜霽之歌副職持憲以正經紀貞元九年宗元得進士第上問有司曰得無以朝士子冒進者乎有司以聞上曰是故抗姦臣竇參者耶吾知其不爲子求舉矣是歲五月十七日終于親仁里第享年五十五七月某日葬于萬年縣棲鳳原後十一年宗元由御史爲尚書郎（爲尚書禮部員外郎）天子行慶于下申命崇贈而有司草創頗緩會宗

元得罪遂寢不行太夫人范陽盧氏某官某之女實有全德爲九族宗師用柔明勤儉以行其志用圖史箴誡以施其教故二女之歸他姓（鎮二女長適崔簡次適裴墐）咸爲表式太夫人既授封河東縣太君會冊太上皇后于興慶宮（永貞元年八月憲宗尊其母良娣王氏爲太上皇后）既乃宗元貶秩（乃一作及）爲永州司馬奉侍溫凊未嘗見憂元和元年五月十五日終于州之佛寺享年六十八嗚呼宗元不謹先君之教以陷大禍幸而緩於

死既不克成先君之寵贈又無以寧太夫人之飲食天殛荐酷名在刑書不得手開玄堂以奉安祔罪惡益大世無所容尚顧嗣續不敢即死支綴氣息以嚴邦刑大懼祭祀之無主以忝盛德敢用特牲昭告神道號叫萬里以畢其辭云

先君石表陰先友記東坡云柳子厚記其先友六十七人於其墓碑之陰考之於傳卓然知名者蓋二十人陳長方云子厚先友記廼用孔子七十弟子傳體

袁高河南人字公頤滄州東光人以給事中敢諫爭貞直忠蹇舉無與比貞元元年正月德宗欲用吉州長史盧杞爲饒州刺史命高草詔書高不從改命舍人草之制出高執之不下因言杞姦邪乃改杞澧州別駕能使所居官大再贈至禮部尚書憲宗朝宰相李吉甫言高忠蹇特贈禮部尚書見袁恕己傳

姜公輔愛州日南人爲內學士以奇策取相位公輔爲翰林學士朱泚叛從帝幸奉天屢獻奇策建中十四年十月自諫議大夫同平章事好諫諍免從幸山南唐安公主薨主上之長女也詔厚其葬公輔諫曰即平賊主必歸葬今行道所宜從儉以濟軍興帝怒興元元年四月罷爲太子左

庶子後以罪貶爲復州刺史卒貞元八年十一月貶公輔爲吉州別駕順宗立拜復州刺史未就官卒

齊映南陽人映瀛州高陽人今作南陽誤爲相貞元二年正月以映爲同平章事以文敏顯用有傳

嚴郢河南人字叔敖華州華陰人剛厲好殺號忠能爲京兆河南尹大曆十四年三月自河南尹水陸轉運使爲京兆尹御史大夫建中二年七月楊炎罷相盧杞引爲御史大夫善舉職爲邪險構扇以貶死是歲十月炎自左僕射貶崖州司馬杞用郢罷炎內忌之因事出爲貴州刺史有傳

元全柔後魏孝文皇帝之後河南人氣象甚偉好以德報怨恢然者也爲大官有土地建中二年九月自杭州刺史拜黔中觀察使貞元二年四月遷湖南觀察使入爲太子賓客

杜黃裳京兆人字遵素京兆杜陵人寶應二年中進士第弘大人也善言體要爲相永貞元年憲宗監國自太常卿平章事有牆仞不佞以謀克蜀劉闢作亂議者以劍南險固不宜生事唯黃裳堅請討除憲宗從之加司空出爲河中節度元和二年正月罷相爲河中節度使有傳一本作加河中節度無司空出爲四字

劉公濟河閒人寬厚碩大與物無忤爲渭北節度（貞元十八年十一月自同州刺史拜渭北鄜坊節度使）入爲工部尚書卒（二十年正月召爲工部尚書頃之卒）

楊氏兄弟者弘農人皆孝友有文章○憑（字虛受一字嗣仁）由江南西道（貞元元年十一月自湖南觀察使移鎮江西）入爲散騎常侍（自江西召爲左散騎常侍）○凝（字懋功）以兵部郎中卒（貞元十八年拜兵部郎中卒附楊憑傳）○凌（字恭履）以大理評事卒最善文

穆氏兄弟者河南人（懷州河內人）皆強毅仁孝○

贊爲御史中丞捍佞倖得貶字相明累擢侍御史陜虢觀察使盧岳妻分貲不及妾子妾訴之盧佋欲重妾罪贊不聽佋與宰相竇參共誣贊受金捕送獄弟賞上寃狀詔三司覆治無之出爲郴州刺史後至宣池歙處置使卒永貞元年八月自常州刺史拜宣歙池觀察處置使十一月卒○質爲尚書郎以侍御史內供奉卒最善文附穆寧傳

皇甫政河南人有威儀由浙東廉使爲太子賓客貞元二年正月自宣州刺史爲浙東觀察使十三年三月入爲太子賓客

裴樞同郡人爲御史天子以隱罪誅吏樞頓

首願白其狀以故貶後爲尚書郎附裴遵慶傳

李舟字公度隴西人有文學俊辯高志氣以尚書郎使危疑反側者再不辱命建中元年四月涇原別駕劉文喜據州叛命舟往使文喜因之五月文喜將劉海賓殺文喜降二年梁崇義欲爲變舟時爲金部員外郎遣詣襄州諭旨以安之諸道跋扈者謂舟能覆城殺將及至襄州崇義惡之上言軍中疑懼請易以他使其道大顯被讒妬出爲刺史發痼卒

李鄘江夏人字建侯揚州江都人果檢自負嶷然善爲官爲御史中丞京兆尹順宗登極拜御史中丞永貞元年十

月遷京兆尹元和元年二月召爲尚書右丞八月復爲京兆尹鳳翔節度二年六月拜撿校禮部尚書鳳翔尹鳳翔隴右節度使有傳

梁肅安定人字敬之一字寬中隋刑部尚書毗五世孫世居陸渾最能爲文一作最號能爲文以補闕修史侍皇太子爲皇太子諸王侍讀卒贈禮部郎中有傳

陳京字慶復陳宜都王叔明五世孫大曆六年中進士第泗上人始爲諫官數諫諍德宗自奉天還京師擢京左補闕屢有諫諍有內行文多詁訓爲給事中上方以爲相會惑疾惑一作感自刃發痼卒帝器京謂有宰相才欲用之會病狂易自

刺弗殊再遷給事中卒見宰相表

韓會昌黎人善清言有文章名最高然以故多謗至起居郎貶官卒大曆十六年四月自起居舍人貶韶州刺史卒見宰相年表○弟愈文益奇有傳

許孟容吳人字公範京兆長安人大曆十一年中進士第讀書爲文口辯爲給事中常論事由太常少卿爲刑部侍郎貞元中以諷諭太切改太常少卿元和初遷刑部侍郎有傳

李覿大曆二年覿舉進士第隴西人行義甚脩至刑部郎中卒故與先君爲三司者也貞元四年覿爲刑部

貟外郎瑀爲大理卿公父鎮爲殿中侍御史覆穆贊之獄事已見鎮墓誌其大理者曰楊瑀瑀大曆九年進士瑀無可言猶以獄直爲御史

宇文邈大曆二年進士河南人有文謹慤人也爲御史中丞齪齪自守然以直免官復爲刺史卒見宰相表

袁滋陳郡人字德深蔡州朗山人善篆書文敏不競不競不爭也爲相永貞元年七月同平章事出使辱命貶刺史是歲十月以滋爲西川節度使徵劉闢爲給事中滋畏闢不敢進十一月貶滋爲吉

州刺史復爲義成軍節度卒元和元年七月自吉州拜義成軍節度使至十二年爲湖南觀察使卒是時未卒也有傳

盧羣范陽人字載初系出范陽雜博多所許與使反側之地天子以爲任事淮西節度使吳少誠擅決司洧水漑田使者止之不奉詔命羣往蔡州詰之少誠聽命以奉使稱旨遷檢校祕書少監爲義成軍節度卒貞元十六年四月拜義成軍節度使九月卒有傳

崔損清河人字至無系本博陵大曆十一年中進士第畏愼爲相貞元十二年十月自諫議大夫平章事無所發明初宰相趙憬卒盧邁

以病在告議者謂遷有德及用損中外悵失而損性𪗋𪗋能自將延英進見不敢出一言及天下事然不害物天子獨愛幸以損爲長者（有傳）

鄭餘慶滎陽人（字居業鄭州滎陽人大曆十一年中進士第）再爲相（貞元十四年七月同平章事十六年九月罷永貞元年八月同平章事元和元年五月罷）始天下皆以爲長者及爲大官名益少令爲尚書河南尹無恙（元年十一月以餘慶爲河南尹有傳）

鄭利用餘慶從父兄也（大曆八年進士利用祖長裕許州長史二

子諒慈明諒爲冠氏令生利用慈明爲太子舍人生餘慶眞長者由大理少卿爲御史中丞復由中丞爲大理少卿

李益字君虞宰相揆之族子大曆四年中進士長於歌詩隴西姑臧人風流有文詞少有癖疾少有癡病而多猜忌防閑妻妾過爲苛酷而有散灰扃戶之譚聞於時故時謂妬癡爲李益疾以故不得用年老常望仕非其志復爲尚書郎

王紓。其弟紹太原人紹字德素自太原徙京兆之萬年紹得幸德宗爲尚書在宰相之右貞元中爲戶部侍郎判度支德宗臨御久益不假借宰相自賓參陸贄斥罷中書取充位惟紹謹密眷待殊厚主計凡八年每政事多所關預紹亦未嘗一言漏于人令爲徐泗節度元和元年十一月遷檢校尚書左僕射徐州刺史武寧軍節度使後以濠泗二州隸其軍紓有學術紓大曆十一年中進士第娶公伯祖臨邛令某之女魯直爲尚書郎魯遲也與論語參也魯之魯義同路泌河南人以尚書郎使西戎留戎中度今巳年八十餘旣和戎十五年不得歸無爲言者字安期其先陽平人事渾瑊爲副元帥判官貞元三年閏五月瑊與尚結贊同盟于平涼爲蕃兵所劫泌等六十餘人陷虜中十九年吐蕃請和其子隋三上

疏宜許不報舊史附路隋傳

虞當會稽人會稽餘姚人爲郭尚父從事終沔州刺史以信聞當有子曰九皐公有誄焉

貫弁大曆二年進士第○弁古含切長樂人善士也爲校書郎卒○弟全大曆四年進士至御史中丞貞元十八年正月自常州刺史爲浙東觀察使

趙需大曆六年進士天水人哻哻儒士也哻字當作哻哻音況羽切商之冠名禮記檀弓下篇殷人哻而祭於趙需儒士無意義今按公集段太尉逸事狀云太尉爲人姁姁常低首拱手姁音火羽切字出呂氏春秋云哻哻然相樂

也今云趙需哷哷儒士也宜當作哷雖諸韻云冠名恐亦自有訓和煦樂易義有名至兵部郎中卒貞元元年正月以吉州長史盧杞爲饒州刺史需爲補闕上䟽論其不可

張式大曆七年進士南陽人

張莒大曆九年進士常山人

張惟儉大曆六年進士宣城當塗人皆善言謔式至河南尹貞元十六年九月式自河南少尹遷大尹水陸轉運使莒鄧州刺史惟儉和州刺史

奚陟江都人字殷卿其先自譙亳徙爲京兆人大曆十四年中進士柔

敏至吏部侍郎貞元中至吏部侍郎十五年卒世謂陟善官然其智足以自處也

盧景亮涿人字長晦幽州范陽人大曆六年中進士第有志義多所激發爲諫官奏書如水赴壑坐貶廢棄甚久建中初爲右補闕朱泚反景亮勸德宗曰陛下罪己不至則感人不深帝然之景亮志義崒然多激發與穆贊同在諫諍地書數上鯁毅無所回宰相李泌劾景亮漏上所語言引善在已帝怒貶朗州司馬廢抑二十年至順宗時爲尚書郎升中書舍人卒憲宗時由和州別駕召還再遷中書舍人卒

楊於陵字達夫弘農人善吏敏秀者也爲中書舍人京兆尹貞元末爲中書舍人稍遷京兆尹

張因某人京兆長安人舉詔策爲長安尉願去官爲道士甚有名以其第回降封州曰吾老矣必死回也哭而行遂死封州永貞元年卒公集有銘

高郢渤海人字公楚本渤海蓨人後徙衞州有文章規矩自立者不干貴幸以太常爲相貞元十九年十二月自太常御同平章事罷居尚書永貞元年正月罷相守刑部尚書有傳

唐次北海人字文編弁州晉陽人建中元年進士第有文章學行義甚高以尚書郎出爲刺史屛棄貞元中宰相竇參薦之爲禮部員外郎八年參貶官次坐出爲開州刺史在巴峽閒十餘年不獲進用永貞中召以爲中書舍人道病去長安七十里死傳舍永貞元年八月以饒州刺史李吉甫爲考功郎中夔州刺史唐次爲吏部郎中竝知制誥正拜次中書舍人卒

苗拯上黨人有學術峭直以諫議大夫漏泄省中語貶萬州卒

柳氏兄弟者先君族兄弟也○最大弁字伯

存爲文學至御史病瘖遂廢○次中庸○

中行公八世祖僧習二子鷟慶鷟子帶韋帶韋子祚祚子範範子齊物齊物子喜喜子并中庸中行慶子旦旦子楷楷之子子夏子夏子從裕從裕子察躬察躬子鎮鎮子即公故爲族兄弟皆名有文咸爲官早死

柳登○柳冕者族子也登字成伯冕字敬叔蒲州河東人自其父芳字仲敷與冕竝居集賢書府冕文學益健頗躁自吏部郎中出爲刺史貞元六年十一月上親行郊享上重愼祀典每事依禮時冕爲吏部郎中攝太常博士與司封郎中徐岱倉部郎中陸贄工部侍郎張薦皆攝禮官同修郊祀儀注時上甚嘉之久之以

議論勁切執政不喜出爲婺州刺史至福建廉使卒貞元十二年三月自婺州除兼御史中丞福州刺史充福建都團練觀察使登晚仕至

尚書郎祕書少監附柳芳傳

薛丹同郭人至尚書郎

呂牧東平人永泰二年中進士第由尚書郎刺澤州卒

崔稹字實方清河人至檢校郎官爲檢校金部郎中子

羣爲右補闕給事中有傳

房啓河南人善清言由萬年令爲容州經略貞元十一年自萬年除容管經略使

于申河南人至尚書郎

常仲孺（丞相袞之猶子）河南人今爲諫議大夫（見宰相表）

蘇弁武功人（字元容京兆武功人）好聚書至三萬卷（弁聚書至三萬卷皆手自刊校當時稱與秘書埒）與先君通書以戶部侍郎貶（貞元初爲戶部侍郎判度支坐給長武城軍粮朽敗貶汀州司戶參軍）復爲刺史（數年起爲滁州刺史卒附蘇世長傳）

崔芃（蒲紅切）博陵人善言名理爲御史尚書郎（元和初爲尚書郎後爲江西觀察使）

鄭元均（建中二年進士）滎陽人强抗少所推讓然以

此多怨困不得仕

辛惲（建中元年進士○惲紆憤切）隴西人有史學

韓衡昌黎人善士

陳衆甫梓潼人高志氣

薛伯高同郡人（一有河東二字）好讀書號爲長者後

至尚書卒（見宰相表）

張宣力清河人儒善後表其名去力但爲宣

自元均至宣力皆没没無顯仕者

孤宗元曰先君之所與友凡天下善士舉集

焉信讓而大顯道博而無雜今之世言交者以爲端敢悉書所尤厚者附玆石以銘于背如右邵太史云子厚記其先友於父墓碑意欲著其父雖不顯所交游皆天下偉人善士列其姓名官爵因附見其所長者可矣反從而譏病之何也貶永州尚如此爲尚書郎時可知退之云不自貴重蓋其資如此

故殿中侍御史柳公墓表即公之叔父嘗銘先侍御者之墓表也其名諱不可考集元註云爲會葬人作豈以其備書本道節度張公乃遣殿中監李輔忠致賵侍御史韋重規等救助汝南周公巢等琢石書德以見其一時窆禮之盛耶

唐貞元十二年二月庚寅葬我殿中侍御史河東柳公於萬年縣之少陵原公諱某字某邑居於虞鄉（虞鄉縣名屬蒲州）曾王父某官（曾王父子夏徐州長史）王父某官（王父從裕滄州清池令）皇考某官（皇考察躬湖州德清令）奕世餘慶叢而未稔濟德流祉其後宜大秀而不實（論語秀而不實者有矣夫）爲善者惑嗚呼哀哉惟公敦柔峻清恪愼端莊進止威儀動有恒常英風超倫孤厲貞方居室孝悌與人信讓當職强毅游刃立斷自少耽學頗工爲

文既窮日力又繼以夜鄉里推擇敦迫上道乃與計偕來游京師觀藝靈臺貢文有司射策合程遂冠首科休有令問羣士羨慕居數年授河南府文學教勵生徒撰擇貢士周禮大司馬主羣吏撰車徒註云撰謂擇之也○撰息轉切儒黨相賀庶人觀禮秩滿渭北節度使貞元二年七月以右金吾衞大將軍論惟明爲渭北鄜坊節度使延爲參佐總齊軍政甚獲能稱加太常寺協律郎既喪主帥三年十一月惟明卒於官罷歸私室方將脫遺紛埃退與道俱沖漠保神優

柔隸儒四方聞風交馳鵠書載筆乘軺 軺使者所乘車又曰小車○軺音姚 乃作參謀出入朔方陪佐戎車 四年七月以左金吾將軍張獻甫爲朔方邠寧節度使表公爲參謀 遷大理評事又加章綬朱裳銀印宗黨有耀權略密勿 詩密勿從事 潛機埋照完彼亭堠時其講教實從我謀隣國是儆改度支判官轉大理司直出納府庫須給軍食下無雠斂 力驗切雠一作諸 黜首休息月校歲會 周禮歲有會○會古外切 莫不如畫 出史記秦紀琅琊臺刻頌秦德舉錯必當莫不如畫 庫豐財羨 羨餘也○羨延面切庫一

作軍制成計得又遷殿中侍御史度支營田副使分閫之寄○閫苦本切參制其半柔以仁撫剛以義斷戎臣坐嘯後漢書南陽太守岑公孝弘農成瑨但坐嘯公堂無事朝端延首方待以位既而祿不及伐冰禮記伐冰之家不畜牛羊註伐冰之家卿大夫以上喪祭用冰伐擊也政不獲專達周禮天官其屬六十大事則從其長小事則專達以其年正月九日遇疾終於私館享年五十嗚呼痛哉奔驥騁力中塗踠足說文踠足跌也○踠烏卧於阮二切高鴻輕舉在雲墜翼凡我所知哀慟無極本道節

度尚書郎寧王張公[張獻甫也]震悼涕慕不任于懷臨遣牙將試殿中監李輔忠監備凶禮賵賻甚厚[贈死曰賵賻助也○賵撫鳳切賻符遇切]行軍司馬侍御史韋重規等[重規大曆五年登進士第]匍匐救助[詩凡民有喪匍匐救之]事用無闕丹旐素車歸于上京撰期定宅[○撰息轉切]莫有僁素[○僁音愆]故友諸生宗人外姻號慟會葬哀禮咸申克窆玄堂[○窆音砭悲驗切葬下棺也]掩坎廣輪[禮記季子適齊於其反也其長子死葬於嬴博之間既葬而封之廣輪掩坎其高可隱]顧眄無依徘徊增哀願勒休

聲延垂後賢於是汝南周公巢等公巢貞元十一年中進士相與琢石書德用圖不朽文曰

抱元淳稟粹和旣強毅又柔嘉登儀曹謂試於禮部中進士耀文章司學徒謂爲河南府文學儒風揚自渭北來朔方來一作佐戎政開黔首康冠惠文柱後惠文冠名垂朱裳才不施天茫茫刊樂石樂石泗濱之石可爲磬者篆遺德一作芳延休烈垂憲則於萬年長無極

故叔父殿中侍御史府君墓版文公旣

表殿中君墓版又加詳焉殿中君名諱不可考見先侍御墓表

註

柳氏之先自黃帝歷周魯其著者無駭以字爲展氏魯孝公之子子字子展謚曰夷伯子展孫無駭以王父字爲氏禽氏以食菜爲柳姓無駭生禽字季爲魯士師謚曰惠食菜於柳下遂姓柳氏菜一作采又作埰廣韻埰古者卿大夫食采地埰音菜玉篇引郭璞曰古者卿大夫有采地死葬之因名也厥後昌大世家河東嗚呼公諱某字某曾王父朝請大夫徐州長史諱某子夏遺貞白之操表儀宗門王父朝請大夫滄州清

池令諱某（從裕）垂博裕之道啓佑後胤皇考湖州德清令諱某（察躬）弘孝悌之德振揚家聲惟公端莊無諂徽柔有裕峻而能容介而能羣其在閨門也動合大和皆由順正愷悌雍睦莫有閒言故宗黨歌之其在公門也釋回措枉（回邪也記曰禮釋回語曰舉直錯諸枉）造次秉直事不失當舉無秕政（○秕音匕）故官府誦之用沖退徑盡之志以弘正友道信稱於外焉用柔和博愛之道以視遇孤弱仁著於內焉此公修己之大

經也自進士登高第調受河南府文學秩滿渭北節度使論惟明辟爲從事受太常寺協律郎元戎即世罷職家食無何朔方節度使張獻甫辟署參謀受大理評事賜緋魚袋改度支判官轉大理司直遷殿中侍御史加度支營田副使此公從政之大略也旣佐戎事實司中府匪頒有制（周禮八曰匪頒之式註云匪分也頒讀爲班布之班）會計明白（孟子曰孔子爲委吏矣曰會計當而已矣）嗚呼分閫委政緊公而成務朝右虛位待公而周事宗

門期公而光大姻黨仰公而振耀貞元十二年歲在景子唐諱丙字以景字代正月九日壬寅遇暴疾終於私館享年五十痛矣夫人吳郡陸氏公有陸氏誌洎仲弟綜季弟續冢姪某等察躬子鎮某纁綜續冢姪即公也抱孤即位牽率備禮祗奉裳帷歸于京師以某年當作其年二月二十八日庚寅安厝於萬年縣之少陵原〇厝音措禮也公有男一人有一男曰曹婆女一人曰喜子始六年矣既而閔焉在髫知孝髫小兒垂髫也〇髫音迢呱呱涕洟〇呱音孤凡我宗戚

撫視增慟嗚呼哀哉初公元兄元兄鎮以純深之行端直之德名聞於天下於一作于官至侍御史持斧登朝憲章肅清常以先公之神未克遷祔不正席不甘味及撰日定期而昊天不弔貞元九年鎮卒志奪禮廢公實敬承遺志行有日矣而閔凶荐及不克終事則我宗族之痛恨其有既乎惟公盡敬於孝養致毀於居憂表正宗姓觀示他族故宗人咸曰孝如方與公公之八世祖僧習事後魏封方與公以孝德聞修詞以藻德振文而

導志以爲理化之始莫尊乎堯作堯祠頌以爲述德之道不忘於祖作始祖碑以爲紀廣大之志叙正直之節不嫌於親作元兄侍御史府君墓誌鎮墓誌其餘諷詠比興上音鼻下許應切皆合于古故宗人咸曰文如吳興守南史柳惲字文暢好學善尺牘少工篇什有亭皐木葉下隴首秋雲飛之句仕宋爲吳興太守當官貞固確乎不拔持議端方直而不苟故宗人咸曰正如衛太史禮檀弓衛有太史柳莊公曰若疾革雖當祭必告公再拜稽首請於尸曰有臣柳莊也者非寡人之臣是社稷之臣也聞之死請往不釋服而

往遂以禒之率性廉介懷貞抱潔嗣家風之清白紹遺訓於儒素故宗人咸曰清如魯士師論語柳下惠爲士師三黜人曰子未可以去乎曰直道而事人焉往而不三黜已上四事皆柳氏之先文行之著者也兼備四德具體而微公之謂矣小子常以無兄弟移其睦於朋友少孤移其孝於叔父天將窮我而奪其志故罔極之痛仍集焉朴魯甚騃語駭切不能文字敢用書宗人之辭以致其直故質而俚輟哭紀事哀不能文故叙而終焉

故弘農令柳府君墳前石表辭令君及其

夫人卒于大曆建中閒葬于貞元十九年公時爲監察御史唯辭不載令君之名求之年表亦無可考焉

少陵原柳氏之大墓唐貞元十九年某月日孤某奉其先府君洎夫人之喪祔于其位由新墓而南若干步曰高祖王父蘭州府君諱某字某之墓又東若干步曰曾祖王父邠州府君諱某之墓西若干步曰祖某王父司議郎府君諱某之墓咸異兆而相望昭穆之有

位序壤樹之有豐殺檀弓國子高曰葬也者藏也反壤樹之哉壤謂封壤樹謂種樹○殺所介切皆如律令府君諱某字某由父任爲太廟齋郎更許昌陽武伊闕華原尉王屋丞汝陰令爲弘農二年推其誠心裕于其人闢土生穀若有天相之道衣食給足故人不札夭教厲明具故俗不爭奪遂以洽于大和事理克彰刺史盧杞杞字子良大曆末爲虢州刺史弘農縣屬虢州加禮褒旌考績絕尤推君之政風于下邑命爲吏部尚書郎庚河南受命黜陟建中元年

（二月命趙贊衛晏洪經綸等十一人分巡天下庚字或作更）狀君理績殊異宜升天朝帝有歎焉方圖優昇命用不長年五十五建中二年某月日卒于官以其素廉家之蓄不足以充凶事遂殯于是邑仍會危難至于今乃克返葬孤某嘗為黔州録事參軍令無禄仕而志不敢緩初君娶司農少卿京兆韋山之孫涇陽主簿迴智之女德容温良大曆二年某月日卒于越而假葬焉孤某徒行自越舉夫人之喪至于虢舉弘農君

之喪咸至于墓窆焉○窆音砭悲驗切既窆立石表于墳前示後之人以無忘孝敬嗚呼世有難仕于外而葬其族者希矣孝子之心有待駟馬五鼎而卒不至者焉若令之殺衣黜食寒妻子飢僕御終身由之而志益不懈爲旅人徒跣萬里○跣音銑以厄困終事孝之難者歟五十而慕者舜也祿千鍾而悲者曾子也莊子曰曾子後仕三千鍾而不洎吾心悲聖且賢難之若是令之人有由其道者得不立於世乎

志從父弟宗直殯（公自永貞元年九月由禮部員外郎謫邵州刺史十一月又移永州司馬至元和十年正月召至京繼出爲柳州刺史宗直與公俱故死於柳州韓昌黎集有雷塘祭雨文觀此志則知非昌黎作矣）

從父弟宗直生剛健好氣自字曰正夫聞人善立以爲己師聞惡若己讎見佞色諂笑者不忍與坐語善操觚（上音孤）牘（下音獨）得師法甚備融液屈折奇峭博麗知之者以爲工作文辭淡泊尚古謹聲律切事類譔漢書文章爲四

十卷宗直譔西漢文類四十卷公爲之序○譔與撰同歌謠言議纖悉備具連累貫統好文者以爲工工一作功讀書不廢蚤夜以專故得上氣病臚脹奔逆臚皮也一曰傳也廣韻腹前曰臚脹腹大也○臚堎如切音閭脹知亮切每作害寢食難俯仰時少閒又執業以興呻痛咏言雜莫能知兄宗元得謗於朝力能累兄弟爲進士凡業成十一年年三十三不舉藝益工病益牢元和十年宗元始得召爲柳州刺史元和十年三月公爲柳州刺史七月南來從余道加瘧寒數日良

已又從謁雨雷塘神所雷塘柳州地名州有雷山兩崖皆東西雷水出焉蓄崖中曰雷塘能出雲氣作雷雨變見有光禱用俎魚豆彘脩形稰稌陰酒虔則應還戲靈泉上洋洋而歸洋洋下有也字無而字卧至旦呼之無聞就視形神離矣嗚呼天實析余之形殘余之生使是子也能無成能一作既是月二十四日出殯城西北若干尺死七日矣俟吾歸與之俱志其殯

河東先生集卷第十二

河東先生集卷第十三

誌

先太夫人河東縣太君歸祔誌公謫永州

司馬故太夫人卒于永明年歸祔于京兆先侍御史府君之墓公尚留永州不得奉喪事以歸此誌與侍御墓表同時作

先夫人姓盧氏諱某世家涿郡○涿郡范陽人涿音卓壽止六十有八元和元年歲次丙戌五月十五日棄代于永州零陵佛寺明年某月日安祔于京兆萬年棲鳳原先侍御史府君之墓

其孤有罪銜哀待刑不得歸奉喪事以盡其志姪洎太夫人兄之子弘禮承事焉嗚呼天乎太夫人有子不令而陷于大僇音戮又力救切從播癘土醫巫藥膳之不具以速天禍非天降之酷將不幸而有惡子以及是也又令無適主以葬○適音的天地有窮此寃無窮既舉葬紖紖與引同羊晉切禮記曾子問葬引至于堩猶以不肖之辭肖一作孝擬述先德且志其酷焉嘗逮事伯舅聞其稱太夫人之行以教曰汝宜知之七歲通毛詩

及劉氏列女傳斟酌而行不墜其旨汝宗大家也既事舅姑周睦姻族柳氏之孝仁益聞歲惡少食不自足而飽孤幼是良難也又嘗侍先君有聞如舅氏之謂且曰吾所讀舊史及諸子書夫人聞而盡知之無遺者某始四歲（大曆十二年公四歲）居京城西田廬中先君在吳家無書太夫人教古賦十四首皆諷傳之（皆一作比）又（一作日）以詩禮圖史及翦製縷結授諸女及長皆爲名婦先君之仕也伯母叔母姑姊妹子

姪皆遠在數千里之外必奉迎以來太夫人之承之也尊己者敬之如臣事君下己者慈之如母畜子敵己者友之如兄弟無不得志者也諸姑之有歸必廢寢食禮既備嘗有勞疾先君將改葬王父母太夫人泣以蒞事事旣具而大故及焉（貞元九年五月十七日鎮卒）不得成禮旣得命於朝祗奉教曰汝忘大事乎吾冢婦也今也宜老而唯是則不敢暇抑將任焉若有日（若一作苟）吾其行也及命爲邵州（永貞元年九月公貶）

邵州刺史又喜曰吾願得矣竟不至官而及於罪是歲十一月再貶永州司馬是歲之初天子加恩羣臣貞元二十一年正月順宗即位二月大赦加恩羣臣以宗元任御史尚書郎封太夫人河東縣太君八月會冊太上皇后于興慶宮禮無違者永貞元年八月辛未命婦會策太上皇后于興慶宮既至永州又奉教曰汝唯不恭憲度既獲戾矣今將大儆于後以蓋前惡敬懼而已苟能是吾何恨哉明者不悼往事吾未嘗有戚戚也而卒以無孝道不能有報焉喪主子

婦一無子字七歲貞元十五年公之妻楊卒而不果娶竄窮徼吉弔切境也小路也人多疾殃炎暑熇蒸○熇呼木黑各虛驕三切火爇也其下卑濕非所以養也診視無所問藥石無所求禱祠無所實蒼黃叫呼遂遘大罰天乎神乎其忍是乎而獨生者誰也爲禍爲逆又頑很而不得死逾月逾時以至于今靈車遠去而身獨止玄堂暫開而目不見孤囚窮縶陟立切魄逝心壞蒼天蒼天有如是耶有如是耶而猶言猶食者何如人耶已矣已矣

窮天下之聲無以舒其哀矣盡天下之辭無以傳其酷矣刻之堅石措之幽陰終天而止矣

伯祖妣趙郡李夫人墓誌銘（貞元十九年爲監察御史作）

夫人姓李氏辯族姓者曰趙郡贊皇之東祖（贊皇趙州縣名六國時武安君李牧事趙遂爲趙人晉司農丞楷徙居常山有五子輯晃芬勁叡叡子勗兄弟居巷東勁子盛兄弟居巷西故叡爲東祖芬與弟勁共稱西祖輯與弟晃共稱南祖）祖某爲某官父沖爲單父尉夫人生

於良族嶷然殊異及笄[音稽女十五而笄說文云笄簪也]德充於容行踐於言高朗而不傷其柔嚴恪而不害其和特善女工翦製之事又能爲雅琴秦聲操縵之具[爲雅琴擊琴也楊惲曰家本秦也能爲秦聲叩擊而歌之也禮記不學操縵不能安絃操縵雜聲也○操七刀切縵末旦切]婦道旣備宜爲君子之配偶焉我伯祖臨邛令府君諱某[此誌不載臨邛君諱新史文表亦止載曰某某爲臨邛令它無所考蓋察躬兄也○邛渠容切]受夫人於李氏之廟而歸于正室臨邛府君之先曰我曾王父清池府君諱某[諱從裕]

清池之先曰徐州府君諱某諱子夏又其先曰常侍府君諱楷常侍之兄曰中書令諱頵自中書以上爲宰相四世頵父則則父旦旦父慶凡四世爲相噫我伯祖以宗冑碩大而濟其德厚濟一作齊夫人以族屬清顯而修其禮範合二姓以承先祖爲士者榮之故佐奉養承祭祀婦德用光家道甚宜無何伯祖終于臨邛而寠焉夫人從子而返于淮滸滸水涯之名夫人家揚州淮滸謂此○滸音虎嗚呼我先府君每得仕未嘗不奉迎供養必誠必

親男既立必使之有祿仕女必使之有家將嫁己子必先擇良士可以配諸姑者定然後議焉仲父殿中侍御史府君由是志也夫人生男一人諱某不幸終於宣州旌德尉此誌不載其名而曰終旌德尉史亦不載其名而曰終旌德令恐史誤作尉爲令也女三人皆得良壻隴西李伯和爲揚子丞疾痺廢痼而没疾一作病太原王紓紓工部員外郎端之子其第曰紹唐史有傳○紓音舒今爲右補闕潁川陳萇萇京之兄公有京行狀○萇音長爲校書郎渭南尉知名貞元十六年王氏

姑定省扶持自揚州至于京師道路遇疾遂館于陳氏以諸壻之良諸女之養無不得意焉享年八十一是歲六月二十九日終于平康里自小斂至于大斂比及葬則二壻實參主之有孫二人長曰曹郎奉之以纕而正于位八月二十四日葬于萬年縣之少陵原實棲鳳原介于我先府君仲父二兆之閒神心之所安也嗚呼嗣子早夭臨卭萬里以歲之不易（左傳昭四年之文不易有難也）未克合祔哀孰甚焉諸

姑合以爲斯志合一作命以從人之道內夫家外父母且又葬于我志于我故叙柳氏爲備銘曰

藹其芳壽且康大梁鶉火沉幽光大梁鶉火二星名是年歲星在大梁六月日月會於鶉火蓋以紀卒之年月也夙淪夫子嗣又喪平聲輤帷不復岷之陽輤喪車飾岷之陽指臨邛令窆所也○輤此見切或作蒨兆靈趾棲鳳里艮之山兊之水靈之車當返此子孫百代承靈祉誰之言者青烏子風俗通曰漢有青烏子善數術唐藝文志葬書有青烏子三卷相冢書曰青烏子稱

山三重相連名連華
山葬之當出二千石

叔妣吳郡陸氏夫人誌文陸氏公叔父殿中君之配公前作殿中君墓版文在貞元十二年時夫人尚無恙是年十一月而夫人卒合祔焉爲此誌

夫人諱則字內儀姓陸氏家于吳郡蓋江左上族以宗子在他國家牒逸墜故曾王父王父之諱官不克究知而闕其文父覃皇河南陸渾令夫人生而柔笄而禮會伯舅爲河南尹撰擇僚寀○撰息兖切謂我文學掾仲父時殿中君

為河南文學士林殊英儒流推高故夫人歸于我左傳為魯夫人故仲子歸于我夫人之志也溫順以承上沖厚以字下不敢踰於冢婦不敢侮於臣妾記介婦毋敢敵耦冢婦孝經治家不敢失臣妾是宜允膺福壽集成母儀稟命不淑享年三十有五貞元十二年十一月己亥終于長安太平里第嗚呼夫人生男一人曰曹婆幼孺在抱委縗就位○縗音崔女一人曰喜子匍匐繈緥○繈舉兩切緥音保寄婦人之手哀哉蓋衰門薄祐神道不相顧仲父違背

於歲首正月九日殿中君卒而夫人捐棄於是月遺孤眇藐未克承紹凡我族屬其痛巨乎遂以其年十二月十三日庚午合祔于少陵原之墓恭惟仲父之諱字夫人之爵邑備于版文今不書懼再告也

亡姑渭南縣尉陳君夫人權厝誌貞元十七年公時調藍田尉

唐貞元十七年九月六日甲子實乙丑前渭南縣尉潁川陳君之夫人河東柳氏潁川陳君名萇京之

兄也夫人柳氏公叔父殷中君之女終于平康里將終告于陳君曰吾生四十有四年爲陳氏介婦九年謹飭不怠以至于此一無于字命也既成婦矣宜祔于皇姑從兆于三原然而不幸中道而有痼疾既不及養于舅姑又不得佐于烝嘗生君之子不朞月而殞嘗謂君宜有貴位而不克見執親之喪不得終紀皆天譴之大者也且願殺禮殺削也降減也○殺所介切以成吾私邇先夫人之墓而窆我焉將俟君之不諱而歸復於正

其可也陳君乃卜十二月十八日權厝于城南原曰棲鳳如夫人之志且以時日甲子授于宗元曰子之姑孝於家移于我之長睦于族施于我之黨是用賓而禮之如益者之友今則去我已矣吾無以報焉他日嘗謂子愨而文願以爲誌庶幸而有知將安子之爲也萇無恨矣嗚呼貴不必賢壽不必仁天之不可恃也久矣遂哭而受命書夫人之世以記于玆石夫人六代祖諱慶五代祖諱旦位皆

至宰相高祖諱楷爲濟州刺史曾祖諱某諱子夏爲徐州長史祖諱某諱從裕爲清池令考諱某爲臨邛令妣李氏趙郡贊皇人其他則俟改葬而後備

亡姊崔氏夫人墓誌蓋石文不書其卒葬之年月然其文曰太夫人生二女幼曰裴氏婦如夫人之懿而皆蚤世按裴氏婦葬以貞元十六年則此文當與裴氏婦誌相先後作

我伯姊之葬良人博陵崔氏爲之誌崔簡字子敬

凡歸于夫家爲婦爲妻爲母之道我之知不若崔之悉也然而自笄而上以至于幼孩崔固不若我之知也又烏可以已今之制凡誌于墓者琢密石加蓋于其上用敢附碑陰之義假兹石而書焉嗚呼夫人天命之性固有以異於人孩而聲和幼而氣柔以吾族之大尊長之多○長丁兩切夫人自能言而未嘗誤舉其諱與其類戲于家游弄之具未嘗有爭先公自鄂如京師鎮爲鄂岳都團練判官一本有歸字其時事會

世難告教罕至（告一作書）夫人憂勞踰月默泣不食又懼貽太夫人之憂慮紿以疾告○（紿欺也紿音怠上聲）書至而愈人乃知之善隸書爲雅琴以自娛樂隱而不耀工足以致美於服而不爲異言足以發揚於禮而不爲辨孝之至敬之備仁之大又以配君子然而不克會于貴壽以至于斯孰謂之天有知者耶（一無之字）太夫人生二女幼曰裴氏婦（幼適裴墐字封叔）如夫人之懿在二族咸以令德聞而皆早世其弟昏愚而

獨存孰謂天可問耶（一本問字下有者字）嗚呼痛其甚歟遂濡血而書（一作以書）以志終天之哀與茲石永久

亡姊前京兆府參軍裴君夫人墓誌

（年月日見本篇公時爲集賢正字）

柳氏至于唐其著者中書令諱奭中書之弟之子曰徐州府君諱某（諱子夏）實有孝德世其家業清池府君諱某（諱從裕）繼之以茂實德清府君諱某（諱察躬）承之以善政以至于侍御史

府君諱某諱鎮用貞信勁正達于邦家克生賢女以配于裴氏裴氏至于唐其著者禮部尚書諱行儉行儉字守約絳州聞喜人高宗時爲禮部尚書禮部之子曰侍中諱光庭光庭字連城開元時爲宰相嗣用忠肅書于國史祠部府君諱稹光庭子稹開元末爲祠部員外郎業之以貞直以至于金吾府君諱儆音警用純懿端亮聞於天下實生良子以配夫人儆四子堅墐埴墳夫人墐之配也嗚呼夫人與仁孝偕生以禮順偕長始於家純如也終於夫族穆如也其爲子

道也孝以和恭以惠取與承順必稱所欲先君與太夫人恩遇尤厚故夫人侍側無慼怒之敎焉天禍弊族夙遭大故我諸孤奉太夫人之養不敢圖死至于復常夫人三歲無湯沐無鹽酪（音洛）頓踴叫號哀徹天地外除髮不勝笄體不勝帶太夫人泣而命之固猶不食朝夕諭誨僅而濟焉其爲妻道也貞順之宜恒服於身體疑忌之慮不萌於心術忿懥之色（忿懥恨也禮記有所忿懥則不得其正○懥音致）不兆於容貌同

焉而合於禮婉焉而得其正其爲婦道也惟聽順謹敬睦姻任恤之行甚備常以不幸不及姑舅之養用爲大恨是故相春秋之事眎滌濯羞簠簋（簠黍稷圓器簋黍稷方器）勞以待旦每怵惕之感至焉則又移其孝於裴氏之門（一本作移其孝）于凡公女公而以睦于冢婦介婦必敬必親下以不失其赤子之心姻族歸厚率由是也嗚呼我之大譴歟裴氏之大不幸歟以夫人之德行宜貴壽宜康寧然而年始三十不克至于

壽良人官爲參軍事（墐時爲京兆府參軍）不及偕其貴骨髓之疾實鍾于身以貞元十六年三月十三日甲子終于光德里第痛矣夫始夫人之疾也夫人之族視之如已（一有宗字）其家老長妾臧獲之微皆以其私奔謁於道路禱鬼神問卜筮者相及也既病太夫人在側尚慮積憂傷于尊懷猶持形立氣紿以少閒故二稚未齓（二稚崔六崔五齓毀齒男八歲女七歲而齓○齓初覲切）良人在遠不及有緒言遺念以傳於後則我呼天之痛宜

有加焉嗚呼天胡厚是懿德而闕其報施獨何咎歟余不知天之恐也旣逾月良人至自洛師望門而哭曰無以立吾家戚吾身矣凡生三子幼曰崔七先夫人八月而殞䰟氣無不之也次曰崔六後夫人五旬而夭因祔焉今其存者曰崔五幸無恙託于乳媪烏皓切以虞水火哀哉其年八月十八日甲子安厝于長安縣之神禾原從于先塋祔于皇姑宜也母弟號哭而爲之志毒痛憑塞略不能具敢

告無愧辭告一作報無溢美庶用正直克安神心

嗚呼至哀無文至敬不飾故無其辭

亡妻弘農楊氏誌貞元十五年公時爲集賢正字

亡妻弘農楊氏諱某高祖皇司勳郎中諱某司勳諱元政司勳生殿中侍御史諱某侍御史諱志玄殿中生醴泉縣尉諱某諱成名醴泉生今禮部郎中凝成名三子憑字虛受凝字懋功凌字恭履凝當作憑憑嘗爲禮部郎中集又有祭楊詹事文可見今作凝恐非代濟仁孝號爲德門郎中娶于隴西李氏生夫人夫人生三年而皇妣即

世外王父兼居方伯連帥之任歷刺南部（建中四年以兼爲鄂岳觀察使貞元元年遷江西觀察使）夫人自幼及笄依于外族所以撫愛視遇者殆過厚焉夫人小心敬順居寵益畏終始無驕盈之色親黨難之五歲（建中二年年五歲）屬先妣之忌飯僧於仁祠就問其故媬傳以告○（媬音保按諸韻無媬字恐止作保）遂號泣不食後每及是日必遑遑涕慕抱終身之戚焉及許嫁于我柔日既卜（禮記外事以剛日內事以柔日柔日乙丁已辛癸是也）乃歸于柳氏恭惟先府君重崇

友道於郎中最深髫稚好言○髫音迢始於善謔詩善戲謔兮雖閒在他國元符京本雖下空一字一無閒字終無異辭凡十有三歲而二姓克合奉初言也夫人既歸事太夫人公之母盧氏封河東縣太君備敬養之道敦睦夫黨致肅雍之美主中饋佐烝嘗怵惕之義表于宗門太夫人嘗曰自吾得新婦增一孝女況又通家愛之如已子崔氏裴氏姊視之如兄弟故二族之好異于他門然以素被足疾不能良行昭七年左傳孟縶之足不能良行註云跛也

未三歲一無未字孕而不育易漸之九三曰婦孕不育凶厥疾

增甚明年以謁醫救藥之便來歸女氏永寧

里之私第八月一日甲子實壬申至于大疾年

始二十有三嗚呼痛哉以夫人之柔順淑茂

宜延于上壽端明惠和宜藹于貴位生知孝

愛之本宜承于餘慶是三者皆虛其應天可

問乎衰門多疊許慎切謂隙罅也又通作釁上天無祐故

自辛未辛未貞元七年逮于茲歲累服齊斬繼纏哀

酷貞元九年五月公父鎮卒十二年正月叔父卒十一月叔妣陸氏卒其閒冠

衣純采禮曰孤子當室冠衣不純采○純之允切碁月者三而已矣無乃以是累夫人之壽歟悼動之懷曷月而已矣哀夫遂以九月五日庚午克葬于萬年縣棲鳳原從先塋禮也是歲唐貞元十五年龍集己卯爲之誌云

坤德柔順婦道肅雍詩曰猶執婦道以成肅雍之德惟若人兮婉娩淑姿婉娩順也○婉音宛娩音晚又音免鏘翔令容鏘○七將切委窮塵兮佳城鬱鬱閟白日兮博物志漢滕公夏侯嬰死公卿送葬至東都門外馬不行跼地悲鳴得石椁有銘曰佳城鬱鬱三千年見

白日吁嗟滕公居此室乃葬之之死同穴詩之死矢靡它又曰死則同穴公自言異時死則與之同穴歸此室兮

下殤女子墓塼記殤未成人而死禮八歲至十一爲小殤十二至十五爲中殤十六至十九爲上殤公時謫永州作

下殤女子生長安善和里其始名和娘既得病乃曰佛我依也願以爲役更名佛婢既病求去髮爲尼號之爲初心元和五年四月三日死永州凡十歲其母微也故爲父子晚性柔惠類可以爲成人者然卒夭歛用緇褐銘

用塼甓葬零陵東郭門外第二崗之西隅銘

曰

孰致也而生孰召也而死焉從而來焉往而止魂氣無不之也骨肉歸復於此延陵季子曰骨肉歸復于土命也若魂氣則無不之也

小姪女子墓塼記公時在永州

字爲雅氏爲柳生甲申貞元十二年死巳丑元和四年日十二月在九是日葬東崗首生而惠命則夭始也無令何有質之微當速朽銘茲瓦期

永久

故尚書戶部侍郎王君先太夫人河間劉氏誌文夫人王叔文母也公附叔文故此銘極所稱道

時貞元二十一年秋也八月而憲宗立叔文敗公亦相繼貶黜豈公作銘時猶未悟耶其後與許孟容書謂是時年少氣銳不識幾微不知當否但欲一心直遂果陷刑法意公亦悔所不及矣韓文公言曰子厚前時少年勇於為人不自貴重顧藉謂功業可立就故坐廢退誠有當於公之心哉

夫人姓劉其先漢河間王河間獻王德漢景帝長子王有

明德世紹顯懿（紹一作昭）至于唐有文昭者爲綿州刺史號良二千石其嗣慎言爲仙居令光州長史克荷于前人光州（一有君字）夫人之父也夫人既笄五年從于北海王府君（王越州山陰人叔文自言王猛之後云）諱某府君舉明經授任城尉左金吾衛兵曹修經術以求聖人之道通古今以推一王之典會世多難不克如志卒以隱終夫人生二子長曰彝倫舉五經早夭少曰叔文堅明直亮有文武之用貞元中待詔禁中

以道合于儲后凡十有八載獻可替否有匡弼調護之勤叔文善棊貞元中出入東宮娛侍太子詭譎多計自言讀書知治道乘間嘗爲太子言民間之疾苦先帝棄萬姓貞元二十一年正月癸巳德宗崩嗣皇承大位丙申順宗即位公居禁中訏謨定命詩之辭有扶翼經緯之績自德宗大漸王伾先入稱詔召叔文坐翰林中使決事伾以叔文意入言於宦官李忠言稱詔行下外無知者由蘇州司功參軍爲起居舍人翰林學士二月叔文以前蘇州司功參軍爲起居舍人翰林學士將明出納詩肅肅王命仲山甫將之邦國若否仲山甫明之又曰出納王命王之喉舌有彌綸通變之勞副

經邦阜財之職三月以叔文爲度支鹽鐵轉運使加戶部侍郎賜紫金魚袋五月以叔文爲戶部侍郎職如初賜紫重輕開塞有和鈞肅給之效書關石和鈞和鈞謂均平也內贊謨畫一作謀謨不廢其位凡執事十四旬有六日利安之道將施于人而夫人卒于堂蓋貞元之二十一年六月二十日也是日丁巳知道之士爲蒼生惜焉天子使中謁者臨問其家賻以布帛嗚呼夫人之在女氏也貞順以自處孝謹以有奉其在夫族也祗敬以承上嚴肅以涖

下事良人四十有九年而勤勞不懈生戶部五十有三年（天寶十二年叔文生）而教戒無闕年七十有九而戶部之道聞于天下爲大僚垂紫綬以就奉養公卿侯王咸造于門旣壽而昌世用羨慕然而天子有詔俾定封邑有司稽於論次終以不及時有痛焉是年八月某日祔于兵曹君之墓銘曰

夫人之德温柔敬直承于陰教式是嬪則克生良子用揚懿美有其文武弘我化理天子

是毗邦人是望平聲若若紫綬漢書印何纍纍綬若若耶若若垂貌榮于高堂惟昔孟氏號爲母師在漢稱賢有戒不疑雋不疑也懿懿夫人維其似之山北之中神禾之原問于靈龜閟此顯竁。閟音秘勒石垂休永永萬年

朗州員外司戶薛君妻崔氏墓誌元和十二年作公在柳州

唐永州刺史唐一作故博陵崔簡簡字子敬女諱媛嫁爲朗州員外司戶河東薛巽妻三歲知讓五

歲知戒七歲能女事善筆札讀書通古今其
暇則鳴絃桐諷詩騷以爲娛始笄以文雅清
秀重於當世其後病惑得罪投驩州元和七年簡卒
於驩州諸女蓬垢涕號柳氏出也以叔舅命叔舅
公自謂歸于薛惟恭柔專勤以爲婦妻恩其故
他姬子雜己子造次莫能辨無忮忌之行忮○
音寘恨也無犯迕之氣○迕音午逆也一畝之宅言笑不
聞于鄰元和十二年五月二十八日既乳乳產
也病肝氣逆肺牽拘左腋巫醫不能已朞月

之日潔服飾（飾一作飭）容而終年若干某月日遷柩于洛某月日祔于墓在北邙山南洛水東巽始佐河北軍食有勞未及録會其長以罪聞因從貶（元和初討成德節度使王承宗以于皋蕃董溪爲河北行營粮料使崔元受韋岵薛巽王相等爲判官分給供餽既罷兵皋蕃等坐贓數千緡勑貸其死六年五月流皋蕃春州溪封州行至潭州賜死元受等從坐皆逐嶺表）更大赦方北遷（元和十三年正月以平淮西大赦天下）而其室已禍巽之考曰大理司直仲卿祖曰太子右賛善大夫環曾祖曰平舒令煜高祖曰工部尚書眞藏

簡之父曰大理司直畢祖曰某官鯢唐興中書令仁師議刑不孥貞觀十六年刑部以盜賊律反逆緣坐兄弟没官爲輕請改從死左僕射高士廉吏部尚書侯君集兵部尚書李勣等議請從重民部尚書唐儉禮部江夏王道宗工部尚書杜楚客請依舊不改時議者以漢及魏晉謀反皆三族欲依士廉等議仁師爲給事中駁議以爲不可太宗從之其二世大父也仁師生挹挹生液液生鯢鯢生畢巽之他姬子丈夫子曰老韓作老老女子曰張婆妻之子女子曰陀羅尼丈夫子曰某實後子按公作此誌元和十二年丁酉十四年己亥卒退之作墓誌云二子長周六始四歲季周七子厚卒乃生以年攷之四歲者正崔氏出後

子也銘曰

翼翼仁師惟仁之碩碩一作帥一言刑輕綿載二百其慶中缺曾玄不績簡之温文卒昏以易七男三女八我之出仍禍六稔數存如没宜福而災伊誰云恤惟薛之婦德良才全隣無言聞藏獲以虔推仁撫庶孩不異憐兄公是怙公一作子夫屬忻然髲髢峩峩髲鬄也髢結髮也○髲音被髢音第籩豆維嘉烝嘗賓燕其羞孔多有苾有嚴○苾蒲必切香也神饗斯何奚仲仲虺奚仲爲夏車正禹封爲薛

侯十二世孫仲虺居薛為湯左相後以為氏胡祐不遐高曾祖考

胡瑕之訛淑人不居誰任于家書銘告哀以

寘巖阿

韋夫人墳記族系不可得而考公時在柳州作

韋夫人終成都殯萬年遷柩渭南祔而不合

大葬未利以侯禮也其族系如某人之誌堋

用元和十四年月日左傳毀之則朝而堋不毀則日中而堋說文云堋舉葬下土也○堋逋鄧切又音朋禮謂之封周官謂之窆音義竝同字又作塴子

某為石刻而納諸壙

馬室女雷五葬誌（公時在永州作）

馬室女雷五父曰師儒業進士雷五生巧慧異甚凡事絲纊文綉。（纊音曠）不類人所爲者余覩之甚駭家貧歲不易衣而天姿潔清脩嚴恒若簪珠璣衣紈縠。（紈音丸縠胡谷切）寥然不易爲塵垢雜年十五病死後二日葬永州東郭東里以其姨母爲妓於余也將死曰吾聞柳公嘗巧我慧我今不幸死矣安得公之文志我於墓（一本作志我葬）其父母不敢以云葬之日余乃

闓焉既而閎焉以攻石之後也遂爲砂書玄塼爲一作用追而納諸墓

河東先生集卷第十三

（唐）柳宗元　撰

宋本河東先生集

第四册

國家圖書館出版社

第四册目録

卷第十四　對

設漁者對智伯……三
愚溪對……一一
對賀者……一八
杜兼對……二一
天對……二四

卷第十五　問答

晉問……一三三
答問……一六四
起廢答……一七二

卷第十六　説

天説劉禹錫天論三篇附……一八一
鶻説……二〇〇
祀朝日説……二〇四
捕蛇者説……二〇七
䄍説……二一一
乘桴説……二一五
説車贈楊誨之……二一七
謫龍説……二二三
復吴子松説……二二四
罴説……二二七
觀八駿圖説……二二八

河東先生集六

第十四卷 對

第十五卷 問荅

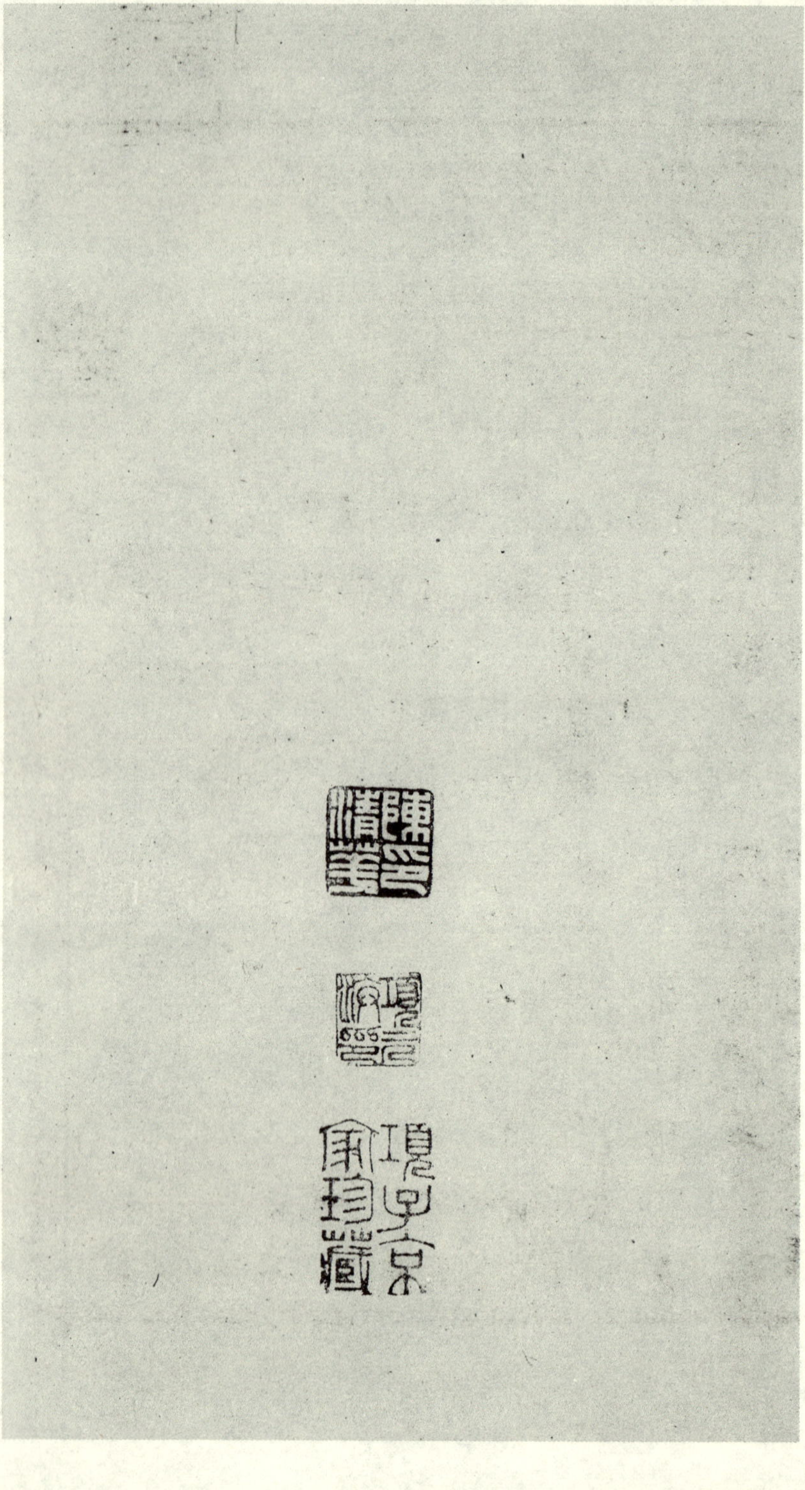

河東先生集卷第十四

對

設漁者對智伯按史記世家及通鑑所載智伯貪而無饜卒抵于敗公之設爲漁者對其指切一時事情也至矣

智氏既滅范中行智襄子名瑤文子躒之孫也周貞定王十一年帥韓趙魏而伐范中行氏滅之共分其地以爲邑范謂范昭子吉射中行謂中行文子荀寅○瑤音搖志益大合韓魏圍趙水晉陽貞定王十六年智伯約魏桓子韓康子圍趙襄子於晉陽決晉水灌之水一作于智伯瑤乘舟以臨趙且又往來觀水之所自務速取馬羣

漁者有一人坐漁智伯恠之問焉曰若魚幾何（若汝也）曰臣始漁於河中今漁於海（一無今字）今主大兹水臣是以來曰若之漁何如曰臣幼而好漁始臣之漁於河有魦鱮鱣鰋者（詩魚麗于罶鱨魦釋魚云鯊鮀也郭璞曰今吹沙也詩其魚魴鱮鱮似魴而鱗弱魴鱮魚之易制者鱣鯉也江東呼爲黃魚鰋鮎也四者皆小魚○鯊音沙鱮音叙鱣音邅鰋音偃）不能自食以好臣之餌曰收者百焉臣以爲小去而之龍門之下（龍門山在同絳二州之間）伺大鮪焉（鮪大魚也形似鱣而青黑大者七八尺周禮春獻王鮪○鮪于鬼切）夫鮪之來也（夫下）

有大字從魴鯉數萬詩其魚魴鰥箋魚之易制者從一作其字○魴音房垂涎流沫後者得食焉然其飢也亦返呑其後愈肆其力逆流而上慕爲螭龍螭龍之無角者辛氏三秦記曰龍門水險不通魚鱉之屬莫能上江海大魚薄集龍門下數千不得上上則爲龍○螭敕之切及夫抵大石夫下有走字亂飛濤折鰭禿翼鰭魚脊上骨禮記羞魚濡者夏右鰭○鰭音耆顚倒頓踣蒲墨切順流而下宛委冒懵牟孔切心迷也環坻溆而不能出坻水中高地一曰小渚也溆水浦也○坻音墀溆音敘嚮之從魚之大者幸而啄食之臣亦徒手得焉猶以爲小間

古之漁有任公子者其得益大莊子任公子爲大鈎巨緇五十犗以爲餌蹲乎會稽投竿東海旦旦而釣已而大魚食之牽巨鈎錎沒而下騖揚而奮鬐白波若山海水震動聲侔鬼神憚赫千里任公子得若魚離而腊之自淛河以東蒼梧以北無不厭若魚者於是去而之海上北浮於碣石碣石山名在平州盧龍縣碣然而立在海旁故名○碣音竭求大鯨焉大鯨海魚也說文常以五月生子於岸八月導而還海鼓浪成雷噴沫成雨水族畏之○鯨巨京切臣之具未及施見大鯨驅羣鮫鮫海魚也○音交逐肥魚於渤澥之尾渤澥海之別也揚子雲曰江湖之厓渤澥之島○渤音勃澥胡買切震動大海簸掉巨島水中有山曰島○簸補過

切掉徒了切島都皓切一啜而食若舟者數十說文啜嘗也○啜姝說切勇而未已貪而不能止北蹙於碣石槁焉釁之以爲食者反相與食之臣亦徒手得焉猶以爲小聞古之漁有太公者其得益大釣而得文王史記太公望呂尚者以漁釣奸周西伯西伯出獵遇太公於渭之陽與語大悅載與俱歸立爲師於是舍而來智伯曰今若遇我也如何漁者曰釁者臣已言其端矣始晉之侈家若欒氏晉靖侯之孫曰欒賓傳六世至懷子盈滅祁氏祁奚爲晉大夫至孫盈滅羊舌氏羊舌職事晉至曾孫食我滅以十數

不能自保以貪晉國之利而不見其害主之家與五卿五卿即范中行韓趙魏也嘗裂而食之矣史記趙世家晉頃公之十二年六卿以法誅公族祁氏羊舌氏分其邑爲十縣各令其族爲之大夫是無異鮒鱮鱣鰋也腦流骨腐於主之故鼎可以懲矣然而猶不肯寤又有大者焉若范氏中行氏貪人之土田侵人之勢力慕爲諸侯而不見其害主與三卿韓趙魏又裂而食之矣定公十一年范中行反晉君擊之范中行走朝歌出公十七年智伯與趙韓魏共分范中行地以爲邑脫其鱗鱠其肉○鱠古外切細切肉也刳其

腸○剞音枯斷其首而棄之鯤鮞遺胤國語魚禁鯤鮞○鯤古渾切鮞音而魚子莫不備俎豆是無異夫大鮪也可以懲矣然而猶不肯寤又有大者焉吞范中行以益其肥猶以爲不足力愈大而求食愈無饜於塩切又於艷切驅韓魏以爲群鮫以逐趙之肥魚而不見其害貪肥之勢將不止於趙臣見韓魏懼其將及也亦幸主之釁於晉陽其目動矣左氏目動而言肆懼我也而主乃慠然○慠魚到切倨也一本作傲以爲咸在机俎之上方磨其舌抑臣有

恐焉今輔果舍族而退不肯同禍國語智宣子將以瑤爲後智果曰不如霄也宣子不聽果別族于太史爲輔氏後韓趙魏滅智氏之族惟輔果在輔一作韓段規深怨而造謀國語智襄子伐鄭自衛還三卿宴于藍臺智襄子戲韓康子而侮段規及晉陽之難段規反首難而殺智伯于師段規韓康子相也主之不寤臣恐主爲大鯨首解於邯鄲邯鄲趙所都○邯音寒鄲音單鬣摧於安邑安邑本晉地即今絳州夏縣○鬣音獵胷披於上黨趙地尾斷於中山之外中山後爲趙所并而腸流於大陸大陸澤名在深趙二州界而濱河爲鱻薧鱻薧二字出周禮○鱻音鮮薧音槁以充三家子孫之腹臣所

以大懼不然主之勇力強大於文王何有智伯不悅然終以不寤於是韓魏與趙合滅智氏其地三分據通鑑周威烈王紀智襄子請地於韓康子致萬家之邑又求地於魏桓子復與萬家邑又求蔡皋狼之地於趙襄子襄子不與智伯怒帥韓魏以攻趙圍而灌之城不沒者三版趙襄子使張孟談潛出見韓魏曰脣亡則齒寒趙亡則韓魏爲之次矣二子乃陰與張孟談約爲之期日而遣之襄子夜使人殺守隄之吏而決水灌智伯軍韓魏翼而擊之大敗智伯之衆遂殺智伯而分其地

愚溪對集有愚溪詩序云灌水之陽有溪東流入瀟水名冉溪余謫瀟水上改之爲愚溪愚溪對作於永州明矣晁太史無咎取

以附變騷其系曰宗元之所作亦對襄王荅客難之義而託之神也然嘗論宗元固不愚夫安能使溪愚哉竭其智以求利而不獲既困矣而始曰我愚宗元之困豈愚罪耶

柳子名愚溪而居五日溪之神夜見夢曰子何辱予使予爲愚耶有其實者名固從之今予固若是耶予聞閩有水生毒霧厲氣厲惡也中之者○中音衆温屯漚泄屯聚也○屯徒渾切漚音歐又於口切泄音薛藏石走瀨瀨湍也吳越謂之瀨中國謂之磧○瀨音賴連艫糜解李裴云艫船前頭刺櫂處連艫言多也○艫音盧有魚焉鋸齒鋒

尾而獸蹄是食人必斷而躍之（此盖鱷魚也）乃仰噬焉（○噬音逝）故其名曰惡溪（惡溪在潮州界）西海有水散渙而無力不能負芥投之則委靡墊没（○墊丁念切陷也）及底而後止故其名曰弱水（出甘州東坡云自州西北至肅州山海經崑崙之丘其下有弱水環之注云其水不勝鴻毛）秦有水掎汨淈淖（掎偏引也淖亦淈也○掎舉綺切汨音骨淖汝教切）撓混沙礫視之分寸貽若睨壁（貽直視睨邪視也○貽丑吏切睨音詣）淺深險易（以豉切）眛眛不覿乃合涇渭（涇一作清）以自彰穢跡（詩涇以渭濁涇小渭大屬於渭而入于河涇以有渭故見其濁）

故其名曰濁涇出原州高平縣笄頭山一名崆峒山至同州界入渭○漢書地理志云涇水出安定涇陽縣西岍頭山東南至馮翊陽陵縣入渭故上云秦有水也雍之西有水幽險若漆不知其所出故其名曰黑水書黑水西河惟雍州酈元水經黑水出張掖雞山南流至燉煌過三危山南流入于南海通典亦云黑水出甘州張掖縣雞山夫惡弱六極也濁黑賤名也彼得之而不辭窮萬世而不變者有其實也今予甚清與美爲子所喜而又功可以及圃畦力可以載方舟詩曰方之舟之注云方泭也說文云編木以渡也朝夕者濟焉子幸擇而居子而辱

以無實之名以爲愚卒不見德而肆其誣豈終不可革耶柳子對曰汝誠無其實然以吾之愚而獨好汝汝惡得避是名耶東坡詩云應同柳州柳聊使愚溪愚又詩云不見子柳子餘愚汚溪山本此文也且汝不見貪泉乎有飲而南者見交趾寶貨之多光溢於目思以兩手左右攫而懷之一本無兩字豈泉之實耶過而往貪焉猶以爲名廣州二十里地名石門有水曰貪泉飲者懷無厭之欲晉吴隱之賦詩曰古人云此水一歃懷千金今汝獨招愚者居焉久留而不去雖欲革其名不可得

矣夫明王之時智者用愚者伏用者宜邇伏者宜遠今汝之託也遠王都三千餘里側僻迴隱蒸鬱之與曹螺蜯之與居螺蜯屬大者如斗出日南漲海中蜯蜃屬說文蛤也○螺盧戈切蜯步項切唯觸罪擯辱愚陋黜伏者日侵侵以遊汝闖闖以守汝闖馬出門貌○闖丑禁切汝欲爲智乎胡不呼今之聰明皎厲握天子有司之柄以生育天下者使一經於汝而唯我獨處汝既不能得彼而見獲於我是則汝之實也當汝爲愚而猶以爲誣寧有說

耶曰是則然矣敢問子之愚何如而可以及我柳子曰汝欲窮我之愚說耶雖極汝之所往不足以申吾喙涸汝之所流不足以濡吾翰姑示子其略吾茫洋乎無知冰雪之交（之下有方字）衆裘我絺溽暑之鑠（○式灼切）衆從之風而我從之火（一本作衆從風而我之火）吾盪而趨（盪亦放也）不知太行之異乎九衢以敗吾車吾放而游不知呂梁之異乎安流（莊子曰孔子觀於呂梁縣水三十仞流沫四十里黿鼉魚鼈之所不能遊也呂梁在西河離石）以沒吾舟吾足蹈坎井

頭抵木石衝冒榛棘（冒一作行）僵仆虺蜴（詩哀今之人胡爲虺蜴蜴守宮也○蜴音易）而不知怵惕何喪何得進不爲盈退不爲抑荒涼昏默卒不自克此其大凡者也願以是汙汝可乎於是溪神深思而歎曰嘻有餘矣是及我也因俯而羞仰而吁涕泣交流舉手而辭一晦一明覺而莫知所之遂書其對

對賀者

柳子以罪貶永州（永貞元年九月公自禮部員外貶邵州刺史十一月

又貶永州司馬有自京師來者旣見曰余聞子坐事斥逐余適將唁子弔生曰唁弔死曰弔弔失國亦曰唁見穀梁傳○唁宜箭切今余視子之貌浩浩然也能是達矣余無以唁矣敢更以爲賀柳子曰子誠以貌乎則可也乎一作言然吾豈若是而無志者耶一無而字姑以慼慼爲無益乎道故若是而已耳吾之罪大會主上方以寬理人用和天下故吾得在此凡吾之貶斥幸矣而又慼慼焉何哉夫爲天子尚書郎謀畫無所陳而羣比以爲名羣比

謂羣黨蒙耻遇僇以待不測之誅苟人爾有不汗栗危厲偲偲然者哉偲相切責也○偲音思又士才切吾嘗靜處以思獨行以求自以上不得自列於聖朝下無以奉宗祀近丘墓徒欲苟生幸存庶幾似續之不廢詩以似以續續古之人是以儻蕩其心倡佯其形○倡音昌佯音羊茫乎若昇高以望潰乎若乘海而無所往故其容貌如是子誠以浩浩而賀我其孰承之乎嘻笑之怒甚乎裂眥疾智才詣二切目眥也長歌之哀過乎慟哭庸詎知

吾之浩浩非戚戚之尤者乎子休矣

杜兼對兼字處洪中書令正倫五世孫

或問曰朝廷以公且明進善退不肖未嘗不當然吾有一疑焉願有聞於子以釋予也曰何哉曰杜兼爲濠州徐泗節度使張建封表置其府積勞爲濠州刺史幸兵之亂殺無罪士二人兼性浮險録事參軍韋賞團練判官陸楚皆以守職論事忤兼兼密奏二人通謀扇動軍中忽有制使至兼率官吏迎於驛中前呼韋賞陸楚出宣制杖殺之二人有士林之譽無罪受戮天下寃之蓄貨足慾吾以爲唐檮杌饕餮者亡以異左傳文十八年

顓頊氏有不才子天下謂之檮杌縉雲氏有不才子天下謂之饕餮注云檮杌頑凶無儔匹之貌貪財爲饕貪食爲餮檮音濤杌音兀饕音叨餮音鐵○然而卒入爲郎中元和初入爲刑部郎中改吏部郎中給事中出由商至河南尹自給事中出爲商州刺史金商防禦使改河南少尹行大尹事半歲拜大尹乃死元和四年十一月二十二日兼卒夫何取於兼者若是幸也曰若子之言兼之罪吾雖不覩乎目然聞之熟宜廢而不用久矣然而吾有一取焉吾聞兼在濠州有鍾離令盧其者鍾離縣屬濠州宰相戚也而讒且訣曰狀其僚之過愬以致于

兼且曰是過是愆（一無二是字）我獨無有其僚因惴恐。（惴之瑞切憂懼之貌）以俟譴怒於上令日施施自負（施施自得貌）曰（一無曰字）州君將我陟也兼得之乃大怒罰令使僚也咸得自達以進乎善因擯令終不得面焉（面一作問）人由是不苟免而讒諛之道大息朝廷進兼於内則給事中於外則至河南尹蓋知兼有是善也歟誠然不爲公且明耶或者曰兼凶狡人也恣殺以充己其爲過章章者凡天下兒童（後闕）

天對 天問者屈原之所作也舊録之於楚辭按漢王逸序其篇首曰屈原放逐憂心愁悴彷徨山澤經歷陵陸嗟號旻昊仰天歎息見楚有先王之廟及公卿祠堂圖畫天地山川神靈琦瑋僪佹及古聖賢恠物行事因書其壁呵而問之以渫憤懣舒寫愁思乃假天以爲言焉故作天問子厚取天問所言隨而釋之遂作

天對

問曰遂古之初誰傳道之 王逸曰遂往也初始也言往古太始之元虛廓無形神物未生誰傳道此也 上下未形何由考之 王逸曰言天地未分溷沌無根難考定而知之 冥昭瞢闇誰能

極之王逸曰言日月晝夜清濁晦明誰能極知之馮翼惟象何

以識之王逸曰言天地既分陰陽運轉馮馮翼翼何以識知其形像乎明

明闇闇惟時何爲王逸曰言純陰純陽一晦一明誰造爲之乎

對曰本始之茫誕者傳焉謂太始之元初無傳也鴻靈

幽紛曷可言焉謂天地未形本無言也曶黒晰眇○曶呼骨切說文出气詞也從日象气出形郭璞三蒼解詁曰曶旦明也嚴有翼曰曶黒微昧也○晰之列切明也徃來屯屯張倫切難也易屯卦注屯也者天地造始之時也

厖昧革化○昧音妹易天造草昧注造物之始始於冥昧惟元氣存

而何爲焉

問陰陽三合何本何化王逸曰謂天地人三合成德其本始何化所生乎

對合焉者三一以統同穀梁子傳獨陰不生獨陽不生獨天不生三合然後生王逸以爲天地人非也吁炎吹泠盧經切清泠也字又從冷音同集韻吳人謂氷曰冷澤交錯而功

問圜則九重孰營度之王逸曰言天圜而九重誰營度而知乎蔡曰圜與圓同說文圜者天之體也

對無營以成沓陽而九○沓徒合切積也九者老陽積陽爲天故曰沓陽而九易乾元用九轉輠渾淪一作轉轅一作運輠○輠胡果胡瓦二切

車轂轉貌闗轂而輮輪者出記雜記又胡罪切迴也渾音魂淪音論列子氣形質具而未相離故曰渾淪言萬物相渾淪而未相離也蒙以圜號謂天圜九重則陽數也

問惟茲何功孰初作之王逸曰言天有九重而誰功力始作之耶

對冥凝玄釐無功無作

問斡維焉繫天極焉加王逸曰斡轉維綱言天晝與夜之轉旋斡轉也維綱也言天晝夜轉旋寧有維綱繫綴其際極安所加乎○焉於虔切安也後可以意求之

對烏徯繫維淮南子帝維曰維運之以斗東北爲報德之維西南爲背陽之維東南爲常羊之維西北爲蹏通之維注四角爲維也○徯戶禮切待也乃麋身位麋恐作縻無極之極張衡靈憲八極之極徑二億三萬二千三百里漭瀰非垠○漭母朗切瀰民畢切又莫尔切漭瀰水大貌或形之加孰取大焉謂斗極居中央如太玄所謂天圓地方也植中央也王逸以爲極際恐未必然也

問八柱何當東南何虧王逸曰言天有八山爲柱皆何當值東南不足誰虧缺之○河圖言崑崙者地之中也地下有八柱柱廣十萬里有三千六百軸互相牽制名山大川孔穴相通東方朔神異經曰崑崙有銅柱焉其高入天

所謂天柱也

對皇熈亹亹無匪切易成天下之亹亹者胡棟胡宇完離不屬完一作宏。屬之欲切附也下同焉恃夫八柱

問九天之際安放安屬王逸曰九天東方皥天東南方陽天南方赤天西南方朱天西方成天西北方幽天北方玄天東北方變天中央鈞天其際會何分安所屬繫乎

對無青無黃無赤無黑無中無旁烏際乎天則九天雖用爲九而對以爲不然也

問隅隈多有○隈烏回切說文水曲隩也爾雅厓内爲隩外爲隈淮南

子天有九野九千九百九十九隅去地五億萬里**誰知其數**王逸曰言天地廣大隅隈衆多寧有知其數乎

對巧欺淫誑幽陽以別無隈無隅曷憎厥列謂天地方隅不可以數窮也○懵母亘切不明也又眉登切惛也又母總切心亂也

問天何所沓十二焉分王逸曰沓合也言天與地合會何所分十二辰誰所分別乎○左氏傳曰月所會是謂辰注一歲日月凡十二會所會爲辰

對折篿剡筳○折食列切斷也篿音專楚人名結草折竹以卜曰篿剡音琰削也筳音廷離騷索藑茅以筳篿兮命靈氛爲余占之注筳竹筭也後漢方術傳挺篿折

竹注挺八段竹也音同折一作析午施旁豎午謂旁午也鞠明究曛許云切日入而有餘光自取十二非余之爲焉以告汝意謂巧歷不能計天地之晦明一歲日月十二會固自若也

問日月安屬列星安陳王逸曰言日月星辰安所繫屬誰陳列也

對規燬魄淵○燬音毀烈也規燬魄淵謂日月也太虛是屬棊布萬熒熒謂列星也咸是焉託謂日圓而明月生而靜星若棊皆託乎太虛也

問出自湯谷次于蒙汜王逸曰次舍也汜水涯也言日出東

方湯谷之中暮入西極蒙水之涯也○湯與暘同汜音似水涯也或音凡或音泛淮南子曰出于暘谷浴於咸池拂于扶桑登于扶桑爰始將行淪于蒙谷日入于虞淵之汜曙于蒙谷之浦行九州七舍有五億萬七千三百九里

對輻旋南晝軸奠于北○旋音平聲渾天之法天地之形如雞子北聳而南下故北極常不沒南極常不見其轉如車軸日月星辰常下迴也孰彼有出次惟汝方之側次舍也平施旁運惡有谷汜謂日猶輻旋軸奠烏可窮其出次次於谷汜也

問自明及晦所行幾里王逸曰言日平旦而出至暮而止所行凡幾何里乎

對當焉爲明不逮爲晦度引久窮不可以里謂日之明晦不可以里計也

問夜光何德死則又育王逸曰夜光月也育生也言月何德居於天地死而復生也死謂晦也

對爕炎莫儷郎計切偶也淵迫而魄遐違乃專何以死育謂日之炎光莫竝唯月明既極則魄哉生不可以死育測也

問厥利維何而顧莵在腹王逸曰言月中有莵何所貪利居月之中而顧望乎

對玄陰多缺爰感厥兔不形之形惟神是類

謂月中有兔玄陰之所感也張衡靈憲月者陰精之宗積而成獸象兔陰之類其數偶蘇鶚演義兔十二屬配卯位處望日月最圓而出於卯上卯兔也其形入於月中遂有是形崔豹古今注兔口有缺張華博物志兔望月而孕自吐其子

問女岐無合夫焉取九子 王逸曰女岐神女無夫而生九子也

對陽健陰淫降施蒸摩岐靈而子焉以夫爲 漢成帝紀應劭注畫堂畫九子母或云即女岐也

問伯強何處惠氣安在 王逸曰伯強大厲疫鬼也所至傷人惠氣和氣也言陰陽調和則惠氣行不調和則厲鬼興此三者當何所在乎

對怔瀰冥更○瀰民卑切又莫尔切水貌一作泲又作沵與沴同竝徒典切陰陽氣亂曰沴集韻引莊子陰陽氣有沴又郎計切說文水不流也集韻引五行傳若其沴作又前漢五行志氣相傷謂之沴沴猶臨蒞不和意也如淳曰沴音拂戾之戾義亦同

伯強乃陽順和調度惠氣出行時届時縮何有處鄉謂氣乖則致厲氣和則致祥非有定處也

問何闔而晦何開而明王逸曰言天何所闔閉而晦冥何所開發而明曉乎

對明焉非闢晦焉非藏

問角宿未旦曜靈安藏王逸曰角亢東方星曜靈日也東方

未旦之時日安所藏其精光乎

對孰旦孰幽繆躔于經○繆音糾一音了說文纏也躔澄延切謂日月行也司馬相如子虛賦繆繞玉綏注繆音蓼繆繞相纏結也蒼龍之寓而廷彼角亢○廷具往切欺也亢音剛星名爾雅壽星角亢也國語辰角見而雨畢注辰角大辰蒼龍之角此謂東方蒼龍角亢之宿雖日出之方而其晦明固自有經度也晉志云左角為天田主刑亢揔攝天下奏事聽訟理獄録功者也彼字一本作尉

問不任汩鴻師何以尚之王逸曰汩治也鴻鴻水也師衆也尚舉也言鯀才不任治鴻水衆人何以舉之乎僉荅何憂何不課而行之王逸曰僉衆也課試也言衆人舉鯀治水堯知其不能衆人曰

何憂哉何不先試之也

對惟鮌譊譊鮌禹父名尚書作鯀按集韻混字韻内出骸鮌鯀三字通作鯀即無鮌字惟王子年神仙拾遺記云夏鮌理水無功沉於羽川化爲玄魚大千尺後遂死横於河海之間後世以玄字合於魚字爲鮌字○鮌音衮譊女交切説文恚呼也隣聖而孼恒師厖蒙乃尚其圯謂鮌之不任治洪水衆論不明不察其方命圯族而舉之也○圯部鄙切毁也后惟師之難瞶頞使試謂四岳舉鮌堯曰吁咈哉僉曰試可乃已非樂於用之也瞶恨張目也頞鼻莖蹙頞也○瞶音頻又音賓頞音遏

問鴟龜曳銜鮌何聽焉王逸曰言鯀治水績用不成堯乃放

殺之羽山飛鳥水蟲曳銜而食之鮌何復能不聽之乎○按舊說謂鮌死爲鴟龜所食特以意言之耳詳其文勢似謂鮌聽鴟龜曳銜之計而敗其事

順欲成功帝何刑焉王逸曰帝謂堯也言鮌設能順衆人之欲成其功堯當何爲刑戮之乎

永遏在羽山夫何三年不施王逸曰永長也遏絕也施舍也言堯長放鮌於羽山絕在不毛之地三年不舍其罪也

對盜堙息壤招帝震怒史記索隱曰山海經啓筮云鮌竊帝之息壤以堙洪水招舉也左傳以招人過○堙與湮同音因塞也說文沒也招音翹集韻舉也尚書洪範鮌堙洪水汩陳其五行帝乃震怒鮌則殛死

賦刑在下而投棄于羽一無而字

方陟元子以胤功定地○胤羊晉切嗣

也山海經鯀竊帝之息壤以堙洪水帝令祝融殺鯀於羽郊淮南子凡鴻水淵藪自三百仞以上二億三萬三千五百五十里有九淵禹乃以息土填洪水以爲名山注息土不耗減掘之益多故以填洪水也

胡離厥考而鵄龜肆喙 考謂禹父鯀也○喙許穢切說文口也鵄與鴟同

問伯禹腹鮌夫何以變化 王逸曰禹鮌子也言鮌愚狠腹而生禹禹少見其所爲何以能變化而成聖德也

纂就前緒遂成考功 王逸曰父死稱考緒業也言禹能纂代鯀之遺業而成考父之功也

何續初繼業而厥謀不同 王逸曰何言禹能繼續鮌業而謀慮不同也

對氣孽宜害而嗣續得聖汙塗而蕖夫固不可以類謂鮌既殛于羽山蟲鳥之所曳而其子有禹之聖蓮生泥中自不類也○蕖音渠集韻芙蕖荷總名謂荷之生於淤泥中以喻禹之生於鮌也胘躬躄步○胘當作胝同張尼切皮厚也一曰繭也說文胝腄也腄株垂切瘢也列子楊朱篇身體偏枯手足胼胝躄必益切又蒲結切跛也楊子巫步多禹注謂姒氏治水土涉山川病足故行跛也橋楯勩踣○橋音蹺丘摇切史記禹本紀山行乘橋注一作橋音同欙車謂以鐵如錐頭長半寸施之履下以上山不蹉跌也又音紀紀録切楯敕倫切說文車約輴也書予乘四載注泥乘楯正義引前漢溝洫志泥行乘毳注泥行所乘者又橇字通作楯同敕倫切注禹治水所乘者古篆變形字體改易說者不同未知孰是橋一作欙一

作標或作楬勩夷世切又音曳勞也踣蒲墨切說文僵也勩踣謂勞劇而頓仆也踣一作

路厥十有三載乃蓋考醜宜儀刑九疇尚書禹貢作十有三載乃同史記夏紀禹傷父鯀功之不成乃勞身焦思居外十三年過家門不敢入受是玄寶尚書禹貢禹錫玄圭告厥成功昏成厥孽昭生于德惟氏之繼夫孰謀之式唯繼鯀之氏而不法其謀也

問洪泉極深何以窴之王逸曰言洪水淵泉極深大禹何用窴塞而平之乎

對行鴻下隤○隤徒回切說文下墜也厥丘乃降焉填絕淵填與窴同音田塞也然後夷于土淮南子禹乃以息土填鴻水九淵以

爲名山今子厚之對以爲不然也

問地方九州何以墳之王逸曰墳分也謂九州之地凡有九品禹何以能分别之乎周少隱楚辭贅説曰子厚對亦是以墳爲分字當讀爲憤

對從民之宜乃九于野墳厥貢藝而有上中下○墳符吻切墳言土脉墳起也九州之土不同因以定貢藝故有上中下之差焉

問應龍何畫河海何歷王逸曰有鱗曰蛟龍有翼曰應龍歷過也言河海所出至遠應龍過歷遊之無所不窮也或曰禹治洪水時有神龍以尾畫導水徑所當決者因而治之

對胡聖爲不足反謀龍智畚鍤究勤而欺畫

厥尾蓋以王逸注神龍之事爲不然也○畚音本說文𤬪屬蒲器也左氏傳寘諸畚注畚以草索爲之筥屬鍤測洽切鍫也山海經圖犁丘山有應龍者龍之有翼者也夏禹治水有應龍以尾畫地即水泉流通

問鯀何所營禹何所成王逸曰言鯀治洪水何所營度禹何所成就乎康回馮怒地何故以東南傾王逸曰康回共工名也淮南言共工與顓頊爭爲帝不得怒而觸不周之山天維絕地柱折故東南傾

對圜燾廓大圜與圓同說文體也○燾徒到切說文溥覆照也厥立不植地之東南亦巳西北彼回小子胡顛隕

爾力夫誰駭汝爲此而以恩天極謂非康回可得而傾也○隕羽敏切說文從高下也恩胡困切辱也㩆也列子共工氏子與顓頊爭爲帝怒而觸不周之山折天柱絕地維故天傾西北日月星辰就焉地不滿東南百川水潦歸焉

問九州何錯川谷何洿王逸曰錯廁也洿深也言九州錯廁禹何所分別之川谷於地何以獨洿深乎○洿叶音戶

對州錯富媪媪說文女老稱前漢郊祀歌后土富媪注坤爲母故稱媪也○媪烏浩切爰定于趾躁川静谷○躁則到切動也亦作燥先到切說文乾也形有高庳音婢又音卑短也

問東流不溢孰知其故王逸曰言百川東流不知滿溢誰有

知其何故也

對東窮歸墟當作墟同丘於切說文大丘也列子曰渤海之東不知幾億萬里有大壑焉實惟無底之谷名曰歸墟八紘九野之水天漢之流莫不注之而無增無減焉又環西盈脉穴土區而濁濁清清墳壚燦䟽燦當作燥○墳房粉切土膏肥也壚音盧說文黑剛土也尚書下土墳壚注下者壚壚疏滲渴而升○滲所禁切說文下漉也充融有餘泄漏復行莊子天下之水莫大於海百川歸之不知何時止而不盈尾閭泄之不知何時已而不虛器運潎潎夷周切水流貌又何溢爲謂九州川谷錯洿各有其勢水之東流回環其理自不溢也

問東西南北其脩孰多王逸曰脩長也言天地東西南北誰爲長乎

對東西南北其極無方夫何鴻洞○鴻一作澒鴻洞並音去聲鴻大也洞通也而課校脩長謂不可計其孰脩也一本無校字淮南子墬四海之內東西二萬八千里南北二萬六千里注子午爲經卯酉爲緯言經短緯長也禹使太章步自東極至于西極二億三萬三千五百里七十五步使豎亥步自北極至于南極二億三萬三千五百里七十五步注海內有長短極內等也其他諸說不同

問南北順墮吐火切狹而長也其衍幾何王逸曰衍廣大也言南北墮長其廣差幾何

對莛忽不準孰衍孰窮亦謂不可計其孰衍也

問崑崙縣圃其凥安在王逸曰崑崙山名也在西北元氣所出其巔曰縣圃縣圃乃上通於天也凥一作居水經崑崙之山三級下曰樊桐一名板松二曰玄圃一名閬風上曰層城一名天庭○凥丘刀切

對積高于乾崑崙攸居禹本紀崑崙山高三千五百餘里日月所相避隱爲先明也水經崑崙山在西北去嵩高五萬里地之中也其高萬一千里河水出其東北陬

蓬首虎齒爰處爰都山海經西海之南流沙之濱赤水之後黑水之前有大山名崑崙之丘其下有弱水之淵環之有蓬首虎齒戴勝而處者名王母也

問增城九重其高幾里王逸曰淮南言崑崘之山九重其高萬一千里也

對增城之高萬有三千○增與層同才登切重也淮南子崑崘虛中有增城九重其高萬一千里百一十四步二尺六寸東方朔十洲記崑崘山有三角一角正東名曰崑崘宮其處有積金爲墉城面方千里城上安金臺五所玉樓十二此云萬有三千其說不同誕實未詳

問四方之門其誰從焉王逸曰言天地四方各有一門其誰從之上下也淮南子崑崘虛旁有四百四十門門間四里里間九純純丈五尺

對淸溫燠寒○淸七政切寒也燠乙六切熱也黃帝素問內經天不足西北

左寒而右涼地不滿東南右熱而左溫注西方涼北方寒東方濕南方熱氣化猶然也

迭出于時時之丕革由是而門

問西北辟啓何氣通焉王逸曰言天西北之門猶當開啓豈元氣之所通○辟通作闢開也淮南子崑崙虛王橫維其西北隅北門開以納不周之風按不周山在崑崙西北不周風自此出也

對辟啓以通茲氣之元謂崑崙之高一寒一暑氣所從出西北天門又氣之所通也

問日安所到燭龍何照王逸曰言天地之西北有幽冥無日之國有龍銜燭而留照之○山海經鍾山之神名曰燭陰視爲晝瞑爲夜吹爲冬呼

爲夏不飲不食不喘不息身長千里注曰即燭龍也

對脩龍口燎力照切照也爰北其首手又切嚮也九陰

極冥厥朔以炳山海經西北海之外赤水之北有章尾山有神人而虵身而赤其瞑乃晦其視乃明是謂燭龍文選雪賦爛兮若燭龍銜曜照崑崙是也

問羲和之未揚若華何光王逸曰言日未揚出之時若木何能有明赤之光華也○廣雅曰御曰羲和月御曰望舒山海經東南海外有羲和之國有女子名曰羲和是生十日常浴日於甘淵又灰野之山有樹赤葉赤華名曰若木日所入處生崑崙西附西極也又淮南子若木在建木西朩有十日其華照下地注若木端有十日狀如蓮珠華光也光照其下也

對惟若之華稟羲以耀謂若木依日而光耀耳

問何所冬暖何所夏寒王逸曰暖温也言地之氣何所有冬温而夏寒者乎

對狂山凝凝元註音嶷魚力切山海經狂山無草木冬夏有雪狂水出焉

氷于北至爰有炎洲司寒不得以試東方朔十洲記南方有炎洲在南海中其地方二千里淮南子南至委火炎風之時北方之極有凍寒積氷雪霰霜露漂潤羣水之野

問焉有石林有獸能言王逸曰言天下何所有石木之林林中有獸能言語者乎

對石胡不林徃視西極文選吴都賦雖有石林之岸崿請攘臂而靡之雖有雄虺之九首將抗足而跐之按賦以石林與雄虺同稱則石林當在南方然子厚云石胡不林徃視西極按淮南子西方之極石城金室未見石林所出也

獸言嘐嘐人名是達○嘐火包切説文誇語也通作咬注鳥聲也山海經鵲山有獸類獼猴被髪垂地名曰猩猩知人名其爲獸如豕而人面

問鳥有虬龍負熊以遊王逸曰有角曰龍無角曰虬言寧有無角之龍負熊獸以戲遊者乎○熊形類犬豕而性輕捷好攀緣上高木見人則顚倒自投地而下也

對有虬螻蛇不角不鱗○虬渠幽切廣韻無角龍也又居幽切諸

韻竝作蚪蝼蛇上於危切一作委音同下余知切詩委蛇委蛇注行可從迹也嬉夫

玄熊相待以神

問雄虺九首儵忽焉在王逸曰虺蛇別名也儵忽電光也言有雄虺一身九頭速及電光皆何所在乎○虺許偉切惡虵也爾雅釋魚蝮虺博三寸首大如擘蹠江淮以南曰蝮江淮以北曰虺有牙最毒儵一作儵竝音叔說文走也

對南有惟虺羅首以噬儵忽之居帝南北海儵忽在莊子甚明王逸以為電非○又招魂南方雄虺九首往來儵忽注儵忽疾急貌考之楚辭兩處正文意義但為迅疾貌而王逸之注自相戾此子厚之對直取南海之帝為

儵北海之帝爲忽而言故謂王逸爲電光非也然按莊子乃寓言耳子厚引之以爲證恐非屈原本意也

問何所不死死一作老長人何守王逸曰括地象曰有不死之國長人長狄春秋云防風氏也禹會諸侯防風氏後至於是使守封嵎之山也

對負丘之國身民後死○負與圓同山海經不死民在交脛國東其人黑色壽不死注圓丘上有不死樹食之乃壽有赤水飲之不老封嵎之守其橫九里○嵎音隅封嵎二山在吳楚之間注汪芒氏之國魯國語吳隳會稽獲巨骨焉問之仲尼仲尼曰昔禹致羣臣於會稽之山防風氏後至禹殺而戮之其骨專車客曰敢問誰守爲神仲尼曰山川之靈足以紀綱天下者其守爲神客曰防風氏何守也

仲尼曰汪芒氏之君也守封嵎之山者也爲漆姓在虞夏商爲汪芒氏於周爲長翟今爲大人客曰人長之極幾何仲尼曰長者不過十數之極也注今湖州武康縣東有防風山山東二百步有禺山防風氏廟在封嵎二山之間春秋穀梁傳文公十一年叔孫得臣敗狄于鹹長狄也射其目身橫九里

問靡萍九衢枲華安居王逸曰九交道曰衢言萍草寧有生於水中無根乃蔓衍於九交之道又有枲麻垂草華榮何所有此物乎○枲相里切爾雅釋草有枲麻麻有子曰枲疏麻一名枲

對有萍九岐厥圖以詭山海經多言其岐五衢又云四衢衢歧也王逸以爲生九衢中恐謬○萍一作苹音平說文蓱也無根浮水上而生者山海經宣山

上有桑焉其枝四衢注枝交互四出又少室山有木名帝休其枝五衢注樹枝交錯相重互出有象路衢故子厚注云逸以爲生九衢中謬矣浮山孰產赤華伊臬山海經浮山有草焉其葉如麻赤華即臬華也

問靈蛇吞象厥骨何如王逸曰南方有靈蛇吞象三年然後出其骨○靈或作一骨或作大

對巴蛇腹象足覿厥大三歲遺骨其脩已號覿一作覿山海經南海內有巴蛇身長百尋其邑青黃赤黑食象三歲而出其骨君子服之無心腹疾文選吳都賦屠巴蛇出象骼

問黑水玄趾三危安在王逸曰玄趾三危皆山名也在西方

黑水出崑崙山

對黑水滛滛窮于不姜玄趾則北三危則南尚書禹貢導黑水至于三危入于南海按黑水出張掖雞山自三危山南流至文單國謂之扶南江至奔陀國入于南海

問延年不死壽何所止王逸曰言僊人稟命不死其壽獨何窮止也洪興祖曰黃帝素問上古有眞人壽敝天地無有終時中古有至人益其壽命而強者也其次有聖人者形體不敝精神不散亦可以百數也

對僊者幽幽壽焉孰慕短長不齊咸各有止

胡紛華漫汗而潛謂不死淮南子俶眞訓至德之世徙倚于漫

汗之宇注漫汗無生形又道應訓盧敖游乎北海見士焉玄鬢而鳶肩軒軒然迎風而舞笑曰吾與漫汗期于九垓之外不可以久舉臂而聳遂入雲中敖仰視之弗見注漫汗不可知之也○漫莫官切汗河干切或竝音去聲

問鯪魚何所鬿堆焉處王逸曰鬿堆鯉也一云鯪魚鯪鯉也有四足出南方鬿堆奇獸也○鬿渠希切堆都回切

對鯪魚人貌邇列姑射列子姑射山在海河洲中山上有僊人焉山海經西海中近列姑射山有陵魚人面人手魚身見則風濤起風土記鯪魚腹背皆有刺如五角菱非王逸之注所謂鯪鯉也

鬿雀峙北號惟人是食鬿雀在北號山如雞虎爪食人王逸以爲奇獸誤○山海經北號山有鳥狀如雞而白首

鼠足名曰鼪雀食人子厚注謂堆當爲雀按
集韻鵻雀屬同都廻切則鼪堆即鼪雀也

問羿焉彈日烏焉解羽王逸曰淮南言堯時十日竝出草木焦枯堯令羿仰射十日中其九日日中九烏皆死墮其羽翼也○羿五計切堯之射官也蹕音畢說文射也或作彈解胡買切散也又佳買切判也按子厚之對改烏爲烏則彈日解羽遂成兩事若用王逸之注引淮南之說證之則烏當如字讀義意雖通一則問對之言各相戾也彈一本作斃作彈者誤

對焉有十日其火百物羿宜炭赫厥體胡庸以枝屈山海經黑齒之北曰湯谷居水中有扶桑九日居下枝一日居上枝皆戴烏注羿射十日中其九史記射支左屈右大澤千里羣鳥是解山海

經大澤千里羣鳥之所解問作烏字當爲鳥後人不知因配上句改爲烏也○山海經羣鳥之所生及所解又穆天子傳北至曠原之野飛鳥之解其羽子厚用此以爲對故改烏爲鳥則與蚳原之問上下二句各是一事義不相配也如舊說爲日中之烏而借解羽二字以問於義亦通

問禹之力獻功降省下土四方王逸注言禹以勤力獻進其功堯因使省治下土四方也焉得彼嵞山女而通之于台桑王逸曰言禹引治水道娶嵞山之女而通夫婦之道於台桑之地○嵞與塗同說文會稽山也閔妃配合配一作匹厥身是繼王逸曰閔憂也言禹所以憂無妃匹者欲爲身立繼嗣也胡維嗜慾不同

味而快鼂飽王逸曰言禹治水道娶者憂無紀綱耳何特與衆人同嗜慾苟欲快飽一朝之情乎故以辛酉日娶甲子日去而有啓也○鼂音朝朝暮之朝言禹之所嗜與衆人異味衆人所嗜以厭足其情欲禹所嗜者拯民之溺耳

對禹懲于續嵞婦亟合○亟許力切急也書益稷篇禹娶于塗山辛壬癸甲啓呱呱而泣予弗子惟荒度土功呂氏春秋禹娶塗山氏女不以私害公自辛至甲四日復往治水胈離厥膚○胈蒲末切膚毳皮也莊子禹治水腓無胈三門以不眂善旨切與視字義同後同孟子滕文公篇禹八年於外三過其門而不入眂一作眡呱呱之不盡迄力切謂傷痛也而孰圖厥味卒燥中野○燥先到切說文乾也中一作于民攸宇攸暨

謂禹娶嵞山氏之女雖念繼嗣之重而勤勞不顧其家非徒欲飽快一朝之情蓋欲民安其居也。宇一作字暨當作塈息也詩泂酌民之攸塈言水患既平民得所字養而安息也

問啓代益作后卒然離蠥一作孽孽王逸曰益禹賢臣作爲也后君也離遭也蠥憂也言禹以天下禪益益避啓於箕山之陽天下皆去益而歸啓以爲君益卒不得立故曰遭憂也蠥一作蠥憂也書甘誓啓與有扈戰于甘之野說者曰有扈氏與夏同姓啓有天下有扈不服大戰于甘故云卒然離蠥

對彼呱克臧俾姒作夏。姒許里切禹姓也史記舜紀帝禹爲夏后而別姓姒氏獻后益于帝孟子萬章篇禹薦益于天益避禹之子於箕山

之陰朝覲獄訟者不歸益而之啓曰吾君之子也謳歌者不謳歌益而謳歌啓曰吾君之子也

諄諄以不命復爲叟耆昌戚昌孽謂益避啓於箕山之陰此天意也初何憂焉

問何啓惟憂而能拘是達王逸曰言天下所以去益就啓者以其能憂思道德而通其拘隔拘隔者謂有扈氏叛啓啓率六御而伐之也

皆歸射鞠而無害厥躬王逸曰射行也鞠窮也言有扈氏所行皆歸於窮惡故啓誅之竝得長無害於身者也○鞠音菊

對呱勤于德民以乳活扈仇厥正帝授柄以捷亮窮聖庸夫孰克害謂啓之賢民賴以生誅有扈氏之叛而無

敢害者○害協音昌傷也

問何后益作革而禹播降王逸曰后君也革更也播種也降下也言啓所以能變化更益而代益爲君者以禹平治水土百姓能下種百穀故思歸啓也○降協音洪

對益革民艱咸槃厥粒惟禹授以土爰稼萬億違溺踐垍巨志切堅土也休居以康食康食安食也一康作倉絕句一無食字作休居以倉康姑不失姑不失聖天胡往不道一無聖天二字

問啓棘賓商九辯九歌王逸曰棘陳也賓列也九辯九歌啓

所作樂也言啓能備脩明禹業陳列宮商之旨備其禮樂也○山海經夏后氏上三嬪于天得九辯與九歌以下注皆天帝樂名啓登天而竊以下用之故騷經云啓九辯與九歌兮夏康娛以自縱注夏康啓子太康也

對啓達厥聲堪輿以呻○堪輿天地也呻音申辨同容之序帝以賀嬪○賀莫候切義未詳嬪音賓又音頻婦也

問何勤子屠母而死分竟墜王逸曰勤勞也屠裂剥也言禹腷剥母背而生其母之身分散竟墜何以能有聖德憂勞天下乎○禹以勤勞修鯀之功故曰勤子也

對禹母產聖何疈厥旅○疈普逼切判也裂也旅當作膂字林膂

脊骨也帝王世紀禹腷剥母背而生腷音齫于寶曰前志所傳脩己背坼而生禹簡狄胷剖而生契彼淫言亂噣陟救切中也音與咮同聰職以不處○職古獲切耳也謂無此理也

問帝降夷羿革孽夏民王逸曰帝天帝也夷羿諸侯弒夏后相者也革更孽憂也言羿弒夏家居天子之位荒淫田獵變更夏道為萬民憂患也○羿五計切此乃有窮之羿非堯時羿也左氏傳襄公四年虞人之箴曰在帝夷羿冒于原獸忘其國恤而思其麀牡武不可重用不恢于夏家

對夷羿滔淫左氏襄公四年昔有夏之衰羿自鉏遷窮石因夏民以代夏政恃其射也不脩民事而淫于原獸割更后相左氏傳哀公元年昔有過澆殺

斟灌而以伐斟尋滅夏后相○澆五弔切夫孰作厥孽而誣帝以降謂夷羿殺夏后相非天意也

問胡羿射夫河伯而妻彼雒嬪王逸曰胡何也雒嬪水神謂宓妃也傳曰河伯化爲白龍游於水旁羿見射之眇其左目河伯上訴天帝曰尒何故得見射河伯曰我時化爲白龍出遊天帝曰使汝深守神靈羿何從得射也汝今爲虫獸當爲人所射固其宜也○羿何罪歟羿又夢與雒水神宓妃交接也○羿謂堯時羿非有窮之羿也淮南子河伯溺殺人羿射其左目注堯時羿射十日繳大風殺窫窳斬九嬰射河伯

對震鰝厥鱗○鰝古老切白也集矢于晥華板切字當從目從

完說文云大目也肆叫帝不諶氏林切誠也與忱同失位滋嫚莫晏切說文云侮易也有洛之嫮胡故切美容貌焉妻于狡○妻七計切女嫁人也

問馮珧利決○馮音憑滿也珧音姚封豨是射王逸曰馮挾也珧弓名也決射鞲也封豨神獸也言羿不循道德而挾弓射鞲獵捕神獸以快其情也○豨虛豈切通作豨方言猪謂之豨也何獻蒸肉之膏而后帝不若王逸曰蒸祭也后帝天帝也若順也言羿射封豨以其肉膏祭天帝天帝猶不順羿之所為也○淮南本經訓堯之時封豕脩蛇皆為民害堯乃使羿斷脩蛇於洞庭擒封豨於桑林按此言有窮羿亦封豨是射而叉為民害也左傳

昭公二十八年樂正夔生伯封實有豕心貪惏無饜忿纇無期謂之封豕有窮后羿滅之帝謂天帝也

對夸夫快殺○夸音誇大言也夫音扶語助也鼎豨以慮飽馨膏腴帝叛德恣力胡肥台舌喉○台音怡我也而濫厥福

問浞娶純狐眩妻爰謀王逸曰浞羿相也爰於也眩惑也言浞娶於純狐氏女眩惑愛之遂與浞謀殺羿也○浞食角切寒浞也何羿之射革而交吞揆之王逸曰吞滅也揆度也言羿好射獵不恤政事浞交接國中布恩施德而吞滅之也

對寒讒婦謀后夷卒戕慈良切殺傷也左傳襄公四年羿不修民事而淫于原獸寒浞伯明氏之讒子弟也信之使爲已相浞行媚于內施賂于外虞羿于田樹之詐慝以取其國家羿將歸自田以家衆殺而烹之浞因羿室生澆及殪恃其讒慝詐僞而不德于民使澆用師滅斟灌及斟尋氏夏遺臣靡自有鬲氏收二國之燼以滅浞而立少康少康滅澆于過后杼滅殪于戈有窮由是遂亡荒棄于野俾姧民是臧舉土作仇徒怙身弧謂浞謀殺羿羿徒恃其弧矢而不悟也

問阻窮西征巖何越焉王逸曰阻險也窮窘也越度也言堯放鮌羽山西行度越岑巖之險因墮死也化而爲黃能巫何活

馬王逸曰活生也鮌死後化爲黃能入於羽山淵豈巫醫所能復生活也○左氏傳昭公七年昔堯殛鮌于羽山其神化爲黃熊以入于淵晉語作黃能按能獸名三足鼈也二書皆出左氏而自爲同異據言入于羽淵當以黃能爲是蓋熊非入水之物○能奴來切

對鮌殛羽巖○鮌音衮注云禹父名今從魚詳舊本鮌作鯀字化黃而淵

問咸播秬黍莆雚是營王逸曰咸皆也秬黍黑黍也雚草名營爲也言禹平治水土萬民皆得耕種於雚蒲之地盡爲良田也○秬音巨莆即蒲字水草可以織席雚音丸與萑同薍也或作藿非

對子宜播稙稺子一作子○稙徵力切又時力切先種曰稙一曰長稼也稺音雉後種曰稺一曰幼稼也詩閟宮稙稺菽麥于丘于川維莞維蒲○莞胡官切又音官說文草也可以爲席維菰維蘆○菰音孤蘆音廬

丕徹以圖民以讙以都

問何由幷投而鮌疾脩盈王逸曰疾病也脩長也盈滿也由用也言堯不惡鮌而戮殺之則禹不得嗣興民何得投種五穀乎乃知鮌惡長滿天下也○言禹平水土民得種五穀矣何由鮌惡長滿天下乎所謂蓋前人之愆也

對堯酷厥父厥子激以功激一作徼非是魯國語鮌障洪水而殛死禹能以德脩鮌之功克碩厥祀後世是郊謂鮌既殛死禹乃嗣

與以永歆祀也左氏昭公七年鯀化爲黃能入于羽淵實爲夏郊三代祀之

問白蜺嬰茀胡爲此堂王逸曰蜺雲之有色似龍者也茀白雲逶蛇若蛇者也言此有蜺茀氣逶蛇相嬰何爲此堂乎蓋屈原所見祠堂也○蜺一作霓雌虹也茀音弗疑作霈說文雲貌也安得夫良藥不能固臧王逸曰臧善也言崔文子學仙於王子僑子僑化爲白蜺而嬰茀持藥與崔文子文子驚怪引戈擊蜺中之因墮其藥俯而視之王子僑之尸也故言得藥不善也天式從橫陽離爰死王逸曰式法也爰於也言天法有善陰陽從橫之道人失陽氣則死也大鳥何鳴夫焉喪厥體王逸曰言崔文子取子僑之尸置之中覆之以幣筐須臾則化爲大鳥而鳴開而視之

飜飛而去文子馬能亡子僑之身乎言仙人不可殺也

對王子怔駭蜆形茀棠文褫操戈。褫丑尒切奪衣也操倉刀切持也猶懵夫藥良○懵母亘切不明也終鳥號以游○號乎刀切呼也奮厥籧筐曶漠莫謀○曶呼骨切冥昧之詞

形胡在胡亡

問萍號起雨何以興之王逸曰萍萍翳雨師名也號呼也興起也言雨師號呼興則雲起而雨下獨何以興之乎

對陽潛而爨取亂切炊也陰蒸而雨萍馮以興厥

號爰所

問撰體協脅鹿何膺之王逸曰膺受也言天撰十二神鹿一身八足兩頭獨何膺受此形形體乎○撰雜綰切具也

對氣怔以神爰有奇軀脇屬支偶○脇虛業切兩膀也屬音燭連也

尸帝之偶

問鼇戴山抃何以安之王逸曰鼇大龜也擊手曰抃列仙傳曰有巨靈之鼇背負蓬萊之山而抃戲滄海之中獨何以安之乎

對宅靈之丘掉焉不危鼇厥首而恒以恬夷列子湯問篇渤海之東有五山焉岱輿員嶠方壺瀛洲蓬萊其山高下周旋三萬里所居之人皆仙聖之種五山之根無所連著帝命禺彊使巨鼇十五舉首而戴之迭為三番六

萬歲一交焉五山始峙而不動

問釋舟陵行何以遷之王逸曰釋置也舟船也遷徙也言龜所以能負山若舟船者以其在水中也使龜釋水而陵行則何能遷徙此山乎洪興祖曰言鼇在海中負山若舟之負物今釋水而陸反爲人所負何罪而見徙也

對要釋而陵要當作惡音烏何也殆或謫之龍伯負骨帝尚窄之○窄側格切狹也列子湯問篇龍伯之國有大人舉足不盈數步而暨五山之所一釣而連六鼇合負而趨歸其國灼其骨以數焉帝憑怒侵減龍伯之國使阨侵小龍伯之民使短

問惟澆在戶何求于嫂王逸曰澆古多力者也論語曰澆盪

舟言澆無義淫泆其嫂往至其戶佯有所求因與行淫亂也○澆五弔切一作奡五耗切寒浞子也

何少康逐犬而顛隕厥首王逸曰言夏后少康因田獵放犬逐獸殺澆而斷其頭

對澆嫪以力○嫪音勞妬也又郎到切說文婟也聲類婟嫪戀惜也兄麀聚之○麀音幽牝鹿也禮記故父子聚麀康假于田肆克宇之

問女歧縫裳而館同爰止王逸曰女歧澆嫂也爰於也言女歧與澆淫泆為之縫裳於是共舍而止宿也何顛易厥首而親以逢殆王逸曰逢遇也殆危也言少康夜襲得女歧頭以為澆因斷之故言

易首爲遇危殆也

對既裳既舍宜咸墜厥首一無既裳二字

問湯謀易旅何以厚之王逸曰湯殷王也旅衆也言殷湯欲變易夏衆使之從已獨何以厚待之乎

對湯奮癸旅爰以傴拊○癸居誄切桀名也傴委羽切拊斐甫切傴拊謂矜憐撫掩之也尚書湯與桀戰于鳴條之野

載厥德于葛以詰仇餉○詰去吉切問也餉式亮切饋也詳見尚書仲虺之誥孟子滕文公篇

問覆舟斟尋何道取之王逸曰覆反也舟船也斟尋國名也言少康滅斟尋氏奄若覆舟獨以何道取之乎

對康復舊物尋焉保之○焉於虔切安也左氏傳襄公元年昔有過澆殺斟灌以伐斟尋滅夏后相后緡方娠逃歸有仍生少康焉爲仍牧正能布其德以收夏衆遂滅過戈按此則取斟尋乃有過澆非少康也王逸注非是子厚亦以康復舊物爲言承逸之誤也覆舟喻易尚或艱之

問桀伐蒙山何所得焉王逸曰桀夏亡主也蒙小國名也言夏桀征伐蒙山之國而得妹嬉妹嬉何肆湯何殛焉王逸曰言桀得妹嬉肆其情意故湯放之南巢也○妹莫撥切嬉一作喜許其切晉國語昔夏桀伐有施有施人以妹嬉女焉注有施喜姓之國妹喜其女也

對惟桀嗜色戎得蒙昧滛處暴娛以大啓厥

伐謂桀伐蒙山而得妹嬉民棄不保馴致南巢之伐也淮南子本經訓湯以革車三百乘伐桀于南巢放之夏臺

問舜閔在家父何以鰥王逸曰舜帝舜也閔憂也無妻曰鰥言舜爲布衣憂憫其家其父頑母嚚不爲娶婦乃至於鰥也○鰥克頑切嚚音銀

堯不姚告二女何親王逸曰姚舜姓也言堯不告舜父母而妻之也如令告之則不聽堯女當何親附乎伊川程氏曰舜不告而娶固不可堯命瞽瞍使舜娶舜雖不告堯固告之尒堯之告也以君治之而已

對瞽父仇舜鰥以不儷謂瞽也仇舜而鰥在下堯以二子妻之也○儷郎計切偶也

堯專以女尼據切以女妻人曰女尚書堯典女于時觀厥

刑于二女釐降二女于嬀汭嬪于虞劉向列女傳二女娥皇女英也玆俾胤厥

世惟蒸蒸翼翼尚書堯典父頑母嚚象傲克諧以孝蒸蒸乂于嬀

之汭○嬀居危切汭如鋭切嬀水之汭舜之所居也

問厥萌在初何所意焉王逸曰言賢者預見施行萌芽之端而知其存亡善惡之所終非虛意也

璜臺十成誰所極焉王逸曰璜石次玉者也言紂作象箸而箕子歎預知象箸必有玉杯玉杯必盛熊膰豹胎如此則必崇廣宮室紂果作玉臺十重糟丘酒池以至於亡也

對紂臺于璜箕克兆之○璜音黃美玉也紂為璜臺知其有必亡之兆者箕子也淮南子本經訓紂為璇室瑤臺象廊玉牀

問登立爲帝孰道尚之王逸曰言伏羲始作八卦脩行道德萬民登以爲帝誰開道而尊尚之也

對惟德登帝師以首之謂伏羲有德而民登以爲帝師一作帥登帝謂匹夫而有天下者舜禹是也

問女媧有體孰制匠之王逸曰女媧人頭蛇身一日七十化其體如此誰所制匠而圖之乎○媧古華切古風姓天子也山海經女媧之腸化爲神栗廣之野注女媧古神女帝人面蛇身一日中七十變其腸化爲此神列子女媧氏蛇身人面牛首虎鼻此有非人之狀而有大聖之德淮南子黃帝生陰陽上騈生耳目桑麻生擘手此女媧所以七十化也

對媧軀虒號占以類之胡曰一本曰下有日字化七十工獲詭之謂女媧之事爲詭也

問舜服厥弟終然爲害王逸曰服事也厥其也言舜弟象施行無道舜猶服而事之然象終欲害舜也何肆犬體而厥身不危敗王逸曰言象無道肆其犬豕之心燒廩窴井欲以殺舜然終不能危敗舜身也

對舜弟眠厥仇眠與視同畢屠水火夫固優游以聖而孰殆厥禍史記舜紀舜父瞽瞍盲而舜母死瞽更娶妻而生象愛後妻子常欲殺舜舜順事父及後母與弟日以謹篤劉向列女傳瞽叟與象謀殺舜使塗廩

舜告二女二女曰時惟其戕汝時惟其焚女鵲汝衣裳鳥工往舜既治廩旃階瞽叟焚廩舜往飛復使浚井舜告二女二女曰時亦惟其戕汝時其掩汝汝去衣裳龍工往舜往浚井格其入出從掩舜舜潛出

犬斷于德 ○斷魚斤切疑當作信大鬬聲也

終不克以噬昆庸致愛邑鼻以賦富 ○鼻毗至切集韻有庫國名象所封通作鼻鼻前漢鄒陽傳作有畀竝同音孟子萬章篇仁人之於弟也親之之欲其貴也愛之欲其富也封之有庫富貴之也倦遊録道州永州之間有地名鼻亭去兩州各二百里岸有廟即象祠也

問吳獲迄古南嶽是止 王逸曰獲得也迄至也古謂古公亶父也言吳國得賢君至古公亶父之時而遇太伯陰讓避王季辭之南嶽之下求採

欒於是遂止而不還也孰期去斯得兩男子王逸曰期會也

昔古公有少子曰王季而生聖子文王古公欲立王季令天命至文王長子太伯及弟仲雍去而之吳吳立以為君誰與期會而得兩男子兩男者謂太伯仲雍二人也

去一作失

對嗟伯之仁遜弟旅嶽雍同度厥義以嘉吳國謂吳國得賢者如太伯讓王季而居南嶽之下仲雍亦去而之吳而文王立二子為可嘉也伯謂太伯季謂季歷雍謂仲雍也遜季一作遜弟史記吳世家吳太伯弟仲雍皆古公亶父之子而王季歷之兄也季歷賢而有聖子昌古公欲立季歷以及昌於是太伯仲雍乃犇荊蠻以避季歷自號勾吳荊蠻義之從而歸者千餘家立為吳太伯卒弟仲雍

立

問緣鵠飾玉后帝是饗王逸曰后帝謂殷湯也言伊尹始仕因緣烹鵠鳥之羹修飾玉鼎以事於湯湯賢之遂以爲相也○饗叶音去聲歆也

何承謀夏桀終以滅喪王逸曰言湯遂用伊尹之謀伐夏桀終以滅亡也○喪去聲亡也

對空桑鼎殷謟羹厥鵠列子伊尹生于空桑注傳記曰伊尹母居伊水之上既孕夢神告曰臼出水而東走無顧明日視臼出水東走十里其邑盡爲水身因化爲空桑有莘氏女子採桑得嬰兒空桑之中故命曰伊尹獻其君令庖人養之史記殷紀阿衡欲干湯而無由乃爲有莘氏媵臣負鼎俎以滋味說湯致於王道

惟軻

知言瞷焉以爲不輒孟子名也。瞷居莧切又音閑視也與瞯同不與否同孟子公孫丑篇敢問夫子惡乎長曰我知言萬章篇萬章問曰伊尹以割烹要湯有諸孟子曰否否不然吾聞以堯舜之道要湯未聞以割烹也仁易愚危夫昌揆昌謀咸逃叢淵孟子離婁篇民之歸仁也猶水之就下獸之走壙也故爲淵毆魚者獺也爲叢毆爵者鸇也爲湯武毆民者桀與紂也虐后以劉謂以仁格愚人將不謀而從如叢雀淵魚焉虐后謂桀也劉說文殺也楊雄方言秦晉宋衛之間謂殺曰劉

問帝乃降觀下逢伊摯王逸曰帝謂湯也摯伊尹名也言湯出觀風俗乃憂下民博選於衆而逢伊尹舉以爲相也。摯音至何條放

致罰而黎伏大説王逸曰條鳴條也黎衆也説喜也言湯行天下之罰以誅於桀放之鳴條之野天下衆民大喜説也

對降厥觀于下匪摯孰承謂相湯以成功者非伊尹孰承之也

條伐巢放書湯誓篇伊尹相湯伐桀遂與桀戰于鳴條之野伊訓篇造攻自鳴條朕哉自亳仲虺之誥篇成湯放桀于南巢

民用潰厥疣于求切附贅垂疣以夷于膚夫曷不謡謂鳴條之伐南巢之放如民之癰疽决而膚革平安無不説者也書仲虺之誥篇攸徂之民室家相慶曰徯我后后來其蘇

問簡狄在臺嚳何宜玄鳥致貽女何喜王逸曰簡狄帝嚳之妃也玄鳥燕也貽遺也言簡狄侍帝嚳於臺上有飛燕墮遺其卵喜

而吞之因生契者也○嚳苦篤切帝嚳高辛氏黃帝曾孫也喜協音平聲悅也

對嚳狄禱禖音梅天子求子之祀記月令仲春祠于高禖**契形于胞**○契私列切說文高辛氏子字與卨同胞音包又音拋說文兒生裏也**胡乙鷇之食**乙通作鳦玄鳥也鷇居候丘候二切說文鳥子生哺者按簡狄所吞者乙卵即非鷇也字恐當作鷇殼克角切卵也**而牲焉以嘉**謂嚳狄禱禖得契於乙鷇何有也史記殷本紀契母曰簡狄有娀氏之女何為帝嚳次妃行浴見玄鳥墮其卵簡狄吞之因孕生契詩玄鳥篇天命玄鳥降而生商注簡狄配高辛氏帝帝率與之祈于郊禖而生契

問該秉季德厥父是臧王逸曰該包也秉持也父謂契也季

末也藏善也言湯能包持先人之末德脩其祖父之善業故天祐之以爲民主也子厚之對以該爲蓐收然以下文恒秉季德求之則恒既非人名則該豈人名乎子厚之言亦自相戾也按該兼也言啓能兼大禹之末德也

對該德脩孝一作考**蓐收于西**元注曰該爲蓐收王逸注誤也**爪虎手鉞尸刑以司慝**左氏傳昭公二十九年少皞氏有四叔曰重曰該曰脩曰熙實能金木及水使該爲蓐收世不失職遂濟窮桑注蓐收金正也該能治其官使不失職濟成少皞之功山海經西方蓐收金神也左耳有毒蛇乘兩龍面目有毛虎爪執鉞國語虢公夢在廟有神人面白毛虎爪執鉞立於西阿公覺召史嚚占之史嚚曰如君之言則蓐收也天之刑神也所取者本此

問胡終弊于有扈牧夫牛羊王逸曰有扈澆國名也澆滅夏后相相遺腹子曰少康後爲有仍牧正典主牛羊遂攻殺澆滅有扈復禹舊跡祀夏配天也○按尚書甘誓序啓與有扈戰于甘之野則滅有扈者啓也非少康也又左氏傳襄公四年少康滅澆于過則滅澆者少康也非有扈也明矣今逸之注以爲少康殺澆滅有扈誤矣此蓋言禹得天下以揖讓而啓用兵以滅有扈氏有扈氏子孫遂爲牧豎也

對牧正矜矜澆扈爰踣蒲墨切僵仆也王逸注非是子厚之對豈非亦承其誤歟

問干協時舞何以懷之王逸曰干求也舞務也協和也懷來

也言夏后相既失天下少康幼小復能求得時務調和百姓使之歸已何以懷來者也

對階干以娛苗革而格不迫以死夫胡狃厥賊○狃女久切相狎也尚書大禹謨篇三旬苗民逆命帝乃誕敷文德舞干羽于兩階七旬有苗格按此王逸注誤

問平脅曼膚何以肥之一作受王逸曰言平曼膚紂爲無道諸侯背畔天下乖離懷憂癯瘦而反形體曼澤獨何以能平脅肥盛乎

對辛后騃狂辛謂紂也○騃五駭切童昏也無憂以肥肆蕩

施厥體而充膏于肌嗇寶被躬焚以旗之史記

殷本紀武王伐紂紂兵敗紂走入登鹿臺衣其寶玉之衣赴火而死武王遂以黃鉞斬紂頭懸之太白之旗

問有扈牧竪云何而逢王逸曰言有扈氏本牧竪之人耳因何逢遇而得爲諸侯乎一作其爰何逢擊牀先出其命何從王逸曰言啓攻有扈之時親於其牀上擊而殺之其先入失國之原何所從出之乎

對扈釋于牧力使后之謂有扈氏釋牧竪而爲諸侯也民仇焉寓○焉於虔切安也寓一作寓啓牀以斮側略切斬也謂有扈氏不安於民故啓擊之於牀而殺之

問恒秉季德焉得夫朴牛王逸曰恒常也季末也朴大也

言湯常能秉持契之末德脩而弘之天嘉其志出田獵得大牛之瑞也何往

營班祿不但還來王逸曰營得也班偏也言湯往田獵不但驅馳往來也還輒以所獲得禽獸偏施惠祿於百姓也

對殷武踵德爰獲牛之朴四角切見上註說文特牛父也夫

惟陋民是冒而丕號以瑞卒營而班民心是

市

問昏微循迹有狄不寧王逸曰昏闇也循遵也言人有循闇微之道爲淫泆夷狄之行不可以安其身也謂晉大夫解居父也何繁鳥

萃棘負子肆情王逸曰言解居父聘乎吳過陳之墓門見婦人負其

子欲與之淫泆肆其情欲婦人則引詩刺之曰墓門有棘有鴞萃止故曰繁鳥萃棘也墓門有棘雖無人棘上猶有鴞獨不愧也

對解父狄淫遭懿以赧○解胡買切父方武切赧乃板切面愧赤也言解父有夷狄淫泆之行也謂遭愿懿之婦寧有不愧赧也

彼中之不目而徒以色視劉向列女傳陳辯女者陳國採桑之女也晉大夫解居使於宋道過陳遇採桑之女止而戲之曰女為我歌吾將舍女乃歌墓門之一章又曰為我歌其二乃歌其二章大夫曰其楳則是其鴞安在女曰陳小國也攝乎大國之間因之以饑饉加之以師旅其人且亡而況鴞乎大夫乃服而釋之

問眩弟竝淫危害厥兄王逸曰眩惑也厥其也言象為舜弟

眩惑其父母共爲淫泆之惡欲共危害舜也○兄協虛浪切何變化以

作詐後嗣而逢長王逸曰言象欲殺舜變化其態內作姦謀使舜

治廩從下焚之令舜浚井從上窴之終不能害舜舜爲天子封象於鼻而後嗣之子

孫長爲諸侯

對象不兄龔居容切集韻云與恭同說文肅也而奮以謀奮一

作肆盍聖孰凶怒嗣用紹厥愛謂象雖肆害舜之謀而舜不藏

怒又封之有庳以紹厥愛也

問成湯東巡有莘爰極王逸曰有莘國名也爰於也極至也

言湯東巡狩至有莘國以爲婚姻也何乞彼小臣而吉妃是

得王逸曰小臣謂伊尹也言湯東巡從有莘氏乞匄伊尹因得吉善之妃以爲内輔也

對莘有玉女湯巡爰獲既內克厥合而外弼于德伊知非妃伊之知臣昌以不識對之謂湯東巡狩而得有莘氏之女則有之乞彼小臣而吉妃是得爲不然也

問水濱之木得彼小子夫何惡之媵有莘之婦王逸曰小子謂伊尹媵送也言伊尹母妊身夢神女告之曰竈生鼃急去無反居無幾何臼竈中有生鼃母去東走顧視其邑盡爲大水母因溺死化爲空桑之林水乾之後有小兒啼水涯人取養之既長大有殊才有莘惡伊尹從木中出因

以送女也

對胡木化于母以蝎厥聖。蝎胡葛切木中蠹蝎又許竭切

喙鳴不良。喙許穢切說文口也謾以詭正盡邑以墊

都念切下也又溺也孰譯彼夢。譯夷益切傳言也事見列子注見前。對之

意以爲不然謂爲是說者是蠹亂厥聖詭說害正未有盡邑以墊而伊尹生也

問湯出重泉夫何皋尤王逸曰重泉地名也言桀拘湯於重

泉而復出之夫何用法之不審也不勝心伐帝夫誰使挑

之王逸曰帝謂桀也言湯不勝衆人之心而以伐桀誰使桀先挑之也。挑徒了

切倉頡篇挑招呼也或他凋切撓也

對湯行不類重泉是囚○重傳容切前漢志左馮翊有重泉史記桀不務德召湯囚之夏臺違虐立辟婢亦切法也刑也實罪德之由謂湯之行與桀異桀故囚之師憑怒以割癸挑而讎謂湯從衆欲以割正有夏桀實有以啓之非湯之所忍為

問會鼂爭盟何踐吾期王逸曰言武王欲伐紂紂使膠萬視武王師膠萬問曰欲以何日至殷武王曰以甲子日膠萬還報紂會天大雨道難武王晝夜行或諫曰雨甚軍士苦之請且休息武王曰吾許膠萬以甲子日至殷今報紂矣以甲子日不到紂必殺之吾故不敢休息欲救賢者之死也遂以甲子日朝誅紂不失期也○鼂與朝同詩會朝清明書牧誓篇時甲子昧爽武王朝至于商郊牧

野乃誓蒼鳥群飛孰使萃之王逸曰蒼鳥鷹也萃集也言武王伐紂將帥勇猛如鷹鳥群飛誰使武王集聚之者乎詩維師尚父時維鷹揚是也

對膠鬲比黎○鬲音隔又音歷商之賢臣也比毗至切近也黎疑當作務音釐說文剺剥也劃也雨行踐期捧盎救灼○盎於浪切盆也仁興以畢隨鷹之咸同得使萃之

問到擊紂躬叔旦不嘉王逸曰旦周公名也嘉美也言武王始至孟津八百諸侯不期而到皆曰紂可伐也白魚入于王舟羣臣咸曰休哉周公曰雖休勿休故曰叔旦不嘉也○楚詞贊說曰呂望周公親相武王率師以伐紂心非不同也師至河上甚雨疾雷周公引軍而止之太公曰君何不馳也周公曰天時

不順龜燋不兆占筮不吉妖而不祥星變又凶何可馳也故曰叔旦不嘉何親

揆發足周之命以咨嗟王逸曰揆度也言周公於孟津揆度天命發足還師而歸當此之時周公之命令已行天下百姓咨嗟嘆而美之也周少隱曰言周公何爲始親揆度天命以告武王發而卒乃定成周之命令以殺商受旦武又咨嗟自嘆耶夫湯放桀武王伐紂其事一也孔子之論韶武獨以武爲未盡善而不及湯豈非湯嘗引過自咎以予有慙德且恐來世以台爲口實則所以杜百世之亂者猶未忘也武王獨未有一言及此周公所以不嘉豈無其意哉周公之於紂則君也於武王則親也周公豈固徇愛親之私心而滅君臣之大義哉爲天下計也至於定周伐商之命而終於克商者乃以是耳原之言有及於此因疑以問之亦足以

見其能明周公之心矣

對頸紂黃鉞史記周本紀武王以黃鉞斬紂頭懸之太白之旗曰孰

喜之民父有耄嗟以美之周公雖幸武王應天順人歛福錫命而咨嗟之詞雖美之而實戒之也考之周書其詳可得而推矣

問授殷天下其位安施王逸曰言天地始授殷家以天下其王德位安所施用乎善施若湯也反成乃亡其罪伊何王逸曰言殷王位已成反覆亡之其罪惟何乎罪若紂也

對位庸庇民仁克滋之紂淫以害師殛圯之謂武王之仁足以庇民而紂之不道衆所共棄也○圯部鄙切毀也

問爭遣伐器何以行之王逸曰伐器攻伐之器也言武王伐紂發遣干戈攻伐之器爭先在前獨何以行之乎竝驅擊翼何以將之王逸曰言武王三軍樂戰竝載馳載驅赴敵爭先前歌後舞鳧藻讙呼奮擊獨何以將率之也○太公六韜曰翼其兩傍疾擊其後擊翼盖兵法也鳧藻讙呼一作如鳥喚呼

對咸逭厥死爭祖器之翼鼓顛禦讙舞靡之謂天下咸避虐政而干戈攻伐之器皆爭先而行前歌後舞鳧藻讙呼奮擊其翼而不自知也○逭胡玩切逃也讙一本作誰

問昭后成遊南土爰底王逸曰爰於也底至也言昭王背成

王之制而出遊南至於楚楚人沉之而遂不還也厥利惟何而逢彼白雉王逸曰厥其也逢迎也言昭王南遊何以利於楚乎此為越裳氏獻白雉昭王德不能致欲親往逢迎之乎

對水濱翫昭荆陷弑之昭謂周昭王也左氏傳僖公四年齊侯伐楚管仲曰昭王南征而不復寡人是問楚子曰昭王之不復君其問諸水濱注昭王成王之孫南巡至于楚楚人以膠船載之涉漢船壞而溺史記昭王之時王道微缺南巡不返卒於江上其卒不赴告諱之也

繆迓越裳疇肯雉之後漢書交趾之南有越裳國周公居攝越裳重譯而獻白雉昭王不顧其德不能致乃南巡狩欲親迓越裳而求白雉焉

問穆王巧梅穆謂周穆王也○梅亡改切其字從手揚雄方言貪也集韻梅毋罪切慙也梅毋海切貪也諸本作梅釋文每磊切其字從木傳寫誤耳夫何爲周流王逸曰梅貪也言穆王乃巧於辭令貪好攻伐遠征犬戎得四白狼四白鹿自是後夷狄不至諸侯不朝穆乃更巧調周流而往說之欲以懷來也環理天下夫何索求王逸曰環旋也言王者當修道德以來四方穆王何爲乃周旋天下而求索之乎

對穆懵祈招○懵毋亘切不明也招常搖切又音招逸詩篇名祈父周之司馬世掌甲兵之職招其名也左傳昭公十二年穆王欲肆其心周行天下將必有車轍馬迹焉祭公謀父作祈招之詩以止王心是以獲没於祇宮猖洋以遊輪行

九野惟性之謀史記穆王得驥温驪驊騮騄耳之駟西巡狩樂而忘歸

胡紿娛載勝之獸觴瑤池以送謠○紿徒愷切欺也載音戴禮記載與戴同山海經西王母狀如人狗尾蓬頭戴勝善嘯居洵水之涯前漢司馬相如大人賦吾乃今日覩西王母暠然白首戴勝而穴處兮注勝婦人首飾也穆天子傳天子見西王母觴于瑤池之上西王母為王謠曰白雲在天山陵自出道理脩遠山川閒之將子無死尚能復來天子答曰予歸東土和治諸夏萬民平均吾顧見汝此所謂之送謠也按列子載穆王肆意遠遊命駕八駿之乘馳驅千里至於巨蒐氏乃獻白鵠之血以飲王具牛馬之湩以洗王之足遂宿于崑崙之阿覩皇帝之宮遂賓于西王母觴于瑤池之上西王母為王謠王和之其詞哀焉此對問之所交譏也

問妖夫曳衒何號乎市王逸曰妖惟也號呼也周幽

誰誅焉得夫褒姒褒姒周幽王后也史記周本紀昔夏之衰有二神龍止於夏庭而言曰余褒之二君也夏帝卜請其漦而藏之於是龍亡而漦在櫝而去之傳至三代莫敢發至厲王之末發而觀之漦流于庭化爲玄黿以入王宮後宮童妾既齓而遭之既笄而孕無夫而生子懼而棄之宣王之時童女謡曰檿弧箕服實亡周國於是聞之有夫婦賣是器者使執而戮之逃於道而見鄉者後宮童妾所棄妖子哀而收之亡犇於褒褒人有罪請入童妾所棄女子者於王以贖罪是爲褒姒王見而愛之生子伯服竟廢申后以褒姒爲后後西夷犬戎遂殺幽王驪山下

對孺賊厥詵爰檿其弧○檿於簟切山桑木也弧音胡木弓也

幽禍挈以夸幽謂幽王也○挈女居切憚褎以漁漁色之漁滛

嗜蘘殺○蘘莫結反諫尸謗屠孰鱗漦以徵○漦音凝

龍吐沫也而化黿是辜○黿魚袁切似鱉而大事詳見史記周本紀對問之

意盖罪幽王淫刑嗜殺以自取滅亡未可盡歸之於妖夫化黿之徵也

問天命反側何罰何佑王逸曰言天地神明降與人之命反

側無常善者佑之惡者罰之

對天謏以蒙人厶以離○厶音私說文姦衺也韓非子曰倉頡造

字自營爲厶厶通作私一本作么伊堯切小也么當作厶胡克合厥道而

詰彼尤違

問齊桓九會卒然身殺王逸曰言齊桓公九合諸侯一匡天下任豎刀易牙子孫相殺蟲流出尸一人之身一善一惡天命無常罰佑之不常也

對桓號其大任屬以傲幸良以九合逮孽而壞謂齊桓九合諸侯震而矜之叛者九國卒至見殺非天道之無常亦其自取然也論語孔子曰桓公九合諸侯不以兵車九合之說國語兵車之會六乘車之會三史記兵車之會三乘車之會六穀梁傳衣裳之會十有一范注莊公十三年會北杏十四十五年會鄄十六年會幽僖公元年會檉二年會貫三年會陽穀五年會首戴七年會甯母九年會葵丘凡十一會不取北杏及陽穀爲有功也孫明復尊王發微桓公之會十有五范甯所言之外僖公八年會洮十三年會鹹十五年會牡丘十六年會淮是也孔子止言其九者

盖十三年會北杏桓始圖伯其功未見十四年會鄄又是伐宋諸侯會洮會鹹會牡丘會淮皆有兵車也故止言其會之盛者九焉

問彼王紂之躬孰使亂惑王逸曰惑妲己也何惡輔弼讒諂是服王逸曰服事也言紂惡輔弼不用忠直之言而專用讒諂之人也

對紂無誰使惑惟志爲首逆圖倒視輔讒以僇寵諸本多無僇字

問比干何逆而抑沈之王逸曰比干聖人紂諸父也諫紂紂怒乃殺之割其心也雷開何順而賜封之王逸曰雷開佞臣也

阿順於紂乃賜之金玉而封之也○或作而賜封之金

對干異召死 劉向新序紂作炮烙之刑比干言非勇士也見過則諫不用則死忠之至也遂諫三日不去朝紂囚而殺之史記殷本紀紂愈淫亂比干曰爲人臣者不得不以死爭廼强諫紂怒曰吾聞聖人心有七竅剖比干以觀其心

雷濟克后 謂紂自惑亂棄賢用讒比干諫而死雷開佞而用也

問何聖人之一德卒其異方 王逸曰聖人謂文王也卒終也言文王仁聖能純一其德則天下異方終皆歸之也

梅伯受醢箕子佯狂 王逸曰梅伯紂諸侯也言梅伯忠直而數諫紂紂怒乃殺之菹醢其身箕子見之則被髮佯狂也○梅音浼紂諸侯號醢音海肉醬

對文德邁以被芮鞫順道謂文王之德純一虞芮質厥成而天下無異志也○芮如銳切謂虞芮也鞫居六切說文窮理罪人也詩大雅緜之八章虞芮質厥成注虞芮之君爭田久而不平乃相謂曰西伯仁人也盍往質馬乃相與朝周入其境則耕者讓畔行者讓路入其邑男女異路斑白不持挈入其朝士讓爲大夫大夫讓爲卿二國之君感而相謂曰我等小人不可以履君子之庭乃相讓以其所爭田爲閒田而退天下聞而歸者四十餘國

醢梅奴箕淮南子俶真訓桀紂燔生人辜諫者醢鬼侯之女葅梅伯之骸史記紂爲淫泆箕子諫不聽乃被髮佯狂爲奴遂隱而鼓琴以自悲

忠咸喪以醜辱此兩語疑當與前紂讒諂是服事文理相屬對亦隨問意耳

問稷維元子帝何篤之王逸曰元大也帝謂天帝也篤厚也言后稷之母姜嫄出見大人之迹怪而履之遂有娠而生后稷后稷生而仁賢天帝獨何以厚之乎○篤一作竺爾雅竺厚也與篤同投之于氷上鳥何燠之王逸曰投棄也燠溫也言姜嫄以后稷無父而生棄之於氷上有鳥以翼覆薦溫之以爲神乃取而養之詩曰誕寘之寒氷鳥覆翼之○燠音郁熱也

對棄靈而功篤胡爽焉棄后稷詳見生民詩史記周本紀后稷其母有部氏曰姜嫄爲帝嚳妃出野見巨人跡心忻然說欲踐之踐之而身動如孕者居期而生子以爲不祥初欲棄之因名曰棄翼氷以炎盍崇長焉

問何馮弓挾矢殊能將之王逸曰馮大挾持也言后稷長

持大强弓挾箭矢桀然有殊異將相之文才洪興祖曰此與下文相屬馮如上父馮珧之馮言武王多材多藝能馮弓挾矢而將之以殊能者武王也子厚引詩以對承逸之誤也

既驚帝切激何逢長之王逸曰帝謂紂也言武王能奉承后稷之業致天罰加誅於紂切激而數其過何逢後世繼嗣之長也切一本作功

對

既岐既嶷魚力切一作嶷詩云克岐克嶷小兒有知識之貌宜庸將馬紂凶以啓武紹尚焉謂紂有凶德武王能紹后稷之業也

問

伯昌號衰秉鞭作牧王逸曰伯昌謂文王也秉執也鞭以喻政言紂號令既衰文王執鞭持政爲雍州之牧也何令徹彼岐社

命有殷之國王逸曰徹壞也社土地之主也言武王既誅紂令壞邠岐之社言已受天命而有殷國徙以爲天下大社也

對伯鞭于西尚書西伯戡黎正義曰西伯文王也時國于岐封爲雍州伯國在西故曰西伯史記殷紀以西伯爲三公賜弓矢斧鉞使得專征伐化江漢滸火五切說文水厓也詩漢廣篇文王之道被于南國美化行乎江漢之域易岐社以太岐在右扶風美陽中水鄉禮記曰王爲群姓之社社曰太社岐嘗有社矣至武王誅紂然後能易岐社以爲太社因岐山以名太王自豳徙焉國之命以祚武武武王也

問遷藏就岐何能依王逸曰言文王始與百姓徙其寶藏來就

岐下何能使其民依倚而隨之也

對踰梁橐囊氈仁蟻萃公劉之居邠也居者有積倉行者有裹糧至太王爲狄人所侵去邠踰梁山邑于岐山之下居焉則遷藏就岐乃王跡之所化也故歸市之衆如蟻之慕羶也莊子徐無鬼篇蟻慕羊肉羊肉羶也

問殷有惑婦何所譏王逸曰惑婦謂妲己也譏諫也言妲己惑誤於紂不可復譏諫也

對妲滅淫商痛民以亟去○妲丹達切紂妃妲己也痛音敷又普吳切病也亟訖力切疾也國語殷辛伐有蘇有蘇氏以妲己女焉殷辛惑之毒痛四海故民皆亟去

問受賜茲醢西伯上告王逸曰茲此也西伯文王也言紂醢梅伯以賜諸侯文王受之以祭告語於上天也何親授上帝罰殷之命以不救王逸曰上帝謂天帝也言天帝親致紂之罪罰故殷之命不可復救也一作上帝之罰

對肉梅以頒烏不台訴○烏恐作曷台音怡我也史記殷本紀紂醢九侯幷脯鄂侯西伯聞之竊嘆紂囚西伯羑里淮南子俶真訓紂醢九侯之女葅梅伯之骸

孰盈癸惡兵躬殄祀癸疑當作紂按此正言紂事而云癸恐傳寫誤也謂紂醢梅伯以賜諸侯西伯所以訴于天此天所以親致紂之罰故殷之命至于絕而不續也殄與殄同

問師望在肆昌何志王逸曰師望謂太公也昌文王名也言太公在市肆而屠文王何以志知之乎志一作識○識音誌記也鼓刀揚聲后何喜王逸曰后謂文王也言呂望鼓刀在列肆文王親往問之呂望對曰下屠屠牛上屠屠國文王喜載與俱歸也○喜協音去聲悅也

對牙伏牛漁史記齊世家太公呂望尚者東海上人姓姜氏以漁釣干西伯西伯出獵遇太公於渭陽索隱引譙周曰姓姜名牙戰國策太公望老婦之逐夫朝歌之發屠淮南子太公之鼓刀注河內汲人有屠釣之困積內以外萌岐目厥心瞭眂顯光○瞭盧皎切目明也眂與視同謂太公望隱於屠牛漁於渭濱有諸中而形諸外文王已心識之瞭音了周官有眂瞭奮刀屠國以

髀髖厥商○髀音陛又必爾切股骨也髖音寬髀上也前漢賈誼傳屠牛坦一朝解十二牛而芒刄不頓者所排擊剥割皆衆理解也至於髖髀之所非斤則斧注言其骨大故須斤斧也

問武發殺殷何所悒王逸曰言武王發欲誅紂何所悁悒而不能久忍也

載尸集戰何所急王逸曰尸主也集會也言武王伐紂載文王木主稱太子發急欲奉行天誅爲民除害也

對發殺曷逞寒民于烹惟栗厥文考而虔子以祖征謂武王伐殷欲救民於虐焰中在文王則慄慄危懼有所不敢在武王則不敢不敬承文謨以卒此武功也故載文王木主以討紂有所不得已焉也發武王名也

栗謂以栗爲主也史記武王東觀兵至于盟津爲文王木主載以車中軍武王自稱太子發言奉文王以伐不敢自專也

問伯林雉經維其何故王逸曰伯長也林君也謂晉太子申生爲後母驪姬所譖遂雉經而自殺何感天抑墜籀文地字夫誰畏懼王逸曰言驪姬讒殺申生其冤感天又讒逐羣公子當復誰畏懼也

對中譖不列恭君以雉左氏傳晉獻公伐驪戎驪戎男女以驪姬歸生奚齊驪姬嬖欲立其子使太子居曲沃姬謂太子曰君夢齊姜必速祭之太子祭于曲沃歸胙于公姬毒而獻之泣曰賊由太子太子奔新城十二月戊申縊于新城國語雉經于新城之廟注雉經頭槍而懸死也禮記曰再拜稽首乃卒是以爲恭世子也胡

蠙訟蟯賊○蠙音引又音亂蠙與蚓同蚯蚓也蠙說文云虫側行者蟯音腰又音饒人腹中虫而以變天地以蠙蟯二虫譬驪姬之讒謂豈讒說可以變天地也

問皇天集命惟何戒之王逸曰言皇天集祿命而生與王者王者何不常畏慎而戒懼也受禮天下又使至代之王逸曰言王者既循行禮義受天之命而王有天下矣又何爲至使他姓代之乎

對天集厥命惟德受之亂息以棄天又祐之謂皇天惟相有德以集厥命後世子孫不能恐懼以自棄則將祐下民而作之君所不免也

問初湯臣摯後茲承輔王逸曰言湯初舉伊尹以爲凡臣耳後知其賢乃以備輔翼承疑用其謀也何卒官湯尊食宗緒王逸曰卒終也緒業也言伊尹佐湯命終爲天子尊其先祖以王者禮樂祭祀緒業流于子孫者乎

對湯摯之合祚以久食昧始以昭末克庸成績摯伊尹名也

問勳闔夢生少離散亡王逸曰勳功也闔吳王闔廬也夢闔廬祖父壽夢壽夢卒太子諸樊立諸樊卒傳弟餘祭餘祭卒傳弟夷末夷末卒太子王僚立闔廬諸樊之長子也怨不得爲王少離散亡放在外乃使專諸刺王僚代爲吳

王子孫世盛也伍子胥爲將大有功勳也何壯武厲能流厥嚴王逸曰壯大也言闔廬少小離亡何能壯大厲其勇武流其威也

對光徵夢祖闔廬名也○夢莫公切憾離以厲彷徨激覆○彷蒲黃切徨音皇彷徨也而勇益德邁言闔廬少小被放於外不得立及其壯大終能厲其武勇以大吳國也

問彭鏗斟雉帝何饗王逸曰彭鏗彭祖也好和滋味善斟雉羹能事帝堯帝堯美而饗食之○鏗丘耕切饗叶音香歆也受壽永多夫何久長言彭祖進雉羹於堯堯饗食之以壽考彭祖至八百歲猶自悔其不壽恨枕高而眠遠也神仙傳彭祖姓籛名鏗帝顓頊之玄孫善養性能調鼎進雉羹

於堯堯封於彭城歷夏經商至周年七百六十七歲而不衰○籛音煎

對鏗羮于帝聖孰嗜味夫死自暮而誰饗以俾壽謂王逸所注爲無是理也

問中央共牧后何怒王逸曰牧草名也后君也言中央之州有岐首之蛇爭共食牧草之實自相啄嚙以喻夷狄相與忿爭君上何故當怒之乎

蠭蟻微命力何固王逸曰言蜂蟻有蛒毒之蟲受天命負力堅固屈原以喻蠻夷自相毒蛒固其常也獨當憂秦吳耳楚辭贅說曰王逸注無所據引不可信原意謂中央者中國也共牧者共九州之牧也若使中國共牧無所戰爭則君何怒而有討乎今蠭蟻微命而好爭其力甚固盍蠭有毒而蟻好鬭故也以喻上

失其政九州無牧諸侯戰爭不可禁止以讖當時之事耳或謂原因見楚之宗廟有岐首之蛇如今古祠中多畫毒蛇怪物之類者故因以諷焉不可知也○蠭音峯蟻或作蛾蛾古蟻字蜡音若痛也

對螝齧已毒○螝胡對切說文蚕蛹也古今字詁螝古虺字韓非子蚕有螝者一身兩口爭食相齕遂相殺也齧倪結切噬也不以外肆細腰羣螫式亦切蟲行毒也博物志細腰蜂無雌雄之類取桑虫及阜螽之子抱而爲已子也夫何足病

問驚女采薇鹿何祐王逸曰祐福也言昔者有女子采薇菜有所驚而走因獲得鹿其家遂昌熾蒙天祐之北至回水萃何喜

王逸曰萃止也言女子驚而北走至於回水之上而得鹿遂有福喜也

對萃回偶昌鹿曷祐以女對以爲避禍得鹿亦偶然耳

問兄有噬犬弟何欲王逸曰兄謂秦伯也噬犬齧犬也弟秦伯弟鍼也言秦伯有齧犬弟鍼欲請之易之以百兩卒無祿王逸曰言秦伯不肯與弟鍼犬鍼以百兩金易之而又不聽因逐鍼而奪其祿也

對鍼欲兄愛以快侈富愈多厥車卒逐以旅

問云百兩蓋謂車也王逸以爲百兩金誤也○鍼其盬切秦后子也兩音亮車數也春秋昭公元年夏秦伯之弟鍼出奔晉左氏傳罪秦伯也晉國語秦后子來仕其車千乘后子即鍼也

問薄暮雷電歸何憂王逸曰言屈原書壁所問略訖日暮欲去時天大雨雷電思念復至自解曰歸何憂乎薄暮喻年將老也雷電喻君暴惡也歸何憂者乃自寬之辭也厥嚴不奉帝何求王逸曰言楚王惑信讒佞其威嚴當日墮不可復奉成雖從天帝求信神無如之何伏匿穴處爰何云王逸曰爰於也云言也吾將退於江濱伏匿穴處耳當復何言乎荆勳作師夫何長先王逸曰荆楚也師衆也勳功也初楚邊邑處女與吳邊邑處女爭採桑於境上相傷二家怒而相攻於是楚爲此興師攻滅吳之邊邑而怒始有功時屈原又諫言我先爲不直怒不可長久也一無先字史記吳世家吳王僚九年公子光伐楚拔居巢鍾離取兩都而去言楚雖有功吳復伐楚非

長久之策也此楚平王時事屈原銜往事以諷耳悟過改更我又何言王逸曰欲使楚王覺悟也

對沓吟于野胡若之很戶懇切戾也嚴墜詛殄丁厥任閔原當此禮義消亡之時也合行違匿固若所咿嚘○咿音伊嚘音憂咿嚘嘆也忿毒意誰與謂原伏匿草野尚與興詞致憤欲何爲也醜齊徂秦啗厥詐讒○啗徒濫切與啖同說文食也登狡庸咈以施○咈甫勿切違也甘恬禍凶亟鋤夷愎不可化徒若罷謂楚懷王時秦欲伐齊齊與楚從親惠王患之乃令張儀厚幣事楚絕齊願獻商於之地六百里楚懷王貪而信張儀遂絕齊使使如秦受地張儀

許之曰儀與王約六里不聞六百里懷王怒舉兵伐秦大敗於丹陽明年秦割漢中地與楚以和時秦昭王欲與懷王會王欲行屈原諫之曰秦虎狼之國不可信不如無行懷王信子蘭言竟行遂死于秦此對之意所以詳言原當日諫之不聽以至於斯云爾○愎弼力切很也罷讀曰疲勞也

闔吳光爭國久余是勝王逸曰光闔廬名言吳與楚相伐至於闔廬之時吳兵入郢都昭王出奔故曰吳光爭國久余是勝言天勝我也

對闔綽厥武滋以侈頹闔謂吳王闔廬也

問何環穿自閭社丘陵爰出子文王逸曰子文楚令尹也子文之母邔公之女旋穿閭社通於丘陵以淫而生子文棄之夢中有虎乳

之以爲神異乃取收養焉子文長而有賢
人之才也一作何環閭穿社以及丘陵是
淫是蕩爰
出子文

對於菟不可以作息焉庸歸 左氏傳宣公四
年初若敖娶於
䢵生鬬伯比若敖卒從其母畜於䢵䢵淫於䢵
子之女生子文焉䢵夫人使棄諸夢中虎乳
之䢵子田見之懼而歸夫人以告遂使收之
楚人謂乳爲穀謂虎爲於菟故命之曰鬬穀
於菟以其女妻伯比實爲令尹子
文○穀奴口切於音烏菟音徒

問吾告堵敖以不長 按王逸謂堵敖
楚賢人非是

對歘吾敖之閼以旅尸 楚人謂未成君而死
曰敖堵敖楚文王兄
也今哀懷王將如堵敖不長而死以此告之
逸注以爲堵敖爲楚賢人大謬按左氏傳莊

公十四年楚子滅息以息嬀歸生堵敖及成王焉楚子文王也莊公十九年杜敖立二十三年成王立杜敖即堵敖也則堵敖乃成王之兄子厚以爲文王兄亦誤矣楚懷王爲秦昭王所詐令會武關强留之要以割地懷王卒死于秦此謂旅尸也

問何試上自予忠名彌彰王逸曰屈原言我何敢嘗試君上自號忠直之名以顯彰後世乎誠以同姓之故中心懇惻義不能已也試一作誠予一作與

對誠若名不尚昌極而辭謂屈原苟無尚名之心則天問昌極其辭如此一本云食姑不失聖人胡徃不道

河東先生集卷第十四

世綵廖氏刻梓家塾

河東先生集卷第十五

問答

晉問

公晉人實以堯之故都爲重故設武陵之問而悉以晉之名物對一曰晉之山河表裏而險固二曰晉之金鐵甲堅而刃利三曰晉之名馬其强可恃四曰晉之北山其材可取五曰晉之河魚可爲偉觀六曰晉之鹽寶可以利民七又先言文公霸業之盛而後以堯之遺風終焉其爲文可謂工矣晁無咎嘗取此文附續楚詞其系有曰枚乘七發蓋以微諷吳王濞毋反晉問亦七蓋効七發以諷時君薄事役而隆道實云

吳子問於柳先生曰吳子武陵先生晉人也公河東人晉之故宜知之故下一有封字曰然然則吾願聞之可乎曰可晉之故封太行掎之太行在澤州晉城縣一云在懷州修武縣西北則此山當在二州之界也漢地理志太行山在河內山陽縣西北掎謂掎角也○掎舉綺切首陽起之首陽山在河東蒲阪縣華山之北河曲之中黃河迤之黃河之源出自崑崙循雍州北徼達華陰至於德州而入于海晉地蓋當河之曲也迤邪行也○迤移爾切大陸靡之書大陸既作漢地理志在鉅鹿北澤名也按通典在趙州昭慶縣即隋大陸縣地有大陸澤又云深州有陸澤縣大陸亦在此則此澤當在二州之界也靡曼也或巍而高或呼而

淵○呼虛加切張口也景霍汾澮晉語景霍以爲城汾河涑澮以爲淵註云景大也景霍謂霍太山在河東彘縣汾河涑澮四水名以經其壖如緣切城下田也若化若遷鈎嬰蟬聯然後融爲平川而侯之都居晉侯之國大夫之邑建焉其高壯則騰突撐拒撐衺柱也拒捍也撐抽庚切拒音巨○聱岈鬱怒聱語不入也崟岈山深貌○聱五交切岈許加切一本有焉字若熊羆之咆○熊音雄羆音碑咆音庖嘷也虎豹之嘷音豪終古而不去攫秦搏齊○攫厥縛切持也當者失據燕狄惴怯若夘就壓若泰山之壓累夘就一作輒振振業業覷闚蹀戶覷伺視也蹀蹈

也○覤七慮切蹀達協切惕若僕妾其按衍則平盈旋縈紆徐夷延若飛鸛之翔舞○鸛余專切與鳶同洄水之容與○洄音回逆流而上以稼則碩以植則茂以牧則蕃以畜則庶而人用是富而邦以之阜其河則濬源崑崙入于天淵黃河見上註出乎無門行乎無垠自匈奴而南以界西鄙匈奴單于在晉西北衝奔太華太華即華岳也在晉之西運肘東指混潰后土○混音渾潰胡對切散也濆濁糜沸○濆音汾又房吻切湧也黿鼉詭恠黿似鱉而大鼉水蟲力至猛能攻陷河岸○黿音元鼉徒河切于于汨汨騰

倒䟨越○䟨音佚馬足疾貌委泊涯涘涘水涯呼呷欱納呼張口也呷吸呷也欱大歠也○呼虛加切呷呼甲切欱呼合切摧雜失墜其所蕩激則連山參差廣野壞裂轟雷努風○轟呼宏切撼鴿千嶾○撼戶感切搖也鴿字諸韻無之一本作頷釋云頤下也音憾嶾音憂崩石之所轉躍大木之所擢拔漰水激有聲泙亦水鳴聲○漰披朋切泙白明切與并通踏音沓泙洞踏者彌數千里若萬夫之斬伐而其軸轤之所負轤船前刺櫂處軸船後施柂處又漢律名船方長爲軸轤二字皆當從舟音逐盧橦檣之所御○橦傳江切檣音牆船桅也鱗川林巇隤彔雲逌

雨瞬目而下者。瞬音舜搖目也榛榛沄沄。榛音蓁一本
作溱音同沄音云百舍一赴若是何如吳子曰先生
之言豐厚險固誠晉之美矣然晉人之言表
裏山河者僖二十六年左傳子犯曰若其不捷表裏山河必無害也備敗
而已非以爲榮觀顯大也吳起所謂在德不
在險史記魏武侯浮西河而下謂吳起曰美哉山河之固此魏國之寶也起曰在德
不在險此晉人之藉也藉或作籍云籍記也願聞其他
先生曰太卤之金太卤太原晉陽縣○卤音魯棠谿之工
棠谿屬蔡州史記蘇秦說韓宣惠王曰韓卒
之劍戟皆出於冥山棠谿徐廣曰汝南吳房

有棠谿亭火化水淬取內切滅火也器備以充爲棘棘即戟也爲矛前矛也建於兵車長二丈爲鎩音殺長矛曰鎩爲鈎爲鏑箭鏃爲鏃爲晏本少一字宣獻本無爲鏃爲三字爲鍭音侯矢金鏃翦羽曰鍭出太白太白星名註西漢志太白兵象也徵蓐收昭二十九年左傳少昊氏之子曰該爲蓐收西方之神召招搖招搖北斗七星也春秋運斗樞云北斗七星第一天樞第二琁第三機第四權第五衡第六開陽第七搖光搖光即招搖也晉志招搖主胡兵伏蚩尤漢武帝建元六年蚩尤之旗見其長亘天蚩尤彗星隋志旋星散爲蚩尤旗見則王者征伐四方肅肅褷褷山宜切一本作祁祁合衆靈而成之博者狹者曲者直者岐者勁者

長者短者攢之如星奮之如霆運之如縈浩浩弈弈淋淋滌滌。淋以水沃也滌洒也淋音林滌音迪熒熒的的。熒音螢若雪山冰谷之積觀者膽掉徒弔切目出寒液液溴也當空發耀英精互繞晃蕩洞射天氣盡白日規爲小鑠雲破霄。鑠式灼切跕墜飛鳥漢書飛鳶跕跕墮水中釋文跕跕墮落也。跕都牒切又它協切弓人之弓函人之甲膠角百選犀兕七屬周禮弓人爲弓取六材必以其時角也者以爲疾也膠也者以爲和也函人爲甲犀甲七屬兕甲六屬。屬音注乃使跟超掖夾之倫。跟音根足踵夾音挾服而持之南瞰諸華○瞰苦濫切遠視也北讋羣夷○讋質涉切失氣言也技擊節制荀子齊之技擊不可以遇魏之武卒魏之武卒不可以當桓文之節制聞於天下是爲善師延目而望之固以拳拘喘汗免胄肉袒左傳鄭伯肉袒牽羊以逆進不敢降退不敢竄若是何如吳子曰夫兵之用由德則吉由暴則凶是又不可爲美觀也先軫曰師直爲壯曲爲老僖二十八年左傳子犯曰師直爲壯曲爲老此云先軫言恐誤況徒以堅甲利刃之爲上哉先生曰晉國多馬屈馬是產僖二年左傳晉荀息請以屈產

之乘假道於虞以伐虢杜預註屈晉地名生良馬土寒氣勁崖坼谷

裂草木短縮鳥獸墜匿而馬蕃焉師師兟兟音詵進也溶溶紜紜輻輻轔轔上音雷下音麟或赤或黃

或玄或蒼或醇或駹莫江切雜也黳然而陰○黳音掩黑色也炳然而陽若旌旃旗幟之煌煌○幟音織乍

進乍止乍伏乍起乍奔乍躓音致若江漢之水

疾風驅濤擊山盪壑○盪音蕩又它浪切雲沸而不止

羣飲源槁源槁水竭迴食野赭音者赤色浴川蹙浪噴

震播灑○噴普悶切灑音洒潰潰焉若海神駕雪而來

下觀其四散惝怳惝怳狂貌上齒兩切本作敞下許往切開合萬狀喜者鵲厲怒者人摶決然坌躍○坌蒲悶切千里相角風駿霧鬣○駿祖紅切鬣音獵斸山抉壑○斸音燭斫也耳搖層雲腹揹衆木寂寥遠遊不夕而復攫地跳梁堅骨蘭筋交頸互齧倪結切鬬目相馴聚溲更嘘昂首張齗其小者則連牽繳繞上古了切下爾沼切仰乳俯齕下沒切齧也蟻雜螽集○螽音終蝗也啾啾濈濈上林賦濈湁鼎沸註謂水激也○啾即由切濈七立切旅走叢立其材之可者收斂攻教掉手飛縻

指毛命物百步就羈牽以荀息見信二年穀梁傳御以王良哀二年左傳郵良曰我兩靷將絕吾能止之我御之上也超以范鞅襄二十三年左傳范鞅逆魏舒請驂乘持帶遂超乘軒以欒鍼成十六年左傳步毅御晉厲公欒鍼為右掀公以出於淖已上四子皆晉之臣○欒音鸞鍼音鈐以佃以戎獸獲敵摧若是何如吳子曰恃險與馬者子不聞乎故曰冀之北土馬之所生是不一姓昭四年左傳司馬侯曰恃險與馬而虞鄰國之難是三殆也九州之險是不一姓冀之北土馬之所生無興國焉恃險與馬不可以為固也冀北即冀州之北請置此而新其說

先生曰晉之北山有異材梓匠工師之爲宮室求大木者天下皆歸焉仲冬既至周禮仲冬斬陽木寒氣凝成外凋內貞瀋液不行左傳猶拾瀋也說文瀋汁也液津液也○瀋音審液音亦乃堅乃良萬工舉斧以入必求諸岩崖之欹傾澗壑之紆縈凌巑岏之杪顛巑岏山銳貌杪說文云木標末也即枝上端○巑徂丸切岏五官切杪音眇漱泉源之淦瀯淦沈也瀯水回貌○淦古南切瀯音營根絞怪石不土而植千尋百圍與石同色羅列而伐者頭抗河漢刃披虹霓聲振連巒梯塡層谿

栜削木札樸也陳楚謂櫝爲栜者○栜方廢切丁丁登登詩曰伐木丁丁○丁側更切硠硠稜稜硠石聲一曰硠硠堅也稜四方木也○硠呂唐切稜盧登切若兵車之乘凌其響之所應則潰潰淵淵洶洶薨薨洶湧也一曰洶湧水聲○洶許拱切薨呼肱切若騫若崩若螭龍之鬬風霆相騰其殊而下者札嶻捎殺○嶻音戛摧崪坱圠崪山峻貌坱塵也圠山曲也賈誼賦坱圠無垠○崪作沒作律二切坱烏朗切圠音軋霞披電裂又似共工觸不周而天柱折列子湯問篇共工氏與顓頊爭爲帝怒而觸不周之山折天柱絕地維張湛註不周山在西北之極鵾鸛鶖鶬爾雅雞三尺爲鵾鸛似鵲而巢

樹者爲白鸖曲頸爲黑鸖說文鶖秃鳩也鶬

麋鴰也關西呼爲鴰山東謂之鶬○四字音

昆灌秋倉**號鳴飛翔貙豻虎兕**貙劉也似狸能捕獸祭天豻胡地犬

也○貙勑俱切豻音岸**奔觸讋慄伏無所入遯無所脫**

然後斷度收羅魯頌是斷是度○斷音短**捎危顛芟繁柯**

乘水潦之波以入于河而流焉盪突硊兀硊兀

危石也○硊郎兀切**轉騰冒沒類秦神驅石以梁大海**

三齊略記曰秦始皇作石梁欲過海觀日出處于時有神人能驅石下海城陽一山石盡

起立嶷嶷東傾狀似相隨而去云石去不速神人輒鞭之盡流血石莫不悉赤至今猶爾

抵曲鱗蹙匯流雷解○匯音會水合流**前者汩越後**

者迫隘乃下龍門之懸水〔下字下或有夫字〕摺拉頹踏〔摺敗也拉摧也○摺質涉切拉落合切亦通作摺〕捽首軒尾〔捽持頭髮也漢貢禹捽草杷土○捽昨没切〕澒入重淵〔澒大水濛澒也○澒胡動切〕不知其幾百里也濤波之旋滔山觸天既渟既平彌望悠焉良久乃始昂屹涌溢挺拔而出林立峯崪穿雲蔽日渙然自撓復就行列渾渾而去以至其所唯良工之指顧叢臺阿房〔六國時趙王故臺在邯鄲城中連聚非一故名叢臺史記秦始皇三十五年營作朝宮渭南上林苑中先作前殿阿房張衡東京賦云趙建叢臺於後註趙武靈王起又云秦

政利觜長距乃構阿房○房音旁長樂未央漢宮闕名曰長安有長樂宮未央宮建章昭陽之隆麗詭特武帝太初元年起建章宮在未央宮西昭陽亦殿名皆是之自出若是何如吳子曰吾聞君子患無德不患無土患無土不患無人患無人不患無宮室患無宮室不患材之不己有先生之所陳四累之下也且褫祁既成諸侯叛之昭公八年左傳晉侯方築褫祁之宮至昭十三年晉成褫祁諸侯朝而歸者皆有貳心杜預註褫祁地名在絳西四十里臨汾水○褫音斯亦作虒祁巨之切先生曰河魚之大河當是黃河也上迎濤波秦始皇八年河

魚大上輕車重馬東就食羅壅津涯一無羅字千里雷馳重馬輕車遂以君命矢而縱觀焉矢陳也隱五年左傳隱公矢魚于棠漢高紀縱觀秦皇帝○觀工喚反大罟斷流脩網亙山罩罶罣罹詩烝然罩罩○罩陟教切罶力久切詩魚麗于罶註罶曲梁也張衡西京賦曰設罣麗註云魚網音獨鹿按唐韻罣古賣切又胡卦切皆不說是魚網今上文四物皆是魚網當音獨鹿織紝其間巨舟軒昂仡仡廻環水師更呼聲裂商顏商山名在商州商顏商山之顏見河渠書於是鼓譟沓集而從之扼龍吭居郎切拔鯨鰭鯨大魚鰭魚脊上骨○鯨巨京切鰭音耆戮白黿音元似鼈而大逐毒螭螭如龍而

黃無角毒一作素○螭抽知切吡馮夷清冷傳曰馮夷華陽潼鄉隄首人也服八石得水仙是爲河伯立水湄搜攬流離○攬古巧切掬縮推移梁會網蹙騰天彌圍掉躃擁踴躃人不能行也踴跳也○躃音壁踴音勇以登夫歷山之垂歷山在河東如川之歸如山之摧一作崔亦音摧如雲之披其有乘化會神振拔漣淪水成紋曰漣小波爲淪○漣音連淪音倫摛奇文○摛丑知切出恠鱗騰飛濤而上逸生電雷於龍門者猶仰綸飛繳音灼生絲縷亦作繁頓踏而取之踏一作蹈莫不脫角裂翼呼嚇匍匐呼張口嚇怒也亦云口拒人○呼虛

加切嘯音赫復就鬻切○鬻力充切莫保龍籍具糅五

味○糅汝救切雜也具一作甘布列雕俎風雲失勢俎散

遠去若夫鯋鱨鮪鯉鰋鱧魴鱮之瑣屑蔑裂

者○鯋音沙鱨音嘗鮪音洧鯉音里鰋音偃鱧音禮魴音防鱮音敍上聲義竝見設漁

者對智伯註鱨一作鯔音緇夫固不足悉數漏脫紘目養

之水府而三河之人則已填溢饜飫腥膏舄

鹵闐鱠炙之美則掩鼻蹙頞阿葛切賤甚糞土

而莫顧者也若是何如吳子曰一時之觀不

足以夸後世口舌之味不足以利百姓姑欲

聞其上者

先生曰猗氏之鹽猗氏縣屬河東猗氏之鹽即河中兩池也○猗於宜切晉寶之大者也人之賴之與穀同化若神造非人力之功也但至其所則見溝塍畦畹之交錯輪囷塍稻中畦又田五十畝曰畦三十畝曰畹○塍音承畹音宛若稼若圃敞兮匀匀渙兮鱗鱗邐邐瀰紛屬○邐力紙切瀰音彌不知其垠俄然決源釃流○釃山宜切又所綺切交灌互澍互差互也澍說文澍生萬物○互音濩字一作平澍音注又音樹若枝若股委屈延布屈一作曲脉寫膏浸潗濕

滑汩湁潗水貌滑利也○潗即入切滑戶八切汩音骨又越筆切彌高掩

庳與卑通漫壠冒塊壠田中高處○漫平聲決決沒沒遠

近混會抵值堤防瀴瀛霈濊瀴溟水絕遠貌濊水聲或曰礙流也○瀴伊盈切濊呼括切偃然成淵漭然成川沆漭大水貌○

漭音莽觀之者徒見浩浩之水而莫知其以及

神液陰漉音鹿甘鹵密起鹵鹹水孕靈富媼漢禮樂志

后土富媼媼女老稱也坤爲母故稱媼○媼烏皓切不受其美禮記地不愛其

寶無聲無形熛結迅詭○熛卑遙切火飛也迴眸一瞬

積雪百里皛皛冪冪○皛胡了胡約二切明也冪冪音覓一作幕幕

奮僨離析○僨方問切僵也鍛圭椎璧鍛小冶圭璧皆言鹽之狀
○鍛丁貫切椎音槌眩轉的皪○眩音縣乍似隕星及地明
滅相射滅一作激冰裂雹碎龍從增益龍從山貌上林賦上
力孔切下子孔切大者印纍漢書印何纍纍小者珠剖涌者
如坻音墀又典禮切水渚坳者如缶日晶熠煜晶日精○熠羊
入切煜音育燿也螢駭電走亘步盈車方尺數斗於
是裒歛合集舉而堆之皓皓乎縣圃之巍巍
縣圃在崑崙上○巍音危嶅乎漾乎狂山太白之淋漓嶅白
也漾大水貌太白山名在扶風○嶅右了切漾弋沼切駭化變之神奇

卒不可推也然後驢贏牛馬之運（贏與騾同）西出秦隴南過樊鄧（樊即樊城縣今襄州臨漢縣也鄧即鄧州也）北極燕代東逾周宋家獲作鹹之利（書潤下作鹹）人被六氣之用和鈞兵食以征以貢（征稅也）其賚天下也（賚利也）與海分功（與海鹽分功也）可謂有濟矣若是何如吳子曰魏絳之言曰近寶則公室乃貧（成七年左傳晉人謀去故絳諸大夫皆曰必居郇瑕氏之地沃饒而近鹽韓獻子曰山澤林鹽國之寶也近寶公室乃貧說文鹽河東鹽池袤五十一里廣七里周揔百一十六里）豈謂是耶雖然此可以利民矣而未爲民

利也

先生曰願聞民利吳子曰安其常而得所欲服其教而便於己百貨通行而不知所自來老幼親戚相保而無德之者不苦兵刑不疾賦力所謂民利民自利者是也

先生曰文公之霸也援秦破楚囊括齊宋賈生過秦論曰囊括四海括結囊也曹衛解裂僖二十七年左傳楚子及諸侯圍宋晉文公率齊秦救之狐突曰楚始得曹而新昏于衞若伐曹衞楚必救之則齊宋免矣文公於是分曹衞之田以畀宋魯鄭震恐僖三十年晉侯圍鄭以其無禮於晉

定周于温僖二十四年周襄王辟昭叔之難居于鄭地二十五年文公取昭叔于温殺之于隰城迎王于鄭四月王入于王城奉冊受錫夾輔糾逖以爲侯伯僖二十八年王命尹氏策命晉侯爲侯伯賜之大輅之服戎輅之服彤弓一彤矢百玈弓矢千秬鬯一卣虎賁三百人曰王謂叔父敬服王命以綏四國糾逖王慝齊盟踐土僖二十八年五月魯侯晉侯齊侯宋公蔡侯鄭伯衛子莒子盟于踐土踐土鄭地低昂玉帛天子恃馬以有諸侯諸侯恃馬以有其國百姓恃馬以有其妻子而食其力叛者力取附者仁撫推德義立信讓示必行明所嚮達禁止一好尚春秋之事謂朝

聘之事也公侯大夫策文馬文九年左傳宋人以文馬百乘贖華元于鄭註云文馬畫馬爲文馳軒車出入環連貫于國都則有五筵之堂九几之室周禮室中度以几堂上度以筵筵八尺几三尺也大小定位左右有秩禽牢餼饋周禮掌客諸侯之禮上公乘禽日九十雙饔餼九牢諸侯乘禽日七十雙饔餼七牢子男乘禽日五十雙饔餼五牢交錯文質饗有嘉樂定十年左傳孔子曰犧象不出門嘉樂不野合註云嘉樂鐘磬宴有庭實莊二十二年左傳庭實旅百登降好賦謂賦詩以見志犧象畢出犧象皆樽名○犧素何切犒勞贈賄賞勸勸功曰勞賄貨賄也○勞郎到切賄呼罪切率禮無失六卿

理兵大戎小戎（戎兵車也）鐘鼓丁寧（宣四年左傳伯棼射王汰輈及鼓跗著於丁寧注云丁寧鉦也）以討不恭車埒萬乘（○埒音劣侔也）卒半天下鼓之則震旆之則畏（平丘之會八月辛未治兵建而不旆壬申復旆之諸侯畏之）其號令之動若水之源若輪之旋莫不如志當此之時咸能驩娯以奉其上故其民至于今好義而任力此以民力自固假仁義而用天下（一作此以力假仁義而用天下）其遺風尚有存者若是可以爲民利也乎吳子曰近之矣然猶未也彼霸者之爲心也引大

利以自嚮而摟他人之力以自爲固（取孟子摟諸侯以伐諸侯之意）而民乃後馬非不知而化不令而一異乎吾嚮之陳者故曰近之矣猶未也

先生曰三河古帝王之更都焉（三河河東河南河北道也蓋河東道之河中府蒲阪縣舜所都絳州夏縣禹所都河南道之陳郡伏羲神農所都一云伏羲又都曲阜黃帝都於鄭州而少昊都於窮桑即今之兗州曲阜縣則又皆隸河南道也而河北道之涿鹿山則黃帝之都耳漢書貨殖傳唐人都河東殷人都河內周人都河南三河王者所更居也）而平陽堯之所理也（堯都平陽舜都蒲阪平陽今之晉州）有茅茨采椽土型之度（堯舜采椽不刮茅茨不翦）

飯土塯啜土型土塯飯器土型羹器皆以瓦爲之○型音刑故其人至于今儉嗇有温恭克讓之德書曰允恭克讓故其人至于今善讓有師錫僉曰疇咨之道故其人至于今好謀而深有百獸率舞鳳凰來儀於變時雍之美○於音烏故其人至于今和而不怒有昌言儆戒之訓○儆居影切故其人至于今憂思而畏禍詩此晋也而謂之唐本其風俗憂深思遠有無爲不言垂衣裳之化易繫堯舜垂衣裳而天下治晏本去裳字故其人至于今恬以愉此堯之遺風也願以聞於子何如

吳子離席而立拱而言曰美矣善矣其蔑有加矣此固吾之所欲聞也一有凡字夫儉則人用足而不淫讓則遵分而進善其道不亂分謂分守也○分扶問切謀則通於遠而周於事和則仁之質戒則義之實恬以愉則安而久於其道也至乎哉今主上方致太平動以堯爲准先生之言道之奧者若果有貢於上則吾知其易易焉也禮記吾觀於鄉知王道之易易也舉晉國之風以一諸天下如斯而已矣敬再拜受賜

答問 公永貞元年九月自監察御史坐王叔文黨黜爲邵州刺史十一月改永州司馬當是到永後作

有問柳先生者曰先生貌類學古者然遭有道不能奮厲志獨被罪辜廢斥伏匿交遊解散羞與爲戚生平嚮慕毀書滅跡他人有惡指誘增益身居下流爲謗藪澤罵先生者不忌陵先生者無謫過揖目動聞言心惕時行草野不知何適獨何劣耶觀今之賢智莫不舒翹揚英翹高也推類援朋疊足天庭魁壘恢

張漢書鮑宣傳朝臣無有大儒骪㬪之士骪㬪壯貌○骪口賄切㬪音磊張一作能羣驅連行奇謀高論左右抗聲出入翕忽擁門塡扃一言出口流光垂榮豈非偉耶先生雖讀古人書自謂知理道識事機而其施爲若是其悖也狼狽擯僇○狼音郎狽音貝僇音戮何以自表於今之世乎先生答曰敬聞命然客言僕知理道識事機過矣僕懵夫屈伸去就○懵母亘切不明也又莫紅目揔二切觸罪受辱幸得聯支體完肌膚猶食人之食衣人之衣二衣字上去聲下如字用人

之貨無耕織居販然而活給羞媿恐慄之不暇今客又推當世賢智以深致誚責○誚才肖切吾縲囚也論語註縲黑索也○縲倫追切逃山林入江海無路其何以容吾軀乎顧客少假聲氣使得詳其心次其論客曰何取取一作敢先生曰僕少嘗學問不根師說心信古書以爲凡事皆易不折之以當世急務徒知開口而言閉目而息挺而行躓而伏○躓音致跲也與疐通不窮喜怒不究曲直衡羅陷穽不知顛踣蒲北切愚惷狂悖若

是甚矣又何以恭客之教而承厚德哉今之世工拙不欺賢不肖明白其顯進者語其德則皆茫洋深閎端貞鯁亮葩弁涵養與道俱往而僕乃蹇淺窄僻跳浮嚄唶二字出史記信陵君傳晉鄙嚄唶○嚄烏百切大呼也唶莊白切歎聲也從史記音總言多言也抵瑕陷厄固不足以趑趄批捩而追其跡趑趄行不進貌○趑千咨切趄千余切批蒲結切捩力結切舉其理則皆謨明淵沉剖微窮深○剖普后切劈析是非○劈音僻校度古今而僕乃緘鉗默塞○鉗其廉切耗眊窒惑○眊音冒扶

異探恠抉挑也起幽作匿攸攸恤恤昭十二年左傳恤恤乎湫乎攸乎註攸懸危貌恤憂患也卒自翫賊○翫與禍同固不足以睢盱激昂而效其則睢仰目盱張目○睢翾規切盱匈于切言其學則皆摠攬羅絡橫竪雜博○竪上聲立也天旋地縮鬼神交錯而僕乃單庸撇𦵔○撇匹蔑切正作擎擊也離疏空虛竊聽道塗顓嚚蒙愚○顓與專同不知所如固不足以抗顏搖舌而與之俱稱其文則皆汗漫輝煌呼嘘陰陽嘘一作噏轇轕三光轇轕長遠貌一曰雜亂也○二字音交葛陶鎔帝皇而僕乃朴

鄬蘔澁培塿潗湁博雅培塿冢也襄二十四年左傳云部婁無松柏即培塿也而字不從土說文潗湁水貌○培薄口切塿郎口切潗子入七立二切湁丑入切培字或作㟝毫聯縷緝塵出块入○块於朗切固不足以攄摛踊躍而涉其級兹四者懸判雖庸童小女皆知其不及而又裹以罪惡纏以羈縶上居宜切下涉立切客從而擠之○擠牋西子計二切排也不亦忍乎且夫白羲騄耳之得康莊也列子周穆王命駕八駿之乘左服驊騮而右騄耳右驂赤驥而左白羲釋言云五達謂之康六達謂之莊康莊大道也羲字晏本作蟻史記作犧逐奔星先飄風而跛驢不出

泥滓黃鐘元間之登清廟也國語有六間元間大呂二間夾鐘三間中呂四間林鐘五間南呂六間黃鐘○元間如字又間厠之間國語元間大呂助宣物也註陰繫於陽以黃鐘爲主故曰元間鏗天地動神祇而鳴嗚咬哇史記李斯曰擊甕叩缻彈箏搏髀而歌呼嗚嗚眞秦之聲也嗚嗚當是秦曲名咬哇邪聲○咬五巧切哇於佳切又烏瓜切不入里耳莊子大聲不入於里耳西子毛嬙之蹈後宮也孟子曰西子蒙不潔西子西施越女莊子曰毛嬙麗姬人之所美也毛嬙蓋越王嬖姬皦朝日煥浮雲而無鹽逐於鄉里列女傳無鹽齊女蛟龍之騰於天淵也彌六合澤萬物而鰕與蛭不離尺水○蛭

（音質水蟲）卓詭倜儻之士之遇明世也（○倜他歷切儻他黨切不羈也）用智能顯功烈而麼眇連蹇（○麼目果切細也連盧蹇切）顛頓披靡固其所也客又何恠哉且夫一涉險阨懲而不再者烈士之志也知其不可而速已者君子之事也吾將竊取之以沒吾世不亦可乎乃歌曰堯舜之修兮禹益之憂兮能者任而愚者休兮躚躚蓬藋（躚躚相得貌藋釋云董草○躚音仙藋徒弔切）樂吾囚兮（吾一作夫）文墨之彬彬（一本作申申）足以舒吾愁兮已乎已乎曷之求乎

客乃笑而去

起廢答亦永州未召時作

柳先生既會州刺史即治事還遊于愚溪之上溪上聚黧老壯齒○黧音黎黑而黃色十有一人謖足以進○謖山六切起也列植以慶莊子壞植散羣植行列也○植音值卒事相顧加進而言曰今兹是州起廢者二焉先生其聞而知之歟答曰誰也曰東祠躄浮圖躄人不能行也○躄必益切亦書作蹶中廄病顙之駒○廄音究馬舍顙寫曩切駒音拘曰若是何哉曰凡爲浮圖

道者都邑之會必有師師善為律以敕戒始學者與女釋者甚尊嚴且優游甓浮圖有師道少而病甓日愈以劇居東祠十年扶服輿曳○扶服與匍匐同未嘗及人側匿愧恐殊甚一無殊字今年他有師道者悉以故去始學者與女釋者倀倀無所師○倀丑良切無見貌又音根獨立也遂相與出甓浮圖以為師盥濯之○盥古緩古玩二切濯澡也扶持之壯者執輿幼者前驅被以其衣導以其旗怵惕疾視引且翼之詩以引以翼甓浮圖不得已

凡師數百生一本作人又作人生一日饋飲食時獻巾帨洋洋也舉莫敢踰其制中廄病顙之駒顙之病亦且十年色玄不厖無異技硿然大耳○硿苦東戸宋二切然以其病不得齒他馬食斥棄異皁恒少食屏立擯辱掣頓異甚○掣尺制尺列二切垂首披耳懸涎屬地凡廄之馬無肯爲伍會今剌史以御史中丞來蒞吾邦貞元九年御史中丞崔公來蒞永州屛棄羣駟舟以泝江將至無以爲乘廄人咸曰病顙駒大而不厖可秣飾焉他馬巴僰

庳狹巴僰地名○僰蒲墨切無可當吾刺史者於是衆牽駒上燥土大廡下○廡音武堂下周屋薦之席縻之縧浴剔蚤鬋禮記乘髦馬不蚤鬋蚤謂除爪也鬋謂翦鬣也○蚤音爪鬋子淺切莊子為天子之諸御不爪翦刮惡除洟○刮古剎切莝以雕胡雕胡草名菰也○莝音挫斬芻也秣以香萁音基豆莖秣音末錯貝鱗纕音襄馬腹帶鏊金文羈絡以和鈴左傳錫鸞和鈴昭其聲也註和在衡鈴在旂纓以朱綏○纓音嬰綏儒佳切或膏其鬣音獵或劘其脽○劘音磨平聲削也脽音誰尻也御夫盡飾然後敢持除道覆石立之水涯音沂幢旟前羅

幢旌旗屬周禮鳥隼爲旟○幢傳江切旟音輿杠蓋後隨○杠音江旗竿漢書甘泉賦註郅偈竿杠之狀千夫翼衛當道上馳抗首出臆音億震奮遨嬉○遨音敖當是時若有知也豈不曰宜乎先生曰是則然矣叟將何以教我黧老進曰今先生來吾州亦十年公永貞元年十一月自邵州刺史改永州司馬明年即改元元和留永既久至元和十年正月方召至京足軼疾風○軼徒結切車相過也又音逸鼻知膻香○膻尸連切與羶同腹溢儒書口盈憲章包今統古進退齊良然而一廢不復曾不若躄足涎顙之猶有遭也朽人

不識敢以其慼顧質之先生先生笑且答曰叟過矣彼之病病乎足與顙也吾之病病乎德也又彼之遭遭其無耳今朝廷洎四方豪傑林立謀猷川行羣談角智列坐爭英披華發輝揮喝雷霆老者育德少者馳聲丱角羈貫。丱古患切束髮也排廁鱗征一位暫缺百事交并駢倚懸足。駢蒲眠切曾不得逞丑郢切不若是州之乏釋師大馬也而吾以德病伏焉豈躄足涎顙之可望哉叟之言過昭昭矣無重吾罪

於是鰲老壯齒相視以喜且吁曰諭之矣拱
揖而旋爲先生病焉

河東先生集卷第十五

世綵廖氏
刻梓家塾

河東先生集七

第十六卷 說

第十七卷 傳

第十八卷 騷

第十九卷 弔贊箴戒

河東先生集卷第十六

說

天說

韓文公登華而哭有悲絲泣岐之意惟沈顔能知之今其言曰人能賊元氣陰陽而殘人者則有功蓋有激而云柳子因而爲之説謂天地元氣陰陽不能賞功而罰惡要其歸欲以仁義自信其説當矣然曰天不能賞罰善惡者何自而勸沮乎韓文公曰今之言性者雜佛老而言正爲柳子設也劉禹錫云子厚作天説以折退之之言非所以盡天人之際故作天論三篇以極其辯然公繼與禹錫書云凡子之論乃吾天説註疏耳禹錫天

論今附此後

韓愈謂柳子曰若知天之說乎吾爲子言天之說今夫人有疾痛倦辱饑寒甚者因仰而呼天曰殘民者昌佑民者殃又仰而呼天曰何爲使至此極戾也若是者舉不能知天夫果蓏按許愼說文在木曰果在地曰蓏張晏云有核曰果無核曰蓏應劭云木實曰果草實曰蓏又一說云有殼曰果無殼曰蓏○蓏魯果切飲食旣壞蟲生之人之血氣敗逆壅底爲癰瘍疣贅瘻痔說文癰腫也瘍頭瘡贅謂贅肉瘻頸腫一曰久創痔後病也○癰音邕瘍音陽疣音尤贅朱芮

切夔音漏痔丈里切蟲生之木朽而蝎中。蝎音曷木中蟲非蟄毒音歇者草腐而螢飛。腐音輔爛也是豈不以壞而後出耶物壞蟲由之生元氣陰陽之壞人由之生蟲之生而物益壞食齧之。齧倪結切攻穴之蟲之禍物也滋甚其有能去之者有功於物者也繁而息之者物之讎也人之壞元氣陰陽也亦滋甚墾原田。墾音懇耕治也伐山林鑿泉以井飲窾墓以送死。窾音欵空也而又穴為偃溲偃一作匽莊子觀室者周於寢廟又適其偃馬註偃謂屛廁屛廁則以偃溲集韻溺謂之溲音蒐築爲牆垣城郭臺榭觀游蹠爲川瀆溝洫陂池燧木以燔音煩爇也燧音遂革金以鎔陶甄琢磨○甄音堅悴然使天地萬物不得其情倖倖衝衝○倖音幸攻殘敗撓而未嘗息其爲禍元氣陰陽也不甚於蟲之所爲乎吾意有能殘斯人使日薄歲削禍元氣陰陽者滋少是則有功於天地者也繁而息之者天地之讎也今夫人舉不能知夫人下一有之字故爲是呼且怨也吾意天聞其呼且怨則有功者受賞必大矣

其禍焉者受罰亦大矣子以吾言爲何如柳
子曰子誠有激而爲是耶則信辯且美矣吾
能終其說彼上而玄者世謂之天下而黃者
世謂之地渾然而中處者世謂之元氣寒而
暑者世謂之陰陽是雖大無異果蓏癰痔草
木也假而有能去其攻穴者是物也其能有
報乎蕃而息之者其能有怒乎天地大果蓏
也元氣大癰痔也陰陽大草木也其烏能賞
功而罰禍乎功者自功禍者自禍欲望其賞

罰者大謬呼而怨欲望其哀且仁者愈大謬矣子而信子之義以遊其內生而死爾烏置存亡得喪於果蓏癰痔草木耶

天論上　劉禹錫

世之言天者二道焉拘於昭昭者則曰天與人實影響禍必以罪降福必以善徠窮阨而呼必可聞隱痛而祈必可答如有物的然以宰者故陰騭之説騰焉泥於冥冥者則曰天與人實剌異霆震于畜木未嘗

在罪春滋乎堇荼未嘗擇善跖蹻焉而遂孔顏焉而厄是茫乎無有宰者故自然之說勝焉余友河東解人柳子厚作天說以折韓退之之言文信美矣蓋有激而云非所以盡天人之際故余作天論以極其辯云大凡入形器者皆有能有不能天有形之大者也人動物之尤者也天之能人固不能也人之能天亦有所不能也故余曰天與人交相勝耳其說曰天之道在生植

其用在强弱人之道在法制其用在是非陽而阜生陰而肅殺水火傷物木堅金利壯而武健老而耗眊氣雄相君力雄相長天之能也陽而蓺樹陰而揫歛防害用濡禁焚用光斬材竅堅液礦硎鎃義制强訐禮分長幼右賢尚功建極閑邪人之能也人能勝乎天者法也法大行則是爲公是非爲公非天下之人蹈道必賞違之必罰當其賞雖三旌之貴萬鍾之禄處之咸曰

宜何也爲善而然也當其罰雖族屬之夷
刀鋸之慘處之咸曰宜何也爲惡而然也
故其人曰天何預乃事耶唯告虔報本肆
類授時之禮曰天而已矣福兮可以善取
禍兮可以惡召奚預乎天耶法小弛則是
非駁賞不必盡善罰不必盡惡或賢而尊
顯時以不肖參焉或過而僇辱時以不辜
參焉故其人曰彼宜然而信然理也彼不
當然而固然豈理耶天也福或可以詐取

而禍或可以茍免人道駁故天命之説亦駁焉法大弛則是非易位賞恒在佞而罰恒在直義不足以制其强刑不足以勝其非人之能勝天之具盡喪矣夫實已喪而名徒存彼昧者方挈挈然提無實之名欲抗乎言天者斯數窮矣故曰天之所能者生萬物也人之所能者治萬物也法大行則其人曰天何預人邪我蹈道而已法大弛則其人曰道竟何爲邪任人而已法小

弛則天人之論駁焉今以一己之窮通而欲質天之有無惑矣余曰天恒執其所能以臨乎下非有預乎治亂云爾人恒執其所能以仰乎天非有預乎寒暑云爾生乎治者人道明咸知其所自故德與怨不歸乎天生乎亂者人道昧不可知故由人者舉歸乎天非天預乎人爾

天論中

或曰子之言天與人交相勝其理微庸使

戶曉盡取諸譬焉劉子曰若知旅乎夫旅
者羣適乎莽蒼求休乎茂木飲乎水泉必
强有力者先焉否則雖聖且賢莫能競也
斯非天勝乎羣次乎邑郛求蔭于華榱飽
于餼牢必聖且賢者先焉否則强有力莫
能競也斯非人勝乎苟道乎虞芮雖莽蒼
猶郛邑然苟由乎匡宋雖郛邑猶莽蒼然
是一日之途天與人交相勝矣吾固曰是
非存焉雖在野人理勝也是非亡焉雖在

邦天理勝也然則天非務勝乎人者也何哉人不幸則歸乎天也人誠務勝乎天者也何哉天無私故人可務乎勝也吾於一日之途而明乎天人取諸近也已或者曰若是則天之不相預乎人也信矣古之人曷引天爲答曰若知操舟乎夫舟行乎濰淄伊洛者疾徐存乎人次舍存乎人風之怒號不能鼓爲濤也流之泝洄不能峭爲魁也適有迅而安亦人也適有覆而膠亦

人也舟中之人未嘗有言天者何哉理明故也彼行乎江漢淮海者疾徐不可得而知也次舍不可得而必也鳴條之風可以沃日車蓋之雲可以見怪恬然濟亦天也黯然沉亦天也阽危而僅存亦天也舟中之人未嘗有言人者何哉理昧故也問者曰吾見其駢焉而濟者風水等耳而有沉有不沉非天曷司歟答曰水與舟二物也夫物之合并必有數存乎其間焉數存然

後勢形乎其間焉一以沉一以濟適當其數乘其勢耳彼勢之附乎物而生猶影響也本乎徐者其勢緩故人得以曉也本乎疾者其勢遽故難得以曉也彼江海之覆猶伊淄之覆也勢有疾徐故有不曉耳問者曰子之言數存而勢生非天也天果狹於勢邪答曰天形恒圓而色恒青周回可以度得晝夜可以表候非數之存乎恒高而不卑恒動而不已非勢之乘乎今夫蒼

蒼然者一受其形于高大而不能自還於卑小一乘其勢于動用而不能自休於俄頃又惡能逃乎數而越乎勢耶吾固曰萬物之所以爲無窮者交相勝而已矣還相用而已矣天與人萬物之尤者耳問曰天果以有形而不能逃乎數彼無形者子安所寓其數耶答曰若所謂無形者非空乎空者形之希微者也爲體也不妨乎物而爲用也恒資乎有必依於物而後形焉今

爲室廬而高厚之形藏乎內也爲器用而規矩之形起乎內也音之作也有大小而響不能踰表之立也有曲直而影不能踰非空之數歟夫目之視非能有光也必因乎日月火炎而後光存焉所謂晦而幽者目有所不能燭耳彼狸狌犬鼠之目庸謂晦爲幽邪吾固曰以目而視得形之粗者也以智而視得形之微者也鳥有天地之內有無形者耶古所謂無形蓋無常形耳

必因物而後見耳烏能逃乎數耶

天論下

或曰古之言天之曆象有宣夜渾天周髀之書言天之高遠卓詭有鄒子今子之言有自乎答曰吾非斯人之徒也大凡入乎數者由小而推大必合由人而推天亦合以理揆之萬物一貫也今夫人之有顏目耳鼻齒毛頤口百骸之粹美者也然而其本在夫腎腸心腹天之有三光懸寓萬象

之神明者也然而其本在乎山川五行濁
爲清母重爲輕始兩位既儀還相爲膚嘘
爲雨露噫爲雷風乘氣而生羣分彙從植
類曰生按尚書傳云海隅蒼生謂草木也動類曰蟲倮蟲
之長爲智最大能執人理與天交勝用天
之利立人之紀紀綱或壞復歸其始堯舜
之書首曰稽古不曰稽天幽厲之詩首曰
上帝不言人事在舜之廷元凱舉焉曰舜
用之不曰天授在殷高宗襲亂而興心知

誑賢乃曰帝賚堯民知餘難以神誣商俗以訛引天而歐由是而言天預人乎

鶻說

唐之中世酷吏羅織姦臣擅權朋黨相軋者四十年藩鎮跋扈者二百載腥風逆氣彌漫宇內仁人君子爲之慟哭巴蜀不臣子美所以賦杜鵑之詩眷屬虛名白樂天所以有江魚塞鴈之嘆猫或相乳韓吏部喜而序其事以見斯人無慈幼之恩鶻能縱鳥柳子從而爲之說以見斯人多害物之忍數子皆有激而云退之誌公墓謂子厚既退無相知有氣力得位者推挽故卒厄於窮裔觀公此說必有當途者資子厚之氣力而不知報其

篇末意昭然○鶻胡骨切

有鷙曰鶻者宂于長安薦福浮圖有年矣浮圖之人室宇於其下者伺之甚熟爲余說之曰冬日之夕是鶻也必取鳥之盈握者完而致之以燠其爪掌○燠乙六切熱氣左右而易之旦則執而上浮圖之跂焉浮圖之跂塔之最高處詩斯干如跂斯翼註如人之跂竦翼爾○跂丘弭去智二切縱之延其首以望極其所如往必背而去焉苟東矣則是日也不東逐南北西亦然嗚呼孰謂爪吻毛翮之物而

不爲仁義器耶○翮下革切羽莖也是固無號位爵禄之欲里閭親戚朋友之愛也出乎鷇卵鳥子生而須哺曰鷇自食曰雛○鷇古候切而知攫食決裂之事爾攫字下一有搏字不爲其他凡食類之飢唯旦爲甚今忍而釋之以有報也是不亦卓然有立者乎用其力而愛其死以忘其飢又遠而違之非仁義之道耶恒其道一其志不欺其心斯固世之所難得也余又疾夫今之説曰以喣喣而嘿○喣吁遇況羽㓜于三切蒸也徐徐而俯者善之徒以

翹翹而厲炳炳而白者暴之徒今夫梟鵂晦

於晝而神於夜梟不孝鳥鵂博雅云怪鵂也莊子鴟鵂夜撮蚤察毫末晝

不見丘山○梟堅堯切鵂音休鼠不穴寢廟左傳襄二十三年臧武仲曰夫

鼠晝伏夜動不穴於寢廟畏人故也循牆而走左傳僖七年正考父鼎銘曰三

命而俯循牆而走是不近於呴呴者耶今夫鶻其立

趯然○趯音逖趯跳也其動砉然砉皮骨相離聲莊子砉然嚮然○砉呼虢

切其視的然其鳴革然是不亦近於翹翹者

耶由是而觀其所爲則今之說爲未得也孰

若鶻者吾願從之毛耶翮耶胡不我施寂寥

太清樂以忘飢

祀朝日說公時爲監察御史作禮記玉藻天子玄端而朝日於東門之外

柳子爲御史主祀事將朝日唐二分朝日夕月於國城東西各用方色犢朝音潮下同○其僚問曰古之名曰朝日而已今而曰祀朝日何也余曰古之記者則朝拜之云也今而加祀焉者則朝旦之云也朝音昭○今之所云非也問者曰以夕而偶諸朝或者今之是乎余曰夕之名則朝拜之偶也古

者旦見曰朝暮見曰夕故詩曰邦君諸侯莫肯朝夕詩雨無正之文左氏傳曰百官承事朝而不夕禮記曰日入而夕又曰朝不廢朝暮不廢夕晉侯將殺豎襄叔向夕國語平公射鴳不死使豎襄搏之失公怒將殺之叔向聞之夕以諫平公乃趣赦之註豎內豎襄名也聞之夕謂夕至於朝也楚子之留乾谿右尹子革夕左傳昭十二年楚子次于乾谿析父從右尹子革夕王見之註子革鄭丹夕莫見也齊之亂子我夕史記齊簡公四年初簡公與父陽生之在魯也闞止有寵及即位使為政田成子憚之御鞅言諸簡公曰田闞不可竝也君其擇焉弗聽子我夕註闞止子我也夕省事也趙文

子礱其椽張老夕國語趙文子爲室斲其椽而礱之張老夕焉而見之○礱盧紅切智襄子爲室美士茁夕國語襄子爲室美士茁夕註襄子智伯瑤也士茁智伯家臣○茁側劣切皆暮見也漢儀夕則兩郎向瑣闈拜謂之夕郎亦出是名也漢官儀故事黃門郎每日暮向青瑣門拜謂之夕郎蓋即今之給事中云故曰大采朝日小采夕月周禮王搢大圭執鎮圭繅藉五采五就以朝日則大采謂此朝日以五采則夕月以三采可知也國語天子大采朝日與三公九卿祖習地德小采夕月與太史司載糾虔天刑又曰春朝朝日秋夕夕月若是其類足矣一無其類字又加祀焉蓋不學者爲之

也僚曰欲子之書其説吾將施于世可乎余從之

捕蛇者説公謫永州時作唐都長安零陵相去三千五百里見唐賦所及者遠也是時唐之賦可謂毒矣

永州之野產異蛇黑質而白章章文也觸草木盡死以齧人無禦之者然得而腊之以爲餌可以已大風攣踠瘻癘踠曲脚也足疾也瘻頸腫也一曰久創癘疫癘也○攣閭緣切踠音宛又於遠切瘻音漏癘音厲去死肌殺三蟲其始太醫以王命聚之歲賦其二募有能捕

之者當其祖入汞之人爭奔走焉有蔣氏者專其利三世矣問之則曰吾祖死於是吾父死於是今吾嗣爲之十二年幾死者數矣言之貌若甚慼者余悲之且曰若毒之乎若汝也余將告于蒞事者更若役復若賦則何如蔣氏大戚汪然出涕曰君將哀而生之乎則吾斯役之不幸未若復吾賦不幸之甚也嚮吾不爲斯役則久巳病矣自吾氏三世居是鄉積於今六十歲矣而鄉鄰之生日蹙殫其地

之出○殫音單盡也竭其廬之入號呼而轉徙飢渴而頓踣音匐僵也觸風雨犯寒暑呼噓毒癘往往而死者相藉也○藉徂夜切曩與吾祖居者今其室十無一焉與吾父居者今其室十無二三焉與吾居十二年者今其室十無四五焉非死而徙爾而吾以捕蛇獨存悍吏之來吾鄉○悍音旱叫囂乎東西○囂虛嬌切一音敖囂一作嚻隳突乎南北○突他沒切譁然而駭者○譁音華駭下楷切雖雞狗不得寧焉吾恂恂而起○恂音荀視其缶而吾蛇尚

存則弛然而卧○弛施氏切謹食之○食音飤時而獻焉退而甘食其土之有以盡吾齒蓋一歲之犯死者二焉其餘則熙熙而樂豈若吾鄉鄰之旦旦有是哉今雖死乎此比吾鄉鄰之死則已後矣又安敢毒耶余聞而愈悲孔子曰苛政猛於虎也孔子過泰山側有婦人哭於墓而哀夫子式而聽之使子貢問之曰子之哭也一似重有憂者而曰然昔者吾舅死於虎吾夫又死焉今吾子又死焉夫子曰何爲不去也曰無苛政夫子曰小子識之苛政猛於虎也吾嘗疑乎是今以蔣氏觀之猶信嗚呼孰知賦歛之毒

有甚是蛇者乎故爲之說以俟夫觀人風者得焉

䄍說

柳子爲御史主祀事將䄍䄍祭名也夏曰嘉平殷曰清祀周曰大䄍漢曰臘禮記曰䄍者索也歲十二月合聚萬物而索饗之也○䄍音乍或從虫進有司以問䄍之說則曰合百神於南郊以爲歲報者也先有事必質于戶部戶部之詞曰旱于某水于某蟲蝗于某癘疫于某則黜其方守之神不及以祭唐制䄍祭凡一百八十七坐方當年穀不登則

闕其祀 余嘗學禮蓋思而得之則曰順成之方其䄍乃通禮記八䄍以記四方四方年不順成八䄍不通以謹民財也順成之方其䄍乃通以移民也鄭註云其方穀不熟則不通於䄍焉若是古矣繼而歎曰神之貌乎吾不可得而見也祭之饗乎吾不可得而知也是其誕漫惝怳○誕音但漫莫官切又莫半切惝齒兩切怳許兩切惝怳驚貌冥冥焉不可執取者夫聖人之爲心也一無心也字必有道而已矣非于神也蓋于人也以其誕漫惝怳冥冥焉不可執取而猶誅削若此況其貌言動作之塊

然者乎是設乎彼而戒乎此者也其旨大矣

或曰若子之言則旱乎水乎蟲蝗乎癘疫乎未有黜其吏者而神黜焉而曰蓋于人者何也予曰若子之云旱乎水乎蟲蝗乎癘疫乎（一本無旱乎止疫乎十字）豈人之爲耶故其黜在神暴乎眊乎沓貪乎罷弱乎（○罷音疲下同）非神之爲耶故其罰在人令夫在人之道則吾不知也不明斯之道而存乎古之數其名則存而教之實則隱以爲非聖人之意故歎而云也曰然則

致雨反風（金縢周公居東天大雷電以風王出郊天乃雨反風禾則盡起）蝗不爲災虎負子而趨（劉昆爲弘農守崤澠多虎災昆爲政三年虎皆負子渡河宋均爲九江守郡多虎均下令去其陷穽後傳虎相與渡河又山陽楚沛多蝗其飛至九江界者輒東西散去）是非人之爲則何以余曰子欲知其以乎所謂偶然者信矣必若人之爲則十年九潦（郎到切）八年七旱者（此二句莊子秋水之文）獨何如人哉其黜之也苟明乎教之道雖去古之數可矣反是則誕漫之說勝而名實之事喪亦足悲乎

乘桴說

韓退之說論語與世之學者大異如子在回何敢死而曰回何敢先子所雅言詩書執禮皆雅言也而曰子所雅言之類皆自出新意不同諸子柳子於論語其語不多異而乘桴一說亦出於諸儒言意之外○桴芳無切

子曰道不行乘桴浮于海桴編竹木以渡大者曰筏小者曰桴從我者其由歟子路聞之喜子曰由也好勇過我無所取材說曰海與桴與材皆喻也海者聖人至道之本所以浩然而遊息者也桴者所以遊息之具也材者所以為桴者也易

曰復其見天地之心乎則天地之心者聖人之海也復者聖人之桴也所以復者桴之材也孔子自以極生人之道（極一作拯）不得行乎其時將復於至道而遊息焉謂由也勇於聞義果於避世故許其從之也其終曰無所取材云者言子路徒勇於聞義果於避世而未得所以爲復也此以退子路兼人之氣而明復之難耳然則有其材以爲其桴（一作以爲桴無其字）而遊息於海其聖人乎子謂顔淵曰用之則行

舍之則藏唯我與爾有是夫由是而言以此追庶幾之説追一作追則回近得矣而曰其由也歟者當是歎也回死矣夫或問曰子必聖人之云爾乎曰吾何敢以廣異聞且使遯世者得吾言以爲學其於無悶也捷焉而已矣捷一作捷

説車贈楊誨之誨之楊憑之子也憑自京兆尹貶臨賀尉

臨賀在嶺南屬賀州公時在永誨之道永之賀公作是説以送然誨之猶以爲柔外剛中未必不爲弊車柔外剛中未必不爲

常人公反復論辯有二書見于集之別卷

楊誨之將行柳子起而送之門有車過焉指焉而告之曰若知是之所以任重而行於世乎材良而器攻圓其外而方其中然也材而不良則速壞工之爲功也不攻則速敗也攻牢也中不方則不能以載外不圓則窒拒而滯方之所謂者箱也箱所以載圓之所謂者輪也匪箱不居匪輪不塗塗謂行於塗吾子其務法焉者乎曰然曰是一車之說也非衆車之說也吾將

告子乎衆車之説澤而杼山而侔考工記凡爲輪行澤欲杼行山欲侔註杼謂削薄其踐地者侔上下等○杼直呂切上而輕下而軒且曳詩戎車既安如輊如軒輊俯也軒仰也且曳字本易曳其輪○輊音致祥而曠左禮記祥車曠左註葬之乘車也革而長轂以戟革謂革車左氏曰長轂九百註長轂戎車也○長轂音穀巢馬而以望兵車加高巢以望敵也左傳成十六年楚子登巢車以望晉師巢本作轈省作巢安以愛老安安車也禮記大夫七十而致事乘安車自稱曰老夫漢武帝以安車迎枚乘輜以蔽內輜説文云軿車前衣車後也字林載衣物車前後皆蔽若今庫車○輜音葘垂綏而以敃○禮記武車綏旌綏宣隹切載十二旒而

以廟以郊以陳于庭周官巾車王之五輅一曰玉輅建太常十有二斿以祀斿音流○其類衆也然而其要存乎材良而器攻圓其外而方其中也是故任而安之者箱詩疏車內容物之處爲箱達而行之者輪恒中者軸音逐揭而固者蚤揭戟持也蚤當爲爪考工記註謂輻入平中者也○揭音局又拘玉切蚤音爪長而撓撓一作橈進不罪乎馬退不罪乎人者轅考工記大車之轅摯其登又難既克其登其覆車也必易此無故惟轅直且無撓也○轅音袁却暑者與雨者蓋考工記輪人爲蓋註蓋主爲雨設也敬而可伏者軾軾車前橫板隆起者也服而制者馬若

牛然後衆車之用具今楊氏仁義之林也其
産林良誨之學古道爲古辭沖然而有光其
爲工也攻果能恢其量若箱周而通之若輪
守大中以動乎外而不變乎內若軸攝之以
剛健若蚤引馬而宜御乎物若轅高以遠乎
汚若蓋下以成乎禮若軾險而安易而利動
而法則庶乎車之全也詩之言曰四牡騑騑
六轡如琴孔氏語曰左爲六官右爲執法此
其以達於大政也凡人之質不良莫能方且

恒質良矣用不周莫能以圓遂孔子於鄉黨恂恂如也遇陽虎必曰諾而其在夾谷也視叱齊侯類蓄狗魯定公十年會齊侯于夾谷孔丘相不震乎其內後之學孔子者不志於是則吾無望焉耳矣誨之吾戚也長而益良方其中矣吾固欲其任重而行於世懼圓其外者未至故說車以贈唐世士風敝甚矣其相戒約曰君欲求權須方須圓元次山嫉之欲毀小兒轉圜之器以謂寧方爲皁隸不圓爲公卿柳子說車以贈楊生者盡矣其末篇曰誨之方其中懼圓其外者未至愚謂楊生誠能方其中則其外當濟以圓不害乎時中也使其自得

也未至而更以圓教之則不同乎流俗者幾希

謫龍說 當在貶謫後作蓋有激而然者也

扶風馬孺子言年十五六時在澤州與羣兒戲郊亭上頃然有奇女墜地有光曄然曄目動也光也被緅裘白紋之裏○緅將侯切又側鳩切帛青赤色首步搖之冠步搖冠名言行步則搖自漢時有之貴遊少年駭且悅之稍狎焉奇女頩爾怒曰楚詞頩薄怒以自持又博雅云艴頩色也○頩普名切又普冷切不可吾故居鈞天帝宮下上星辰呼嘘陰陽薄蓬萊羞崑崙而不即者帝

以吾心侈大怒而譎來七日當復今吾雖辱
壄土中非若儷也（若汝也儷偶也○儷郎計切）吾復且害
若衆恐而退遂入居佛寺講室焉及期進取
杯水飲之噓成雲氣五色翛翛也（○翛音宵）因取
裘反之化爲白龍徊翔登天莫知其所終亦
怪甚矣嗚呼非其類而狎其譎不可哉孺子
不妄人也故記其說

復吳子松說（吳子即吳武陵）

子之疑木膚有怪文與人之賢不肖壽夭貴

賤果氣之寓歟爲物者裁而爲之歟余固以爲寓也子不見夫雲之始作乎敦怒衝涌○（敦蒲没切）擊石薄木而肆乎空中偃然爲人拳然爲禽敷舒爲林木嵑嶭爲宮室○（嵑嶭山高貌上苦曷丘葛二切下魚列牙葛二切嵑或作嶱）誰其搏而斲之者○（斲音卓）風出洞窟流離百物經清觸濁呼召竅穴（竅作竅非）與夫草木之儷偶紛羅雕葩剡芒○（葩披巴切）臭朽馨香采色之赤碧白黃皆寓也無裁而爲之者（一無之字）又何獨疑茲膚之奇詭（古委切）與人

之賢不肖壽夭貴賤參差不齊者哉是固無
情不足窮也然有可恨者人或權褒貶黜陟
爲天子求士者皆學於聖人之道皆又以仁
義爲的皆曰我知人我知人披辭窺貌逐其
聲而覈其所蹈者以升而降其所升常多蒙
瞀禍賊僻邪○瞀音務又莫候切目不明也罔人以自利者
其所降率恒多淸明沖淳一無恒字不爲害者彼
非無情物也非不欲得其升降也然猶反戾
若此逾千百年乃一二人幸不出於此者徼

之猶無以爲告今子不是病而未膚之問爲
物者有無之疑子胡横訊過詰擾擾焉如此
哉

羆説

鹿畏貙（敕倶切獸名説文貙劉 也似狸能捕獸祭天）貙畏虎虎畏
羆（説文羆如 熊黄白色）羆之狀被髮人立絶有力而甚
害人焉楚之南有獵者能吹竹爲百獸之音
昔云（昔云一 作寂寂）持弓矢罌火○（罌音鸎 瓦缶也）而即之
山爲鹿鳴以感其類伺其至發火而射之貙

聞其鹿也趨而至其人恐因爲虎而駭之貙走而虎至愈恐則又爲羆虎亦亡去羆聞而求其類至則人也捽搏挽裂而食之○捽昨沒切持頭髮也令夫不善內而恃外者未有不爲羆之食也

觀八駿圖說

晉王嘉拾遺記八駿之名一曰絕地二曰翻羽三曰奔霄四曰越影五曰踰暉六曰超光七曰騰霧八曰挾翼圖必本諸此云

古之書有記周穆王馳八駿升崑崙之墟者

列子云周穆王不恤國事不樂臣妾肆意遠遊命駕八駿之乘右服驊騮而左綠耳右驂赤驥而左白羲次車之乘右服渠黃而左踰輪左驂盜驪而右山子馳驅千里至于巨蒐氏之國遂宿崑崙之阿赤水之陽古書記穆王馳八駿者莫此爲詳後之好事者爲之圖宋齊以下傳之下一作來觀其狀甚怪咸若騫若翔若龍鳳麒麟若螳蜋然螳蜋螵蠨母方言曰譚魯以南謂之蟷蠰三河之間謂之螳蜋其書尤不經世多有然不足采世聞其駿也因以異形求之則其言聖人者亦類是矣故傳伏羲曰牛首女蝸曰其形類蛇帝王世紀伏羲女蝸蛇身人首神農人身牛首○蝸公蛙切

孔子如倛頭荀子云仲尼之狀面如蒙倛頭者蒙倛之頭○倛音欺方相也若是者甚衆孟子曰何以異於人哉堯舜與人同耳今夫馬者駕而乘之或一里而汗或十里而汗或千百里而不汗者一無百字一作數十里視之毛物尾鬣四足而蹏齕草飲水○齕下没切齧也一也推是而至於駿亦類也今夫人有不足爲負販者有不足爲吏者有不足爲士大夫者有足爲者視之圜首橫目莊子橫目之民食穀而飽肉絺而清裘而燠一也推是而至於聖

亦類也然則伏羲氏女媧氏孔子氏是亦人而已矣驊騮白義音蟻一本作蟻山子之類若果有之是亦馬而已矣又烏得為牛為蛇為倛頭為龍鳳麒麟螳蜋然也哉然而世之慕駿者不求之馬而必是圖之似故終不能有得於駿也慕聖人者不求之人而必若牛若蛇若倛頭之閭一作閒故終不能有得於聖人也誠使天下有是圖者舉而焚之則駿馬與聖人出矣古之聖人有若牛蛇鳥喙蒙倛者貌似而心不同不可謂之非人此所以嘆鶴

言之爲怪柳子曰慕聖人者不求之人而必
若牛若蛇若蒙倛之問終不能有得此所以
欲焚八駿之圖文公之於聖人信其有形貌
之似而重求其心子厚之於聖人桀之以人
而不信其爲禽獸蟲魚之怪
二子之意蓋大同而小異

河東先生集卷第十六

世綵廖氏
刻梓家塾

（唐）柳宗元 撰

宋本河東先生集

第五册

國家圖書館出版社

第五册目録

卷第十七　傳

宋清傳……一
種樹郭橐駝傳……四
童區寄傳……八
梓人傳……一二
李赤傳……一九
蝜蝂傳……二四
曹文洽韋道安傳元闕……二六

卷第十八　騷

乞巧文……二九
罵尸蟲文并序……三七
斬曲几文……四三
宥蝮蛇文并序……四七
憎王孫文并序……五二
逐畢方文并序……五六
辯伏神文并序……六〇
愬螭文并序……六三
哀溺文并序……六五
招海賈文……六九

卷第十九　吊贊箴戒

吊萇弘文……七七
吊屈原文……八一
吊樂毅文……八七
伊尹五就桀贊……九〇

梁丘據贊……九三
霹靂琴贊引……九五
尊勝幢贊并序……九六
龍馬圖贊并序……九八
誡懼箴……一〇〇
憂箴……一〇一
師友箴并序……一〇二
敵戒……一〇四
三戒并序……一〇五

卷第二十　銘雜題

沛國漢原廟銘并序……一一三
劍門銘并序……一二二
塗山銘并序……一二八
壽州安豐縣孝門銘并序……一三三
武岡銘并序……一三八
井銘并序……一四三
舜禹之事……一四五
謗譽……一五〇
咸宜……一五四
鞭賈……一五五
吏商……一五八
東海若……一六一

卷第二十一　題序

讀韓愈所著毛穎傳後題……一六九
裴墐崇豐二陵集禮後序……一七三
柳宗直西漢文類序……一七九
楊評事文集後序……一八五
濮陽吳君文集序……一八九
王氏伯仲唱和詩序……一九二

河東先生集卷第十七

傳

宋清傳 公此文當在謫永州後作蓋有激云

宋清長安西部藥市人也居善藥居謂積也有自山澤來者必歸宋清氏清優主之長安醫工得清藥輔其方輒易讎音售賣也易以豉切咸譽清疾病疕瘍者○疕卑履切一本作咸譽清信能療病故病者亦皆樂就清求藥冀速已清皆樂然響應皆一作咸雖不持錢者皆與善藥積券如山未嘗詣取直或不

識遙與券清不爲辭歲終度不能報輒焚券（漢高紀折券註以簡牘爲契券戰國策馮驩使吏召諸民悉來合券券徧合因燒其券）終不復言市人以其異皆笑之曰清蚩妄人也或曰清其有道者歟清聞之曰清逐利以活妻子耳非有道也然謂我蚩妄者亦謬清居藥四十年所焚券者百數十人或至大官或連數州受俸博其餽遺清者相屬於戶雖不能立報而以賖死者千百（賖一作賒）不害清之爲富也清之取利遠遠故大豈若小市人哉

一不得直則怫然怒○怫音佛再則罵而仇耳一耳作取彼之爲利不亦翦翦乎○翦子賤切吾見蚩之有在也清誠以是得大利又不爲妄執其道不廢卒以富求者益衆其應益廣或斥棄沉廢親與交視之落然者清不以怠遇其人必與善藥如故一旦復柄用益厚報清其遠取利皆類此吾觀今之交乎人者炎而附寒而棄鮮有能類清之爲者世之言徒曰市道交嗚呼清市人也今之交有能望報如清之遠

者乎幸而庶幾則天下之窮困廢辱得不死亡者衆矣市道交豈可少耶或曰清非市道人也柳先生曰清居市不爲市之道然而居朝廷居官府居庠塾鄉黨以士大夫自名者反爭爲之不已悲夫然則清非獨異於市人也

種樹郭橐駝傳（駝馬類也背肉似橐故以名之○橐音託）（駝徒何切）

郭橐駝不知始何名（史記荆王劉賈諸劉者不知其何屬漢史荆王

劉賈不知其初起時劉屈氂不知其始所以進公文法本此病瘻朧主切傴疾也一作僂隆然伏行有類橐駝者故鄉人號之駝駝聞之曰甚善名我固當史記陳勝敗固當見項羽本紀漢書亦同公語法本此因捨其名亦自謂橐駝云其鄉曰豐樂鄉在長安西駝業種樹凡長安豪富人豪下一有家字爲觀游及賣果者皆爭迎取養視駝所種樹或移徙無不活且碩茂蚤實以蕃他植者雖窺伺傚慕莫能如也有問之對曰橐駝非能使木壽且孳也○漢書萬物孳萌於子孳音茲一有以字

能順木之天以致其性焉爾凡植木之性其本欲舒其培欲平其土欲故其築欲密既然已勿動勿慮去不復顧（去一作亦）其蒔也若子（蒔○音侍種也）其置也若棄則其天者全而其性得矣故吾不害其長而已非有能碩茂之也不抑耗其實而已非有能蚤而蕃之也他植者則不然根拳而土易其培之也若不過焉則不及（一有焉字）苟有能反是者則又愛之太恩憂之太勤旦視而暮撫已去而復顧甚者爪其膚

以驗其生枯搖其本以觀其踈密而木之性日以離矣雖曰愛之其實害之雖曰憂之其實讎之故不我若也吾又何能爲哉（一本作矣哉）問者曰以子之道移之官理可乎駝曰我知種樹而已理非吾業也然吾居鄉（吾一作而）見長人者好煩其令若甚憐焉而卒以禍旦暮吏來而呼曰官命促爾耕勗爾植（○勗呼玉切勉也）督爾穫蚤繅而緒（繅謂繹繭爲絲○繅蘇曹切）蚤織而縷字而幼孩遂而雞豚鳴鼓而聚之擊木而召之

吾小人輟飧饔以勞吏者（輟一作具 一無者字）且不得暇又何以蕃吾生而安吾性耶故病且怠若是則與吾業者其亦有類乎問者嘻曰（嘻一作喜）不亦善夫吾問養樹得養人術傳其事以爲官戒（一有也字）

童區寄傳

（其文曰桂部從事爲余言之當在柳州作東坡有劉醜廝詩曰此可名區寄追配郴之蕘恨我非柳子擊節爲爾謠謂此）

柳先生曰越人少恩生男女必貨視之（必一作以）

自毀齒已上（說文男八月齒生八歲而齔女七月齒生七歲而齔齔毀齒也）父兄鬻賣○（鬻音育）以覬其利不足則取他室（則下有盜字）束縛鉗梏之○（鉗者以鐵束之梏手械鉗其廉切梏姑沃切）至有鬚鬣者○（鬣音獵長鬚也）力不勝皆屈為僮當道相賊殺以為俗幸得壯大則縛取幺弱者（幺小也）漢官因以為己利苟得僮恣所為不問以是越中戶口滋耗少得自脫惟童區寄以十一歲勝斯亦奇矣（此用太史公與任安書斯已奇矣語法公凡數用之）桂部從事杜周士（周士貞元十七年第進士元和中從事桂管）為

余言之童寄者郴州蕘牧兒也行牧且蕘蕘採薪也二豪賊劫持反接布囊其口去逾四十里之虛所賣之南越中謂野市曰虛寄僞兒啼恐慄爲兒恒狀賊易之對飲酒醉一人去爲市一人臥植刃道上童微伺其睡以縛背刃力下上得絕因取刃殺之逃未及遠市者還得童大駭將殺童遽曰爲兩郎僮孰若爲一郎僮耶彼不我恩也郎誠見完與恩無所不可市者良久計曰與其殺是僮孰若賣之與其賣而分

孰若吾得專焉一有然字幸而殺彼甚善即藏其尸持童抵主人所愈束縛牢甚夜半童自轉以縛即爐火燒絕之雖瘡手勿憚復取刃殺市者因大號一虛皆驚童曰我區氏兒也不當爲僮賊二人得我我幸皆殺之矣願以聞於官虛吏白州州白大府大府召視兒幼愿耳刺史顏証奇之証杲卿之孫元和初爲桂管刺史觀察使○証音征又之盛切留爲小吏不肯與衣裳吏護還之鄉鄉之行劫縛者側目莫敢過其門皆曰是兒少

秦武陽二歲戰國策燕太子丹欲以匕首刺秦王燕國有勇士秦武陽年十三殺人人不敢忤視乃令爲荊軻副而往史記作舞陽而討殺二豪討一作計豈可近耶

梓人傳王承福杇者而得傳於韓楊潛梓人而得傳於柳

裴封叔之第名墐公之姊夫在光德里有梓人款其門願傭隟宇而處焉說文隟陒塞也當作隙寫轉作隟去逆切詳註第九卷所職尋引規矩繩墨尋八尺引十丈尋引所以度長短也家不居礱斲之器○礱音聾斲音卓問其能曰吾善度材視棟宇之制高深圓方短長之宜吾指

使而羣工役焉捨我衆莫能就一宇故食於官府吾受禄三倍作於私家吾收其直太半焉他日入其室其牀闕足而不能理曰將求他工余甚笑之謂其無能而貪禄嗜貨者其後京兆尹將飾官署余往過焉委羣材會衆工或執斧斤或執刀鋸皆環立嚮之梓人左持引右執杖而中處焉量棟宇之任視木之能舉揮其杖曰斧彼（或曰斧彼爲句絶）執斧者奔而右顧而指曰鋸彼（或曰鋸彼爲句絶）執鋸者趨而左俄而

斤者斲刀者削皆視其色俟其言莫敢自斷者其不勝任者怒而退之亦莫敢慍焉畫宮於堵盈尺而曲盡其制計其毫釐而構大廈無進退焉既成書于上棟（易上棟下宇以避風雨）曰某年某月某日某建則其姓字也凡執用之工不在列余圜視大駭（賈誼傳天下圜視而起註云驚愕也）然後知其術之工大矣繼而歎曰彼將捨其手藝專其心智而能知體要者歟吾聞勞心者役人勞力者役於人彼其勞心者歟能者用而

智者謀彼其智者歟是足爲佐天子相天下法矣物莫近乎此也彼爲天下者本於人其執役者爲徒隷爲鄉師里胥（徒隷給徭役者鄉師一鄉之長里胥一里之長胥有才智者平上二聲通）其上爲下士又其上爲中士爲上士又其上爲大夫爲卿爲公離而爲六職判而爲百役外薄四海有方伯連率（記王制千里之外設方伯又曰十國以爲連連有帥二百一十國以爲州州有伯帥與率同）郡有守邑有宰皆有佐政其下有胥吏又其下皆有嗇夫版尹（漢制鄉小者置嗇夫一人版尹掌戶版者）以

就役焉猶衆工之各有執伎以食力也彼佐
天子相天下者舉而加焉指而使焉條其綱
紀而盈縮焉齊其法制而整頓焉猶梓人之
有規矩繩墨以定制也擇天下之士使稱其
職居天下之人使安其業視都知野視野知
國視國知天下其遠邇細大可手據其圖而
究焉猶梓人畫宮於堵而績于成也能者進
而由之使無所德不能者退而休之亦莫敢
慍不衒能○衒音縣行且賣也不矜名不親小勞不侵

衆官日與天下之英材討論其大經猶梓人之善運衆工而不伐藝也夫然後相道得而萬國理矣相道既得萬國既理天下舉首而望曰吾相之功也後之人循跡而慕曰彼相之才也士或談殷周之理者曰伊傅周召其百執事之勤勞而不得紀焉猶梓人自名其功而執用者不列也大哉相乎通是道者所謂相而已矣其不知體要者反此以恪勤爲公以簿書爲尊衒能矜名親小勞侵衆官竊

取六職百役之事听听於府廷。听魚隱切笑也而

遺其大者遠者焉所謂不通是道者也猶梓

人而不知繩墨之曲直規矩之方圓尋引之

短長姑奪衆工之斧斤刀鋸以佐其藝又不

能備其工以至敗績用而無所成也不亦謬

歟或曰彼主爲室者儻或發其私智牽制梓

人之慮奪其世守而道謀是用詩小旻如彼築室于道謀

雖不能成功豈其罪耶亦在任之而已余曰

不然夫繩墨誠陳規矩誠設高者不可抑而

下也狹者不可張而廣也由我則固不由我則圮部鄙切毀也彼將樂去固而就圮也則卷其術默其智悠爾而去不屈吾道是誠良梓人耳其或嗜其貨利忍而不能捨也喪其制量屈而不能守也棟撓屋壞則曰非我罪也可乎哉可乎哉余謂梓人之道類於相故書而藏之梓人蓋古之審曲面勢者周禮考工記之文今謂之都料匠云余所遇者楊氏潛其名

李赤傳赤自謂歌詩類李白而赤其名狂士也其所養可知司馬

長卿名相如以名慕藺相如者也不效其全璧之高風而佞諛之辭有藺氏所不爲牛僧孺字思黯以字慕汲黯者也不效其好諫之高節而市人之行有汲直所不齒李太白以神仙風姿布衣入翰苑使高力士脫鞾眼空四海而李赤惑於妖鬼以世爲溷以溷爲帝居清都白固如是耶

李赤江湖浪人也嘗曰吾善爲歌詩詩類李白故自號曰李赤游宣州州人館之一本無州人二字其友與俱遊者有姻焉間累日乃從之館赤方與婦人言其友戲之赤曰是媒我也吾

將娶乎是友大駭曰足下妻固無恙（漢書李陵傳霍與上官無恙乎師古註恙憂病也）太夫人在堂安得有是豈狂易病惑耶（○易音亦）取絳雪餌之赤不肯有閒婦人至又與赤言即取巾經其脰（音豆項也經縊也）赤兩手助之舌盡出其友號而救之婦人解其巾走去赤怒曰汝無道吾將從吾妻汝何爲者赤乃就牖閒爲書輾而圓封之（卧不闔口曰輾音展又尼展女箭二切）又爲書博封之訖如厠久（一有而字）其友從之見赤軒厠抱甕詭笑而側視勢且

下入乃倒曳得之又大怒曰吾巳升堂面吾妻吾妻之容世固無有堂之飾宏大富麗椒蘭之氣油然而起顧視汝之世猶溷厠也。溷胡困切而吾妻之居與帝居鈞天清都無以異史記趙簡子夢遊鈞天廣樂若何苦余至此哉然後其友知赤之所遭乃厠鬼也聚僕謀曰亟去是厠遂行宿三十里夜赤又如厠久從之且復入矣持出洗其汙衆環之以至旦去抵他縣縣之吏方宴赤拜揖跪起無異者酒行友未及言己飲而顧赤則已去矣走從之赤入厠舉其牀捍門門堅不可入其友叫且言之衆發牆以入赤之面陷不潔者半矣又出洗之縣之吏更召巫師善呪術者守赤赤自若也夜半守者怠皆睡及覺更呼而求之見其足於厠外赤死久矣獨得尸歸其家取其所爲書讀之蓋與其母妻訣其言辭猶人也柳先生曰李赤之傳不誣矣是其病心而爲是耶抑固有厠鬼耶赤之名聞江湖間其始爲士無

以異於人也一惑於怪而所爲若是乃反以世爲溷溷爲帝居清都其屬意明白令世皆知笑赤之惑也及至是非取與向背決不爲赤者幾何人耶反修而身無以欲利好惡遷其神而不返則幸矣（耳一作）又何暇赤之笑哉

（東坡有李赤詩并題跋見本集）

蝜蝂傳

（公之所言蓋指當時用事貪取滋甚者○蝜音負又扶缶切蝂音板）

蝜蝂者（蝜蝂爾雅作負版）善負小蟲也行遇物輒持

取卬其首負之。卬音昂亦作仰背愈重雖困劇不止也其背甚澀物積因不散因一作固卒躓仆不能起。躓知利切仆音赴又音匐人或憐之爲去其負苟能行又持取如故又好上高極其力不已至墜地死今世之嗜取者遇貨不避以厚其室不知爲己累也唯恐其不積及其怠而躓也黜棄之遷徙之亦以病矣苟能起又不艾日思高其位大其禄而貪取滋甚以近於危墜觀前之死亡一本有曽也不知戒雖其形魁然大

者也其名人也而智則小蟲也亦足哀夫一哀

作悲

曹文洽韋道安傳　元闕

曹文洽本義成軍牙將也貞元十六年監軍薛盈珍遣小吏程務盈誣奏節度使姚南仲罪文洽亦奏事長安知之追及務盈於長樂驛中夜殺之沈盈珍表於廁中自作表雪南仲之寃且首專殺之罪亦作狀白南仲仲遂自殺明旦門不啓驛吏排之入得表狀於文洽尸旁上聞而異之○又是歲五月庚戌徐州節度使張建封卒壬子軍亂殺判官鄭通誠建封子愔知軍事以抗王命韋道安死之二公傳諸本皆闕然集中有韋道安詩言其事甚詳觀其詩則傳之意可見矣題云曹文洽韋道安傳則

事必相關豈詩所謂自言故刺史者耶或與道安同救刺史之急者也

河東先生集卷第十七

世綵廖氏刻梓家塾

河東先生集卷第十八

騷

乞巧文

荆楚歲時記七夕婦人以綵縷穿七孔針陳几筵酒脯瓜果於庭中以乞巧或云見天漢中奕奕白氣有光五色以爲徵應見者得福此乞巧之所自也然公爲此文假是以見其拙於謀已耳鼂无咎取之於變騷而系以辭曰周鼎鑄倕而使吃其指先王以見大巧之不可爲也故子貢教抱甕者爲桔槔用力少而見功多而抱甕者羞之夫鳩不巢拙莫比焉而屈原乃曰雄鳩之鳴逝兮吾獨惡其佻巧原誠傷世澆僞故詆拙以爲巧

意昔之不然者今皆然矣甚之也宗元之作雖亦閔時奔鶩要歸諸厚然宗元媿拙矣

柳子夜歸自外庭有設祠者餈餌馨香周禮籩人羞籩之實糗餌粉餈註謂以黍稻豆屑合蒸之曰餌醢人羞豆之實酏食糝食註酏餈也以狼臅膏與稻米爲餈○餈諸延切餌仍吏切蔬果交羅插竹垂緌而追切與緌同剖瓜犬牙且拜且祈怪而問焉女隸進曰今茲秋孟七夕天女之孫將嬪於河鼓漢天文志云織女天孫女嬪婦也爾雅云河鼓謂之牽牛邀而祠者幸而與之巧驅去蹇拙手目開利組紝縫製組補縫也

紲機縷也○上總古切下女鳩切將無滯於心焉爲是禱也柳子曰苟然歟吾亦有所大拙黨可因是以求去之乃纓弁束紲弁冠也紲衣衿也促武縮氣旁趨曲折傴僂將事○傴委羽切僂隴主切再拜稽首稱臣而進曰下土之臣竊聞天孫專巧于天轇轕璇璣轇轕猶交加也書在璇璣玉衡璣正天之器璇美玉○轇轕音交葛經緯星辰能成文章黼黻帝躬以臨下民欽聖靈仰光耀之日久矣今聞天孫不樂其獨得貞卜於玄龜將蹈石梁款天津天津九星橫河中主四瀆

（津梁）儷于神夫（儷伉儷也）于漢之濱兩旗開張中星耀芒（晉天文志左旗九星在天河鼓左旁右旗亦如之而河鼓居其中）靈氣翕欻（呼勿切）兹辰之良幸而弭節（弭徐行也）薄遊民間臨臣之庭曲聽臣言臣有大拙智所不化醫所不攻威不能遷寬不能容乾坤之量包含海岳臣身甚微無所投足蟻適于垤蝸休于殼（殻合作殼字書本不從几）龜黿螺蜯（上音騾下音蚌）皆有所伏臣物之靈進退唯辱彷徉爲狂（○彷徉音房羊徙倚也）局束爲謟吁吁爲詐坦坦爲忝他人有身

動必得宜周旋獲笑顛倒逢嘻己所尊昵人
或怒之變情徇勢射利抵巇音羲山險貌中心甚
憎爲彼所奇忍仇佯喜悅譽遷隨胡執臣心
常使不移反人是己曾不惕疑貶名絕命不
負所知抃嘲似傲貴者啓齒臣旁震驚彼且
不恥叩稽匍匐言語譎詭令臣縮恧女六切下同
彼則大喜臣若效之瞋怒叢己彼誠大巧臣
拙無比王侯之門狂吠狴犴○狴音陛又邊迷切犴音岸
臣到百步喉喘顛汗睢盱逆走魄遁神叛欣

欣巧夫徐入縱誕毛羣掉尾百怒一散世途昏險擬步如漆漢書揚雄傳欲行者擬足而投迹公用此意左低右昂鬬冒衝突鬼神恐悸聖智危慄泯焉直透透一作遂所至如一是獨何工縱橫不卹非天所假彼智馬出獨喬於臣恒使玷黜沓沓騫騫慫口所言迎知喜惡默測憎憐搖脣一發徑中心原膠加鉗夾誓死無遷探心扼膽踊躍拘牽彼雖佯退胡可得旃獨結臣舌喑抑銜寃○喑音陰孽眥流血○眥音劑一辭莫宣胡爲賦

授有此奇偏眩耀爲文瑣碎排偶抽黃對白

唅呀飛走唅呀鳥聲也音弇弄○唅吾含切列子眠中唅囈呻吟駢四

儷六錦心繡口宮沉羽振笙簧觸手觀者舞

悅誇談雷吼獨溺臣心使甘老醜囂昏莽鹵

樸鈍枯朽不期一時以俟悠久旁羅萬金不

鬻弊帚文選家有弊帚享之千金跪呈豪傑投棄不有眉

矉頻蹙○矉音頻自恨張也頻音遏喙唾胷歐○喙呼惠切唾吐卧

切歐音嘔大赦而歸填恨低首天孫司巧而窮臣

若是卒不余畀左傳是區區者而不余畀獨何酷歟敢願

聖靈悔禍矜臣獨艱付與姿媚易臣頑顏鑿臣方心規以大圓拔去吶舌○吶與訥同納以工言文詞婉軟步武輕便平聲齒牙饒美眉睫增妍突梯卷孌楚詞卜居云將突梯滑稽以挈楹乎突梯隨俗貌莊子孌卷傖囊而亂天下卷孌不申舒貌○音拳孿又卷勉力轉二切爲世所賢公侯卿士五屬十連王制五國以爲屬屬有長十國以爲連連有帥○屬如玉切彼獨何人長享終天言訖又再拜稽首俯伏以俟至夜半不得命疲極而睡見有青褏朱裳褏衣袂也袖同手持絳節而來告曰天孫告汝

汝詞良苦凡汝之言吾所極知汝擇而行嫉彼不爲汝之所欲汝自可期胡不爲之而誑我爲汝唯知恥諂貌淫詞寧辱不貴自適其宜中心已定胡妄而祈堅汝之心密汝所持得之爲大失不汙卑凡吾所有不敢汝施敢一作安致命而昇汝慎勿疑嗚呼天之所命不可中華泣拜欣受初悲後懌抱拙終身以死誰惕

罵尸蟲文 并序。公此文蓋有所寓耳永貞季公以黨累貶永

州司馬宰相惜其才欲澡濯用之詔補袁州刺史其後諫官頗言不可用遂罷當時之讒公者衆矣假此以嫉其惡也當是謫永州後作

有道士言人皆有尸蟲三處腹中伺人隱微失誤輒籍記日庚申幸其人之昏睡出讒於帝以求饗酉陽雜俎云人有三尸上尸靑姑伐人眼中尸白姑伐人五臟下尸血姑伐人胃命凡庚申日言人過於帝古語云三守庚申三尸伏七守庚申三尸滅按道書上尸彭琚中尸彭質下尸彭矯以是人多謫過疾癘夭死柳子特不信一無特字曰吾聞聰明正直者爲神

左傳神聰明正直而壹者也帝神之尤者一無者字其爲聰明

正直宜大也安有下比陰穢小蟲縱其狙詭

延其變詐以害于物而又悦之以饗其爲不

宜也殊甚吾意斯蟲若果爲是則帝必將怒

而戮之投于下土以殄其類俾夫人咸得安

其性命而苛慝不作然後爲帝也余既處卑

不得質之于帝而嫉斯蟲之説爲文而罵之

來尸蟲汝曷不自形其形陰幽跪側而寓乎

人跪一作詭以賊厥靈膏肓是處兮成十年左傳晉侯求醫於

秦秦伯使醫緩爲之未至公夢疾爲二竪子曰彼良醫也懼傷我焉逃之其一曰居肓之上膏之下若我何醫曰疾不可爲也在肓之上膏之下攻之不可達之不及○肓音荒心上鬲下也不擇穢卑潛竆默聽兮竆一作覷導人爲非冥持札牘兮搖動禍機卑陬夆縮兮宅體險微○陬走侯側留二切莊子卑陬失色註愧懼貌顏色不自得也以曲爲形以邪爲質以仁爲凶以僭爲吉以淫諛諂誣爲族類以中正和平爲罪疾以通行直遂爲顚蹶以逆施反鬭爲安佚譖下謾上○謾莫官切漢史面謾註謾欺也恒其心術妬人之能幸人之失利

昏伺睡旁睨竊出走讒于帝遽入自屈冪然
無聲○冪音覓其意乃畢求味已口胡人之恤彼
脩蛕恙心○蛕胡枚切蚘蛔竝同音回腹中長蟲也他本蛕作蛸短蟯
穴胃○蟯如消去消二切亦腹中之蟲也外搜疥癘疥瘙癢也癘疫氣也
下索瘻痔瘻瘡也痔後病○瘻力鬭切痔直里切侵人肌膚爲
已得味世皆禍之則惟汝類良醫刮殺聚毒
攻餌旋死無餘乃行正氣汝雖巧能未必爲
利帝之聰明宜好正直寧懸嘉饗答汝讒慝
叱付九關貽虎豹食楚詞宋玉招魂虎豹九關啄害下人言天門九

重使神虎豹執其關閉下民舞蹈荷帝之力是則宜然
何利之得速收汝之生速滅汝之精蓐收震
怒蓐收天之刑神禮記孟秋之月其神蓐收將勑雷霆擊汝酆都
。酆豐音糜爛縱橫俟帝之命乃施于刑羣邪殄
夷大道顯明害氣永革厚人之生豈不聖且
神歟祝曰。祝七救切尸蟲逐禍無所伏下民百
祿惟帝之功以受景福尸蟲誅禍無所盧下
民其蘇惟帝之德萬福來符臣拜稽首敢告
于玄都

斬曲几文其文蓋指當時以諂曲獲用者又謂上之人不明弃直而用曲則不才者進其旨微矣皆貶謫後作與前篇相先後云

后皇植物楚詞九章后皇嘉樹橘倈服兮註后土皇天也所貴乎直聖主取焉主一作王以建家國亘爲棟楹齋爲闑閾外隅平端中室謹飭飭一作飾度焉以几周禮室中度以几几三尺○度待洛切維量之則君子憑之以輔其德末代滛巧不師古式斷茲揉木揉屈伸木也以限肘腋歉形詭狀曲程詐力制類奇邪用絕

繩墨勾身陋狹危足僻側支不得舒脊不遑息余胡斯蓄以亂人極追咎厥始惟物之殘稟氣失中遭生不完託地墝垤何休曰墝垤不生五穀曰不毛垤螘冢也○上苦交切下徒結切反時燠寒鬱悶結澀悶一作閉癃蹇艱難○癃音隆蹇一作塞不可以遂遂虧其端離奇詰屈○離奇力爾於綺二切一讀各如本字鄒陽上書云蟠木根柢輪囷離奇而爲萬乘器者以左右先爲之容也縮恧巑岏○巑音攢岏五官切鋭上也高也含蝎孕蠹○蝎胡葛切木中蠹蟲也外邪中乾乾音干或因先容以售其蟠解見上售賣也病夫甘焉制器以

安彼風毒敗形陰沴遷魄○沴閭計切禍氣相傷謂之沴侵骨滛神化脉體仄筋倦榮乖衛逆乃喜茲物以爲已適器之不祥莫是爲敵烏可昵近以招禍癖且人道甚惡惟曲爲先在心爲賊在口爲愆在肩爲僂在膝爲攣戚施蹢跂詩得此戚施註云戚施不能仰者蹢曲也跂有跂踵國其人行脚跟不着地○蹢舉綺切跂丘弭切匍匐拘拳古皆斥遠莫致於前問誰其類惡木盜泉選陸士衡猛虎行渴不飲盜泉水熱不息惡木陰管子云士懷耿介之心不蔭惡木之枝惡木尚猶恥之況與惡人同處尸子云孔子至于盜泉渴矣而不飲

惡其名也朝歌廻車漢鄒陽書云里名勝母曾子不入邑號朝歌墨子廻車晉
灼云紂作朝歌之音朝歌者不時也簡牘載焉載一作稱昭王市骨
樂毅歸燕燕昭王厚幣以招賢者郭隗曰古之人君有使涓人求千里馬者馬
已死買其首而返君王大怒涓人曰死馬且買況生者乎不朞年千里馬至者三馬今王
致士先從隗始況賢於隗者哉昭王爲隗築宮而師之於是士爭趨燕樂毅自魏往以爲
亞卿今我斬此以希古賢諂諛宜惕正直宜宣
道焉是達法焉是專咨爾君子曷不乾乾易君
子終日乾乾旣和且平獲祐于天去惡在微愼保
其傳

宥蝮蛇文并序○晁无咎取罵尸蟲憎王孫并此宥蝮蛇文以附變騷系之曰離騷以虬龍鸞鳳託君子以惡禽臭物指讒佞王孫尸蟲蝮蛇小人讒佞之類也其憎之也罵之也投畀有北之意也其宥之也以遠小人不惡而嚴之意也蓋離騷備此義而宗元放之焉○蝮音覆

家有僮善執蛇晨持一蛇來謁曰是謂蝮蛇蝮毒蛇名色如綬文鼻上有針大者長七八尺一名反鼻出南方犯於人死不治又善伺人聞人咳喘步驟輒不勝其毒捷取巧噬肆其害然或慊不得於人則愈怒

○慊苦簟切恨也反蠹草木草木立死後人來觸死
莖猶墮指攣腕腫足○攣力緣切腕烏貫切腫時勇切一本作瘇
爲廢病必殺之是不可留余曰汝惡得之曰
得之榛中曰榛中若是者可旣乎曰不可其
類甚博余謂僮曰彼居榛中汝居宮內彼不
即汝而汝即彼犯而鬭死以執而謁者汝實
健且險以輕近是物然而殺之汝益暴矣彼
耕穫者求薪蘇者漢書樵蘇後爨蘇草也皆土其鄉知
防而入焉執耒操鞭持芟朴以遠其害汝今

非有求於榛者也窗汝居易汝庭（易謂芟治草木）不凌奥不步闇是惡能得而害汝且彼非樂爲此態也造物者賦之形陰與陽命之氣形甚怪僻氣甚禍賊雖欲不爲是不可得也是獨可悲憐者又孰能罪而加怒焉汝勿殺也余悲其不得已而所爲若是叩其脊諭而宥之其辭曰

吾悲夫天形汝軀（夫一作乎）絕翼去足無以自扶曲膂屈脅惟行之紆目兼蜂蠆（左傳蜂蠆有毒而況國乎）

○蜂音峯蠆丑邁切色混泥塗其頸蹙惡頸一作頭其腹次且易姤其行次且○次七私切且七余切褰鼻鉤牙穴出榛居蓄怒而蟠銜毒而趨志蘄害物陰姤潛狙子余切謂密伺之汝之稟受若是雖欲爲鼃爲螾鼃蝦蟇螾反行即寒蚓也○鼃音蛙螾女忍切焉可得已凡汝之爲惡非樂乎此緣形役性不可自止草搖風動百毒齊起首拳脊努呥舌搖尾○呥音冉噍貌不逞其凶若病乎己世皆寒心我獨悲爾吾將薙吾庭○薙音替又文几切除也葺吾楹窖吾垣○窖音教一作窒嚴吾

扃俾奥草不植而宂隟不萌○隟乞逆切字當作隙與汝異途不相交爭雖汝之惡焉得而行嘻造物者胡甚不仁而巧成汝質既稟乎此能無危物賊害無辜惟汝之實陰陽爲戾假汝忿疾余胡汝尤是戮是抶敕栗切擊也宥汝于野自求終吉彼樵豎持芟農夫執耒不幸而遇將除其害餘力一揮應手糜碎我雖汝活其惠實大他人異心誰釋汝罪形既不化中焉能悔嗚呼悲乎汝必死乎毒而不知反訟其內

今雖寬焉後則誰賚一作賴陰陽爾造化爾道烏乎枉可不悲歟

憎王孫文并序○漢王延壽嘗爲王孫賦有云顔狀類乎老翁軀體似乎小兒王孫蓋猴類而小者也陳長方云余嘗疑宥蝮蛇憎王孫文序已述其意詞又述之閭丘鑄曰柳子晚年學佛書先述其義乃作偈曰柳子熟之下筆遂爾余爲一笑

猨王孫居異山德異性不能相容猨之德靜以恒類仁讓孝慈居相愛食相先行有列飲有序不幸乖離則其鳴哀有難則内其柔弱

者○難乃旦切不踐稼蔬木實未熟相與視之謹既熟嘯呼羣萃然後食衎衎焉山之小草木必環而行遂其植故猨之居山恒鬱然王孫之德躁以囂虛驕切勃諍號呶○號音豪呶尼交切唶唶彊彊唶唶大聲也彊彊相隨皃詩鶉之彊彊○唶音責又子夜切雖羣不相善也食相噬齧行無列飲無序乖離而不思有難推其柔弱者以免好踐稼所過狼籍披攘木實未熟輒齕齩投注○齕下没切齩五狡切竊取人食皆實其嗛以頰貯食蓋謂猴藏食也○嗛苦蕈切山之

小草木必凌挫折挽使之瘁然後已故王孫之居山恒藹然以是猨羣衆則逐王孫王孫羣衆亦齰猨。齰仁革切一作齕齧也猨棄去終不與抗然則物之甚可憎莫王孫若也余棄山閒久見其趣如是作憎王孫云

湘水之浟浟兮一本作悠悠兮湘水出零陵郡其上羣山胡兹鬱而彼瘁兮善惡異居其閒惡者王孫兮善者猨環行遂植兮止暴殘王孫兮甚可憎噫山之靈兮胡不賊旃跳踉叫囂兮。跳徒彫切踉

呂唐切衡目宣齗魚巾切齒根肉外以敗物兮內以爭羣排鬬善類兮譁駭披紛盜取民食兮私己不分充嗛果腹兮莊子三飡而返腹猶果然○果如字又苦火切飽貌驕傲驩欣嘉華美木兮碩而繁羣披競齧兮枯株根毀成敗實兮更怒喧居民怨苦兮號穹旻○號音豪王孫兮甚可憎噫山之靈兮胡獨不聞猨之仁兮受逐不校退優游兮惟德是儆廉來同兮聖囚飛廉惡來紂臣也聖囚謂文王囚於羑里禹稷合兮凶誅謂舜用禹稷去四凶羣小逐兮君子違小字下一

本有人字大人聚兮蘖無餘善與惡不同鄉兮否泰既兆其盈虚伊細大之固然兮乃禍福之攸趍王孫兮甚可憎噫山之靈兮胡逸而居

逐畢方文 并序

永州元和七年夏多火災日夜數十發少尚五六發過三月乃止八年夏又如之人咸無安處老弱燔死○燔音煩晨不爨取亂切夜不燭夜一作瞑皆列坐屋上左右視罷不得休○罷音疲蓋類物爲之者物鬼物也訛言相驚云有怪鳥莫實其

狀山海經云章義之山有鳥如鶴一足赤文白喙其名曰畢方見則其邑有譌火妖言曰譌譌與訛同五禾切山海經漢武帝時有獻獨足鶴東方朔奏曰所謂畢方鳥也淮南子木生畢方註木之精也狀如鳥青色赤脚一足不食五穀若令火者其可謂譌歟而人有以鳥傳者其畢方歟遂邑中狀而圖之禳而磔之○磔陟格切裂也爲之文而逐之

后皇庇人兮敬授羣材大施棟宇兮小蔽草萊各有攸宅兮時闔而開火炎爲用兮化食生財胡令茲之怪戾兮曰十爇而窮災○爇如劣

切
朝儲清以聯邃兮夕蕩霞而爲灰焚傷羸
老兮炭死童孩吽號隤突兮戶駭人哀袒夫
狂走兮袒謂肉袒倏忽往來鬱攸孽暴兮左傳哀三年濟
濡帷幕鬱攸從之註火氣也○暴音剝混合恢台楚詞九辯云收恢炱之孟
夏兮○炱音台民氣不舒兮僵踣顛頹○僵音薑踣匹候蒲北二
切休炊息燎兮仄伏煨煤門甍晦黑兮啓伺
奸回若墜之天兮墜一作墮若生之鬼令行不訛
兮國恐盡已問之禹書畢方是祟山海經乃禹所撰故
云嗟爾畢方兮胡肆其志皇亶聰明兮書亶聰明

作元后亶信也念此下地炎皇所愛兮僇死無貳幽形翕毒兮陰險詭異汝今不懲兮衆愬咸至皇斯震怒兮殄絕汝類祝融悔禍兮祝融火神晉語黎爲高辛氏火正光照四海命之曰祝融註祝始也融明也回祿屛氣左傳禳火於玄冥回祿玄冥水神回祿火神大陰施威兮玄冥行事楚詞考玄冥於空桑註玄冥太陰之神汝雖赤其文隻其趾逞工衒巧莫救汝死黠知急去兮○黠下八切愚乃止此高飛兮翺翔遠伏兮無傷海之南兮天之裔汝優游兮可卒歲皇不怒兮永汝世日

之良兮今速逝急急如律令

辨伏神文 并序

余病痞且悸公又嘗與李建書云僕自去年八月末痞疾稍已又與楊憑書云一二年來痞氣尤甚又云每人大言則蹶氣震怖撫心而按膽不能自止○痞部鄙切謁醫視之曰惟伏神爲宜明日買諸市烹而餌之病加甚召醫而尤其故醫求觀其滓壯士切澱也曰吁盡老芋也彼鬻藥者欺子而獲售子之憒也而反尤於余不以過乎余戍然慙慊然憂○慊口簟切推是類也以往則世之以芋

自售而病乎人者衆矣又誰辨焉申以詞云
伏神之神乎惟餌之良愉心舒肝兮寬平志
康歐開滯結兮○歐音區 調護柔剛和寧悦懌兮
復彼恒常休嘉訢合兮○訢音忻 邪怪遁藏君子
食之兮 左傳君子食之以平其心 其樂揚揚余殆於理兮
榮衛蹇極伏盃積塊兮 史記倉公傳陽虛侯病痺根在右脅下大如覆盃 悸不得息有醫導余兮求是以食往沽
之市兮 沽買也 欣然有得滌濯爨烹兮專恃爾
力反增余疾兮昏潰馮塞○馮音憑 余駭其狀兮

往尢于醫徵滓以觀兮既笑而嘻曰子胡昧

愚兮兹謂蹲鴟史記汶山之下沃野有蹲鴟註蹲鴟芋魁也○蹲音存鴟

處之切處身猥大兮善植圩畢圩畢謂下濕之地受氣

頑昏兮陰僻歆危歆亦作欽累積星紀兮以老爲

奇潛苞水土兮混雜蟓蚳蟓蝗子也蚳蟻卵也○蟓惟船切蚳

文飢切不幸充腹兮惟痼之宜野夫攸害兮○攸

音寘狼也假是以欺刮肌刻貌兮觀者勿疑中虛

以脆兮外澤而夷誤而爲餌兮命或殆而今

無以追兮後愼觀之嗚呼物固多僞兮知者

蓋寡考之不良兮求福得禍書而爲詞兮願寤來者

愬螭文 并序

零陵城西有螭室于江零陵永州郡名說文螭若龍而黃一說無角曰螭○螭丑支切法曹史唐登浴其涯音沂螭牽以入一夕一作昔浮水上吾聞凡山川必有神司之抑有是耶於是作愬螭投之江曰

天明地幽孰主之兮莊子天其運乎地其處乎孰主張是壽善夭殤終何爲兮堆山釃江○釃山宜切又所綺切司者

誰兮実然爲人使有知兮畏危慮害趍走祇兮父母孔愛妻子嬉兮出入公門不獲非兮洑洑湘流洑洑水流貌音伏清且微兮陰幽洞石蓄怪螭兮胡濯兹熱卒無歸兮親戚呌號閭里思兮寃其安游覲湘纍兮楊雄反離騷因江潭而洼記兮欽弔楚之湘纍註諸不以犯罪死曰纍屈原赴湘死故曰湘纍○纍力追切嗟爾怪螭害江湄兮○湄音眉涎泳重淵○涎徐連切字當作次重平聲淵一作瀾物莫戚兮蟉形決目○蟉力幽巨糾二切潛伺窺兮膏血是利私自肥兮歲既大旱澤莫施兮

妖猾下民使顛危兮充心飽腹肆敖嬉兮洋洋往復流逶迤兮○逶於危切迤音移又夷爾切亦作迆惟神高明胡縱斯兮蔑棄無辜逞怪姿兮胡不降罰肅川坻兮舟者欣欣游者熙兮蒲魚浸用吉無疑兮牲牷左傳牲牷肥腯註牷純色完全也玉帛人是依兮匪神之懟將安期兮神之有亡於是推兮投之北流心孔悲兮

哀溺文并序○文蓋指事寓意與招海賈之說同

永之氓咸善游永一作零陵游泅也說文行水也一日水暴

甚有五六氓乘小船絕湘水中濟船破皆游一作皆浮游其一氓盡力而不能尋常八尺曰尋倍尋曰常其侶曰汝善游最也今何後爲曰吾腰千錢重是以後曰何不去之不應搖其首有頃益怠已濟者立岸上呼且號曰汝愚之甚蔽之甚身且死何以貨爲又搖其首遂溺死吾哀之且若是得不有大貨之溺大氓者乎於是作哀溺

吾哀溺者之死貨兮惟大氓之爲憂世濤皷

以風湧兮浩滉蕩而無舟○滉戶廣切不讓祿以
辝富兮又旁窺而詭求手足亂而無如兮負
重踰乎崇丘既浮頤而滅脊兮不忍釋利而
離尤離騷進不入以離尤兮註離尤遭禍也忍一作欲呼號者之莫
救兮○號音豪愈搖首以沉流髮披鬤以舞瀾兮
楚詞大招豕首縱目被髮鬤○鬤如陽切髮亂也黿倀倀而焉遊○倀
丑良切又音棖龜鼂互進以爭食兮魚鮪族而爲羞
始貪贏以啬厚兮終負禍而懷儺前既沒而
後不知懲兮更攬取而無時休哀茲泯之蕝

愚兮反賊己而從仇不量多以自諫兮姑指
幸者而爲謀夫人固靈於鳥魚兮胡昧尉而
蒙鉤○尉音熨羅也大者死大兮小者死小善游雖
最兮莊子善游者數能卒以道夭與害偕行兮以死
自繞推今而鑒古兮鮮克以保其生衣寶焚
紂兮史記紂兵敗走入鹿臺衣其寶玉衣赴火而死專利滅榮國語周厲王好利近榮夷公芮良夫諫曰王室其將卑乎夫榮公好專利而不知大難豺狼
死而猶餓兮牛腹尸而不盈尸亦死也牛至死腹猶未滿
民既貿貿而無知兮○貿音茂一無民字故與彼咸謚

爲泯死者不足哀兮冀中人爲余再更噫

招海賈文

此文晁无咎取以續楚詞系之曰昔屈原不遇於楚徬徨無所依欲乘雲騎龍遨遊八極以從已志而不可猶怛然念其故國至于將死精神離散四方上下無所不往又有衆鬼虎豹怪物之害故大招其魂而復之言皆不若楚國之樂者招海賈文雖變其義蓋取諸此也宗元以謂崎嶇冒利遠而不復不如已故鄉常産之樂亦以諷世之士行險僥倖不如居易以俟命云

賈音古

咨海賈兮君胡以利易生而卒離其形大海

盪泊兮。盪音蕩晏本泊作汨顛倒日月龍魚傾側兮

神怪隳突。隳還規切突陁没切滄茫無形兮往來遼

卒子忽切陰陽開闔兮氛霧滃渤。滃烏孔切渤蒲末切

君不返兮逝怳惚一無逝字怳與恍同舟航軒昂兮下

上飄鼓騰趠嶢嵲兮墝嵲危高也。趠敕角切嶢音堯或書作嶤嵲

魚列切萬里一覩崒入泓坳兮。崒才律昨没二切峯巉嵒也

泓烏宏切坳於交切視天若畝說文六尺爲步步百爲畝畝與畮畆同奔螭

出抃兮翔鵬振舞天吳九首兮山海經云朝陽之谷神曰

天吳是爲水伯其爲獸也八首八足八尾背青黃人面此作九首恐誤更笑迭

怒垂涎閃舌兮揮霍旁午漢書使者旁午註分布也師古曰一從一橫爲旁午君不返兮終爲虜黑齒䶫齴鱗文肌木元虛海賦或泛泛悠悠於黑齒之邦註黑齒海外國名䶫齒不正齴齒露也○䶫士眼切齴魚蹇切三角駢列耳離披山海經鮫魚背腹皆有刺如三角菱鮫音陵反齗义牙踔嶔崖齗齒根肉踔踶也嶔崟山高險也○齗魚斤切踔敕教切又尺約敕角切嶔音欽蛇首豨鬣虎豹皮沈懷遠南越志鮫魚鯉也形如蛇而四足沈瑩臨海水異物志虎鯌長五尺黃黑斑文耳目齒牙有似虎形或變乃成虎○豨音希豕也羣没互出讙遨嬉臭腥百里霧雨瀰君不返兮以充飢弱水蓄縮張衡思玄

賦亂弱水之潺湲兮（楚詞大招東有大海溺水浟浟只注東海其水淖溺沉没萬物也弱一作溺）其下不極投之必沉負羽無力（山海經云崑崙之丘其下有弱水環之不能載鴻毛）鯨鯢疑畏（鯨鯢大魚也）滛滛嶷（魚力魚其二切）君不返兮卒自賊怪石森立涵重淵高下迥置滔危顛（○迥呂結切遮也）崩濤搜蹴剗戈鋋（時連切小矛）君不返兮耆沉顛其外大泊泙𤅷淪（泙水名谷也𤅷淪水深廣貌○泙音平𤅷於倫切）終古迴薄旋天垠八方易位更錯陳君不返兮亂星辰東極傾海流不屬泯泯超忽紛溢沃殆而一跌

兮○跌徒結切沸入湯谷淮南子云日出湯谷入虞淵離騷遠遊朝濯髮於湯谷註湯谷在東方少陽之位舳艫霏解梢若木楚詞註若木在崑崙西極其華照下地淮南子云建木在廣都若木在建木西○舳音軸艫音盧君不返兮黿鼉薄海若嗇貨號風雷海神名曰海若巨鼇頷首丘山頹列子渤海之東有大壑焉其中有五谷一曰岱輿二曰員嶠三曰方壺四曰瀛洲五曰蓬萊而山根無所着隨波上下不得暫峙仙聖訴于帝使巨鼇十五舉首而戴之迭為三番六萬歲一交焉天問云鼇戴山抃何以安之○頷戶敢反猖狂震虩翻九垓易震雷虩虩○虩許逆切君不返兮麋以摧咨海賈兮君胡樂出幽險而疾平夷恟

駭愁苦○恟音凶而以忘其歸上黨易野恬以舒周禮險野以人爲主易野以車爲主易平也上黨潞州也言天下平陸之地足以爲賈而無虞也蹈蹂厚土堅無虞○蹂忍久切踐也歧路脉布彌九區出無入有百貨俱周游傲睨神自如撞鐘擊鮮恣歡娛陸賈傳數擊鮮註鮮新殺之肉君不返兮欲誰須膠鬲得聖捐鹽魚孟子膠鬲舉於魚鹽之中范子去相安陶朱范蠡既雪會稽之恥乃乘扁舟浮江湖變姓名適齊爲鴟夷子之陶爲朱公治產積居與時逐言富者皆稱陶朱公呂氏行賈南面孤呂不韋陽翟大賈人也往來販賤賣貴家累千金後事秦莊襄王以爲相封文信侯弘

羊心計登謀謨桑洪羊洛陽賈人子以心計言利事析秋毫領大司農盡管天下鹽鐵作平準之法盡籠天下之貨煮鹽大冶九卿居東郭咸陽齊之大煮鹽孔僅南陽大冶武帝時二人皆爲大司農丞祿秩山委收國租賢智走諾爭下車逍遙縱傲世所趨君不返兮謚爲愚漢書司馬相如傳身死無名謚爲至愚咨海賈兮賈尚不可爲而又海是圖死爲險魄兮生爲貪夫亦獨何樂哉歸來兮寧君軀

河東先生集卷第十八

世綵廖氏刻梓家塾

河東先生集卷第十九

弔贊箴戒

弔萇弘文

晁无咎取此文於變騷曰弔萇弘文者宗元之所作也萇弘字叔周靈王之賢臣爲劉文公之屬大夫敬王十年劉文公與弘欲城成周使告於晉魏獻子蒞政悅萇弘而與之合諸侯于狄泉衛彪傒曰萇弘其不歿乎周詩有之曰天之所壞不可支也及范中行之難周人殺萇弘莊周云萇弘死藏其血三年而化爲碧蓋語其忠誠然也宗元哀弘以忠死故弔云

有周之羸兮○羸力追切邦國異圖臣乘君則兮

王昜爲侯威强逆制兮鬱命轉幽轉一作輔瘮蠱膠密兮○瘮恥忍切又音軫字當作疢蠱音古毒也肝膽爲仇一作尤奸權蒙貨兮忠勇以劉伊時云幸兮大夫之羞嗚呼危哉河渭潰溢兮横軀以抑嵩高坼陊兮○陊文爾切小堋一曰山摧舉手排直壓溺之不慮兮堅剛以爲式知死不可撓兮明章人極夫何大夫之炳烈兮王不寤夫讒賊卒施快於剽狡兮怛就制乎强國謂范中行之難萇弘與之晉以爲討周人殺萇弘松柏之斬刈兮蓊茸欣植○蓊烏孔切茸如容

而隴二切盜驪折足兮周穆王八駿其一曰盜驪○驪音离罷鴑抗臆○罷音皮鷙鳥之高翔兮蕞狐惴而不食○惴之瑞切竊畏忌以羣朋兮夫孰病百而伸一挺寡以校衆兮古聖人之所難矧援羸以威傲兮兹固蹈殆而違安殺身之匪子戚兮閔宗周之不完豈成城以夸功兮哀清廟之將殘嫉彪子之肆誕兮彌皇覽以爲諼騷云皇覽揆予初度兮○諼平聲姑舍道以從世兮焉用夫考古而登賢指白日以致憤兮卒頹幽而不列愬上帝以

飛精兮黮廖廓而殄絕○黮徒敢切揭馮雲以羾愬兮○羾音貢一音紅飛聲終冥冥以鬱結欲登山以號辭兮愈洋洋以超忽心沍涸其不化兮沍○音互涸音鶴又胡故切形凝冰而自慓圖始而慮末兮非大夫之操陷瑕委厄兮固褱世之道知不可而愈進兮誓不偷以自好陳誠以定命兮倖貞臣與爲友臣下一有以字比干之以仁義兮論語微子去之箕子爲之奴比干諫而死孔子曰商有三仁焉（一本作比干之仁義兮一作比干之以仁義類兮一無義字緬遼絕以不羣伯夷殉潔以

莫怨兮（子貢曰伯夷叔齊何人也曰古之賢人也曰怨乎曰求仁而得仁又何怨）孰克軌其遺塵苟端誠之內虧兮雖耆老其誰珍古固有一死兮賢者樂得其所大夫死忠兮君子所與嗚呼哀哉（哉下一有兮字）敬余忠甫（一作敬弔忠甫一作敬弔予忠甫）

弔屈原文

（晁无咎序此文於變騷曰弔屈原文者柳宗元之所作也原沒賈誼過湘初爲賦以弔原原至楊雄亦爲文而頗反其辭自岷山投諸江以弔之誼愍原忠逢時不祥以比鸞鳳周鼎之竄弃雄則以義責原何必沈身二人者不同亦各從志也及）

子厚得罪與昔人離讒去國者
異太史公所謂虞卿非窮愁亦
不能著書以自見於世者故補
之論宗元之弔原殆困而知悔
者其辟懟矣

後先生蓋千祀兮余再逐而浮湘永貞元年九月公初貶邵州刺史十一月再貶永州司馬湘水名出零陵縣陽海山北入江求先生之汨羅兮屈原爲楚懷王左徒以上官大夫讒於頃襄王王怒遷之屈原至江濱被髮行吟澤畔乃作懷沙賦於是懷石自投汨羅以死○汨音覓水名在長沙羅縣擥蘅若以薦芳離騷雜杜蘅與芳芷擥持也蘅杜蘅若杜若竝香草也○擥魯敢切蘅音行顧荒忽之顧懷兮冀陳詞而有光

一作明先生之不從世兮惟道是就支離搶攘兮貫誼傳云國制搶攘搶千羊切攘如羊切遭世孔疚孔甚也疚病也詩我心孔疚疚音究○華蟲薦壤兮進御羔褏書日月星辰山龍華蟲作會宗彝註華象也蟲雉也宗廟彝罇以草蟲等爲飾壤土壤也羊小者曰羔褏衣袂左傳襄十四年衛石宰穀曰余狐裘而羔袖先生之意蓋以言貴者不獲用而賤者反得以進御云耳○褏與袖同牝雞咿嚘兮孤雄束咮書牝雞之晨惟家之索咮喙也蓋亦以喻賢者不獲伸其喙而小人反肆其說耳○咿嚘音伊憂咮與噣同陟救切哇咬環觀兮蒙耳大呂哇咬滛聲也梁元帝纂要滛歌曰哇歌謂滛聲乃環而觀之闔黃鍾大呂之聲則蒙耳而不聽也大呂六呂之一蒙蔽也

○哇烏瓜切咬於交切堇喙以爲羞兮堇烏頭喙烏喙皆有毒者羞饍
羞也○堇音覲焚棄稷黍犴獄之不知避兮詩宜岸宜獄註
鄉亭之繫曰犴朝廷曰獄宮庭之不處陷塗藉穢兮○藉慈夜
切榮若繡黼榱折火烈兮榱室椽周謂之榱齊魯謂之桷○榱
音衰娛娛笑舞娛娛一作娭娭譊巧之嘵嘵兮嘵嘵懼也詩予
維音嘵嘵○嘵欣么切與憢同惑以爲咸池咸池黃帝樂名便媚鞠
恧兮○恧女六切美愈西施離騷有西施之美容謂謨言之
怪誕兮反寘瑱而遠違瑱者以王充耳○瑱他甸切匿重
痼以諱避兮進俞緩之不可爲俞緩謂俞跗秦緩也二人

（古之良醫）何先生之凜凜兮厲鍼石而從之（鍼與針同）但仲尼之去魯兮（去下一有舍字）曰吾行之遲遲（孔子去齊接淅而行去魯曰遲遲吾行也去父母國之道也）柳下惠之直道兮又焉往而可施（柳下惠爲士師三黜而不去且曰直道而事人焉往而不三黜）今夫世之議夫子兮曰胡隱忍而懷斯惟達人之卓軌兮固僻陋之所疑委故都以從利兮吾知先生之不忍立而視其覆墜兮又非先生之所志窮與達固不渝兮夫唯服道以守義矧先生之悃愊兮（○悃苦本切愊迫逼切）滔

大故而不貳沉瓆瘞珮兮○瘞於計切孰幽而不光荃蕙蔽匿兮胡久而不芳荃蕙皆香草離騷蘭芷變而不芳兮荃蕙化而爲茅○荃音孫先生之貌不可得兮猶髣髴其文章託遺編而歎喟兮渙余涕之盈眶○眶音匡目厓呵星辰而驅詭怪兮謂屈原放逐見楚廟圖畫天地山川神靈譎詭及古聖賢怪物行事書其壁呵而問之作天問假以稽疑而渫憤悶也夫孰救於崩亡何揮霍夫雷霆兮一無夫字苟爲是之荒茫耀姱辭之曭朗兮姱好也又奢貌曭目無睛直視也又不明○姱音誇曭音儻世果以是之爲狂哀余衷之坎

坎兮獨蘊憤而增傷諒先生之不言兮後之人又何望平聲忠誠之既內激兮抑銜忍而不長芊爲屈之幾何兮國語融之興者其在芊姓乎芊楚姓屈楚同姓○芊音弭胡獨焚其中腸吾哀今之爲仕兮庸有慮時之否臧食君之祿畏不厚兮悼得位之不昌退自服以默默兮曰吾言之不行既媮風之不可去兮○媮音偷懷先生之可忘

弔樂毅文

晁无咎曰弔樂毅文者宗元之所作也樂毅其先曰樂羊燕昭王以子之之亂而齊大敗燕昭王怨之未嘗一日而

忘報齊也乃先禮郭隗而毅往委質焉以爲上將軍下齊七十餘城田單閒之毅畏誅遂降趙以書遺燕惠王曰臣聞聖賢之君功立而不廢故著於春秋勇知之士名成而不毀故稱於後世公傷毅之有功而不見知而以讒廢也故弔云是以附諸變

騷一本作弔樂生文

許縱自燕來曰燕之南有墓焉其志曰志謂石刻樂生之墓余聞而哀之其返也與之文使弔焉大廈之騫兮風雨萃之騫壞也車亡其軸兮大廈與軸皆以喻毅乘者棄之嗚呼夫子兮不幸類之

尚何爲哉昭不可留兮道不可常畏死疾走

兮此即上所謂畏誅降趙之意狂顧傍徨燕復爲齊兮趙封

毅於觀津號望諸君尊寵毅以警動燕齊田單與燕軍戰逐燕北至河上盡復齊地東

海洋洋嗟夫子之專直兮不慮後而爲防胡

去規而就矩兮卒陷滯以流亡惜功美之不

就兮俾愚昧之周章豈夫子之不能兮無亦

惡是之遑遑仁夫記檀弓穆公曰仁夫公子重耳字本此對趙

之悃款兮樂毅奔趙趙與之謀伐燕毅曰臣嘗事燕不敢聞命誠不忍

其故邦君子之容與兮離騷聊逍遥兮容與彌億載而

愈光諒遭時之不然兮匪謀慮之不長跽陳辭以隕涕兮離騷攬茹蕙以掩涕兮霑余襟之浪浪跪敷衽以陳辭兮耿吾既得此中正跽長跪也仰視天之茫茫苟偷世之謂何兮言余心之不臧言一作信

伊尹五就桀贊蘇氏曰湯之當王久矣伊尹何疑焉桀能改過而免於討可庶幾也能用伊尹而得志於天下雖至愚知其不然宗元意欲以此自解說其從二王之罪也

伊尹五就桀或疑曰湯之仁聞且見矣桀之不仁聞且見矣夫胡去就之亟也柳子曰惡

是吾所以見伊尹之大者也彼伊尹聖人也聖人出於天下不復商其心心乎生民而已曰孰能由吾言由吾言者爲堯舜而吾生人堯舜人矣退而思曰湯誠仁其功遲桀誠不仁朝吾從而暮及於天下可也於是就桀桀果不可得反而從湯既而又思曰尚可十一乎使斯人蚤被其澤也又往就桀桀不可而又從湯以至於百一千一萬一卒不可乃相湯伐桀俾湯爲堯舜而人爲堯舜之人是吾

所以見伊尹之大者也仁至於湯矣四去之不仁至於桀矣五就之大人之欲速其功如此不然湯桀之辨一恒人盡之矣又奚以憧憧聖人之足觀乎易憧憧往來○憧赤容切吾觀聖人之急生人莫若伊尹伊尹之大莫若於五就桀作伊尹五就桀贊

聖有伊尹思德於民往歸湯之仁曰仁則仁矣非久不親退思其速之道宜夏是因就焉不可復反亳殷猶不忍其遲亟往以觀觀一作親

庶狂作聖書惟聖罔念作狂惟狂克念作聖庶一作度一曰勝殘

論語善人爲邦百年亦可以勝殘去殺至千萬蕞一卒無其端

五往不疲其心乃安遂升自陑音而黜桀尊湯

遺民以完大人無形與道爲偶道之爲大爲

人父母大矣伊尹惟聖之首既得其仁猶病

其久恒人所疑我之所大嗚呼遠哉志以爲

誨

梁丘據贊公逐遠方而近臣無一人爲之地者故曰繳贊梁丘

齊景有嬖曰梁丘子梁丘據字子猶齊之嬖大夫同君不

爭古號媚士左傳昭二十年齊侯曰唯據與我和夫晏子曰據亦同也焉得爲和君所謂可據亦曰可君所謂否據亦曰否君悲亦悲君喜亦喜列子云齊景公遊於牛山北臨其國城而流涕曰使古無死者寡人將去斯而之何據從而泣曷賢不贊卒贊於此媚余所仇激贊有以

梁丘之媚順心狎耳終不撓厥政不嫉反已

晏子躬相梁丘不毀恣其爲政政寔允理時

睹晏子食寡肉缺味愛其不飽告君使賜中

心樂焉國用不墜後之嬖君罕或師是導君

以諫聞正則忌讒賢協惡民蠹國圮部鄙切嗚

呼豈惟賢不逮古嬖亦莫類梁丘可思又況晏氏潡贊梁丘潡贊一作贊是心焉孔痒

霹靂琴贊引

霹靂琴零陵湘水西震餘枯桐之爲也雷之甚者爲震始枯桐生石上説者言有蛟龍伏其竅音款空也一夕暴震爲火之焚至旦乃已其餘硿然倒卧道上○硿苦東戶宋二切石聲震旁之民稍柴薪之超道人聞取以爲三琴琴莫良於桐桐之良莫良於生石上石上之枯又加良焉震之於

火爲異是琴也既良且異合而爲美天下將不可載焉不可載言美之至也載一作再微道人天下之美幾喪余作贊辭識其越之左與右禮記朱弦而疏越註云越琴底孔也如字以著其事又益以序以爲他傳辭曰

惟湘之涯惟石之危龍伏之靈震焚之奇既良而異爰合其美超實爲之贊者柳子

尊勝幢贊 并序

以佛之爲尊而尊是法嚴之於頂其爲最勝

宜也既尊而勝矣其爲拔濟尤大塵飛而究去影及而福至睦州於是誠焉不疑睦州謂李睦州也以李錡之叛得罪貶循州元和三年正月以赦量移永州礱石六觚漢書破觚爲圜斲琱爲樸觚謂方也○觚音孤其長半尋乃篆乃刻立之爲福一本無爲福二字馬孺人之墓馬孺人睦州外婦元和五年五月卒于永因葬焉公有太府李卿外婦馬淑誌見外集孺人之生奉佛道未嘗敢怠今既没睦州又成其志擇最勝且尊之道文之於石文一作石以延其休則其生佛所得佛道宜無疑也贊曰

世所尊兮又尊道勝無上兮以爲寶拔大苦兮升至眞靈合贊兮神而神駕元氣兮濟玄津誰爲友兮上品人德無已兮石無磷音隣延永世兮奠坤垠靈受福兮公之勤

龍馬圖贊并序。公嘗欲焚八駿之圖而獨於此贊龍馬之圖豈可信而不誣者耶

始吾聞明皇帝在位靈昌郡靈昌滑州郡名得異馬於河而莫知其形開元二十九年三月滑州刺史李邕獻馬肉鬣龍鱗臆嘶不類馬日行三百里好事者涿人盧遵遵涿人公之內弟以

其圖來示余其狀龍鱗虺尾○虺許尾切拳髦環目肉鬣音獵馬之靈怪有是耶居帝閑爲馬幾二十年從封禪郊籍開元十三年十一月玄宗封泰山二十三年正月耕籍田鳴和鑾者數十事遇禍亂帝西幸天寶十五年玄宗幸蜀馬至咸陽西入渭水化爲龍泳去不知所終且其來也宜于時其去也存其神是全德也既覩其形不可以不贊

靈和粹異孕至神兮倮尾童鬣○倮力果切疏紫鱗兮巍然特出瑞聖人兮顔延年赭白馬賦實有騰光吐圖疇

（德瑞聖之符焉）理平和樂百樂陳兮（百一作禮）鳴鑾在御大路遵兮（詩遵大路兮）世庬道悖（○庬莫江切）還吾眞兮哀鳴延首慕水濵兮沛焉潛泳旋潏淪兮（潏淪水深廣貌○潏於倫切）淵居海逝靈無鄰兮出處孔時類至仁兮嗟爾衆類孰是倫兮進昏死亂阽厥身兮（○阽音鹽又都念切猶危也）匪馬之慕吾誰親兮賛之斯圖宜世珍兮

誡懼箴（或謂公憂懼二箴當王叔文將敗時作恐未必然觀其辭意亦貶謫後作也）

人不知懼惡可有爲知之爲美莫若去之非曰童昏昧昧勿思禍至後懼（後一作而）是誠不知君子之懼懼乎未始幾動乎微事遷乎理將言以思將行以止中決道符乃順而起起而獲禍君子不恥非道之愆非中之詭懼而爲懼雖懼焉如君子不懼爲懼之初

憂箴

憂可無乎無誰以寧子如不憂憂日以生憂不可常（一作憂可常乎）常則誰懌子常其憂乃小人

戚敢問憂方吾將告子有聞不行有過不徙宜言不言不宜而煩宜退而勇不宜而恐中之誠懇過又不及憂之大方唯是焉急內不自得甚泰爲憂省而不疚雖死優游所憂在道不在乎禍吉之先見易幾者動之微吉之先見者也乃可無過告子如斯守之勿墮

師友箴 幷序

今之世爲人師者衆笑之舉世不師故道益離爲人友者不以道而以利舉世無友故道

益棄嗚呼生於是病矣歌以爲箴旣以儆已又以誡人

不師如之何吾何以成不友如之何吾何以增吾欲從師可從者誰借有可從舉世笑之吾欲取友誰可取者孟子尹公之他端人也其取友必端矣借有可取中道或捨仲尼不生牙也久死鮑叔牙與管仲爲友後薦仲於桓公以爲相杜甫詩云君不見管鮑貧時交此道今人棄如土二人可作懼吾不似似一作以韓作不吾以中焉可師恥焉可友謹是二物用惕爾後道苟在焉傭丐

爲偶道之反是公侯以走內考諸古外考諸物師乎友乎敬爾毋忽

敵戒

皆知敵之仇而不知爲益之尤皆知敵之害而不知爲利之大秦有六國兢兢以强六國既除詑詑乃亡謂秦滅齊楚燕趙韓魏六國後不二世而亡詑詑自得貌又淺意說文云欺也孟子詑詑之聲音顏色○詑音怡又湯何切晉敗楚鄢音偃范文爲患左傳成十六年晉師敗楚于鄢陵范文子曰君幼諸臣不佞何以及此君其戒之厲之不圖舉國造怨左傳成十七年晉厲公後

多外變反自鄢陵欲盡去羣大夫而立其左右孟孫惡臧孟死臧恤藥石去矣吾亡無日左傳襄二十三年孟孫惡臧孫季孫愛之孟孫卒臧孫入哭甚哀多涕曰季孫之愛我疾疢也孟孫之惡我藥石也美疢不如藥石孟孫死吾亡無日矣智能知之猶卒以危矧今之人曾不是思敵存而懼敵去而舞廢備自盈秪益爲瘉音庾又音臾病也敵存滅禍敵去召過有能知此道大名播懲病克壽矜壯死暴縱欲不戒匪愚伊耄我作戒詩思者無咎

三戒并序○東坡曰予讀柳子厚三戒而愛之乃擬作河豚魚烏賊

魚二說并序以自警

吾恒惡世之人不知推己之本而乘物以逞或依勢以干非其類出技以怒强竊時以肆暴然卒迨于禍有客談麋驢鼠三物似其事作三戒

臨江之麋

臨江之人畋得麋麑（音眉倪鹿子也）畜之入門羣犬垂涎揚尾皆來其人怒怛之自是日抱就犬習示之使勿動稍使與之戲積久犬皆如人

意麋麑稍大忘己之麋也以爲犬良我友抵觸偃仆益狎犬畏主人與之俯仰甚善然時啖其舌○啖音淡三年麋出門見外犬在道甚衆走欲與爲戲外犬見而喜且怒共殺食之狼藉道上麋至死不悟

黔之驢

黔無驢有好事者船載以入至則無可用放之山下虎見之尨然大物也以爲神蔽林閒窺之稍出近之憖憖然莫相知○憖魚僅切憖憖恭敬也

又張斷怒他日驢一鳴虎大駭遠遁以爲且噬已也甚恐然往來視之覺無異能者益習其聲又近出前後終不敢搏稍近益狎蕩倚衝冒驢不勝怒蹄之虎因喜計之曰技止此耳因跳踉大㘎虎檻切斷其喉盡其肉乃去噫形之尨也類有德聲之宏也類有能向不出其技虎雖猛疑畏卒不敢取今若是焉悲夫

永某氏之鼠

永有某氏者畏日拘忌異甚以爲已生歲直

子鼠子神也因愛鼠不畜猫犬犬一作又禁僮勿擊鼠倉廩庖廚悉以恣鼠不問由是鼠相告皆來某氏飽食而無禍某氏室無完器椸無完衣方言榻前几趙魏之閒謂之椸一曰衣架禮記男女不同椸架○椸音移飲食大率鼠之餘也晝累累與人兼行○累倫追切夜則竊齧鬭暴其聲萬狀不可以寢終不厭數歲某氏徙居他州後人來居鼠為態如故其人曰是陰類惡物也盜暴尤甚且何以至是乎哉假五六猫闔門撤瓦灌穴購僮羅捕

之殺鼠如丘棄之隱處臰數月乃已○臰尺救切與臭同嗚呼彼以其飽食無禍爲可恒也哉

河東先生集卷第十九

世綵廖氏刻梓家塾

河東先生集八

第二十卷 銘雜題

第廿一卷 題序

第廿二卷 序

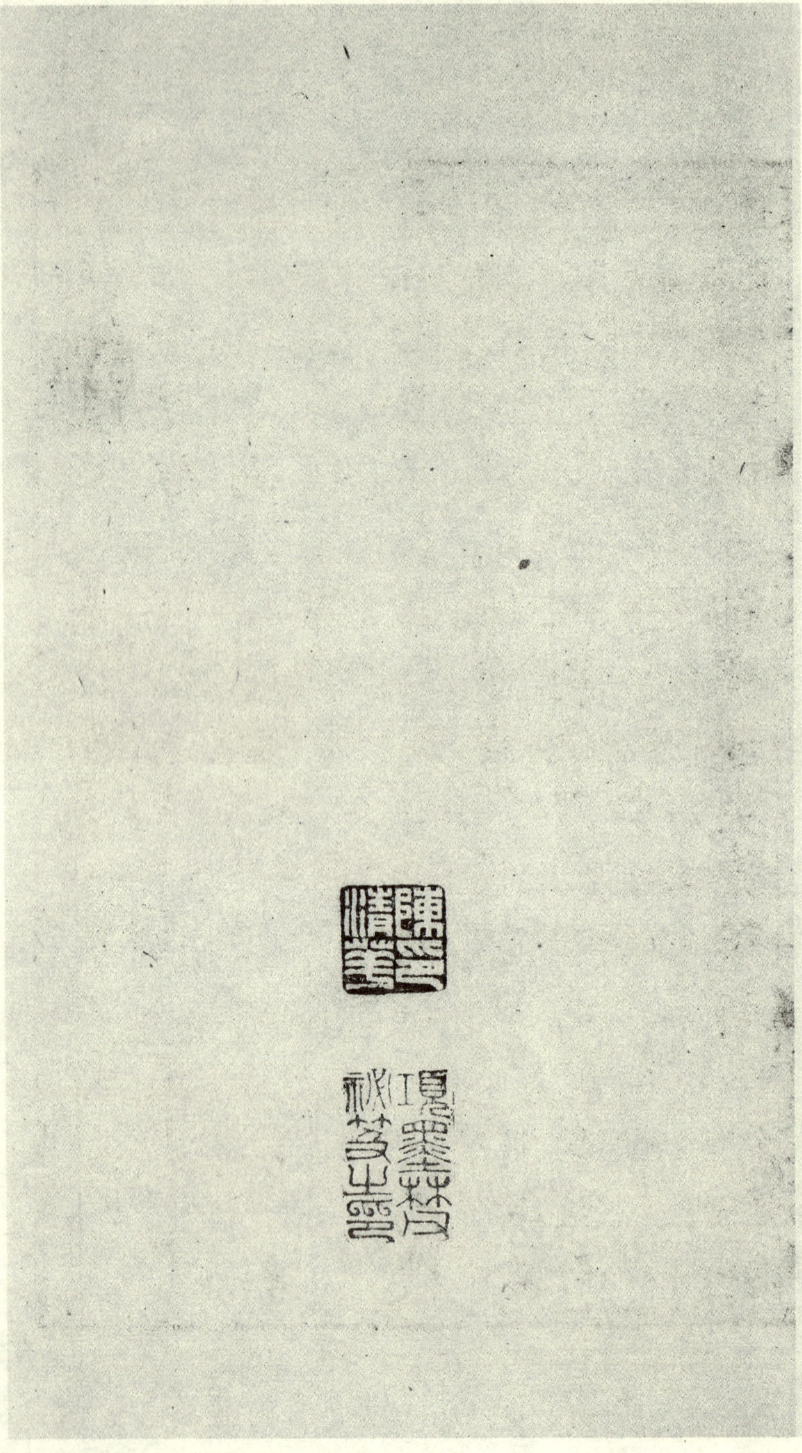
項墨林父秘笈之印

河東先生集卷第二十

銘雜題

沛國漢原廟銘并序漢惠帝詔有司爲高帝立原廟至唐尚存載在祀典

昔在帝堯光有四海元首萬邦時則舜禹稷禼音薛與契同高辛氏之子佐命垂統股肱天下書元首明哉股肱良哉一本作天子聖德未衰而內禪音擅元臣繼天而受命四姓承休迭有中邦舜嬀氏禹姒氏后稷姬氏契子氏皆堯之元臣其後迭有天下五神環運炎德復起五神五德也至漢爲

火德周道削滅秦德暴戾皇天疇庸審厥保承

乃命唐帝之後振而興之春秋晉史蔡墨有言陶唐氏既衰其後有劉累班固贊高祖贊及之又俾九臣之後九臣九官也謂禹作司空棄爲后稷契爲司徒皐陶爲士垂爲共工益爲虞伯夷爲秩宗夔典樂龍爲納言九一作元翊而登之所以紹復丕績不墜厥祀故曲逆起爲策士周封舜後於陳陳之子孫以國爲氏至漢陳平佐高祖封曲逆侯○曲逆音去遇輔成帝圖吐謀洞靈奮奇如神舜之胄也汝陰汝陰夏侯嬰所封嬰之先出自姒姓杞簡公爲楚所滅弟佗奔魯悼公以其夏禹之後給以采地爵爲侯後因以爲夏侯氏貺帝密綱嬰爲

沛縣吏與高祖相愛高祖戲而傷嬰人有告高祖高祖時爲亭長重坐傷人告故不傷嬰嬰證之移獄覆嬰坐高祖繫歲餘笞掠數百終脫高祖**擢虜暴氣扶乘天休運行嘉謀禹之苗也鄼侯**鄼蕭何所封何之先出自子姓宋戴公裔孫蕭叔大心平南宮長萬有功封于蕭後因以爲氏○鄼音贊**保綏三秦控引漢中**項羽立沛公爲漢王都南鄭以何爲丞相還定三秦東爭天下常命何留守**宏器廓度以大帝業卨之裔也淮陰**淮陰韓信所封信之先出自姬氏左傳曰邘晉應韓武之穆也曲沃桓叔之子萬食菜於韓因以爲氏**整齊天兵導揚靈威覆趙夷魏拔齊殄楚**覆趙謂斬趙王成安君陳餘夷魏謂虜魏王豹定河東拔齊謂虜齊王廣

（殄楚謂會垓下平項羽）平陽（平陽曹參所封參之先封曹以國爲姓陽下或有夏字非是）破三秦虜魏王（高祖至漢中以參爲將軍還定三秦與韓信攻魏獲魏王豹）絳侯（后稷封于邰七世孫古公亶從居岐山之周原後因爲氏曰周至於勃事漢封於絳）定楚地固劉氏皆稷之裔也克復堯緒昭哉甚明天意若曰建火德者必唐帝之胄故漢氏興焉（高祖紀贊云漢承堯運德祚日盛斷蛇著符旗幟尚赤協于火德自然之應得天統矣）翼炎運者必唐臣之孫故羣雄登焉是以高帝誕膺聖祚以垂德厚（一作厚德）探昊穹之奥旨載幽明之休祐殺白帝于

大澤以承其靈高祖夜經澤中有大蛇當經帝斬之後人至蛇所有老嫗哭曰吾子白帝子也化爲蛇當道今赤帝子斬之建赤旂於沛邑以昭其神高祖爲沛公旗幟尚赤假手于嬴以混諸侯秦嬴姓謂秦併六國而復歸于漢憑力于項以離關東謂項羽剽悍而關東心離奉纂堯之元命而四代之後咸獻其用得乘木之大統謂周木德也而秦楚之盛不保其位既建皇極設都咸陽撫征四方訓齊天下乃樂沛宮以追造邦之本乃歌大風以昭武成之德高祖十二年過沛歌曰大風起兮雲飛揚威加海內兮歸故鄉安得猛士

（兮守四方）乃尊舊都（尊或作奠都一作邦）以壯王業之基生爲湯沐之邑沒爲思樂之地且曰萬歲之下魂遊于此（高祖謂沛父兄曰游子悲故鄉吾雖都關中萬歲之後吾魂魄猶思沛其以沛爲朕湯沐邑）惟茲原廟沛宮之舊也（惠帝詔郡國立原廟原重也謂先已有廟）祭蚩尤於是庭而赤精降（高祖旣爲沛公祠黃帝祭蚩尤於沛庭）導靈命於是邦而羣雄至登布衣於萬乘而子孫得以纘其緒化環堵爲四海而黎元得以安其業基岱岳之高源洪河之長蓄靈擁休此焉發跡蓋以道備于是

而後行之天下制成于是而後廣之宇內天下備其道而神復乎本宇內成其制而心懷于舊宜其正名以表功用成其始俾生靈盡其敬焉陳本以宅神用成其終俾生靈盡其慕焉故高帝定位建茲閟宮（詩閟宮有侐建茲閟宮即上云沛宮也○閟音秘）惠皇嗣服爰立清廟（註見上）綿越千祀至今血食此所以成終而成始也且夫以斷蛇之威安知不運其密用佐歲功以流澤歟以約法之仁（高祖入關與父老約法三章耳）安知不流其

神睠相舊邦之遺黎歟以紹唐之餘慶統天之遺烈安知不奮其聖化大祐於下土歟然則展慶乞靈烏可已也銘于舊邑以迪天命其辭曰

蕩蕩明德時惟放勛揖讓而退祚于後昆羣蛇輔龍晉世家文公即位賞從亡者未至介子推子推入綿上山中至死不見子推從者憐之懸書宮門曰龍欲上天五蛇爲輔龍已乘雲四蛇各入其宇一蛇獨怨終不見其處所以翊天門翊一作羾音貢飛也漢書登椽欒而羾天門登翼炎運唐臣之孫秦綱既離鹿駭東夏長蛇封

豕左傳封豕長蛇以荐食上國封豕大豬也蹈躍中野天復堯緒鍾祐于劉赫矣漢祖播兹皇猷揚旂沛廷約從諸侯○從將容切豪暴震疊威聲布流總制虎臣委成良籌勦殄霸楚○勦子小切遂荒神州詩遂荒大東區宇懷濡黔黎輯柔表正萬國炎靈用休定宅咸陽以都上游項羽傳古之王者地方千里必居上游註游即流也留觀本邦觀一作歡在鎬如周詩王在在鎬文王都豐武王都鎬穆穆惠皇宗禋克承崇崇沛宮清廟是憑原念大業肇經兹地乃專元命亦舉嚴祀

建旂釁鼓○釁許僅切旂一作旆遂據天位竄遊故都
永介丕址煥列唐典列一作若見題註嚴恭罔墜勒
此休銘以昭本始

劒門銘并序

惟蜀都重險多貨混同戎蠻人尨俗剽尨雜也
嗜為寇亂皇帝元年八月帥喪衆暴永貞元年八月
劒南西川節度使韋皐卒羣疑不制易羣疑亡也漢書羣疑蒲腹妖孽
孽行○孽魚列切亦作蠥怙恃富強滔天阻兵書象恭滔天左
傳阻兵安忍皐既卒度支副使劉闢自為留
後諷諸將徼旄節時帝即位欲靜鎮四方即

拜檢校工部尚書西川節度使闢意攻陷他
帝可動益驁蹇吐不臣語求統三川
闢欲以所善盧文若節
部北包劒門度東川即以兵取梓州憑負丘
陵以張鶩猛堅利鋒鏑以拒大順謂雷霆之
誅莫已加也惟梁守臣山南西道節度治梁禮部尚書
嚴公以國害爲私讎漢書司馬相如傳人懷怒心如報私讎以
天討爲己任宰相杜黃裳薦神策軍使高崇文勇略可用元和元年正月以
崇文爲行營節度使將步兵五千爲前鋒率
京西兵馬使李元奕東川節度使李康山南
西道節度使嚴礪同討闢嚴公嚴礪也新唐
史曰礪輕躁多謀以便佞自將又曰礪在位
貪沓苟得士民不勝其苦擅没吏民田宅百
餘所稅外加歛錢及芻粟數十萬史載礪行

事如此而子厚寄東川啓曰以仁厚蓄生人又以勇義平國難又曰累受顧念踊躍盛德又作劍門銘稱頌之若此何哉推仁仗信不待司死孟子有司死之士而人致其命立義抗憤不待喋血漢文紀令已誅諸呂新喋血京師○喋大頰切字當作蹀蹀謂履涉之而士一其心悉師出次祗俟明詔凡諸侯之師必出于是儲偫饗賚○偫直里切取其豐穰乃遣前軍嚴秦奉揚王誅誕告南土十一月當作二月右師逾利州蹈寇地乘山斬虜以遏奔衝左師出於劍門大攘頑嚚諭引刼脅蟻潰鼠駭險無以固以下

（一有爲字）收奪利地以須王師（礪命嚴秦自漢原至神泉凡數十合）

（下劍門覆盪口收劍州命契丹之裨將可提彌珠斬賊之特將文德昭）封刳腎腸振拔根柢（根柢見前註）俾無以肆毒用集我勲力贊鼓一振（贊鼓周禮鼓人以鼖鼓鼓軍事○贊扶云切大鼓也）元戎啓行（詩元戎十乘以先啓行）取其渠魁以爲大戮（九月崇文克成都擒闢送長安左傳取其鯨鯢以爲大戮）由公忠勇憤悱授任堅明謀猷弘長用能啓闢險阨夷爲大塗襄沮害氣對乎天意致用休嘉（致一作帝）議功居首增秩師長（本傳云劉闢反以儲備有素檢校尚書左僕射）進爲大藩

宅是南服（十月以礪為東川節度）將校羣吏願刊山石昭著公之功垂號無窮銘曰

井絡坤垠（蜀在星分野為井絡在卦為坤維河圖括地象曰岷山之地上為井絡）時惟外區（張載劍閣銘云矧茲陿隘土之外區外區謂在區域之外）界山為門環于蜀都叢險積貨混并羌髳（書牧誓及庸蜀羌髳微盧彭濮人八國皆戎狄國名羌在西蜀髳微在巴蜀○髳音矛）狂猾窺隙狺狺嘯呼（狺狺犬吠聲楚詞猛犬狺狺○狺魚斤切犴同）憑據勢勝厚其兇徒皇帝之仁宥而不誅暴非德馴害及巴渝（巴渝在唐屬劍南道）乃出王旅乃咨列岳

牧臣司梁當其要束器備收積粮糧是蓄書峙乃粮糧粮乾飯人無增賦師以饒足喋血誓士玄機在握分命貔貅陳爲掎角左傳譬如捕鹿晉人角之諸戎掎之○掎居綺切偏引也右逾岷山左直劍門攻出九地孫子云善守者藏於九地之下善攻者動乎九天之上上披重雲攀天蹈空夷視阻艱破裂層壘殄殲羣頑內獲固圉左傳亦聊以固吾圉也外臨平原天兵徐驅卒乘嘽嘽詩王旅嘽嘽嘽嘽衆也又嘽嘽駱馬他丹切大憝囚戮大憝謂闒也書元惡大憝○憝徒對切戎夏咸懽帝圖厥功惟梁是先開

國進位南服于藩邦之清夷人以完安銘功
鑒亂永代是觀

塗山銘并序

惟夏后氏建大功定大位立大政勤勞萬邦和寧四極威懷之道儀刑後王詩儀刑文王刑法也當乎洪流方割書湯湯洪水方割炎被下土自壺口而導百川書冀州既載壺口治梁及岐此是治水自壺口始也大功建焉虞帝耄期承順天曆書舜宅帝位三十有三載耄期倦于勤又曰天之曆數在汝躬汝終陟元后自南河而受四海孟子云舜避堯之子

於南河之南訟獄謳歌者不之堯之子而之舜然後之中國踐天子位焉今以爲禹恐誤

大位定焉萬國既同宣省風教自塗山而會諸侯左傳哀七年禹會諸侯於塗山執玉帛者萬國註塗山在壽春東北書云娶于塗山孔安國云塗山國名皇甫謐云今九江當塗有禹廟則塗山在淮南大政立焉功莫崇乎禦大災禮記能禦大災則祀之言禹有治水之功乃賜玄圭以承帝命書禹錫玄圭告厥成功位莫崇乎執大象老子執大象天下往乃輯五瑞以建皇極五瑞即五玉也政莫先乎齊大統乃朝玉帛以混經制是所以承唐虞之後垂子孫之丕業立商周之前

樹帝王之洪範者也嗚呼天地之道尚德而右功右亦尊也帝王之政崇德而賞功故堯舜至德而位不及嗣湯武大功而祚延于世有夏德配于二聖而唐虞讓功焉功冠于三代而商周讓德焉宜乎立極垂統貽于後裔當位作聖著爲世準則塗山者功之所由定德之所由濟政之所由立有天下者宜取於此追惟大號既發華蓋既狩方岳列位奔走來同山川守神莫敢遑寧吳伐越墮會稽獲骨焉節專車吳子使來聘問

之仲尼仲尼曰禹致羣神於會稽之山防風氏後至禹殺而戮之其骨節專車此爲大矣客曰敢問誰守爲神仲尼曰山川之守足以紀綱天下者其守爲神社稷之守爲公侯者也羽旄四合左傳定四年晉人假羽旄於鄭鄭人與之周禮全羽爲旞析羽爲旌旄一作毛衣裳咸會莊二十七年穀梁傳衣裳之會十有一未嘗有歃血之盟虔恭就列俯僂聽命然後示之以禮樂和氣周洽申之以德刑天威震耀制立謨訓宜在長久厥後啓征有扈而夏德始衰羿距太康而帝業不守啓禹之子太康啓之子書甘誓啓與有扈戰于甘之野作甘誓五子之歌註太康盤于遊田不恤民事爲羿所逐不得反國皇祖之訓

不由書皇祖有訓皇祖謂禹人亡政墜卒就陵替向使繼代守文之君又能紹其功德脩其政統畢宮室惡衣服拜昌言平均賦入制定朝會則諸侯常至而天命不去矣兹山之會安得獨光于後歟是以周穆遐追遺法復會于是山左傳昭四年椒舉言于楚子曰康有酆宮之朝穆有塗山之會也聲垂天下亦紹前軌用此道也故余爲之銘庶後代朝諸侯制天下者仰則於此辭曰

惟禹體道功厚德茂會朝侯衛侯衛五等之諸侯統

壹憲度省方宣教化制殊類咸會壇位承奉儀矩禮具樂備德容既孚乃舉明刑以弼聖謨則戮防風（一本明刑作明則則戮作刑戮）遺骨專車（見上註）克明克威疇敢以渝宣昭黎憲（一作獻）耆定混區（詩耆定爾功註耆致也○耆音旨）傳祚後胤丕承帝圖塗山巖巖界彼東國惟禹之德配天無極即山刊碑貽後訓則

壽州安豐縣孝門銘（并序　唐孝友傳曰壽州永豐李興亦有志行柳宗元爲作孝門銘云云全載于傳）

壽州刺史臣承思言九月丁亥安豐縣令臣某上所部編戶甿（與氓同）李興父被惡疾歲月就亟（就一作疾）興自刃股肉假託饋獻其父老病已不能啖啜。（啖音淡啜姝悅切正作歠）宿而死興號呼撫膺（撫一作搵）口鼻垂血捧土就墳沾漬涕洟。（漬疾智切洟音夷）墳左作小廬蒙以苫茨（苫茨謂以草覆屋）伏匿其中扶服頓踊。（扶服音匍匐頓踊謂躃踊也）晝夜哭訴孝誠幽達神爲見異廬上產紫芝白芝二本各長一寸廬中醴泉涌出奇形異狀（異一作瑞）應驗圖記此皆陛下孝理神化陰中其心而克致斯事謹案輿匹庶賤陋循習淺下性非文字所導生與耨耒爲業一作伍而能鍾彼醇孝超出古列天意神道猶錫瑞物以表殊異伏惟陛下有唐堯如天如神之德史記稱堯其仁如天其智如神宜加旌褒合于上下請表其里閭刻石明白宣延風美觀示後祀永永無極臣昧死上請制曰可其銘云一本無上三字一本於制可側註云此一段在銘後又標云當先寫銘又塗去其銘云三字

懿厥孝思詩永言孝思惟玆淑靈稟承粹和篤守

天經天經孝也泣侍羸疾默禱隱冥引刃自臠殘

肌敗形羞膳奉進憂勞孝誠惟時高高詩高高在

上曾不是聽創巨痛仍號于穹旻捧土濡涕

頓首成墳陷膺腐背寒暑在廬草木悴死鳥

獸踟躕踟音馳躕重株切殊類異族亦相其哀肇有

二位二位天地也孝道爰興克修厥猷載籍是登

在帝有虞以孝烝烝舜克諧以孝烝烝乂不格姦仲尼述

經以教于曾孔子孝經爲曾參而作惟昔魯侯見命夷

宮國語周宣王欲得國子之能導訓諸侯者穆仲曰魯侯孝王曰然則能治其民矣乃命魯孝公於夷宮史記魯世家周宣王伐魯殺其君伯御立稱於夷宮是爲孝公註云夷宮宣王祖父夷王之廟古者爵命必於祖廟亦有考叔寤莊稱純左傳鄭莊公寘姜氏于城潁潁考叔聞之有獻於公公從之遂爲母子如初君子曰潁考叔純孝也愛其母施及莊公顯顯李氏實與之倫哀嗟道路渫慕里鄰邦伯章奏稽首懇懃上動帝心旁達明神神錫祕祉三秀靈泉三秀芝草也楚詞山鬼章云采三秀於山間靈泉即上所云醴泉湧出也帝命荐加亦表其門統合上下交贊天人建此碑號億齡揚芬十萬

曰億億齡言其無窮也

武岡銘 幷序

元和七年四月黔巫東鄙○黔音琴蠻獠雜擾蠻獠西南夷名○獠音老又竹絞切亦作獠盜弄庫兵元和六年辰溆蠻酋張伯靖嫉黔中觀察使督斂苛刻因聚衆叛殺長史刼據辰錦諸州連九洞以自固九月以蜀州刺史崔能爲黔中觀察使貶前使竇羣爲開州刺史盜弄兵字出漢龔遂傳賊脅守帥南鈞牂牁外誘西原漢定西南夷置牂牁郡西原唐黃洞蠻地置魁立帥一作伍殺牲盟誓洞窟林麓嘯呼成羣皇帝下銅獸符漢制郡守置銅虎符竹使符發兵遣至郡合符

符合乃聽發兵也符者謂各分其半右留京師左以與之發庸蜀荊漢南越東甌之師庸即上庸縣庸蜀謂劍南東西節度荊謂荊南節度漢謂山南東道節度南越謂廣州節度東甌謂福建觀察四面討問畏罪憑阻遁逃不即誅時惟潭部戎帥湖南觀察使治潭州也御史中丞柳公綽練立將校提卒五百屯于武岡武岡邵州縣名不震不騫如山如林告天子威命明白信順亂人太恐視公之師如百萬視公之令如風雷怨號呻吟喜有攸訴投刃頓伏時黔中觀察使崔能荊南節度使嚴綬及公綽討之三歲不能定綬上言曰臣今謹以便

宜先遺所部將李志烈賫書喻旨侯其悛心伯靖亦上表請隸荆南乃降乃獨詔綏招伯靖伯靖果以隸黔六州之地乞降綏命志烈復往伯靖遂以其家屬舒秀和等詣江陵就戮詔綏皆授麾下將以撫之以伯靖爲右威衛翊府中郎將六州平

願完父子卒爲忠信奉職輸賦進比華人無敢不龔母弟生壻繼來于潭咸致天庭皇帝休嘉式新厥命兇渠同惡革面向化如醉之醒如狂之寧公爲藥石俾復其性詔書顯異進臨江漢以公綽爲鄂岳觀察使考公綽傳不書其平伯靖之功豈史逸之耶益兵三倍爲時碩臣殿于大邦詩殿天子之邦文儒申申有此

武功於是夷人始復聞公之去相與髙蹈涕

呼左傳哀二十一年齊人歌曰魯人之臯數年不覺使我髙蹈註髙蹈猶遠行若

寒去褏昔公不夸首級爲巳能力專務教誨

俾邦斯平我老洎幼由公之仁小不爲虺蜮

虺蝮蟲也蜮短狐也似鼈三足○虺許偉切蜮音惑又越偪切大不爲鯨鯢

左傳宣十二年古者明王伐不敬取其鯨鯢而封之以爲大戮鯨鯢以喻不義之人恩

重事特不邇而遠莫可追巳願銘武岡首以

慰我思以昭我鄰一作類以示我子孫一有彌字億

萬年俾我奉國如令之誠鄰之我懷如公之

勤其辭曰

黔山之巑（音攢高也）巫水之磻（巫水五溪也磻曲也）魚駭而離獸犯而殘戶恐谷竄披攘仍亂王師來誅（來一作未）期死以綏公明不疑公信不欺援師定命（援一作授）俾邦克正皇仁天施我反其性我塗四闢公示之門我愚抵死公示之恩既骨而完（此用左傳所謂生死而肉骨也之意骨一作定非）既亡而存奉公之訓貽我子孫我始蟊賊（詩去其螟螣及其蟊賊釋蟲云蟊食根曰蟊食節曰賊○蟊音矛）由公而仁我始寇讎由公而

親山畋澤獻周禮有獻人○獻與魚同畋音田輸賦于都陶穴刋木詩陶復陶穴書隨山刋木室我姻族烹牲是祀公受介福揲蓍以占○揲舌牒切揲蓍一作折筭公宜百祿皇懋公功陟于大邦謂遷鄂岳遠哉去我誰嗣其良有穴之丹辰州有丹穴有犀之顛匯曰余固公不可賂祝鄰之德恒遵公則勗余之世永謹邦制一作以氶邦制南夷作詩刻示來裔

井銘 并序

始州之人謂柳州人各以罌甀負江水罌瓶類大腹小口爾

雅云康瓠謂之甈瓠壺也舊註甈破罌也○罌音鷖甈五計切莫克井飲崖岸峻厚旱則水益遠人陟降大艱雨多塗則滑而顛恒爲咨嗟怨咸訛言終不能就元和十一年三月朔命爲井城北隍上隍城池未晦果寒食冽而多泉易井冽寒泉食冽清也邑人以灌其土堅埴巨至切堅土也一本作堅壯其利悠久其相者浮圖談康諸軍事牙將米景鑿者蔣晏凡用罰布六千三百周禮廛人掌斂市之罰布註罰布者犯市令者之泉錢行之曰布藏之曰泉役庸三十六大甎千七百其深八尋

有二尺八尺為尋銘曰

盈以其神其來不窮惠我後之人噫嘻肯似于政似續也其來日新一作盈以神

舜禹之事晏元獻曰此文與下謗譽咸宜等篇恐是博士韋籌所作

魏公子丕由其父得漢禪音擅還自南郊謂其人曰舜禹之事吾知之矣魏黃初元年十一月文帝升壇即祚魏氏春秋曰禮畢帝顧謂羣臣曰舜禹之事吾知之矣由丕以來皆笑之柳先生曰丕之言若是可也嚮者丕若曰

舜禹之道吾知之矣丕罪也其事則信吾見笑者之不知言未見丕之可笑者也凡易姓授位公與私仁與强其道不同而前者忘後者繫其事同使以堯之聖一日得舜而與之天下能乎吾見小爭於朝大爭於野其爲亂堯無以已之何也堯未忘於人舜未繫於人也堯之得於舜也以聖舜之得於堯也以聖兩聖獨得於天下之上奈愚人何其立於朝者放齊猶曰朱啓明猶一作獨而況在野者乎堯

知其道不可退而自忘舜知堯之忘己而繫舜於人也進而自繫舜舉十六族去四凶族使天下咸得其人（一作仁）命二十二人興五教立禮刑使天下咸得其理合時月正曆數齊律度量權衡使天下咸得其用積十餘年人曰明我者舜也齊我者舜也資我者舜也天下之在位者皆舜之人也而堯隤然○隤徒回切聾其聰昏其明愚其聖人曰往之所謂堯者果烏在哉或曰耄矣曰匿矣又十餘年其思

而問者加少矣至於堯死天下曰久矣舜之君我也夫然後能揖讓受終於文祖舜之與禹也亦然禹旁行天下功繫於人者多而自忘也晚益之自繫猶是也而啓賢聞於人故不能夫其始繫於人也厚則其忘之也遲不然反是漢之失德久矣其不繫而忘也甚矣宦董袁陶之賊生人盈矣宦曹節王甫董卓袁紹袁術陶謙也丕之父攘禍以立強積三十餘年天下之主曹氏而已無漢之思也丕嗣而禪天下得之

以爲晚何以異夫舜禹之事耶然則漢非能自忘也其事自忘也曹氏非能自繫也其事自繫也公與私仁與强其道不同其忘而繫者無以異也堯舜之忘不使如漢不能授舜禹舜禹之繫不使如曹氏不能受之堯舜然而世徒探其情而笑之故曰笑其言者非也

問者曰堯崩天下若喪考妣四海遏密八音三載子之言忘若甚然是可不可歟曰是舜歸德於堯史尊堯之德之辭者也堯之老更

一世矣德乎堯者益已死矣其幼而存者堯不使之思也不若是不能與人天下

誇譽

凡人之獲謗譽于人者亦各有道君子在下位則多謗在上位則多譽小人在下位則多譽在上位則多謗何也君子宜于上不宜于下小人宜于下不宜于上得其宜則譽至不得其宜則謗亦至此其凡也然而君子遭亂世不得已而在于上位則道必咈于君而利

必及于人由是謗行于上而不及于下故可殺可辱而人猶譽之小人遭亂世而後得居於上位則道必合于君而害必及于人由是譽行于上而不及于下故可寵可富而人猶謗之君子之譽非所謂譽也其善顯焉爾小人之謗非所謂謗也其不善彰焉爾然則在下而多謗者豈盡愚而狡也哉在上而多譽者豈盡仁而智也哉其謗且譽者豈盡明而善褒貶也哉然而世之人聞而大惑出一庸

人之口則羣而郵之郵謂如置郵之傳也且置於遠邇莫不以爲信也豈惟不能褒貶而已則又蔽於好惡奪於利害吾又何從而得之耶孔子曰不如鄉人之善者好之其不善者惡之善人者之難見也則其謗君子者爲不少矣其謗孔子者亦爲不少矣傳之記者叔孫武叔時之貴顯者也其不可記者又不少矣是以在下而必困也及乎遭時得君而處乎人上功利及於天下天下之人皆歡而戴之向之

謗之者今從而譽之矣是以在上而必彰也
或曰然則聞謗譽于上者反而求之可乎曰
是惡可無亦徵其所自而已矣其所自善人
也則信之不善人也則勿信之矣苟吾不能
分於善不善也則已耳如有謗譽乎人者吾
必徵其所自未敢以其言之多而舉且信之
也其有及乎我者未敢以其言之多而榮且
懼也苟不知我而謂我盜跖（之石切）吾又安取
懼焉（取一作敢）苟不知我而謂我仲尼吾又安取

榮焉知我者之善不善非吾果能明之也要
必自善而已矣

咸宜

興王之臣多起汙賤人曰幸也亡王之臣多
死寇盜人曰禍也余咸宜之當兩漢之始
屠販徒隸出以爲公侯卿相無他焉彼固公
侯卿相器也遭時之非是以詘獨其始之不
幸非遭高光而以爲幸也漢晉之末公侯卿
相刼戮困餓伏墻壁閒以死無他焉彼固刼

戮困餓器也遭時之非是以出獨其始之幸

非遭卓曜而爲禍也卓曜謂董卓劉曜彼困於昏亂

伏志氣屈身體以下奴虜平難澤物之德不

施于人一得適其傃傃向也其進晚爾而人猶

幸之彼伸於昏亂抗志氣肆身體以傲豪傑

殘民興亂之技行於天下一得適其傃其死

後耳而人猶禍之悲夫余是以咸宜之

鞭賈此篇端以諷空空於內者賈技於朝求過其分而實不足賴云

市之鬻鞭者人問之其賈宜五十孟子布帛長短同則

賈相若〔賈音嫁〕。必曰五萬復之以五十則伏而笑以五百則小怒五千則大怒必以五萬而後可有富者子適市買鞭出五萬持以夸余視其首則拳蹙而不遂視其握則蹇仄而不植其行水者一去一來不相承其節朽墨而無文〔一本有材字〕掐之滅爪而不得其所窮〔爪按曰掐。掐乞洽切〕舉之翲然若揮虛焉。〔翲紕招切飛也〕余曰子何取於是而不愛五萬曰吾愛其黃而澤且賈者云余乃召僮爚湯以濯之。〔爚音籥溫也〕則遬然枯○遬音速蒼然白鬻之黄者栀也○栀音支木實可以染黄澤者蠟也富者不恍然循持之三年後出東郊争道長樂坂下坂坡也馬相踶徒計切蹋也莊子怒則分背相踶因大擊鞭折而爲五六馬踶不已墜於地傷焉視其內則空空然其理若糞壤無所賴者今之栀其貌蠟其言以求貫拔於朝一有者字○貫音古當其分則善一本無當其分則善五字一誤而過其分則喜當其分則反怒曰余曷不至於公卿然而至焉者亦良多矣居無事雖過三

年不害當其有事驅之於陳力之列以御乎物以夫空空之內糞壤之理而責其大擊之効惡有不折其用而獲墜傷之患者乎一無者字

吏商

吏而商也汙吏之爲商不若廉吏之商其爲利也博汙吏以貨商資同惡與之爲曹資藉也大率多減耗役傭工費舟車射時有得失取貨有苦良周禮辨其苦良盜賊水火殺斂焚溺之爲患○斂與奪同幸而得利不能什一二身敗祿奪

大者死次貶廢小者惡終不遂（者一作名）汙吏惡
能商矣哉廉吏以行商○（行下孟切下其行並同）不役傭
工不費舟車無資同惡減耗時無得失貨無
良苦盜賊不得殺欲水火不得焚溺利愈多
名愈尊身富而家强子孫葆光○（葆音保葆大也）是故
廉吏之商博也苟修嚴潔白以理政由小吏
得爲縣由小縣得大縣由大縣得刺小州其
利月益各倍其行不改又由小州得大州其
利月益三之一其行又不改又由大州得廉

一道（廉察也）其利月益之三倍不勝富矣苟其行又不改則其為得也夫可量哉雖赭山以為章○（赭音者赤也章猶枚也史記山居千章之材是也）涸海以為鹽（涸竭也）未有利大能若是者然而舉世爭為貨商以故貶吏相逐於道百不能一遂人之知謀好邇富而近禍如此悲夫或曰君子謀道不謀富子見孟子之對宋牼乎○（牼口莖切）何以利為也（孟子謂宋牼曰為人臣者懷利以事其君為人子者懷利以事其父是君臣父子兄弟終去仁義懷利以相接然而不亡者未之有也）柳子曰君子

有二道誠而明者不可教以利明而誠者利進而害退焉吾爲是言爲利而爲之者設也或安而行之或利而行之及其成功一也禮記中庸吾哀夫没於利者以亂人而自敗也姑設是庶由利之小大登進其志幸而不撓乎下○撓女巧切以成其政交得其大利吾言不得已爾何暇從容若孟子乎孟子好道而無情其功緩以疏未若孔子之急民也

東海若

東海若陸遊登孟豬之阿東海若東海神名孟豬澤名按書導菏澤被孟豬註在菏東北漢地理志孟豬在梁國睢陽縣東北周禮作望諸得二瓠焉○瓠胡故切匏也刳而振其犀以嬉犀瓜瓣詩齒如瓠犀是也○刳丘胡切取海水雜糞壤蟯蚘而實之蟯蚘人腹中蟲○蟯如消切蚘音尤又音回臭不可當也窒以密石舉而投之海逾時焉而過之曰是故棄糞耶其一徹聲而呼曰我大海也東海若呼然笑曰呼然笑貌○呼虛乎切怪矣今夫大海其東無東其西無西其北無北其南無南旦則浴日而出之

夜則滔列星涵太陰（太陰月也）揚陰火珠寶之光以爲明其塵霾之雜不處也○（霾音埋）必泊之西澨故其大也深也潔也光明也無我若者今汝海之棄滴也而與糞壤同體臭朽之與曹蟯蚘之與居其狹咫也（八寸曰咫）又冥暗若是而同之海不亦羞而可憐哉子欲之乎吾將爲汝抉石破瓠盪羣穢於大荒之島而同子於向之所陳者可乎糞水泊然不悅曰我固同矣吾又何求於若吾之性也亦若是而已矣

穢者自穢不足以害吾潔狹者自狹不足以害吾廣幽者自幽不足以害吾明而穢亦海也狹亦海也幽亦海也突然而往于然而來孰非海者子去矣無亂我其一聞若之言號而祈曰吾毒是久矣吾以爲是固然不可異也今子告我以海之大又目我以故海之棄糞也吾愈急焉涌吾沫不足以發其窒旋吾波不足以究瓠之腹也就能之窮歲月耳顧若幸而哀我哉東海若乃抉石破瓠投之盂

豬之陸盪其穢於大荒之島而水復於海盡得向之所陳者焉而向之一者終與臭腐處而不變也今有爲佛者二人同出於毗盧遮那之海而汩於五濁之糞而幽於三有之瓠而窒於無明之石而雜於十二類之蟯蚘十二類謂子爲鼠丑爲牛之類人有問焉其一人曰我佛也毗盧遮那五濁三有無明十二類皆空也一也無善無惡無因無果無脩無證無佛無衆生皆無焉吾何求也問者曰子之所言性也有

事焉夫性與事一而二二而一者也子守而一定（一有則字）大患者至矣其人曰子去矣無亂我其一人曰嘻吾毒之久矣吾盡吾力而不足以去無明窮吾智而不足以超三有離五濁而異夫十二類也就能之其大小刧之多不可知也若之何問者乃爲陳西方之事使修念佛三昧一空有之說於是聖人憐之（周昭王時釋伽生西方有聖人出世）接而致之極樂之境而得以去羣惡集萬行居聖者之地同佛知見矣向

之一人者終與十二類同而不變也夫二人之相遠也遠一作違不若二瓠之水哉今不知去一而取一甚矣

河東先生集卷第二十

世綵廖氏
刻梓家塾

河東先生集卷第二十一

題序

讀韓愈所著毛穎傳後題元和五年十一月公與楊誨之書云足下所持韓生毛穎傳來僕甚奇其書恐世人非之今作數百言知前聖不必罪俳也

自吾居夷謂爲永州司馬不與中州人通書有來南者時言韓愈爲毛穎傳不能舉其辭而獨大笑以爲怪而吾久不克見楊子誨之來誨之楊憑之子始持其書索而讀之若捕龍蛇搏虎豹搏擊

也急與之角而力不敢暇信韓子之怪於文也世之模擬竄竊取青嫓白○嫓匹詣切爾雅云配也肥皮厚肉柔筋脆骨而以爲辭者之讀之也其大笑固宜且世人笑之也不以其俳乎○俳音排戲也而俳又非聖人之所棄者詩曰善戲謔兮不爲虐兮詩淇奥之辭太史公書有滑稽列傳滑亂也稽同也言辯捷之人言非若是言是若非言能亂同異也○滑音骨稽音雞皆取乎有益於世者也故學者終日討說答問呻吟習復應對進退掬溜播灑○掬音菊溜力救切則罷

憊而廢亂○罷音疲憊蒲拜切故有息焉游焉之説不學操縵不能安絃以上竝係禮記學記之文註操縵雜弄也○操七刀切絃一作弦有所拘者有所縱也大羹玄酒禮記大羹不和註云大羹肉汁也不加鹽梅玄酒在室註云玄酒明水蓋陰鑒所取之水也醴節之薦左傳享有體薦宴有折俎註體謂半解其體而薦之體有折節升之於俎味之至者而又設以奇異小蟲水草樝梨橘柚樝似梨而酢橘柚似橙而酢○樝音查苦鹹酸辛雖蛪吻裂鼻○蛪音哲蟲螫也吻武粉切縮舌澁齒而咸有篤好之者文王之昌蒲葅呂氏春秋云文王嗜昌蒲葅孔子聞而効之縮頸而

食之三年然後勝之○菹側魚切亦作葅屈到之芰楚屈到嗜芰有疾召宗老屬之曰祭我必以芰見國語曾晳之羊棗孟子曾晳嗜羊棗而曾子不忍食羊棗晳曾點字然後盡天下之味以足於口一本之字下有奇字獨文異乎韓子之爲也亦將弛焉而不爲虐歟禮記張而不弛文武不爲也詩不爲虐兮息焉游焉而有所縱歟盡六藝之奇味以足其口歟而不若是則韓子之辭若壅大川焉其必決而放諸陸國語防民之口甚於防川川壅而潰傷人必多不可以不陳也且凡古今是非六藝百家大細穿究用而不遺

者毛穎之功也韓子窮古書好斯文嘉穎之能盡其意故奮而爲之傳以發其鬱積而學者得之勵其有益於世歟是其言也固與異世者語而貪常嗜瑣者瑣細也猶咕咕然動其喙○咕他協切咕咕多言貌喙呼惠切彼亦甚勞矣乎一本無彼字

裴墐崇豐二陵集禮後序墐嘗爲萬年令公亦誌其墓碣謂其崇豐二陵集禮藏之南閣如序所言○墐音僅又渠巾切

傳曰詩書執禮論語之文禮不執則不行一無執禮二字

自開元制禮大臣諱避去國恤章而山陵之禮遂無所執世之不學者乃妄取豫凶事之說而大典闕焉周禮五禮吉凶賓軍嘉也唐初從凶禮第五顯慶三年正月許敬宗李義府上所修新禮以爲凶事非臣子所宜言去國恤一篇自是天子凶禮遂闕國有大故則臨時採掇附比以從事事已則諱而不傳故後世無考由是累聖山陵皆摭拾殘缺附比倫類已乃斥去其後莫能徵永貞元和閒天禍仍遘貞元二十一年正月德宗崩元和元年正月順宗崩自崇陵至于豐陵不能周歲永貞元年十月德宗葬崇陵元和元年七月順宗葬豐陵司空杜公由太

常相天下貞元二十年杜黄裳相元和二年罷其後撿校司空連爲禮儀使擇其僚以備損益於是河東裴墐裴墐字封叔河東聞喜人以太常丞隴西辛祕以博士用焉祕貞元中擢明經第其學於禮家尤洽高郢爲太常卿奏爲主簿再辟禮儀使屬內之則攢塗祕器攢積木以殯也漢舊儀云東園祕器作棺梓素木長二丈崇廣四尺○攢徂丸切通作菆象物之宜謂塗車芻靈之屬外之則復土斥上漢文紀張武爲復土將軍復土謂穿壙下棺已而窴之即以爲墳故云復土復反也漢惠紀賜視作斥上者將軍四十金服虔云斥上壙上如淳曰斥開也開土地爲冢壙故以開斥言之因山之制漢文贊治霸陵因其山不起墳上之

則顧命典冊（顧命臨終之命謂遺詔也）與文物以受方國（方一作萬）下之則制服節文頒憲則以示四方由其肅恭禮無不備（晏本下且字作具字）且苞弁總統千載之盈縮羅絡旁午（旁午注見前猶言交橫也）百氏之異同搜揚翦截而畢得其中顧問關決而不悖於事議者以爲司空公得其人而邦典不墜裴氏乃悉取其所刊定及奏復于上辨列于下聯百執事之儀以爲崇豐二陵集禮藏之于太常書閣君子以爲愛禮而近古焉者（或無

近字或無者字昔韋孟以詩禮傳楚而郊廟之制卒正於玄成韋孟彭城人爲楚元王傅作詩諷諫自孟至賢五世賢子玄成字少翁以父任爲郎元帝時奏罷郡國廟鄭玄以箋註師漢而禪代之儀卒集于小同玄字康成北海高密人註周易尚書毛詩儀禮禮記論語孝經尚書大傳中候乾象曆等孫小同仕魏高貴鄉公崇三老五更以小同爲五更車駕躬行古禮焉賈誼以經術起而嘉最好學賈誼年少頗通諸家之書文帝召爲博士後爲梁王太傅死漢武初立舉誼孫二人至郡守嘉最好學能世其家盧植以儒學用而諶爲祭法植字子幹涿郡人事後漢爲北中郎將作尚書章句禮記解詁五世孫諶字子諒事晉爲中書侍郎撰祭

法註莊子行於世舊史咸以爲榮今裴氏太尉公謂墐之高祖行儉也以禮匡義嗣侍中公以禮議封禪謂墐之曾祖光庭也開元十三年玄宗將封泰山恐突厥入寇光庭爲兵部侍郎言於宰相張說云云說奏行之祠部公以禮承大事謂墐之祖稹也累官起居郎開元末玄宗以壽王瑁母寵欲立爲太子稹陳申生戾園之禍以諫上謝之遷祠部員外郎大理公謂墐之父儆也字九思官至大理卿以禮輔東宮而墐也以禮奉二陵又能成書以充其闕其爲愛禮而近古也源遠乎哉墐字封叔其伯仲咸以文學顯於世儆四子堅墐愼塤皆有文學大理之兄

正平節公（稹子倩字容卿）以儀範成家道以文雅經邦政（倩代第五琦爲度支郎中）令相國郇公其宗子也（倩子均字君齊元和三年九月同平章事封郇國公）郇公以孝友勤勞揚于家邦（一無揚字）遊其門若聞韶頀（韶舜樂頀湯樂）入其廟如至鄒魯恩溢乎九族禮儀乎他門則封叔之習禮也其出於孝悌歟成書也其本於忠敬歟由於家而達於邦國其取榮於史氏也果矣

柳宗直西漢文類序（公嘗誌宗直殯謂其撰漢書文）

章爲四十卷歌謠言議纖悉備具連累貫統好文者以爲工此序蓋公在永未召時作

左右史混久矣言事駁亂禮記玉藻動則左史書之言則右史書之事即動也○駁音剥尚書春秋之旨不立書以紀言春秋以紀事自左丘明傳孔氏謂左氏爲春秋傳也太史公述歷古今合而爲史司馬遷自序曰卒述陶唐以來至于麟止自黃帝始著十二本紀作十表八書三十世家七十列傳凡百三十篇五十三萬六千五百字爲太史公書一有記字迄于今交錯相糺音糾莫能離其說獨左氏國語紀言不絫於事戰國策春秋後語

晉孔衍字舒元以戰國策所書爲未盡善乃引太史公所紀叅其異同刪彼二家聚爲一錄號春秋後語頗本右史尚書之制然無古人蔚然之道大抵促數耗矣據公文法用漢功臣表靡有孑遺耗矣師古註音毛今俗語猶謂無爲耗舊註謂耗不明莫報切非矣而後之文者寵之寵一作襲文之近古而尤壯麗莫若漢之西京班固書傳之吾嘗病其畔散不屬之欲切無以考其變欲采比義會年長疾作駑墮愈日甚未能勝也幸吾弟宗直宗直字正夫公之從父弟也元和十一年從公至柳而卒年三十三愛古書樂而成之搜討磔裂○磔

涉格切攟摭融結攟摭拾也博雅云取也○攟俱運切摭之石切離而同之與類推移不易時月而咸得從其條貫森然炳然若開羣玉之府穆天子傳癸巳至於羣玉之山先王之所謂策府註云言往古帝王以藏書策之府指揮聯累圭璋琮璜之狀周禮六幣圭以馬璋以皮璧以帛琮以錦琥以繡璜以黼說文圭瑞玉也上圜下方剡上為圭半圭為璋琮大八寸似車釭璜半璧各有列位不失其序雖第其價可也以文觀之則賦頌詩歌書奏詔策議論之辭畢具以語觀之則右史記言尚書戰國策成敗興壞之說大備無不苞

也噫是可以爲學者之端耶一無之字始吾少時有路子者自贊爲是書吾嘉而叙其意而其書終莫能具卒偰宗直也故删取其叙繫于左以爲西漢文類首紀殷周之前其文簡而野魏晉以降則盪而靡得其中者漢氏漢氏之東則既衰矣當文帝時始得賈生明儒術武帝尤好焉而公孫弘董仲舒司馬遷相如之徒作風雅益盛敷施天下自天子至公卿大夫士庶人咸通焉於是宣於詔策達於奏

議諷於辭賦傳於歌謠由高帝訖于哀平王莽之誅四方之文章蓋爛然矣史臣班孟堅修其書拔其尤者充于簡冊則二百三十年閒列辟之達道（列辟人主也）名臣之大範賢能之志業黔黎之風美列焉若乃合其英精（一作菁）離其變通論次其叙位必俟學古者興行之唐興用文理（一作章）貞元閒文章特盛本之三代浹于漢氏與之相準於是有能者取孟堅書類其文次其先後爲四十卷

楊評事文集後序

楊君凌也先友記云楊氏兄弟者洪農人憑由江南西道入爲散騎常侍凝以兵部郎中卒凌以大理評事卒用知評事之爲凌也審矣唐書云凌終侍御史誤也

贊曰文之用辭令褒貶導揚諷諭而已雖其言鄙野足以備於用然而闕其文采固不足以竦動時聽夸示後學立言而朽采用左傳立德立功立言此之謂不朽君子不由也故作者抱其根源而必由是假道焉作於聖故曰經述於才故曰文文有二道辭令褒貶本乎著述者也導揚

諷諭本乎比興者也著述者流蓋出於書之謨訓易之象系春秋之筆削其要在於高壯廣厚詞正而理備謂宜藏於簡冊也比興者流蓋出於虞夏之詠歌殷周之風雅其要在於麗則清越（楊子詩人之賦麗以則謂靡麗而有法則禮記其聲清越而長）言暢而意美謂宜流於謠誦也茲二者考其旨義乖離不合故秉筆之士恒偏勝獨得而罕有兼者焉厥有能而專美命之曰藝成（禮記樂記云德成而上藝成而下）雖古文雅之盛世不能並肩

而生唐興以來稱是選而不作者梓潼陳拾遺（陳子昂梓州射洪人嘗爲右拾遺唐興文章承徐庾餘風天下祖尚子昂始變正風雅）其後燕文貞以著述之餘攻比興而莫能極（張說封燕國公謚文貞朝廷大述作多出其手其文屬思精壯世所不逮說歿後帝使就家録其文行於世）張曲江以比興之隟（與隙同）窮著述而不克備（張九齡韶州曲江人開元後天下稱曲江公而不名云一本窮字下有作者二字）其餘各探一隅相與背馳於道者其去彌遠文之難兼斯亦甚矣若楊君者少以篇什著聲於時其炳燿尤異之詞諷誦于

文人盈滿于江湖達于京師晚節徧悟文體尤邃叙述學富識遠才涌未已其雄傑老成之風與時增加既獲是不數年而夭其季年所作尤善其爲鄂州新城頌諸葛武侯傳論餞送梓潼陳衆甫汝南周愿河東裴泰貞元十八年泰爲安南都護武都符義府符一作何太山羊士諤元和三年士諤貶資州刺史隴西李鍊凡六序廬山禪居記辭李常侍啓遠遊賦七夕賦皆人文之選已用是陪陳君之後其可謂具體者歟嗚呼公

既悟文而疾既即功而廢廢不逾年大病及之卒不得窮其工竟其才遺文未克流于世休聲未克充於時凡我從事於文者所宜追惜而悼慕也宗元以通家脩好幼獲省謁故得奉公元兄命論次篇簡遂述其制作之所詣以繫于後

濮陽吳君文集序

據傳吳武陵信州人元和初擢進士第不書其父之名與文唯載初柳宗元謫永州而武陵亦坐他事流永宗元賢其才與序所言皆合

博陵崔成務嘗爲信州從事爲余言邑有閒人濮陽吳君（吳君系本濮陽後居信州）弱齡長鬣而廣顙（春秋傳使長鬣者謂長須也）好學而善文居鄉黨未嘗不以信義交於物教子弟未嘗不以忠孝端其本以是鄉相賢士率與亢禮（漢令丞與亢禮師古注亢當也）余嘗聞而志乎心會其子佋（與侶同）更名武陵升進士（元和二年武陵登第）得罪來永州（元和三年武陵坐事流永州）因奉其先人文集十卷再拜請余以文冠其首余得徧觀焉其爲詞賦有戒苟冒陵僭

之志其爲詩歌有交王公大人之義其爲誄誌弔祭有孝恭慈仁之誠而多舉六經聖人之大旨發言成章有可觀者古之司徒必求秀士由鄉而升之天官禮記司徒命鄉論秀士升之司徒曰選士論選士之秀者而升之學曰俊士周禮鄉大夫獻賢能之書于王王拜而受之登于天府古之太史必求人風陳詩以獻于法宮王制命太師陳詩以觀民風然後材不遺而志可見近世之居位者或未能盡用古道故吳君之行不昭而其辭不薦雖一命于王而終伏其志伏一作天鳴

呼有可惜哉一無有字武陵又論次誌傳三卷繼于末其官氏其下有志字及他才行甚具云武陵終韶州刺史無子女納湘

王氏伯仲唱和詩序

僕聞之世其家業不隕者雖古猶今也今一作之求之於今而有獲焉王氏子某與余通家後漢孔融傳我是李君通家子弟代爲文儒自先天以來先天睿宗年號元年歲在壬子策名聞達秉毫翰而踐文昌武后光宅元年九月以尚書省爲文昌臺一本無毫字登禁掖者紛綸華耀

一作紛華榮耀繼武而起士大夫掉鞅於文圃者左傳宣十二年御下兩馬掉鞅而還註掉正也鞅韁也○掉徒弔切鞅音養咸不得攀而倫之乙亥歲貞元十一年也某自南徐來南徐潤州宋置南徐州執文貺予詞有遠致又著論非班超不能讀父兄之書讀一作續而乃徵狂疾之功以爲名○徵古堯切吾知其奉儒素之道專矣間以兄弟嗣來京師會于舊里若璩瑒在魏後漢應奉字世叔有子珣爲司空掾珣子璩字休璉璩兄瑒字德璉魏書應瑒弟璩咸以文章顯○璩音渠瑒徒朗切集韻仗梗切又丑亮切機雲入洛吳大司馬陸抗二子機字

士衡雲字士龍晉太康末倶入洛造司空張華華曰伐吳之役利獲二儁晉書二陸入洛三張減價由是正聲迭奏雅引更和播塤篪之音韻調律呂之氣候穆然清風詩吉甫作頌穆如清風發在簡素文章之冑曷能及茲況宗兄握炳然之文以贊關石貞元十年十一月以浙西觀察使王緯爲諸道鹽鐵轉運使書關石和鈞漢書三十斤爲鈞四鈞爲石膺冠銀章榮映江湖則嚮時之美談必復其始左傳公侯之子孫必復其始某也謂余傳卜氏之學宜叙于首章卜子夏作詩序操斧於班郢之門班公輸班也郢莊子云運斤成風者斯强顏耳

詩凡若干首

河東先生集卷第二十一

世綵廖氏
刻梓家塾

（唐）柳宗元 撰

宋本河東先生集

第六册

國家圖書館出版社

第六册目録

卷第二十二　序

送楊凝郎中使還汴宋詩後序……一
送崔群序……四
送邠寧獨孤書記赴辟命序……六
同吴武陵送前桂州杜留後詩序……一〇
送寧國范明府詩序……一二
送幸南容歸使聯句詩序……一四
送李判官往桂州序……一七
送苑論登第後歸覲詩序……一八
送蕭鍊登第後南歸序……二一
送班孝廉擢第歸東川覲省序……二四
送獨孤申叔侍親往河東序……二七
送豆盧膺秀才南游序……二九
送趙大秀才往江陵謁趙尚書序……三一

卷第二十三　序别

同吴武陵贈李睦州詩序……三七
送南涪州量移澧州序……四〇
送薛存義序……四三
送薛判官量移序……四五
送李渭赴京師序……四七
送嚴公貺下第歸興元覲省詩序……四八
送元秀才下第東歸序……五一
送辛殆庶下第游南鄭序……五四
送崔子符罷舉詩序……五八
送蔡秀才下第歸覲序……六一

送韋七秀才下第求益友序……六三
送辛生下第序略……六六

卷第二十四　序

送從兄偁罷選歸江淮詩序……六九
送從弟謀歸江陵序……七二
送澥序……七七
送内弟盧遵游桂州序……七九
送表弟吕讓將仕進序……八二
陪永州崔使君游宴南池序……八五
愚溪詩序……八七
婁二十四秀才花下對酒唱和詩序……九一
法華寺西亭夜飲賦詩序……九三
序飲……九四
序棋……九八

卷第二十五　序隱遁道儒釋

凌助教蓬屋題詩序……一〇三
送韓豐群公詩後序……一〇五
送婁圖南秀才游淮南將入道序……一〇八
送易師楊君序……一一三
送徐從事北游序……一一五
送詩人廖有方序……一一七
送元十八山人南游序……一一八
送賈山人南游序……一二二
送方及師序……一二五
送文暢上人登五臺遂游河朔序……一二六
送巽上人赴中丞叔父召序……一三一
送僧浩初序……一三五
送元暠南游序并引……一三八
送元暠師序……一四一

送琛上人南游序……一四四
送文郁師序……一四六
送玄舉歸幽泉寺序……一四八
送濬上人歸淮南覲省序……一四九

卷第二十六　記官署

監祭使壁記……一五三
四門助教廳壁記……一五九
武功縣丞廳壁記……一六四
盩厔縣新食堂記……一六九
諸使兼御史中丞壁記……一七二
館驛使壁記……一七五
嶺南節度饗軍堂記……一八〇
邠寧進奏院記……一八八
興州江運記……一九二
全義縣復北門記……一九九

河東先生集卷第二十二

序

送楊凝郎中使還汴宋詩後序

楊凝字茂功虢州弘農人大曆十三年進士初以吏部郎中爲宣武軍判官貞元十二年自汴朝正于京師昌黎嘗作天星行以送其來今自京還汴公作此序以送其往云

談者謂大梁宣武軍古大梁之地多悍將勁卒亟就滑亂○滑音骨亦亂也亟去吏切而未嘗底寧控制之術難乎中道蓋以將驕卒暴則近憂且至非所以

和衆而乂民也將誅卒削則外虞實生非所
以扞城而固圉也詩公侯干城干扞也左傳亦聊以固吾圉也圉邊垂
也是宜慰薦呴諭○呴火羽吁句二切納爲腹心然後
威懷之道備聖上於是撫以表臣賛以藝人
書大都小伯藝人表臣表臣表幹之臣藝人道藝之人貞元十一年七月以董晉爲宣武軍節度是撫以表臣也八月以楊凝撿挍吏部汴宋亳潁觀察判官是賛以藝人也
剛柔而兩用化逆順而同道既去大憝書元惡大憝憝惡也遂安有衆故楊公以謀議之隟與隙同對
揚王庭貞元十四年冬凝朝正京師不踰時而承詔復命

（貞元十五年春凝還汴）示信于外諸侯（示一作出）時當朝之羽儀凡同官之寮屬皆餞焉容受童孺（公時年二十七）使在末位禮部郎中許公（許孟容字公範）以宏才奥學巳任文字顧唱衽席咸斷章而賦焉謂工部郎中崔公（崔羣字敦詩）文爲時雄允宜首序謂小子預離觴之餘瀝俾撰後序編以繼之大凡軍旅之制賛佐之重崔公序之備矣膺命受簡欲默不敢故書談者之辭拜手以獻用充餘篇云

送崔羣序（羣字敦詩唐史有傳）

貞松產於巖嶺（貞正也）高直聳秀條暢碩茂粹然立於千仞之表（八尺曰仞）和氣之發也稟至和之至者必合以正性於是有貞心勁質用固其本禦攘冰霜以貫歲寒（論語歲寒然後知松柏之後凋也貫字用禮器貫四時字）故君子儀之（儀法也）清河崔敦詩（敦詩系出清河）有柔儒溫文之道以和其氣近仁復禮（子曰克己復禮爲仁）物議歸厚其有稟者歟有雅厚直方之誠以正其性懿論忠告交道甚直其有

合者歟是故日章之聲禮記君子之道闇然而日章振於
京師嘗與隴西李杓直李建字杓直南陽韓安平
韓泰字安平洎予交友杓直敦柔深明冲曠坦夷
慕崔君之和安平厲莊端毅高朗振邁説崔
君之正余以剛柔不常造次爽宜爽差也求正
於韓襲和於李就崔君而考其中焉忘言相
視默與道合今將寧覲東周東周謂洛陽振策于
邁詩無小無大從公于邁且餞于野或命爲之序余於
崔君有通家之舊外黨之睦然吾不以是合

之崔君以文學登于儀曹貞元八年羣試禮部中其科歐
于王庭歐與揚同甲俊造之選首雛校之列貞元十年
羣舉賢良方正授秘書郎然吾不以是視之於其序也載
之其末云

送邠寧獨孤書記赴辟命序

僕閒歲○閒如字近也驟遊邠壇邠壇邠州之界邠音彬壇與疆同
令戎帥楊大夫時爲候奄楊朝晟字叔明爲邠寧節度使韓游
瓌都虞候左傳成十八年張老爲候奄盡護羣校漢陳平傳盡護諸將校者
以木爲欄格軍部用之故軍尉皆以校爲名用管法箠令漢景帝詔有司

減筈法定箠令不吐強禦詩柔亦不茹剛亦不吐不侮鰥寡不畏強禦下莫有逗撓前漢廷尉當恢逗撓當斬註逗留止也撓屈弱也凌暴而犯令者沉斷壯勇專志武力出麾下麾大將之旗漢書多作戲取主公之節越而代之位游瓌御士寬軍驕張獻甫來代軍遂亂衆脅監軍請以范希朝爲節度朝晟斬首惡者百餘人獻甫遂入朝晟加御史大夫貞元九年獻甫卒以朝晟爲邠寧節度使鶡冠者仰而榮之鶡冠武士冠也鶡勇雉也其鬬一對死乃止趙武靈王以表武士漢虎賁服之徐廣云鶡似黑雉出上黨令又能旁貴文雅以符召文士之秀者河南獨孤宓貞元十一年登第署爲記室俾職文

翰翕然致得士之稱於談者之口蓋朝廷以
勇爵論將帥左傳襄二十一年齊莊公爲勇爵殖綽郭最欲與焉豈濫
也哉獨孤生與仲兄寔連舉進士貞元之七年寔舉進
士竝時管記於漢中新平二連帥府寔爲山南西道
節度嚴震掌書記新平郡即邠州俱以筆硯承荷舊德位未
達而榮如貴仕其難乎哉噫自犬戎陷河右
逼西鄙廣德元年七月吐蕃入大震關取河西隴右之地積兵備虞
左傳不備不虞註虞度也縣道告勞內匱中府太倉之蓄
僅而獲饜投石而賈勇者左傳齊高固入晉師桀石以投人禽

之曰欲勇者貫余餘勇思所以奮力論者以爲天子且復河壖故疆○壖而宣切拓達西戎○拓音託而罷諸侯之兵則曳裾戎幕之下漢鄒陽傳何王之門不可曳長裾乎專弄文墨爲壯夫捧腹甚未可也吾子歷覽古今之變而通其得失是將植密畫於借筯之宴發羣謀於章奏之筆上爲明天子論列孰計而導揚威命然後談笑罇俎賦從軍之樂魏建安二十年曹公西征張魯降之王粲作詩美其事略云從軍有苦樂但問所從誰移書飛文諭告西土刼脅之伍俾其簞食

壼漿犒迎王師在吾子而已往愼辭令使諭蜀之書漢武帝時唐蒙通夜郎僰中民大驚恐上使司馬相如責蒙因以文告諭巴蜀民以非上意燕然之文漢和帝時竇憲破北匈奴登燕然山刻石勒功紀漢威德令班固作銘炳列于漢史眞可慕也不然是瑣瑣者惡足置齒牙閒而榮吾子哉

同吴武陵送前桂州杜留後詩序公謫永州時吴武陵亦坐事流永此序云同吴武陵當作于永也

觀室者觀其隅廉隅也隅之巍然直方以固則其中必端莊宏達可居者也人孰異夫是令

若杜君之隅可觀（杜君名周士貞元十七年中進士第）而中可居居之者德也贊南方之理理是以大揔留府之政（爲桂管觀察留後）政是以光其道不撓好古書百家言洋洋藹車行則與俱止則相對積爲義府（左傳詩書義之府）溢爲高文懿而和肆而信豈詩所謂抑抑威儀惟德之隅者耶（大雅抑之詩）今往也有以其道聞于天子天子唯士之求爲急杜君欲辭爭臣侍從之位其可得乎濮陽吳武陵直而甚文樂杜君之道作詩以言

余猶吳也故於是乎序焉

送寧國范明府詩序

近制凡得仕於王者歲登名于吏部吏部則必參其等列分而合之率三十人以爲曹謂之甲名書爲三其一藏之有司其二藏之中書洎門下每大選置大考績必關決會驗而視其成成謂成事品式有不合者下有司罷去甚衆由是吏得爲姦以立威賊知以弄權詭竊竄易○詭古委切竄取亂切而莫示其實必求端慤而習

於事辯達而勤其務者命之官而掌之居三
年則又益其官而後去其職益遷也有范氏傳
眞者始來京師近臣多言其美宰相聞之用
以爲是職在門下甚獲休問初命京兆武功
尉既有成績復於有司爲宣州寧國令咸曰
由邦畿而調者命東西部尉以爲美仕范生
曰不然夫仕之爲美利乎人之謂也與其給
於供備孰若安於化導故求發吾所學者施
於物而已矣夫爲吏者人役也役於人而食

其力可無報耶令吾將致其其慈愛禮節而去其欺僞凌暴以惠斯人而後有其禄庶可乎吾心而不愧於色茍獲是焉足矣季弟爲殿中侍御史（舊史范傳正傳言自渭南尉拜監察殿中侍御史時又有范傳式傳規皆中第）以是言也告於其僚（公時爲監察御史與傳正爲僚）咸悦而尚之故爲詩以重其去而使余爲序

送韋南容歸使聯句詩序（南容洪州人）

昔漢室方盛文章之徒合于京師亦既充金馬（一有盈字）石渠（公孫洪傳待詔金馬門揚雄傳歷金門上玉堂顏師古云金門

金馬門也施讎傳與五經諸儒雜論同異於石渠閣顏師古云石渠在未央殿北以此藏祕書也史記金馬門宦者署門旁有銅馬故曰金馬門漢時賢良待詔於此三輔故事曰石渠閣在大祕殿以閣祕書蕭何所造班固作西都賦云內設金馬石渠之署則又溢于諸侯求達其道故枚乘客于吳枚乘字叔淮陰人為吳王濞郎中相如遊于梁司馬相如字長卿景帝時以貲為郎梁孝王來朝從游說之士鄒陽枚乘嚴忌之徒相如見而說之因病免客游梁其或致書匡主用極其志節之大者也謂濞謀逆乘奏書諫適時覯變以成其性道之茂者也謂相如也渤海幸君既登于太常之籍貞元元年南容中進士第又膺邯鄲

之召邯鄲趙故都蓋本而言之北會元戎直道自達吾儕器其略南聘天朝相禮述職孟子諸侯朝於天子曰述職公卿多其儀合度於易于之閒禮記檀弓諸侯之來辱敝邑者易則易于則于易于雜者未之有也註云易謂君禮于謂臣禮雖枚生之節長卿之道無以尚也冬十有二月朝右禮備復于轅門項羽紀諸侯將入轅門張晏註云軍行以車為陣轅相向為門故曰轅門我同升之友南容與公同登進士第是用榮其趣舍惜其離曠卜茲良夜詠歎其美比詞聯韻奇藻遞發爛若編貝東方朔傳齒若編貝粲如貫珠禮記

纍纍乎如貫珠琅琅清響交動左右羣公以侍御之往也寻闕其述命繫而序焉

送李判官往桂州序

士之習爲吏者恒病於少文漢周勃傳其椎少文如此故給而不肆飾於華者嘗病於無斷故放而不制令李生學於詩有年矣吟咏風賦頗聞于人至于是州永州惟州之牧咨焉以贊戎事而糺羣吏甚直且武豈所謂吏而華者耶以府喪罷去謂刺史崔君敏卒擇而之乎有禮之邦推是

道也以往然而不際於禮則吾不知也

送苑論登第後歸覲詩序

八年冬（貞元八年）余與馬邑苑言揚（論字言揚齊大夫苑何忌之後）聯貢于京師自時而後車必挂轄（于歲切又音彗）（車輔也）席必交袵量其志知其達于昭代究其文辯其勝于太常探而討之則明韜於朴厚之質行浮於休顯之問遊公卿之閒質直而不犯恪謹而不懾交同列之羣以誠信聞余拜而兄之以為執誼而固臨節不奪在兄而

已是歲小司徒顧公守春官之缺而權擇士之柄戶部侍郎顧少連權禮部侍郎知貢舉明年春貞元九年同趨權衡之下竝就重輕之試觀其掉鞅于術藝之場掉鞅字出左傳宣十二年公凡兩用之遊刃乎文翰之林莊子恢恢乎遊刃有餘地矣風雨生於筆札生一作交雲霞發於簡牘左右圜視賈誼言動一親戚天下圜視而起圜視視謂圜精正視也朋儕拱手甚可壯也二月丙子有司題甲乙之科漢儒林傳歲課甲科爲郎中乙科爲太子舍人丙科補文學掌故揭于南宮南宮禮部余與兄又聯登焉余不厚顏懷

媿而陪其遊久矣夏四月告歸荆衡拜手行邁輪移都門之轍轅指秦嶺之路（秦嶺南山）方將高堂稱慶里閈更賀（○閈音翰閭也）曳裾峨冠榮南諸侯之邦遐登王粲之樓高視劉表之榻（董卓作亂王粲避難荆州依劉表遂登江陵城樓因懷歸而作賦）桂枝片玉（晋書郄詵爲雍州刺史武帝於東堂會送問詵曰卿自以爲何如詵曰臣舉賢良對策爲天下第一猶桂林之一枝崑山之片玉）光生于家是宜砥商維之阻艱（詩周道如砥砥礪石言其平也）帶江漢之浩蕩（漢史黃河如帶帶江漢者視之如帶也）以談笑顧眄超越千里而無倦

極也漢書上林賦窮極倦𠞰然而景熾氣燠往即南方
乘陵炎雲呼吸温風可無敬乎慎進藥石保
安其躬是亦非兄之所宜私也羣公追餞于
霸陵列筵而觴送遠之賦圭璋交映或授首
簡於余曰子得非知言揚者乎一無得字安得而
默耶余受而書之編于羣玉之右非不知讓
貴傳信焉爾

送蕭鍊登第後南歸序

始余幼時拜兄於九江郡漢九江郡在唐屬淮南道自唐以來

以江州為九江覩其樂嗜經書慕山藪凝和抱質氣象甚茂雖在綺紈漢書班伯在綺襦紈袴之間綺細綾紈素也而私心慕焉厥後竊理文字先禮而冠禮記二十曰弱冠遇兄於澤宮之中禮記天子將祭必先習射于澤澤者所以擇士也註云澤宮名觀其德如九江之拜蓋世俗所不能移也自是戰藝三北史記管仲三戰三走鮑叔不以為怯漢高祖紀追北字註韋昭曰北古臂字也背去而走也師古曰北陰幽之處故謂退敗奔走者為北老子曰萬物向陽而負陰說文北乖也史記曰紂為朝歌北鄙之音北敗也鄙陋也是知北即訓乖訓敗無勞借音左次陋巷易師左次無咎余亟會于其

居○亟去易切視其道如澤宮之遇亦挫抑所不能亟也逾時而名擢太常貞元十二年禮部侍郎呂渭知貢舉試日五色賦春臺晴望詩鍊中第聲動京國士輩仰慕顧眄有耀余獲賀於蔡通儒氏窺其志如陋巷之會又得意所不能遷也君子志正而氣一誠純而分定未嘗摽出處爲二道判亟伸於異門也固其本養其正如斯而已矣吾兄先覺而守道獨立而全和貞確端懿雅不羈俗君子之素也亦既升名天官天官吏部也告余東游

是將乘商於商於即今之商州其西二百里有古於城張儀獻商於之地即此浮漢池歷郢城下武昌復于我始見之地則朋舊之徒含喜來迎宗姻之列加禮以待舟輿所略賀聲盈耳離羣之思禮記離羣而索居亦已久矣行益少矣僕不腆腆善也見邀爲序狂夫之言非所以志君子也自達而已

送班孝廉擢第歸東川覲省序

隴西辛殆庶殆庶與班肅同年進士公亦嘗有序送之猥稱吾文宜叙事晨持縑素以班孝廉之行爲請貞元十七

年禮部侍郎高郢知貢舉班肅第一且曰夫人殆所謂吉士也愿而信質而禮言不黷慢行不進越其先兩漢間繼脩文儒世其家業班固自序言之詳矣其風流後胤耽學篤志之士○耽都含切往往出於其門今夫人研精典墳不告劬勩劬勩勞也○勩羊至切○屬者舉鄉里登春官獲居其甲焉家于蜀之東道其嚴君以客鄉之位贊是方岳書諸侯朝于方岳此言方岳謂東川節度使爲大夫良令將拜慶寧覲光耀族屬是其可歌也道出于南鄭外王父以將

相之重九命赤社爲諸侯師嚴震字遐聞梓州鹽亭人貞元中爲山南西道節度使周禮大宗伯云九命作伯韓詩外傳將封諸侯各取其方色土苴以白茅爲社左傳寡君中此爲諸侯師今又將亟駕省謁從容燕喜詩魯侯燕喜是又可歌也故我與河南獨孤申叔申叔字子重趙郡李行純行敏等行敏字中明若干人皆歌之矣若乃序者固吾子宜之柳子曰吾嘗讀王命論班彪所作及漢書嘉其立言彼生彪固之胄歟相國馮翊王公德宗幸奉天進封嚴震馮翊郡王中書門下貞元十三年卒見震本傳晏元獻曰宜去王字功在社稷

德在生人其門子弟遊文章之府者吾嘗與之齒震子悈協公弼公貺彼生嚴氏之出歟承世家之儒風沐外族之休光彼生專聖人之書而趨君子之林宜矣哉遂如辛氏之談濡翰于素因寓于辭曰爲我謝子之舅氏珠玉將至得無脩容乎禮記曰入於其廐而脩容焉註更莊飾也

送獨孤申叔侍親往河東序

河東古吾土也左傳温吾故也語法本此柳氏本河東人也家世遷徙莫能就緒聞其閒有大河條山氣蓋關

左文士往往彷徉臨望○（彷徉音旁羊徘徊也）坐得勝槩焉吾固翹翹褰裳奮懷舊都（離騷又何懷乎故都）日以滋甚獨孤生周人也（獨孤生名申叔字子重貞元十三年中第）往而先我且又愛慕文雅甚達經要才與身長（上聲）志益强力挾是而東夫豈徒往乎温凊奉引之隟（與隙同）必有美製儻飛以示我我將易觀而待所不敢忽古之序者期以申導志義不爲富厚而今也反是生至於晉出吾斯文於筆硯之伍其有評我太簡者慎勿以知

文許之

送豆盧膺秀才南遊序

君子病無乎內而飾乎外有乎內而不飾乎外者無乎內而飾乎外則是設覆爲穽也禍孰大焉有乎內而不飾乎外則是焚梓毀璞也詬孰甚焉○詬古候切於是有切磋琢磨鏃礪括羽之道家語子路曰南山有竹不揉自直斬而用之達乎犀甲如此言之何學之有孔子曰括而羽之鏃而礪之其入之不亦深乎○鏃作木切聖人以爲重豆盧生內之有者也余是以好之而欲其

遂焉而恒以幼孤羸餒爲懼恤恤焉遊諸侯求給乎是是固所以有乎內者也然而不克專志於學飾乎外者未大吾願子以詩禮爲冠屨以春秋爲襟帶以圖史爲佩服琅乎璆璜衡牙之響發焉詩雜佩註謂珩璜琚瑀衝牙之類又記珮玉有衝牙註衡平居中以前後觸也璆美玉名出崑崙○璆渠幽切煌乎山龍華蟲之采列焉華蟲雉也則揖讓周旋乎宗廟朝廷斯可也惜乎余無祿食於世不克稱其欲成其志而姑欲其速反也故詩而序云

送趙大秀才往江陵謁趙尚書序（在永州作序自可見）

士之知感激許與常欲以有報爲志者則凡志乎道者咸願爲之如趙生庶乎哉來謂余曰宗人（宗人指趙宗儒也元和初撿挍禮部尚書東都留守三遷爲吏部尚書荆南節度使一曰趙昌字洪祚天水人貞元二十年三月自國子司業爲安南都護安南即交州元和元年四月轉戶部尚書爲嶺南節度使三年四月遷荆南節度使）尚書以碩德崇功由交廣臨荆州仁我若子姓（漢書田蚡傳跪起如子姓史記外戚世家或不能成子姓注云鄭玄註禮記云姓者子姓謂衆

孫也恩禮重厚有賢子爲御史好學而甚文友我若同生歡欣交通我誠樂爲之用甚不辭也不幸遭重痼六旬而後知人方其急也大懼不克報尚書公之恩又懼無以當御史君之心以没每念于是未嘗不盡然内傷○盡許力切傷痛也若受鋒刃自是而後調藥石時飲食生血補氣強筋植骨榮衛之和膂力之剛迨今茲始全然爲人一無茲字舒幹抗首文翰端麗一有其字材足以用敢辭而往以効於戲下漢書韓信傳居

戲（下註旌戲之下也戲大將之旗○戲亦作麾）其言云爾自吾竄永州三年（一作四年）趙生亟見視其狀恭謹愿慤（恭一作專）觀其跡溫密簡靜聞其言徑直端誠自尚書之爲荆州（之爲一本止作理字）異政日至至則趙生喜抃起立（喜或作震）伸目四顧不啻若自己而爲之者誠宜有報知己之道又誠宜有大賢而爲之知也是行也趙生其將奮六翮翔千里以爲轅門大府之重（轅門謂以車爲門）增羽儀之盛其道美矣故余繼之以辭

河東先生集卷第二十二

世綵廖氏刻梓家塾

河東先生集九

序 第廿三卷

序 第廿四卷

序 第廿五卷

記 第廿六卷

項子京家珍藏

河東先生集卷第二十三

序別

同吳武陵贈李睦州詩序 李睦州坐李錡而貶後以赦始移永州公時同武陵皆謫於永序在李睦州至永後作

潤之盜錡魚倚切又音奇竊貨財聚徒黨爲反謀十年李錡者淄川王孝同五世孫以父蔭累遷杭湖二州刺史貞元十五年二月遷潤州刺史浙西觀察使諸道鹽鐵轉運使天下搉酒漕運錡得專之乃增置兵額二十一年三月於潤州置鎮海軍以錡爲節度使而罷其鹽鐵使務令天子即位三

年大立制度於是盜恐且奮將遂其不善憲宗即位不假借方鎮故倔強者稍入朝元和二年錡三表請覲上許之實無行意殺留後王澹等視部中良守不爲已用者誣陷去之睦州由是得罪天子使御史按問館于睦自門及堂皆其私卒爲衛天子之衛不得搖手辭卒致具有間盜遂作元和二年十月詔徵錡爲左僕射以御史大夫李元素代之錡據潤州叛而庭臣猶用其文斥睦州南海上初貶循州既上道盜以徒百人遮于楚越之郊戰且走乃得完爲左官吏左官猶左遷無幾盜就禽

斬之于社垣之外潤州大將張子良等執以獻斬於獨柳樹書不用命戮于社社爲陰陰主殺也論者謂宜還睦州以明其誣既更大赦元和三年正月大赦天下始移永州去長安尚四千里睦州未嘗自言吴武陵剛健士也懷不能忍於是踴躍其誠鏗鏘其聲出而爲之詩然後慊於內○慊苦簟切愜也余固知睦州之道也熟銜匿而未發且久聞吴之先焉者焉一作言激於心若鐘鼓之考考擊也不知聲之發也遂繫之而重以序

送南涪州量移澧州序南涪州即南霽雲之子承嗣也傳載承嗣爲涪州刺史劉闢反以無備謫永州後以赦移澧州○涪音浮

越有納官之令以勝大敵越語王令軍中有能助寡人謀而退吳者吾與之共政孤子寡婦疾疢貧病者納官其子註云官仕也仕其子而教之稟以食之也漢有羽林之制以威四夷漢武太初元年初置羽林騎取從軍死事之子孫養羽林官教以五兵號羽林孤兒國家寵先中丞御史中丞南霽雲死節睢陽邁古人之烈邁過烈業也故君自未成童霽雲死事其子承嗣七歲即授婺州别駕歷刺施涪二州成童十五以上品

常第四人猶曰於古爲薄漢北地都尉卬音昂以不勝任陷匈奴而子單侯于缾漢文十四年匈奴寇邊殺都尉孫卬其子單以父力戰死事封缾侯班彪北征賦弔尉卬於朝那濟北相韓千秋以匹夫之諒奮觸南越而子延年侯于成安西漢功臣表韓延年以其父千秋擊南越死事封爲成安侯君之土田之錫猶挫於有司之手始由施州爲涪州扞蜀道勍寇永貞元年八月西川節度行軍司馬劉闢反○勍其京切晝不釋刃夜不釋甲曰我忠烈胤也忠烈霽雲諡也期死待敵敵亦曰彼忠烈胤也盡力致命

是不可犯然而筆削之吏以簿書校討贏縮受譴茲郡（茲郡即永州）凡二歲朝廷建大本貞萬邦（書一人元良萬邦以貞謂元和四年閏三月立鄧王寧爲太子）慶澤之濡洗濯生植又況涪州家聲之大裕蠱之志（易裕父之蠱音古）宜尤被顯寵者也自漢而南州之美者十七八莫若澧澧之佐理莫踰於長史以是進秩人猶曰且有後命永州多謫吏而君侯惠和溫良故其懽愉異於他部優詔旣至而君適讎於文（讎合也文詔令也謂合於詔令當量移也○讎是周切）

其往也獨故凡羨慕之辭無不加等噫以君承荷之重恭肅之美四方之求忠壯義烈者將於君是觀凡君子之志欲其優柔而益固憤悱而不忘以增太史世家之籍用是爲貺則拱璧大鼎（老子雖有拱璧以先駟馬春秋取郜大鼎）烏可以言重乎

送薛存義序（一本有之任二字非）

河東薛存義將行柳子載肉于俎崇酒于觴（觶實曰觴虛曰觶皆酒器）追而送之江之滸（一本江下無之字詩在河

之滸○滸音虎水涯飲食之○詩飲之食之皆去聲且告曰凡吏于土者若知其職乎若汝也其下受若怠若盜若並同義蓋民之役非以役民而已也凡民之食于土者出其十一傭乎吏使司平於我也今我受其直怠其事者天下皆然豈惟怠之又從而盜之向使傭一夫於家受若直怠若事又盜若貨器則必甚怒而黜罰之矣以今天下多類此一本無以字而民莫敢肆其怒與黜罰者何哉勢不同也勢不同而理同如吾民何一本無如吾民何四

字有達于理者得不恐而畏乎存義假令零陵二年矣零陵永州縣名蚤作而夜思勤力而勞心訟者平賦者均老弱無懷詐暴憎一本作老弱寧懷詐暴彊憯其爲不虛取直也的矣其知恐而畏也審矣吾賤且辱不得與考績幽明之說書三載考績三考黜陟幽明○與去聲於其往也故賞以酒肉而重之以辭

送薛判官量移序

薛判官名巽自連州量移郎州郎州即今鼎州也連與永相接永又鼎之經塗故公送以序

仕於世有勞而見罪凡人處是鮮不怨懟忿憤○懟音隊忿房吻切列於上愬於下此恒狀也○恒胡登切異於恒者其道宜顯薛生司貨賄於軍興之際兵亂不去然得以不犯由太行以東皆傳道之可以爲勞矣而竟連大獄以至於放巽始佐河北軍有勞未及録會其長子臯謨及董溪以罪聞巽坐貶不慼於貌不悱於心樂以自肥而未嘗尤於物其有異於恒矣哉朝廷施恩澤一有大字凡受謫者罪得而未薄未一作末乃命以近壤薛君去連而吏於

卽是其漸於顯歟君子學以植其志信以篤其道有異於恒者充而大之茍推是以往雖欲辭顯難矣

送李渭赴京師序（渭唐宗室子此序公作于柳州）

過洞庭上湘江（湘水名漢志云出零陵郡陽海山北入江）非有罪左遷者罕至又況踰臨源嶺下瀧水（瀧水今之桂江水出零陵瀧力支切）○出荔浦（荔浦縣名）名不在刑部而來吏者其加少也固宜前余逐居永州李君至固怪其棄美仕就醜地無所束縛自取瘴癘

後余斥刺柳州元和十年公刺柳州至于桂君又在焉方胥胥爲吏噫何自苦如是耶如一作爲明時宗室屬子當尉畿縣令王師連征不貢二府方汲汲求士李君讀書爲詩有幹局久遊燕魏趙代間知人情識地利能言其故以是入都干丞相益國事不求獲乎己而已以有獲蜀本無乎己二字或作不求獲而已有獲予嫉其不爲是久矣今而曰將行請余以言行哉行哉言止是而已

送嚴公貺下第歸興元覲省詩序

嚴氏之子有公貺者（嚴震字遐聞建中二年十二月拜梁州刺史山南西道節度使封馮翊郡王四子㦸協公弼公貺）退自有司踵門而告柳子曰吾獻藝不售於儀曹之貢（儀曹禮部）貨不中度敢逃其咎詰朝將行願聞所以去我者其可乎哉余諭之曰吾子以冲退之志端其趣嚮以淬礪之誠（淬音倅礪音厲）修其文雅行當承教戒於獨立之下（語嘗獨立鯉趨而過庭）濬發清源（濬音浚）激揚洪音沛哉鏗鏗乎充于四體之不暇吾何敢去子恭惟相國馮翊公（貞元十二年震

同平章事有大勳力盈于旂常周禮凡有功者書于王之太常太常旗名也日月爲常交龍爲旂極人臣之尊分天下之憂殿邦坤隅詩殿天子之邦漢中在西爲坤隅柄是文武若子者生而有黼績粱肉之美黼續命服也續即繪字不知耕農之勤勞物役之艱難趨其庭有魏絳之金石馬左傳襄十一年鄭人賂晉侯以歌鐘二肆及其鎛磬女樂二八晉侯以半賜魏絳絳始有金石之樂候其門有亞夫之棨戟馬漢制假棨戟以代斧鉞棨戟前驅之器又匈奴傳註棨戟有衣之戟唐制王公門設戟。棨音啓中人處之不能無傲而子之伯仲皆脱略貴美服勤儒素退託於布衣韋帶之任如少習然故繼登上科（貞元五年公弼登第）以及於子是可舉嚴氏之敎誦乎他門使有矜式也而吾子又引慝內訟（書負罪引慝註慝惡也論語吾未見能見其過而內自訟者也）撝謙如此其何患乎貫之不售而自薄哉於是文行之達（一有者字）若高陽齊據者（據貞元二年中第）偕賦命余序引余朴不曉文故書嚴子之嘉言編于右簡竊褒貶之義以贈

送元秀才下第東歸序（元秀才公瑾也集有答貢

（士元公瑾書亦謂其有文行而不能薦於有司）

周乎志者（周至也）窮躓不能變其操。（躓音致踣也又礙也操去聲）周乎藝者屈抑不能貶其名其或處心定氣居斯二者雖有窮屈之患則君子不患矣元氏之子其殆庶周乎言恭而信行端而靜勇於講學急於進業既遊京師寓居仄陋無使令之童闕交易之財可謂窮躓矣而操逾厲志之周也才濬而清詞簡而備工於言理長於應卒（倉忽切）從計京師受丙科之薦（丙科

見漢儒林傳獻藝春卿當三黜之辱柳下惠為士師三黜可

謂屈抑矣而名益茂藝之周也苟非處心定

氣則曷能如此哉余聞其欲退家殷墟左傳定四

年命以康誥而封于殷墟殷墟朝歌今衞州也修志增藝懼其沉鬱

傷氣懷憤而不達乃往送而諭焉夫有湛盧

豪曹之器者越句踐有寶劒五純鈎湛盧鏌鄒豪曹巨闕吳越春秋越王元

常使歐冶子造劒三魚腸豪曹湛盧吳都賦純鈎湛盧註二劒名患不得犀

兕而剸之○剸旨究之轉二切細剖也不患其不利也今

子有其器宣其利乘其時夫何患焉磨礪而

而坐待之可也遂欣欣而去

送辛殆庶下第遊南鄭序

朝廷用文字求士每歲布衣束帶（孔子曰束帶立於朝）偕計吏而造有司者（漢武元光三年徵吏民有明當世之務者令與計偕註云計者上計簿使也偕俱也）僅半孔徒之數（孔門有三千之徒今半其數）春官上大夫（謂禮部侍郎）擢甲乙（出漢儒林傳）而升司徒者（禮記王制命鄉論秀士升之司徒曰選士）於孔氏高第亦再倍焉僕在京師（貞元六年公至京師）凡九年于今其閒得意者二百有六十人其果以文克者

十不能一二嘗從俊造之後王制司徒論選士之秀者而升之學曰俊士升於司徒者不征於鄉升于學者不征於司徒曰造士頗涉藝文之事四貢鄉里而後獲焉貞元九年公始中進士第方之於釣者絲綸不屬之欲切鉤喙甚直懷有美餌懷一作嗜而觖望獲魚之暮觖望怨望也○觖音決又窺瑞切則善取者皆指而笑之今辛生固窮而未達遲久而不試褒衣之徒褒衣博帶見漢雋不疑傳褒大裾也視子而捧腹者蓋不之知焉一作蓋不乏焉辛生嘗南依蠻楚謂荆州也專志於學爲文無謬悠迂誕之談

鍛鍊翦截動可觀采故相國齊公貞元二年正月齊映同平章事接禮加等常爲右客謝惠連雪賦相如末至居客之右且佐其策名之願左傳僖二十三年策名委質註云名書於所臣之策遂笈典墳笈負書箱也○笈極曄切又音及袖文章北來王都笑揖羣伍文昌下大夫文昌尚書省也上士之列見而器異爭爲鼓譽由是爲聞人戰術藝之場莫與爭鋒然而遷延三北躑躅不振豈其直鉤而釣懷美餌而羨魚者耶若辛生者有司抑之則已不然身都甲乙之籍其果以文

克歎今則囊如懸罄齊孝公伐魯謂展喜曰魯國恐乎室如懸罄野無青草僃室寓食方將適千里求仁人被冒畏景陟降棧道殆庶往南鄭謁山南西道節度使嚴震史記張良說漢王燒絶棧道謂今之閣道也吾欲抑而不歎其若心胷何然吾聞焚舟而克左傳文三年秦伯伐晉濟河焚舟手劒而盟者公羊傳僖十三年公會齊侯盟于柯莊公升曹子手劒而從之皆敗北之餘也子之厄困而往霸心勇氣無乃發於是行乎成拜賜之信左傳僖三十三年孟明謂晉人曰若從君惠而免之三年將拜君賜刷壓境之恥公羊傳僖十三年曹子曰城壞壓境君不圖與無

乃果於是舉乎往慎所履如志遄返○遄淳緣切速也勉自固植以遂子之欲姑使談者謂我言而中而一作兩不猶愈乎

送崔子符罷舉詩序崔九名策字子符公嘗有與策登西山詩

世有病進士科者思易以孝悌經術兵農曰庶幾厚於俗而國得以爲理乎柳子曰否以今世尚進士故凡天下家推其良公卿大夫之名子弟國之秀民舉歸之且而更其科以

爲得異人乎無也唯其所尚文學（一作又舉）移而從之尚之以孝悌孝悌猶是人也尚之以經術經術猶是人也雖兵與農皆然曰然則宜如之何曰即其辭觀其行考其智以爲可化人及物者隆之文勝質行無觀智無考者下之俗其以厚國其以理科不俟易也今有博陵崔策子符者少讀經書爲文辭本於孝悌理道多容以善別時剛以知柔進於有司六選而不獲家有寃連伏闕下者累月不解（音懈）

仕將晚矣而戚其幼孤往復不憚萬里再歲不就選世皆曰孝悌人也（孝一作仁）如是且不見隆雖百易科其可厚而理乎今夫天下已理民風已厚欲繼之於無窮其在慎是而已朝廷未命有司既命而果得有道者則是術也宜用崔子之仕又何晚乎僕智不足而獨為文故始見進而卒以廢居草野八年麗澤之益（易麗澤兑君子以朋友講習）鏃礪之事（註見豆盧膺序）空於耳而荒於心崔子幸來而親余（親一作覲）讀其書聽

其言發余始志若寤而言夢醒而問醉未及悉而告余以行余懼其悼時之往而不得於內也獻之酒賦之詩而歌之坐者從而和之既和而敘之敘一作序

送蔡秀才下第歸覲序

僕之始貢於京師著者卦之曰是所謂望而未覿而一作之隱而未見易隱而未見行而未成矘乎遠而有榮者也○矘他曩切日無光也不明也今茲歲在鶉首若合於壽星其果合乎歲在未曰鶉首貞元七年辛未公在京師壽星

屬辰酉與辰合故至九年癸酉公登第焉僕時悒然遲之謂其誕慢怪迂是將不然然而僅寘於懷耳未克決而忘之也後果依違遷就四進而獲卒如其言云噫彼莫莫者其有宰於人乎不然何其應前定若是之章明也今蔡君馳聲耀譽聞於公卿戰藝之徒推爲先登左傳隱十年潁考叔取鄭伯之旗以先登而五就鄉舉往則見罷意者前定之期殆未及歟故君子之居易俟命禮記君子居易以俟命樂天不憂者易樂天知命故不憂一本無上五字果於自是也

君其勵文學焉文人牧人南邦君展覲承顔婆娑愉樂之暇則充其經笥茂是文苑時焉逃哉○焉於虔切遲速之事則聱史之任吾不及知

送韋七秀才下第求益友序一本無求益友三字

所謂先聲後實者豈唯兵用之漢書廣武君說韓信曰兵有先聲而後實一本用之下有然字非雖士亦然若今由州郡抵有司求進士者歲數百人咸多爲文辭道

今語古角夸麗務富厚有司一朝而受者幾千萬言讀不能十一即偃仰疲耗〔音冒亂也按韻耗虛到切減也虛也字從耗不音冒眊字從眊未詳孰是當考〕目眩而不欲視心廢而不欲營如此而曰吾能不遺士者僞也唯聲先焉者讀至其文辭心目必專〔目一作耳〕以故少不勝京兆韋中立其文懿且高其行愿以恒試其藝益工久與居益見其賢然而進三年連不勝是豈拙於爲聲者歟或以韋生之不勝爲有司罪余曰非也穀梁子曰心

志既通而名譽不聞友之過也名譽既聞而有司不以告不以告或作不取者有司之過也穀梁傳昭十九年子既生不免乎水火母之罪也羈貫成童不能師傅父之罪也就師學問無方心志不通身之罪也心志既通名譽不聞友之罪也名譽既聞有司不舉有司之罪也人之視聽有所止神志有所不及即上云有司疲耗事古之道名譽未至不以罪有司而況今乎今韋生樂植乎內不欲揚乎外其志非也孔子不避名譽以致其道今韋生仗其文簡其友思自得於有司抑非古人之道歟將行也余為之

言既以遷其人又以移其友且使惑者知釋

有司也

送辛生下第序略

自命鄉論士之制命鄉論秀士升之司徒曰選士出禮記王制篇壞

而不復士莫有就緒故叢于京師京兆尹歲

貢秀才常與百郡相抗登賢能之書或半天

下取其殊尤以爲舉首者舉首字出漢書仍歲皆上

第過而就黜時謂怪事有司或不問能否而

成就之中書高舍人備位于禮部攘袂矯枉

痛抑華耀高郢傳貞元中遷中書舍人進禮部侍郎知貢擧時四方士務朋比更相譽薦以動有司徇名亡實郢患之乃謝絕請謁專取行藝司貢部凡三歲甄幽獨抑浮華流競之俗爲衰首京師之貢者首一作會再歲連黜辛生以是不在議甲乙伍中其沉没戹困之士闔戶塞竇記儒行儒有蓽門圭竇竇穴也而得榮名者連畛而起○畛止刃切井田閒陌也談者果以至公稱焉其能否也世莫知也若辛生其文簡而有制其行直而無犯嚮使不聞於公卿不揚於交遊又不爲京師貢首則其甲乙可曲肱而有也嗚

呼名之果爲不祥也有是夫旣受退告歸長沙（長沙潭州）以辛生之文行八年無就如其初而退返吾甚憤焉孟子曰位卑而言高者罪也於辛生又不能已故略

河東先生集卷第二十三

河東先生集卷第二十四

序

送從兄偁罷選歸江淮詩序 史傳年表公從兄偁無見焉其曰從姪立貞元十一年中進士第者也偁一本作稱序謂自淮陽從調抵于京師罷選而歸當在貞元十七八年在京時作

伯氏自淮陽從調淮陽陳州調選也抵于京師冬十月牒計不至攝袵而退攝袵謂斂襟也顧謂宗元曰昔吾祖士師柳下惠爲士師生于衰周與道同波爲

世儀表故直道而仕三黜不去孔氏稱之遺佚而不怨厄窮而不憫孟子賛之今吾遑遑末路寡偶希合進不知嚮退不知守所不敢折其志戚其心遵祖訓也然而闕滫瀡之養滫瀡謂泔滑也禮內則滫瀡以滑之註秦人溲曰滫齊人滑曰瀡○滫息有切瀡音髓乏庾釜之畜論語子華使於齊冉子爲其母請粟子曰與之釜請益曰與之庾註六斗四升曰釜十六斗曰庾逼迸無成○逼筆力切迫也迸北諍切走也東轃淮湖雖欲脫細故於胷中味道腴於舌端勉修厥志懼不恒久○恒胡登切子當慰我

窮局之懷祛我行役之憤博之以文發於詠歌吾非子之望將誰望焉宗元再拜曰夫聞善不慕與聾聵同見善不敬與昏瞽同知善不言與嚚瘖同則聞之先達久矣矧吾兄有柔儒之茂質恢曠之弘量敢無無敬乎有述祖之美談安道之貞節敢無無慕乎覩徽容而敬聞嘉話而慕敢無無言乎言不稱德文不盡志適爲累而已矣於是賦而序之繼其聲者列于左凡五十七首遂命從姪立編爲後序終

篇

送從弟謀歸江陵序公高祖諱子夏徐州長史此序首云吾與謀由高祖王父而異其別蓋自此然謀之父祖年表譜系皆闕無所稽序言吾竄罪屏擯越楚間六年此元和五年間作

吾與謀由高祖王父而異謀少吾二歲往時在長安居相邇也與謀皆甚少獨見謀在衆少言好經書心異之其後吾為京兆從事公為盩厔尉謀來舉進士復相得益知謀盛為文詞

一本作辭通外家書一再不勝懼禄養之緩棄去爲廣州從事復佐邕州連得薦舉至御史後以智免歸家江陵有宅一區環之以桑有僮指三百有田五百畝樹之穀藝之麻養有牲出有車無求於人日率諸弟具滑甘豐柔視寒燠之宜其隟則讀書隟與隙同講古人所謂求其道之至者以相勵也過永州爲吾留信次左傳莊三年凡師一宿爲舍再舍爲信過信爲次具道其所爲者凡士人居家孝悌恭儉爲吏祗肅出則信入則

厚足其家不以非道進其身不以苟得時退則退尊老無井臼之勞（井臼見後漢馮衍傳）和安而益壽（和安一作安和）兄弟衎衎以相友（○衎空旱切樂也）不謀食而食給不謀道而道顯則謀之去進士爲從事於遠始也吾疑焉今也吾是焉别九歲而會於此視其貌益偉問其業益習叩其志益堅於虖吾宗不振久矣識者曰今之世稍有人焉若謀之出處庸非所謂人歟或問管仲孔子曰人也謀雖不試於管仲其爲道無

悖亦可以有是名也抑又聞聖人之道學焉而必至謀之業良矣而又增焉志專矣而又若不足焉孔子之門不道管晏孟子公孫丑問曰夫子當路於齊管仲晏子之功可復許乎孟子曰則管仲曾西之所不爲也而子爲我願之乎謀之爲人也人下一有志字其可度哉吾不智觸罪擯越楚閒六年謂永州時築室茨草爲圃乎湘之西穿池可以漁種黍可以酒甘終爲永州民又恨徒費禄食而無所答下媿農夫上慙王官追計往時咎過日夜反覆無一食而安於

口平於心若是者豈不以少好名譽嗜味得毒（國語單襄公謂魯成公曰高位寔疾顛厚味寔腊毒）而至於是耶用是愈賢謀之去進士爲從事以足其家終始孝悌令雖欲羨之豈復可得謀在南方有令名其所爲日聞於人吾恐謀不幸又爲吾之所悔者（悔一作悟）將巳之而不能得可若何然謀以信厚少言蓄其志以周於事雖覆吾跡將不至乎吾之禍則謀何悔之有苟能是雖至於大富貴又何慄耶振吾宗者其惟望乎爾

送澥序澥公之族屬也以新史年表考之柳氏自晉侍中景猷生二子耆純耆太守號西眷耆之子恭四傳而爲方與公其下五子皆有傳純又別而爲二子卓有子四人號東眷六世孫懿三傳而至道茂又別爲二各有傳子厚耆之裔也澄即芳之子公綽溫之子皆有傳可攷○公曰終老於吏序當在永州作○澥音邂

人咸言吾宗宜碩大有積德焉在高宗時並居尚書省二十二人永徽二年柳奭同平章事遭諸武以故衰耗奭爲武后所惡貶愛州刺史尋殺之籍沒其家武氏敗猶不

能與一無武氏敗猶與五字爲尚書吏者閒十數歲乃一人永貞年吾與族兄登登字伯成竝爲禮部屬公爲禮部員外郎登爲膳部郎中吾黜而季父公綽更爲刑部郎公綽字起之以吏部員外郎爲西川武元衡判官復入爲吏部郎中刑下一有吏字則加稠焉又觀宗中爲文雅者炳炳然以十數仁義固其素也意者其復興乎一無其字自吾爲僇人僇與戮同居南鄉後之穎然出者吾不見之也其在道路幸而過余者獨得澥澥質厚不謟敦朴有裕若器焉必隆然大而後可

以有受擇所以入之者而已矣其文蓄積甚富好慕甚正若墻焉必基之廣而後可以有蔽擇其所以出之者而已矣勤聖人之道輔以孝悌復嚮時之美吾於澥焉是望汝往哉見諸宗人爲我謝而勉焉無若太山之麓止而不得升也其唯川之不已乎吾去子終老於夷矣

送内弟盧遵遊桂州序 昌黎銘公墓云舅弟盧遵

涿人性謹順學問不厭自子厚之斥遵從而家逮其死不去觀

公此序信然矣序云以余于南服來從余居五年矣即銘之意時當在元和四年作

外氏之世德存乎古史揚乎人言其彰大朴厚尤異乎他族由遵而上五世爲大儒兄弟三人咸爲帝者師盧植涿人後漢時爲尚書植子毓魏司空毓子珽晉侍中珽子志中書監志子諶司空從事中郎四代有傳諶子偃偃子昭昭曾孫靖靖三子景裕辯光皆爲帝者師號帝師房景裕魏國子博士齊文襄帝師辯西魏侍中尚書令周武帝師光西魏侍中將作大匠恭帝師詳見元和姓纂其風之流者皆好學而質重遵余弟也遵公舅之子又一本作余弟子也廣

而不肆巽而不懾孝敬忠信之道拳拳然禮記得一善則拳拳服膺而不失之矣未嘗去乎其中蓋由其中出者也浸潤以詩易動搖以文采以余棄于南服來從余居五年矣未嘗見其行有悖乎義○悖音佩又蒲沒切言有異乎行者則余之棄也適累斯人焉以愛余而慰其憂思故不爲京師遊以取名當世以桂之邇也而中丞之道光大時御史中丞裴行立爲桂管觀察使多容賢者故洋洋焉樂附而趨以出其中之有夫如是則宜奮翼鱗

一無則字乘風波以游乎無倪倪分也往哉其漸乎

是行也

送表弟呂讓將仕進序呂渭字君載河中人貞元中爲湖南觀察使四子温恭儉讓

吾觀古豪賢士能知生人艱飢羸寒蒙難抵暴捽抑無告○捽昨沒切持頭髮也以吁而憐者皆飽窮厄恒孤危訑訑忡忡○訑音怡忡敕中切東西南北無所歸然後至于此也今有呂氏子名讓生而食肉厭粱稻欺紈縠幼專靖不好遊不踐

郊牧坰野爾雅邑外謂之郊郊外謂之牧牧外謂之野野外謂之林林外謂之坰不目小民農夫耕築之倦苦不耳呼怨而獨粹然憐天下之窮甿與氓同田民也坐而言未嘗不至焉此孰告之而孰示之耶積於中得於誠往而復感在其內者也彼告而後知示而後哀由外以鑠己○鑠式灼切因物以激志者也中之積誠之得其爲賢也莫尚焉呂氏子得賢人之上資增以嗜儒書多文辭上下今古左程右準程式也以爲直道直一作其甚於遠且大

若稼而穀圃而蔬不丏買而有也今來言曰道不可特出功不可徒成必由仕以登假辭以通然後及乎物也吾將通其辭干於仕庶施吾道願一決其可不可於子何如余曰志存焉（存一作好）學不至焉不可也學存焉辭不至焉不可也辭存焉時不至焉不可也今以子之志且學而文之（而下一本又有且字）又當主上興太平賢士大夫爲宰相卿士吾子以其道從容以行由於下達於上旁施其事業若健者之

升梯舉足愈多身愈高人愈仰之耳道不誤矣勤而不忘斯可也怠而忘斯不可也捨是吾無以爲決子其行焉元和十年讓中第

陪永州崔使君遊宴南池序使君崔敏也刺永而卒公嘗誌其墓及以文祭之有云某等咸以罪戾謫茲炎方公垂惠和枯槁以光鳴鑾適野汎鷁沿湘廣筵命樂華燭飛觴與此序意同序云于暮之春當在元和五年春也

零陵城南環以羣山延以林麓其崖谷之委會委會水聚處則泓然爲池泓下深貌灣然爲溪灣水曲也

其上多楓柟竹箭哀鳴之禽其下多芡芰蒲蕖騰波之魚韜涵太虛澹灩里閭（澹灩搖動也○澹音淡）誠游觀之佳麗者已崔公既來（元和中以御史中丞崔公爲永州刺史）其政寬以肆其風和以廉既樂其人又樂其身于暮之春徵賢合姻登舟于茲水之津連山倒垂萬象在下浮空泛景蕩若無外橫碧落以中貫陵太虛而徑度羽觴飛翔匏竹激越（匏瓠也可以爲笙）熙然而歌婆然而舞（婆然舞貌）持頤而笑瞪目而倨（○瞪澄應切直視也）不知日

之將暮則於向之物者可謂無負矣昔之人知樂之不可常會之不可必也當歡而悲者有之況公之理行宜去受厚錫而席之賢者率皆左官蒙澤左官或作在官方將脫鱗介生羽翮夫豈趑趄湘中○趑千資切趄千余切爲顚頷客耶顚○音樵頷音悴余既委廢於世恒得與是山水爲伍而悼茲會不可再也故爲文志之

愚溪詩序

公嘗與楊誨之書云方築愚溪溪東南爲室而此言丘泉溝池堂溪亭島皆具序當作於書之後所謂八愚詩今逸之

可惜也已

灌水之陽羅含湘中記有灌水有蒸水皆注湘有溪焉東流入于瀟水或曰冉氏嘗居也故姓是溪爲冉溪爲一作曰或曰可以染也名之以其能故謂之染溪余以愚觸罪謫瀟水上愛是溪入二三里得其尤絶者家焉古有愚公谷說苑齊桓公出獵入山谷中見一老公問曰是爲何谷對曰爲愚公之谷桓公曰何故對曰以臣名之今予家是溪而名莫能定土之居者猶齗齗然孔子世家洙泗之閒齗齗如也○齗魚斤切爭貌不可以不更也故更

之爲愚溪愚溪之上買小丘爲愚丘自愚丘東北行六十步得泉焉又買居之爲愚泉愚泉凡六穴皆出山下平地蓋上出也合流屈曲而南爲愚溝遂負土累石塞其隘爲愚池愚池之東爲愚堂其南爲愚亭池之中爲愚島嘉木異石錯置皆山水之奇者以余故咸以愚辱焉夫水智者樂也○樂五教切今是溪獨見辱於愚何哉蓋其流甚下不可以溉灌又峻急多坻石○坻音遲小渚大舟不可入也幽邃淺

狹蛟龍不屑不能興雲雨無以利世而適類於余然則雖辱而愚之可也甯武子邦無道則愚智而爲愚者也顔子終日不違如愚睿而爲愚者也（二事竝見論語）皆不得爲眞愚今余遭有道而違於理悖於事故凡爲愚者莫我若也夫然則天下莫能爭是溪余專得而名焉溪雖莫利於世而善鑒萬類清瑩秀澈鏘鳴金石能使愚者喜笑眷慕樂而不能去也余雖不合於俗亦頗以文墨自慰漱滌萬物牢

籠百態而無所避之以愚辭歌愚溪則茫然而不違昏然而同歸超鴻蒙混希夷寂寥而莫我知也於是作八愚詩紀于溪石上

婁二十四秀才花下對酒唱和詩序

婁秀才名圖南南公集有酬婁秀才病中見寄詩有酬婁秀才將之淮南見贈詩有送圖南遊淮南將入道序今又有此序婁去永而之淮南在元和三年則此詩序必其未如淮南之前作云

君子遭世之理則呻呼踴躍以求知於世而遯隱之志息焉於是感激憤悱思奮其志略

以効於當世故形於文字故一作以又作必伸於歌詠是有其具是下一有故字或作是故有濟世之具而未得行其道者之爲之也婁君志乎道而遺乎理之世其道宜行而其術未用故爲文而歌之有求知之辭以余弟同志而偕未達故爲贈詩以悼時之往也一無以字余既困辱不得預睹世之光明而幽乎楚越之間故合文士以申其致將侯夫木鐸以聞於金石大凡編辭於斯者皆太平之不遇人也

法華寺西亭夜飲賦詩序（寺在永州公嘗爲作西亭記其詩亦具於集以記攷之亭已作於元和四年詩序當繼作）

余既謫永州以法華浮圖之西臨陂池丘陵大江連山其高可以上其遠可以望遂伐木爲亭以臨風雨觀物初而遊乎顥氣之始（氣一作氛）間歲元克己由柱下史（周藏書室史之柱下也因以爲官名老聃嘗爲柱下史此云由柱下史御史也）亦謫焉而來無幾何以文從余者多萃焉是夜會茲亭者凡八人既

醉克己欲志是會以貽于後咸命爲詩而授余序昔趙孟至於鄭賦七子以觀鄭志（左傳襄二十七年鄭伯享趙孟于垂隴子展伯有子西子產子太叔二子石從趙孟曰七子從君以寵武也請皆賦以卒君貺武亦以觀七子之志）克己其慕趙者歟卜子夏爲詩序使後世知風雅之道余其慕卜者歟誠使斯文也而傳于世庶乎其近於古矣（一無於字）

序飲（小丘記作於元和四年此序當作於記後晏元獻本題曰序飲序某二篇古本或有或無）

買小丘即愚丘也一日鋤理二日洗滌遂置酒溪石上嚮之爲記所謂牛馬之飲者鈷鉧潭西小丘記云其石之突怒偃蹇爭爲奇怪者不可勝數其嶔然相累而下者若牛馬之飲于溪離坐其背禮記離坐離立註云離兩也今此離坐與記不同實觴而流之接取以飲乃置監史而令曰詩賓之初筵既立之監或佐之史註云立監以視之又助以史使督酒當飲者舉籌之十寸者三逆而投之能不洄于洑洄漩洄也洑伏流也○洄胡雷切洑房六切不止于坻音遲小渚與坻同不沉于底者過不飲過下一有至字而洄而止而沉者飲如籌之數

既或投之則旋眩滑汩○眩熒絹切若舞若躍速者遲者去者住者住一作留衆皆據石一有位字注視懽抃以助其勢突然而逝突陁沒切乃得無事於是或一飲或再飲客有婁生圖南者其投之也一洄一止一沉或作洄一止一沉一獨三飲衆大笑驩甚婁生未必拙衆人未必巧或飲或不飲者溪溪流不可必而人事有幸不幸也士有操名宦之籌以角勝負於世途之風波者其爲幸不幸又可勝計耶余病痞部鄙切腹內結痛也不能食酒漢于定國食酒至數石不亂註云食酒者謂能多飲費盡其酒猶云食言焉至是醉焉遂損益其令以

窮日夜而不知歸吾聞昔之飲酒者有揖讓酬酢百拜以爲禮者有呌號屢舞詩或不知呌號又曰屢舞僛僛如沸如羹以爲極者詩文王曰咨咨汝殷商如蜩如螗如沸如羹有裸裎袒裼以爲達者孟子雖袒裼裸裎於我側爾焉能浼我哉公意蓋謂嵇阮之類也○裸魯果切裎音呈袒音但裼音錫有資絲竹金石之樂以爲和者有以促數糺逖而爲密者○數音朔今則舉異是焉故捨百拜而禮無呌號而極不袒裼而達非金石而和去糺逖而密簡而同肆而恭衎衎而從容於以合山水

之樂成君子之心宜也作序飲以貽後之人

序碁

碁出公之新意然觀其末曰余墨者徒也觀其始與末有似碁者故敘其謫居零陵時閒有以寓意焉耳

房生直溫與予二弟遊公二弟宗直宗一皆好學予病其確也思所以休息之者得木局隆其中而規焉其下方以直置碁二十有四西京雜記漢元帝好擊鞠爲勞求相類而不勞者遂爲彈碁之戲今人罕爲之有譜一卷盡唐人所爲其局方二尺中心高如覆盂其巔爲小壺四角微隆起李商隱詩云玉作彈碁局中心最不平謂其中高也白樂天詩云彈碁局上事最妙是長斜今譜中具有此法子厚序碁用二

十四棊者即此戲也貴者半賤者半貴曰上賤曰下咸自第一至十二下者二乃敵一用朱墨以别焉房於是取二毫如其第書之既而抵一無抵字戲者二人則視其賤者而賤之貴者而貴之其使之擊觸也必先賤者不得已而使貴者則皆慓焉惛焉慓一作標亦鮮克以中其獲也得朱焉則若有餘得墨焉則若不足余諦睨之以思其始則皆類也房子一書之而輕重若是適近其手而先焉非能擇其善而朱之一無

之字否而墨之也然而上焉而上下焉而下貴焉而貴賤焉而賤其易彼而敬此○易以豉切遂以遠焉然則若世之所以貴賤人者有異房之貴賤茲慕者歟無亦近而先之耳有果能擇其善否者歟其敬而易者亦從而動心矣心一作止有敢議其善否者歟其得於貴者有不氣揚而志蕩者歟一本作有氣不揚而志不蕩者歟其得於賤者有不貌慢而心肆者歟其所謂貴者有敢輕而使之者歟所謂賤者有敢避其使之

擊觸者歟彼朱而墨者相去千萬不啻有敢以二敵其一者歟余墨者徒也觀其始與末有似碁者故叙

河東先生集卷第二十四

世綵廖氏
刻梓家塾

河東先生集卷第二十五

序隱遁道儒釋

凌助教蓬屋題詩序凌助教士燮蘇州吳人觀序辭公尚在京師時作

儒有蓬戶甕牖而自立者禮記儒有篳門圭窬蓬戶甕牖河間凌士燮窮討六籍皆有著述而尤邃春秋爲儒官守道端莊植志不回在京師十二年家本吳也用漢楊惲家本秦也文法欲歸而不可得遂構蓬室以備揖讓之位棟宇簡易僅除風雨詩風

雨攸除除去也蓋大江之南其舊俗也由是不出環
堵禮記儒有一畝之宮環堵之室方丈曰堵坐入吳甸包山震澤震澤中有包山包山亦曰椒山即春秋所謂夫椒是也震澤亦曰具區即今之太湖是也
在吳縣南若在膈外所謂求仁而得論語求仁而得仁又何怨
斯固然歟與夫南音越吟左傳成八年晉人以楚大夫鍾儀歸因諸軍府九年晉侯使與之琴操南音史記越人莊舄仕楚而病楚王曰舄越之鄙細人也今仕執圭亦思越否中期曰彼思越則越聲不思則楚聲使人聽之猶越聲也慕
望而不獲者異曰道也夫厚人倫懷舊俗詩序先王以是經夫婦成孝敬厚人倫美敎化又曰國史吟詠情性以諷其上達於事變而懷

其舊俗者也固六義之本詩序故詩有六義焉羣公是以有發德之什書在屋壁余叙而引之

送韓豐羣公詩後序

一無羣公詩字萬州刺史韓某子三人愼豐泰愼爲温縣主簿公有誌豐字茂實泰字安平此送茂實也新史附王叔文傳貞元二十年與公同爲監察御史故云遇于上京蓋在京師時作

春秋時晉有叔向者晉大夫羊舌職之子曰赤字叔向一字叔譽伯華之弟也垂聲邁烈顯白當世而其兄銅鞮伯華魯襄公三年伯華爲銅鞮大夫代其父爲中軍尉家語孔子聞歎歎曰向使銅鞮伯華無

死天下其有定矣春秋註銅鞮晉别縣在上黨○鞮音題匿德藏光退居保和士大夫其不與叔向游者罕知伯華矣然仲尼稱叔向曰遺直由義左傳昭十四年仲尼曰叔向古之遺直也治國制刑不隱其親又曰殺親益榮猶義也夫左氏作猶義家語作由義又稱伯華曰多聞内植家語其爲人之淵源也多聞而難誕内植足以没其世蓋銅鞮伯華之行也進退兩尊榮於策書故羊舌氏之美至于今不廢宗元常與韓安平遇於上京貞元九年公中進士十一年泰中進士追用古道交於今世以是知吾兄矣兄字茂實敦朴而知變弘

和而守節温淳重厚與直道爲伍常績文著書〔一作嘗又著書〕言禮家之事條綜今古○〔綜作父弄切〕備制量遺名居實澹泊如也〔○澹音淡〕他日當爲達者稱焉〔連上文意達者謂孔子也史記吾聞聖人之後雖不當世必有達者今孔丘年少好禮其達者與達一作識〕在吾儕乎則韓氏之美亦將焜燿於後矣○〔焜胡本切燿弋笑切〕今將浮游淮湖觀藝諸侯凡知兄者咸出祖于外天水趙佶秉翰序事殷勤宣備詞旨甚當余謂春秋之道或始事或終義〔一本有先經以後經以六字杜預左氏傳或先〕

經以始事或後經以終義大易之制序卦處末然則後序之設不爲非經也於是編其餞詩若干篇紀于末簡以貺行李遂抗手而別一本有豐之季弟泰知名與余善十字

送婁圖南秀才遊淮南將入道序一本無將入道三字

僕未冠求進士貞元六年公求進士年十八故曰未冠聞婁君名甚熟其所爲歌詩傳詠都中一作中都通數經及羣書當時爲文章若崔比部崔鵬字元翰貞元六年自

知制誥罷爲比部郎中于衛尉于邵字相門相與稱其文衆
皆曰納言曾孫也婁師德武后時以撫定河北進納言世稱爲長者
而又有是咸推讓爲先登後十餘年僕自尚
書郎謫來零陵永貞元年公自禮部員外郎貶永州司馬零陵永州覿
婁君覿遇見也猶爲白衣居無室宇出無僮御僕
深異而訊之乃曰今夫取科者交貴勢倚親
戚合則插羽翮生風濤沛焉而有餘吾無有
也不則饜飲食馳堅良堅車良馬以驩于朋徒相
貿爲貨貿以貨易財也相易爲名有不諾者以氣排

之吾無有也不則多筋力善造請朝夕屈折於恒人之前走高門邀大車矯笑而僞言卑陬而姁媮莊子云卑陬失色○姁音虛媮音俞美也偷一旦之容以售其伎吾無有也自度卒不能堪其勞故舍之而遊逾湖江出豫章至南海今洪州即豫章今廣州即南海也復由桂而下也少好道士言餌藥爲壽未盡其術故往且求之往一作行僕聞而愈疑往時觀得進士者不必若婁君之言又少能類婁君之文學少一作不又無納言之大德以爲

之祖無比部衛尉以爲之知而升名者百數十人令婁君非不足也顧不樂而遁耳因爲余留三年他日又曰吾所以求於心者未克令其行也余既異其遁於名而又德其久留於我也故爲之言夫君子之出以行道也其處以獨善其身也今天下理平主上亟下求士之詔〇亟丘吏切婁君智可以任職用事文可以宣風歌德行於世必有合其道而進薦之者遽而爲處士吾以爲非時將曰老而就休

耶則甚少且鋭羸而自養耶則甚碩且武問其所以處咸無名焉若苟焉以圖壽爲道又非吾之所謂道也夫形軀之寓於土非吾能私之幸而好求堯舜孔子之志唯恐不得幸而遇行堯舜孔子之道唯恐不慊若是而壽可也求之而得行之而慊苦簟切愜也雖夭其誰悲今將以呼嘘爲食咀嚼爲神○咀子與切嚼疾爵切無事爲閑不死爲生則深山之木石大澤之龜蛇皆老而久其於道何如也僕嘗學於儒

持之不得以陷於是以出則窮以處則乖其不宜言道也審矣以吾子見私於僕而又重其去故竊言而書之而密授焉

送易師楊君序

世之學易者率不能窮究師說本承孔氏而妄意乎物表爭伉乎理外○（伉苦浪切敵也伉一作能）務新以爲名縱辯以爲高離其原振其末故羲文周孔之奧詆冒混亂人罕由而通焉不違古師以入道妙若弘農楊君者其鮮矣御史

中丞崔公（時崔能爲永州刺史）博而守儒達而好禮故楊君之來也館于燕堂饋之餱食（一作饋以餱食）日命合邦之學者論説辯問貫穿上下（漢書司馬遷貫穿上下數千載間）揮散而咸同幽昏而大明言若誕而不乖於聖理若肆而不失於正不爲他奇以立名氏姑務達其旨而已古人謂駕孔子之説者（楊子仲尼駕説者也不在諸儒乎如將復駕其所説則莫若使諸儒金口而木舌駕猶傳也）楊君固其徒歟宗元以爲太學立儒官傳儒業宜求專而通新而一者以爲胄

子師書命夔典樂教胄子昔嘗遊焉而未得其人今天下外多賢連帥方伯朝廷立槐棘之下周禮秋官朝士掌建邦外朝之法左九棘孤卿大夫位焉右九棘公侯伯子男位焉面三槐三公位焉皆用儒先先猶言先生也漢有鄧先而楊君之道未列於博士則誰咎歟無乃隱其聲含其美以自窮歟夫以退讓自窮於豐富之世以貽有位者羞是習易之說而廢其道也於將行而問以言敢以變君之志

送徐從事北遊序徐從事一本作徐生

讀詩禮春秋莫能言說其容貌充充然而聲
名不聞傳於世豈天下廣大多儒而使然歟
將晦其說諱其讀不使世得聞傳其名歟抑
處於遠仕於遠不與通都大邑豪傑角其伎
而至於是歟不然無顯者爲之倡以振動其
聲歟今之世不能多儒可以蓋生者觀生亦
非晦諱其說讀者然則餘二者爲之決矣生
北遊必至通都大邑通都大邑必有顯者由
是其果聞傳於世歟苟聞傳必得位得位而

以詩禮春秋之道施於事及於物思不負孔子之筆舌能如是然後可以爲儒儒可以說讀爲哉

送詩人廖有方序公嘗有答貢士廖有方論文書云今不自料而序秀才即謂此也公此序與昌黎送廖道士序大意一同

交州漢交州統南海等九郡吳分置廣州而交州治交阯唐爲安南都護治所多南金詩大賂南金張華見紀瞻等曰皆南金也珠璣音幾珠不圓者爲璣瑇瑁異物志云瑇瑁如龜生南海大者如籧篨背上有鱗鱗大如扇有文章將作器則煑

其鱗如柔皮。瑇音代瑁音昧象犀其産皆奇怪至於草木亦殊異吾嘗怪陽德之炳燿獨發於紛葩瓌麗。葩披巴切瓌姑回切而罕鍾乎人也鍾聚今廖生剛健重厚孝悌信讓以質乎中而文乎外中一作内爲唐詩有大雅之道夫固鍾於陽德者邪是世之所罕也今之世恒人其於紛葩瓌麗則凡知貴之矣其亦有貴廖生者耶果能是則吾不謂之恒人也矣一作實亦世之所罕也

送元十八山人南遊序昌黎集有贈元十八協律

詩云吾友柳子厚其人藝且賢吾未識子時已覽贈子篇公嘗有送浩初序云退之寓書罪余見送元生序不斥浮圖皆謂此序也元十八未詳其名唯白樂天遊大林寺序有河南元集虛者疑即其人也

太史公嘗言世之學孔氏者則黜老子學老子者則黜孔氏道不同不相爲謀史記老子傳世之學老子者則絀儒學儒學亦絀老子道不同不相爲謀者豈謂是耶余觀老子亦孔氏之異流也不得以相抗又況楊墨申商楊朱墨翟申不害商鞅也刑名縱橫之說漢藝文志九流有刑名縱

橫家其迭相訾毀抵捂而不合者可勝言耶然皆有以佐世世太史公没其後有釋氏固學者之所怪駭舛逆其尤者也今有河南元生者其人閎曠而質直物無以挫其志其爲學恢博而貫統數無以蹪其道。一有而字蹪音致悉取向之所以異者通而同之搜擇融液與道大適咸伸其所長而黜其奇衺奇衺不正也衺與斜同要之與孔子同道皆有以會其趣而其器足以守之其氣足以行之不以是道求合於世常有意乎古之守雌者（老聃云知其雄守其雌爲天下谿知其白守其辱爲天下谷守雌一本作存雄）及至是邦以余道窮多憂而嘗好斯文留三旬有六日陳其大方勤以爲諭余始得其爲人今又將去余而南歷營道（營道漢縣名屬零陵郡）觀九疑（郡國志營道南有九疑山山海經註云其山九谿皆相似故曰九疑也）下瀧水（漢武紀將軍出零陵下瀧水注瀧水出零陵○瀧力支切漢書作離字）窮南越以臨大海則吾未知其還也黃鵠一去青冥無極安得不憑豐隆（豐隆雲師楚詞吾使豐隆乘雲兮是也）愬蜚廉（呂氏春秋曰蜚廉風伯名）以寄聲

於寥廓耶

送賈山人南遊序

傳所謂學以爲己者（論語古之學者爲己）是果有其人乎吾長京師三十三年（公生於代宗大曆八年至德宗貞元五年年十七舉進士九年登第十四年中博學宏詞科爲集賢正字十七年調藍田尉十九年拜監察御史二十一年順宗立遷禮部員外郎是爲三十三年）遊鄉黨入太學取禮部吏部科校集賢祕書出入去來凡所與言無非學者蓋不啻百數然而莫知所謂學而爲己者及見逐於尚書居永州（憲宗即位）

公以附王叔文出爲邵州刺史十一月貶永州司馬在永凡十載刺柳州元和十年正月始召公至京師三月復出爲柳州刺史所見學者益稀少常以爲今之世無是決也居數月長樂賈景伯來景一作宣與之言邃於經書博取諸史羣子昔之爲文章者畢貫統畢一作必言未嘗詖孟子詖辭知其所蔽○詖彼義切險陂也行未嘗怪其居室愔然不欲出門○愔於今切靜也其見人侃侃而肅侃侃和樂之貌召之仕怏然不喜導之還中國視其意夷夏若均莫取其是非曰姑爲道而已爾若然者其

實爲己乎非己乎使吾取乎今之世貫君果其人乎其足也則居其匱也則行行不苟之居不苟容以是之於今世其果逃於匱乎吾名逐禄貶言見疵於世奈貫君何於其之也即其舟與之酒侑之以歌歌曰充乎已居或以匱己之虛一作或躓其塗匱乎已之虛蜀本云或以字下疑脫兩字或盈其廬孰匱孰充爲泰爲窮君子烏乎取以寧其躬若君者之於道而已爾世孰知其從容者耶

送方及師序

代之游民（游民閒民無職事者）學文章不能秀發者則假浮屠之形以爲高其學浮屠不能愿慤者則又託文章之流以爲放以故爲文章浮屠率皆縱誕亂雜世亦寬而不誅今有方及師者獨不然處其伍介然不踰節交於物沖然不苟狎遇達士述作手輒繕録復習而不懈行其法不以自怠至於踐青折萌汎席灌手雖小教戒未嘗肆其心是固異夫假託爲者

也薛道州劉連州文儒之擇也館焉而備其敬歌焉而致其辭薛道州伯高也劉連州禹錫也公有道州文宣王廟碑云河東薛公伯高由尚書刑部郎中爲道州禹錫亦有送僧方及南謁柳員外詩序云予爲連州居無何而方及至出䄍中詩一篇以貺予其詞甚富留一歲觀其行結矩如教益多之此序所以館焉而備其敬歌焉而致其詞蓋謂此也夫豈貧而濫歟余用是得不繫其說以告于他好事者

送文暢上人登五臺遂遊河朔序 昌黎

集有送浮屠文暢喜爲文章其周遊天下凡有所行必請於縉紳先生以求詠歌其志貞元十九年春將行東南柳君宗元爲

之詩然公之詩令無傳矣韓又有送文暢師北遊詩意與公此序同時作

昔之桑門上首桑門沙門也袁宏云沙門漢言息也蓋息意去欲而歸於無爲也東漢楚王英奉黃縑白紈詣相國曰以贖愆罪詔報曰其還贖以助伊蒲塞桑門之盛饌好與賢士大夫游晉宋以來有道林支遁字道林晉史王羲之傳會稽有佳山水名士多居之謝安未仕時亦居焉孫綽許詢支遁等皆以文義冠世竝築室東土與羲之同好嘗與同宴集於會稽山陰之蘭亭謝安傳安寓居會稽與王羲之及高陽許詢桑門支遁遊處出則漁弋山水入則言詠屬文無處世意道安習鑿齒傳時有桑門釋道安俊辯有高才自北至荊州與鑿齒初相見道

安曰彌天釋道安鑿齒曰四海習鑿齒時人以爲佳對也遠瀼師東晉釋慧遠也住廬山盧山記云遠法師送陶元亮陸脩靜不覺過虎溪因相與大笑休上人宋桑門惠休姓湯氏宋書謝靈運孫超宗隨父嶺南元嘉末得還與惠休道人來往又文選有休上人詩與鮑昭明遠詩相接意明遠亦當時與之游從者其所與游則謝安石王逸少習鑿齒謝靈運鮑昭之徒解並見上皆時之選由是眞乘法印宗門有三印謂印空印水印泥與儒典並用而人知嚮方今有釋文暢者道源生知善根宿植深嗜法語忘甘露之味蓮經偈云世尊慧燈我聞受記意歡喜充滿如甘露見灌華嚴經頌云蒙十方一切佛手

以甘露灌其頂味字則維摩經所謂雖復飲食而以禪悅為味涅槃經所謂出家味讀誦味坐禪味志一作志服道江表蓋三十年謂王城雄都

宜有大士遂蹋虛而西驅錫逾紀紀十二年也而

秦人蒙利者益衆秦謂長安雲代之間雲代二州名有

靈山焉靈山即謂五臺也在代州屬河東道與竺乾鷲嶺竺乾鷲嶺二山名角立相望而往解脫者去來回復如在

步武則勤求祕寶作禮大聖非此地莫可故

又捨筏西土振塵朔陲音垂將欲與文殊不二

之會○與音預脫去穢累超詣覺路吾徒不得而

留也天官顧公（貞元十八年顧少連爲吏部侍郎吏部乃天官也）夏官韓公（韓皋爲兵部侍郎）廷尉鄭公吏部郎中楊公劉公（一無劉公二字）有安石之德逸少之高（一有習字）鑿齒之才皆厚於上人而龔其道風佇立瞻望（詩佇立以泣）懼往而不返也吾輩常希靈運明遠之文雅故詩而序之又從而諭之曰今燕魏趙代之閒天子分命重臣典司方岳辟用文儒之士以緣飾政令服勤聖人之教尊禮浮屠之事者比比有焉（○比薄必切次也）上人之往也

將統合儒釋宣滌疑滯然後蔑衣祴之贈釋典

有衣祴○祴古待切委財施之會不顧矣其來也盍亦徵其歌詩以焜耀逈躅厨玉切逈一作迥偉長德璉偉長德璉以比燕趙魏幕僚也魏志云文帝爲五官將山陽王粲字仲宣北海徐幹字偉長汝南應瑒字德璉並相友善○璉音輦之述作豈擅重千祀哉庶欲竊觀風之職而知鄭志耳見左傳襄二十七年一作知鄭重耳

送巽上人赴中丞叔父召序

重巽居永州龍興寺公嘗有醻巽上人贈新茶詩又有題巽公院五韻

或問宗元曰悉矣子之得於巽上人也其道果何如哉對曰吾自幼好佛（好一作學）求其道積三十年世之言者罕能通其說於零陵（即永州）吾獨有得焉且佛之言吾不可得而聞之矣其存於世者獨遺其書不於其書而求之則無以得其言言且不可得況其意乎今是上人窮其書得其言論其意（論一作諭）推而大之逾萬言而不煩摠而括之立片辭而不遺與夫世之析章句徵文字言至虛之極則蕩而失

守辯羣有之夥胡可切齊謂多爲夥則泥而皆存者○泥去聲其不以遠乎以吾所聞知凡世之善言佛者於吳則惠誠師荊則海雲師楚之南則重巽師師之言存則佛之道不遠矣惠誠師已死今之言佛者加少其由儒而通者鄭中書鄭中書不詳其人以時考之當是鄭絪也舊史絪傳憲宗即位遷中書舍人俄拜中書侍郎與杜黃裳同秉國政洎孟常州孟簡字幾道元和中拜諫議大夫以悻直出爲常州刺史晚路殊躁急佞佛過甚爲時所誚嘗與劉伯芻歸登蕭俛譯次梵音中書見上人執經而師受且曰於中道吾得以

益達常州之言曰從佛法生得佛法分皆以師友命之今連帥中丞公（柳公綽拜御史中丞李吉甫當國出爲湖南觀察使）具舟來迎餙館而俟欲其道之行於遠也夫豈徒然哉以中丞公之直清嚴重中書之辯博常州之敏達且猶宗重其道況若吾之昧昧者乎夫衆人之和（胡卧切）由大人之倡洞庭之南竟南海（竟一作競）其士汪汪也（士一作土）求道者多半天下（一有而字）一唱而大行於遠者（一作焉字一作大遂一作大行乎遠）是行有之則和焉者將若

羣蟄之有雷月令仲春之月雷乃發聲始電蟄蟲咸動羣一作居不可

止也於是書以爲巽上人赴中丞叔父召序

送僧浩初序浩初龍安海禪師弟子也陳長方曰子厚作序皆平平惟送浩初一序眞文章之法乃柳州時作

儒者韓退之與余善嘗病余嗜浮圖言訾余

與浮圖遊○訾音紫毀也近隴西李生礎自東都來礎爲湖南從事元和六年請告省其父東都退之又寓書罪余時退之官東都今韓集逸此書矣且曰見送元生序謂送元十八山人序不斥浮圖浮圖誠有不可斥者往往與易論

語合誠樂之其於性情奭然（奭一作盡）不與孔子異道退之好儒未能過揚子揚子之書於莊墨申韓皆有取焉（揚子曰莊周蕩而不法墨晏儉而廢禮申韓險而無化是揚子嘗取之矣皆一作亦）浮圖者反不及莊墨申韓之怪僻險賊耶曰以其夷也果不信道而斥焉以夷則將友惡來盜跖（史記飛廉生惡來多力李奇註漢書云跖秦之大盜也）而賤季札由余乎（季札吳王闔盧之少子漢書鄒陽傳曰秦用戎人由余而伯中國由余晉人也亡入戎能晉言）非所謂去名求實者矣吾之所取者與易論語合雖聖人復

生不可得而斥也退之所罪者其跡也曰髡而緇無夫婦父子不爲耕農蠶桑而活乎人若是雖吾亦不樂也退之忿其外而遺其中是知石而不知韞玉也（○韞音蘊）吾之所以嗜浮圖之言以此與其人游者未必能通其言也且凡爲其道者不愛官（愛一作受）不爭能樂山水而嗜閑安者爲多吾病世之逐逐然唯印組爲務以相軋也（組綬屬所以繫印○軋乙黠切）則舍是其焉從（○焉於虔切）吾之好與浮圖游以此今浩初閑

其性安其情讀其書通易論語唯山水之樂有文而文之又父子咸爲其道以養而居泊焉而無求則其賢於爲莊墨申韓之言而逐逐然唯印組爲務以相軋者其亦遠矣李生礎與浩初又善今之往也以吾言示之因北人寓退之視何如也

送元暠南遊序 并引　　劉禹錫

予策名二十年百慮而無一得然後知世所謂道無非畏途唯出世間法可盡心爾

繇是在席硯者多旁行四句之書備將迎者皆無赤髭白足之侶（高僧傳佛陁耶舍爲人赤髭善解毗婆沙時人號曰赤髭毗耶沙又釋曇始足白於面雖跣涉泥水未嘗沾濕天下咸稱白足和尚）深入智地靜通還源客塵觀盡妙氣來宅內視胷中猶煎煉然開士元暠姓陶氏本丹陽居家世有人爵不藉其資於毗尼禪那極細牢之義於中後日習摠持之門妙音奮迅願力昭答雅聞予事佛而亟來相從或問師隳形之自對曰少失怙恃

推棘心以求上乘積四十年身羸老將至而不懈始悲浚泉之有洌今防墓之未遷塗芻莫備薪火恐滅莊子老聃死云云指窮於爲薪火傳也諸相皆離此心長懸雖萬姓歸佛盡爲釋種如河入海無復水名然具一切智者豈遺百行求無量義者寧容斷思今聞南諸侯雅多大士思叩以苦調而布其末光無容至前有足悲者予聞是說已力不足而悲有餘因爲詩以送之庶幾踐霜露者聆

之有惻詩曰

寶書翻譯學初成振錫如飛白足輕彭澤因家凡幾世靈山預會是前生傳燈已悟無爲理濡露猶懷罔極情從此多逢大居士何人不解解珠纓

送元暠師序○暠古老切韓本送玄舉師歸幽泉寺序在此下序云元暠持劉禹錫詩引來今故附禹錫詩引于此篇前禹錫與公永貞元年同貶貞外司馬劉爲朗州公爲永州此序永州作也次前篇當元和六年

中山劉禹錫明信人也不知人之實未嘗言言未嘗不讎 讎猶中也 元暠師居武陵 武陵鼎州 有年數矣與劉遊久且暱持其詩與引而來 劉夢得與公永貞元年同貶貟外司馬劉朗州公永州元暠時自朗來永○暱音匿 余視之申申其言勤勤其思其爲知而言也信矣余觀世之爲釋者 世字或作近世二字 或不知其道則去孝以爲達遺情以貴虛今元暠衣粗而食菲 ○粗七胡切 病心而墨貌以其先人之葬未返其土無族屬以移其哀 無下有他字 行求仁者以冀

終其心勤而爲逸遠而爲近斯蓋釋之知道者歟釋之書有大報恩十篇咸言由孝而極其業世之蕩誕慢訑者○慢武半切訑徒旦切訑縱意莊子天知予僻陋慢訑一無世之二字雖爲其道而好違其書於元暠師吾見其不違且與儒合也元暠陶氏子元暠本丹陽人其上爲通侯通侯本徹侯避武帝諱改爲通侯陶侃事晉封長沙郡公爲通侯也是爲高士侃曾孫潛東晉末弃官不仕爲儒先生一無生字一本生作賢要之儒先爲正漢有鄧先是已資其儒資一作見故不敢忘孝跡其高故爲釋承其侯故能與

達者遊其來而從吾也觀其爲人益見劉之明且信故又與之言重叙其事

送琛上人南遊序在永州作

佛之跡去乎世久矣其留而存者佛之言也言之著者爲經翼而成之者爲論其流而來者謂流入中國也百不能一焉然而其道則備矣法之至莫尚乎般若○般波末切若而也切經之大經一作道莫極乎涅槃○涅乃結切涅槃經云昔佛示滅於雙林樹下入般涅槃爲母摩耶夫人說法世之上士將欲由是以入者非取乎

經論則悖矣而今之言禪者有流盪舛誤迭相師用妄取空語而脫略方便顛倒真實以陷乎己而又陷乎人又有能言體而不及用者不知二者之不可斯須離也離之外矣是世之所大患也吾琛則不然觀經得般若之義讀論悅三觀之理○觀古玩切圓覺經云三種淨觀一云色受想乃觀此三空名之三觀晝夜服習而身行之有來求者則爲講說從而化者皆知佛之爲大法之爲廣菩薩大士之爲雄修而行者之爲空行一作得

蕩而無者之爲礙夫然則與夫增上慢者異矣異乎是而免斯名者吾無有也將以廣其道而被於遠故好遊自京師而來又南出乎桂林桂林即桂州未知其極也吾病世之傲逸者嗜乎彼而不求此故爲之言

送文郁師序文郁師公之族序云挾海浙江獨行山水閒蓋公時在永州而師來也序一作引

柳氏以文雅高於前代近歲頗乏其人百年閒無爲書命者登禮部科數年乃一人後學

小童以文儒自業者又益寡今有文郁師者讀孔氏書爲詩詞逾百篇其爲有意乎文儒事矣（事一作士）又遁而之釋背笈篋○（笈及業切負書箱）懷筆牘（牘書版也）挾海泝江獨行山水間翛翛然模狀物態搜伺隱隟（與隙同隟阨塞也）登高遠望悽愴超忽遊其心以求勝語若有程督之者已則被緇艾（緇艾衣如艾色也）茹蒿芹志終其驅吾誠怪而譏焉對曰力不任奔競志不任煩拏（女加女居二切楚詞註擾亂也）苟以其所好行而求之而已爾終

不可變化吾思當世以文儒取名聲爲顯官入朝受憎媢訕黜摧伏不得守其土者十恒八九若師者其可訕而黜耶用是不復譏其行返退而自識於其辭而去也則書以畀之

送玄舉歸幽泉寺序作之年月未詳

佛之道大而多容凡有志乎物外而恥制於世者則思入焉故有貌而不心名而異行剛狷以離偶○狷古顯古縣二切紆舒以縱獨其狀類不一或有也字而皆童髮毀服以游於世其孰能知

之今所謂玄舉者其視瞻容體未必盡思跡佛而持詩句以來求余夫豈恥制於世而有志乎物外者耶夫道獨而跡狎則怨志遠而形羇則泥幽泉山山之幽也閑其志而由其道以遯而樂足以去二患捨是又何爲耶既曰爲子來故於其去不可以不告也

送濬上人歸淮南覲省序序云退使孺子執簡而序之與前送楊郎中使還汴州序稱童孺同意貟外郎劉公其名未詳濬一本作璿

金僊氏之道蓋本於孝敬而後積以衆德歸於空無其數演教戒於中國者離爲異門曰禪曰法曰律以誘掖迷濁世用宗奉其有修整觀行尊嚴法容以儀範于後學者以爲持律之宗焉上人窮討祕義發明上乘奉威儀三千雖造次必備嘗以此道宣於江湖之人江湖之人悦其風而受其賜攀慈航望彼岸者蓋千百計天子聞之徵至闕下御大明祕殿以問焉導揚本教頗甚稱旨京師士衆方

且翹然仰大雲之澤以植德本佛經曰慈意妙大雲而

上人不勝顧復之恩詩顧我復我退懷省侍之禮

懇迫上乞遂無以奪由是杖錫東顧振衣晨

征右司員外郎劉公深明世典通達釋教與

上人爲方外遊始榮其至今惜其去於是合

郎署之友詩以貺之退使孺子執簡而序之

因繫其辭曰上人專於律行恒久彌固其儀

刑後學者歟誨于生靈觸類蒙福其積衆德

者歟覲于高堂視遠如邇其本孝敬者歟若

然者是將心歸空無捨筏登地固何從而識之乎古之贈禮必以輕先重故鄭商之犒先乘韋左傳僖三十三年秦人襲鄭及滑鄭商人弦高將市於周遇之以乘韋先牛十二犒師註乘四韋先韋乃入牛古者將獻遺於人必有以先之魯侯之贈後吳鼎左傳魯襄公十九年諸侯盟于督揚晉人執邾悼公以其伐我故晉侯先歸公享晉六卿于蒲圃贈荀偃東錦加璧乘馬先吳壽夢之鼎註壽夢吳子乘也獻鼎於魯因以為名今餞詩之重皆衆吳鼎也衆一作後故乘韋之比得序而先之且曰由禮而不敢讓焉

河東先生集卷第二十五

河東先生集卷第二十六

記官署

監祭使壁記註具本篇

禮檀弓曰祭禮與其敬不足而禮有餘也不若禮不足而敬有餘也檀弓上篇之文禮謂俎豆牲牢之屬是必禮與敬皆足而後祭之義行焉周禮祭僕視祭祀有司百官之戒具誅其不敬者周禮祭僕掌受命于王以眡祭祀而警戒祭祀有司糾百官之戒具既祭率羣有司而反命以王命勞之誅其不敬者戒具牲物漢以侍御史監祠漢百官志侍御史凡

郊廟之祠及大朝會大封拜則一人監威儀有遺失則劾奏之唐開元禮明皇開元中張説以顯慶禮註前後不同宜加折衷以爲唐禮乃詔蕭嵩等撰定號大唐開元禮凡大祠若干中祠若干咸以御史監視祠官有不如儀者以聞舊史職官志監察御史監祭祀則閱牲牢省器服不敬則劾祭官新史志云監察御史涖宴射習射及大祠中祠視不如儀者以聞其刻印移書則曰監祭使寶應中肅宗上元二年改元寶應尤異其禮更號祠祭使俄復其初興元元年號監祭使又制凡供祠之吏雖當齋戒得以決罰由是禮與敬無不足者聖人之於祭祀非必神之

也蓋亦附之教焉事於天地亦有尊也不肅則無以教敬事於宗廟亦廣孝也不肅則無以教愛事於有功烈者亦報德也禮記法施於民則祀之以死勤事則祀之以勞定國則祀之能禦大菑則祀之能捍大患則祀之不肅則無以勸善凡肅之道自法制始奉法守制由御史出者也故將有事焉則祠部上其日吏部上其官奉制書以來告然後頒于有司以謹百事太常修其禮光祿合其物唐志光祿卿一人凡祭祀省牲鑊濯溉百工之役先一日咸至于祠而

考閱馬御史會公卿有司執簡而臨之左氏云南史閭太史盡死執簡以往簡謂簡策故其粢盛牲牢酒醴菜果之饌○粢盛音咨成必實于庖厨鐘鼓笙竽琴瑟戞擊之樂書戞擊鳴球註戞擊即柷敔所以止樂○戞訖黠切韓本無笙竽二字簨簴綴兆之數釋名所以懸鼓者橫曰簨縱曰簴禮記綴兆舒疾樂之文也綴謂舞者行列相連綴也兆謂位外之營兆也○簨簴音筍巨必具于庭内樽彝罍洗○罍洗音雷蘚俎豆醆斝之器醆斝鬱鬯尊又玉爵名○醆音盞斝音賈音駕必絜于壇堂之上奉奠之士賛禮之童樂工舞師洎執役而衛者役一作殳咸

引數其實引數一本作列若設筵朴于堂下以修官刑書鞭作官刑而羣吏莫敢不備物羅奏牘于几上以嚴天憲而衆官莫敢不盡誠而祭之日先升立于西階之上以待卒事其禮之周旋樂之節奏必周知之退而視其燔燎瘞埋瘞亦埋也○燔音煩燎音了瘞於例切終之以敬也居常則飭四方祀貢之物飭整也周禮以九貢致邦國之用一曰祀貢註祀貢犧牲包茅之屬以時登于王府服器之修具祠宇之繕理牛羊毛滌之節周禮凡陽祀用騂牲毛之陰祀用黝牲毛之望祀各以方

之色牲毛之毛之取純毛也禮記帝牛必在滌三月稷牛唯具滌牢中所搜除處也三宮御廩之實穀梁傳桓十四年甸粟而納之三宮三宮米而藏之御廩甸 甸師掌田之官三宮夫人畢備而聽命焉舊以監察御史之長居是職貞元九年十二月御史多缺舊史貞元十九年十一月監察御史崔遠入臺近不練故事違式流崖州十二月監察御史韓愈李方叔皆得罪子班在三人之下進而領焉明年中山劉禹錫禹錫亦拜監察御史始復舊制由禮與敬以臨其人而官事益理制令有不宜于時者必復于上革而正之於是始爲記求簿書得

爲是職者若干人書焉

四門助教廳壁記四門學者始於後魏時以周人四郊之制遼遠故置四門而唐又合之於大學至是柳立武儒衡歐陽詹爲之按韓文有歐陽生哀詞序云貞元十五年冬詹爲國子四門助教則記之作當在十五六年間也

周人置虞庠于四郊以養國老教胄子祭統曰天子設四學蓋其制也禮記祭義天子設四學註四學謂四郊之虞庠王制周人養國老於東膠養庶老於虞庠書命夔典樂教胄子胄子國子也今云祭統誤易傳太初篇曰天子旦入東學晝入南

學夕入西學暮入北學蔡邕引之以定明堂之位焉東漢志蔡邕明堂論云明堂者天子太廟所以崇禮其祖配上帝者也謹承天隨時之令昭令德宗祀之禮明前功百辟之勞起尊老敬長之義顯教幼誨穉之學朝諸侯選造士於其中故爲大教之宮而四學具焉云云凡此皆明堂太室辟雍太學事通合之義也大戴禮保傅篇曰帝入東學以貴仁入南學以貴信入西學以貴德入北學以貴爵貴一作尊大戴禮保傅篇曰帝入東學尚親而貴仁帝入南學尚齒而貴信帝入西學尚賢而貴德帝入北學尚貴而尊爵賈生述之以明太子之教焉賈誼舉大戴禮保傅篇帝入學之教於時政書曰及太子少長知妃色則入於

學學者所學之官也學禮曰云云此五學者既成于上則百姓黎民化輯於下矣故曰爲大敎之宮而四學具焉叅明堂之政原大敎之極其建置之道弘也後魏太和中立學于四門置助敎二十人北史劉芳傳太和二十年發敕立四門博士於四門置學古之四學本在四郊至是以其遼遠故始置于四門隋氏始隷于國子而降置五人皇朝始合於太學又省至三人貟位彌簡其官尤難非儒之通者不列也四門學之制掌國之上士中士下士凡三等侯伯子男凡四等其子孫之爲冑子

者（舊史志四門博士三人助教三人四門博士掌教文武七品以上及侯伯子男之子爲生者）及庶士庶人之子爲俊士者（舊史又云若庶人之子爲俊士生者教法如太學通四經業成上於尚書吏部試登第者加階放選也）使執其業而居其次就師儒之官而考正焉助教之職佐博士以掌鼓篋榎楚之政令（學記入學鼓篋孫其業也榎楚二物收其威也註鼓篋擊鼓警衆乃發篋出所治經業榎櫝也楚荆也二者所以朴撻犯禮者○榎古雅切）令分其人（一本無令字）而教育之其有通經力學者必於歲之杪升於禮部聽簡試焉課生徒之進退必酌于中道非

博雅莊敬之流固不得臨於是故有去而升于朝者賀祕書由是爲博士舊史賀知章舉進士初授國子四門博士遷太常博士改太子賓客授祕書監歸散騎由是爲左拾遺歸崇敬天寶中舉博通墳典科對策第一遷四門博士有詔舉才可宰百里者復策高等授左拾遺德宗時遷翰林學士左散騎常侍舊制以拾遺爲八品清官故必以名實者居於其位貞元中王化既成經籍少闕有司命太學之官頗以爲易專名譽好文章者咸恥爲學官至是河東柳立始以前進士貞元十年立中進士求署茲職天水

武儒衡閣中歐陽詹又繼之是歲爲四門助教凡三人皆文士京師以爲異余與立同祖於方輿公方輿公諱僧習後魏時爲揚州大中正尚書右丞方輿公蓋公之八世祖一本無於方輿公四字與武公同升於禮部貞元九年公與儒衡同舉進士一本武公作武君與歐陽生同志於文四門助教署未嘗紀前人名氏余故爲之記而由夫三子者始

武功縣丞廳壁記武功縣屬京兆序言貞元十五年丞廳壁壞官署舊記皆逸後三年陳南仲居是官乃因其族子存

持地圖求爲記蓋十八年也公時爲藍田尉

殷頌曰邦畿千里商頌玄鳥之文周制千里之內曰甸服王制千里之內曰甸千里之外曰采曰流穀梁謂之寰內諸侯爲王內臣穀梁傳隱元年祭伯來寰內諸侯非有天子命不得出會諸侯不正其外交故弗與朝也其制甚重今京兆尹理京師部二十有三縣唐之京師古雍州之地秦之咸陽而漢之長安也唐屬關內道云京兆尹理京師在隋時領大興長安新豐鄭華陰藍田鄠盩厔始平武功上宜醴泉涇陽雲陽三原宜君同官華原富平萬年高陵二十二縣唐初改爲雍州而縣之廢置亦不一幅員之廣其猶古也詩商頌幅員既長註幅廣也員均也縣

吏之長曰令曰丞丞之位正八品下唐制畿縣丞二人正八品下蓋丞述六職以輔其令也秦漢有丞相漢表丞相秦官有左右高祖置一丞相後更名相國令尚書有左右丞唐制尚書省令一員左右丞各一員御史中丞至于九卿之列亦皆有丞下以達天下之縣政有小大其旨同也武功爲甸內大縣按其圖古后稷封有斄之地斄后稷所封之地周紀所謂封弃于部是也○斄與部同音胎秦作四十一縣斄美陽武功各異至是合焉漢志右扶風有斄美陽武功三縣至是合而爲一故武功爲甸內縣最大蓋嘗爲稷

州已而復縣武德三年以武功好畤盩厔扶風四縣置稷州蓋因后稷所封爲名貞觀元年州廢縣皆屬京兆天授中復置稷州大足元年又廢如初其土疆沃美高厚有丘陵墳衍之大周禮大司徒辨其山陵川澤丘陵墳衍原隰之名物註土高曰丘大阜曰陵水厓曰墳下土曰衍其植物豐暢茂遂有秬秠藿菽之宜詩生民蓺之荏菽荏菽旆旆又曰誕降嘉種維秬維秠註荏菽戎豆秬黑黍秠一稃二米○秬音巨秠音丕藿胡各切其人善樹蓺孟子后稷樹蓺五穀其俗有禮讓宜乎其大雅之遺烈焉上所云秬秠藿菽見詩生民生民大雅之文也貞元十五年改邑于南里既成新城凡官署舊記壁

壞文逸而未克繼之者後三年而潁川陳南仲居是官邑人宜之號爲簡靖因其族子存持地圖以來謁余爲記夫以武功疆理之大人徒之多而陳生以簡靖輔其理斯固難矣漢高帝嘗詔天下凡以戰得爵七大夫公乘以上（七一作士）令丞與抗禮故爲吏益難（漢高五年詔曰七大夫公乘以上皆高爵也異日秦民爵五大夫以上令丞與亢禮七大夫公大夫也爵第七故謂之七大夫公乘爵第八）令天子崇武念功與漢初相類分禁旅以守縣道武功爲多陳生爲丞

於是而又職盜賊其爲理無敗事吾庸可度哉一作吾庸可以度哉爲之記云

盩厔縣新食堂記

水曲曰盩山曲曰厔縣屬鳳翔府○盩音舟厔音窒

貞元十八年五月某日新作食堂于縣內之右始會食也自兵興以來西郊捍戎唐自天寶亂後兵政紊蕩肅宗時京畿之西以神策軍鎮之皆有屯營軍司之人散處畿內皆恃勢淩暴民間苦之此公謂西郊捍戎者也縣爲軍壘二十有六年肅宗乾元元年至德宗建中四年爲二十六年是歲李希烈反十月涇原節度使姚令言反犯

京師德宗如奉天西郊之屯至是去矣羣吏咸寓于外兵去邑荒棟宇傾圮又十有九年自建中四年至貞元十七年爲十九年不克以居由是縣之聯事周禮祭祀之聯事賓客之聯事聯事謂通職也離散而不屬之欲切連也凡其官僚罕或覿見及是主簿某病之於是且掌功役之任功一作工稟庫既成學校既修取其餘財以構斯堂其上棟易上棟下宇以避風雨自南而北者二十有二尺周阿峻嚴周謂四周列楹齊同其飾之文質階之高下視邑之大小與羣吏之秩不陋不

盈高山在前流水在下可以俯仰可以宴樂旣成得羨財可以爲食本月權其贏羞膳以充乃合羣吏于玆新堂升降坐起以班先後始正位秩之敘禮儀笑語講議往復始會政事之要遵席肅莊樽俎靜嘉（一作籩豆靜嘉）燔炮烹飪（○炮與炰同飪與餁同）益以酒醴始獲僚友之樂卒事而退舉欣欣焉曰惟禮食之來古也（晉語悼公使魏絳反役與之禮食）令京師百官咸有斯制甸服亦王之內邑且官有聯屬（一本無聯字）則宜統會以

齊之也嚮之離而令之合其得失也遠甚我是以肅焉而莊衎焉而和羣疑以亡嘉言以彰旨乎其在此堂也不惟其馨香醉飽之謂某之力也夫宜伐石以志使是道也不替于後乃列其事來告使余書之

諸使兼御史中丞壁記（貞元二十年作）

古者交政於四方謂之使令之制受命臨戎（一本無戎字）職無所統屬者亦謂之使凡使之號蓋專焉而行其道者也開元以來其制愈重

故取御史之名而加焉至于今若干年其兼中丞者若干人唐初諸使未嘗加御史之名自明皇開元以來使之制愈重故有兼御史者德宗時置東都畿觀察而以留臺御史中丞爲之建中間又以御史中丞一貟爲理匭使故兼御史中丞爲使者不一嘗自開元初考之至貞元二十年閒其有兼中丞爲節度使者曰楊國忠曰令狐彰曰宗正卿琬曰盧羣有爲節度觀察處置使者曰蕭華有爲團練觀察使者曰李栖筠曰李道昌有爲節度觀察使者曰張獻恭有爲觀察使者曰杜亞曰衛晏曰楊頊有爲都團練使者曰吳希光曰張愔有爲經略使者曰戴叔倫曰張正元有爲冊南詔使者曰袁滋有爲節度留後者曰田悅明皇幸蜀有爲置頓閣道使者曰韋謬曰宋若思是皆兼中丞者也外又有自爲中丞出爲使者或疏決囚徒

或賑恤水旱或黜陟官吏又有兼御史大夫而使者或爲節度或爲轉運度支鹽鐵或爲防禦諸使其使絕域統兵戎按州部專貨食而柔遠人一本而下有能字固王略左傳侵敗王略略封境也齊風俗和關石大者戡復于內○戡音堪拓定于外○拓音托皆得以壯其威張其聲其用遠矣假是名以蒞厥職而尊嚴若是況乎總憲度於朝端樹風聲於天下其所以翼于君正于人者尤可以知也一無以字武公以厚德在位貞元二十年武元衡遷御史中丞時以詳整稱重甚宜其官視其署有記諸使中

丞者而多闕漏於是求其故於詔制而又質於史氏增益備具遂命其屬書之公時爲監察御史故云其屬且曰由其號號一作名而觀其實後之居於斯者有以敬于事

館驛使壁記

唐都長安屬關內道管州三十七縣百三十五華同鳳翔邠坊鄜在京畿之四維洋雎屬山南道而與京兆接故關驛在焉新史百官志駕部掌傳驛驛有長舉天下四方之所達爲驛千六百三十九今記所載驛凡四十七蓋邦畿之內者也大曆以來始命御史爲之使而印未刻至是韓泰始鑄印

而公爲之記次前篇亦貞元二十年作也

凡萬國之會四夷之來天下之道途畢出於邦畿之内畢一作必奉貢輸賦修職於王都者入于近關一作入覲于關則皆重足錯轂錯交錯○重平聲以聽有司之命徵令賜予徵召也布政於下國者出于甸服王制云千里曰甸服而後按行成列○行乎剛切以就諸侯之館故館驛之制於千里之内尤重自萬年至于渭南萬年渭南皆屬京兆府其驛六其蔽曰華州其關曰潼關用周官文法潼關在華州華陰自華

而北界于櫟陽（櫟陽屬華州）其驛六其蔽曰同州其關曰蒲津自灞而南至于藍田（灞水出藍田谷西北入於渭藍田京兆府縣）其驛六其蔽曰商州其關曰武關自長安至于盩厔（長安屬京兆府盩厔初屬京兆後屬鳳翔府）其驛十有一其蔽曰洋州其關曰華陽自武功而西（一無而字）至于好畤（武功好畤皆京兆府縣○畤音止）其驛三其蔽曰鳳翔府其關曰隴關自渭而北至于華原（渭水出京兆華原京兆府縣）其驛九其蔽曰坊州自咸陽而西至于奉天（咸陽奉天皆京兆府縣）其驛

六其藪曰郃州由四海之內揔而合之以至于關由關之內東而會之以至于王都華人夷人往復而授館者周語司里不授館旁午而至傳吏奉符而閱其數傳吏謂驛吏古者出入關皆合符而去縣吏執牘而書其物告至告去之役不絕於道寓望迎勞之禮周禮量有寓望註境界之上有寄寓之舍候望之人無曠於日而春秋朝陵之邑皆有傳館其飲飫饟饋○飫於據切燕食也咸出於豐給繕完築復必歸於整頓列其田租布其貨利權其入而用其積

一作列其貨利權入於是有出納奇贏之數勾會考校之政大曆十四年始命御史爲之使大曆十四年兩京以御史一人知驛號館驛使俾考其成以質于尚書季月之晦必合其簿書以視其等列而校其信宿一作校之絕句必稱其制有不當者反之於官尸其事者有勞焉一無者字則復于天子而優升之勞大者增其官其次者降其調之數又其次猶異其考績官有不職則以告而罪之故月受俸二萬于太府史五人承符者二人皆有食

焉先是假廢官之印而用之貞元十九年南陽韓泰告于上（泰字安平貞元二十年與公同爲監察御史）始鑄使印而正其名然其嗣當斯職未嘗有記之者追而求之蓋數歲而往則失之矣今余爲之記遂以韓氏爲首且曰修其職故首之也

嶺南節度饗軍堂記（一本有使字公時爲永州司馬）

（記是時作）

唐制嶺南爲五府（五府謂廣州安南桂管邕管容管嶺南節度治廣州）府部州以十數（部猶管也）其大小之戎（大戎小戎皆兵車也）

詩元戎十乘以先啓行又曰小戎俴收五楘梁輈元戎戎所乘之車謂之大戎從後行者謂之小戎號令之用號令一作名字則聽于節度使焉其外大海多蠻夷由流求訶陵流求訶陵二國皆南番西抵大夏康居大夏康居西域二國名見西漢環水而國以百數則統于押蕃舶使焉嶺南節度兼押蕃舶使〇舶音白大舟也內之幅員萬里幅員註見前以執秩拱稽時聽教命左傳僖二十七年作執秩以正其官執秩主爵秩之名吳語曰擁鐸拱稽註云拱執也稽計兵名籍也一本作以就執秩拱王稽時聽教命外之羈屬數萬里外下一有境字謂所管羈縻州以譯言贄寶歲帥貢職合

二使之重（合下一有外字）以治于廣州故賓軍之事（周官五禮吉凶賓軍嘉）宜無與校大且賓有牲牢饔餼（詩雖有牲牢饔餼不肯用也註牛羊豕爲牲繫養者曰牢熟曰饔腥曰餼一曰饔熟食也餼饋餉也）嘉樂好禮（左傳嘉樂不野合）以同遠合疏軍有犒饋宴饗勞旂勤歸（詩出車以勞還杕杜以勤歸）以羣力一心於是治也閈閎階序（閈閭也爾雅衖門謂之閎東西墻謂之序○閈音旰衖即巷字）不可與他邦類必厚棟大梁（一作宋屋棟）夷庭高門然後可以上充於揖讓下周於步武今御史大夫扶風公廉廣州（元和四年馬摠）

兼御史中丞充嶺南都護本管經略使八年自桂管觀察使爲廣州刺史嶺南節度使

且專二使增德以來遠人申威以脩戎政大饗宴合樂從其豐盈先是爲堂於治城西北陬子侯切隅也其位公北向賓衆南向一作公北向面賓衆賓南向奏部伎于其西視泉池于其東隅奧庫側爾雅西南隅謂之奧庭廡下陋一作漏日未及晡日加申時曰晡○晡音逋一作昃則赫炎當目汗眩更起而禮莫克終故凡大宴饗大賓旅則寓于外壘儀形不稱公於是始斥其制爲堂南面橫八楹從

十楹饗之宴位化爲東序西又如之其外更衣之次膳食之宇列觀以游目偶亭以展聲彌望極顧莫究其往泉池之舊增濬益植以暇以息如在林壑問工焉取則師輿是供輿衆也問役焉取則鑾隷是徵問材焉取則隙宇是遷或益其闕伐山浮海農賈拱手張目視具乃十月甲子克成公命饗于新堂幢牙萁纛幢幡牙旗纛古用犛牛尾今軍中大皁旗名皁纛○幢傳江切金節周禮山國用虎節澤國用龍節皆以金爲之析羽旆旗旟旞周禮軍吏載旗百官

載旗又曰熊虎爲旗鳥隼爲旟全羽爲旞析羽爲旌○旞音遂旆一作旆咸飾于下鼓以鼖晉音墳○鼖金以鐸鐃周禮夏官諸侯執賁鼓軍將執晉鼓卒長執鐃兩司馬執鐸鼓人曰以賁鼓鼓軍事以晉鼓鼓金奏以金鐃止鼓以金鐸通鼓註大鼓謂之賁長八尺晉鼓長六尺六寸鐃如鈴無舌有秉執而鳴之以止擊鼓公與監軍使肅上賓延郡僚將校士吏咸次于位卉裳罽衣卉罽皆蠻夷所服書島夷卉服卉草也罽氈類織毛爲之蓋西胡毳布若今㲪及氍毹皆是○罽音計胡夷蜑蠻○蜑音誕南方夷曰蜑睢盱就列者睢盱張目貌字林睢仰目盱張目○睢火佳切千人以上鉶鼎體節鉶盛羹之器體謂全體節謂支節○鉶音刑燔炮

胾炙胾大臠也炙炙肉○胾側吏切炙之夜切羽鱗貍互之物沉泛醍盎之齊周禮酒正辨五齊之名一曰泛齊二曰醴齊三曰盎齊四曰緹齊五曰沈齊註云泛者泛泛然盎猶翁也成而翁翁然醍者色紅赤又云沉者成而滓沉○醍他禮切齊才詣切均飫于卒士興王之舞謂七德舞九功舞之類服夷之伎唐有西涼伎天竺伎龜茲伎安國伎踈勒伎康國伎之類揳擊吹鼓之音○揳先結切亦作戛吹去聲飛騰幻怪之容幻怪如魚龍曼延之戲幻一作眩寰觀于遠邇禮成樂遍以叙而賀且曰是邦臨護之大五人合之嶺南節度兼五府討擊使非是堂之制不可以備物非公之

德不可以容衆曠于往初肇自今兹大和有人以觀遠方古之戎政其曷用加此華元名大夫也殺羊而御者不及左傳宣二年宋華元禦鄭將戰華元殺羊食士其御羊斟不與及戰曰疇昔之羊子爲政今日之事我爲政與入鄭師故敗霍去病良將軍也餘肉而士有飢色漢霍去病爲侍中貴不省士其從軍上爲遣太官齎數十乘既還重車餘弃粱肉而士有飢色猶克稱能以垂到今刻兹具美其道不廢願訪于金石訪一作勤以永示後祀遂相與來告且乞辭某讓不獲乃刻于兹石云一無云字

邠寧進奏院記 作之年月具見本篇

凡諸侯述職之禮孟子諸侯朝于天子曰述職述職者述所職也必有棟宇建于京師朝覲爲修容之地周禮春見曰朝秋見曰覲修容謂修其儀容也會計爲交政之所孟子曰孔子嘗爲委吏矣曰會計當而已矣其在周典則皆邑以具湯沐王制方伯爲朝天子者皆有湯沐之邑於天子之縣內視元士註給齋戒自潔清之用浴用湯沐用潘其在漢制則皆邸以奉朝請漢法諸侯春見曰朝秋見曰請文帝紀云至邸而議之顏師古註云郡國朝宿之舍在京師者率名曰邸邸○丁禮切與邸同至也唐興因之則皆院以備進奏大曆十二

年五月諸道邸移在上都者改爲進奏院吏曰留後政以之成禮於是具由舊章也詩率由舊章章典章也皇帝宅位十一載書朕宅帝位三十有三載德宗大曆十四年即位至貞元五年十一載悼邊氓之未乂惡宄虜之猶阻摶求羣臣以朗寧王張公爲能貞元四年吐蕃三萬騎寇涇邠等州七月授河中節度使渾瑊邠寧慶副元帥以左金吾將軍張獻甫檢校刑部尚書兼邠州刺史邠寧節度觀察使代韓游瓌史不載獻甫封朗寧王俾其建節剖符守股肱之郡漢文帝謂季布曰河東吾股肱郡故特召君耳統爪牙之職詩祈父予王之爪牙董制三軍撫柔萬人乃新斯院弘我舊規一作

制高其閈閎左傳襄三十一年高其閈閎壯其門閭以奉
王制以修古典至敬也以尊朝覲以率貢職
至忠也執忠與敬臣道畢矣公嘗鳴珮執玉
展禮天朝又嘗伐叛獲醜獻功魏闕四年九月吐蕃
寇寧州獻甫率衆禦之斬首百餘級其餘歸時事修常職賓屬
受辭而來使旅賁奉章而上謁周禮旅賁氏凡祭祀會同
賓客則服而趨稽疑於太宰質政於有司下及奔走
之臣傳遽之役川流環運以達教令大凡展
采於中都率由是焉故領斯院者必獲歷闈

闔楚辭排閶闔而望予薛綜註西京賦紫微宮門名曰閶闔登太清仰萬乘之威而通內外之事王宮九關而不開楚辭云魂兮來歸君無上天些虎豹九關啄害下人些註天門九重使虎豹執其關閉轅門十舍而如近斯乃軍府之要樞一作會邠寧之能政也邠一作即惟公端明而厚溫裕而肅宏略特出大志高邁施德下邑而黎人咸懷設險西陲一作捍敵西陲而戎虜伏息獻甫至鎮斷山爲塹選巖要地築烽堡請復鹽州及洪門洛原鎮屯兵詔可尋又遣兵馬使魏光逐吐蕃築鹽夏二城虜衆畏不敢入寇茂功溢于太常茂一作戎盛烈動於人聽

則斯院之設乃他政之末者也贊公於他政之末故詞不周德稱公於天子之都故禮不稱位斯古道也貞元十二年十月六日河東柳宗元爲記

興州江運記事具本篇

御史大夫嚴公貞元十五年以興州刺史嚴礪兼御史大夫爲山南西道節度使礪本梓州鹽亭縣人牧于梁書華陽黑水惟梁州梁唐山南西道五年自貞元十六年至二十一年爲五年嗣天子貞元二十一年順宗即位攺元永貞舉周漢進律增秩之典舉一作用王制諸有功于民者加地

進律漢書循吏傳二千石有治理效輒以璽書勉勵增秩賜金以親諸侯謂公有功德理行就加禮部尚書新舊傳皆不載加禮部尚書是年四月使中謁者漢書百官表謁者掌賓贊受事灌嬰爲中謁者後常以闔人爲之來錫公命左傳文公元年天王使毛伯來錫公命賓僚吏屬將校卒士黧老童孺塡溢公門公一作於舞躍歡呼願建碑紀德垂億萬祀公固不許而相與怨咨而字上有退字遑遑如不飲食於是西鄙之人西一作四窓以公刊山導江之事窓一作私願刻巖石曰維梁之西其蔽曰某山其或無公字

守曰興州興州之西爲戎居歲備亭障實以精卒以道之險隘兵困于食守用不固公患之一無患之二字曰吾嘗爲興州凡其土人之故一無土字吾能知之自長舉北至於青泥山又西抵于成州過栗亭川踰寶井堡崖谷峻隘十里百折負重而上若蹈利刃盛秋水潦郎到切窮冬雨雪一作水潦于秋雨雪于冬深泥積水相輔爲害顛踣騰藉○踣音匐僵也藉慈夜切漢書相枕藉死在下曰藉血流棧道糗糧芻藁塡谷委山馬牛羣畜相藉物故一藉

作枕餫夫畢力○餫音運野饋也守卒延頸噭噭之聲其可哀也若是者綿三百里而餘自長舉之西之一作而可以導江而下二百里而至昔之人莫得知也吾受命于君而育斯人其可已乎乃出軍府之幣以備器用即山僦功○僦即又切由是轉巨石仆大木焚以炎火沃以食醯○醯馨兮切摧其堅剛化爲灰燼畚鍤之下○畚音本鍤側洽切易甚朽壤新史地理志興州長舉縣元和中節度使嚴礪自縣而西疏嘉陵江二百里焚巨石沃醯以碎之通漕以饋成州戍兵乃闢乃墾乃宣乃

理隨山之曲直以休人力順地之高下以殺湍悍○殺所界切衰小之也厥功既成咸如其素於是決去壅土疏導江濤萬夫呼抃莫不如志雷騰雲奔百里一瞬既會既遠澹爲安流澹一作淡烝徒謳歌詩烝徒楫之烝衆也枕卧而至戍人無虞專力待寇惟我公之功疇可侔也而無以酬德致其大願又不可得命一無可字矧公之始來屬當惡歲府庚甚虛器備甚殫音單飢饉昏札左傳昭十九年札瘥夭昏註夭死曰札小疫曰瘥短折曰夭未名曰昏死徒充路

賴公節用愛人克安而生老窮有養幼乳以遂不問不使咸得其志公命鼓鑄庫有利兵公命屯田師有餘糧一本自師有餘糧下無四十字便與杠梁以成選徒練旅有衆孔武平刑議獄有衆不黷相接增石爲防亹我稻粱歲無凶災家有積倉音濆傳館是飾○傳直戀切旅忘其歸杠梁以成杠一作虹人不履危若是者皆以戎隊帥士而爲之不出四方之力方一作人而百役已就且我西鄙之職官且字下一有非字故不能具舉惟公和恒直方

廉毅信讓敦尚儒學揖損貴位率忠與仁以
厚其誠其有可以安利于人者行之堅勇不
倦終日其興功濟物宜如此其大也昔之爲
國者惟水事爲重故有障大澤左傳昭元年臺駘宣汾洮障大澤顓帝嘉之封諸汾川勤其官而受封國者矣一作焉禮記冥勤其官而水死西門遺利史起興歎史記西門豹爲鄴令發民
鑿十二渠引河水灌民田田皆溉名聞天下
澤流後世漢書溝洫志魏文侯時西門豹爲
鄴令有令名文侯曾孫襄王時與羣臣飲酒
王祝曰令吾臣皆如西門豹之爲人臣也史
起進曰魏氏之行田也以百畝鄴獨二百畝
是惡田也漳水在其旁西門豹不知用是不

智也於是以起爲鄭令白圭壑隣孟子不與孟子白圭曰丹之治水也愈於禹孟子曰子過矣禹之治水水之道也是故禹以四海爲壑今吾子以隣國爲壑吾子過矣公能夷險休勞以惠萬代其功烈尤章章焉不可蓋也是用假辭謁工勒而存之用永憲于後祀

全義縣復北門記

全義本名臨源大曆四年更名屬桂州集有送盧遵序云以余弃于南服來從余五年矣蓋遵遊桂在元和四年其爲全義四年後也

賢者之興而愚者之廢廢而復之爲是循而

習之爲非一作賢之興而愚之廢復之爲是循之爲非恒人猶且知之不足乎列也然而復其事必由乎賢者推是類以從於政其事可少哉賢莫大於成功愚莫大於恷且誣。恷音吝桂之中嶺而邑者曰全義衛公城之南越以平盧遵爲全義盧遵涿人公之內弟也視其城塞北門鑿他雉以出問之其門人一無門字曰餘百年矣或曰巫言是不利於令故塞之或曰以賓旅之多有懼竭其餼饋者欲迴其途故塞之一本迴字下作去聲二字遵曰是非恡且誣歟賢者之作思利乎人（思下一有以字）反是罪也余其復之詢于羣吏（一有羣字）吏叶厥謀上于大府大府以俞邑人便焉讙舞里閭居者思正其家行者樂出其途由道廢邪（一作由是道以廢邪）用賢棄愚推以華物宜民之蘇若是而不列殆非孔子徒也爲之記云

河東先生集卷第二十六

（唐）柳宗元 撰

宋本河東先生集

第七册

國家圖書館出版社

第七册目録

卷第二十七　記亭池

潭州楊中丞作東池戴氏堂記……三
桂州裴中丞作訾家洲亭記……六
邕州柳中丞作馬退山茅亭記……一一
永州韋使君新堂記……一五
永州崔中丞萬石亭記……一九
零陵三亭記……二二

卷第二十八　記祠廟

零陵郡復乳穴記……二七
道州毁鼻亭神記……三〇
永州龍興寺息壤記……三三
永州龍興寺東丘記……三五
永州法華寺新作西亭記……三八
永州龍興寺西軒記……四〇
柳州復大雲寺記……四二
永州龍興寺修净土院記……四五
永州鐵爐步志附……四八

卷第二十九　記山水

游黄溪記……五三
始得西山宴游記……五七
鈷鉧潭記……五九
鈷鉧潭西小丘記……六一
至小丘西小石潭記……六四
袁家渴記……六六

石渠記……六八
石澗記……七〇
小石城山記……七二
柳州東亭記……七三
柳州山水近治可游者記……七六
卷第三十　書明謗責躬
寄許京兆孟容書……八一
與楊京兆憑書……九四
與裴塤書……一〇九
與蕭翰林俛書……一一三
與李翰林建書……一二〇
與顧十郎書……一二六
卷第三十一　書
與韓愈論史官書……一三三
與史官韓愈致段秀實太尉逸事書……一三九
與劉禹錫論周易九六書……一四二
答劉禹錫天論書……一四六
答元饒州論春秋書……一五〇
與呂道州温論非國語書……一五六
答吴武陵論非國語書……一六〇
與呂恭論墓中石書書……一六三
與友人論爲文書……一六七
卷第三十二　書
答元饒州論政理書……一七三
與崔饒州論石鐘乳書……一八〇
答周君巢餌藥久壽書……一八八
與李睦州服氣書……一九二

河東先生集　十

第廿七卷　記
第廿八卷　記
第廿九卷　記
第三十卷　書

項子京家珍藏

河東先生集卷第二十七

記亭池

潭州楊中丞作東池戴氏堂記 一本無楊

中丞三字永貞元年公謫永州司馬過潭而作

弘農公刺潭三年楊憑字嗣仁虢州弘農人貞元十八年九月自太常少卿爲潭州刺史湖南觀察使因東泉爲池環之九里或作三里丘陵林麓距其涯丘土之高者林屬於山爲麓大陸曰阜大阜曰陵牧外謂之野野外謂之林坻島渚洲交其中坻小渚海中有山可依止曰島水中可居曰洲又小洲曰渚○坻音遲與坻同其岸之突而出者

水縈之若玦焉（玦如環而缺）池之勝於是爲最公曰是非離世樂道者不宜有此卒授賓客之選者譙國戴氏曰簡（晉史戴逵譙國人簡其裔也）爲堂而居之（而下一有令字）堂成而勝益奇望之若連艫縻艦（音檻艫船後持櫂處艦令戰船也一本艫作艦艦作艫）與波上下就之顛倒萬物遼廓眇忽樹之松柏杉櫧（音諸杉櫧皆木名櫧似柃葉冬不凋落）被之菱芡芙蕖（菱芰也）鬱然而陰粲然而榮凡觀望浮游之美專於戴氏矣戴氏嘗以文行累爲連率所賓禮（謂爲方鎭所辟貢）

之澤宮（禮記射義天子將祭必先習射於澤澤者所以擇士也註澤澤宮）而志不願仕與人交取其退讓受諸侯之寵不以自大其離世歟好孔氏書旁及莊文（謂莊子文子也漢書藝文志文子九篇註云老子弟子）莫不揔統以至虛爲極得受益之道（書謙受益）其樂道歟賢者之舉也必以類當弘農公之選而專茲地之勝豈易而得哉地雖勝得人焉而居之則山若增而高水若闢而廣堂不待飾而已奐矣（奐明奐禮記美哉輪焉美哉奐焉）戴氏以泉池爲宅居以雲物爲朋

徒攄幽發粹○攄抽居切日與之娛則行宜益高文宜益峻道宜益懋交相贊者也既碩其內又揚于時吾懼其離世之志不果矣君子謂弘農公刺潭得其政爲東池得其勝授之得其人豈非動而時中者歟於戴氏堂也見公之德不可以不記一有之字

桂州裴中丞作訾家洲亭記公刺柳時爲桂州裴中丞行立作訾姓也音紫又即移切一無裴中丞三字姓苑曰訾今齊人本姓蔡氏漢元帝功臣表有樓虛侯訾順

大凡以觀游名於代者不過視於一方其或傍達左右則以爲特異至若不騖遠（騖音務馳也）不陵危環山洄江（洄逆流也）四出如一夸奇競秀咸不相讓徧行天下者唯是得之桂州多靈山發地峭堅林立四野（堅一作豎）署之左曰灕水（署州署也灕水出零陵○灕音离）水之中曰訾氏之洲凡嶠南之山川（○嶠渠妙切越人謂山銳而高曰嶠）達于海上於是畢出而古今莫能知元和十二年御史中丞裴公來蒞茲邦（裴行立元和十二年徙桂州刺史桂管觀察使）都督

二十七州諸軍州事謚遒姦革德惠敷施朞年政成而當天子平淮夷定河朔告于諸侯公既施慶于下（元和十二年冬十月克淮蔡十三年春正月赦天下）乃合僚吏登茲以嬉觀望悠長（悠一作攸）悼前之遺於是厚貨居氓移于閒壤伐惡木刜奥草○（刜扶勿切斫也）前指後畫心舒目行忽然若飄浮上騰以臨雲氣（莊子乘雲氣御飛龍）萬山面內重江束隘（烏懈切亦作阸）聯嵐含輝○（嵐盧含切）旋視具宜（具一作其）常所未覩倏然乎見（乎與互同）以爲飛舞奔走與游

者偕來乃經工化材考極相方周禮夜考諸極星南
爲燕亭延宇垂阿步簷更衣司馬相如賦步櫩周流步櫩者
言其下可以行步即今之步廊櫩與簷同周若一舍北有崇軒以
臨千里左浮飛閣右列閒館比舟爲梁比聯也
與波昇降昇一作升苞灕山涵龍宮涵一作含昔之所
大蓄在亭內亭一作廷日出扶桑淮南子日出于暘谷拂于扶桑
扶桑東夷地名雲飛蒼梧在今梧州海霞島霧來助游物
其隙則抗月檻於迴谿出風榭於篁中晝極
其美又益以夜列星下布顥氣迴合班固西都賦鮮

顥氣之清英顥音浩白也。遂然萬變若與安期羨門安期羨門古仙人也列仙傳曰安期生琅琊阜鄉人史記始皇之碣石燕人盧生求羨門接於物外則凡名觀游於天下者有不屈伏退讓以推高是亭者乎既成以燕歡極而賀咸曰昔之遺勝槩者必於深山窮谷人罕能至而好事者後得以為己功未有直治城挾闤闠音環潰市牆曰闤市門曰闠車輿步騎朝過夕視訖千百年莫或異顧一旦得之遂出於他邦雖博物辯口莫能舉其上者然則人之心目其果有遼絶特殊而不可至者耶蓋非桂山之靈不足以瓌觀（瓌一作環。瓌姑回切觀音灌）非是洲之曠不足以極視非公之鑒不能以獨得噫造物者之設是久矣而盡之於今余其可以無藉乎（藉或作籍籍謂記也）

邕州柳中丞作馬退山茅亭記

（集中有柳中丞墓誌及祭文按記云歲在辛卯蓋元和六年而墓誌載其是年八月卒豈此記在前作歟）

冬十月作新亭于馬退山之陽因高丘之阻

以面勢面勢謂方面形勢事本周禮無欂櫨節梲之華欂柱也櫨柱上跗也語山節藻梲註節者栭刻鏤爲山梲者梁上楹畫爲藻文○欂音薄櫨音盧梲音拙不斷椽不翦茨不列墻以白雲爲藩籬碧山爲屏風昭其儉也左傳桓二年臧哀伯之辭是山崒然起於莽蒼之中莊子逍遙遊篇適莽蒼者三飡而返莽蒼草野之色竝作上聲○崒慈卹切謂突出也馳奔雲矗初六切直也亘數十百里尾蟠荒陬首注大溪諸山來朝勢若星拱蒼翠詭狀綺縮繡錯蓋天鍾秀於是不限於遐裔也然以壤接荒服國語戎翟荒服在九州之外荒忽無

常故曰荒服言此以見邕州遐遠俗絫夷徼音叫境也周王之馬

跡不至謂周穆王駕八駿之乘肆意遠遊宿于崑崙之阿賓于西王母觴于瑤池之上而不至此也左傳昭十二年穆王欲肆其心周行天下將皆必有車轍馬跡焉謝

公之屐齒不及南史謝靈運登躡常着木屐上山則去其前齒下山則去其後齒巖徑蕭條登探者以爲嘆歲在辛卯元和六年我仲兄以方牧之命試于是邦公從兄名寬字存誨公嘗有祭文云從事諸侯假于郡藩即謂此也夫其德及故信孚信

孚故人和人和故政多暇由是嘗徘徊此山

以寄勝槩迺墍迺塗書若作室家既勤垣墉惟其塗墍茨○墍音洎

仰塗也作我攸宇於是不崇朝而木工告成每風止雨收煙霞澄鮮輒角巾鹿裘率昆弟友生冠者五六人步山椒而登焉椒山顛也椒一作極於是手揮絲桐目送還雲西山爽氣在我襟袖以極萬類攬不盈掌夫美不自美因人而彰蘭亭也不遭右軍則清湍脩竹蕪沒於空山矣王羲之嘗與同志宴集於會稽山陰之蘭亭自爲序有云此地有崇山峻嶺茂林脩竹又有清流激湍映帶左右引以爲流觴曲水是亭也僻介閩嶺佳境罕到不書所作使盛跡鬱湮一作堙是貽林

澗之媿故志之

永州韋使君新堂記一無韋使君三字韓本註刺史韋彪公貺永州十年其州刺史見公集者六元和元年刺史韋公見賀改元表二三年刺史馮公見修淨土院記五年以前刺史崔君敏見南池讌集序及墓誌後又有崔簡者未上以罪去見簡墓誌等文十年刺史崔能見湘源二妃廟碑萬石亭記所謂韋公蓋在七八年間者也見上嶺南鄭相公啓及黃溪祈雨詩

將爲穹谷嵁巖淵池於郊邑之中將爲起句用莊子胠

箋文法○嵁五男切則必輦山石溝澗壑凌絕險阻疲極人力乃可以有爲也然而求天作地生之狀咸無得焉逸其人因其地全其天昔之所難今於是乎在永州實惟九疑之麓九疑山名在零陵麓山足也其始度土者書惟荒度土功環山爲城有石焉翳于奧草于一作乎有泉焉伏于土塗蛇虺之所蟠狸鼠之所游茂樹惡木嘉葩毒卉亂雜而爭植號爲穢墟韋公之來既逾月理甚無事望其地且異之始命芟其蕪行其塗積之

丘如蠲之瀏如○瀏音劉又音溜水清貌既焚既釃山宜切奇勢迭出清濁辨質美惡異位視其植則清秀敷舒視其蓄則溶漾紆餘怪石森然周于四隅或列或跪或立或仆竅穴逶邃堆阜突怒乃作棟宇以爲觀游凡其物類無不合形輔勢効伎於堂廡之下外之連山高原林麓之崖閒廁隱顯邇延野綠遠混天碧咸會於譙門之外漢書陳勝攻陳守丞與戰譙門中譙門謂門上爲高樓以望也樓亦名譙故謂美麗之樓爲麗譙已乃延客入觀繼以宴娛或

贊且賀曰見公之作知公之志公之因土而得勝豈不欲因俗以成化公之擇惡而取美豈不欲除殘而佑仁公之蠲濁而流清豈不欲廢貪而立廉公之居高以望遠豈不欲家撫而戶曉夫然則是堂也豈獨草木土石水泉之適歟山原林麓之觀歟將使繼公之理者視其細知其大也宗元請志諸石措諸屋漏（西南隅謂之奥西北隅謂之屋漏一作措諸壁偏）以爲二千石楷法

永州崔中丞萬石亭記

御史中丞清河男崔公崔公名能公嘗作湘源二妃廟碑云州刺史御史中丞崔公即此來蒞永州閒日登城北墉閒一作百墉垣也臨于荒野藂翳之隙○藂與叢同聚也見怪石特出度其下必有殊勝步自西門以求其墟伐竹披奥欹側以入側一作仄緜谷跨谿皆大石林立渙若奔雲錯若置碁怒者虎鬭企者鳥厲抶其穴則鼻口相呀虛加切搜其根則蹄股交峙股一作肱環行卒愕○卒七沒切疑若搏噬於是

剗闢朽壤翦焚榛薉（於廢切與穢同荒蕪也）決澮溝導伏流散爲疎林洄爲清池寥廓泓渟若造物者始判清濁効奇於兹地非人力也乃立游亭以宅厥中直亭之西石若掖分（掖肘掖臂下也）可以眺望其上青壁斗絶沈于淵源莫究其極自下而望則合乎攢巒（攢當作巑巑岏小山貌巒小山而鋭也○攢在官切）與山無窮明日州邑耋老（年八十曰耋）雜然而至曰吾儕生是州蓺是野眉尨齒鯢（尨黑白雜也詩黄髮鯢齒註壽徵○鯢音倪齒落更生細者）未嘗知此豈天墜

地出設兹神物以彰我公之德歟既賀而請名公曰是石之數不可知也以其多而命之曰萬石亭耋老又言曰懿夫公之名亭也豈專狀物而已哉公嘗六爲二千石既盈其數（盈一作贏）然而有道之士咸恨公之嘉績未洽乎人敢頌休聲祝于明神（祝下一有公字）漢之三公秩號萬石（西漢表顏師古曰漢制三公號稱萬石其俸月各三百五十斛）我公之德宜受兹錫漢有禮臣惟萬石君（孝景時以石奮爲諸侯相奮長子建次甲次乙次慶皆以馴行孝謹官至二千石於是景帝曰石君及四

子皆二千石人臣尊寵乃舉集其門號奮爲萬石君我公之化始于閨門道合于古祐之自天易自天祐之吉無不利野夫獻辭公壽萬年宗元嘗以牋奏隸尚書敢專筆削以附零陵故事時元和十年正月五日記

零陵三亭記一有薛令作三字零陵永州縣集有送薛存義之任序云假令零陵二年矣然月日不可攷要皆在永州作

邑之有觀游或者以爲非政是大不然夫氣煩則慮亂視壅則志滯君子必有游息之物高明之具使之清寧平夷恒若有餘然後理

達而事成零陵縣東有山麓泉出石中沮洳汚塗詩彼汾沮洳沮洳陷濕地也○沮將預切洳人恕切羣畜食焉牆藩以蔽之爲縣者積數十人莫知發視河東薛存義以吏能聞荆楚間潭部舉之潭部謂湖南觀察使假湘源令湘源縣屬永州會零陵政厖賦擾民訟于牧推能濟弊來涖玆邑遁逃復還愁痛笑歌逋租匿役朞月辨理○辨音辦宿蠹藏姦披露首服○首音狩民既卒税相與歡歸道塗迎賀里閭門不施胥吏之席耳不聞鼛鼓之召周禮以鼛

鼓鼓役事○鼛音臯大鼓也一本作鼛鼓徒宗切鼓聲也雞豚糗醑○糗丘救去九二切麪米麥也醑司呂切漉酒也得及宗族州牧尙馬旁邑倣焉然而未嘗以劇自撓山水鳥魚之樂澹然自若也○澹音淡乃發牆藩驅羣畜決疏沮洳搜剔山麓音鹿萬石如林積坳爲池○坳於交切地窳下也爰有嘉木美卉垂水藂峯瓏瓏蕭條○瓏音籠瓏即玲音零出揚子清風自生翠煙自留不植而遂魚樂廣閑鳥慕靜深別孕巢穴沈浮嘯萃不畜而富伐木墜江流于邑門陶土以埴亦在

署側人無勞力工得以利工一作土乃作三亭陟降晦明高者冠山巔下者俯清池更衣膳饔饔於恭切熟食也列置備具賓以燕好旅以館舍高明游息之道具於是邑由薛爲首在昔禆諶謀野而獲左傳襄三十一年禆諶能謀謀於野則獲謀於邑則否諶鄭大夫也鄭國將有諸侯之事則必使乘車以適野謀作盟會之辭○諶音忱宓子彈琴而理宓不齊字子賤爲單父宰鳴琴不下堂而單父治巫馬期爲單父戴星而入以身親之單父亦治子賤曰彼任力我任人任力者勞任人者逸○宓音伏亂慮滯志無所容入則夫觀游者果爲政之具歟薛

之志其果出於是歟及其弊也則以玩替政
以荒去理使繼是者咸有薛之志則邑民之
福其可既乎余愛其始而欲久其道乃撰其
事以書于石薛拜手曰吾志也遂刻之

河東先生集卷第二十七

世綵廖氏
刻梓家塾

河東先生集卷第二十八

記祠廟

零陵郡復乳穴記

題作零陵字之誤也據地理志零陵乃永州郡名今言石鍾乳連之人告盡者五年而題以零陵何也唐地理志載連州連山郡貢鍾乳本草唐註亦載其次出連州未嘗言永州出以年考之元和四年永州刺史崔簡連州刺史乃崔君敏二太守之姓同故題亦從而差耳題以連山郡復乳穴記則扵文爲合

石鍾乳餌之最良者也楚越之山多產焉于

連于韶者獨名於世連之人告盡焉者五載矣以貢則買諸他部今刺史崔公至逾月穴人來以乳復告邦人悅是祥也雜然謠曰甿之熙熙（史記天下熙熙）崔公之來公化所徹土石蒙烈以爲不信起視乳穴穴人笑之曰是惡知所謂祥耶嚮吾以刺史之貪戾嗜利徒吾役而不吾貨也吾是以病而紿焉（紿徒亥切）令吾刺史令明而志潔先賴而後力（賴利也）欺誣屏息信順休洽吾以是誠告焉且夫乳穴必在

深山窮林冰雪之所儲豺虎之所盧由而入者觸昏霧扞龍蛇束火以知其物縻繩以志其返其勤若是出又不得吾直吾用是安得不以盡告令而乃誠（一本作令令人而乃誠）吾告故也何祥之爲士聞之曰謠者之祥也乃其所謂怪者也笑者之非祥也乃其所謂眞祥者也君子之祥也以政不以怪誠乎物而信乎道人樂用命熙熙然以効其有斯其爲政也而獨非祥也歟

道州毁鼻亭神記一本毁作庑道州圖經曰昔舜封象有鼻國即其地按集有道州文宣王廟記薛伯高以十年二月用牲幣于廟而此云九年來刺道州既厎于理似非始至之事公以明年正月召其曰某謫永州記必將召時作

鼻亭神象祠也昌邑王賀傳云舜封象于有鼻註在零陵今此是也○鼻與庳同不知何自始立因而勿除完而恒新相傳且千歲元和九年河東薛公伯高也由刑部郎中刺道州除穢革邪敷和于下州之罷人○罷音疲去亂即治變呻爲謡若瘻而起漢書如瘻人不

忘起。瘻於危人若矇而瞭。矇音蒙騰蹋
佳二切風痺病瞭力小切
相視讙愛克順既底于理公乃考民風披地
圖得是祠駮曰象之道以爲子則傲以爲弟
則賊君有鼻而天子之吏實理孟子象不得有爲於其國天子使吏治其國而納其貢稅焉一本君上有既字以惡德而專世祀
殆非化吾人之意哉命亟去之於是撤其屋
墟其地沈其主於江主謂神主公又懼楚俗之尚
鬼而難諭也一無尚字一無於江以下至諭也十四字乃偏告于
人曰吾聞鬼神不歆非類左傳僖十年晉狐突曰神不歆非類

民不祀非族歆饗也又曰淫祀無福禮曰非其所祭而祭之名曰淫祀淫祀無福凡天子命刺史于下非以專土疆督貨賄而已也蓋將教孝悌教一作崇去奇邪○奇居宜切俾斯人敦忠睦友祗肅信讓肅一作庸以順于道吾之斥是祠祠下有也字以明教也苟離于正雖千載之違吾得而更之況今茲乎苟有不善一無有字雖異代之鬼吾得而攘之況斯人乎州民既諭相與歌曰我有耇老公燠其肌○燠於六切我有病癃音隆公起其羸髫童之嚚○髫音苕公

實智之鰥孤孔艱公實遂之孰尊惡德遠矣自古孰羨淫昏（羨一作㳄）俾我斯瞽千歲之冥公闢其戶我子洎孫延世有慕宗元時謫永州邇公之邦聞其歌詩以爲古道罕用賴公而存斥一祠而二教興焉明罰行于鬼神（一無明字）愷悌達于蠻夷（一無愷字）不唯禁淫祀黜非類而已願爲記以刻山石俾知教之首

永州龍興寺息壤記

永州龍興寺東北陬（子侯切隅也）有堂堂之地隆

然負塼甓而起者○甓蒲歷切瓴甓也廣四步高一尺五寸始之爲堂也夷之而又高凡持鍤者盡死○鍤測洽切永州居楚越間其人鬼且禨音幾呂氏春秋云荆人鬼越人禨禨鬼俗也列子楚人鬼越人禨註曰信鬼神與禨祥也由是寺之人皆神之人莫敢夷史記天官書及漢志有地長之占而亡其說史記天官書載水澹澤竭地長西漢天文志所載一同寔不原其說○長臻兩切甘茂盟息壤甘茂傳秦王迎甘茂於息壤因與之盟索隱曰山海經啓筮云鯀竊帝之息壤以湮洪水或是此也蓋其地有是類也昔之異書有記洪水滔天鯀

竊帝之息壤以湮洪水帝乃令祝融殺鯀于羽郊事出淮南子○鮌與鯀同其言不經見今是土也爽之者不幸而死豈帝之所愛耶南方多疫勞者先死則彼持鍤者其死於勞且疫也土烏能神余恐學者之至於斯徵是言而唯異書之信故記于堂上

永州龍興寺東丘記公謫永州十年凡爲記序其年月有不可得而考者此其一也

游之適大率有二曠如也奥如也如斯而已

其地之淩阻峭出幽鬱寥廓悠長則於曠宜抵丘垤垤蟻封也伏灌莽詩集于灌木灌木叢生莽宿草也○莽莫補切迫邃迴合則於奧宜因其曠雖增以崇臺延閣迴環日星臨瞰風雨○瞰苦浪切不可病其敞也因其奧雖增以茂樹藂石○藂與叢同聚也穹若洞谷蓊若林麓○蓊翁孔切不可病其邃也今所謂東丘者奧之宜者也其始龕之外棄地○龕音堪余得而合焉合一作發以屬於堂之北陲○屬之欲切連也北陲謂北邊也凡坳窪坻岸之狀窪清水也坻小渚○窪烏

瓜切坳於交切坻陳尼切無廢其故屛以密竹聯以曲梁桂檜松杉楩柟之植○楩音駢木似豫章幾三百本嘉卉美石又經緯之俛入綠縟幽蔭薈蔚○薈音檜步武錯迕阮古切過也不知所出温風不爍式灼切清氣自至水亭陿室○陿胡夾切隘也水一作小曲有奥趣然而至焉者往往以邃爲病噫龍興永之佳寺也登高殿可以望南極闢大門可以瞰湘流若是其曠也而於是小丘又將披而攘之則吾所謂游有二者無乃闕焉而喪其地

之宜乎丘之幽幽可以處休丘之窅窅（伊鳥切）可以觀妙溽暑遁去茲丘之下（協韻音戶）大和不遷茲丘之巔奧乎茲丘孰從我游余無召公之德懼翦伐之及也故書以祈後之君子

永州法華寺新作西亭記（集中西山宴遊記云因坐法華西亭時元和四年九月則此記當在前作）

法華寺居永州地冣高有僧曰覺照照居寺西廡下廡之外有大竹數萬又其外山形下絕然而薪蒸篠簜（麁曰薪細曰蒸書篠簜既敷篠小竹簜大竹○篠音

（小竹箭簜徒黨切）蒙雜擁蔽吾意伐而除之必將有見焉照謂余曰是其下有陂池芙蕖申以湘水之流衆山之會果去是其見遠矣遂命僕人持刀斧羣而翦焉叢莽下頽萬類皆出曠焉茫焉天爲之益高地爲之加闢丘陵山谷之峻江湖池澤之大咸若有增廣之者夫其地之奇必以遺乎後不可曠也余時謫爲州司馬官外乎常員（永貞元年十一月貶永州司馬員外置同正員一無乎字）而心得無事乃取官之祿秩以爲其亭其

高且廣蓋方丈者二焉或異照之居於斯而不蚤爲是也余謂昔之上人者不起宴坐足以觀於空色之實而游乎物之終始其照也逾寂其覺也逾有然則嚮之礙之者爲果礙耶今之闢之者爲果闢耶彼所謂覺而照者吾詎知其不由是道也豈若吾族之挈挈於通塞有無之方（塞下一有乎字）以自狹耶或曰然則宜書之乃書于石

永州龍興寺西軒記（記作於到永之初元和改元時）

永貞年（永貞元年）余名在黨人不容於尚書省（公時爲尚書禮部員外郎）出爲邵州（九月貶邵州刺史）道貶永州司馬至則無以爲居居龍興寺西序之下余知釋氏之道且久固所願也然余所庇之屋甚隱蔽其戶北嚮居昧昧也寺之居於是州爲高西序之西屬當大江之流江之外山谷林麓甚衆於是鑿西墉以爲戶戶之外爲軒以臨羣木之杪無不矚焉（一本無下有所字）不從席不運几而得大觀夫室嚮者之室也席與几嚮

者之處也嚮也昧而今也顯豈異物耶因悟夫佛之道可以轉惑見爲眞智即羣迷爲正覺捨大闇爲光明夫性豈異物耶孰能爲余鑿大昏之墉闢靈照之戶廣應物之軒者吾將與爲徒遂書爲二其一志諸戶外其一以貽巽上人焉

柳州復大雲寺記 元和十二年作

越人信祥而易殺祥謂祥怪傲化而偭仁○偭音面背也病且憂則聚巫師用雞卜漢武帝元封二年初令越巫祠上帝

百鬼而用雞卜李奇曰持雞骨卜如鼠卜始則殺小牲不可則殺中牲又不可則殺大牲而又不可則訣親戚餙死事曰神不置我已矣一本無已字因不食蔽而死以故戸易耗田易荒而畜字不孳董之禮則頑束之刑則逃唯浮圖事神而語大可因而入焉一作可用入焉有以佐教化柳州始以邦命置四寺其三在水北而大雲寺在水南武后天授元年七月有東魏國寺僧法明等十人僞撰大雲經四卷表上之言太后乃彌勒下生當代唐爲閻浮提主制頒於天下令諸州各置大雲寺揔度僧千人水北環

治城六百室水南三百室俄而水南火大雲寺焚而不復且百年三百室之人失其所依歸復立神而殺焉元和十年刺史柳宗元始至逐神于隱遠而取其地其傍有小僧舍闢之廣大逵達橫術（九達謂之逵邑中道曰術月令曰審端經術○術音遂）北屬之江告于大府（大府謂觀察府）取寺之故名作大門以字揭之立東西序崇佛廟爲學者居會其徒而委之食使擊磬鼓鐘以嚴其道而傳其言而人始復去鬼息殺而務趣於仁

愛病且憂其有告焉而順之一無其字庶乎敎夷之宜也凡立屋大小若干楹凡闢地南北東西若干畝凡樹木若干本竹三萬竿圃百畦菜畦也圃一作圓田若干塍音乘稻中畦治事僧曰退思曰令褱曰道堅後二年十月某日寺皆復就

永州龍興寺修淨土院記一作巽上人修淨土院記記云令刺史馮公作大門馮刺永州在元和二三年記當在是時作

中州之西數萬里有國曰身毒音篤天竺國一名身毒

釋迦牟尼如來示現之地釋迦牟尼者迦維衛國淨飯王太子彼佛言曰西方過十萬億佛土有世界曰極樂佛號無量壽如來其國無有三惡八難去聲衆寶以爲飾其人無有十纏九惱羣聖以爲友有能誠心大願歸心是土者苟念力具足則往生彼國然後出三界之外其於佛道無退轉者其言無所欺也晉時廬山遠法師謂慧遠也作念佛三昧詠大勸于時其後天台顗大師○顗語豈切著釋淨土十疑論弘宣其教周密

微妙迷者咸賴焉蓋其留異跡而去者甚衆永州龍興寺前刺史李承晊職日切及僧法林置淨土堂于寺之東偏常奉斯事逮今餘二十年廉隅毁頓圖像崩墜會巽上人巽上人名重巽居其宇下始復理焉上人者修最上乘解第一義無體空折色之跡而造乎眞源通假有借無之名而入於實相境與智合事與理并故雖往生之因亦相用不捨誓葺茲宇以開後學有信士圖爲佛像法相甚具焉今刺史

馮公作大門以表其位余遂周延四阿環以廊廡繢二大士之像○繢胡對切繒蓋幢幡○繒疾陵切以成就之嗚呼有能求無生之生者知舟筏之存乎是○筏音伐水中大篺遂以天台十疑論書于墻宇使觀者起信焉

永州鐵爐步志 附○志云余乘舟來居九年此當作於元和八年古者姓氏特以別生分類賢否之涇渭初不由此尊尚姓氏始於魏之太和齊據河北推重崔盧梁陳在江南首先王謝至江東士人爭尚閥閱賣婚求財汩喪廉恥唐家一統當一

洗而新之奈何文皇帝以隴西舊族矜夸其臣以房魏之賢英公之功且區區結婚於山東之世家貞觀之世冠冕高下雖稍序定然許敬宗以不敘武后世李義府恥其家無名復從而紊亂黜陟廢置皆不由於賢否但以姓氏升降去留定為榮辱衰宗落譜昭穆所不齒者皆稱禁婚民俗安知禮義忠信為何物耶子厚憫時俗之未華故以子孫冒昧者取況於鐵爐步之失實誠有功於名教歟

江之滸謂江濱凡舟可縻而上下者曰步吳人呼水際為步韓文羅池廟碑云步永州北郭有步有新船若瓜步之類是也

曰鐵爐步余乘舟來居九年往來求其所以爲鐵爐者無有問之人曰蓋嘗有鍛者居○（鍛都玩切小冶也一本鍛下有鐵字）其人去而爐毀者不知年矣獨有其號冒而存余曰嘻世固有事去名存而冒焉若是耶步之人曰子何獨怪是今世有負其姓而立於天下者曰吾門大他不我敵也問其位與德曰久矣其先也然而彼猶曰我大世亦曰某氏大其冒於號有以異於茲步者乎向使有聞茲步之號而不足釜

錡錢鎛刀鈇者左傳筐筥錡釜之器註有足曰錡無足曰釜詩臣工庤乃錢鎛周禮鍛氏爲鎛器註錢鎛田器刀鈇兵器也鈇鈇莝斫刀○錡奇蟺二音錢音翦鎛音博鈇膚甫二音懷價而來能有得其欲乎則求位與德於彼其不可得亦猶是也位存焉而德無有猶不足大其門然世且樂爲之下子胡不怪彼而獨怪於是大者桀冒禹紂冒湯幽厲冒文武以傲天下由不知推其本而姑大其故號以至於敗爲世笑僇音戮斯可以甚懼若求玆步之實而不得釜錡錢鎛刀鈇者則去

而之他又何害乎子之驚於是末矣余以爲古有太史觀民風采民言王制命太師陳詩以觀民風命市納賈以觀民之所好惡漢時亦分八使周適四方巡行風俗觀采方言若是者則有得矣嘉其言可采書以爲志

河東先生集卷第二十八

世綵廖氏刻梓家塾

河東先生集卷第二十九

記山水

游黄溪記

自游黄溪至小石城山爲記凡九皆記永州山水之勝年月或記或不記皆次第而作耳

北之晉西適豳東極吳南至楚越之交其閒名山水而州者以百數永最善漢書西南夷傳南夷君以十數夜郎最大此下凡用滇最大邛都最大徙莋都冉駹最最大公文勢本此邵太史曰子厚此記云永最善然別云永州於楚爲最南狀與越相類僕悶則出游游復多恐何言之不同也環永之治百里北至於浯溪○浯音吾水名浯溪

在湘水南北匯于湘元結命之曰浯溪西至于湘之源南至於

瀧泉○瀧音雙水名瀧泉奔湍也一作南至于龍東門東至于黃溪

東屯徒門切一無黃溪二字其閒名山水而村者以百

數黃溪最善黃溪距州治七十里由東屯南

行六百步百一作里至黃神祠一無神祠二字祠之上兩

山牆立如丹碧之華葉駢植一無如字與山升降

其缺者爲崖峭巖窟水之中皆小石一無小字平

布黃神之上揭水八十步論語深則厲淺則揭註以衣涉水爲

厲揭揭衣也○揭丘列切又音憩至初潭最奇麗殆不可狀

其略若剖大甕側立千尺溪水積焉積一作即黛蓄膏渟黛畫眉也渟水止也來若白虹來一作采沈沈無聲沈沈一作沈沈之有魚數百尾方來會石下楚越之人數魚以尾不以頭也南去又行百步至第二潭石皆巍然臨峻流若頩頷齗齶頩頤下也齗齒根肉也○頩胡來古海二切頷戶感切又音含齗魚斤切齶音諤其下大石雜列雜一作離可坐飲食有鳥赤首鳥翼大如鵠方東嚮立自是又南數里地皆一狀樹益壯石益瘦水鳴皆鏘然○鏘七羊切又南一里至大冥之川山舒水緩

有土田始黃神爲人時居其地傳者曰黃神王姓莽之世也漢書王莽自謂黃虞之後姚嬀陳田王氏凡五姓者皆黃虞苗裔其令天下尚此五姓名籍于秩宗以爲宗室黃神王姓蓋取諸此莽既死神更號黃氏逃來擇其深峭者潛焉始莽嘗曰余黃虞之後也故號其女曰黃皇室主莽號其女定安公太后爲黃皇室主絕之於漢黃與王聲相邇而又有本其所以傳言者益驗神既居是民咸安焉以爲有道死乃俎豆之莊子畏壘之民欲俎豆予於賢人之間俎豆謂禮之爲主爲立祠後稍徙近乎民今祠在山陰

溪水上元和八年五月十六日既歸爲記以啓後之好游者

始得西山宴游記

自余爲僇人（〇僇音戮）居是州恒惴慄其隟也（〇隟與隙同）則施施而行（〇施如字徐行貌又音怡）漫漫而游（〇漫莫半切）日與其徒上高山入深林窮迴谿幽泉怪石無遠不到到則披草而坐傾壺而醉醉則更相枕以卧（一本無以卧二字）卧而夢（一無卧而夢三字）意有所極夢亦同趣覺而起起而歸以爲凡

是州之山水有異態者（態一作勝）皆我有也而未始知西山之怪特今年九月二十八日因坐法華西亭（法華寺名）望西山始指異之（指一作抵）遂命僕人過湘江緣染溪（染一作冉）斫榛莽焚茅茷（符發切草葉多也）窮山之高而止攀援而登箕踞而遨則凡數州之土壤皆在衽席之下其高下之勢岈然洼然（峆岈山深之狀洼水也汙也○岈火加切洼烏瓜切）若垤若穴尺寸千里攢蹙累積莫得遯隱縈青繚白外與天際（外一作水）四望如一然後知是山之

特立不與培塿爲類方言冢或謂之培關而東小冢謂之塿○培薄口切塿力口切悠悠乎與顥氣俱○顥音浩而莫得其涯洋洋乎與造物者遊而不知其所窮引觴滿酌頹然就醉不知日之入蒼然暮色自遠而至至無所見而猶不欲歸心凝形釋與萬化冥合冥一作俱一又作與物不異然後知吾嚮之未始游游於是乎始故爲之文以志是歲元和四年也

鈷鉧潭記○鈷音古鉧字諸韻皆無從母者唐韻作鉧下註云

鈷鏻也鉧疑是鏻莫浦莫朗二切竝註云鈷鏻也鈷鏻乃鼎具據小丘記云得西山後八日又得鈷鉧潭則此記在前記後作亦元和四年文云下二記當繼此也

鈷鉧潭在西山西其始蓋冉水自南奔注抵山石屈折東流其顛委勢峻盪擊益暴齧其涯故旁廣而中深畢至石乃止流沫成輪（○沫音末水沫也）然後徐行其清而平者且十畝餘有樹環焉有泉懸焉其上有居者以予之亟游也（○亟丘異切）一旦款門來告曰（款叩也）不勝官租

私券之委積既芟山而更居願以潭上田貿財以緩禍○貿音茂交易也予樂而如其言則崇其臺延其檻行其泉於高者而墜之潭一無者字一無而字有聲潀然○潀在公切水會也尤與中秋觀月爲宜於以見天之高氣之迥孰使予樂居夷而忘故土者非茲潭也歟

鈷鉧潭西小丘記註見前記

得西山後八日尋山口西北道二百步又得鈷鉧潭潭西二十五步當湍而浚者而一作之爲

魚梁梁之上有丘焉生竹樹其石之突怒偃蹇負土而出爭爲奇狀者狀一作壯殆不可數其嶔然相累而下者嶔崟山險貌○嶔音欽與嶮同累力追切若牛馬之飲于溪其衝然角列而上者若熊羆之登于山丘之小不能一畝可以籠而有之問其主曰唐氏之棄地貨而不售問其價曰止四百余憐而售之李深源元克己時同遊皆大喜出自意外即更取器用剷刈穢草○剷音產諸韻玉篇皆無此字義當作剗平也伐去惡木烈火而焚之嘉

木立美竹露奇石顯由其中以望則山之高雲之浮溪之流鳥獸之遨遊（一本獸下有魚鼈字）舉熙熙然迴巧獻技以効茲丘之下枕席而卧則清泠之狀與目謀瀯瀯之聲與耳謀（瀯瀯水回也）悠然而虚者與神謀（一作悠悠然而虚者與神謀）淵然而靜者與心謀不匝旬而得異地者二雖古好事之士或未能至焉噫以茲丘之勝致之澧鎬鄠杜（○鄠音戶）則貴游之士（一無之士二字）爭買者日增千金而愈不可得今棄是州也農夫漁父

過而陋之賈四百連歲不能售而我與深源克己獨喜得之是其果有遭乎（是一作晨）書於石所以賀兹丘之遭也

至小丘西小石潭記

從小丘西行百二十步隔篁竹（篁竹田也一曰竹名）聞水聲（聞一作間絕句）如鳴珮環心樂之伐竹取道下見小潭水尤清洌全石以爲底近岸卷石底以出爲坻爲嶼（坻嶼皆小洲也）爲嵁爲巖（○嵁五男苦男切）青樹翠蔓蒙絡搖綴參差披拂潭中魚可百

許頭皆若空遊無所依一云披拂潭中俯視游魚類若乘空日光下澈音徹影布石上怡然不動俶爾遠逝○俶昌六切往來翕忽似與游者相樂潭西南而望斗折蛇行斗謂北斗史記枉矢類流星蛇行而倉黑明滅可見其岸勢犬牙差互不可知其源坐潭上四面竹樹環合寂寥無人凄神寒骨悄愴幽邃以其境過清不可久居乃記之而去同遊者吳武陵龔古龔一作襲余弟宗玄隸而從者崔氏二小生曰恕己曰奉壹崔簡之子也

袁家渴記 記自袁家渴至小石城山四記皆同時作石渠記所謂惜其未始有傳焉故累記其所屬遺之其人者也石渠記云元和七年十月十九日云云則四記可以類推矣

由冉溪西南水行十里山水之可取者五莫若鈷鉧潭由溪口而西陸行可取者八九莫若西山由朝陽巖東南大曆元年元結以此巖東向故名之曰朝陽水行至蕪江可取者三莫若袁家渴皆永中幽麗奇處也楚越之閒方言謂水之支流者爲渴支一作反音若衣褐之褐渴上與南館高

嶂合（高一作西）下與百家瀨合其中重洲小溪澄潭淺渚閒厠曲折平者深墨峻者沸白舟行若窮忽又無際有小山出水中山皆美石（有一石字）上生青叢冬夏常蔚然其旁多巖洞其下多白礫（音歷小石也）其樹多楓柟石楠（○柟如占切石楠亦木名）楩櫧樟柚（楩木似豫章櫧木似柃葉冬不落樟即豫樟柚橘類也○楩毗連切櫧音諸柚余救切）草則蘭芷又有異卉類合歡而蔓生（合歡草名）轇轕水石（○轇轕音交葛猶交加也）每風自四山而下振動大木掩苒衆草紛紅駭緑蓊葧

香氣（東坡曰子厚記云每風自四山而下振動大木掩苒衆草紛紅駭緑蓊葧薌氣子厚善造語若此句殆入妙矣蓊葧草茂貌○蓊烏公烏孔二切葧音勃）衝濤旋瀨退貯谿谷搖颺葳蕤（○葳音威蕤儒佳切草木華盛貌）與時推移其大都如此余無以窮其狀永之人未嘗遊焉余得之不敢專也出而傳於世其地主袁氏故以名焉

石渠記

自渴西南行不能百步得石渠民橋其上有泉幽幽然其鳴乍大乍細渠之廣或咫尺（賈逵

云八寸曰咫或倍尺其長可十許步其流抵大石
伏出其下踰石而往有石泓昌蒲被之青鮮
環周鮮苔蘚也又折西行旁陷巖石下北墮小潭
潭幅員減百尺清深多鯈魚爾雅鯈黑鰦郭注即白鯈○鯈
音條又直留切又北曲行紆餘睨若無窮然卒入于
渴其側皆詭石怪木奇卉美箭可列坐而庥
焉風搖其巔韻動崖谷視之既靜其聽始遠
予從州牧得之攬去翳朽決疏土石既崇而
焚既釃而盈○釃山宜切惜其未始有傳焉者故

累記其所屬遺之其人書之其陽俾後好事者求之得以易元和七年正月八日蠲渠至大石十月十九日踰石得石泓小潭渠之美於是始窮也

石澗記

石渠之事既窮上由橋西北下土山之陰民又橋焉其水之大倍石渠三之一亘石為底（他本或無一字或無亘字）達于兩涯若床若堂若陳筵席若限閫奥水平布其上流若織文響若操琴

揭跣而往○揭丘列切又音憩褰衣也折竹掃陳葉排腐木可羅胡床十八九居之交絡之流觸激之音皆在牀下翠羽之木龍鱗之石均蔭其上古之人其有樂乎此耶後之來者有能追予之踐履耶得意之日一無意字與石渠同由渴而來者先石渠後石澗由百家瀨上而來者先石澗後石渠澗之可窮者皆出石城村東南其閒可樂者數焉其上深山幽林逾峭險道狹不可窮也

小石城山記

自西山道口徑北踰黃茅嶺而下有二道其一西出尋之無所得其一少北而東不過四十丈土斷而川分有積石橫當其垠其上爲睥睨梁欐之形睥睨通作埤堄莊子云梁麗可以衝城梁麗屋棟麗與欐同○睥匹計切睨五計切欐音麗睥睨或從土廣韻引博雅埤堄土牆集韻城上垣杜預註左傳又作僻倪音義同欐一音禮司馬云小舡也其旁出堡塢安古切小障也堡小城也有若門焉窺之正黑投以小石洞然有水聲其響之激越良久乃已環之可上望

甚遠無土壤而生嘉樹美箭益奇而堅其跡數偃仰類智者所施設也噫吾疑造物者之有無久矣及是愈以爲誠有又怪其不爲之中州而列是夷狄更千百年不得一售其伎是固勞而無用神者儻不宜如是則其果無乎或曰以慰夫賢而辱於此者或曰其氣之靈不爲偉人而獨爲是物故楚之南少人而多石是二者余未信之

柳州東亭記 元和十年正月公自永州召至京師三月復出

刺柳州此記作於刺柳州日篇末自可見
出州南譙門譙城上樓也左行二十六步有棄地
在道南南值江西際垂楊垂楊地名也傳置○傳音轉
傳置謂驛也東曰東館其內草木猥奥有崖谷傾
亞缺圮部鄙切亞一作凸豕得以爲囿蛇得以爲藪
人莫能居至是始命披刜蠲疏○刜音拂疏音踈樹
以竹箭松檉丑成切桂檜柏杉易爲堂亭○易以豉
切峭爲杠梁孟子十一月徒杠成十二月輿梁成杠梁皆橋也○杠音江林
間橫木下上徊翔前出兩翼憑空拒江憑一作馮江

化爲湖衆山横環嶚闊瀴灣○嶚音聊與嶚同瀴伊盈切水絶遠貌灣烏環切一本嶚作崦當邑居之劇而忘乎人間斯亦奇矣乃取館之北宇右闢之以爲夕室取傳置之東宇左闢之以爲朝室又北闢之以爲陰室作屋於北牖下以爲陽室作斯亭于中以爲中室朝室以夕居之夕室以朝居之中室日中而居之陰室以違温風焉陽室以違凄風焉若無寒暑也則朝夕復其號既成作石于中室書以告後之人庶勿壞元和十

二年九月某日柳宗元記

柳州山水近治可游者記記不書其年月然當與前記先後作公刺柳五年卒於元和十四年之十月云

古之州治在潯水南山石間今徙在水北直平四十里南北東西皆水匯音潰水回合也北有雙山夾道嶄然○嶄鉏咸仕咸二切高貌曰背石山有支川東流入于潯水潯水因是北而東盡大壁下其壁曰龍壁其下多秀石可硯南絕水有山無麓廣百尋高五丈下上若一曰甑山○甑子孕

切山之南皆大山多奇又南且西曰駕鶴山

壯聳環立古州治負焉有泉在坎下恒盈而

不流南有山正方而崇類屏者○屏蒲并切曰屏

山其西曰四姥山○姥莫補切皆獨立不倚北沈

潯水瀨下沈一作流又西曰仙弈之山山之西可

上其上有穴穴有屏有室有宇其宇下有流

石成形如肺肝如茄房○茄音加荷莖一本作茹房或積

于下如人如禽如器物甚衆東西九十尺南

北少半東登入小穴常有四尺六尺爲尋倍尋曰常則

廓然甚大無竅正黑燭之高僅見其宇皆流石怪狀由屛南室中入小穴倍常而上始黑已而大明爲上室由上室而上有穴北出之乃臨大野飛鳥皆視其背其始登者得石枰於上枰薄明切又音平博局黑肌而赤脉十有八道可弈故以云其山多樫多櫧樫河柳郭璞云今河旁赤莖小楊櫧木名○樫丑呈切櫧音諸多篔簹之竹篔簹竹名節間相去數尺○篔音云簹都郎切多櫜吾其鳥多秭歸○秭音子又咨李切秭歸或作子規石魚之山全石無大草木山小而高其形如

立魚在多秭歸西有穴類仙弈入其穴東出其西北靈泉在東趾下有麓環之泉大類轂雷鳴西奔二十尺有洄在石澗（洄回流也）因伏無所見多綠青之魚多石鯽（多一作又）多鯈雷山兩崖皆東西雷水出焉蓄崖中曰雷塘能出雲氣作雷雨變見有光禱用俎魚豆彘脩形（脩脯也）糈稌○（糈音所又音胥祭神米稌字諸韻皆從禾音徒音土沛國呼稻曰稌）陰酒（一作酒陰）虔則應（公集有雷塘禱雨文）在立魚南其間多美山無名而深峨山在野中無麓峨水出

焉東流入于潯水

河東先生集卷第二十九

世綵廖氏刻梓家塾

河東先生集卷第三十

書明謗責躬

寄許京兆孟容書許孟容字公範元和初再遷尚書右丞京兆尹公謫永州已五年與京兆書望其與之爲地一除罪籍耳時當在元和四年云

宗元再拜五丈座前伏蒙賜書誨諭微悉重厚欣躍恍惚失意也疑若夢寐捧書叩頭悸不自定悸心動也伏念得罪來五年未嘗有故舊大臣肯以書見及者何則罪謗交積羣疑當道誠

可怪而畏也以是兀兀忘行尢負重憂殘骸餘嵬百病所集痞結伏積○痞部鄙切腹中結痛不食自飽或時寒熱水火互至內消肌骨一作肉非獨瘴癘為也忽捧教命捧一作奉乃知幸為大君子所宥欲使膏肓沈没左傳成十年晉侯夢疾為二豎子其一曰居肓之上膏之下若我何膏謂連心之脂膏肓心下鬲上○肓音荒復起為人夫何素望敢以及此宗元早歲與負罪者親善始奇其能謂可以共立仁義裨教化過不自料懃懃勉勵唯以中正信義為志以興堯

舜孔子之道利安元元爲務不知愚陋不可力彊其素意如此也末路孤危阨塞臲卼臲卼不安貌○臲五結切卼音兀一作末路阨塞臲卼凡事壅隔一作事旣壅隔很忤貴近狂踈繆戾蹈不測之辠羣言沸騰鬼神交怒加以素卑賤暴起領事人所不信射利求進者塡門排戸百不一得一旦快意更造怨讟音讀以此大罪之外誣訶萬端○誣與詆同旁午搆扇盡爲敵讎盡一作便協心同攻外連强暴失職者以致其事此皆丈人所聞見不

敢爲他人道說懷不能已復載簡牘此人雖萬被誅戮不足塞責而豈有賞哉（一無豈有賞哉四字）今其黨與幸獲寬貸各得善地無分毫事（一作無公事）坐食俸禄明德至渥也尚何敢更俟除棄廢痼（一無更字）以希望外之澤哉年少氣銳不識幾微不知當否但欲一心直遂果陷刑法皆自所求取得之（一無得之二字一無求字）又何怪也宗元於衆黨人中罪狀最甚神理降罰又不能即死（元和元年五月十七日公母盧氏卒）猶對人言語求食自

活迷不知恥日復一日然亦有大故自以得姓來二千五百年代爲冢嗣今抱非常之罪居夷獠之鄉○獠音潦夷名卑濕昏霧恐一日塡委溝壑曠墜先緒以是怛然痛恨○怛當割切心腸沸熱腸一作骨煢煢孤立未有子息荒陬中少士人女子陬一作隅無少字及女子字無與爲婚世亦不肯與罪大者親昵罪大一作罪人以是嗣續之重不絕如縷每當春秋時饗當一作常子立捧奠顧眄無後繼者惸惸然一作慄慄然或作懍懍然欷歔惴惕恐此

事便已摧心傷骨若受鋒刃此誠丈人所共憫惜也先墓所在城南一無所字無異子弟爲主獨託村隣自謹逐來消息存亡不一至鄉閭主守者固以益怠晝夜哀憤懼便毀傷松柏芻牧不禁以成大戾近世禮重拜掃今已闕者四年矣每遇寒食則北向長號以首頓地想田野道路士女徧滿皁隸傭丐皆得上父母丘墓馬醫夏畦之鬼列子云路遇乞兒馬醫弗敢辱也必下車而揖之孟子脅肩諂笑病于夏畦夏畦夏月治畦之人○畦音攜無不受子

孫追養者然此已息望又何以云哉城西有數頃田樹果數百株多先人手自封植今已荒穢恐便斬伐無復愛惜家有賜書三千卷尚在善和里舊宅宅今已三易主書存亡不可知皆付受所重常繫心腑然無可爲者立身一敗萬事瓦裂身殘家破爲世大僇音戮復何敢更望大君子撫慰收恤尚置人數中耶是以當食不知辛鹹節適洗沐盥漱○盥音管又古玩切動逾歲時一搔皮膚塵垢蒲爪誠憂恐悲

傷無所告愬以至此也自古賢人才士秉志遵分被謗議不能自明者一本作被謗無議字僅以百數故有無兄盜嫂漢書人或毀直不疑曰不疑狀貌甚美然特毋奈其善盜嫂何也不疑聞曰我乃無兄終不自明娶孤女云撾婦翁者後漢第五倫建武二十九年從淮陽王朝京師帝戲謂倫曰聞卿爲吏篣婦翁寧有之邪倫曰臣三娶妻皆無父〇撾陟瓜切然賴當世豪傑分明辯別卒光史籍一作冊管仲遇盜升爲功臣禮記管仲遇盜取二人焉上以爲公臣曰其所遊辟也可人也註云言此人可也匡章被不孝之名孟子禮之孟子公都子曰匡章通國皆稱不孝焉夫子與之遊

又從而禮貌之敢問何也孟子曰世俗所謂不孝者五云云章子有一於是乎今已無古人之實一有爲字而有其詔欲望世人之明已不可得也直不疑買金以償同舍漢書直不疑爲郎事文帝其同舍有告歸誤持其同舍郎金去已而同舍郎覺亡意不疑不疑謝有之買金償後告歸者至而歸金亡金郎大慙劉寬下車歸牛鄉人東漢劉寬字文饒嘗行有人失牛者乃就寬車中認之寬無所言下駕步歸有頃認牛者愧而送還此誠知疑似之不可辯非口舌所能勝也鄭詹東縛於晉終以無死國語文公伐鄭欲得詹而師還鄭人以詹與晉晉人將烹之詹据鼎耳而疾號公乃命弗殺厚爲禮而歸之鍾儀南

音卒獲反國左傳成九年晉侯觀于軍府見鍾儀與之琴操南音范文子曰樂操土音不忘舊也君盍歸之公從之使歸求成南音楚聲叔向囚虜自期必免左傳襄二十一年欒盈出奔楚晉囚叔向樂王鮒見叔向曰吾為子請叔向弗應其人皆咎叔向叔向曰必祁大夫范痤騎危○痤才戈切騎音奇危棟上也以生易死史記魏世家趙使人謂魏王為我殺范痤吾獻地王使捕之痤因上屋騎危謂使者曰與其以死痤市不如以生痤市有如痤死趙不與王地則奈何王出之蒯通據鼎耳○蒯苦怪切為齊上客高帝誅韓信信曰悔不用蒯通之言帝召通欲烹之通曰犬各吠非其主上乃赦之據鼎耳言將烹也至齊悼惠王時曹參為相請通為客張蒼韓信出斧鑕○鑕音質鐵鍖也

終取將相西漢張蒼從沛公攻南陽當斬解衣伏質王陵乃言沛公赦勿斬後至孝文時爲相韓信亡楚歸漢爲違敖坐法當斬適見滕公公奇其言釋勿斬其後拜大將

鄒陽獄中以書自活西漢鄒陽從梁孝王游羊勝公孫詭等疾陽惡之孝王怒下陽吏將殺之陽從獄中上書奏王王出之

賈生斥逐復召宣室西漢賈誼洛陽人絳灌之屬害之出爲長沙王傅歲餘文帝思誼徵之入見宣室

倪寬擯死新唐書作擯厄後至御史大夫西漢倪寬爲廷尉文學卒史以儒生不習事不署曹除爲從史之北地視畜其後議封禪事拜御史大夫

董仲舒劉向下獄當誅爲漢儒宗西漢董仲舒廣川人先是遼東高廟長陵高園殿災仲舒居家推說其意未上主父偃竊其書奏焉於是下仲

舒、吏當死詔赦之劉向字子政事宣帝為諫大夫獻言黃金可成上令典尚方鑄作事後不驗下吏當死上奇其才得踰冬以減死論此皆瓌偉博辯奇壯之士能自解脫今以恇怯洪忍○恇音匡怯也洪忍音腆忍垢濁也楚詞切典忍之流俗下才末技又嬰恐懼痼病一作病痼雖欲慷慨攘臂自同昔人愈踈闊矣賢者不得志於今必取貴於後古之著書者皆是也宗元近欲務此然力薄才劣無異能解雖欲秉筆覼縷○覼力禾切縷音呂好視也一曰委曲覼當從𤔔俗作爾非神志荒耗前後遺忘音妄漢書楊惲傳以陪輔朝廷之遺忘作平聲終不能成章往時讀書自以不至厎滯（厎一作觝）今皆頑然無復省録每讀古人一傳數紙巳後則再三伸卷復覩姓氏旋又廢失假令萬一除刑部因籍復為士列（士一作上）亦不堪當世用矣伏惟興哀於無用之地垂德於不報之所但以存通家宗祀為念（一無存字）有可動心者操之勿失雖不敢望歸掃塋域（一無雖字）退託先人之廬以盡餘齒姑遂少北益輕瘴癘就婚娶求胤嗣有可付託即冥然長辭如得甘寢

甘與酬同出莊子無復恨矣書辭繁委無以自道然即文以求其志君子固得其肺肝焉無任懇戀之至一本戀亦作懇不宣宗元再拜

與楊京兆憑書

楊憑拜京兆尹與李夷簡素有隙李因劾憑江西姦贓憲宗貶爲臨賀尉時元和四年也公嘗遺憑子誨之書云今日有北人來示將籍田敕是舉數十年之墜典必有大恩澤丈人之寃聞於朝今是舉也必復大任此亦云丈人旦夕歸朝廷復爲大僚考憲宗紀元和五年詔以來歲籍田則此書必五年冬作

月日宗元再拜獻書丈人座前○丈人字俗以爲婦翁稱然字則遠矣大抵亦尊者之稱吳越春秋載伍子胥謂漁父曰性命屬天今屬丈人役人胡要返命奉教誨壯厲感發壯一作莊鋪陳廣大上言推延賢雋之道難於今之世次及文章末以愚蒙剥喪頓瘁無以守宗族復田畝爲念憂憫備極不唯其親密舊故是與復有一作是乃爲若公言顯賞許其素尚許一作取而激其忠誠者忠一作中是用踴躍敬懼類嚮時所被簡牘萬萬有加焉故敢悉其愚以獻左右大凡薦舉

之道古人之所謂難者古下一無人字其難非苟一而已也知之難言之難聽信之難夫人有有之而恥言之者有有之而樂言之者有無之而工言之者有無之而不言似有之者有之而恥言之者上也雖舜猶難於知之見書皋陶謨孔子亦曰失之子羽史記孔子曰以言取人失之宰我以貌取人失之子羽家語子羽有君子之容而行不勝其貌孔子曰以容取人失之子羽子羽乃澹臺滅明也下斯而言知而不失者妄矣有之而言之者次也德如漢光武馮衍不用馮衍字敬通京兆杜

陵人世祖即位論功當封將召見之爲令狐略等讒之竟不獲用才如王景略以尹緯爲令史晉載記尹緯天水人先爲秦史部令史後事姚萇爲佐命元功萇既敗苻堅遣尹說堅求禪代堅問緯曰卿於朕何官緯曰尚書令史堅曰卿宰相才也王景略之儔而朕不知其亡也不亦宜乎王景略猛字是皆終日號鳴大吒○吒陟駕切歎也而卒莫之省無之而工言者賊也趙括得以代廉頗史記趙奢傳趙孝成王使廉頗將兵拒秦秦遣間言曰秦之所患獨畏馬服君趙奢之子趙括爲將耳王以括代頗括之母諫王括徒能讀父書父子異心王不聽果敗而馬謖得以惑孔明也蜀志馬謖好論軍計諸葛亮深加器異先主謂亮曰謖言過其實不可大用亮謂不

然以謖爲參軍戰于街亭爲張郃所破○謖音縮今之若此類者不
乏於世將相大臣聞其言而必能辨之者亦
妄矣無之而不言者土木類也周仁以重臣
爲二千石西漢周仁武帝立以先帝臣重之仁乃病免以二千石祿歸老許
靖以人譽而致三公致下一有位字先主圍成都許靖踰城降先主主
以此薄靖不用法正曰靖之浮稱播流四海若其不禮天下之人謂公爲賤賢也於是以
靖爲司徒近世尤好此類以爲長者最得薦寵史記
灌夫薦寵下輩士亦以此多之見武安傳夫言朴愚無害者蕭何以文
毋害爲沛主吏掾無害謂不刻害也其於田野鄉閭爲匹夫雖

稱爲長者可也自抱關擊柝以往（孟子惡乎宜乎抱關擊柝○柝他各切夜所擊之木也）則必敬其事（論語事君敬其事而後其食）愈上則及物者愈大何事無用之朴哉今之言曰某子長者可以爲大官類非古之所謂長者也則必土木而已矣夫捧土揭木而致之巖廊之上（○揭去謁切舉也）蒙以紋冕翼以徒隸而趨走其左右（一無而字）豈有補於萬民之勞苦哉聖人之道不益於世用（不字下一有盡字）凡以此也故曰知之難孔子曰仁者其言也訒孟

子病未同而言然則彼未吾信而吾告之以士必有三間是將曰彼誠知士歟知文歟疑之而未重一間也又曰彼無乃私好歟交以利歟二間也又曰彼不足我而愖我哉。愖集記切毒也兹咈吾事三間也畏是而不言故曰言之難言而有是患故曰聽信之難唯明者為能得其所以薦得其所以言得其所以聽一不至則不可冀矣然而君子不以言聽之難而不務取士士理之本也苟有司之不吾信

吾知之而不捨其必有信吾者矣苟知之雖
無有司而士可以顯則吾一旦操用人之柄
其必有施矣故公卿之大任莫若索士士不
預備而熟講之卒然君有問焉宰相有咨焉
有司有求焉其無所以應之則大臣之道或
闕故不可憚煩今之世言士者先文章文章
士之末也然立言存乎其中即末而操其本
操作採一可十七八未易忽也自古文士之多莫
如今今之後生爲文希屈馬者可得數人屈屈

原馬司馬遷○屈其勿切希王褒劉向之徒者又可得十人至陸機潘岳之比累累相望○累力追切若皆爲之不已則文章之大盛古未有也後代乃可知之今之俗耳庸目無所取信傑然特異者乃見此耳丈人以文律通流當世叔仲鼎列大曆九年憑中進士十三年凝中進士十二年凌中進士皆有名時號三楊天下號爲文章家今又生敬之敬之凌子元和二年中進士敬之字茂孝嘗爲華山賦示韓愈愈稱之敬之希屈馬者之一也天下方理平今之文士咸能先理理不一斷

於古書老生直趣堯舜之道（一作大道）孔氏之志明而出之又古之所難有也然則文章未必爲士之末獨采取何如爾宗元自小學爲文章中閒幸聯得甲乙科第（一無乙第二字）至尚書郎專百官章奏然未能究知爲文之道自貶官來無事讀百家書上下馳騁乃少得知文章利病（一無知字）去年吳武陵來（武陵元和二年中進士三年謫永州）美其齒少才氣壯健可以興西漢之文章日與之言因爲之出十數篇書（一無書字）庶幾鏗鏘

陶冶時時得見古人情狀然彼古人亦人耳（一無古人字）夫何遠哉凡人可以言古不可以言今（一本二以字並作與）桓譚亦云親見楊子雲容貌不能動人安肯傳其書（楊雄贊桓譚曰凡人賤近而貴遠親見楊子雲祿位容貌不能動人故輕其書）誠使博如莊周哀如屈原奧如孟軻壯如李斯峻如馬遷富如相如明如賈誼專如楊雄猶爲今之人（一有笑字）則世之高者至少矣由此觀之古之人未始不薄於當世而榮於後世也若吳子之文非丈人無以

知之獨恐世人之才高者不肯久學無以盡訓詁風雅之道以爲一世甚盛若宗元者才力缺敗不能遠騁高厲與諸生摩九霄撫四海夸耀於後之人矣一作世人何也凡爲文以神志爲主自遭責逐繼以大故荒亂耗竭又常積憂恐神志少矣所讀書隨又遺忘一二年來一無來字痞氣尤甚加以衆疾動作不常眊眊然一無然字○眊音冒目少睛騷擾內生霾霧填擁慘沮沮一作怛○霾音埋風雨土也詩終風且霾雖有意窮文章而病

奪其志矣每聞人大言則蹶氣震怖撫心按膽不能自止又永州多火災（一本無又字）五年之閒四爲天火所迫（天一作大）一徒跣走出壞墻穴牖僅免燔灼書籍散亂毀裂不知所往一遇火恐累日茫洋不能出言又安能盡意於筆硯（意一作志）矻矻自苦○（矻丘八切與硈同堅也突也石狀一云口骨切勞極貌又健作貌）以危傷敗之寃哉中心之悃愊鬱結○（悃口本切誠也愊平力切緻密也）具載所獻許京兆丈人書（許京兆孟容）不能重煩於陳列凡人之黜棄皆望望

思得効用而宗元獨以無有是念自以罪大不可解才質無所入苟焉以叙憂慄爲幸敢有他志伏以先君稟孝德秉直道高於天下仕再登朝至六品官（至一作止）宗元無似亦嘗再登朝至六品矣何以堪此且柳氏號爲大族五六從以來無爲朝士者豈愚蒙獨出數百人右哉以是自忖官已過矣寵已厚矣夫知足與知止異宗元知足矣若便止不受祿位亦所未能今復得好官猶不辭讓何也以人

望人尚足自進如其不至則故無憾進取之志息矣身世子然無可以爲家雖甚崇寵之孰與爲榮獨恨不幸獲託姻好而早凋落（公娶凝女貞元十五年八月一日卒年二十三）寡居十餘年嘗有一男子（一本無一字）然無一日之命（楊氏孕而不育）至今無以託嗣續恨痛常在心目孟子稱不孝有三無後爲大令之汲汲於世者唯懼此而已矣天若不棄先君之德使有世嗣（一作祀）或者猶望延壽命以及大宥得歸鄉閭立家室則子道

畢矣過是而猶競於寵利者天厭之天厭之厭棄也丈人旦夕歸朝廷復爲大僚伏惟以此爲念流涕頓顙寫曩切布之座右一作下不任感激之至宗元再拜

與裴塤書裴塤墐之弟字行具此書唯不詳其爵位公時在永其書曰河北之師當已平奚虜聞吉語矣考其時蓋當吐突承璀誅王承宗之時事在元和四年書必此年作

應叔十四兄足下比得書示勤勤不以僕罪過爲大故有動止相憫者僕望已矣世所共

棄惟應叔輩一二公獨未耳（一作獨未下耳）僕之罪
在年少好事進而不能止儔輩恨怒以先得
官又不幸早嘗與游者居權衡之地十薦賢
幸乃一售不得者譸張排根（書人乃或譸張為幻譸張欺詐
也○譸音輈根胡根切一本作恨見漢書灌夫傳）僕可出而辯之哉
性又倨野不能摧折以故名益惡勢益險有
喙有耳者相郵傳作醜語耳（一無耳字）不知其卒
云何中心之慾尤若此而已既受禁錮而不
能即死者以為久當自明今亦久矣而嗔駡

者尚不肯已堅然相白者無數人聖上日興太平之理不貢不王者悉以誅討而制度大立長使僕輩爲匪人耶其終無以見明而不得擊壤鼓腹樂堯舜之道耶且天下熙熙（天下熙熙見史記貨殖傳）而獨呻吟者四五人何其優裕者博而局束者寡其爲不一徵也何哉大和蒸物燕谷不被其煦一鄒子尚能恥之（劉向別録云方士傳言鄒衍在燕燕有谷地美而寒不生五穀鄒子居吹律而温氣至五穀生今名黍谷）令若應叔輩知我豈下鄒子哉然而不恥者

何也河北之師當已平奚虜聞吉語矣時吐突承璀討鎮冀王承宗鎮冀自李寶臣本范陽內屬奚承宗之先武俊亦本契丹部落故曰奚虜然若僕者承大慶之後必有殊澤流言飛文之罪流言飛文出劉向傳或者其可以已乎幸致數百里之北使天下之人不謂僕為明時異物死不恨矣金州考績已久獨蔑然不遷者何耶十二兄宜當更轉右職十四兄嘗得數書無恙餘亮切憂也一無嘗得二字兄顧惟僕之窮途得無意乎北當大寒人愈平和惟楚南極海玄冥

所不統炎昏多疾氣力益劣昧昧然人事百不記一捨憂慄則怠而睡耳偶書如此不宣宗元再拜

與蕭翰林俛書一作勉新唐史蕭俛書在許孟容書前按俛本傳貞元中及第又以賢良方正對策異等拜右拾遺元和六年召爲翰林學士凡三年進知制誥公在永州此書當是俛爲翰林時作

思謙兄足下昨祁縣王師範過永州爲僕言得張左司書道思謙蹇然有當官之心乃誠

助太平者也僕聞之喜甚然徼王生之說僕
豈不素知耶所喜者耳與心叶果於不謬焉
爾子京新唐史自思謙兄止焉爾並刪去僕不幸唐史刪不幸二字嚮
者進當臲卼不安之勢平居閉門口舌無數
況又有久與游者乃岌岌而造其門哉唐史刪乃
字○岌魚及切門一作閒下無哉字其求進而退者皆聚爲仇
怨造作粉飾蔓延益肆非的然昭晰自斷於
內則孰能了僕於冥冥之間哉史刪則字之字然僕
當時年三十三永貞元年甚少唐史刪甚少字自御史裏

行得禮部貟外郎超取顯美欲免世之求進者怪怒媢嫉。（媢音冒）其可得乎（唐史刪其字）凡人皆欲自達僕先得顯處才不能踰同列聲不能壓當世（聲一作名）世之怒僕宜也（唐史自凡人止宜也竝刪去）與罪人交十年官又以是進（唐史刪又字）辱在附會聖朝弘大（弘一作寬）貶黜甚薄不能塞衆人之怒（唐史刪能字）謗語轉侈囂囂嗷嗷。（囂虛驕切嗷音敖）漸成怪民（民一作人）飾智求仕者更詈僕以悅讐人之心（詈一作言讐一作仇）日爲新奇務相喜可（喜一作悅）自以速援引之路而僕輩坐益困辱（唐史删而字）萬罪橫生不知其端伏自思念過大恩甚乃以致此（唐史自伏自止致此並删去）悲夫人生少得六七十者今已三十七矣（唐史删六七二字及已字）長來覺日月益促歲歲更甚大都不過數十寒暑則無此身矣（唐史删則字）是非榮辱又何足道云云不已秖益爲罪兄知之勿爲他人言也（唐史自兄字至也字删去）居蠻夷中久慣習炎毒昏眊重膇（馳僞切足腫也重上聲）意以爲常忽遇北風晨起薄寒中體則

肌革瘆懍○瘆山錦切寒病一作慘七感切懍來感切陰寒貌薄寒中人見楚詞毛髮蕭條瞿然○瞿音句注視怵惕以爲異候意緒殆非中國人人下有也字楚越間聲音特異鴂舌啅譟孟子南蠻鴂舌之人○鴂音決鳥名即鶗鴂也啅音卓今聽之怡然不怪怡一作恬已與爲類矣家生小童皆自然嘵嘵許堯切晝夜滿耳聞北人言則啼呼走匿雖病夫亦怛然駭之出門見適州閭市井者其十有八九杖而後興自料居此尚復幾何豈可更不知止言說長短重爲一世非

笑哉讀周易困卦（唐史删周字）至有言不信尚口乃窮也（唐史删也字）往復益喜曰嗟乎余雖家置一喙以自稱道詬益甚耳用是更樂瘖默○瘖（音陰不能言也）思與木石爲徒（唐史删思字）不復致意今天子興教化定邪正海內皆欣欣怡愉而僕與四五子者獨淪陷如此（唐史删獨字）豈非命歟命乃天也非云云者所制又何恨余（唐史删余字）獨喜思謙之徒遭時言道道之行物得其利僕誠有罪然豈不在一物之數耶身被之目

覩之足矣何必攘袂用力○袂彌蔽切而矜自我

出耶果矜之又非道也事誠如此唐史自獨喜至如此竝刪去然居理平之世高宗諱治避爲理終身爲頑人

之類猶有少恥未能盡忘儻因賊平慶賞之

際得以見白使受天澤餘潤是時吐突承璀討王承宗公有望於賊平慶宥及罪謫耳雖朽栟腐敗○栟平割平結二切伐木餘也栟一作株不能生植猶足蒸出芝菌以爲瑞物○菌九隕切一釋廢痼移數縣之地則世必曰罪稍解

矣然後收召魂魄買土一廛爲耕甿一廛二畝半也

一家之居也朝夕謌謡使成文章庶木鐸者採取木鐸者金鈴木舌武事振金鐸文事振木鐸以徇於道路獻之法宮法宮路寢正殿也增聖唐大雅之什雖不得位亦不虛爲太平之人矣唐史删之字此在望外然終欲爲兄一言焉唐史自此在止言焉删去宗元再拜

與李翰林建書

按建本傳貞元中補校書郎德宗思得文學者或以建聞帝問左右宰相鄭餘慶曰臣爲吏部時當補校書八人他皆藉貴勢以請建獨無有帝喜擢左拾遺翰林學士此書在永時作也書云前過三十七年當在元和四年

杓直足下[建字杓直遜之弟也○杓音標]州傳遽至[○傳去聲驛也]得足下書又於夢得處[夢得劉禹錫字]得足下前次一書意皆勤厚莊周言逃蓬藋者[○藋徒弔切]聞人足音則跫然喜[莊子逃虛空者藜藋柱乎鼪鼬之徑踉位其空聞人足音跫然而喜矣○跫巨恭切喜貌本註云人行貌]僕在蠻夷中比得足下二書及致藥餌喜復何言僕自去年八月來痞疾稍已往時間一二日作今一月乃二三作用南人檳榔餘甘破決壅隔大過[一隔作塞]陰邪雖敗已傷正氣行則膝顫[音戰寒動也]坐

則髀痺○髀部禮切股也痺卑利切足氣不生也濕病所欲者補氣豐血彊筋骨輔心力有與此宜者更致數物忽得良方偕至益善永州於楚爲最南狀與越相類僕悶即出游游復多恐涉野有蝮虺大蜂蝮蛇細頸大頭焦尾色如綬文文間有毛似豬鬣鼻上有針大者長七八尺一名反鼻虺色如土俗呼土虺○虺許偉切蝮芳六切仰空視地寸步勞倦近水即畏射工沙蝨詩爲鬼爲蜮蜮在水旁能射人甚者至死亦謂之短狐即射工也亦名水弩含怒竊發中人形影動成瘡痏羽鬼切一作疣時到幽樹好石蹔得一笑已復

不樂何者譬如囚拘圜土（周禮三罰而歸于圜土注圜土獄城）也一遇和景（一有出字）負牆搔摩伸展支體當此之時亦以爲適然顧地窺天不過尋丈（六尺曰尋）終不得出豈復能久爲舒暢哉明時百姓皆獲歡樂僕士人頗識古今理道獨愴愴如此誠不足爲理世下執事至比愚夫愚婦又不可得竊自悼也僕曩時所犯足下適在禁中（時建爲翰林學士）備觀本末不復一一言之今僕癃殘頑鄙不死幸甚苟爲堯人（避民爲人）不必立事

程功唯欲爲量移官差輕罪累即便耕田藝麻取老農女爲妻生男育孫以供力役時時作文以詠太平摧傷之餘氣力可想假令病盡已身復壯悠悠人世越不過爲三十年客耳三或作四前過三十七年與瞬息無異復所得者其不足把翫亦已審矣朽直以爲誠然乎僕近求得經史諸子數百卷常候戰悸稍定時即伏讀頗見聖人用心賢士君子立志之分著書亦數十篇心病言少次第不足遠寄

但用自釋貧者士之常列子榮啓期曰貧者士之常死者人之終今僕雖羸餒亦甘如飴矣足下言已白常州煦僕○煦吁句况羽二切僕豈敢衆人待常州耶若衆人一作若即人即不復煦僕矣然常州未嘗有書遺僕僕安敢先焉裴應叔蕭思謙裴墳蕭俛也僕各有書足下求取觀之相戒勿示人敦詩在近地敦詩崔羣簡人事今不能致書足下默以此書見之勉盡志慮或誤作免盡非輔成一王之法以宥罪戾不悉宗元白

與顧十郎書觀集中送苑論序謂初與論同薦于京師是歲小司徒顧公守春官之缺而權擇士之柄明年春同趍權衡之下並就重輕之試顧公蓋少連也今以門生具官致書於顧君意者必少連子也少連傳云始少連攜少子師閔奔行在有詔后止翰林院則顧氏子豈師閔耶十郎一本作十一郎公時謫永州作

四月五日一作月日門生守永州司馬貟外置同正貟柳宗元謹致書十郎執事凡號門生而不知恩之所自者非人也纓冠束衽而趨以

進者咸曰我知恩知恩則惡乎辨然而辨之
亦非難也大抵當隆赫柄用而蜂附蟻合喣
喣趄趄○喣吁句切吹也趄千餘切趑趄也便僻匍匐以非乎
人而售乎己若是者一旦勢異則雷滅颷逝
○颷卑遙切不爲門下用矣其或少知恥懼恐世
人之非己也一作世之人則矯於中以貌於外其
實亦莫能至焉然則當其時而確固自守蓄
力秉志不爲嚮者之態則於勢之異也固有
望焉大凡以文出門下由庶士而登司徒者

七十有九人貞元九年十年顧少連以禮部侍郎知貢舉取進士六十人諸科十九人執事試追狀其態則果能効用者出矣然而中間招衆口飛語譁然譸張者豈他人耶夫固出自門下賴中山劉禹錫等禹錫貞元九年中第遑遑惕憂無日不在信臣之門以務白大德順宗時顯贈榮謚揚于天官敷于天下以爲親戚門生光寵少連贈尚書左僕射謚曰敬則謚贈之榮亦諸門生之力歟不意瓅瓅者晉書習鑿齒傳瓅瓅常流碌碌凡士○瓅音瑣當作瑣瑣瑣碎也復以病執事此誠私心痛之堙鬱洶湧

不知所發常以自憾在朝不能有奇節宏議以立於當世卒就廢逐居窮阨又不能著書斷往古明聖法以致無窮之名進退無以異於衆人不克顯明門下得士之大今抱德厚蓄憤悱思有以效於前者則既乖謬於時離散擯抑（○擯必刃切）而無所施用長爲孤囚不能自明恐執事終以不知其始（始下一有之字）偃蹇退匿者將以有爲也猶流於嚮時求進者之言而下情無以通盛德無以酬用爲大恨固嘗

不欲言之今懼老死瘴土一有中字而他人無以辨其志故爲執事一出之古之人恥躬之不逮論語古者言之不出恥躬之不逮也儻或萬萬有一可冀一本作幾與冀通復得處人間則斯言幾乎踐矣因言感激浪然出涕○浪音郎書不能既一作就宗元謹再拜

河東先生集卷第三十

河東先生集十一

書 第卅一卷
書 第卅二卷
書 第卅三卷
啓 第卅四卷

項子京家珍藏

河東先生集卷第三十一

書

與韓愈論史官書　韓文公集中不見與公論史書惟有

答劉秀才書其言爲史者不有人禍必有天刑公此書皆與韓公辨以爲不然觀韓與劉秀才書則公所以答之之意昭然矣

韓元和八年六月爲史館修撰此書云正月其作於九年之春

歟退之答劉秀才論史書見韓文外集第十卷

正月二十一日元和九年某頓首十八丈退之侍

者前獲書言史事云具與劉秀才書及今乃

見書藁私心甚不喜與退之往年言史事甚大謬若書中言退之不宜一日在館下安有探宰相意以爲苟以史榮一韓退之耶若果爾退之豈宜虚受宰相榮已而冒居館下近密地食奉養役使掌固（漢書作故令史之屬應劭云掌故事固字一本作故）利紙筆爲私書取以供子弟費古之志於道者（於下一有有字不下一有宜字）不若是且退之以爲紀録者有刑禍避不肯就尤非也史以名爲褒貶猶且恐懼不敢爲設使退之爲御史中

丞大夫其褒貶成敗人愈益顯其宜恐懼尤大也則又揚揚入臺府美食安坐行呼唱於朝廷而已耶在御史猶爾設使退之爲宰相生殺出入升黜天下士其敵益衆則又將揚揚入政事堂美食安坐行呼唱於內庭外衢而已耶何以異不爲史而榮其號利其祿者也一無者字又言不有人禍則有天刑則一作必若以罪夫前古之爲史者然亦甚惑凡居其位思直其道道苟直雖死不可回也如回之莫若

亟去其位孔子之困于魯衛陳宋蔡齊楚者其時暗一無暗字諸侯不能行也一作其時諸侯不能以也以一作用其不遇而死不以作春秋故也當其時雖不作春秋孔子猶不遇而死也若周公史佚史佚謂周太史也雖紀言書事猶遇且顯也又不得以春秋爲孔子累范曄悖亂雖不爲史其宗族亦赤赤一作誅曄刪衆家後漢書爲一家之作宋文帝元嘉二十二年謀反族誅司馬遷觸天子喜怒司馬遷盛言李陵武帝以遷欲沮貳師下之蠶室班固不檢下漢和帝永元初洛陽令种兢以事捕固固死獄中

崔浩沽其直以鬭暴虜（崔浩事魏太武帝太平眞君十一年以罪族誅）皆非中道左丘明以疾盲出於不幸子夏不爲史亦盲（禮記子夏哭其子而喪其明）不可以是爲戒其餘皆不出此是退之宜守中道不忘其直無以他事自恐退之之恐唯在不直不得中道刑禍非所恐也凡言二百年文武士多有誠如此者今退之曰我一人也何能明則同職者又所云若是後來繼今者又所云若是人人皆曰我一人則卒誰能紀傳之耶如退

之但以所聞知孜孜不敢怠同職者後來繼今者亦各以所聞知孜孜不敢怠則庶幾不墜使卒有明也不然徒信人口語每每異辭日以滋久則所云磊磊軒天地者○磊魯猥切決必沈没且亂雜無可考非有志者所忍恣也果有志豈當待人督責迫蹙然後爲官守耶又凡鬼神事眇茫荒惑無可准明者所不道退之之智而猶懼於此今學如退之辭如退之好議論如退之慊慨自謂正直行行焉如

退之○行下浪切論語行行如也註剛强之貌猶所云若是則唐之史述其卒無可託乎明天子賢宰相得史才如此而又不果甚可痛哉退之宜更思可爲速爲果卒以爲恐懼不敢則一日可引去又何以云行且謀也今人當爲而不爲又誘誘一作諉館中他人及後生者此大惑已不勉己而欲勉人難矣哉

與史官韓愈致段秀實太尉逸事書

公自狀段秀實逸事甚悉又有上逸事於史館狀此又與韓昌

黎書使書之勿墜時元和九年也新史段太尉傳皆取公所爲狀具載之贊又載公所上史館狀中語曰宗元不妄許人諒其然耶其益於名節多矣

退之館下前者書進退之力史事即謂前書奉答誠中吾病若疑不得實未即籍者籍謂記録者字一作有諸諸皆是也皆一作誠退之平生不以不信見遇竊自冠好遊邊上問故老卒吏得段太尉事最詳今所趨走州刺史崔公元和九年御史中丞崔能來莅永州時賜言事又具得太尉實跡參校備具太

尉大節古固無有然人以爲偶一奮遂名無窮令大不然太尉自有難在軍中其處心未嘗虧側其蒞事無一不可紀會在下名未達以故不聞非直以一時取笏爲諒也論語匹夫匹婦之爲諒也諒信也太史遷死一無太字退之復以史道在職宜不苟過日時昔與退之期爲史志甚壯令孤囚廢錮連遭瘴癘羸頓朝夕就死無能爲也第不能竟其業若太尉者宜使勿墜太史遷言荊軻徵夏無且史記荊軻贊曰始公孫季功董生與夏無

且游具知其事爲余道之如是○且即余切言大將軍衛蘇建衞將軍列傳蘇建語余曰吾嘗責大將軍至尊重而天下之賢大夫無稱焉言留侯衛畫容貌張良贊至見其圖狀貌如婦人好女令孤因賤辱雖不及無且建等然比畫工傳容貌尚差勝春秋傳所謂傳信傳著穀梁傳莊七年著以傳著疑以傳疑雖孔子亦猶是也竊自以爲信且著其逸事有狀

與劉禹錫論周易九六書一本論九六書在後

劉夢得集有與董生言易辨易九六論二篇有曰乾之文皆九而坤六何也世之儒曰吾聞諸孔穎達云陽尊得兼乎陰陰不

得兼陽也他日與董生言及易生曰吾聞諸畢中和云舉老而稱也因舉揲蓍變之所遇多少以明老陰老陽之數以明二篇之策復取左氏國語昔人之筮以爲證且曰余與董生九六之義信與理會爲不誣矣又於左氏二書參焉若合形影而世人往往攘臂於其間曰生之名孰與穎達著邪而才孰與元凱賢邪歷載曠日未嘗有聞人用是說者雖余憤然用口舌爭特貌從者十一二焉余獨悲而志之以俟夫後覺此夢得所言易大槩也

見與董生論周易九六義取老而變以爲畢

中和承一行僧得此說董生言本畢中和中和本其師師之學本一行異孔穎達疏而以爲新奇彼畢子董子何嘗末於學而遽云云也都不知一行僧承韓氏孔氏說而果以爲新奇不亦可笑矣哉韓氏謂韓康伯注乾之策二百一十有六曰乾一爻三十有六策則是取其過揲四分而九也坤之策一百四十有四曰坤一爻二十四策則是取其過揲四分而六也孔穎達等作正義論云九六有二義其一者曰陽得兼陰陰不

得兼陽其二者曰老陽數九老陰數六二者皆變用周易以變者占鄭玄注易亦稱以變者占故云九六也所以老陽九老陰六者九過揲得老陽六過揲得老陰此具在正義乾篇中周簡子之說亦若此而又詳備何畢子董子之不視其書而妄以口承之也君子之學將有以異也必先究窮其書究窮而不得焉乃可以立而正也今二子尚未能讀韓氏注孔氏正義是見其道聽途說者又何能知

所謂易者哉足下取二家言觀之則見畢子董子膚末於學而遽云云也足下所爲書非元凱兼三易者則諾若曰孰與穎達著則此說乃穎達說也非一行僧畢子董子能有異者也（異下一有說字）無乃即其謬而承之者歟觀足下出入筮數考校左氏今之世罕有如足下求易之悉者也然務先窮昔人書有不可者而後革之則大善謹之勿遽宗元白

答劉禹錫天論書（一本答劉禹錫天論在前○公嘗作）

天說禹錫以爲未盡作天論以辨之公反覆以書問辨觀禹錫天論叅以書意則其義自昭然餘詳解在禹錫天論及公天說下見十六卷

宗元白發書得天論三篇以僕所爲天說爲未究欲畢其言始得之大喜謂有以開吾志慮（開下一有明字）及詳讀五六日求其所以異吾說卒不可得其歸要曰非天預乎人也凡子之論乃吾天說傳疏耳無異道焉諄諄佐吾言而曰有以異不識何以爲異也子之所以爲

異者豈不以贊天之能生植也歟夫天之能生植久矣不待贊而顯且子以天之生植也爲天耶爲人耶抑自生而植乎若以爲爲人則吾愈不識也若果以爲自生而植則彼自生而植耳何以異夫果蓏之自爲果蓏（魯果切有核曰果無核曰蓏）癰痔之自爲癰痔草木之自爲草木耶是非爲蟲謀明矣猶天之不謀乎人也（乎一作於）彼不我謀而我何爲務勝之耶子所謂交勝者若天恒爲惡（若下一有知字）人恒爲善人勝

天則善者行是又過德乎人過罪乎天也又曰天之能者生植也人之能者法制也（夢得論云）天之道在生植其用在强弱人之道在法制其用在是非是判天與人爲四而言之者也余則曰生植與灾荒皆天也法制與悖亂皆人也二之而已其事各行不相預而凶豐理亂出焉究之矣凡子之辭枝葉甚美而根不直取以遂焉又子之喻乎旅者（又下一有曰字）皆人也而一曰天勝焉一曰人勝焉何哉蒼蒼之先者力勝也（蒼蒼一作莽蒼）邑郛之

先者智勝也虞芮力窮也匡宋智窮也是非一有之字存亡皆未見其可以喻乎天者若子之說要以亂爲天理理爲人理耶謬矣若操舟之言人與天者愚民恒說耳幽厲之云爲上帝者無所歸怨之辭爾一有皆字不足喻乎道子其孰之無羨言侈論○羨涎面切餘也以益其枝葉姑務本之爲得不亦裕乎獨所謂無形爲無常形者甚善宗元白

答元饒州論春秋書

辱復書教以報張生書及答衢州書言春秋此誠世所希聞兄之學爲不負孔氏矣往年曾記裴封叔宅（封叔名墐）聞兄與裴太常言晉人及姜戎敗秦師于殽一義（事見左傳僖三十三年）常諷習之又聞韓宣英及亡友呂和叔輩言他義（胥山沈公謂當去亡友二字遷在呂和叔上今從之蓋韓宣英元和十年自饒州司馬召回與公例出爲汀州刺史也宣英名曄呂和叔名温元和六年八月卒公有誄）知春秋之道久隱而近乃出焉京中於韓安平（安平名泰）處始得微指和叔處始見集注（陸質一名淳嘗著春

秋微指二篇集注二篇恒願掃於陸先生之門及先生爲給事中貞元二十年二月以質爲給事中與宗元入尚書同日居又與先生同巷始得執弟子禮未及講討會先生病時聞要論嘗以易教誨見寵不幸先生疾彌甚貞元二十年九月質卒門人私謚曰文通先生公嘗有墓表宗元又出邵州九月公出刺邵州乃大乖謬不克卒業復於亡友淩生處淩準字宗一元和三年卒公有誌盡得宗指辯疑集注等一通質又有春秋辯疑七篇伏而讀之於紀侯大去其國事見左傳莊四年見聖人

之道與堯舜合不唯文王周公之志獨取其法耳於夫人姜氏會齊侯于禚（音灼，齊地名。事見左傳莊二年）見聖人立孝經之大端所以明其分也於楚人殺陳夏徵舒丁亥楚子入陳納公孫寧儀行父于陳（事見左傳宣元年）見聖人褒貶予奪唯當之所在所謂瑕瑜不掩也（禮記瑕不掩瑜，瑜不掩瑕。瑕音遐，瑜音俞）反覆甚喜若吾生前距此數十年則不得是學矣今適後之不爲不遇也兄書中所陳皆孔氏大趣無得踰焉其言書荀息貶立卓之意也左傳僖十年經書里克弒其君卓及其大夫荀息先是晉獻公寵驪姬殺太子申生逐夷吾重耳而立奚齊前年獻公卒里克弒奚齊荀息又立卓子至是里克又弒而荀息死之頃嘗怪荀息奉君之邪心以立孽子不務正義棄重耳於外而專其寵孔子同於仇牧孔父爲之辭左傳桓公二年經書宋督弒其君與夷及其大夫孔父莊公十二年經書宋萬弒其君捷及其大夫仇牧與前書里克事書法皆同令兄言貶息大善息固當貶也然則春秋與仇孔辭不異仇孔亦有貶歟宗元嘗著非國語六十餘篇其一篇爲息發也今録以往可

如愚之所謂者乎微指中明鄭人來渝平（事見左傳隱五年）量力而退告而後絕固先同後異者也今檢此前無與鄭同之文後無與鄭異之據獨疑此一義理甚精而事有不合兄亦當指敎焉（指下一有而字）往年又聞和叔言兄論楚商臣一義（事見左傳文元年）雖啖趙陸氏（啖氏助也趙氏匡也○啖音淡）皆所未及請具録當疏微指下以傳末學蕭張前書亦請見及至之日勒爲一卷以垂將來宗元始至是州作陸先生墓表今以奉

獻與宣英讀之（時曄爲饒州刺史）春秋之道如日月不可贊也若贊焉必同於孔跖優劣之說故直舉其一二不宣宗元再拜

與呂道州温論非國語書（温字和叔一字化光元和三年十月爲道州刺史六年八月卒公嘗爲之誄此書作於六年前）

四月三日宗元白化光足下近世之言理道者衆矣率由大中而出者咸無焉其言本儒術則迂迴茫洋而不知其適其或切於事則

苛峭刻覈○峭七肖切覈下革切不能從容卒泥乎大道○泥乃計切甚者好怪而妄言推天引神以爲靈奇恍惚若化而終不可逐故道不明於天下而學者之至少也吾自得友君子而後知中庸之門戶階室漸染砥礪幾乎道眞然而常欲立言垂文則恐而不敢今動作悖謬以爲僇於世身編夷人名列囚籍以道之窮也而施乎事者無日故乃挽引强爲小書以志乎中之所得焉嘗讀國語病其文勝而言尨

好詭以反倫其道舛逆而學者以其文也咸嗜悦焉伏膺呻吟者至比六經則溺其文必信其實是聖人之道翳也余勇不自制以當後世之訕怒輒乃黜其不藏救世之謬救一作究凡爲六十七篇命之曰非國語既就累日快快然不喜以道之難明而習俗之不可變也如其知我者果誰歟凡今之及道者果可知也已後之來者則吾未之見其可忽耶故思欲盡其瑕纇盧對切以別白中正一無別字度成吾

書者非化光而誰輒令往一通一作令往一通一作令輒往一通惟少留視役慮以卒相之也往時致用作孟子評李景儉字致用有韋詞者詞亦字致用告余曰吾以致用書示路子路子曰善則善矣然昔人爲書者豈若是摭前人耶韋子賢斯言也余曰致用之志以明道也非以摭孟子蓋求諸中而表乎世焉爾今余爲是書余一作吾非左氏尤甚若二子者固世之好言者也而猶出乎是況不及是者滋衆則余之望乎世也愈

狹矣卒如之何苟不悖於聖道而有以啓明者之慮則用是罪余者雖累百世滋不憾而恧焉○恧女六切慙也於化光何如哉激乎中必厲乎外想不思而得也宗元白

答吳武陵論非國語書

濮陽吳君足下僕之爲文久矣然心少之不務也以爲是特博弈之雄耳故在長安時不以是取名譽意欲施之事實以輔時及物爲道自爲罪人捨恐懼則閑無事故聊復爲之

然而輔時及物之道不可陳於今則宜垂於
後言而不文則泥（乃計切）然則文者固不可少
耶拘囚以來無所發明蒙覆幽獨會足下至
（元和三年武陵謫永州與公文字往來爲多）然後有助我之道一
觀其文心朗目舒炯若深井之下（○炯古迥切明也）
仰視白日之正中也足下以超軼如此之才
（○軼夷秩切）每以師道命僕僕滋不敢每爲一書
足下必大光耀以明之固又非僕之所安處
也若非國語之說僕病之久嘗難言於世俗

今因其闕也而書之恒恐後世之知言者用是詬病○詬古候切狐疑猶豫○猶去聲伏而不出累月方示足下足下乃以爲當僕然後敢自是也呂道州善言道亦若吾子之言意者斯文殆可取乎夫爲一書務富文采不顧事實而益之以誣怪張之以闊誕以炳然誘後生而終之以僻是猶用文錦覆陷穽也不明而出之則顛者衆矣僕故爲之標表以告夫遊乎中道者焉僕無聞而甚陋又在黜辱居泥塗

若蟦蛭然蟦與蛭同○蛭音質水蟲也雖鳴其音聲誰爲
聽之爲一作或獨賴世之知言者爲准一無獨字其不
知言而罪我者一無其字吾不有也僕又安敢期
如漢時列官以立學故爲天下笑耶是足下
之愛我厚始言之也前一通如來言以汚篋
牘此在明聖人之道微足下僕又何託焉不
悉宗元頓首

與呂恭論墓中石書書一本此書在論九六書前

宗元白元生至得弟書甚善呂恭字敬叔一名宗禮諸

所稱道具之元生又持部中盧父墓者恭爲桂管防禦副使所得石書模其文示余云若將聞於上余故恐而疑焉僕蚤好觀古書家所蓄晉魏時尺牘甚具又二十年來徧觀長安貴人好事者所蓄殆無遺焉以是善知書雖未嘗見名氏亦望而識其時也又文章之形狀古今特異弟之精敏通達夫豈不究於此今視石文署其年曰永嘉晉懷帝年號其書則今田野人所作也雖支離其字猶不能近古爲其永字

等頗效王氏變法皆永嘉所未有辭尤鄙近若今所謂律詩者晉時蓋未嘗爲此聲大謬妄矣又言植松烏擢之怪擢一作摧而掘其土得石尤不經難信或者得無姦爲之乎且古之言葬者藏也壤樹之而君子以爲譏禮記國子高曰葬者藏也藏也者欲人之弗得見也反壤樹之哉況廬而居者其足尚之哉聖人有制度有法令過則爲辟音闢罪也故立大中者不尚異教人者欲其誠是故惡夫飾且僞也過制而不除喪宜廬於庭而矯

於墓者大中之罪人也況又出怪物詭神道以奸大法（奸音干）。而因以爲利乎夫僞孝以奸利誠仁者不忍擿過（擿陟革切又他歷切）。恐傷於教也然使僞可爲而利可冒則教益壞若然者勿與知焉可也伏而不出之可也以大夫之政良（大夫桂管觀察）而吾子賛焉（恭嘗以監察御史參江南西道軍事時韋丹爲觀察使）固無闕遺矣作東郛改市鄽去比竹茨草之室而埴土大木（埴音暨）。陶甄梓匠之工備蘖火不得作（韋丹觀察江南西道教人爲瓦屋別置南北市營退之誌丹墓備書之公所云亦此事也化墮窳之俗○窳以主切亦墮也器空中病也絕偷浮之源而條桑浴種詩蠶月條桑註條桑披落之采其葉也禮記祭義大昕之朝奉種浴于川深耕易耨之力用寬徭嗇貨均賦之政起其道美矣於斯也慮善善之過而莫之省誠愨之道少損故敢私言之夫以淮濟之清有玷焉若秋毫固不爲病然而萬一離妻子眇然睨之不若無者之快也想默已其事無出所置書幸甚宗元白

與友人論爲文書一作答友人求文章書

古今號文章爲難足下知其所以難乎非謂比興之不足恢拓之不遠鑽礪之不工。鑽祖官切頗纇之不除也得之爲難知之愈難耳苟或得其高朗一作明探其深賾雖有蕪敗則爲日月之蝕也大圭之瑕也曷足傷其明黜其寶哉且自孔氏以來玆道大闡家脩人勵刓精竭慮者。刓五官切幾千年矣其間耗費簡札役用心神者其可數乎登文章之籙波及後代越不過數十人耳其餘誰不欲爭裂綺繡互攀日月高視於萬物之中雄峙於百代之下乎率皆縱臾而不克縱臾獎勸也前漢衡山王傳候星氣者日夜縱臾王謀反事註縱臾勉強也○縱子勇切臾音勇躑躅而不進○躑直炙切躅除玉切力蹴勢窮○蹴子六切迫也與蹙同吞志而沒故曰得之為難嗟乎道之顯晦幸不幸繫焉談之辯訥升降繫焉鑒之頗正好惡繫焉交之廣狹屈伸繫焉則彼卓然自得以奮其間者合乎否乎是未可知也而又榮古虐今者虐一作陋比肩疊跡大抵生則不遇死而垂聲者

衆焉楊雄没而法言大興馬遷生而史記未振彼之二才（才一作子）且猶若是況乎未甚聞者哉固有文不傳於後祀聲遂絕於天下者矣故曰知之愈難而爲文之士亦多漁獵前作戕賊文史抉其意抽其華置齒牙間遇事蠭起金聲玉耀誑聾瞽之人徼一時之聲。（徼古堯切）雖終淪棄而其奪朱亂雅（論語惡紫之奪朱也惡鄭聲之亂雅樂也）爲害已甚是其所以難也聞閽足下欲覼僕文章退發囊笥編其蕪穢心悸氣動交於胷中未知孰勝故久滯而不往也今往僕所著賦頌碑碣文記議論書序之文凡四十八篇合爲一通想令治書蒼頭吟諷之也擊轅拊缶（漢書楊惲傳仰天拊缶而歌嗚嗚）必有所擇顧鑒視其何如耳（一無其字）還以一字示褒貶焉

河東先生集卷第三十一

世綵廖氏
刻梓家塾

河東先生集卷第三十二

書

答元饒州論政理書

考新舊史元姓不見其爲饒州者新史年表有元洪者嘗爲饒州刺史而時不可考元和閒惟有元稹而傳不載其爲饒州公此書所與元饒州未詳其人劉禹錫集中亦有答元饒州論政理書大率其意與公此書同

奉書辱示以政理之說及劉夢得書往復甚善類非今之長人者之說○長展兩切不唯充賦稅養祿秩足己而已獨以富庶且敎爲大任

論語子適衛冉有僕子曰庶矣哉冉有曰既庶矣又何加焉曰富之冉有曰既富矣又何加焉曰教之甚盛甚盛孔子曰吾與回言終日不違如愚然則蒙者固難曉必勞申諭乃得悅服用是尚有一疑焉兄所言免貧病者一無病字一無貧字而不益富者稅此誠當也也一作是乘理政之後固非若此不可不幸乘敝政之後其可爾邪夫弊政之大莫若賄賂行而征賦亂苟然則貧者無貲以求於吏○貲音髭所謂有貧之實謂下一有則字而不得貧之名富者操其贏以市

於吏○嬴音盈則無富之名而有富之實貧者愈困餓死亡而莫之省富者愈恣橫侈泰而無所忌○橫去聲凡若所遇如是則將信其故乎是不可懼撓人而終不問也固必問其實問其實則貧者固免而富者固增賦矣安得持一定之論哉若曰止免貧者而富者不問則僥倖者衆皆挾重利以邀貧者猶若不免焉若曰檢富者懼不得實而不可增焉則貧者亦不得實不可免矣若皆得實而故縱以為不

均何哉孔子曰不患寡而患不均不患貧而患不安今富者稅益少貧者不免於捃拾。捃俱運切以輸縣官其爲不均大矣然一無然字非惟此而已必將服役而奴使之多與之田而取其半或乃出其一而收其二三主上思人之勞苦一無之字勞作勤或減除其稅則富者以戶獨免而貧者以受役卒輸其二三與半焉是澤不下流而人無所告訴一無所字其爲不安亦大矣夫如是不一定經界覈名實而姑重改作其可理乎夫富室貧之母也誠不可破壞然使其大倖而役於下則又不可兄云懼富人流爲工商浮窳音庾蓋甚急而不均則有此爾若富者雖益賦而其實輸當其十一猶足安其堵雖驅之不肯易也檢之逾精則下逾巧誠如兄之言管子亦不欲以民産爲征故有殺畜伐木之説今若非市井之征則捨其産而唯丁田之問推以誠質示以恩惠嚴責吏以法如所陳一社一村之制遞以信相考安

有不得其實不得其實則一社一村之制（一無一社二字）亦不不可行矣是故乘弊政必須一定制而後兄之說乃得行焉蒙之所見及此而已永州以僻隅少知人事兄之所代者誰耶理歟弊歟理則其說行矣若其弊也蒙之說其在可用之數乎因南人來重曉之其他皆善愚不足以議願同夢得之云者兄通春秋取聖人大中之法以爲理饒之理小也不足費其慮無所論刺故獨舉均賦之事以求往復

而除其惑焉不習吏職而强言之宜爲長者所笑弄然不如是則無以來至當之言蓋明而教之君子所以開後學也又聞兄之蒞政三日舉韓宣英以代己（永貞元年十一月貶韓曄爲饒州司馬亦坐王叔文之黨也曄字宣英）宣英達識多聞而習於事宜當賢者類舉今負罪屛棄凡人不敢稱道其善又況聞於大君以二千石薦之哉是乃希世拔俗果於直道斯古人之所難而兄行之宗元與宣英同罪皆世所背馳者也兄一舉

而德皆及焉祁大夫不見叔向（左傳襄二十一年晉囚叔向祁大夫以言於公而免之不見叔向而歸叔向亦不告免焉而朝）今而預知斯舉下走之大過矣（一本作過大矣）書雖多言不足導意故止於此不宣宗元再拜

與崔饒州論石鍾乳書（饒當作連饒州諱簡字子敬公之姊夫先刺連州後移永未上而卒於元和七年公嘗爲作權曆誌又有祭簡文云悍石是餌元精以渝是簡卒以鍾乳敗也此書多作於七年之前云）

宗元白前以所致石鍾乳非良聞子敬所餌

與此類類下一有異字又聞子敬時憒悶動作○憒古對切心亂也宜以爲未得其粹美而爲麁礦慘悍所中○礦古猛切銅鐵樸石也慘七感切據此文言鍾乳麁礦慘悍疑慘當作燥字懼傷子敬醇懿仍習謬誤故勤勤以云也再獲書辭辱徵引地理證驗多過數百言以爲土之所出乃良無不可者是將不然夫言土之出者固多良而少不可不謂其咸無不可也草木之生也依於土然即其類也而有居山之陰陽或近水或附石其性移焉又況鍾乳

直産於石石之精麁疎密尋尺特異而穴之上下其土之薄厚石之高下不可知則其依而産者固不一性然由其精密而出者則油然而清炯然而輝○炯古茗切光也其竅滑以夷其肌廉以微食之使人榮華溫柔其氣宣流生胃通腸壽善康寧心平意舒其樂愉愉由其麁疎而下者則奔突結澁乍大乍小色如枯骨或類死灰淹頹不發○頹音悴叢齒積纇力對切重濁頑璞食之使人傴蹇壅鬱泄火生風戟

喉癢肺幽關不聰心煩喜怒肝舉氣剛不能和平故君子愼焉取其色之美而不必唯土之信以求其至精凡爲此也幸子敬餌之近不至於是故可止禦也必若土之出無不可者則東南之竹箭爾雅東南之美者有會稽之竹箭焉雖旁岐揉曲皆可以貫犀革貫穿也犀革以爲甲北山之木雖離奇液瞞漢書蟠木根柢輪囷離奇註委曲盤戾也莊子以爲門戶則液瞞註液津也瞞謂脂出樠樠然也○奇音羈瞞莫官切或從木母奔切空中立枯者皆可以梁百尺之觀古玩切航千仞之淵冀

之北土馬之所生左傳昭四年晉大夫司馬侯之言凡其大
耳短脰音豆項也拘攣踠跌踠足跌也曲脚也跌差跌也○踠於遠切
跌徒結切薄蹄而曳者易曰坎於馬也為薄蹄為曳皆可以勝
百鈞勝舉也三十斤曰鈞馳千里雍之塊璞匹角切皆可
以備砥礪書黑水西河惟雍州厥貢球琳琅玕註球琳玉名琅玕石而似珠砥
礪即礪砥砮丹註砥砥細於礪皆磨石也禹貢荊州礪砥砮丹非雍州也徐之糞
壤皆可以封太社書海岱及淮惟徐州厥貢惟土五色註王者封五色
土為社建諸侯則各割其方色土與之使立社荊之茅皆可以縮酒
禹貢荊及衡陽惟荊州包匭菁茅註云茅以縮酒九江之元龜皆可

以卜禹貢荆州九江納錫大龜泗濵之石皆可以擊考禹貢徐州泗濵浮磬若是而不大謬者少矣其在人也則魯之晨飲其羊家語魯之販羊有沈猶氏者常朝飲其羊以詐市人及孔子爲政沈猶氏不敢朝飲其羊關轂而輠輪者禮記叔孫武叔朝見輪人以其杖關轂而輠輪者關穿也輠回也謂作其輪之人以扶病之杖關穿車轂中而回轉其輪○輠音禍皆可以爲師儒孔子魯人也故言之盧之沽名者皆可以爲大醫楊子扁鵲盧人也而醫多盧盧西子之里惡而矉者○矉音賓顰也按韻無此矉字玉篇作裨巾切恨張目也眉顰乃是顰字音頻當攷皆可以當侯王莊子西施病心而矉其里其里之醜

人見而美之歸亦捧心而矉其里其里之富人見之閉門而不出貧人見之挈妻子而去之走山西之冒没輕儳音讒貪也沓貪而忍者漢書秦漢以來山西出將山東出相見趙充國賛皆可以鑿凶門淮南子國有難君召將親授以鉞鑿凶門而出制閫外漢書馮唐曰上古王者遣將跪而推轂曰閫以外將軍制之山東之稚駃樸鄙○駃語駭切力農桑啖棗栗者山東有棗栗之饒皆可以謀謨於廟堂之上若是則反倫悖道甚矣何以異於是物哉是故經中言丹砂者經謂本草以類芙蓉而有光唐註本草云光明砂生石龕內似芙蓉破之如雲母光明照徹在龕中石臺上言當

歸者以類馬尾蠶首[本草有云當歸有二種細葉者名蠶頭大葉者名馬尾當歸蠶頭者世不復用]言人參者以人形[本草云人參如人形者有神]黃芩以腐腸[陶隱居云黃芩圓者名子芩破者名宿芩其內皆爛故曰腐腸]附子八角[陶隱居云附子以八月上旬採八角者良]甘遂赤膚[陶隱居云甘遂出中山赤皮者勝白皮者下]類不可悉數若果土宜乃善則云生某所不當又云某者良也又經注曰始興爲上次乃廣連[本草云鍾乳第一始興其次廣連澧朗郴等州]則不必服正爲始興也[則十一有連字]今再三爲言者唯欲得其英精以固子敬之壽

非以知藥石角技能也若以服餌不必利己姑務勝人而夸辯博素不望此於子敬其不然明矣故畢其說簡始以文雅清秀見稱後餌玉石藥易且亂故不承

于初自連移永得罪貶驩州宗元再拜
元和七年正月二十六日卒

答周君巢餌藥久壽書書月日而不年然觀其書

辭云罪大擯棄蓋
當在永州時作

奉二月九日書所以撫教甚具無以加焉丈人用文雅從知己日以悖大府之政君巢時為幕府從事甚適東西來者皆曰海上多君子周為倡

馬一作首敢再拜稱賀宗元以罪大擯廢○擯必刃切居小州與囚徒爲朋行則若帶纆索易繫用徽纆徽纆皆繩也○纆音墨一本作徽纆處則若關桎梏彳亍而無所趨○彳丑亦切亍音觸說文步止也選彳亍中輟拳拘而不能肆槁然若枿音蘖伐木餘也隤然若璞○隤徒回切塊也璞普角切其形固若是則其中者可得矣然猶未嘗肯道鬼神等事今丈人乃盛譽山澤之臞者司馬相如以爲列仙之儒居山澤閒形容甚臞非帝王之仙意乃奏大人賦○臞權居切瘠也以爲壽且神其道若與堯舜孔子似不相

類焉何哉又曰餌藥可以久壽將分以見與固小子之所不欲得也（子一作人）嘗以君子之道處焉則外愚而內益智外訥而內益辯外柔而內益剛出焉則外內若一而時動以取其宜當而生人之性得以安聖人之道得以光獲是而中雖不至耇老其道壽矣今夫山澤之臞於我無有焉視世之亂若理視人之害若利視道之悖若義我壽而生彼夭而死固無能動其肺肝焉昧昧而趨屯屯而居（○屯音諄）

一云屯當作忳徒昆切楚辭中悶瞀之忳忳註憂也浩然若有餘掘草

烹石石謂藥石以私其筋骨而日以益愚他人莫

利己獨以愉若是者愈千百年滋所謂夭也

又何以爲高明之圖哉宗元始者講道不篤

以蒙世顯利動獲大謬用是奔竄禁錮爲世

之所詬病○詬古候切凡所設施皆以爲戾從而

吠者成羣楚辭邑犬羣吠吠所怪也已不能明而況人乎

然苟守先聖之道由大中以出雖萬受擯棄

不更乎其內大都類往時京城西與丈人言

者愚不能改亦欲丈人固往時所執推而大之不爲方士所惑仕雖未達無忘生人之患則聖人之道幸甚其必有陳矣不宣宗元再拜

與李睦州服氣書 愚溪作於元和之五年吳武陵謫來永州在元和之三年今書云愚溪之遊間一日武陵先作書則此書當在五年後作公又有同武陵送李睦州序睦州亦永之遷客也

二十六日宗元再拜前四五日與邑中可與

遊者遊愚溪上池西小丘坐柳下酒行甚歡坐者咸望兄不能俱（元和二年睦州爲錡所誣斥南海上更赦量移永州）以爲兄由服氣以來貌加老而心少歡愉不若前去年時既言皆沮然眄睞（眄睞斜視也睞目瞳子不正○眄莫見切睞落代切）思有以已兄用斯術而未得路（一無路字）間一日濮陽吳武陵最輕健先作書道天地日月黄帝等下及列仙方士皆死狀出千餘字頗甚快辯伏覩兄貌笑口順而神不偕來及食時竊睨和糅燥濕（○糅女救切順也）與

啖飲多寡猶自若是兄陽德其言而陰黜其
忠也若古之强大諸侯然負固怙力周禮負固不服則侵之負恃也固險也敵至則諸去則肆是不可變之
尤者也攻之不得則宜濟師今吳子之師已
遭諸而退矣愚敢厲銳擐堅堅謂堅甲○擐音患鳴鍾
鼓以進決於城下惟兄明聽之兄凡服氣之
大不可者吳子已悉陳矣悉陳而不變者無
他以服氣書多美言以爲得恒久大利則又
安能棄吾美言大利而從他人之苦言哉今

愚甚吶（與訥同）不能多言大凡服氣之可不死歟不可歟壽歟夭歟康寧歟疾病歟（病一作癘）若是者愚皆不言但以世之兩事已所經見者類之以明兄所信書必無可用愚幼時嘗嗜音見有學操琴者不能得碩師（莊子無碩師而能言碩大也）而偶傳其譜讀其聲以布其爪指蚤起則嘐嘐譊譊以逮夜○（嘐音交譊馨幺切）又增以脂燭燭不足則諷而鼓諸席如是十年以爲極工出至大都邑操於衆人之坐則皆得大笑曰嘻

何清濁之亂而疾舒之乖歟卒大懟而歸及年已長則嗜書已一作少又見有學書者亦不得碩師獨得國故書伏而攻之一無國字作工其勤若向之爲琴者而年又倍焉出曰吾書之工能爲若是知書者又大笑曰是形縱而理逆卒爲天下棄又大懟而歸是二者皆極工而反棄者何哉無所師而徒狀其文也其所不可傳者卒不能得故雖窮日夜弊歲紀愈遠而不近也今兄之所以爲服氣者果誰師耶始

者獨見兄傳得氣書於盧遵所遵公之舅弟伏讀三兩日遂用之其次得氣訣於李計所又条取而施行焉是書是訣遵與計皆不能知然則兄之所以學者無碩師矣是與向之兩事者無毫末差矣宋人有得遺契者密數其齒曰吾富可待矣出列子說符篇註遺弃也齒謂刻處似齒兄之術或者其類是歟兄之不信今使號於天下曰孰爲李睦州友者今欲已睦州氣術者左袒不欲者右袒漢書周勃入北軍令軍中曰爲呂氏右袒爲劉氏左袒註袒脫

衣袖而肉袒也左右者謂止偏脫其一耳則凡兄之友皆左袒矣則又號曰孰爲李睦州客者今欲已睦州氣術者左袒不欲者右袒則凡兄之客皆左袒矣則又以是號於兄之宗族皆左袒矣一本族下有字則號姻婭則左袒矣號下有於字則下有皆字詩瑣瑣姻婭爾雅云壻之父爲姻婦之父爲婚兩壻相謂爲婭入而號之閨門之內子姓親昵則子姓親昵皆左袒矣下之號於臧獲僕妾方言燕齊之間罵奴曰臧罵婢曰獲則臧獲僕妾皆左袒矣出而號於素爲將率胥吏者率一作卒則

將率胥吏皆左袒矣則又之天下號曰孰爲李睦州讎者今欲已睦州氣術者左袒不欲者右袒則凡兄之讎者皆右袒矣然則利害之源不可知也一無不字友者欲久存其道客者欲久存其利宗族姻婭欲久存其戚閨門之內子姓親昵欲久存其恩臧獲僕妾欲久存其生將率胥吏欲久存其勢讎欲速去其害文勢機軸從戰國策鄒忌謂其妻妾與客我孰與城北徐公美數語來兄之爲是術凡今天下欲兄久存者皆懼而欲兄速

去者獨喜兄爲而不已則是背親而與讎夫背親而與讎不及中人者皆知其爲大戾而兄安焉固小子之所懍懍也○懍音廩兄其有意乎卓然自更平聲使讎者失望而慄親者得欲而抃則愚頑椎肥牛擊大豕刲羣羊以爲兄饎許既切窮隴西之麥殫江南之稻以爲兄壽鹽東海之水以爲鹹醯敖倉之粟以爲酸極五味之適致五藏之安心恬而志逸貌美而身胖蒲潘切醉飽謳歌愉懌訢歡流聲譽於無

窮垂功烈而不刊不亦旨哉孰與去味以即淡去樂以即愁悴悴然膚日皺（側救切）肌日虛守無所師之術尊不可傳之書悲所愛而慶所憎徒曰我能堅壁拒境以爲强大是豈所謂强而大也哉無任疑懼之甚謹再拜（謹一作某）

河東先生集卷第三十二

世綵廖氏
刻梓家塾

（唐）柳宗元　撰

宋本河東先生集

第八册

國家圖書館出版社

第八册目録

卷第三十三　書

與楊誨之書……一

與楊誨之第二書……五

答貢士沈起書……二九

賀進士王參元失火書……三二

卷第三十四　書

與太學諸生喜詣闕留陽城司業書……三九

答韋中立論師道書……四六

答貢士元公瑾論仕進書……五五

答嚴厚輿秀才論爲師道書……五九

報袁君陳秀才避師名書……六三

答韋珩示韓愈相推以文墨事書……六六

答貢士廖有方論文書……六九

答貢士蕭纂欲相師書……七一

報崔黯秀才論爲文書……七三

答吴秀才謝示新文書……七七

復杜温夫書……七八

上門下李夷簡相公陳情書……八二

卷第三十五　啓

上廣州趙宗儒尚書陳情啓……八九

上西川武元衡相公謝撫問啓……九一

謝襄陽李夷簡尚書委曲撫問啓……九四

賀趙江陵宗儒辟符載啓……九六

與邕州李域中丞論陸卓啓……九九
謝李中丞安撫崔簡戚屬啓……一〇一
上湖南李中丞干廩食啓……一〇三
上桂州李中丞薦盧遵啓……一〇六

卷第三十六　啓

上權德輿補闕温卷決進退啓……一一一
上大理崔大卿應制舉不敏啓……一一七
上裴晋公度獻唐雅詩啓……一二四
上襄陽李愬僕射獻唐雅詩啓……一二六
上揚州李吉甫相公獻所著文啓……一二九
謝李吉甫相公示手札啓……一三二
上江陵趙相公寄所著文啓……一三四
上嚴東川寄劍門銘啓……一三六
上江陵嚴司空獻所著文啓……一三八
上嶺南鄭相公獻所著文啓……一三九
上李中丞獻所著文啓……一四一
上裴行立中丞撰訾家洲記啓……一四二
上河陽烏尚書啓……一四四

卷第三十七　表慶賀

禮部爲百官上尊號表……一四七
禮部賀册尊號表……一五三
爲京兆府請復尊號表三首……一五六
爲耆老等請復尊號表……一六四
禮部爲文武百寮請聽政表三首……一六七
賀踐祚表……一七四
禮部賀改永貞年元表……一七六
禮部太上皇誥宜令皇帝即位賀表……一七八
禮部賀立皇太子表……一七九
禮部賀皇太子册禮畢德音表……一八一

爲王京兆皇帝即位禮畢賀表……一八三
代韋中丞賀元和大赦表……一八五
禮部賀册太上皇后表……一八七
禮部賀太上皇后册畢賀表……一九〇
賀皇太子箋……一九一
御史臺賀嘉禾表……一九二
禮部賀嘉禾及芝草表……一九三
京兆府賀嘉瓜白兔連理棠樹等表……一九五
禮部賀甘露表……一九七
禮部賀白龍并青蓮花合歡蓮子黄瓜等表……一九九
禮部賀白鵲表……二〇一
禮部賀嘉瓜表……二〇二
爲王京兆賀嘉蓮表……二〇四
爲王京兆賀雨表五首……二〇六

河東先生集卷第三十三

書

與楊誨之書 一云與楊誨之再說車彰勉用和書誨之憑子也公集有與憑書此元和五年作

足下幼時公楊氏壻故識誨之幼時未有以異於衆童僕未始知足下及至潭州貞元十八年九月以太常卿楊憑爲潭州刺史湖南觀察使乃見足下氣益和業益專端重而少言私心乃喜永貞元年九月公貶邵州刺史十一月再貶永州司馬過潭州見誨之知舜之陶器不苦窳爲信史記舜陶河濵器不

苦窳○窳音庾病也然而舜之德可以及土泥而不化其子孟子舜之子亦不肖何哉是又不可信也則足下本有異質而開發之不早耳然開發之要在陶煦呼句切温也然後不失其道則足下亦教諭之至固其進如此也自今者再見足下文益奇藝益工而氣質不更於潭州時乃信知其良也中之正不惑於外君子之道也然而顯然翹然秉其正以抗於世世必爲敵讎何也善人少不善人多故愛足下者少而害足下

者多吾固欲方其中圓其外令爲足下作説車（説在集中）可詳觀之車之説其有益乎行於世也足下所持韓生毛穎傳來僕甚奇其書恐世人非之今作數百言知前聖不必罪俳也（公有題毛穎傳）及賀州所未有者文又三篇（元和四年七月憑自京兆尹貶臨賀尉）此言皆不欲出於世者足下默觀之藏焉無或傳焉吾望之至也今日有北人來示將籍田勑（按憲宗紀元和五年十月詔以來年正月十六日東郊籍田）是舉數十年之墜典必有大恩澤丈人

之寃聞於朝先是御史中丞李夷簡彈憑爲江西觀察使時贓罪以是貶今是舉也必復大任醜正者莫敢肆其吻矣甚賀甚賀僕罪大不得與於恩澤然其喜不減之足下者然下無其字減下無之字何也喜聖朝舉數十年墜典太平之路果辟音闢則吾之昧昧之罪吾下無之字亦將有時而明也方築愚溪東南爲室耕野田圃堂下以詠至理吾有足樂也一無吾字足下過今年當侍從北下僕得掃溪上設肴酒以俟趨拜足下發南州當先示僕得

與獵夫漁老上下水陸擇味以給膳羞雖不得久亦一時之大願也過是無可道福來辭行急福來誨之之隸不可留言不盡所發不具宗元頓首

與楊誨之第二書

一云與楊誨之疏解車義第二書此元和六年作

張操來致足下四月十八日書始復去年十一月書復前書也言說車之說及親戚相知之道是二道吾於足下固具焉不疑又何逾歲時

而乃克也（一無而字）徒親戚不過欲其勤讀書決科求仕不爲大過如斯已矣告之而不更則憂憂則思復之（思一作冀）復之而又不更則悲悲則憐之何也戚也安有以堯舜孔子所傳者而往責焉者哉徒相知則思責以堯舜孔子所傳者就其道施於物斯已矣告之而不更則疑疑則思復之復之而又不更則去之何也外也安有以憂悲且憐之之志而强役焉者哉吾於足下固具是二道（公娶憑弟凝之女）雖百

復之亦將不已況一二敢怠於言乎僕之言車也以內可以守外可以行其道今子之說曰柔外剛中子何取於車之疏耶果爲車柔外剛中則未必不爲弊車（弊一作敗）果爲人柔外剛中則未必不爲恒人夫剛柔無恒位皆宜存乎中有召焉者在外則出應之應之咸宜謂之時中（記中庸曰君子而時中）然後得名爲君子必曰外恒柔則遭夾谷武子之臺（左傳定公十年公會齊侯于夾谷孔子相齊侯使萊人以兵劫魯侯孔丘以公退曰士兵之兩君合好而裔夷之俘

以兵亂之非齊君所以命諸侯也齊侯聞之遽辟之又十二年仲由爲季氏宰將墮三都公山不狃叔孫輒帥費人以襲魯公與三子入于季氏之宮登武子之臺仲尼命申句須樂頎下伐之費人北二子奔齊

及爲蹇蹇匪躬易王臣蹇蹇匪躬之故

以華君心之非孟子大人格君心之非

莊以蒞乎人語知及之仁能守之不莊以蒞之則民不敬

君子其不克歟中恒剛

則當下氣怡色禮記子事父母婦事舅姑下氣怡聲

濟濟切切禮記祭義子之言祭濟濟漆漆然今子之祭無濟濟漆漆何也註漆漆讀如朋友切切濟濟切切皆容貌

哀矜淑問之事書皇帝哀矜庶戮之不辜詩淑問如臯陶

君子其卒病歟吾以爲剛柔同體應變若化

然後能志乎道也今子之意近是也其號非

也號名也內可以守外可以行其道吾以爲至

矣而子不欲焉是吾所以惕惕然憂且疑也

今將申告子以古聖人之道聖一作賢書之言堯

曰允恭克讓言舜曰溫恭允塞禹聞善言則

拜出孟子湯乃改過不悋與吝同高宗曰啓乃心

沃朕心惟此文王小心翼翼詩大明之文翼翼恭謹貌曰

昃不暇食書文王自朝至于日中昃不遑暇食坐以待旦孟子周公

思兼三王以施四事仰而思之夜以繼日幸而得之坐以待旦武王引天下

誅紂而代之位其意宜肆而曰予小子不敢荒寧書高宗諒陰三年不言乃雍不敢荒寧非武王也周公踐天子之位捉髮吐哺孔子曰言忠信行篤敬其弟子言曰夫子溫良恭儉讓以得之今吾子曰自度不可能也然則自堯舜以下與子果異類耶樂放弛而愁檢局雖聖人與子同聖人能求諸中以厲乎己久則安樂之矣子則肆之其所以異乎聖者一作聖人者在是決也若果以聖與我異類則自堯舜以下皆宜縱目卬

鼻縱目謂非橫目卬鼻謂鼻向上○卬即仰字又五剛切四手八足鱗毛羽鬣飛走變化然後乃可苟不爲是則亦人耳而子舉將外之耶若然者聖自聖賢自賢衆人自衆人咸任其意又何以作言語立道理千百年天下傳道之是皆無益於世一有閒字獨遺好事者藻繢文字以矜世取譽聖人不足重也重一作道故曰中人以上可以語上唯上智與下愚不移吾以子近上智今其言曰自度不可能也則子果不能爲中人以上耶

吾之憂且疑者以此凡儒者之所取大莫尚孔子孔子七十而縱心彼其縱之也度不踰矩而後縱之今子年有幾自度果能不踰矩乎而遽樂於縱也傳說曰惟狂克念作聖書多方之辭非傳說之言也今夫狙猴之處山叫呼跳梁其輕躁很戾異甚然得而縶之未半日則定坐求食唯人之爲制其或優人得之加鞭箠狎而擾焉跪起趨走咸能爲人所爲者未有一焉狂奔掣頓○掣尺列切踣弊自絕○踣蒲北切仆也故

吾信夫狂之爲聖也一無故字今子有賢人之資反不肯爲狂之克念者而曰我不能我不能一本無下三字捨子其孰能乎是孟子之所謂不爲也非不能也凡吾之致書爲說車皆聖道也今子曰我不能爲車之說但當則法聖道而內無愧乃可長久嗚呼吾車之說果不能爲聖道耶吾以內可以守外可以行其道告子今子曰我不能翦翦拘拘以同世取榮吾豈教子爲翦翦拘拘者哉子何考吾車說之不

詳也吾之所云者其道自堯舜禹湯高宗文王武王周公孔子皆由之而子不謂聖道抑以吾爲與世同波工爲翦翦拘拘者（一無者字）以是敎己固迷吾文而懸定吾意甚不然也聖人不以人廢言吾雖少時與世同波然未嘗翦翦拘拘也又子自言處衆中偪側擾攘欲棄去不敢猶勉彊與之居苟能是何以不克爲車之說耶（一無克字）忍汚雜囂譁尚可恭其體貌（可一作能）遜其言辭何故不可吾之說吾未嘗

爲佞且僞其旨在於恭寬退讓以售聖人之道及乎人（一作及乎生人）如斯而已矣堯舜之讓禹湯高宗之戒文王之小心武王之不敢荒寧周公之吐握孔子之六十九未嘗縱心彼七八聖人者所爲若是豈恒愧於心乎慢其貌肆其志（一作支）茫洋而後言偃蹇而後行道人是非不顧齒類人皆心非之曰是禮不足者甚且見罵如是而心反不愧耶聖人之禮讓其且爲僞乎爲佞乎今子又以行險爲車之

罪夫車之爲道豈樂於行險耶度不得已而至乎險期勿敗而已耳一作矣夫君子亦然不求險而利也故曰危邦不入亂邦不居國無道其默足以容禮記中庸之文不幸而及於危亂期勿禍而已耳且子以及物行道爲是耶非耶伊尹以生人爲己任孟子伊尹曰天之生斯民也使先知覺後知使先覺覺後覺予天民之先覺者也孟子曰其自任以天下之重如此管仲豐浴以伯濟天下豐通作釁國語齊桓公使人請管仲於魯比至三釁三浴之註云以香塗身曰釁論語管仲相桓公伯諸侯一匡天下孔子仁之論語桓公

九合諸侯不以兵車管仲之力也如其仁如其仁凡君子爲道捨是宜無以爲大者也今子之書數千言子下一無之字皆未及此則學古道爲古辭尨然而措於世其卒果何爲乎是之不爲而甘羅終軍以爲慕棄大而録小賤本而貴末夸世而釣奇苟求知於後世以聖人之道爲不若二子僕以爲過矣彼甘羅者左右反覆得利棄信使秦背燕之親已而反與趙合以致危於燕史記甘羅年十二事秦相文信侯呂不韋時燕王喜使太子丹入質於秦秦使張唐往相燕欲與燕

共伐趙以廣河間之地甘羅使趙說趙王曰
王聞燕太子入質秦歟曰聞之曰聞張唐相
燕歟曰聞之燕太子丹入秦張唐相燕者燕
秦不相欺也燕秦不相欺者伐趙危矣王不
如齎臣五城以廣河間請歸燕太子與强秦
攻弱燕趙王立割五城以廣河間秦歸燕太
子趙攻燕得上谷三十城令秦有十一天下以是益知秦無禮
不信視函谷關若虎豹之窟羅之徒實使然
也子而慕之非夸世歟彼終軍者漢書終軍字子雲齊
南人武帝時爲諫大夫誕譎險薄〇譎古穴切不能以道匡
漢主好戰之志視天下之勞若觀蟻之移穴
翫而不戚人之死於胡越者赫然千里不能

諫而又聳踴之（聳踴獎勸也）已則決起奮怒掉强越挾溺夫以媒老婦（初南越文王遣其太子嬰齊入宿衛取邯鄲樛氏女生子興文王卒嬰齊立嬰齊卒興立尊其母爲太后太后自未爲嬰齊姬時嘗與霸陵人安國少季通元鼎四年武帝使少季往諭興令入朝比內諸侯而令終軍等宣其辭勇士魏臣等輔其決少季往復與太后私通國人多不附太后五年南越相呂嘉反攻殺興太后及軍等）欲蠱奪人之國智不能斷而俱死焉是無異盧狗之遇㗋（盧田犬詩有盧令是也冀隴間謂使犬曰㗋左傳宣二年公㗋夫獒○㗋音叟）呼呼而走不顧險阻唯㗋者之從何無已之心也子而慕之非釣奇歟二

小子之道吾不欲吾子言之孔子曰是聞也非達也使二小子及孔子氏（一孔下無氏字）曾不得與於琴張牧皮狂者之列（孟子敢問何如斯可謂狂矣曰如琴張曾皙牧皮者孔子之所謂狂矣琴張琴牢也）是固不宜以爲的也且吾子之要於世者處耶出耶主上以明聖（一作聖明一無以字）進有道興大化枯槁伏匿纍錮之士（○纍倫追切）皆思踴躍洗沐期輔堯舜萬一有所不及丈人方用德藝達於邦家爲大官以立於天下吾子雖欲爲處何可得也則固出

而已矣將出於世而仕仕一無而仕二字未二十而任其心吾爲子不取也馮婦好搏虎卒爲善士孟子晉人有馮婦者善搏虎卒爲善士周處狂橫一旦改節晉書周處字子隱義興人縱情肆慾州里患之處自知爲人所惡謂父老曰何苦不樂父老曰三害未除處曰何也荅曰南山白額虎長橋下蛟并子爲三矣處乃入山射猛虎投水搏蛟勵志好學志存義烈克己朞年州府交辟皆老而自克今子素善士年又甚少血氣未定而忽欲爲阮咸嵇康之所爲守而不化不肯入堯舜之道此甚未可也吾意足下所以云云者惡佞之尤而

不説於恭耳觀過而知仁彌見吾子之方其中也其乏者獨外之圓耳屈子曰懲於羹者而吹虀（屈原九章懲於羹者而吹虀兮何不變此之志也）吾子其類是歟佞之惡而恭反得罪聖人所貴乎中者能時其時也苟不適其道則肆與佞同山雖高水雖下其爲險而害也要之不異足下當取吾説車申而復之非爲佞而利於險也明矣吾子惡乎佞而恭且不欲令吾又以圓告子則圓之爲號固子之所宜甚惡方於恭也

又將千百馬（千一作十）然吾所謂圓者不如世之突梯苟冒（屈原卜居突梯滑稽王逸云轉隨俗也）以矜利乎己者也（矜一作務）固若輪焉非特於可進也銳而不滯亦將於可退也安而不挫欲如循環之無窮不欲如轉丸之走下也乾健而運離麗而行夫豈不以圓克乎而惡之也吾年十七（貞元五年公年十七）求進士四年乃得舉（貞元九年公中進士第）二十四求博學宏詞科（貞元十二年公年二十四）二年乃得仕（貞元十四年公得集賢正字）其閒與常人爲羣輩數十

百人當時志氣類足下時遭訕罵詬辱不爲之面則爲之背積八九年日思摧其形鋤其氣雖甚自折挫然已得號爲狂疎人矣及爲藍田尉留府庭旦暮走謁於大官堂下與卒伍無別居曹則俗吏滿前更説買賣商筭贏縮又二年爲此度不能去益學老子一無老子二字和其光同其塵雖自以爲得然已得號爲輕薄人矣及爲御史郎官自以登朝廷利害益大愈恐懼思欲不失色於人雖戒勵加切然

卒不免爲連累廢逐猶以前時遭狂疎輕薄之號既聞於人爲恭讓未洽故罪至而無所明之至永州七年矣（至一作到）蚤夜惶惶追思咎過往來甚熟講堯舜孔子之道亦熟益知出於世者之難自任也今足下未爲僕嚮所陳者宜乎欲任己之志此與僕少時何異然循吾嚮所陳者而由之然後知難耳今吾先盡陳者不欲足下如吾更訕辱被稱號已不信於世而後知慕中道費力而多害故勤勤焉

云爾而不已也子其詳之熟之無徒爲煩言往復幸甚又所言書意有不可者令僕專專爲掩匿覆蓋之慎勿與不知者道此又非也凡吾與子往復皆爲言道道固公物非可私而有假令子之言非是則子當自求暴揚之一無揚字使人皆得刺列一無得字卒采其可者以正乎己然後道可顯達也一無可字今乃專欲覆蓋掩匿是固自任其志而不求益者之爲也士傳言庶人謗於道左傳襄十四年所載師曠之言子產之鄉

校不毁左傳襄三十一年鄭人游于鄉校以論執政然明曰毀鄉校何如子產曰何爲夫人朝夕退而游焉以議執政之善否其所善者吾則行之其所惡者吾則改之是吾師也若之何毀之獨何如哉君子之過如日月之蝕又何蓋乎是事吾不能奉子之教矣幸悉之足下所爲書言文章極正其辭奧雅後來之馳於是道者吾子且爲蒲捎駃騠史記武帝伐大宛得千里馬號蒲捎漢書蘇秦相燕燕人惡之燕王燕王食以駃騠孟康云駿馬也生七日而超其母○捎所交切駃騠音決題何可當也其說韓愈處甚好其他但用莊子國語文字太多反累正氣果

能遺是則大善矣憂憫廢錮悼籍田之罷（元和五年十一月九日勑罷來歲籍田）意思懇懇誠愛我厚者吾自度罪大敢以是爲欣且戚耶但當把鋤荷鍤（一本作臿同鍫也）決溪泉爲圃以給茹其隟（與隙同）則浚溝池藝樹木行歌坐釣望青天白雲以此爲適亦足老死無戚戚者時時讀書不忘聖人之道已不能用有我信者則以告之朝廷更宰相來（元和六年正月以李吉甫爲相）政令益修丈人日夕還北闕吾待子郭南亭上期口言不久

矣至是當盡吾説今因道人行粗道大旨如此宗元白

答貢士沈起書沈不詳其何所人所謂見於興化里當是

貞元末年在京時作

九月某白沈侯足下無恙蒼頭至蕭望之傳出入從倉頭廬兒顏師古曰宮府給賤役者也得所來問志氣盈牘博我以風賦比興之旨論語謂博我以文也一有甚厚二字僕之樸騃專魯○樸音朴騃語駭切而當惠施鍾期之位莊子惠施多方其書五車列子伯牙鼓琴意在山鍾子期曰巍巍乎意在水子期曰湯湯乎子期死

伯牙遂絕絃以世無知音也深自恧也○恧女六切又覽所著

文宏博中正富我以琳琅珪璧之寶甚厚僕

之狹陋豈鄙而膺東阿昭明之任魏志曹植字子建武

帝第三子初封東阿王左太冲魏都賦才若東阿梁昭明太子統梁武帝之子嘗集文選

三十卷東阿昭明皆善論文又自懼也烏可取識者歎笑

以爲知己羞進越高視僕所不敢然特枉將

命猥承厚貺豈得固拒雅志默默而已哉謹

以所示布露于聞人羅列乎坐隅乎一作于使識

者動目聞者傾耳幾於萬一用以爲報也嗟

乎僕嘗病興寄之作堙鬱於世辭有枝葉禮記天下有道行有枝葉天下無道辭有枝葉蕩而成風益用慨然○慨口蓋切閒歲興化里蕭氏之廬覩足下詠懷五篇僕乃拊掌愜心吟玩爲娛告之能者誠亦嚮應今乃有五十篇之贈其數相什與十同其功相百覽者歎息謂予知文此又足下之賜也幸甚幸甚勉懋厥志以取榮盛時若夫古今相變之道質文相生之本高下豐約之所自長短小大之所出子之言云又何訊焉來

使告遼不獲申盡輒奉草具以備還答不悉

宗元白

賀進士王參元失火書王參元史不得而詳書云吳武陵謫永在元和四年此書當四年後永州作

得楊八書知足下遇火災家無餘儲僕始聞而駭中而疑終乃大喜蓋將弔而更以賀也左傳其可弔也而又賀之公采其語道遠言略猶未能究知其狀若果蕩焉泯焉一無泯焉字而悉無有乃吾所以尤賀者也足下勤奉養寧朝夕唯恬安無

事是望也（望下一無也字）乃今有焚煬赫烈之虞（○煬音漾暴也）以震駭左右（一無駭字）而脂膏滫瀡之具（滫瀡以滑之脂膏以膏之見禮記內則篇○滫息有切瀡息委切）或以不給吾是以始而駭也凡人之言皆曰盈虛倚伏（老子禍兮福所倚福兮禍所伏）去來之不可常或將大有爲也乃始厄困震悸於是有水火之孽（衣服歌謠草木之怪謂之妖禽獸蟲蝗謂之孽○孽魚列切）有羣小之慍（詩憂心悄悄慍于羣小）勞苦變動而後能光明古之人皆然斯道遼闊誕漫雖聖人不能以是必信是故中而

疑也以足下讀古人書爲文章善小學其爲多能若是而進不能出羣士之上以取顯貴者無他故焉京城人多言足下家有積貨士之好廉名者皆畏忌不敢道足下之善獨自得之心蓄之銜忍而不出諸口以公道之難明而世之多嫌也一出口則嗤嗤者以爲得重賂○嗤音蚩僕自貞元十五年見足下之文章蓄之者蓋六七年未嘗言是僕私一身而負公道久矣身一作己非特負足下也及爲御史尚

書郎自以幸爲天子近臣得奮其舌思以發明天下之鬱塞然時稱道於行列猶有顧視而竊笑者僕良恨脩己之不亮素譽之不立而爲世嫌之所加常與孟幾道言而痛之幾道名簡乃今幸爲天火之所滌盪音蕩天一作大凡衆之疑慮疑一作所舉爲灰埃黔其廬○黔音鈐赭其垣赭一作赫以示其無有而足下之才能乃可顯白而不汚可下一有以字其實出矣是祝融回祿之相吾子也左傳昭二十九年顓頊氏有子黎爲祝融是爲火正又十八年禳火於玄冥回

祿注回祿火神則僕與幾道十年之相知一無相字不若茲火一夕之爲足下譽也宥而彰之使夫蓄於心者咸得開其喙許穢切發策決科者楊子須以發策決科漢之明經必爲問難疑義書之於策量其大小署爲甲乙之科列而置之不使彰顯有欲射之隨其所取得而釋之故云授子而不慄雖欲如向之蓄縮受侮其可得乎於茲吾有望乎爾一作於子是以終乃大喜也古者列國有灾同位者皆相弔許不弔灾君子惡之左傳昭十八年宋衛陳鄭灾陳不救火許不弔灾君子是以知陳許之亡也今吾之所陳若是有

以異乎古故將弔而更以賀也元和二年參元中第更下一無以字顏曾之養其爲樂也大矣又何關焉足下前章要僕文章古書一本文章二字作學字極不忘候得數十篇乃倂往耳昊二十一武陵來言足下爲醉賦及對問大善可寄一本僕近亦好作文一無亦字與在京城時頗異思與足下輩言之桎梏甚固未可得也因人南來致書訪死生不悉宗元白

河東先生集卷第三十三

世綵廖氏刻梓家塾

河東先生集卷第三十四

書

與太學諸生喜詣闕留陽城司業書

城字亢宗自諫議大夫遷國子司業以事出爲道州刺史太學諸生詣闕請留之公遺諸生書勉勵其志時公作集賢正字云

二十六日貞元十四年九月也集賢殿正字柳宗元敬致尺牘牘書版也長一尺故云尺牘太學諸生足下始朝廷用諫議大夫陽公爲司業陽城傳德宗召城爲諫議大夫及裴延齡誣逐陸贄張滂李充等城乃約拾遺王仲舒守延英閤上疏極論延齡罪且顯

語曰延齡爲相吾當取白麻壞之貞元十一年七月坐是下遷國子司業諸生陶煦醇懿熙然大洽于兹四祀而巳詔書出爲道州貞元十四年太學生薛約言事得罪謫連州城送之郊外帝惡城黨有罪出爲道州刺史僕時通籍光範門通籍者按漢書註爲二尺竹牒記其年紀名字物色懸之宮門按省相應乃得入是爲通籍就職書府聞之悒然不喜非特爲諸生戚戚也乃僕亦失其師表而莫有所矜式焉一有既字而署吏有傳致詔草者僕得觀之蓋主上知陽公甚熟嘉美顯寵勤至備厚乃知欲煩陽公宣風裔土一無知字

覃布美化于黎獻也遂寬然少喜如獲慰薦于天子休命然而退自感悼幸生明聖不諱之代不能布露所蓄論列大體聞於下執事冀少見採取而還陽公之南也翌日退自書府就車于司馬門外聞之於抱關掌管者道諸生愛慕陽公之德教不忍其去頓首西闕下懇悃至願乞留如故者百數十人城之出太學諸生何蕃李儻王魯卿李譚等二百人頓首闕下請留城守關下數日爲吏遮抑不得上輒用撫手喜甚震抃不寧不意古道復形于

今僕嘗讀李元禮李元禮李膺也傳云太學諸生三萬餘人郭林宗賈偉節爲之冠竝與李膺陳蕃王暢更相襃重學中語曰天下模楷李元禮嵇叔夜傳晉書嵇叔夜名康坐呂安事將刑東市太學生三千人請以爲師不許觀其言太學生徒仰闕赴訴者僕謂訖千百年不可觀聞乃今日聞而覩之誠諸生見賜甚盛於戲音烏希始僕少時嘗有意遊太學受師說以植志持身焉當時說者咸曰太學生聚爲朋曹侮老慢賢有墮窳敗業○窳音庾而利口食者有崇飾惡言而肆鬭訟者左傳文十八年毀信廢忠崇飾

惡言有凌傲長上而誶罵有司者漢書立而誶語○誶蘇內切責讓也其退然自克特殊於衆人者無幾耳僕聞之惘駭怛悸○惘許勇虛容二切怛當割切悸其季切良痛其遊聖人之門而衆爲是嗜嗜也孟子事君無義進退無禮言則非先王之道者猶嗜嗜也○嗜徒合切與沓同遂退託鄉閭家塾考厲志業過太學之門而不敢跼顧尚何能仰視其學徒者哉今乃奮志厲義出乎千百年之表何聞見之乖剌歟○剌盧達切豈說者過也將亦時異人異無嚮時之桀害者耶其無

乃陽公之漸漬導訓○漸子廉切漬疾智切明效所致乎夫如是服聖人遺教居天子太學可無愧矣於戲陽公有博厚恢弘之德能并容善僞一無并字來者不拒曩聞有狂惑小生謂薛約也依託門下或乃飛文陳愚醜行無賴而論者以爲言謂陽公過於納汙左傳川澤納汙無人師之道是大不然仲尼吾黨狂狷論語吾黨之小子狂簡斐然成章不知所以裁之○狷古顯切又古縣切南郭獻譏荀子法行篇南郭惠子問於子貢曰夫子之門何其雜也子貢曰君子正身以俟欲來者不拒欲去者不止良醫之門多病人

檃括之側多枉材是以雜也曾參徒七十二人致禍負芻孟子曾子居武城有越寇曾子曰無寓人於我室毀傷其薪木寇退則曰脩我墻屋我將反左右曰寇至則先去以爲民望寇退則反殆於不可沈猶行曰是非汝所知也昔沈猶有負芻之禍從先生者七十人未有與焉孟軻館齊從者竊屨孟子之滕館於上宮有業屨於牖上館人求之不得或曰若是乎從者之廋也曰子以是爲竊屨來歟曰殆非也彼一聖兩賢人繼爲大儒然猶不免如之何其拒人也見論語子張篇俞扁之門俞跗扁鵲皆良醫也不拒病夫繩墨之側不拒枉材師儒之席不拒曲士理固然也且陽公之在于朝四

方聞風仰而尊之，貪冒苟進邪薄之夫庶得少沮其志不遂其惡雖微師尹之位而人實具瞻焉與其宣風一方覃化一州其功之遠近又可量哉諸生之言非獨爲己也於國體實甚宜願諸生勿得私之一無得字想復再上故少佐筆端耳勗此良志○勗音旭俾爲史者有以紀述也努力多賀○努奴古切勉也柳宗元白

答韋中立論師道書中立史無傳新史年表云潭州刺史彪之孫不書爵位觀其求師好學之志公答以數千言盡

以平生爲文眞訣告之必當時佳士也書中謂余居南中九年此書元和八年在永作集有送韋七秀才下第序言中立文高行愿而不録於有司當在此書後作中立於元和十四年中第

二十一日宗元白辱書云欲相師僕道不篤業甚淺近環顧其中未見可師者雖常好言論爲文章甚不自是也不意吾子自京師來蠻夷閒乃幸見取僕自卜固無取假令有取亦不敢爲人師爲衆人師且不敢況敢爲吾子師乎孟子稱人之患在好爲人師由魏晉

氏以下人益不事師今之世不聞有師有輒譁笑之以爲狂人獨韓愈奮不顧流俗犯笑侮收召後學作師說因抗顔而爲師世果羣恠聚罵指目牽引而增與爲言辭愈以是得狂名居長安炊不暇熟又挈挈而東如是者數矣屈子賦曰邑犬羣吠吠所恠也出懷沙賦僕往聞庸蜀之南恒雨少日日出則犬吠余以爲過言前六七年僕來南二年冬幸大雪踰嶺被南越中數州數州之犬皆蒼黃吠噬狂

走者累日至無雪乃已然後始信前所聞者今韓愈既自以爲蜀之日而吾子又欲使吾爲越之雪不以病乎非獨見病亦以病吾子然雪與日豈有過哉顧吠者犬耳樓昉曰此子厚薄處度今天下不吠者幾人而誰敢衒怪於羣目以召鬧取怒乎僕自謫過以來益少志慮居南中九年增脚氣病漸不喜鬧豈可使呶呶者○呶尼交切早暮咈吾耳○咈音佛戾也騷吾心則固僵仆煩憒乎外切愈不可過矣平居望外遭齒

舌不少獨欠爲人師耳抑又聞之古者重冠禮將以責成人之道是聖人所尤用心者也數百年來人不復行近有孫昌胤者獨發憤行之旣成禮明日造朝至外庭薦笏薦搢也言於卿士曰某子冠畢應之者咸憮然孟子憮然爲閒改容也○憮音武京兆尹鄭叔則貞元初鄭叔則爲京兆尹五年二月貶永州刺史怫然曳笏却立○怫音佛曰何預我耶廷中皆大笑天下不以非鄭尹而快孫子何哉獨爲所不爲也今之命師者大類此吾子行

厚而辭深凡所作皆恢恢然有古人形貌雖僕敢爲師亦何所增加也假而以僕年先吾子聞道著書之日不後誠欲往來言所聞則僕固願悉陳中所得者吾子苟自擇之取某事去某事則可矣若定是非以教吾子僕材不足而又畏前所陳者其爲不敢也決矣吾子前所欲見吾文既悉以陳之非以耀明于子聊欲以觀子氣色誠好惡何如也今書來言者皆大過吾子誠非佞譽誣諛之徒直見

愛甚故然耳始吾幼且少爲文章以辭爲工及長乃知文者以明道是固不苟爲炳炳烺烺（音朗又音郎火明貌一本作炳炳爗爗）務采色夸聲音而以爲能也凡吾所陳皆自謂近道而不知道之果近乎遠乎吾子好道而可吾文或者其於道不遠矣故吾每爲文章未嘗敢以輕心掉之（〇掉徒弔切）懼其剽而不留也（〇剽匹妙切）未嘗敢以怠心易之懼其弛而不嚴也未嘗敢以昏氣出之懼其昧没而雜也未嘗敢以矜氣作

之懼其偃蹇而驕也抑之欲其奥揚之欲其明踈之欲其通廉之欲其節激而發之欲其清固而存之欲其重此吾所以羽翼夫道也本之書以求其質本之詩以求其恒本之禮以求其宜本之春秋以求其斷本之易以求其動此吾所以取道之原也參之穀梁氏以厲其氣參之孟荀以暢其支參之莊老以肆其端參之國語以博其趣參之離騷以致其幽參之太史公以著其潔太史公謂司馬遷也梁劉勰辨騷云

唐韓柳爲後世辭宗未嘗極道原而閒見於詩文若書愈進學解云下逮莊騷太史所録子雲相如同工異曲是以原介莊周司馬遷之閒也宗元與韋中立書曰參之莊老以肆其端參之國語以博其趣參之離騷以致其幽參之太史以著其潔亦以其辭配莊老太史與愈同此吾所以旁推交通而以爲之文也凡若此者果是耶非耶有取乎抑其無取乎吾子幸觀焉擇焉有餘以告焉苟亟來以廣是道子不有得焉則我得矣又何以師云爾哉取其實而去其名無招越蜀吠恠而爲外廷所笑則幸矣宗元白一作復白

答貢士元公瑾論仕進書（公嘗有送元秀才下第東歸序即公瑾也序所謂從計京師受丙科之薦獻藝春卿當三黜之辱與書所謂深寡和之憤積無徒之歎之意同書當在序之前貞元十七八年尉藍田時作）

二十八日宗元白前時所枉文章諷讀累日辱致來簡受賜無量然竊觀足下所以殷勤其文旨者豈非深寡和之憤（宋玉對楚王問其曲彌高其和彌寡）積無徒之歎懷不能已赴訴於僕乎如僕尚何爲者哉且士之求售於有司或以文進

或以行達者稱之不患無成足下之文左馮翊崔公先唱之矣秉筆之徒由是增敬足下之行汝南周顒客又先唱之矣逢掖之列禮記孔子少居魯衣逢掖之衣註逢大也大掖之衣大袂禪衣也亦以加慕夫如是致隆隆之譽不久矣又何慼焉古之道上延乎下下倍乎上上下洽通而薦能之功行焉故天子得宜爲天子者薦之於天諸侯得宜爲諸侯者薦之於王大夫得宜爲大夫者薦之於君士得宜爲士者薦之於有司薦

於天堯舜是也（孟子堯薦舜於天舜薦禹於天）薦於王周公之徒是也薦於君鮑叔牙子罕子皮是也（說苑子貢問孔子今之人臣孰賢孔子曰齊有鮑叔鄭有子皮子貢曰齊無管仲鄭無子產乎子曰吾聞鮑叔之進管仲子皮之進子產未聞管仲子產有所進也）薦於有司而專其美者則僕未之聞也是誠難矣古猶難之而況今乎獨不得與足下偕生中古之閒進相援也退相拯也已乃出乎今世雖王林國韓長孺復生（說苑魯哀公問於孔子曰當今之時君子誰賢對曰衞靈公有士曰王林國有賢人必進而任之無不達也不能達退而與分其祿而靈公尊

之韓安國字長孺所推舉皆廉士賢於己者於梁舉壺遂臧固至它皆天下名士士亦以此稱慕之不能爲足下抗手而進以取僇笑矧僕之齷齪者哉。齷音渥齪測角切小節也史記作握前漢作握齪註局陿也若將致僕於奔走先後之地詩予曰有奔走予曰有先後先後並去聲而役使之則勉充雅素不敢告憊步拜切

嗚呼始僕之志學也甚自尊大頗慕古之大有爲者汩没至今自視缺然知其不盈素望久矣上之不能交誠明達德行延孔氏之光燭于後來次之未能勵材能興功力致大康

于民垂不滅之聲退乃張張於下列張張無見貌失道貌禮記治國而無禮猶瞽者之無目○張音帳又丑良切呫呫於末位○呫他協切偃仰驕矜道人短長不亦冒先聖之誅乎固吾不得已耳樹勢使然也一無使字穀梁子曰心志既通而名譽不聞友之過也穀梁傳昭十九年之文蓋舉知揚善聖人不非況足下有文行唱之者有其人矣繼其聲者吾敢闕焉其餘去就之說則足下覲時而已不悉宗元白

答嚴厚輿秀才論爲師道書公嘗有答韋中

立書答袁君陳書與此書意皆合大抵皆避爲師之名而不當者集又有送嚴公貺下第序厚與豈即公貺耶答韋書在元和八年則此書又在後云

二十五日某白馮翊嚴生足下得生書言爲師之説怍僕所作師友箴（見集中）與答韋中立書欲變僕不爲師之志屈己爲弟子（屈上一有而字）凡僕所爲二文其卒果不異僕之所避者名也所憂者其實也實不可一日忘僕聊歌以爲箴行且求中以益己慄慄不敢暇又不敢

自謂有可師乎人者耳若乃名者方爲薄世笑罵僕脆怯尤不足當也内不足爲外不足當衆口雖懇懇見迫其若吾子何實之要二文中皆是也吾子其詳讀之僕見解不出此吾子所云仲尼之説豈易耶仲尼可學不可爲也學之至斯則仲尼矣未至而欲行仲尼之事若宋襄公好霸而敗國卒中矢而死左傳僖二十二年宋人及楚人戰于泓宋師敗績公傷股二十三年五月卒傷于泓故也仲尼豈易言耶馬融鄭玄者二子獨章句師耳

今世固不少章句師僕幸非其人吾子欲之其有樂而望吾子者矣言道講古窮文辭以爲師則固吾屬事僕才能勇敢不如韓退之故又不爲人師人之所見有同異吾子無以韓責我若曰僕拒千百人又非也僕之所拒拒爲師弟子名而不敢當其禮者也若言道講古窮文辭有來問我者吾豈嘗瞋目閉口耶敬叔吾所信愛（呂恭字敬叔）今不得見其人又不敢廢其言（一作又敢廢其言哉）吾子文甚暢遠恢恢

乎其闕大路將疾馳也攻其車肥其馬長其筴音策調其六轡詩六轡在手註駟馬六轡中道之行大都舍是又奚師歟亟謀於知道者而考諸古師不乏矣幸而亟來○亟丘異切終日與吾子言不敢倦不敢愛不敢肆苟去其名全其實以其餘易其不足亦可交以為師矣如此無世俗累而有益乎己古今未有好道而避是者宗元白

報袁君陳秀才避師名書袁君集不他見以書

孜之時在永與韋嚴書相後云

秀才足下僕避師名久矣往在京都後學之士到僕門日或數十人僕不敢虛其來意有長必出之有不至必惎之○惎渠記切教也雖若是當時無師弟子之說其所不樂爲者非以師爲非弟子爲罪也有兩事故不能自視以爲不足爲一也世久無師弟子決爲之且見非且見罪懼而不爲二也其大說具答韋中立書今以往可觀之秀才貌甚堅辭甚强僕自

始覿固奇秀才及見兩文愈益奇雖在京都日數十人到門者誰出秀才右耶前已畢秀才可爲成人（畢一作必）僕之心固虛矣又何鯤鵬互鄉於尺牘哉（論語互鄉難與言童子見何下一有辱字）秋風益高（風一作色）暑氣益衰可偶居卒談秀才時見咨（咨一作客）僕有諸內者不敢愛惜（惜一無惜字）大都（一有爲字）文以行爲本在先誠其中其外者當先讀六經次論語孟軻書皆經言左氏國語莊周屈原之辭稍采取之（一無取字）穀梁子太史公甚峻

潔可以出入餘書俟文成異日討也討下一有可字其歸在不出孔子此其古人賢士所懍懍者求孔子之道不於異書於一作于秀才志於道愼勿恠勿雜勿務速顯道苟成則慤然爾慤一作勃久則蔚然爾源而流者歲旱不涸蓄穀者不病凶年蓄珠玉者不虞殍死矣○殍被表切然則成而久者其術可見雖孔子在爲秀才計未必過此不具宗元白一本無不具字

答韋珩示韓愈相推以文墨事書退之

書不見於集而其略粗見於此韋珩夏卿之姪正卿之子夏卿史有傳正卿附見於傳珩載于年表公謂馬遷於退之固相上下而楊雄不若退之其相推遜亦至矣集又有寄珩詩在別卷據書云封示退之書此當與論史書相後先元和八九年間也

足下所封示退之書云欲推避僕以文墨事且以勵足下若退之之才過僕數等尚不宜推避於僕非其實可知（一無可知二字）固相假借爲之辭耳退之所敬者司馬遷楊雄遷於退之固相上下若雄者如太玄法言及四愁賦（楊雄）

贊以爲經莫大於易作太玄傳莫大於論語作法言詞莫麗於相如作四賦而此云四愁賦後人妄加之也一作四賦退之獨未作耳決作之加恢奇至他文過揚雄遠甚雄之遺言措意（之一作文）頗短局滯澁不若退之猖狂恣睢肆意有所作（一作猖狂恣肆寓意有所作）若然者使雄來尚不宜推避而況僕耶彼好獎人善以爲不屈己善不可獎故慊慊云爾也。（慊音歉恨也一無也字）足下幸勿信之且足下志氣高好讀南北史書通國朝事穿穴（一作牢籠）古今後來無能和（一作加）而僕稚駷語駷切卒無所爲但趑趄文墨筆硯淺事今退之不以吾子勵僕而反以僕勵吾子愈非所宜然卒篇欲足下自挫抑合當世事以固當丁浪切一無以字雖僕亦知無出此吾子年甚少知己者如麻一無者字不患不顯貞元二十一年珩中進士第患道不立爾此僕以自勵亦以佐退之勵足下不宣宗元頓首再拜

答貢士廖有方論文書廖生書欲求公爲序其端見於此公既許之故集有送詩人廖有方序見別卷書在永州

時作

三日宗元白自得秀才書知欲僕爲序然吾爲文非苟然易也於秀才則吾不敢愛吾在京都時好以文寵後輩後輩由吾文知名者亦爲不少焉自遭斥逐禁錮益爲輕薄小兒譁囂羣朋增飾無狀當途人率謂僕垢汙重厚舉將去而遠之今不自料而序秀才秀才無乃未得嚮時之益而受後事之累吾是以懼潔然盛服而與負塗者處易睽見豕負塗塗謂泥塗也

而又何賴焉然觀秀才勤懇意甚久遠不爲頃刻私利欲以就文雅則吾曷敢以讓當爲秀才言之然而無顯出於今之世視不爲流俗所扇動者乃以示之既無以累秀才亦不增僕之詬罵也計無宜於此若果能是則吾之荒言出矣元和十一年有方中進士第改名游卿宗元白

答貢士蕭纂欲相師書一云求爲師書蕭生不詳

其何許人書云始退跡野廬必未尉藍田時作

十二日宗元白始者負戴經籍退跡野廬塊

守蒙陋坐自壅塞壅一作擁不意足下曲見記憶遠辱書訊貺以高文開其知思二字並去聲而又超僕以宗師之位貸僕以丘山之號流汗伏地不知逃匿幸過厚也前時獲足下灌鍾城銘竊用唱導於閭人僕常赧然○赧乃板切羞其僭踰今覽足下尺牘慇懃備厚似欲僕贊譽者此固所願也詳視所貺曠然以喜是何旨趣之博大詞采之蔚然乎鼓行於秀造之列此其戈矛矣舉以見投爲賜甚大俯用忖度

不自謂宜顧視何德而克堪哉且又敎以芸其蕪穢甚非所宜僕不敢聞也其他唯命宗元白

報崔黯秀才論爲文書崔黯新史有傳寧之子也後擢進士第一本作崔蒻蒻新舊史皆無傳此書在永州作

崔生足下辱書及文章辭意良高所嚮慕不凡近誠有意乎聖人之言然聖人之言期以明道學者務求諸道而遺其辭辭之傳於世者必由於書書謂字書道假辭而明辭假書而傳

要之之道而已耳（之道謂適道也）道之及及乎物而已耳斯取道之內者也今世因貴辭而矜書粉澤以爲工適密以爲能（○適音酉）不亦外乎吾子之所言道匪辭而書其所望於僕亦匪辭而書是不亦去及物之道愈以遠乎僕嘗學聖人之道身雖窮志求之不已庶幾可以語於古恨與吾子不同州部閑口無所發明觀吾子文章自秀士可通聖人之說今吾子求於道也外而望於余也愈外是其可惜歟吾

且不言是負吾子數千里不弃朽廢者之意故復云爾也凡人好辭工書皆病癖也○癖音僻腹病也吾不幸蚤得二病學道以來日思砭鍼攻熨○砭彼驗切以石刺病也鍼與針同熨火熨也卒不能去纏結心腑牢甚顛斯須忘之而不克竊嘗自毒今吾子乃始欽欽思易吾病不亦惑乎斯固有潛塊積瘕○瘕居牙切久病也腹中病也中子之內藏○中藏並去聲恬而不悟可憐哉其卒與我何異均之二病書字益下字一作示而子之意又益下則子之病

又益篤甚矣子癖於伎也吾嘗見病心腹人有思啗土炭嗜酸鹹者○啗徒濫切與啖同不得則大戚其親愛之者不忍其戚因探而與之東坡醉墨堂詩云乃知柳子語不妄病嗜土炭如珍羞用此事觀吾子之意亦已戚矣吾雖未得親愛吾子然亦重來意之勤有不忍矣誠欲分吾土炭酸鹹吾不敢愛但遠言其證不可也俟面乃悉陳吾狀未相見且試求良醫爲方已之苟能已大善則及物之道專而易通若積結旣定醫無所能已幸

期相見時吾決分子其啗嗜者不具宗元白

答吳秀才謝示新文書吳秀才當是武陵族子

某白向得秀才書及文章類前時所辱遠甚多賀多賀秀才志爲文章又在族父處族父言武陵一曰族父公自言其族父也豈吳生隨柳公綽在湖南耶其時元和七年也一無多賀二字并無又在族父處五字蚤夜孜孜何畏不日日新又日新也雖閒不奉對苟文益日新則若亟見矣夫觀文章宜若懸衡然增之銖兩則俯反是則仰無可私者秀才誠欲令吾俯乎則莫

若增重其文令觀秀才所增益者不啻銖兩吾固伏膺而俯矣禮記得一善則拳拳服膺而弗失之謂奉持之也一無膺字愈重則吾俯滋甚秀才其懋焉苟增而不已則吾首懼至地耳又何闊踈之患乎還答不悉宗元白

復杜温夫書

一云復杜温夫所用乎歟耶哉巳耳焉也八字書温夫集不他見按韓愈以元和十四年謫潮州書中及之此書必十四年春作

二十五日宗元白兩月來三辱生書書皆逾

千言意者相望僕以不對答引譽者（望怨也）然僕誠過也而生與吾文又十卷噫亦多矣文多而書頻吾不對答引譽宜可自反而來徵不肯相見（肯一作日）亟拜亟問（○亟丘異切）其得終無辭乎凡生十卷之文吾已略觀之矣吾性駭滯多所未甚諭安敢懸斷是且非耶書柤吾必曰周孔周孔安可當也語人必於其倫（倫類也出禮記）生以直躬見柤（論語吾黨有直躬者直躬謂直道也）宜無所諛道而不幸乃曰周孔吾豈得無駭怪（一本

吾下又有吾字且疑生悖亂浮誕無所取幅尺以故
愈不對答來柳州見一刺史即周孔之元和十年
公自永召至京尋復謫柳州刺史令而去我道連元和十年三月以劉
禹錫爲連州刺史而謁於潮元和十四年正月韓愈貶州刺史之二
邦又得二周孔去之京師京師顯人爲文詞
立聲名以千數又宜得周孔千百何吾生胷
中擾擾焉多周孔哉吾雖少爲文不能自雕
斲引筆行墨快意累累倫追切意盡便止亦何
所師法立言狀物未嘗求過人亦不能明辯

生之才致但見生用助字不當律令唯以此奉答所謂乎歟耶哉夫者疑辭也矣耳焉也者決辭也今生則一之宜考前聞人所使用與吾言類且異慎思之則一益也庚桑子言雚蠋鵠卵者莊子庚桑子曰奔蜂不能化雚蠋越雞不能伏鵠卵魯雞固能矣雚蠋豆雚中大青蟲越雞水雞蠋一作雞吾取焉道連而謁於潮其卒可化乎然世之求知音者一遇其人或爲十數文即務往京師急日月犯風雨走謁門戶以冀苟得今生年非甚少而自荊來

柳自柳將道連而謁於潮途遠而深矣途下一有愈字則其志果有異乎又狀貌嶷然類丈夫○嶷鸃力切視端形直心無岐徑其質氣誠可也獨要謹充之爾謹充之則非吾獨能生勿怨生下一有宜字亟之二邦以取法時思吾言非固拒生者孟子曰余不屑之教誨也者是亦教誨而已矣宗元白

上門下李夷簡相公陳情書新史夷簡傳元和十三年召爲御史大夫進門下侍郎同中書門下平章事書

當是在柳州時作

月日使持節柳州諸軍事守柳州刺史柳宗元謹再拜獻書于相公閣下宗元聞有行三塗之艱一有難字而墜千仞之下者左傳昭四年晉司馬侯曰四嶽三塗陽城太室荆山終南九州之險也杜氏註云三塗在河南陸渾縣南仰望於道號以求出過之者日千百人皆去而不顧就令哀而顧之者不過攀木俯首深矉太息○矉比眞切又音賓張目也恨視也良久而去耳其卒無可奈何然其人猶望而不止也俄而有若烏獲

者烏獲秦武王時有力人也持長綆千尋。綆古杏切汲井繩也徐而過焉其力足爲也其器足施也號之而不顧顧而曰不能力則其人知必死於大壑矣何也是時不可遇而幸遇焉而又不逮乎己然後知命之窮勢之極其卒呼憤自斃音弊不復望於上矣宗元曩者齒少心銳徑行高步不知道之艱以陷於大阨窮躓殞墜。躓職利切殞羽敏切廢爲孤囚日號而望者十四年矣永貞元年至是元和十三年爲十四年矣其不顧而去與顧而深矉者

俱不乏焉然猶仰首伸吭下浪切二咽也張目而

視曰庶幾乎其有異俗之心非常之力當路

而垂仁者耶及今閤下以仁義正直入居相

位宗元實撫心自慶以爲獲其所望故敢致

其辭以聲其哀若又捨而不顧則知沉埋踣

斃無復振矣伏惟動心焉宗元得罪之由致

謗之自以閤下之明其知之久矣繁言蔓辭

秖益爲黷伏惟念墜者之至窮錫烏獲之餘

力舒千尋之綆垂千仞之艱致其不可遇之

遇以卒成其幸庶號而望者得畢其誠無使呼憤自斃没有餘恨則士之死於門下者宜無先焉生之通塞決在此舉無任戰汗隕越之至不宣宗元惶恐再拜

河東先生集卷第三十四

世綵廖氏刻梓家塾

河東先生集十二

啓 第卅五六卷

表 第卅七卷

河東先生集卷第三十五

啓

上廣州趙宗儒尚書陳情啓 一本無廣州字

宗儒字秉文鄧州穰人按新史未嘗爲廣州節度使此啓云天罰深重當元和初公喪母之時元和元年四月以安南都護趙昌爲廣州刺史嶺南節度使則此啓當是與昌然公送趙大秀才序亦云尚書由交廣爲刺史必有所據也

某啓某天罰深重餘息苟存元和元年五月公母盧氏卒于永州沉竄俟罪朝不圖夕伏謁無路不任荒戀

之誠伏念宗元初授御史之日貞元十九年閏十二月以公爲監察御史尚書與杜司空杜黃裳也先賜臨顧光耀里閭下情至今尚增惶惕頃以黨與進退投竄零陵囚繫所迫不得歸奉松櫝古雅切哀荒窮毒人理所極親故遺忘音望況於他人朝夕之急饘粥難繼○饘諸延切亦作餰宗祀所重不敢死亡偷視累息已逾歲月伏以尚書德量弘納義風遠揚收撫之恩始於枯朽敢以餘喘上累深仁伏惟惻然見哀使得存濟僂僂荒懇

（○僂音婁恭謹貌一曰勤也）叩顙南望竊以動心於無情之地施惠於不報之人古烈尚難況在今日而率然干冒決不自疑者蓋以聞風之日久嚮德之誠至振高義於流俗之外合大度於古人之中獨有望於閤下而已非敢以尋常祈向之禮當大賢匍匐之仁（詩匍匐救之○匍音扶又音蒲匐音伏又蒲墨切）夙夜忖度果於自卜方在困辱不敢多言伏紙惶恐不勝戰越謹啓

上西川武元衡相公謝撫問啓（元衡字伯）

蒼憲宗即位蜀新定詔元衡撿校吏部尚書兼門下侍郎同平章事爲劍南西川節度使元和八年至自西川啓云伏匿嶺下于今七年元和六年作也

某啓某愚陋狂簡不知周防失於夷途陷穽大罪伏匿嶺下于今七年追念往愆寒心飛魄幸蒙在宥莊子聞在宥天下不聞治天下在宥謂寬宥也得自循省豈敢徹聞於廊廟之上見志於樽俎之際以求心於萬一者哉相公以含弘光大之德易坤卦之辭廣博淵泉之量禮記溥博淵泉而時出之不遺垢

汙先賜榮示奉讀流涕以懼以悲屏營舞躍屏營恐懼之貌○屏步丁切不敢寧處是將收孟明於三敗左傳僖三十三年秦繆公使孟明視將兵伐鄭至滑孟明曰鄭有備矣滅滑而還晉人與師敗敗孟明于殽及三年孟明帥師伐晉報殽之役戰于彭衙孟明敗績繆公猶用孟明增修國政次年孟明伐晉繆公遂伯西戎責曹沫於一舉史記曹沫魯人也爲魯將與齊戰三敗北莊公十三年與齊桓公盟于柯沬執匕首劫桓公曰齊强魯弱大國侵魯亦以甚矣桓公乃許盡歸魯之侵地左傳作曹劌○沫莫佩切俾折脅臏脚之倫鄒陽書司馬喜臏脚於宋卒相中山范雎拉脇折齒於魏卒爲應侯○臏音牝刖刑也脅迄業切得自拂飾以期效命於鞭

策之下此誠大君子并容廣覽棄瑕録用之道也自顧孱鈍○孱助山切無以克堪祗受大賜豈任負戴精誠之至炯然如日○炯古迥切拜伏無路不勝惶惕輕冒威重戰汗交深

謝襄陽李夷簡尚書委曲撫問啓元和六年四月以戶部侍郎李夷簡檢校禮部尚書爲山南東道節度使啓云襄州即此時也公在永州

某啓當州謂永州也貟外司馬李幼清傳示尚書委曲委曲書也特賜記憶過蒙存問捧讀喜懼浪

然涕流○浪音郎慶幸之深出自望外伏惟尚書鶚立朝端風行天下入統邦憲出分主憂控此上游上游猶言重地也見漢書項羽傳式是南服詩式是南服式法式也凡海內奔走之士思欲修容於轅門之外季孫之母死曾子與子貢弔馬閽人弗納曾子與子貢入於其廄而修修容馬註云修容更莊飾也轅門以車爲門躡履於油幢之前幢麾也○躡音聶譬之涉蓬瀛海中三山曰方丈蓬萊瀛洲皆神仙所居登崑閬崑崙閬風二山名十洲記崑崙山有三角一角正北名閬風巔一角正西北名玄圃臺一角正東名崑崙宮○閬音浪不可得而進也某負罪淪伏聲

銷跡滅固世俗之所棄親友之所遺敢希大
賢曲見存念是以展轉歔欷音虛希晝詠宵興
願爲厮役以報恩遇瞻仰霄漢邈然無由網
羅未解縱羽翼而何施囊檻方堅雖虎豹其
焉往不任踊躍懇戀之至謹奉啓起居輕黷
威嚴倍增戰越

賀趙江陵宗儒辟符載啓宗儒履歷已具註前啓作之時日當先後也符載字厚之蜀都人有奇才以王霸自許

某啓伏聞以武都符載爲記室天下立志之士雜然相顧繼以歎息知爲善者得其歸嚮流言者有所間執（左傳願以間執讒慝者之口）直道之所行義風之所揚堂堂焉實在荊山之南矣幸甚幸甚夫以符君之藝術志氣爲時聞人才位未會盤桓固久中閒因緣陷在危邦與時偃仰不廢其道（韋皐鎮蜀以載爲支使劉闢時爲倉曹參軍載爲闢眞贊略云行義則固輔仁乃通它年良覿麟閣之中及皐卒闢擅總留務載亦在幕中闢敗載素服請罪高崇文以其贊有行義輔仁之語禮而釋之）而爲見忌嫉者

橫致唇吻房給事以高節特立明之于朝王吏部以清議自任辨之於外然猶小人浮議困在交戟劉向傳令佞邪與賢臣並交戟之內註交戟謂守衛者與此意同凡諸侯之欲得符君者城聯壤接而感於騰沸環視相讓莫敢先舉及受署之日則皆開口垂臂悵望悼悔譬之求珠於海而徑寸先得廣雅云有大珠徑寸幾圜二寸已上則衆皆快然罷去知奇寶之有所歸也嗚呼巧言難明下流多訕一作謗司馬遷書云負下未易居下流多謗議自非大君子出世之氣

則何望焉瞻望清風若在天外無任感激欣躍之至輕黷陳賀不勝戰越不宣謹啓

與邕州李域中丞論陸卓啓（公集中有邕州李中丞墓誌然非域也陸卓事亦不之見）

某啓伏以至公之道施恩而不求報奬善而不爲功所以振宣幽光激勵頽俗誠大君子所蓄積也（司馬遷報任安書其素所蓄積也）竊見故招討判官試右衞冑曹參軍陸卓生稟清操長於吏理累仕所至（至一作隸）必獲休聲（獲一作有）再舉府曹

績用茂著頃以狂賊李元慶劫取留後檀樹兇徒構災扇禍期在旦夕一夫見刃莫爲已用而卓以此時特立不懼終翦强暴以寧師人既而不幸嬰疾物故不獲一日趨事以受其職有功未報有善未録伏承閣下言論之餘每所嗟異優給家屬恩禮特殊行道之人皆所欽伏儻録其事跡奏一贈官使懷憤之寃知感恩於地下秉志之士思受命於門庭足以勸獎三軍（諸葛孔明出師表獎帥三軍）豈止光榮一

族伏惟不棄狂瞽特賜裁量幸甚幸甚某與
卓未嘗相識敢率愚直以期至公輕黷威嚴
伏增戰悚謹啓

謝李中丞安撫崔簡戚屬啓此非前邕州李中丞乃以下湖南李中丞集凡有湖南李中丞啓三此卷有其二後卷有其一公在永州正隸湖南道故云凡在巡屬蓋其所部明矣公作崔簡墓誌卒在元和七年正月書又當前云

某啓伏見四月六日勑刺史崔簡以前任贓
罪決一百長流驩州簡字子敬公之姊夫元和初爲連州刺史徙永

（州未至永而連之人想簡御史按章具獄坐流驩州）伏奉去月二十三日牒崔簡家口牒州安存并借官宅什器差人與驅使伏惟中丞以直清去敗政以惻隱撫窮人罪跡暴著則按之以至公家屬流離則施之以大惠各由其道咸適于中威懷竝行仁義齊立繩愆糾繆（書冏命之辭）列郡肅澄清之風匡困資無闔境知噢咻之德（○噢威遇切又音郁咻吁尤切又音煦左傳作燠休註痛念之聲）凡在巡屬慶懼交深伏見崔簡兒女十人皆柳氏之出簡之所犯

首末知之蓋以風毒所加漸成狂易音亦簡餌五石病瘍目亂不知畏法坐自抵刑名爲贓賄卒無儲蓄得罪之日簡權唐誌云坐流驩州幼弟訟于朝天子黜連帥罷御史云云百口嗷然叫號羸頓不知所赴儻非連帥即此中丞

至仁厚德深加憫恤則流散轉死期在須臾某幸被縲囚○縲倫追切久沐恩造至於骨肉又荷哀矜循念始終感懼無地謹勒祗承人沈澹奉啓陳謝下情輕黷一本作瀆

上湖南李中丞干廪食啓即前啓李中丞也公

謫在永故以廩食告之又在前書之前也一無于廩食三字

某啓某嘗讀列子書有言於鄭子陽者曰列禦寇蓋有道之士也居君之地而窮若不好士若一作居使之然乎子陽於是以君命輸粟於列子列子不受列子說符之文固嘗高其志又讀孟子書言諸侯之於士曰使之窮於吾地則賙之賙之亦可受也又惟孟子以希聖之才命代而出不卓然自異以潔白其德取食於諸侯不以爲非斷而言之則列子獨任之士唯

己一毛之爲愛（孟子楊子取爲我拔一毛而利天下不爲也）故遁以自免孟子兼愛之士唯利萬物之爲謀故當而不辭今宗元處則無列子之道出則無孟子之謀窮則去讓而自求（定公穀梁傳求者請也古之人重請何重乎請人之所以爲人者讓也請道去讓也則是舍其所以爲人也二字本此）至則捧受而不慙（不一作無）則固爲貪凌苟冒人矣董生曰明明求財利唯恐困乏之者庶人之事也（董仲舒答武帝策）是皆詬恥之大者而無所避之何也以爲士則黜辱爲農則斥遠無伎不

可以爲工無貲不可以爲商抱大罪處窮徼音叫以當惡歲而無廩食又不自列於閤下則非所以待君子之意也待一作侍又轉作示伏惟覽子陽孟子之說以垂德惠無使惶惶然控于他邦詩控于大邦註控引也箋云欲求援引之力助於大國之諸侯重爲董生所笑則縲囚之幸大矣

上桂州李中丞薦盧遵啓盧遵公之內弟也公嘗有序送遵游桂州在元和四年當與此書同時作

凡士之當顯寵貴劇則其受賜於人也無德

心焉何也彼將曰吾勢能得之是其所出者大而其報也必細居窮厄困辱則感槩捧戴萬萬有加焉是其所出者小而其報也必巨審矣故凡明智之君子務其巨以遺其細則功業光乎當時聲名流乎無窮其所以激之於中者異也若宗元者可謂窮厄困辱者矣世皆背去顯顇曠野獨賴大君子以明智垂仁問訊如平生光耀囚錮若被文繡嗚呼世之知止足者鮮矣既受厚遇則又有不已之

求以贖閤下之嚴威然而亦欲出其感槩捧戴而効其巨者伏惟閤下留意裁擇幸甚幸甚伏以外族積德儒厚以爲家風周齊之間兄弟三人咸爲帝者師（解在二十四卷送内弟盧遵序）孝仁之譽高於他門伯舅叔仲咸以孝德通于鬼神爲文士所紀述相國彭城公嘗號于天下名其孝以求其類則其後咸宜碩大光寵以充神明之心乃令凋喪淪落莫有達者豈與善之道（老子天道無親常與善人）無可取耶獨内弟盧遵

其行類諸父靜專溫雅好禮而信飾以文墨達於政事今所以聞於閤下者無怍於心無愧於色焉以宗元棄逐枯槁故不求遠仕務顯名而又難乎其進也竊高閤下之舉賢容衆故願委心焉則施澤於遵過於厚賜小人也遠矣以今日之形勢而不廢其言（論語君子不以言舉人不以人廢言）使遵也有籍名於天官（天官謂吏部）獲祿食以奉養用成其志一舉而有知恩之士二焉可不務其巨者乎伏惟試詳擇焉言而

無實罪也其敢逃大譴（一本止作言而無實罪其敢逃）進退
恐懼不知所裁不宣謹啓

河東先生集卷第三十五

世綵廖氏刻梓家塾

河東先生集卷第三十六

啓

上權德輿補闕温卷決進退啓 時年十八

權德輿史有傳初德宗聞其才召爲太常博士改左補闕貞元中知禮部貢舉眞拜侍郎凡三歲甄品詳諦所得士相繼爲公卿宰相取明經初不限員史所載如此韓昌黎有燕河南府秀才詩云昨聞詔書下權公作邦楨文人得其職文道當大行以此觀之則德輿之在當時誠多士之龍門也公上書求馳聲成名之資基宜矣

補闕執事宗元聞之重遠輕邇賤視貴聽所由古矣竊以宗元幼不知恥少又躁進拜揖長者自于幼年是以遴俊造之末跡。遴初救切厠牒計之下列。厠初吏切賈藝求售。賈音古闐無善價。闐苦壁苦覓二切載文筆而都儒林者匪親乃舊率皆攜撫相示談笑見昵尼質切喔咿逡巡楚詞寧喔咿嚅唲。喔乙角切咿於祇切逡七倫切爲達者嗤音蚩無乃覩其樸者鄙其成狎其幼者薄其長耶將行不拔異操不砥礪學不該廣文不炳燿實可

鄙而薄耶今鴛鷺充朝而獨干執事者特以
顧下念舊收接儒素異乎他人耳敢問厥由
庶幾告之俾識去就幸甚幸甚今將慷慨激
昂奮攘布衣縱談作者之筵曳裾名卿之門
抵掌峩弁弁冠也厚自潤澤進越無慝汙達者
之視聽狂狷愚妄固不可爲也復欲俛默惕
息疊足蹋翼拜祈公侯之闇跪邀賢達之車
竦兔慄股兢恪危懼榮者倦之彌忿厥心又
不可爲也若慎守其常確執厥中固其所矣

則又色平氣柔言訥性魯無特達之節無推擇之行漢書以貧無行不得推擇爲吏瑣瑣碌碌音祿晉書瑣瑣常人碌碌凡士一孺子耳孰謂其可進孰謂其可退抑又聞之不鼓踴無以超泥塗不曲促無以由險艱不守常無以處明分不執中無以趨夷軌今則鼓踴乎曲促乎守其常而執厥中乎浩不知其宜矣進退無倚胥不遑寐乃訪于故人而咨度之其人曰補闕權君著名踰紀行爲人高言爲人信力學掞文○掞以冉切時儕

稱雄○儕床皆切子亟拜之足以發揚對曰裛燕石而復玄圃荀子云宋之愚人得燕石於梧桐臺之東歸而藏之以爲寶周客觀之掩口而笑曰此燕石也與瓦甓不殊十洲記崑崙山有玄圃臺裛懷也葛仙公傳崑崙一名曰玄圃爾雅西北之美者有崑崙之墟璆琳琅玕焉帶魚目而游漲海文選盧諶贈劉琨詩序云所謂咸池譸於北里夜光報於魚目註夜光寶珠也魚目亂眞珠也言琨能譸詩是以寶珠而報魚目也雒書云秦失金鏡魚目入珠秖取誚耳曷予補乎其人曰跡之勤者情必生焉心之恭者禮必報焉況子之文不甚鄙薄者乎苟或勤以奉之恭以下之則必勗勵爾

行輝燿爾能言爲建瓴漢高紀田肯賀上曰陛下治秦中地埶便利其以下兵於諸侯譬猶居高屋之上建瓴水也瓴盛水瓶○建音蹇瓴音零晨發夕被聲馳而響溢風振而草靡可使尺澤之鯢研奚切刺魚也郭璞云似鮎四足奮鱗而縱海窋網之鳥舉羽而翔霄子之一名何足就矣庶爲終身之遇乎曷不舉馳聲之資挈成名之基授之權君然後退行守常執中之道斯可也愚不敏以爲信然是以有前日之拜又以爲色取象恭論語色取仁而行違書象恭滔天象貌也大賢所飫依據切朝

造夕謁大賢所倦性頗疎野竊又不能是以有今兹之問仰惟覽其鄙心而去就之潔誠齋慮不勝至願謹再拜

上大理崔大卿應制舉不敏啓新史年表崔同嘗爲大理少卿崔鋭嘗爲大理卿然皆不見於傳公此書蓋未中博學宏詞時作爾

古之知己者不待來求而後施德舉能而已其受德者不待成身而後拜賜感知而已故不叩而響不介而合則其舉必至而其感亦

甚斯道遁去遼闊千祀何爲乎今之世哉若宗元者智不能經大務斷大事非有恢傑之才學不能探奧義窮章句爲腐爛之儒雖或寘力於文學勤勤懇懇于歲時然而未能極聖人之規矩恢作者之閫見勞費翰墨徒爾拖逢掖（音亦逢大也掖袂也）曳大帶游於朋齒且有愧色豈有能乎哉閣下何見待之厚也始者自謂抱無用之文戴不肖之容雖振身泥塵仰睎雲霄何由而能哉遂用收視內顧頫首絕

望頫與俯同甘以没没也今者果不自意他日瑣瑣之著述幸得流於衽席接在視聽閤下乃謂可以蹈遠大之途及制作之門決然而不疑介然而獨德是何收採之特達而顧念之勤備乎且閤下知其爲人何如哉其貌之美陋質之細大心之賢不肖閤下固未知也而一遇文字志在濟拔斯蓋古之知己者已故曰古之知己者不待來求而後施德者也然則亟來而求者誠下科也宗元向以應博學

宏詞之舉會閤下辱臨考第司其升降當此之時意謂運合事并適丁厥時其私心日以自負也無何閤下以鯤鱗之勢不容尺澤倏爾而自放廓然而高邁其不我知者遂排逐而委之委之誠當也使古之知己猶在豈若是求多乎哉夫仕進之路昔者竊聞于師矣太上有專達之能（周禮小事則專達）乘時得君不由乎表著之列（左傳昭十一年叔向曰朝有著定會有表會朝之言必聞於表著之位註云著定朝內外列位常處謂之表著表者野會設表以爲位）而取將

相行其政焉其次有文行之美積能累勞不由乎舉甲乙歷科第登于表著之列顯其名焉又其次則曰吾未嘗舉甲乙也未嘗歷科第也彼朝廷之位吾何修而可以登之乎必求舉是科也然後得而登之其下不能知其利又不能務其往則曰舉天下而好之吾何爲獨不然由是觀之有愛錐刀者以舉是科爲悅者也有爭尋常者（左傳爭尋常以盡其民）以登乎朝廷爲悅者也有慕權貴之位者以將相爲

悅者也有樂行乎其政者以理天下爲悅者也然則舉甲乙歷科第固爲末而已矣得之不加榮喪之不加憂苟成其名於遠大者何補焉然而至於感知之道則細大一矣成敗亦一矣故曰其受德者不待成身而後拜賜然則幸成其身者固末節也蓋不知來求之下者不足以收特達之士而不知成身之末者不足以承賢達之遇審矣伏以閤下德足以儀世才足以輔聖文足以當宗師之位學

足以冠儒術之首誠爲賢達之表也顧視下輩下輩字出灌夫傳薦寵下輩豈容易而收哉而宗元樸野昧劣進不知退不可以言乎德不能植志於義而必以文字求達不可以言乎才秉翰執簡敗北而歸不可以言乎文登場應對刺繆經旨○刺力葛切乖刺也不可以言乎學固非特達之器也忖省陋質豈容易而承之哉叨冒大遇穢累高鑒喜懼交爭不克寧居竊感荀罃知實出己之德左傳成三年荀罃之在楚也鄭賈人有將寘諸中以出既

謀之未行而楚人歸之賈人如晉荀罃善視之如實出己○罃音嬰敢希豫讓

國士遇我之報史記豫讓事智伯趙襄子滅智伯豫讓欲刺襄子曰智伯國士遇我故我國士報之伏候門屏敢俟招納謹奉啓以

代投刺之禮伏惟以知己之道終撫薦焉不

宣宗元謹啓

上裴晉公度獻唐雅詩啓詩雅者正也言王政之所由發興也政有小大故有小雅焉有大雅焉公所作唐雅見第一卷

宗元啓伏以周漢二宣中興之業歌於大雅

載在史官然而申甫作輔詩維申及甫維周之翰申謂申伯甫謂甫侯方召專淮夷之功方謂方叔召謂召虎也詩江漢尹吉甫美宣王也能興衰撥亂命召公平淮夷又曰方叔元老克壯其猶魏邴謀謨魏邴謂魏相邴吉也辛趙致罪羌之績辛趙謂辛武賢趙充國同爲破羌將軍有平先零之功文武所注中外莫同伏惟相公天授皇家聖賢克合謀協德一以致太平入有申甫魏邴之勤出兼方召辛趙之事東取淮右謂平吳元濟也北服恒陽謂成德節度使王承宗獻德棣二州遣子入侍恒陽謂恒州也略不代出功無與讓故天下文士皆

願秉筆牘勤思慮以贊述洪烈闡揚大勲宗元雖敗辱斥逐守在蠻裔（時公爲柳州刺史）猶欲振發枯槁決疏潢汙（○潢音黄）罄效蚩鄙少佐毫髮謹撰平淮夷雅二篇（一曰皇武爲晉公作一曰方城爲李愬作）恐懼不敢進獻私願徹聲聞於下執事庶宥罪戾以明其心出位僭言惶戰交積無任踊躍屛營之至不宣宗元謹啓

上襄陽李愬僕射獻唐雅詩啓（愬字元直）

既平淮右元和十二年十一月有詔檢校尚書左僕射襄州刺

史充山南東道節度襄鄧隨唐復郢均房等州觀察使賜爵梁國公山南東道其鎮在襄陽

宗元啓昔周宣中興得賢臣召虎師出江漢以平淮夷故其詩曰江漢之滸（音虎謂江岸也）王命召虎（召穆公名虎）其卒章曰于周受命自召祖命（已上竝詩江漢之文）以明虎者召公之孫（世本云虎康公十六世孫）克承其先也今天子中興而得閤下亦出江漢以平淮夷克承于先西平王（李晟封西平王即愬之父）其事正類然而未有嗣大雅之說以布天下

以施後代豈聖唐之文雅獨後於周室哉宗
元身雖陷敗而其論著往往不爲世屈意者
殆不可自薄自匿以墜斯時苟有輔萬分之
一雖死不憾謹撰平淮夷雅二篇齋沐上獻
誠醜言淫聲不足以當金石庶繼代洪烈稗
官里人漢藝文志小說家流出於稗官註云稗官小官也街談巷語道聽塗說所造也如淳曰王者欲知閭巷風俗故立稗官使稱說之師古曰稗音稊稗之稗國語爲里人所命次註里宰也。稗旁卦切得採而歌之不勝憤踊之
至輕黷威嚴戰越交深謹啓

上揚州李吉甫相公獻所著文啓吉甫

罷相爲淮南節度使公時在永州上此啓揚州即謂淮南

宗元啓始閤下爲尚書郎貞元初吉甫爲尚書屯田駕部二員外郎薦寵下輩註見前士之顯於門闥者以十數而某尚幼不得與於廝役及閤下遺讒妬在外十餘年貞元七年四月陸贄爲相出吉甫明州刺史歷忠郴饒三州又不得效薄伎於前以希一字之褒貶公道之行也閤下乃始爲贊書訓辭擅文雅於朝以宗天下永貞元年八月以吉甫爲考功郎中知制誥十二月爲中書舍人翰林學

士而某又以此時去表著之位野會則有表朝會則有著位也受放逐之罰永貞元年九月公自禮部員外郎責刺邵州未至十一月再貶永州司馬員外置薦仍因錮視日請命命謂死命也進退違背思欲一日伏在門下而不可得常恐抱斯志以沒卒無以知於門下冥冥長懷魂魄幽憤故敢及其能言貢書編文冒昧嚴威以畢其志伏惟觀覽焉幸甚幸甚閣下相天子致太平用之郊報報謂報本反始則天神降地祇出用之經邦則百貨殖萬物成用之文教則

經術興行用之武事則暴亂翦滅依倚而冒榮者盡去幽隱而懷道者畢出然後中分主憂以臨東諸侯（元和三年九月罷為淮南節度使）而天下無患盛德大業光明如此而又有周公接下之道斯宗元所以廢錮濱死而猶欲致其志焉閤下儻以一言而揚舉之則畢命荒裔固不恨矣謹以雜文十首上獻縲囚而干丞相大罪也寧為有聞而死不為無聞而生去就乖野不勝大懼謹啓

謝李吉甫相公示手札啓

宗元啓六月二十九日（元和五年）衡州刺史呂温道過永州辱示相公手札省録狂瞽收撫羈縲沐以含弘之仁忘其進越之罪感深益懼喜極增悲五情交戰不知所措宗元性質庸塞行能無取著書每成於廢疾（鄭玄別傳云任城何休好公羊學遂著公羊墨守左氏膏肓穀梁廢疾玄乃發墨守鍼膏肓起廢疾云云）進德且乏其馨香（書黍稷非馨明德惟馨）常願操篲醫門（莊子醫門多疾願以所聞思其則庶幾國有瘳乎又良醫之門不弃衆疾○篲音遂）掬溜

蘭室家語與善人居如入芝蘭之室良辰不與夙志多違昨者踊躍殘魂奮揚蓄念激以死灰之氣漢韓安國云死灰獨不復然乎田甲曰然即溺之陳其弊箒之辭曹子建書云家有弊箒享之千金箒與帚同致之煙霄分絕流眄今則垂露在手清風入懷華衮濫褒於赭衣范甯穀梁序云一字之褒寵踰華衮之贈赭衣罪人之衣顏師古云罪犯則衣赭衣貫山傳赭衣半道龍門俯收於埳井龍門河水所下之口在今絳州龍門縣辛氏三秦記曰河津一名龍門水險不通魚鼈之屬莫能上江海大魚薄集龍門下數千不得上上則爲龍也埳井壞井也莊子埳井之蛙休於缺甃之崖〇埳苦敢切藻鏡洞開

而秋毫在照藻謂文藻也文律傍暢而寒谷生輝寒谷生輝借鄒子吹律之義見上註化幽鬱之志若覿清明換兢危之心如承撫薦非常之幸豈獨此生伏以淮海劇九天之遥淮南子何謂九天中央曰鈞天東方曰蒼天東北曰變天北方曰玄天西北曰幽天西方曰昊天西南曰朱天南方曰炎天東南曰陽天瀟湘參百越之俗傾心積念長懸星漢之上流形委骨永倫魑魅之羣○魑抽支切魅音寐何以報恩唯當結草結草事出左氏傳無任喜懼感戀之至

上江陵趙相公寄所著文啓趙宗儒字秉文

鄧州穰人元和三年自東都留
守遷荆南節度使公前後與宗
儒啓凡三

宗元啓往者嘗侍坐於崔比部比部名鵬字元翰聞
其言曰今之爲文莫有居趙司勳右者宗儒貞元中自翰林學士再遷司勳員外郎自是恒欲飾其所論著薦
之閤下病其未就將進且退者殆十數焉幸
以廢逐伏匿獲伸其業類於嚮者若有可觀
然又以罪惡顯大甘死荒野不能出其固陋
以求知於閤下則固昧昧徒生於世矣謹獻

雜文十首儻還以數字定其是非使得存於
世則雖生與蠻夷居魂與魑魅游所不辭也
輕瀆威重伏增戰惶謹啓戰惶一作戰灼

上嚴東川寄劒門銘啓嚴礪字元明震之從祖弟也元和元年劉闢反自山南西道節度使討闢以儲備有素撿校尚書左僕射節度東川公作銘以紀其事詳註劒門銘

宗元伏惟僕射以仁厚蓄生人以勇義平國
難而劒門用兵之事最爲天下倡首取其險
固爲我要衝礪與高崇文同征劉闢拔劒州斬其刺史文德昭因分守險阻

潰其腹心王師得以由其門而入彷徉布濩布濩散也

〇徉音羊濩戶故切遂無留滯是閣下之勳力宜著於萬祀而不已也宗元負罪俟命畧刻觀望道里深遠不得悉聞當時之威聲然而竊以累受顧念踴躍盛德恐没身炎瘴卒無以少報於閣下是以晝夜恟恟許拱切不克自寧今身雖敗棄庶幾其文猶或傳於世又焉知非因閣下之功烈所以爲不朽之一端也敢默默而已乎謹撰劒門銘一首惶恐獻上誠無以

稱宏大之略亦足以發平生之心不勝慙懼戰越之至

上江陵嚴司空獻所著文啓（嚴綬華州華陰人挺之從孫也元和六年三月以授檢校司空出爲荊南節度觀察支度等使兼江陵尹）

宗元啓伏念往歲司空由尚書郎出貳太原（貞元中綬自刑部員外郎爲太原少尹尋加北都副留守又加行軍司馬）宗元獲於天長（天長驛名）專用候謁伏蒙叙以世舊許造門闌自後司空累膺寵榮位極公輔（綬累遷尚書右

（僕射檢校司空）宗元得罪朝列竄身湘南（湘南謂永州）霄漢益高泥塵永棄瞻仰遼絕陳露無由司空統臨舊荆控制南服道路非遠德化所覃是敢奮起幽淪仰希光耀伏惟憫憐孤賤特賜撫存則縲紲之辱有望蠲除嗚吠之能猶希效用謹獻雜文七首伏惟以一字定其褒貶終身之幸無以加焉輕黷威嚴伏增戰越

上嶺南鄭相公獻所著文啓（憲宗初以鄭絪同平章事繼出爲嶺南節度使廣州刺史）

宗元啓伏見與當州韋使君書韋使君永州刺史猥
賜存問驚怍悼懼交動於中循念竟日若無
容措幸甚幸甚宗元素乏智能復闕周慎一
自得罪八年于今時元和七年也兢愧弔影追咎既
往自以終身沉廢無跡自明不意相國垂愍
特記名姓守宎奧者一作奧宎○宎音要忽仰睎於白
日負泥塗者遂自濯於清源快心暢目不知
所喻伏以聖人之道與其進也不保其往故
敢藻飾文字洗滌心神致之門下祗俟嚴命

伏惟收撫奬勵以成其終謹獻雜文三十六首冒昧上黷無任踴躍惶恐之至

上李中丞獻所著文啓即湖南李中丞也與前卷二啓同其人此啓又與前卷啓中之意同

宗元啓宗元無異能獨好爲文章始用此以進終用此以退今者畏罪悔咎伏匿惴慄猶未能去之時時舉首長吟哀歌舒泄幽鬱因取筆以書紉韋而編○紉女陳切結也略成數卷伏念閤下以文章昇大僚統方隅而宗元幸緣

罪辜得與編人齒於部內永州在湖南管內不以此時露其所爲以希大君子顧視則爲陋劣而自棄也敢飾近文及在京師官命所草者凡三卷合四十三篇不敢繁故也儻或以爲有可采者當繕録其餘以增几席之汚去就鄙野伏用兢惶謹啓

上裴行立中丞撰訾家洲記啓元和十二年以御史中丞裴行立爲桂管觀察使故以桂州訾家洲記屬公公至是移書獻記當在十二年後柳州時作○訾即移切又

音紫

右伏奉處分令撰訾家洲亭記伏以境之殊尤者必待才之絶妙以極其詞今是亭之勝甲於天下而猥顧鄙陋使爲之記伏受嚴命不敢固讓退自揣度惕然汗流累奉游宴竊觀物象涉旬模擬不得萬一竊復詳忖進退若墜久稽篹刻則有違慢之辜速課空薄又見疎蕪之累僁期廢事○僁與愆同尤所戰慄謹修撰訖記在集中上獻退自跼蹐音局脊不知所裁

無任隕越惶恐之至

上河陽烏尚書啓一本題云上河陽烏尚書重胤欲獻文啓

宗元啓伏以尚書以碩德偉才代著勳烈重胤父承玼事平盧軍有功兩河定亂重胤少爲潞州牙將兼左司馬節度使盧從史奉詔討王承宗陰與賊連吐突承璀將圖之以告重胤元和五年四月重胤縛從史以獻帳下士持兵合譟重胤叱曰天子有命從者賞違者斬士歛手還部無敢動三城建功憲宗嘉重胤功擢帥河陽河陽有三城故曰河陽三城節度使元和九年帝討淮蔡詔重胤以兵壓賊境鼎彝竹帛未足云紀進臨汝

上控制東方[元和九年閏八月以重胤爲汝州刺史充河陽懷汝節度使徙治汝州]隱然長城朝野倚賴宗元雖屛棄遐壤而飽聞德聲所恨不獲親執鞭弭[左傳僖二十三年晉公子重耳曰左執鞭弭右屬櫜鞬爾雅弓有緣者爲弓無者爲弭緣骨飾首末]以備戎伍夙夜踊躍不克寧居伏以威稜所加狂狡已震[狂狡謂吳元濟也]莫大之績重復增崇小子久以文字進身嘗好古人事業專當具筆札拂縑緗[○縑音兼緗音相]賛揚大功垂之不朽瞻望霄漢戀慕交深冒黷威嚴伏增戰越

河東先生集卷第三十六

世綵廖氏
刻梓家塾

河東先生集卷第三十七

表慶賀

禮部爲百官上尊號表

尊號古所無有自唐高宗始稱天皇中宗稱應天至明皇遂有開元聖文神武之號自是以爲法肅宗即位次年正月遂加冊號代宗即位次年七月羣臣遂上尊號至德宗即位次年正月即上尊號至憲宗立於永貞元年八月禮部百官當復遵此議公是時尚爲禮部員外郎故預作此表然公是年九月黜爲邵州刺史繼貶永州司馬至元和三年憲宗方上尊號

臣某言伏以聖王之纂承天位也臣子必竭
懇誠獻尊號安敢爲佞禮在其中一則以告
天地神祇二則以奉宗廟社稷三則以安華
夏蠻貊巍巍大稱其可廢乎臣等誠懼誠望
頓首頓首伏惟皇帝陛下協周文之孝德禮記
文王之爲世子朝於王季日三云云是其孝德也齊大禹之約身孔子
言禹菲飲食惡衣服卑宮室是其約也弘帝堯之法天論語惟天惟大
惟堯則之過殷湯之解網史記湯出見野張網四面祝曰自天下四方皆
入吾網湯曰嘻盡之矣乃去其三面未踰周月四海將致於時

雍俯及元正率土更欣於再造然神人之願
億兆之情有所不安率謂未盡善者以爲帝
德廣運而尊號猶闕郊廟備禮而祝嘏無詞
○嘏古雅切 受福曰嘏 凡百兢懷華夷屬望臣謹按昔
皋陶之頌舜伊尹之頌湯皆臣子至公面揚
君父以敷於當代以播於無窮夫豈飾哉率
由事實帝王尊號蓋漸於此皇家光被四表
祖宗烈文（詩烈文 辟公）時當大和尊號表德耳目
所接簡牘斯存稽之於前典則如彼考之於

聖朝則又如此一無則字今龜筮習吉書龜筮協從卜不習
吉註云習固也元正戒期當品物惟新之時乃皇王
大禮之日陛下郊天地饗宗祧音挑遠祖廟也陰陽
協和動植交暢不建至尊之稱尺證切恐違列
聖之心所以臣等冒死陳聞請上徽號伏惟
陛下小謙讓之節安延企之情特詔名儒禮
官百僚庶尹詳明故實議崇聖德則人望允
厭神心獲安山川效靈光賛無疆之壽祝史
陳信左傳昭二十年其祝史祭祀陳信不愧永彰不朽之功臣

等蒙國寵榮備位班列無任懇望之至

第二表

臣某等言臣等再陳丹懇謹獻鴻名天意未從（意一作心）隕越無措臣某誠惶誠恐頓首頓首謹按堯曰咨爾舜舜曰格爾禹湯曰吾自甚武自號曰武王（出史記）則堯舜禹湯皆當時王者之號也考皇帝之故實徵往聖之憲章允協禮經煥乎圖牒伏惟皇帝陛下允恭克讓約己謙尊參天兩地之功（易參天兩地而倚數）爲而不

有安上理人之德孝經安上治民莫善於禮置而不論至哉王言非羣下所仰望也然臣等伏以爲尊號者所以類上帝書肆類于上帝類祭名饗祖宗萬人所稱百蠻所仰表聖德於率土播天聲於無疆臣下請之之謂禮帝王承之之謂孝孝大於讓禮先於謙百王不刊之典安可得而廢也臣等又以春秋本於五始五始者謂元年春王正月公即位是也漢書王褒傳又記曰共惟春秋法五始之要元者一歲之首春者四時之首王者受命之首正月者政教之

首郊天大禮者立極之首今天地交泰俯臨
元辰正始之美正當其運陛下確違羣願固
守謙沖此臣等所以兢惕失圖恫惶無措上
冒嚴憲敢逃厚責伏乞俯垂天聽察納微誠
詔禮官議臣所請揆日推禮詩揆之以日作于楚室揆擇也
虔奉鴻休盡敬於此猶恐天光未照三獻無
徹彷徨闕庭伏待斧鑕無任聳望之至

禮部賀冊尊號表一本無禮部字古今亭中皆題云禮部賀冊尊號表非也憲宗元和三年初加尊號睿聖文武皇帝

至元和十四年七月再上元和聖文神武法天應道皇帝公是時已爲柳州刺史表跡可見非禮部表也當題云柳州賀冊尊號表

臣某伏奉月日制元和十四年七月己丑羣臣上尊號陛下膺受尊號率土臣子慶抃無窮臣聞立極之大四海無以報神功配天之尊萬物不能崇聖德唯有徽號是彰中興所以上探天心下極人欲伏惟元和聖文神武法天應道皇帝陛下統承千載光被六幽蟊賊盡除蟊賊竝食苗蟲○蟊

音子福應皆集有首有趾咸識太平勳臣增爵
禄之榮戎士加賞延之寵片善必録微功盡
昇獨惟聖謩事絶酬答萬國觖望觖望怨望也○觖古
穴窺睡二切百功怨思百功合作百工是以啓元和之盛
典延穹昊之景祚理歷凝命實曰聖文和衆
定功時惟神武運行有法天之用變化乃應
道之方鬼神協謀夷夏同志大禮既建鴻恩
遂行歡呼遠匝於九圜一作帀帝命式于九圜滲漉普
周於八裔○滲所禁所錦二切漉音鹿慶超遂古美冠將

來臣獲守蠻荒公時爲柳州刺史遠承大典潢汙比陋河清幸遂於千年文選運命論黄河清而聖人生註黄河千年一清塵壤均微山呼願同於萬歲漢武帝元封元年禮祭中嶽太室吏卒咸聞呼萬歲者三無任屏營之至

爲京兆府請復尊號表三首此爲德宗作也

下爲耆老等請復尊號表二首皆同蓋公爲藍田尉時作

臣某言某月日諸縣耆老某等若干人詣臣陳狀辭意迫切以陛下尊號未復請詣闕上表者人心已鬱安可久違天意實勤諒難固

拒撫狀感悅深契微誠臣某誠懇誠迫頓首頓首伏惟皇帝陛下聖神之功貫於天地文武之道超乎古今（建中元年正月丁卯朔羣臣上尊號曰聖文神武皇帝興元元年正月癸亥朔詔中外書奏不得言聖神文武之號）盛德愈大而謙光益深玄化已成而徽號未復遂使神祇歃望（○歃音缺）人庶怨思（一作深）沐浴鴻澤者敢懷晷刻之安捧戴皇恩者不知寢食之適負媿懷憒萬方一心日日以冀（一作日月）遂淹星歲況今地不愛寶（禮記地不愛其寶）致百穀之豐穰天惟

降衷（書惟皇上帝降衷于下民衷善也）呈衆瑞而繁委汚萊瘠鹵之地（鹵鹹地）混成大田（詩大田多稼）草木蟲獸之微（一作鳥獸一作蟲魚）化爲神貺萬靈垂鑒昭然甚明此而不從臣所大惑矧又兵戎永戢夷狄咸懷（一作夷夏懷柔）昭然長春（昭一作煦）樂以終日（以一作只）是以耆老等深感聖育踊躍不寧上奉天恩跼蹐知懼○（跼蹐音局脊）頓顙闕下（頓一作啓）願復鴻名不謀而同無期而至此皆上玄幽贊以誘其衷列聖垂靈以悟其意臣以爲陛下當敬于

斯旨不可忽也臣又伏以陛下賞功與能舉賢出滯小言不廢片善是褒豈可使臣子之效雖微而必旌君父之德盡美而無稱凡在覆載一有孰不兢懼四字不勝懇倒惶恐之至惶恐一作恐懼一作恐悚謹封耆老等狀奉表昧死陳請以聞謹言

第二表一本云此第二表闕此表乃下爲耆老等請復尊號第三表也

京兆府長安縣耆老臣石靈等言靈一作霮徒濫切

伏奉墨詔批臣所請復尊號（一作批答臣等云云）未蒙允許者捧對惶遽不知所裁天實命之於臣何有臣等誠懇誠懼頓首頓首臣聞聖君以奉天爲心不以執謙爲德以順人爲大不以崇讓爲優今陛下深拒天人之誠猶懷謙讓之道臣等愚惑未知所歸且百祥荐臻特表昊穹之睠五穀蕃熟用彰后土之勤億兆嗷嗷籲天請命（書無辜籲天註籲呼也）上下交應幽明同心舉而違之臣所未識況臣等共被仁育同

臻大和陛下德達上玄以豐臣之衣食道躋壽域以延臣之歲年沐浴皇風二十餘載兒童感化鰥寡知恩故臣等出鄉之時歡呼遍野閭里勉臣以不進不止妻孥誓臣以不遂不歸唯竭血誠退無面目便當隕首闕下終不徒還伏惟陛下照臣懇迫之情（一作誠）哀臣羸老之命臣等不勝嗚咽懇恨之至謹奉表陳請以聞

第三表

臣某言臣伏以耆老等竝皆發丹誠（一無皆字）將貫白日復請徽號以光聖謨臣以其懇欵自中不可禁止遂抗表陳請備述微誠伏奉墨詔批答未蒙允許者衆心尚阻天意未從懇迫逾深兢惶無措臣某伏惟皇帝陛下道大益謙化成彌損雖江海善下（老子江海所以能爲百谷王者以其善下之也）每應朝宗之心（書江漢朝宗于海）而日月居高久稱照臨之位況復上承天命下覩人誠若然辭之理有不可伏以陛下功叅造化政

體乾坤萬邦宅心百靈效職此聖之至也明竝兩曜信如四時先天不違窮神知化此神之極也道德純備禮樂興行宸翰動於三光睿藻窮於六義（詩序故詩有六義焉）此文之備也五兵不試（周禮司兵掌五兵註云戈殳戟酋矛夷矛不試不用也）七德咸宣（左傳宣十二年武禁暴戢兵保大定功安民和衆豐財者也武有七德我無一焉）殊方者知歸負固者率服此武之成也黃龍皓兔甘露慶雲神禾嘉瓜祥蓮瑞木萬物暢遂百穀茂滋此天之至靈也黎老班白伏守闕

庭鰥嫠童幼（○嫠力之切謂無夫也）謠歌道路此人之至誠也有其德而無其號拒乎天而違乎人雖陛下謙讓之至美抑非臣心之所安也伏以賤志難明微誠莫達戴天彌懼履地益慙不任懇迫屛營之至伏願早建大號以稱天人之心謹再奉表昧死陳請以聞

爲耆老等請復尊號表（一本題云二首即以前爲京兆府請復尊號第二表爲次篇）

京兆府長安縣耆老石靈等言（靈一作靈一作臣某等）

臣伏以陛下尊號未復一十九年時貞元十八年德宗興元元年去聖神文武號至是一十九年盛德光大玄化益被一作盛德彌光大化益被加以休徵咸集福應具臻至於今歲紛綸尤盛風雨必順生長以時五稼盡登萬方皆稔神意人事正在於斯天不可違時不可棄臣等誠懇誠迫頓首頓首臣聞恩深必報德盛必崇以陛下九重之尊推崇無上以陛下四海之大報效何施唯有尊名用光聖理闕然未復誰所敢安臣心則微天意甚

重伏惟皇帝陛下體昊穹以施化虔上帝以致誠今即萬祥應期百神奉職飛走之物皆已效靈草木之類咸能應聖天命降於上人誠發於中此而可辭孰云有奉況復野多滯穗詩此有滯穗伊寡婦之利畝有餘糧足食之慶充溢於京坻直飢切俗作坵小丘也水中可居曰坻方言云坻場也梁宋閒蚳蜉犁鼠之場謂之坻詩曾孫之庾如坻如京阜財之謠歡呼於道路盡非人力皆是天成神祇之望既勤遐邇之心又迫況臣等得生邦甸幸遇盛明身體髮膚盡

歸於聖育盡一作咸衣服飲食悉自於皇恩被玄化而益深望鴻名而未覩懇倒之至夙夜不寧謹詣光順門昧死請復聖神文武之號以副天地宗社之心使海內赤子得安其所臣等不勝懇倒迫切之至謹奉表以聞

禮部爲文武百寮請聽政表三首此爲順宗作也德宗崩順宗即位百寮請聽政公時爲禮部郎官作

臣某等言臣聞大道必體於至公大孝莫髙於善繼禮記善繼人之志上覩列聖旁考前王罔不

俯就禮文仰承大事嚴奉宗廟慰安元元然後德教惟新邦家永固伏惟皇帝陛下寢苫泣血（苫草也居喪以爲覆席貞元二十一年正月癸巳德宗崩丙申順宗即位）號慕無時貫于神明動于天地未臨庶政猶徇至誠凡在人臣孰不哀懼伏惟先聖遺旨俾陛下抑哀而聽政本朝乏人使臣等竭忠以奉上非敢懼死輒布懇詞期於必從以慰寰宇且王業至重軍國方殷一日萬機不可暫闕伏願追遵顧命蹈履成規恢王者華夷之

望順上帝乃眷之懷臣等不勝哀迫誠懇之
至

第二表晏元獻本據文苑英華此表乃是林逢請聽政第三表别有子厚第二表今載于後

伏奉大行皇帝知陛下至性自天恐陛下
執哀過毀上惟九廟之重下念萬務之殷
故遺詔丁寧俾遵舊典令百辟卿士顒然
在庭瞻望清光已七日矣貞元二十一年正月庚子固
陳誠請猶未允從内外憂惶莫知所出臣

聞大孝之本繼志爲難酌禮之情得中爲貴是以哀迷期數哭泣有常俯而就之禮記檀弓上賢者可使俯而就之聖人所重知難繼也買道而葬後難繼也君子不爲伏願少抑哀懷仰遵理命以副神祇之望以安億兆之心光祖業於無窮流德化於天下凡在臣子孰不悲戴

又此文苑英華所載子厚表也

臣某等言臣聞聖凡殊途邦家異禮故王者舍己從物用身許天雖居達喪孔子曰三年之喪天下之

通喪也通達也猶以事奪伏以大行皇帝道成鑄鼎仙等御龍黃帝采首山銅鑄鼎於荊山下鼎既成有龍垂胡髯下迎黃帝上騎羣臣後宮從上龍者七十餘人名其處曰鼎湖萬姓長號九有顒望陛下以聰明睿聖嗣守寶圖爰及宅憂書王宅憂諒陰三祀宅居也追茲累日而孝思罔極詩永言孝思又曰昊天罔極尚輟乃讙之言記高宗諒陰三年不言言乃讙庶政未釐頗闕如絲之命禮記王言如絲臣等嘗覽載籍粗知喪紀若成周顧命成王將崩命召公畢公率諸侯相康王作顧命歷代猶遵西漢詔音漢文帝將崩有遺詔以令天下以日易月一本

云西漢遺詔前王所奉我國家以孝理天下文明應期上用此法胥以傳授蓋事歸至當則不可不遵禮貴從宜（禮記禮從宜）則不得不守理固然也臣等是以上陳愚懇輕瀆宸嚴冀遂血誠俯親國政而陛下執喪逾切聽理未聞億兆嗷嗷不知所訴臣以爲天子之孝在於保安社稷司牧烝黎功超百王慶流萬代亦何必守臣下之小節蔑皇王之大猷固阻羣情務成謙德伏願以遺詔爲念奪在疚之懷就

臨軒之制天下幸甚

第三表

伏以萬機至重遺旨難違再獻表章上塵旒扆旒謂冕旒扆謂斧扆精誠徒竭天意未迴內外遑遑人神企望臣聞王者之孝異於匹夫禮不相沿道資適變當承平之代故殷帝宅憂而不言遇有事之時則周王未葬而誓衆周王謂武王也況今戎車猶駕邊候多虞兩河之寇盜難除百姓之瘡痍未合亂者思理危者求安天下

嗷嗷正在今日誠宜抑其至性以副羣心成
先帝之大功繼中興之盛業豈可寢苫啜泣
詩啜其泣矣
何塞臣等職參樞近誠切邦家若陛下未恐
庶政闕然九廟之靈何報萬方之望
臨軒尚持前志臣等有死而已不敢奉詔不
勝哀迫懇切之至
賀踐祚表此表順宗即位之日公代一節鎮作也
臣某言太子中舍嚴公弼至嚴公弼山南西道節度使震之子貞元五年中第
奉某月日勑書慰諭伏承陛下以

某月日虔奉典冊允昇寶位貞元廿一年正月癸巳德宗崩丙申順宗即位凡在羣生孰不慶幸臣某誠懽誠抃頓首頓首臣聞天地泰而聖人出雷雨解而品物榮○解乎買切是以五行迭用木火更其位十葉重光宗廟輔其德殷宗龔默再開成湯之業漢文聰明克承高祖之緒陛下重離出曜體乾繼統主鬯彰孝恭之美撫軍著神武之功左傳行曰撫軍守曰監國欽奉遺訓奉一作承永保鴻業遏密之中施雨露以被物遐邇之地覩日月

之繼明則四維之外八極之表人神胥悅草木皆春煦嫗生成（以氣曰煦以體曰嫗○煦呼句切嫗於武切）不失覆載況臣謬膺藩守累受國恩爰自出身洎乎領鎮沐浴聖澤優游昌時不獲覲闕庭之禮展臣庶之分戴天賀聖倍萬恒情

禮部賀改永貞元年表（此憲宗即位改元表也貞元二十一年正月順宗即位八月立皇太子爲皇帝是爲憲宗改元永貞公是時爲禮部郎官作）

臣某等言伏奉今日誥今月九日册皇帝改

貞元二十一年爲永貞元年自貞元二十一年八月五日昧爽以前應犯死罪特降從流流已下遞降一等者貞元二十一年八月庚子順宗制令太子即皇帝位朕稱太上皇制勑稱誥辛丑誥改元永貞元年寶命方始聖曆用彰載宣臨照之明遂施渙汗之澤臣某等誠慶誠賀頓首頓首伏以重光下濟積慶旁行漢祖推奉敎之尊漢高帝六年五月丙午詔曰父有天下傳歸於子子有天下尊歸於父朕被堅執銳平暴亂立諸侯皆太公敎誨也今尊太公曰太上皇文王遂無憂之志禮記無憂者其惟文王乎以王季爲父以武王爲子正

名紀曆（名一作明）表運行於萬方宥過輕刑流汪濊於四海（○濊音穢）歡呼抃蹈遐邇攸同臣某等親奉聖謩仰承大化踴躍之至倍萬恒情無任蹈舞欣慶之至

禮部太上皇誥宜令皇帝即位賀表

（順宗立皇太子爲皇帝自稱曰太上皇皇帝即憲宗也公在禮部作此表）

臣某等言伏奉今日（順宗本紀永貞元年八月庚子）太上皇制命陛下即皇帝位光奉寶圖丕承鴻業溥

天率土慶躍難勝臣某等誠喜誠抃頓首頓首臣聞皇建其極存諸大訓帝出于震著在易經繼明以照于四方易大人以繼明照于四方重熙以臨於萬國動植品彙永賴昭蘇山川鬼神咸用欣戴臣某等獲備班列親仰聖明踴躍之誠倍萬恒品無任抃躍喜慶之至

禮部賀立皇太子表公爲禮部郎官時作

臣某等言伏奉今月二十四日制廣陵郡王宜冊爲皇太子改名某順宗貞元二十一年三月二十四日立子

廣陵王淳爲太子改名純即憲宗也仍令所司擇日備禮冊命

者天序有奉皇圖載寧臣某等誠慶誠賀頓

首頓首臣聞商書載以貞之文書一人元良萬邦以貞

漢史傳早建之義漢文帝元年有司請蚤建太子不唯立愛

書立愛惟親其在繼明其一作期註見前陛下奉率前規

敷揚盛典顧兹守器之重易守器者莫若長子爰正承

華之位承華太子宫名尊義方之教左傳愛子教以義方尊一作遵

載錫嘉名離騷皇覽揆予于初度兮肇錫余以嘉名此謂改名爲純也崇

建樹之禮式光典命以長而立左傳立嫡以長不以賢

自符於慎擇必子之選遂合于至公邦本不
搖王業彌固此皆宗社垂祉啓佑皇心乾坤
合謀保安聖運足以播休氣於四海洽大和
於萬靈食毛含齒所同歡慶臣等奉承制命
蹈舞周行踴躍之誠倍百恒品無任慶抃感
悅之至謹奉表陳賀以聞

禮部賀皇太子冊禮畢德音表 公爲禮部郎官時作

臣某等言伏奉今日制皇太子冊禮云畢思

與萬方同其惠澤者貞元二十一年四月戊申詔曰冊禮云畢感慶交懷思與萬方同其惠澤赦京城繫囚大辟降從流流已下減一等盛典斯舉
鴻恩遂行凡在率土不勝抃躍臣某等誠喜
誠賀頓首頓首伏惟皇帝陛下克奉神休以
正邦統建天下之本宗廟以安致萬國之貞
兆人攸賴典冊既備慶澤載流既廣愛而推
恩亦好生而布德緩刑而囹圄知感進勳而
嗣續增榮詔云文武常參并州府縣官子爲父後者賜勳兩轉崇教諭
之方忠良是舉詔云古之所以教太子必茂選師傅以翼輔之法於訓辭

而行其典禮左右前後罔匪正人是以敎諭而成德也給事中陸贄中書舍人崔樞積學懿文守經據古夙夜講習庶叶于中竝充皇太子侍讀嚴賛襄之禮一襄作相賜與有加旌孝悌以厚於人倫詔云天下孝子順孫先旌表門閭者委所管州縣各加存卹敬鬼神而修其祀事況行禮之日則屛翳收蹟屛翳雲師也太陽宣精用彰出震之休易帝出乎震更表重離之曜神化旁暢皇風遠揚自華及夷異俗同慶臣等謬忝著定著定位序也倍百恒情無任歡慶踴躍之至

爲王京兆皇帝即位禮畢賀表王京兆名

權貞元二十一年二月自鴻臚卿爲京兆尹憲宗即位公爲代作賀表下又有代作賀表凡五首

臣某等言臣聞大人繼明百神所以受職天子有道左傳天子有道守在四夷萬國由是承風伏以皇帝陛下纘聖垂休順時御極負扆而會朝夷夏禮記明堂位天子負斧扆南面而立註云負背也扆戶牖閒也○扆隱豈切踐祚而統和天人班固東都賦靈臺明堂統和天人幽明感通遐邇昭泰遂使祥光下燭嘉氣旁通周王謝流火之符周武王渡孟津白魚入于王舟有火復于王屋流爲烏魯史

愧書雲之典左傳僖五年凡分至啓閉必書雲物爲備故也食毛含齒食毛者食土之毛也歡抃無窮臣某等幸覩昌時獲奉大慶踴躍之至倍萬恒情無任蹈舞欣躍之至

代韋中丞賀元和大赦表憲宗即位之明年改元大赦公到永之初與刺史韋君作也公在永凡十年歷刺史者六人韋其姓者二而其名不可考

臣某言伏奉正月二日制大赦天下永貞二年宜改元和元年太陽既昇煦育資始霈澤

斯降膏潤無遺臣某誠慶誠賀頓首頓首伏惟皇帝陛下仁化旁流孝理弘闡紀元示布和之令（周禮正月之吉始和布政于邦國都鄙）肆眚見恤人之心（書眚災肆赦左傳莊二十二年正月肆大眚）曠然滌瑕得以遷善渙發大號中明舊章農有薄征（周禮薄征緩刑施舍已責）市無彊價（左傳價作估估買也）勳勤是録爵秩以班寵寧閒於幽明澤必周於夷夏近甸輕榷酤之入遠人忘水旱之灾既行慶於官僚亦推恩於天屬諸生喜黌塾之廣庶老加絮帛之

優量入所以備凶興廉期於變俗爰褒有客（詩周頌有客謂二王之後爲客）尊賢之典惟新載奉素王宗子之道斯在（記檀弓孔子曰天下孰能宗予）綸言一降庶政畢行懷生之倫感悅無量臣某等守在遐遠親奉詔條踴躍之誠倍百恒品無任感恩抃舞屛營之至

禮部賀册太上皇后表（永貞元年八月順宗立皇太子爲皇帝自稱太上皇立良娣王氏爲太上皇后令表所賀即此也董氏册太上德妃本紀不載公時尚在禮部云）

臣某等言伏奉今月日誥良娣王氏冊太上

皇后良媛董氏冊太上皇德妃宜令所司備

禮冊命者永貞元年八月辛丑太上皇誥曰良娣王氏家承茂族德冠中宫雅

修彤管之規克佩姆師之訓自服勤蘋藻祇

奉宗祧令範益彰母儀斯著宜正長秋之位

以明繼體之尊良媛董氏備位後庭素稱淑

慎進升號位禮亦宜之良娣可冊爲太上皇

后良媛宜冊冊爲太上皇德妃仍令所司備禮

擇日冊命○娣音弟太子有妃有良娣良媛于

眷切

母儀有光坤道克順陰教方行於萬國内

理克和於六宫周禮内宰以陰禮教六宫以

陰禮教九嬪禮記天子后立

六宫三夫人九嬪二十七世婦八十一

御妻以聽天下之内治一本克字作巳臣某

等誠慶誠賀頓首頓首伏惟皇帝陛下對若
天休奉揚睿旨長秋既登其正位長秋皇后宮名褕
狄亦被於恩光內司服掌王后之六服褘衣褕狄闕狄鞠衣展衣緣衣素
沙奉養見三朝之安禮記文王之爲世子朝於王季日三雞初鳴而
衣服至於寢門外問內豎之御者曰今日安否何如內豎曰安文王乃喜及日中又至亦
如之及暮又至亦如之周旋有四星之輔史記天官書後宮四星末
大星正妃餘三星後宮之屬豈獨配乾稱太一本作大助日爲
明所以表王化之源知孝悌之本冠映千古
儀刑四方臣某等捧戴施行踴躍無地無任

蹈舞欣喜之至

禮部賀太上皇后冊畢賀表

臣某等言今月日太上皇后冊禮云畢率土臣妾慶抃無窮臣某等誠慶誠賀頓首頓首伏以太上皇后著虞嬪之至德（書釐降二女于嬀汭嬪于虞嬪婦也）嗣周母之徽音（詩大姒嗣徽音音徽美也）表率六宮明彰萬國陛下克修理本以暢化源神道知事地之方人倫識尊親之大豈惟婦順斯備（禮記成婦禮明婦順又申之以著代所以重責婦順焉者也）陰禮用修足

以播正始於王風詩周南召南正始之道王化之基一本作國風致時雍於帝典臣某等謬塵榮位獲覩盛儀踴躍之誠倍百恒品百一作萬

賀皇太子牋皇太子憲宗也時公尚在南宮代一藩臣作

某言伏奉日月制書貞元二十一年四月癸卯立廣陵王爲皇太子殿下祗膺茂典位副青宮青宮東宮也神異經曰東方有宮青石爲墻高三仞門有銀牓以青石碧鏤題曰天地長男之宮温文光三善之名禮記行一物而三善皆得者唯世子而已其齒於學之謂也其一知父子之禮其二知君臣之義其三知長幼之節繼照協重離之慶易明兩作離大

人以繼明照于四方萬葉固本羣方宅心含生之徒孰不欣戴況某夙蒙期獎職在藩方懽抃之誠倍萬恒品

御史臺賀嘉禾表公貞元十九年尚爲監察御史至二十一年方遷禮部員外郎當是爲御史時作也

臣某言今月日宰臣以幽州一有州字華所進嘉禾圖各一軸幽州節度使劉濟所進示百僚者伏以嘉穀順成靈貺昭格天人合應遐邇同風臣某誠懽誠慶頓首頓首伏惟皇帝陛下睿謀廣

運神化旁行植物知仁祥圖應聖靈岳不愆

於贊祐靈岳謂北岳也燕谷用遂於生成劉向别録曰鄒衍在燕燕有谷地美而寒不生五穀鄒子居之吹律而温氣至百穀生今名爲黍谷豐稔

旣均知朔南之被澤書朔南暨聲教休嘉克協見天

地之同和六穗慙稱於漢臣司馬相如封禪書導一莖六穗於庖註導擇也一莖六穗謂嘉禾之米於庖厨以供祭祀也異畝恥書於

周典書唐叔得禾異畝同穎獻諸天子自中形外均慶同歡

臣某謬職憲司獲覩休瑞無任抃躍之至

禮部賀嘉禾及芝草表公爲禮部員外郎時作時

（貞元二十一年史不書）

臣某等言伏見今月某日內出劒南所進嘉禾圖（劒南西川節度使韋皋所進）及陝州所進紫芝草（號陝觀察使崔宗所進）示百寮者珎圖煥開瑞彩交映遐邇偕至福應攸同臣某等誠慶誠賀頓首頓首伏惟皇帝陛下緝熙至道保合大和（易保合大和）天惟發祥（詩長發其祥）地不愛寶嘉禾擢質靈草抽英獻于王庭唐叔懸同穎之異（見上註）薦諸郊廟班史謝連葉之奇（漢書武帝紀甘泉宮生芝草九莖連

葉乃作芝房之歌以薦郊廟既呈蕤蕤之祥詩黍稷蕤蕤○蕤魚紀魚力二切盛貌更覩煌煌之秀豐年斯著聖壽用彰

飲和之人懽抃無極臣某等優游至化披翫

殊姿慶抃之誠倍百恒品

京兆府賀嘉瓜白兔連理棠樹等表當是貞元十八年公在藍田縣尉時作史不書

臣某言今月日中使王自寧出徐州刺史張

愔所進嘉瓜圖貞元十六年六月以徐泗濠節度使張建封之子愔爲徐州刺史節度觀察留後及白兔兒一并陳許等州觀察

使上官説所進許州連理棠樹圖貞元十五年八月以上官説爲陳許等州觀察使示百寮者惟天眷命是降百祥書作善降之百祥惟聖欽承用膺多福臣某誠慶誠賀頓首頓首臣伏以大和所蒸至德斯應圖物獻瑞周於遠方神瓜合形式表緜緜之慶詩緜緜瓜瓞異棠連質用彰韡韡之榮○韡音葉榮字一作休況金風發祥白兔來擾擾馴也告有秋之嘉應著成歲於神功雜遝紛綸○遝音沓如山斯委人盡登於壽域物咸暢於薰風況臣特感

深恩欣逢衆瑞踴躍之至倍萬恒情

禮部賀甘露表已下四表皆公貞元二十一年二月遷禮部員外郎掌尚書牋表時作

臣某言中使王自寧至伏奉宣聖旨出延和殿前丁香樹甘露一大合示宰臣未時又出一大合令明日示百寮甘露見降未止者玄化昇聞靈貺昭荅必呈尤異之應以告天地之和臣某誠懽誠慶頓首頓首伏惟皇帝陛下均煦育之功敷滲漉之澤司馬相如封禪頌滋液滲漉何

生不育滲漉謂潤澤下究也大和潛達闓瑞克彰發於天
霄特降宮樹朝光初燭方湛湛而不晞詩湛湛露
斯匪陽不晞畏景轉炎更瀼瀼而未已詩零露瀼瀼綴
葉而珠璣積燿盈器而冰玉呈姿芳襲椒蘭
味兼飴醴○飴音怡餳也然則零其庭而著異楊雄云昔
二帝三王國家殷富上下交足故有甘露零其庭紀於年以標奇漢宣
帝元康元年甘露降未央宮大赦於是以紀其年徒矜往辰孰竝玆
日況樹有丁香之珎殿即延和之號所以著
芳風之遠播期聖壽於無疆事絕古今慶傳

遐邇臣謬承渥澤獲覩殊祥抃躍之誠倍萬
恒品

禮部賀白龍并青蓮花合歡蓮子黃
瓜等表或註云京兆恐非是

臣某言伏見今月日内出滄洲所進白龍見
圖又出西内定禮池中青蓮花并神龍寺前
合歡蓮子示百僚二十三日又出鹽州所進
合歡黃瓜圖者二氣交泰萬國同和動植思
協於殊祥遐邇畢呈其嘉應披圖按牒聖理

彰明臣誠懽誠慶頓首頓首伏以天地非遠
睿感必通疊瑞重祥累集宮禁池蓮表異靈
化非常敷彼青光徵佛書而尤絕成其嘉實
驗祥經而甚稀積慶旁流自中徂外遂使龍
騰白質乘秋果應於金行瓜合黃中表聖更
彰於土德遠通邊徼（邊徼謂滄鹽也）近出苑園（謂定禮池
也）合慶同歡周於億兆況復邦畿之內雨露
必時宿麥大穰嘉穀滋茂和風孕育靈氣陶
蒸是皆發自帝心達於天意周流升降成此

歲功惠彼羣生自爲嘉瑞臣某深惟多幸獲
遇斯時觀靈貺之備臻知人和之溥洽無任
慶抃躍蹈之至

禮部賀白鵲表

臣某言伏奉進旨宣示前件白鵲者霜毛皎
潔玉羽鮮明色實殊常性惟馴狎臣聞聖王
之德無所不至有感則應無幽不通伏惟陛
下恩霑動植仁洽飛翔故得兹禽呈休效質
伏以白者正色實表金方鵲以知來淮南子乾鵲知

來而不知往式彰寇服用符歸化之兆克耀太平
之階臣職叅禁垣獲覩嘉瑞無任慶抃之至

禮部賀嘉瓜表

臣某等今日内出浙東觀察使賈全貞元十八年正月以常州刺史賈全爲浙東觀察使所進越州山陰縣移風鄉
百姓王獻朝園内產嘉瓜二實同蔕圖示百
寮者實祚惟新貞元二十一年正月丙申順宗即位嘉瑞來應
式彰聖德更表天心臣某等誠慶誠賀頓首
頓首伏惟皇帝陛下保合大和緝熙庶類德

馨上達書黍稷非馨明德惟馨神化旁行嘉瓜發祥來自侯服質惟同蔕見車書之永均地則移風知化育之方始雖七月而食爾土歌王業之艱詩七月陳王業也周公遭變故陳后稷先公風化之所由致王業之艱難也七月食瓜八月斷壺又大戴禮五月治瓜七月食瓜五色稱珍東陵詠嘉賓之會漢邵平故爲秦東陵侯秦破爲布衣種瓜長安城東瓜美世號東陵瓜阮嗣宗詩昔聞東陵瓜近在青門外連畛距阡陌子母相鉤帶五色曜朝日嘉賓四面會未聞感通若斯昭著者也臣某等遭逢聖運親仰珍圖抃躍之誠倍百恒品無任慶悅之

至

爲王京兆賀嘉蓮表王京兆權也已見上賀皇帝即位表題註公尚爲禮部員外郎時作永貞元年也是年九月公出刺邵州十一月權亦貶矣

臣某言今日某時中使某奉宣聖旨出西内神龍寺前水渠内合歡蓮花圖一軸示百寮者祥圖煥開異彩交映賛天地之合德表神人之同歡臣某誠懽誠慶頓首頓首伏惟皇帝陛下道協重華書重華協于帝慶傳種德書皐陶邁種德

李氏臯陶之後故云陶陰陽之粹美孕造化之精英吉慶每見於天心發祥必自於禁掖是使雙華擢秀連蔕垂芳香激大王之風宋玉云此獨大王之雄風也影耀天泉之水沈約宋書文帝永嘉二十一年天泉池池蓮同幹煥開宮沼旁映給園謂給孤獨園指言神龍寺也靈貺應期天龍護聖寶曆敻超於小劫神功允洽於大千臣某獲覩昇平濫居榮寵聞瑞應而稱慶仰續事而增歡論語繪事後素繪或作繢無任抃蹈喜躍之至

爲王京兆賀雨表一

臣某言臣昨日面奉進旨以近日少雨今月內無雨即須祈禱今日便降甘雨者天且不違神必有據密雲與綸言繼發時雨將天澤竝流臣某誠懽誠慶頓首頓首伏惟皇帝陛下憂切蒸黎慮深稼穡思彼未兆防於無形滲漉每出於湛恩變化必隨於廣運宸衷暫惕巳矯御天之龍（易時乘六龍以御天）聖謨既宣遂洽漏泉之澤（吾丘壽王曰德澤上周天下漏泉）霮䨴周布（〇霮徒感）

（切䨴音隊黑雲也）霏微四施黍稷盡成公私皆及（詩雨我公田遂及我私）野夫鼓舞知帝力之玄通官吏歡呼見天心之默喻臣某牧人京邑動仰皇靈渥澤徒加消滴無助無任感悅屛營之至

王京兆賀雨表二

臣某言伏見今月二十四日時雨溥降伏以聖心積念天意遽迴移造化之玄功革陰陽之常數臣某誠慶誠抃頓首頓首皇帝陛下仁育蒼生恩同赤子自頃天雨未降時稼或

[illegible]貶食齋戒至誠幽達又慮宿麥無備播種失時出於宸衷特令賑貸睿謨潛運甘雨遂周布濩垂陰司馬相如封禪書匪惟雨之又潤澤之匪惟偏我氾布濩之布濩布遍也隨聖澤而俱遠滂沱積潤與恩波而共深臣某才術無聞謬司邦甸生成必資於帝力進退何補於天工沐浴大和慙荷無極無任慶躍屏營之至

王京兆賀雨表三

臣某言今月十三日面奉進旨緣自春來少

雨宜即差官精誠祈禱者十四日臣便差官分赴靈跡其日雲陰四合至十五日甘雨遂降伏惟皇帝陛下言爲神化動合天心未成旱暵之虞已積憂勤之慮衆靈受職薈蔚且隮於南山詩薈兮蔚兮南山朝隮○薈烏外切蔚於貴切百穀仰榮左傳猶百穀之仰膏雨也滂霈遂沾於東作睿謨朝降膏澤夕周知天人之巳交識陰陽之不測然則周王徒勤於方社詩以社以方我田既臧謂有事於山川也一本作方岳殷帝虛美於桑林呂氏春秋昔殷湯克夏五年不雨湯乃以身禱

於桑林剪其髮割其爪以爲犧用祈福於上帝豈若無灾而旱圖未禱而先應化超前聖道貫重玄徧野同歡傾都相慶臣之欣躍倍萬恒情

王京兆賀雨表四

臣某言臣於三月二十九日奉進旨於諸靈跡處祈雨至三十日甘雨遂降者臣聞惟聖有作先天不違發令而祥風已興（班固傳云習習祥風祁祁甘雨）致誠而玄液旁被臣某誠歡誠賀頓首頓首伏惟皇帝陛下側身防患道邁周王（詩江）

漢側身修行欲銷去之盡力勤人功超夏后論語禹卑宮室而盡力乎溝洫聖謨廣運驅百靈以從風神化旁行滋五稼而流澤五稼五穀也油雲四合孟子天油然作雲膏雨溥周詩芃芃黍苗陰雨膏之農壤遂一於肥磽丘交切與境同農壤一作豐穰滲漉盡霑於遐邇蒸黎詠德知必自於聖心草木欣榮如有感於皇化有年之慶實在於斯臣以無能謬領京邑上勞宸慮運此歲功無任喜懼屏營之至

賀親自祈雨有應表五或亦以爲代王京兆然觀

表言得上都院官金部員外郎
韓述狀報必代外州刺史所上
在汞時代
人作也
臣某言臣得上都院官金部員外郎韓述狀
報以時雨未降親自於龍堂祈禱有靈禽羣
翔自成行列如隨威鳳漢宣帝神爵元年詔曰南郡獲白虎威鳳
爲寶晉灼曰威鳳鳳之有威儀者以翼龍舟其日降雨者伏
以時或僣陽左傳冬無愆陽夏無伏陰歲之常候式當聖
日無害豐年陛下郼本務農憂人閔雨宸慮
所至天心自通故得瑞鳥迎舟掩商羊之舞

家語齊有一足之鳥舒翅而跳齊侯遣使訪孔子孔子曰此鳥名商羊昔童謠云天將大雨商羊鼓舞其應至矣將有水災

仙雲覆水協從龍之徵（易雲從雲風從虎）初泛洒於上宮遂滂霈於率土自中祖外皆荷生成雨公及私（詩雨我公田遂及我私）靡不碩茂殷后徒勤於自翦（見上註）周公空媿於舞雩（周禮春官女巫掌歲旱暵則舞雩）臣以庸虛謬司垣翰有年之慶惟聖之功臣不任（云云）

河東先生集卷第三十七

世綵廖氏刻梓家塾

(唐)柳宗元　撰

宋本河東先生集

第十一册

國家圖書館出版社

第十一册目録

卷第四十四　非國語上

序……一
滅密……二
不藉……三
三川震……六
料民……九
神降於莘……一一
聘魯……一四
叔孫僑如……一六
郤至……一七
柯陵之會……二一
晋孫周……二三
穀洛鬥……二五
大錢……二六
無射……二八
律……三〇
城成周……三三
問戰……三五
躋僖公……三八
莒僕……三九
仲孫它……四一
羵羊……四二
骨節專車　楛矢……四三
輕幣……四四
卜……四七
郭偃……四八

公子申生……四八
狐突……四九
虢夢……五〇
童謠……五二
宰周公……五二
荀息……五四

卷第四十五 非國語下

狐偃……六三
輿人誦……六五
葬恭世子……六六
殺里克……六七
獲晉侯……六八
慶鄭……七一
乞食於野人……七二
懷嬴……七三
筮……七四
董因……七五
命官……七五
倉葛……七六
觀狀……七七
救饑……七八
趙宣子……八〇
伐宋……八一
鉏麑……八二
祈死……八四
長魚矯……八五
戮僕……八六
叔魚生……八七
逐欒盈……八八
新聲……八九
射鷃……九〇
趙文子……九一
醫和……九二

黃熊……九四
韓宣子憂貧……九五
圍鼓……九六
具敖……九七
董安子……九八
祝融……一〇〇
褒神……一〇二
嗜芰……一〇四
祀……一〇五
左史倚相……一〇六
伍員……一〇七
《河東先生外集》卷上　賦文誌……一一一
披沙揀金賦……一一一
迎長日賦……一一五
記里鼓賦……一一九
吾子……一二三
劉叟傳……一二四
河間傳……一二五
箏郭師墓誌……一三二
趙秀才群墓誌……一三六
太府李卿外婦馬淑誌……一三八
《河東先生外集》卷下　表啓……一四一
爲文武百官請復尊號表六首……一四一
及大會議户部尚書班宏又請改所上尊號加奉道字故其文如後表……一六六
及大會議國子祭酒韓洄請歷數近日徵應祥瑞故又改其文如後表……一六八
爲崔中丞賀平李懷光表……一六九
爲裴令公舉裴冕表……一七一
爲武中丞謝賜新茶表……一七五

爲裴中丞賀破東平表……………………一七六
賀赦表………………………………一八〇
賀皇太子牋…………………………一八二
賀裴桂州啓…………………………一八三
與衛淮南石琴薦啓…………………一八五
答鄭員外賀啓………………………一八六
答諸州賀啓…………………………一八七
朱彝尊題跋…………………………一八九
羅振玉題款…………………………一九〇
鄭孝胥題詩…………………………一九一

河東先生集卷第四十四

非國語序

集中有與吕道州書論非國語云身編夷人名在囚籍以道之窮也而施乎事者無日故乃挽引強爲小書以志其中之所得焉又與吳武陵書云若國語之説僕病之久嘗難言於世俗今因其間也而書之又云伏而不出者累月方視足下書當元和三四年間公時在永州作其間載國語斷截不可考輒附益之庶其理易見焉

左氏國語其文深閎傑異固世之所耽嗜而不已也而其説多誣淫不槩於聖揚子參差不齊槩諸

聖註云一以聖人之道檗乎之余懼世之學者溺其文采而
淪於是非是不得由中庸一作是不知得由中庸以入
堯舜之道本諸理作非國語

非國語上三十一篇

滅密此巳下周語

恭王遊於涇上恭王諸本皆作昭王以國語諸本考之皆作恭王且周之世系恭王在穆王之後而昭王在穆王之前國語之叙亦止自穆王以來則爲恭王無疑矣恭史記作共密康公從有三女奔之其母
曰必致之王衆以美物歸汝何德以堪之

小醜備物終必亡康公不獻一年王滅密非曰康公之母誠賢耶則宜以淫荒失度命其子焉用懼之以數且以德大而後堪則納三女之奔者德果何如若曰勿受之則可矣教子而媚王以女非正也左氏以滅密徵之無足取者

不藉

宣王不藉千畝虢文公諫曰云云將何以求福用人王不聽三十九年戰于千畝王

師敗績于姜氏之戎（藉借也借民力以爲之天子藉田千畝諸侯百畝自厲王流于彘藉田禮廢宣王即位不復遵古故虢文公諫之文王母弟虢仲虢叔始封于虢文公蓋其後也）非曰古之必藉千畝者禮之飾也其道若曰吾猶耕云爾（一作吾猶耕乎云爾）又曰吾以奉天地宗廟則存其禮誠善矣然而存其禮之爲勸乎農也則未若時使而不奪其力節用而不殫其財通其有無和其鄉閭則食固人之大急不勸而勸矣啓蟄也得其耕（左傳啓蟄而郊註云啓蟄建寅

（之月）時雨也得其種苗之猥大也得其耘（漢書江皋河濵雖有惡種無不猥大猥盛也）實之堅好也得其穫（詩既堅既好不稂不莠）京庾得其貯（詩曾孫之庾如坻如京京高丘也京庾一作爾庾）老幼得其養取之也均以薄藏之也優以固則三推之道（推進也禮記天子三推○推徒回切）存乎亡乎皆可以爲國矣彼之不圖而曰我特以是勸則固不可令爲書者曰將何以求福用人夫福之求不若行吾言之大德也（德一作福）人之用不若行吾言之和樂以死也敗于戎而引是

以合焉夫何怪而不屬也又曰戰于千畝者

吾益羞之

三川震

幽王二年西周三川皆震伯陽父曰周大夫也周將亡矣夫天地之氣不失其序若過其序民亂之也陽伏而不能出陰迫而不能蒸於是有地震今三川實震是陽失其所而鎮陰也陽失而在陰源必塞源塞國必亡若國亡不過十年數之紀也夫天之所

棄不過其紀是歲也三川竭岐山崩幽王

乃滅周乃東遷自天地之氣已下新附

非曰山川者特天地之物也陰與陽者氣而

遊乎其間者也自動自休自峙自流是惡乎

與我謀自鬬自竭自崩自缺是惡乎爲我設

彼固有所逼引而認之者不塞則惑夫釜鬲

而爨者爾雅鼎款足者謂之鬲款足曲脚也○鬲音歷必涌溢蒸鬱

以糜百物糜爛也畦汲而灌者必衝盪濆激以

敗土石是特老圃者之爲也一本云是特老婦老圃者之爲

也猶足動乎物又況天地之無倪倪端倪陰陽之無窮以澒洞轇轕乎其中○澒音汞諸韻皆胡洞切並云水銀也無別義今獨孤及觀海詩澒洞吞百谷杜子美詩澒洞不可掇杜詩中用澒洞不一淮南子澒濛鴻洞莫知其門許慎註澒讀如項羽之項鴻讀如子贛之贛洞讀如同遊之同今按唐人用澒洞二字若出於淮南子音合依本處註轇轕音膠葛或會或離或吸或吹如輪如機其孰能知之且曰源塞國必亡人乏財用不亡何待則又吾所不識也且所謂者天事乎抑人事乎若曰天者則吾既陳於前矣人也則乏財用而取亡者

不有他術乎而曰是川之爲尤又曰天之所棄不過其紀愈甚乎哉吾無取乎爾也

料民

宣王料民于太原仲山父諫曰民不可料也夫古者不料民而知其少多王治戎于藉攈于農隙耨獲亦於藉獮於既蒸狩於畢時是皆習民數也又何料焉不謂其少而大料之是示少而惡事也臨政示少諸侯避之治民惡事無以賦令且無故而料

民天之所惡也害於政而妨於嗣（一作後嗣）王
卒料之及幽王乃廢滅（國語無廢字料數也自民不可料至無以賦令新附）

非曰吾嘗言聖人之道（言一作聞）不窮異以爲神不引天以爲高故孔子不語怪與神君子之諫其君也以道不以誣務明其君非務愚其君也誣以愚其君則不臣（一作罔不拒）仲山氏果以職有所協（協合也）不待料而具而料之者政之尨也姑云爾而已矣又何以示少惡事爲

哉示少示以寡也惡事厭惡政事不能修之之意況爲大妄以誘乎後嗣賈誼傳尚有可誘者胡建傳執事以誘上誘累也○誘女恚切惑于神怪愚誣之說而以是徵幽之廢滅則是幽之悖亂不足以取滅而料民者以禍之也仲山氏其至于是乎蓋左氏之嗜誣斯人也已何取乎爾也

神降于莘莘虢地

周惠王十五年有神降于莘王問於內史過曰今是何神也對曰昔昭王娶於房曰

房后實有爽德協于丹朱丹朱馮身以儀之生穆王焉實臨周之子孫而禍福之夫神壹不遠徙遷若由是觀之其丹朱之神乎王曰其誰受之對曰在虢土王曰然則何爲對曰臣聞之道而得神是謂逢福淫而得神是謂貪禍今虢少荒其亡乎王曰吾其若之何對曰使太宰以祝史帥狸姓奉犧牲粢盛玉帛往獻焉無有祈也王曰虢其幾何對曰昔堯臨民以五五年一巡狩今

其胄見神之見也不過其物若由是觀之不過五年狸姓丹朱之裔謂神不歆非類故帥以往舊本止載有神降于莘使帥狸姓以獻焉兩句今如前附益之庶可見非之意也非曰力足者取乎人力不足者取乎神所謂足足乎道之謂也堯舜是矣周之始固以神矣況其徼乎彼鳴乎莘者以焄蒿悽愴○焄音熏香氣焄蒿悽愴見禮記妖之淺者也天子以是問卿以是言則固已陋矣而其甚者乃妄取時日莽浪無狀而寓之丹朱莽浪無根源也並如字則又以房

后之惡德與丹朱協而憑以生穆王而降于虢以臨周之子孫於是遂帥丹朱之裔以奉祠焉又曰堯臨人以五今其胄見胄後也虢之亡不過五年斯其爲書也不待片言而迂誕彰矣

聘魯

定王八年使劉康公聘於魯發幣於大夫季文子孟獻子皆儉叔孫宣子東門子家皆侈歸王問魯大夫孰賢對曰季孟其長

處魯乎叔孫東門其亡乎若家不亡身必不免王曰幾何對曰東門之位不若叔孫而泰侈焉不可以事二君叔孫之位不若季孟而亦泰侈焉不可以事三君若皆蚤世猶可若登年以載其毒必亡登年多歷年也載行也毒害也必亡家必亡也自發斃於大夫至身不免及登年以載其毒必亡皆新附非曰泰侈之德惡矣其死亡也有之矣而孰能必其時之蚤暮耶設令時之可必又孰能必其君之壽夭耶若二君而壽三君而夭則

登年載毒之數如之何而准

叔孫僑如

簡王八年魯成公來朝使叔孫僑如先聘且告見王孫說與之語王孫說周大夫也說言于王曰魯叔孫之來也必有異焉其享覲之幣薄而言諂殆請之也若請之必欲賜也魯執政唯強故不懽焉而後遣之且其狀方上而銳下宜觸冒人王其勿賜若貪陵之人來而盈其願是不賞善也自簡王至來朝自魯

叔孫來至後遣之皆新附

非曰諸侯之來王有賜予非以貨其人也以禮其國也苟叔孫之來不度於禮不儀於物則罪也王而刑之誰曰不可若力之不能而姑勿賜未足以懲夫貪陵者也不若與之今使王逆詐諸侯而蔑其卿苟興怨於魯未必周之福也且夫惡叔孫者秦侈貪陵則可矣方上而銳下非所以得罪於天子

郄至郄亦作郤。郄乞逆切○

晉既克楚于鄢使郤至告慶于周（告慶舊本作獻捷）未將事王叔簡公飲之酒相說也明日王叔子譽諸朝郤至見邵桓公與之語邵公以告單襄公曰王叔子譽溫季以爲必相晉國相晉國必大得諸侯勸二三君子必先導焉可以樹襄公曰人有言曰兵在其頸其郤至之謂乎君子不自稱也云云在太誓曰民之所欲天必從之王叔欲郤至能勿從乎郤至歸明年死難及伯輿之

獄王叔陳生出奔晉自晉克楚至可以樹新附非曰單子罪郄至之伐當矣因以列數舍鄭伯下楚子逐楚卒咸以爲姦則是後之人乘其敗追合之也郤公初告單襄公謂郄至吾有三伐勇而有禮反之以仁吾三逐楚軍之卒勇也見其君必下而趨禮也能獲鄭伯而赦之仁也若是而知晉國之政楚越必朝襄公曰且郤至何三伐之有夫仁禮勇皆民之爲也以義死國謂之勇奉義順則謂之禮畜義豐功謂之仁姦仁爲佻姦禮爲着姦勇爲賊有三姦以求替其上違於得政矣公謂三姦之說自郤至死難後後人追合之也左氏在晉語言免冑之事則曰勇以知禮於此焉而異吾何

取乎晉語厲公六年鄢之戰郄至以韎韋之跗注三逐楚共王卒見王必下奔退戰王使工尹襄問之以弓曰方事之殷也有韎韋之跗注君子也屬見不穀而下無乃傷乎郄至甲胄而見客免胄而聽命曰君之外臣至以寡君之靈閒蒙甲胄不敢當拜君命之辱爲使者故敢三肅之君子曰勇而知禮公謂左丘明前日既載其三姦之事而於此所書又如此固已自異也郄氏誠良大夫不幸其宗侈而亢兄弟之不令而智不能周强不能制遭晉厲之淫暴讒變竊構以利其室卒及於禍吾嘗憐焉今夫執筆者以其及也而必求其惡以播於後世然則有大惡幸而得終者則固

掩矣世俗之情固然耶其終曰王叔欲郄至能勿從乎斯固不足譏也巳

柯陵之會柯陵鄭西地名

柯陵之會春秋魯成公十七年書公會尹子單子晉侯齊侯宋公衛侯曹伯邾人伐鄭六月乙酉同盟于柯陵單襄公見晉厲公視遠步高○單音善晉郄錡見其語犯○錡音倚又音奇郄犫見其語迂○犫唌周切郄至見其語伐齊國佐見其語盡魯成公見言及晉難及郤犫之譖單子曰晉將有亂其君與三郤其當

之乎魯侯曰敢問天道乎抑人故也對曰夫合諸侯民之大事也其君在會步言視聽必皆無謫則可以知德矣晉侯爽二吾是以云視與步也今郤伯之語犯叔迂季伐犯則陵人迂則誣人伐則掩人其誰能忍之雖齊國子亦將與焉立於淫亂之國而好盡言以招人過。招音翹怨之本也簡王十二年晉殺三郤十三年晉侯弑齊人殺國武子自魯侯曰至能忍之自立於淫亂至國武子皆新附非曰是五子者雖皆見殺非單子之所宜必也而曰合諸侯人之大事於是乎觀存亡若是則單子果巫史矣視遠步高犯迂伐盡者皆必乎死也則宜死者衆矣夫以語之迂而曰宜死則單子之語迂之大者獨無謫邪

晉孫周

晉孫談之子周適周單襄公以告頃公曰必善晉周將得晉國其行也文能文則得天地天地所祚小而後國夫敬文之恭也

忠文之實也信文之孚也仁文之愛也義文之制也智文之輿也勇文之師也教文之施也孝文之本也惠文之慈也讓文之材也此十一者夫子皆有焉天六地五國語註天有六氣陰陽風雨晦明地有五行金木水火土也舊本皆作天五地六非是數之常也云云成公之歸也吾聞晉之筮之也遇乾之否曰配而不終君三出焉一既往矣後之不知其次必此且成公之生也其母夢神規其臀以黑曰使有晉國三

而畀驩之孫故名之曰黑臀於令再矣晉襄公曰驩此其孫也而令德孝恭非此而誰必早善晉子其當之也頃公許諾（自晉孫談至適周自將得晉國至文之材也自成公之歸至許諾皆新附）非曰單子數晉周之德十一而曰合天地之數豈德義之言耶又徵卦夢以附合之皆不足取也

穀洛鬬

靈王二十二年穀洛鬬將毀王宮（穀洛二水名也）

闘者兩水激有似於闘也王欲壅之太子晉諫云云王

卒壅之及景王多寵人亂於是乎始生景

王崩王室大亂及定王王室遂卑

非曰穀洛之說與三川震同天將毀王宮而

勿壅則王罪大矣奚以守先王之國壅之誠

是也彼小子之譊譊者又足記耶王室之亂

且卑在德而又奚穀洛之闘而徵之也

大錢

景王將鑄大錢單穆公曰不可云云可先

而不備謂之怠可後而先之謂之召災

非曰古今之言泉幣者多矣錢者金幣之名古曰泉後轉曰錢是不可一貫以其時之升降輕重也幣輕則物價騰踊物價騰踊則農無所售皆害也就而言之孰爲利曰幣重則利曰奈害農何曰賦不以錢而制其布帛之數則農不害以錢則多出布帛而賈則害矣今夫病大錢者吾不知周之時何如哉其曰召災則未之聞也左氏又於内傳曰王其心疾死乎其爲書

皆類此矣

無射

王將鑄無射單襄公曰不可據國語乃單穆公非曰鍾之大不和於律樂之所無用則王妄作矣單子詞曰口內味耳內聲○內諾答切聲味生氣氣在口爲言在目爲明言以信名明以時動名以成政動以殖生政成生殖樂之至也若視聽不和而有震眩則味入不精不精則氣佚氣佚則不和於是有狂悖之言有眩

惑之明有轉易之名有過慝之度出令不信

刑政放紛（左傳昭十六年子産曰獄之放紛）而伶州鳩（伶司樂官州鳩其名也）又曰樂以殖財又曰離人怒神鳴呼

是何取於鍾之備也吾以是怪而不信或曰

移風易俗則何如曰聖人旣理定知風俗和

恒而由吾教於是乎作樂以象之後之學者

述焉則移風易俗之象可見非樂能移風易

俗也曰樂之不能化人也則聖人何作焉曰

樂之來由人情出者也其始非聖人作也聖

人以爲人情之所不能免因而象政令之美使之存乎其中是聖人飾乎樂也所以明乎物無非道而政之不可忘耳孟子曰今之樂猶古之樂也與人同樂則王矣吾獨以孟子爲知樂

律

王問律於伶州鳩對曰云云

非曰律者樂之本也而氣達乎物凡音之起者本焉而州鳩之辭曰律呂不易無姦物也

和平則乆乆固則純純明則終終復則樂所以成政吾無取乎爾又曰姬氏出自天黿大姜之姪徒結切又直質切所憑神也歲在周之分野月在農祥后稷之所經緯也武王欲合是而用之斯爲誣聖人亦大矣國語云王問七律者何州鳩曰我姬出自天黿及析木者有建星及牽牛馬則我皇妣大姜之姪伯陵之後逢公之所憑神也歲之所在則我有周之分野也月之所在辰馬農祥也我太祖后稷之所經緯也王欲合是五位三所而用之註天黿即玄枵星齊之分野周之皇妣王季之母大姜者逢伯陵之後齊女也故言出自天黿歲星在鶉火鶉火周之分野也辰辰馬房心星也房星晨正而農

事起故謂之農祥稷播百穀故農祥后稷之經緯謂武王欲合是五位歲月日星辰三所逢公所憑神周分野所在后稷又曰王以夷所經緯而用之公非之以爲誣則畢陳黃鍾布戎太蔟布令無射布憲施舍於百姓吾知其來之自矣語又云故以七同其數而以律和其聲於是乎有七律王以二月癸亥夜陳未畢而雨以夷則之上宮畢之以黃鍾之下宮布戎于牧之野以大蔟之下宮布令于商以無射之上宮布憲施舍於百姓是大武之聲也州鳩之愚信其傳而以爲武用律也孔子語賓牟賈之言大武也曰武始自北出再成而滅商三成而南四成而南國是疆五

成而分周公左召公右六成復綴以崇天子夾振之而四伐盛威於中國則是大武之象也致右憲左久立於綴皆大武之形也夷則黃鍾太蔟無射大武之律變也○憲按記讀爲軒

城成周

劉文公與萇弘○萇音長欲城成周告晉魏獻子爲政將合諸侯衛彪傒見單穆公曰萇弘其不没乎萇叔必速及魏子亦將及焉若得天福其當身乎若劉氏則子孫實有

禍是歲魏獻子焚死二十八年殺萇弘及定王劉氏亡杜敬王十年劉文公王卿士萇弘周大夫萇叔也衛彪傒衛大夫也魏獻子晉正卿魏舒也

非曰彪傒天所壞之說吾友化光銘城周呂溫集有古東周城銘其後牛思黯作頌忠一作訟忠萇弘之忠悉矣學者求焉若夫當身速及之說丞之無恒者之言也追爲之耳吾友化光呂溫也溫字和叔一字化光思黯牛僧孺之字也化光古東周城銘并序云魯昭公三十二年萇叔合諸侯之大夫城成周衛彪傒曰天之所壞不可支也萇弘違天必受其咎異歲周人殺萇弘左氏明證

以爲世規俾持顛之人沮其勝氣非所以勵尊王垂大訓也予經其地而作是銘銘曰文武受命肇興西土周公作洛始會風雨居中本正拓關開祚盛則駿奔衰則夾輔平王東遷九鼎已輕二伯之後時無義聲大夫萇弘言抗其傾坐古諸侯廓崇王城雖微遠猷實被令名宜福而禍何傷於明立臣之本委質定分爲仁不卜臨義不問無天無神唯道是信國危必扶國威必振求而不獲乃以死徇興亡治亂在德非運罪之違天不可以訓升墟覽古慨然遐憤勤名穨隅以勸大順

問戰 此已下魯語

長勺之役曹劌姑衛切問所以戰於嚴公避莊諱爲嚴公曰小大之獄必以情斷之劌曰可

以一戰嚴公國語作莊公非曰劌之問洎嚴公之對皆庶乎知戰之本矣而曰夫神求優裕於饗不優神不福也是大不可方鬭二國之存亡以决民命不務乎實而神道焉是問則事幾殆矣既問公之言獄也既問一作聞則率然曰可以一戰亦問略之尤也苟公之德可懷諸侯問略一作闊略一作略之尤公也苟知德可懷諸侯而不事乎戰則已耳既至於戰矣徒以斷獄爲戰之具則吾未之信也劌之辭宜

曰君之臣謀而可制敵者誰也將而死國難者幾何人○難乃旦切士卒之熟練者衆寡器械之堅利者何若趨地形得上游以延敵者何所然後可以言戰若獨用公之言而恃以戰則其不誤國之社稷無幾矣申包胥之言戰得之語在吳篇中子厚非魯公君臣不知治人而求卜於神是矣謂斷獄爲不足以戰則未必然僂者怒於一笑而齊侯辱御者忿於一羹而華元敗敖食馬者足以出秦繆公遺翳桑者足以赦趙宣子事以一端起則言亦因之使治獄者不由公道戮及非辜怨結士卒一戰取衂安知無如年斟之類乎東萊呂伯恭曰子魚爲衛政刖人

之足衛亂子羔走郭門刖者守門曰於此有室子羔入追者罷子羔將去謂刖者曰吾親刖子之足此乃子報我之時也何足逃我刖者曰君之治臣也先後臣以法欲臣之免於法也臣知之獄決罪定臨當論刑君愀然不樂見於顏色臣又知之此臣之所以脫君也子羔一有司耳有哀矜之意人猶報之若是況莊公君臨一國獄必以情人之思報豈子羔比耶宗元乃曰以斷獄爲戰之具吾未之信歷舉將臣士卒地形之屬宗元之言皆所謂戰而非所以戰也

躋僖公

夏父弗忌爲宗烝將躋僖公云云展禽曰

夏父弗忌必有殃若血氣强固將壽寵得

没雖壽而没不爲無殃其葬也焚煙徹其上弗忌魯大夫宗宗伯掌國祭祀之禮也烝祭也躋者升也弗忌欲升僖公於閔公之上謂明者爲昭其次爲穆而不以次宗有司皆曰非昭穆而不聽柳下惠以爲必有殃而其言近誣故公謂非所宜云非曰由有殃以下非士師所宜云者誣吾祖矣

莒僕

莒太子僕殺紀公紀公生僕及季佗既立僕而又愛季佗而黜僕故弑之以其寶來奔宣公使僕人以書命季

文子里革遇之而更其書明日有司復命公詰之僕人以里革對公執之里革對曰毀則者爲賊掩賊者爲藏竊寶者爲宄用宄之財者爲姦使君爲藏姦者不可不去也臣違君命者不可不殺也公曰寡人實貪非子之罪也乃舍之里革魯大夫克也自明日以來新附

非曰里革其直矣曷若授僕人以入諫之爲善公之舍革也美矣而僕人將君命以行遇一夫而受其更釋是而勿誅則無以行令矣

若君命以道而遇姦臣更之則何如

仲孫它徒何切

季文子無衣帛之妾無食粟之馬仲孫它

諫云云文子以告孟獻子孟獻子囚之七

日自是子服之妾衣不過七升之布馬餼

不過稂莠季文子季孫行父也相魯宣公成公仲孫它孟獻子之子子服

它也布八十縷爲升

非曰它可謂能改過矣然而父在焉而儉侈

專乎己何也七升之布大功之縗也居然而

用之未適乎中庸也已

羵羊〇羵音墳

季桓子穿井得土缶中有羊焉使人問仲尼曰吾穿井獲狗何也仲尼曰以丘所聞者羊也

非曰君子於所不知蓋闕如也孔氏惡能窮物怪之形也是必誣聖人矣史之記地坼犬出者有之矣晉五行志大興中輔國將軍孫無終家于暨陽地中聞犬子聲尋而地坼有二犬子皆白色一雄一雌取而養之皆死後無終爲桓元所滅近世

京兆杜濟穿井獲土缶中有狗焉投之于河
化爲龍

骨節專車　楛矢

吳伐越隳會稽隳國語作墮獲骨節專車吳子
使好來聘且問之仲尼仲尼曰丘聞之昔
禹致羣臣於會稽之山防風氏後至禹殺
而戮之其骨節專車此爲大矣骨一節其長專車專擅也
仲尼在陳有隼集于陳侯之庭而死楛
矢貫之石砮其長尺有咫音戶○楛陳惠公使

人以隼如仲尼之館問之仲尼曰隼之來也遠矣此肅慎氏之矢也肅慎北夷之國砮石中矢鏃也自吳子已下新附○砮乃乎切

非曰左氏魯人也或言事孔子宜乎聞聖人之嘉言爲魯語也盍亦徵其大者書以爲世法令乃取辯大骨石砮以爲異其知聖人也亦外矣言固聖人之恥也孔子曰丘少也賤故多能鄙事

輕幣齊語

天下諸侯知桓公之非爲己動也是故諸侯歸之桓公知諸侯之歸己也故使輕其幣而重其禮故天下諸侯罷馬以爲幣○罷音疲縷綦以爲奉註云奉藉也所以藉王之藻也縷綦以縷織綦不用絲取易共也鹿皮四箇國語作分諸本皆作箇諸侯之使垂櫜而入稛載而歸○稛苦隕切絭也自天下至歸己也新附非曰桓公之苟能弔天下之敗衛諸侯之地貪強忌服戎狄縮匿君得以有其國人得以安其堵雖受賦於諸侯樂而歸之矣又奚控

焉悉國之貨以利交天下若是耶則區區齊人惡足以奉天下己之人且不堪矣又奚利天下之能得若竭其國勞其人抗其兵以市伯名於天下又奚仁義之有予以謂桓公之伯不如是之弊也謂一作爲威公之不王而伯惟其假仁義之名其實則爲利耳考管子之書若通魚鹽若賦金鐵若作錢幣若殺商賈欲實囷京則式璧也欲傾魯梁則服綈也欲致諸侯之寶則多具石璧也欲下代王之衆則貴買狐白也朝夕汲汲惟利爲謀其用厚禮以交諸侯蓋市四隣之懽心亦僞而不誠也子厚乃以爲公之仁義必無利交之事子厚固誠齊人乎

卜 此已下晉語

獻公卜伐驪戎史蘇占之曰勝而不吉非曰卜者世之餘伎也道之所無用也聖人用之吾未之敢非然而聖人之用也蓋以歐陋民也非恒用而徵信矣爾後之昏邪者神之恒用而徵信焉反以阻大事要之卜史之害於道也多而益於道也少雖勿用之可也左氏惑於巫而尤神怪之乃始遷就附益以成其說雖勿信之可也

郭偃與前代變戎事相屬

郭偃曰夫口三五之門也口以紀三辰言以宣五行是以讒口之亂不過三五少則三若多則五也

非曰舉斯言而觀之則愚誣可見矣

公子申生

申生曰棄命不敬作令不孝間父之愛而嘉其貺有不忠焉廢人以自成有不貞焉申生晉獻公太子也獻公將黜之而立奚齊諸臣使圖之申生曰云云吾其止也

非曰申生於是四者咸得焉昔之儒者有能

明之矣故子之辭也略

狐突

公使太子伐東山獻公十八年太子申生也獻公欲黜之欲使爲此行而觀之狐突御戎至于稷桑翟人出逆申生欲戰狐突諫曰不可申生曰君之使我非歡也抑欲測吾心也不戰而反我罪滋厚我戰雖死猶有名焉果戰敗翟于稷桑而反讒言益起狐突杜門不出君子曰善深謀自公使太子至果戰新附

非曰古之所謂善深謀居乎親戚輔佐之位則納君於道否則繼之以死唯己之義所在莫之失之謂也今狐突以位則戎禦也以親則外王父也申生之出未嘗不從覩其將敗而杜其門則姦矣而曰善深謀則無以勸乎事君也已丕鄭曰君爲我心里克曰中立里克曰吾秉君以殺太子吾不忍中立其免乎詳見晉語晉無良臣故申生終以不免

虢夢

虢公夢在廟有神面白毛虎爪執鉞立于西阿之下云云公覺且使國人賀夢舟之僑告諸其族曰衆謂虢不久吾今知之以其族行適晉自公覺至知之新附

非曰虢小國也而泰以招大國之怒政荒人亂亡夏陽而不懼而猶用兵窮武以增其讎怨所謂自拔其本者亡孰曰不宜又惡在乎夢也舟之僑誠賢者歟則觀其政可以去焉由夢而去則吾笑之矣

童謡

獻公問於卜偃曰攻虢何月也對曰童謡

有之曰丙之辰云云

非曰童謡無足取者君子不道也

宰周公

葵丘之會獻公將如會（魯僖公九年齊桓公盟諸侯於葵丘）遇宰周公曰君可無會也夫齊侯將施惠出責是之不果而暇晉是皇公乃還宰孔曰晉侯將死矣景霍以爲城而汾河涑澮

以爲淵戎狄之民實環之汪是土也苟違其違誰能懼之上違違去也其違違道也是歲獻公卒

自君可無會至是皇自景霍至懼之新附

非曰凡諸侯之會霸主小國則固畏其力而望其庥焉者也大國則宜觀乎義義在焉則往以尊天子以和百姓令孔之還晉侯也曰而暇晉是皇則非吾所陳者矣又曰汪是土也苟違其違誰能懼之則是恃乎力而不務乎義非中國之道也假令一失其道以出而

以必其死爲書者又從而徵之其可取乎

荀息

里克欲殺奚齊晉獻公寵驪姬既殺太子申生而立奚齊公子重耳奔狄夷吾奔秦至是獻公卒里克欲殺奚齊而逆重耳荀息曰吾有死而已先君問臣於我我對以忠貞既殺奚齊荀息將死之人曰不如立其弟而輔之荀息立卓子里克又殺卓子荀息死之君子曰不食其言矣自克既殺至卓子新附

非曰夫忠之爲言中也貞之爲言正也息之

所以爲者有是夫間君之惑排長嗣而擁非正其於中正也遠矣或曰夫已死之不愛死君之不欺也抑其有是而子非之耶曰子以自經於溝瀆者舉爲忠貞也歟或者左氏穀梁子皆以不食其言然則爲信可乎曰又不可不得中正而復其言亂也惡得爲信曰孔父仇牧是二子類耶曰不類則如春秋何曰春秋之類也以激不能死者耳春秋桓公二年書宋督弒其君與夷及其大夫孔父莊公十二年書宋萬弒其君捷及其大夫仇牧至僖公十年書

里克弑其君卓及其大夫荀息其法皆同孔子曰與其進不保其往也春秋之罪許止也隱忍焉耳昭公十九年許世子止弑其君買左氏云許悼公瘧五月飲太子之藥而卒太子奔晋書曰弑其君君子曰盡心力以事君舍藥物可也其類荀息也亦然皆非聖人之情也枉許止以懲不子之禍進荀息以甚苟免之惡忍之也吾言春秋之情而子徵其文不亦外乎故凡得春秋者宜是乎我也此之謂信道哉公集中有與元饒州論春秋書亦及春秋書荀息之事云某嘗著非國語六十餘篇其一篇爲息發也今録以往即此也書意皆與此篇同

河東先生集卷第四十四

世綵廖氏刻梓家塾

祁陽陳澄中藏書記

河東先生集　十六

第四十五卷　非國語下

外集卷上　賦　傳　誌

外集卷下　表　牋　啓

項子京家珍藏

宋世綵堂本

歲在昭陽大淵獻鄭孝胥題

河東先生集

河東先生集卷第四十五

非國語下 三十六篇

狐偃

里克既殺卓子使屠岸夷告重耳曰子盍入乎屠岸夷晉大夫也舅犯曰不可云云秦穆公使公子縶弔重耳曰時不可失舅犯曰不可云云

非曰狐偃之爲重耳謀者亦迂矣國虛而不知入以縱夷吾之昏殆而社稷幾喪徒爲多

言無足采者且重耳兄也夷吾弟也重耳賢也夷吾昧也弟而昧入猶可終也兄而賢者又何慄焉（慄一作怯）使晉國不順而多敗百姓之不蒙福兄弟爲豺狼以相避於天下由偃之策失也而重耳乃始倀倀焉遊諸侯○倀丑良切陰蓄重利以幸其弟死獨何心歟僅能入而國以霸斯福偶然耳（偶一作禍）非討之得也若重耳早從里克秦伯之言而入則國可以無嚮者之禍而兄弟之愛可全而有分定焉故也

夫如是一有足字以爲諸侯之孝又何戮笑於天下哉初里克及秦穆公既告重耳又使告公子夷吾于梁重耳以舅犯之言不入夷吾以冀芮之言而入是爲惠公惠公之惡後篇可見矣

輿人誦

惠公入而背内外之賂輿人誦之曰云云

得之而狃音紐終逢其咎喪田不懲禍亂其興既里丕死。丕音丕一云死禍公隕於韓郭偃曰

善哉夫衆口禍福之門也

非曰惠公里丕之爲也則宜咎禍及之矣又

何以神衆口哉其曰禍福之門則愈陋矣

葬恭世子

惠公出恭世子而改葬之臰達於外。臰與臭同

國人頌之曰云云歲之二七其靡有徵兮一作無有徵者若翟公子吾是之依兮安撫國家爲王妃兮郭偃曰十四年君之冢嗣其替乎其數告於人矣公子重耳其入乎其魄兆於人矣若入必霸於諸侯其耿光於民矣恭世子申生也翟公子重耳也翟與狄同耿猶照也。耿古迥切與烱同非曰衆人者言政之善惡則有可采者以其利害也又何以知君嗣二七之數與重耳之伯是好事者追而爲之未必偃能徵之也況以是故發耶是一作臭

殺里克

惠公既殺里克而悔之曰芮也使寡人過殺社稷之鎮芮冀芮也鎮者重也郭偃聞之曰不謀而諫者冀芮也不圖而殺者君也不謀而諫不忠不圖而殺不祥不忠受君之罰不

祥罹天之禍受君之罰死戮罹天之禍無後（文公殺懷公于高梁秦人殺冀芮而施之）非曰芮之陷殺克也其不祥宜大於惠公而異其辭以配君罰天禍皆所謂遷就而附益之者也

獲晉侯

秦穆公歸至於王城（晉惠公五年秦帥帥伐晉獲晉侯以歸王城秦地）合大夫而謀曰殺晉君與逐出之與以歸與復之孰利公子縶曰殺之利（○縶子立）

切公孫枝曰不可公子縶曰吾將以重耳代之晉之君無道莫不聞重耳之仁莫不知殺無道立有道仁也公孫枝曰耻一國之士又曰余納有道以臨汝無乃不可乎不若以歸要晉國之成復其君而質其適子○質脂利切使父子代處秦國可以無害非曰秦伯之不霸天下也以枝之言也且曰納有道以臨汝何故不可縶之言殺之也則果而不仁其言立重耳則義而順當是時天

下之人君莫能宗周而能宗周者則大國之霸基也向使穆公旣執晉侯以告于王曰晉夷吾之無道莫不聞重耳之仁莫不知且又不順旣討而執之矣於是以王命黜夷吾而立重耳咸告于諸侯曰吾討惡而進仁旣得命于天子矣吾將達公道於天下則天下諸侯無道者畏有德者莫不皆知嚴恭欣戴而霸秦矣莫不一本作慕字周室雖卑猶是王命命穆公以爲侯伯則誰敢不服夫如是秦之所耻

者亦大矣（耻一作集）棄至公之道（一作至公大中之道）而不知求姑欲離人父子而要河東之賂（是役也秦取晉河東之地而置官司）其舍大務小違義從利也甚矣霸之不能也以是夫

慶鄭

丁丑斬慶鄭乃入絳（初秦侵晉晉師潰惠公號慶鄭曰載我慶鄭曰忘善而背德又廢去卜何我之載君遂止于秦秦既歸惠公惠公歸故斬之止獲也）

非曰慶鄭誤止公罪死可也而其志有可用

者坐以待刑而能舍之惠公未至蛾晢謂慶鄭曰君之止子之罪也今君將來子何俟慶鄭曰君若來將待刑以快君志及惠公入蛾晢欲舍之惠公不可則獲其用亦大矣晉君不能由是道也悲夫若夷吾者又何誅焉

乞食於野人

文公在狄十二年將適齊行過五鹿五鹿衛邑野人舉塊以與之公子怒欲鞭之子犯曰天賜也人以土服又何求焉十有二年必獲此土有此其以戊申云乎人國語作民

非曰是非非子犯之言也後之好事者爲之若
五鹿之人獻塊十二年以有衛土則涓人疇
枕楚子以塊吳語楚靈王徬徨於山林之中乃見其涓人疇王枕其股以寢於地王寐疇枕王以塊而去之後十二年其復得楚乎何沒
而不云也而獨載乎是戊申之云尤足惟乎

懷嬴

秦伯歸女五人懷嬴與焉晉文公重耳過秦而秦歸之女也懷嬴故子圉妻子圉惠公夷吾子也質於秦逃歸而立爲懷公故曰懷嬴
非曰重耳之受懷嬴不得已也其志將以守

宗廟社稷阻焉則懼其不克也其取者大故容爲權可也秦伯以大國行仁義交諸侯而乃行非禮以強乎人豈習西戎之遺風歟

筮

公子親筮之曰尚有晉國得貞屯悔豫皆八筮史占之曰不吉司空季子曰吉云云

非曰重耳雖在外晉國固戴而君焉又況夷吾死圉也童昏以守內秦楚之大以翼之大夫之強族皆啓之而又筮焉是問則末矣季

子博而多言皆不及道者也又何載焉

董因

董因迎公於河公問焉曰吾其濟乎對曰歲在大梁云云非曰晉侯之入取於人事備矣因之云可略也大火實沈之說贅矣大梁大火實沈皆星名也

命官

胥籍狐箕欒郤柏先羊舌董韓寔掌近官十一族晉之舊姓近官朝廷者諸姬之良掌其中官諸姬同姓

異姓之能掌其遠官（中官內官）（遠官縣鄙也）非曰官之命宜以材耶抑以姓乎文公將行霸而不知變是弊俗以登天下之士而舉族以命乎遠近則陋矣若將軍大夫必出舊族或無可焉猶用之耶必不出乎異族或有可焉猶棄之耶則晉國之政可見矣

倉葛

周襄王避昭叔之難居於鄭地汜晉文公迎王入于成周遂定之于郟王賜公南陽

陽樊溫原州陘絺鉏攢茅之田陽人不服公圍之將殘其民倉葛呼曰君補王闕以順禮也陽人未狎君德而未敢承命君將殘之無乃非禮乎公曰是君子之言也乃出陽人自周襄王至之田自君補以下新附

非曰於周語既言之矣又辱再告而異其文抑有異旨耶其無乎則耄者乎

觀狀

文公誅觀狀以伐鄭鄭人以名寶行成公

弗許鄭人以贍與晉贍鄭卿叔詹伯也晉人將烹之贍曰天降禍鄭使淫觀狀棄禮遺親云云

晉文公過曹曹共公不禮焉聞其駢脅欲觀其狀則觀狀是曹非鄭也而註云鄭復效曹觀公駢脅之狀故伐之又從而爲之辭是以非之

非曰觀晉侯之狀者曹也令於鄭胡言之則是多爲誣者且耄故以至乎是其說者云鄭效曹也是乃私爲之辭不足以蓋其誤

救饑

晉饑公問於箕鄭曰救饑何以對曰信公

曰安信對曰信於君心信於名信於令信於事

非曰信政之常不可須史去之也奚獨救饑耶其言則遠矣夫人之困在朝夕之內而信之行在歲月之外是道之常非知變之權也其曰藏出如入則可矣（鄭又云於是乎民知君心貧而不懼藏出如入何匱之有）而致之言若是遠焉何哉或曰時之信未洽故云以激之也信之速於置郵子何遠之耶曰夫大信去令故曰信如四時恒也

恒固在久若爲一切之信則所謂未孚者也彼有激乎則可也而以爲救饑之道則未盡乎術

趙宣子

趙宣子言韓獻子於靈公獻子諸本多誤作宣子以爲司馬河曲之役趙孟使人以其乘車干行獻子執而戮之宣子趙衰之子宣孟盾也韓獻子韓厥也干行犯其軍列也趙孟即宣子一作宣子執而戮之據國語獻子是非曰趙宣子不怒韓獻子而又褒其能也誠

當然而使人以其乘車于行陷而至乎戮是輕人之死甚矣彼何罪而獲是討也孟子曰殺一不辜而得天下君子不爲是所謂無辜也歟或曰戮辱也非必爲死曰雖就爲辱猶不可以爲君子之道舍是其無以觀乎吾懼司馬之以死討也

伐宋

宋人殺昭公趙宣子請師以伐宋云云曰是反天地而逆民則也天必誅焉晉爲盟

主而不修天罰將懼及焉

非曰盟主之討殺君也宜矣若乃天者則吾焉知其好惡而暇衡之耶古之殺奪有大於宋人者而壽考佚樂不可勝道天之誅何如也宣子之事則是矣而其言無可用者

鉏麑舊本此篇賢可書乎之後有今左氏多爲文辭一節嘗惟其意不相屬以別本考乃脱祈死長魚矯二篇而左氏多爲文辭者乃公非長魚矯後辭也益此二篇然後公六十七篇文方足矣

靈公虐趙宣子驟諫公患之使鉏麑賊之

鉏麑力士也賊殺也晨往則寢門辟矣盛服將朝早而假寐麑退而歎曰趙孟敬哉夫不忘恭敬社稷之鎮也賊國之鎮不忠受命而廢之不信觸庭之槐而死

非曰麑之死善矣然而趙宣子爲政之良諫君之直其爲社稷之衛也久矣麑胡不聞之乃以假寐爲賢耶不知其大而賢其小歟一有向字使不及其假寐也則固以殺之矣是宣子大德不見赦而以小敬免也麑固賊之悔過

者賢可書乎一本其下更有二十六字云今左氏多爲文辭以著其言而徵其效若蟜知機者然則惑甚也

祈死

及自鄢范文子請其宗祝曰君驕而有烈吾恐及焉凡吾宗祝爲我祈死先難爲免七年夏范文子卒自君驕而下新附范文子范燮也鄢之役晉伐鄭楚救之大夫欲戰文子不欲欒武不聽遂與戰大勝之此文子自鄢歸懼難而祈其死

非曰死之長短而在宗祝則誰不擇良宗祝

而祈壽焉文子祈死而得亦妄之大者

長魚矯

長魚矯既殺三郤乃脅欒中行云云公曰一旦而尸三卿不可益也對曰亂在內爲宄在外爲姦御宄以德御姦以刑今治政而內亂不可謂德除鯁而避強不可謂刑德刑不立姦宄竝至臣脆弱不能忍俟也乃奔狄三月厲公殺自對曰至不忍俟也新附三郤郤至郤錡郤犨也欒欒書中行中行偃也

非曰厲公亂君也矯亂臣也假如殺欒書中行偃則厲公之敵益衆其尤可盡乎令左氏多爲文辭以著其言而徵其效若曰矯知幾者然則惑甚也

戮僕

晉悼公四年會諸侯於雞丘魏絳爲中軍司馬公子揚干亂行於曲梁魏絳斬其僕

自晉悼至司馬新附揚干悼公弟也

非曰僕稟命者也亂行之罪在公子公子貴

（一無貴字一無公子貴三字而作兩貴字非是）不能討而稟命者死非能刑也使後世多爲是以害無罪問之則曰魏絳故事不亦甚乎然則絳宜柰何止公子以請君之命（止一作正非是當作止止執也）

叔魚生

叔魚生其母視之曰云云必以賄死楊食我生（食音異我音俄）叔向之母聞其號也曰終滅羊舌氏之宗

非曰君子之於人也聽其言而觀其行猶不

足以言其禍福以其有幸有不幸也今取赤子之形聲以命其死亡則何耶或者以其鬼事知之乎則知之未必賢也是不足書以示後世

逐欒盈

平公六年箕遺及黃淵嘉父作亂不克而死公遂逐羣賊云云陽畢曰君掄賢人之後掄擇也有常位於國者而立之亦掄逞志虧君以亂國者之後而去之云云○去羗呂切使

祁午陽畢適曲沃逐欒盈箕遺黃淵嘉父皆晉大夫欒盈之黨欒盈黶之子書之孫也欒書厲公十年弒厲公即立悼公故陽畢以盈爲亂國者之後而去之畢者大夫也

非曰當其時不能討後之人何罪盈之始良大夫也有功焉而無所獲其罪陽畢以其父殺君而罪其宗一朝而逐之激而使至乎亂也且君將懼禍懲亂耶則增其德而修其政賊斯順矣反是順斯賊矣况其亂之無罪乎

新聲

平公說新聲師曠曰公室其將卑乎君之明兆於衰矣非曰耳之於聲也猶口之於味也苟說新味亦將卑乎樂之說吾於無射旣言之矣

射鷃。射食亦切鷃於諫切

平公射鷃不死使豎襄搏之失公怒拘將殺之叔向曰君必殺之昔吾先君唐叔射兕于徒林殪以爲大甲令君嗣吾先君射鷃不死搏之不得是揚吾君之耻者也君

其必速殺之勿令遠聞君忸怩于顔乃趣

舍之自昔吾先君至殺之新附叔向羊舌肸也○趣音娶

非曰羊舌子以其君明暗何如哉若果暗也

則從其言斯殺人矣明者固可以理諭胡乃

反徵先君以耻之耶是使平公滋不欲人諫

己也

趙文子

秦后子來奔趙文子曰公子辱於敝邑必

避不道也對曰有焉文子曰猶可以久乎

對曰國無道而年穀和熟鮮不五稔文子視日曰朝不及夕誰能俟五后子曰趙孟將死矣怠偷甚矣偷苟也非死逮之必有大咎自秦后子至五稔新附

非曰死與大咎非偷之能必乎爾也偷者自偷死者自死若夫大咎者非有罪惡則不幸及之偷不與也左氏於內傳曰人主偷必死亦陋矣

醫和

平公有疾秦景公使醫和視之趙文子曰醫及國家乎對曰上醫醫國其次疾人固醫官也文子曰君其幾何對曰若諸侯服不過三年不服不過十年過是晉之殃也自平公至視之自文子曰君其幾何已下新附

非曰和妄人也非診視攻熨之專而苟及國家去其守以施大言誠不足聞也其言晉君曰諸侯服不過三年不服不過十年凡醫之所取在榮衛合脉理也然則諸侯服則榮衛

離脉理亂以速其死不服則榮衛和脉理平以延其年耶

黄熊

晉侯夢黄熊入于寢門子產曰鮌殛于羽山化爲黄熊以入于羽淵實爲夏郊云云

非曰鯀之爲夏郊也禹之父也非爲熊也熊之説好事者爲之凡人之疾魄動而氣蕩視聽離散於是寐而有恠夢罔不爲也夫何神奇之有

韓宣子憂貧

韓宣子憂貧叔向賀之曰欒武子無一卒之田云云上大夫一卒之田行刑不疚以免於難及桓子驕泰奢侈云云宜及於難而賴武子之德以沒其身及懷子改桓之行修武子之德而離桓子之罪以亡于楚云云

非曰叔向言貧之可以安則誠然其言欒書之德則悖而不信以下逆上亦可謂行刑耶謂欒書殺厲公也前之言曰欒書殺厲公以厚其家

令而曰無一卒之田前之言曰欒氏之誣晉國久矣用書之罪以逐盈今而曰離桓之罪以亡于楚則吾惡乎信且人之善惡咸繫其先人已無可力者以是存乎簡策是替教也

圍鼓

中行穆子中行穆子荀吳也帥師伐翟圍鼓鼓人或請以城畔穆子不受曰夫以城來者必將求利於我夫守而二心姦之大者也自以城來以下新附鼓白翟別邑

非曰城之畔而歸己者有三有逃暴而附德者有力屈而愛死者有反常以求利者逃暴而附德者庥之曰德能致之也力屈而愛死者與之以不死曰力能加之也皆受之反常以求利者德力無及焉君子不受也穆子曰夫以城來者必將求利於我是焉知非嚮之二者耶

具敎

范獻子聘於魯（范獻子士鞅也）問具山敎山魯人

以其鄉對曰不爲具敖乎曰先君獻武之
諱也獻公名具伯禽之曾孫武公名敖獻公之子獻子歸曰人
不可以不學吾適魯而名其二諱爲笑矣
唯不學也
非曰諸侯之諱國有數十焉尚不行於其國
他國之大夫名之無慙焉可也魯有大夫公
孫敖魯之君臣莫罪而更也又何鄙野之不
云具敖

董安于

下邑之役下邑晉邑也董安于多簡子賞之辭曰云云今一旦爲狂疾而曰必賞汝是以狂疾賞也不如亡趣而出乃釋之戰功曰多安于趙簡子家臣

非曰功之受賞也可傳繼之道也君子雖不欲亦必將受之今乃逋逃以自潔也則受賞者必耻受賞者耻則立功者怠國斯弱矣君子之爲也動以謀國吾固不悅董子之潔也其言若懟焉則滋不可○懟徒對杜罪二切

祝融已下鄭語

史伯曰夫黎爲高辛氏火正以淳燿敦大天明地德光照四海故命之曰祝融其功大矣夫成天地之大功者其子孫未嘗不彰虞夏商周是也其後皆爲王公侯伯祝融亦能昭顯天地之光明以生柔嘉材者也其後八姓於周未有侯伯佐制物於前代者昆吾爲夏伯矣昆吾祝融之孫陸終第一子名樊爲已姓於昆吾昆吾衛也夏衰昆吾爲夏伯大彭豕韋爲商伯矣大彭

陸終第三子曰籛爲彭姓封於大彭謂之彭祖豕韋彭姓之別封豕韋彭者也商衰二國相繼爲商伯當周未有融之興者其在芊姓乎。芊音弭楚姓也史伯周太史也自黎爲高辛至功大矣自虞夏商周巳下新附

非曰以虞舜之至也又重之以幕能聽協風以成樂物生左氏自幕至于瞽瞍無違命註幕舜之先與國語不同鄭語虞幕能聽協風以成樂生物註虞幕舜後虞思也協和也而其後卒以殄滅武王繼之以陳覆墜之不暇堯之時祝融無聞焉祝融之後昆吾大彭豕韋世伯夏商

令史伯又曰於周未有侯伯必在楚也則堯舜反不足祐耶故凡言盛之及後嗣者皆勿取

襃神

桓公曰周其弊乎史伯對曰殆必於弊者也（國語與坊本殆於共弊）令王棄高明昭顯而好讒慝暗昧惡角犀豐盈而近頑童窮固云云

訓語有之曰夏之衰也襃人之神化爲二龍以同于王庭云云天之生此久矣其爲

毒也大矣申繒西戎方彊王欲殺太子以成伯服必求之申申人弗畀必伐之若伐申而繒與西戎會以伐周周不守矣申姜姓太子宜臼之舅也繒姒姓申之與國也西戎亦黨於申王幽王也自今王已下新附○繒慈陵切

非曰史伯以幽王棄高明顯昭而好讒慝暗昧近頑嚚窮固黜太子以怒西戎申繒於彼以取其必斃焉可也而言褻神之流禍是好惟者之爲焉非君子之所宜言也

嗜芰已下楚語。芰音技菱也一作艾非是

屈到嗜芰。屈居勿切將死戒其宗老曰家臣曰老宗老爲宗人者苟祭我必以芰及祥宗老將薦芰

屈建命去之。去羌呂切曰國君有牛享大夫有羊饋士有豚犬之奠庶人有魚炙之薦籩豆脯醢則上下共之不羞珍異不陳庶侈夫子其以私欲干國之典遂不用屈到楚卿

屈建到之子自國君已下新附

非曰門內之理恩掩義父子恩之至也而芰

之薦不爲愆義屈子以禮之末忍絕其父將
死之言吾未敢賢乎爾也茍薦其羊饋而進
芰於籩是固不爲非禮之言齋也曰思其所
嗜屈建曾無思乎且曰違而道吾以爲逆也

祀

王曰祀不可已乎對曰祀所以昭孝息民
撫國家定百姓不可以已夫民氣縱則底
底著也底則滯滯久不振生乃不殖王楚昭王對楚平王之子子期之對也

非曰夫祀先王所以佐教也未必神之令其
曰昭孝焉則可也自息民以下咸無足取焉
爾

左史倚相

王孫圉聘于晉定公饗之趙簡子鳴玉以
相問於王孫圉曰楚之白珩猶在乎其爲
寶也幾何矣對曰未嘗爲寶楚之所寶者
曰觀射父又有左史倚相能使上下說于
鬼神順道其欲惡使神無有怨痛於楚國

自聘于晉至觀射父新附

非曰圍之言楚國之寶使知君子之貴於白珩可矣而其云倚相之德者則何如哉誠倚相之道若此則覡之妄者（女巫曰覡）又何以為寶非可以夸於敵國

伍員（吳語　員音云○）

伍員伏劍而死（魯哀十一年死伍員伍奢之子子胥也名員事吳王）

夫差夫差起師以伐越王勾踐勾踐起師逆之夫差將許越成申胥諫之不聽夫差乃大戒師伐齊申胥又諫曰昔天以越授吳而王弗受今伐齊越人恐來襲我不聽

遂伐齊敗齊師於艾陵既勝乃訊申胥申胥釋劒而對曰員不忍稱疾辟易以見王之親爲越之擒也員請先死遂自殺其後越果滅吳

非曰伍子胥者非吳之暱親也其始交闔閭以道故由其謀今於嗣君已不合言見進則讒者勝國無可救者於是焉去之可也出則以孥累於人而又入以即死是固非吾之所知也然則員者果很人也歟

柳先生曰宋衛秦皆諸侯之豪傑也左氏忽棄不錄其語其謬耶謬耶一作何也吳越之事無他

焉舉一國足以盡之而反分爲二篇務以相乘凡其繁蕪曼衍者甚衆背理去道以務富其語凡讀吾書者可以類取之也越之下篇尤奇峻而其事多雜蓋非出於左氏雜蓋字一本作反鏊吾乃今知文之可以行於遠也以彼庸蔽奇怪之語而黼黻之金石之用震曜後世之耳目而讀者莫之或非反謂之近經則知文者可不慎耶嗚呼余黜其不臧以救世之謬凡六十七篇東坡報江季恭書云非國語鄙意不然之但未暇著論耳子厚

之學大率以禮樂爲虛器以天人爲不相知
云云雖多皆此類也至於時令斷刑貞符皆
非是予謂學
者不可不知

河東先生集卷第四十五

世綵廖氏
刻梓家塾

河東先生外集卷上

賦文誌

披沙揀金賦 求寶之道同乎選才○劉慶儀世說陸士衡文如披沙揀金往往見寶又見鍾峥文品公外集賦三首皆正元五年以後舉進士時作

沙之爲物兮視汙若浮金之爲寶兮恥居下流沉其質兮五才或闕左氏天生五才民竝用之闕一不可耀其光兮六府以修書六府孔修然則抱成器之珍必將有待當慎擇之日則又何求配珪璋而

取貴豈涅滓而爲儔。滓壯仕切披而擇之斯焉

見寶盪浸淫而顧眄指炫熀而探討。炫熒絹切熀户廣切探音貪

動而愈出幽以即明涅而不緇論語不曰白乎涅而不緇緇黑色

既堅且好詩既堅既好

潛雖伏矣詩潛雖伏矣亦孔之昭

獲則取之翻混混之濁質見熠熠之殊姿。熠弋入切

久暗未彰固亦將君是望左氏寡君將君是望敢不稽首

先迷後得易先迷後得主利

孰謂棄子如遺詩將安將樂棄予如遺

其隱也則雜昏昏淪浩浩晦英姿兮自保和光同塵兮合于至道其遇

也則散弈弈動融融煥美質兮其中明道若昧兮契彼玄同儻俯拾而不棄諒致美于無窮欲蓋而彰（出春秋左氏傳序）將炯爾而見素不索何獲（昭二十七年左氏上國有言曰不索何獲）遂昭然而發蒙覩其振拔汙塗積以錙銖碎清光而競出耀直質而特殊錐處囊而纖光乍比（趙平原君曰賢者之處世也譬如錐之處囊中其末立見）劍拭土而異彩相符（雷煥得豐城劍取南昌西山下土拭之送一劍幷土與張華華以南昌土不如華陰土報雷煥書兼華陰土一斤致煥煥拭劍轉精明也）將用之則行斯爲美矣求而

必得不亦說乎豈獨媚旭日以晶熒帶長川之清淺皎如珠吐疑剖蚌之作分綮若星繁似流雲之初卷是以周德思比而岐昌即詠陸文可侔（陸機事見題註）而昭明是選（梁昭明太子集文選）若然者可以議披沙之所託明揀金之所裁良工何遠善價爰來拂以增光寧謝滿籯之學（漢韋賢傳遺子黃金滿籯不如教子一經）汰之愈朗詎慙擲地之才（晉孫綽字興公作天台山賦示范榮期詫曰此賦擲地必爲金聲也）客有希採掇於求寶之際庶斯文之在哉

迎長日賦三王迎日禮用夏郊○出禮郊特牲天子適四方先柴郊之至也迎長日之至也註云易說曰三王之郊一用夏正夏正建寅之月也此言迎長日者建卯而晝夜分分而日長也故賦謂寅方卯位以此焉

惟饗帝以事天必推策而迎日策蓍也寅方肇建侯啓蟄以展儀桓九年左傳凡祀啓蟄而郊啓蟄謂建寅之月卯位將初爰用牲而協吉送烈烈之凝氣仲冬送烈烈導遲遲之陽律詩春日遲遲猶分可愛之輝文九年左傳賈季曰趙衰冬之日趙盾夏之日註云冬日可愛夏日可畏式佇寅賓

之質書寅賓出日註云寅敬賓導也稽之虞典期匪疾而匪徐行以夏時論語行夏之時契惟精而惟一職在馮相禮春官馮相氏冬夏致日秋冬致月以辨四時之序事傳小正禮記禮運孔子曰我欲觀夏道是故之杞而不足徵也吾得夏時焉註云得夏四時之書其書存者有小正符上春以備儀必修其始先仲春而有事故謂之迎時也淑景初延幽陽潛啓當四時之首位用三代之達禮探賾索隱得郊祀之元辰極往知來正邦家之大體事冠前古儀標後王皮弁乍臨郊特牲祭之日王皮弁以聽祭報示民尊上也

土圭之影猶積周禮土方氏掌土圭之法以致日景泰壇既罷禮記燔柴於泰壇祭天也玉漏之聲漸長張衡漏水轉渾天儀制曰以銅爲器再疊差置實以清水下各開孔以玉虬吐漏水入兩壺右爲夜左爲晝變熙熙之純曜流杲杲之晴光詩杲杲出日璧影始融麗景才凝於城闕輪形尚疾斜暉未駐於康莊是知迎長日之儀實王心之所共兆南郊之位乃陽事之所用故可以知上下之際見天人之交動浮光於俎豆散微照於苞茅周流金石暉照陶匏禮記器用陶匏以象天地之性也異乎天

紀不修書僞擾天紀秦伯尚矜其泰時以秦本紀及封禪書
考之秦襄公作西時祠白帝至文公作鄜時宣公作密時靈公作呉陽上時祭黃帝下時
祭炎帝獻公作畦時祀白帝皆未嘗立泰時至漢武元鼎中始立泰時祠太一則泰時乃
漢立也賦云秦矜泰時恐誤日官失職左傳天子有日官諸侯有日御晉
侯徒繼乎夏郊左傳昭公七年鄭子產聘于晉晉侯有疾韓宣子逆客曰
寡君疾今三月矣今夢黃熊入于寢門其何厲鬼也對曰昔堯殛鯀于羽山其神化爲黃
熊以入于羽淵實爲夏郊三代祀之晉爲盟主其或未之祀也乎韓子祀夏郊晉侯有間
于以迎之則無爲者委照將久豈三舍之足
憑淮南子魯陽公與韓戰酣日暮援戈揮之日反三舍延光可期胡再

中之云假漢書文帝時新垣平言臣候日再中居頃之日却復中乃更以十七年爲元年風俗通曰成帝問劉向俗説文帝及徵後期不得立日爲再中向曰文帝少即位不容再中自然應以繁祉錫之純嘏詩天錫公純嘏禮儀允洽于人神正朔克周于戎夏今我后再新古禮與天地相參應戩穀之宜詩俾爾戩穀受之千億奉郊祀之報至于再三然則迎長日恭祀事竝虞夏而何慙

記里鼓賦聖人立制智者研精。題見晉輿服志記里鼓車駕四馬制如司南車又見葛洪所集西京雜記崔豹古今註曰大

章車所以識道里也起於西京亦曰記里車車上有二層皆有木人行一里下層擊鼓行十里上層擊鐲尚方故事有作車法

异哉鼓之設也恢制度于天邑佐大禮于時行即行賛盛容而立之斯立觀其象可以守威儀之三千禮記禮儀三百威儀三千節其音可以表吉行之五十賈捎之傳鑾旗在前屬車在後吉行日五十里配和鑾以入用桓二年左傳錫鈴和鑾昭其聲也註云鈴在馬頷鑾在鑣和在衡竝司南而爲急取車制如司南之義詳見題註若乃郊薦之儀既陳封禪之禮攸執經千里之分寸可候度四

方而禮容是集施五擊於華山之野知霧氣巳籠用百發乎南山之陽詩殷其雷在南山之陽識雷聲所及先聖有作後王式遵啓玄機以求舊運巧智而攸新相彼良工自殊昧道之士眷玆木偶應異迷途之人齊步武而無佚差遠近而有倫遵大路罔愆乎禮典與聽希聲老子大音希聲克正于時巡雖道有環回地分險易固善應而莫實諒知幾而有爲于僞切載考載擊所辨于長亭短亭庾子山江南賦十里五里長亭短亭匪疾匪徐

足分乎有智無智（世說魏武帝過曹娥碑碑背上題作黃絹幼婦外孫虀臼楊脩便解魏武行三十里方悟魏武歎曰我才不如卿有智無智較三十里）觀其妙矣孰測其微細觀其徼矣（老子常無欲以觀其妙常有欲以觀其徼）詎知其啓閉音不衰而得度響其鏜而有制○（鏜音湯詩曰擊鼓其鏜）于以翊龍御于以引天旋異銅渾之儀亦可叙紫微之星次殊玉漏之制而能涉黃道之日躔周物之智斯設極深之幾是研（易曰夫易聖人所以極深而研幾也）鄙繁音之坎坎（坎坎鼓聲詩坎坎其擊鼓宛丘之下）陋促節之闐闐妙出人

謨思由神假時然後擊賛賞典于今茲動惟其常契同文于古者由是皇衢以正帝道斯盛恭出震以成威膺御乾而啓聖我后得以昭文物展聲明不僁于素○僁音愆可舉而行宜乎騁墨妙呈筆精固敢先三雅而獻賦庶將開萬國之頌聲

吾子

曰吾子來也以有餘而欲及人乎曰然若用子而能使竭忠孝乎曰否夫無忠而忠見無

孝而孝聞曷若使不見而忠無聞而孝肅然已出熙然已及夫已也渾然矣乎

劉叟傳

魯有劉叟者嘗以御龍術進於魯公云云劉叟曰歲不雨無以出終無以入民枯然視天卿士大夫絕智謀山川禱神祇以祈咸不應臣投是龍於尺地之內不踰晷雷孚上下雷孚東西於是先之以風騰之以雲從之以雨如君之意欲一邑足之欲一國足之欲天下

足之魯公曰斯龍也其神乎是則寡人之國非敢用劉叟曰臣聞避風雨禦寒暑當在未寒暑乎是故事至而後求曷若未至而先備於是魯公止劉叟而內龍明年果大旱命劉叟出龍果大雨

河間傳

河間淫婦人也不欲言其姓故以邑稱始婦人居戚里前漢萬石君傳注於上有姻戚者則皆居之故名其里爲戚里有賢操七到切節操也自未嫁固已惡群戚之亂尨羞

與爲類獨深居爲翦製縷結既嫁不及其舅獨養姑謹甚未嘗言門外事又禮敬夫賓友之相與爲肺腑者其族類醜行者謀曰若河間何其甚者曰必壞之乃謀以車衆造門。造七到切至也邀之邀嬉且美其辭曰自吾里有河間戚里之人日夜爲飭厲一有小不善唯恐聞焉今欲更其故以相效爲禮節願朝夕望若儀狀以自惕也河間固謝不欲姑怒曰今人好辭來以一接新婦來爲得師何拒之堅也辭曰聞婦之道以貞順靜專爲禮若夫矜車服耀首飾族出讙鬧以飲食觀游非婦人宜也姑強之乃從之游過市或曰市少南入浮圖有國工吳叟始圖東南壁甚怪可使奚官先壁道乃入觀觀已延及客位具食帷牀之側聞男子欬者○欬口溉切逆氣河間驚跣走出召從者馳車歸泣數日愈自閉不與衆戚通戚里乃更來謝曰河間之遷也猶以前故得無罪吾屬耶向之欬者爲膳奴耳曰數人笑

於門如是何耶羣戚聞且退朞年乃敢復召邀於姑必致之與偕行遂入⿰阝豊隑州西浮圖兩間○⿰阝豊篇韻無此字未詳隑或口溉柯開二切江南人呼梯爲隑按集韻沂祈二音曲岸也又魚開切脩長也前漢相如傳臨曲江之隑州兮注曲岸頭也巨衣切叩檻出魚鼈食之河間爲一笑衆乃歡俄而又引至食所空無帷幕廊廡廓然河間乃肯入先壁羣惡少於北牖下降簾使女子爲秦聲倨坐觀之有頃壁者出宿選貌美陰大者主河間乃便抱持河間河間號且泣婢夾持之

或論以利或罵且笑之河間竊顧視持己者甚美左右爲不善者已更得適意鼻息咈然意不能無動力稍縱主者幸一遂焉因擁致之房河間收泣甚適自慶未始得也至日仄食具類呼之食曰吾不食矣旦暮駕車相戒歸河間曰吾不歸矣必與是人俱死羣戚反大悶不得已俱宿焉夫騎來迎莫得見左右力制明日乃肯歸持淫夫大泣齧臂相與盟而後就車既歸不忍視其夫閉目曰吾病與

之百物卒不食餌以善藥揮去心怦怦披耕切心急貌恒若危桎之絃夫來輒大罵終不一開目愈益惡之夫不勝其憂數日乃曰吾病且死非藥餌能已爲吾召鬼解除之然必以夜其夫自河間病言如狂人思所以悦其心度無不爲時上惡夜祠甚夫無所避旣張具。張音帳河間命邑臣告其夫召鬼祝詛上下吏訊驗笞殺之將死猶曰吾負夫人吾負夫人河間大喜不爲服闢門召所與淫者倮逐爲荒淫

○倮力果切居一歲所淫者裒益厭乃出之召長安無賴男子晨夜交於門猶不慊苦簟切又爲酒壚西南隅己居樓上微觀之鑿小門以女侍餌馬凡來飲酒大鼻者少且壯者美顏色者善爲酒戲者皆上與合且合且窺恐失一男子也猶日呻呼懵懵以爲不足○懵音蒙又母總彌登母亘三切積十餘年病髓竭而死自是鮮戚里爲邪行者聞河間之名則掩鼻蹴頞皆不欲道也○蹴與蹙同促也急也頞音遏鼻頞也柳先生曰天下之

士爲脩潔者有如河間之始爲妻婦者乎天下之言朋友相慕望有如河間與其夫之切密者乎河間一自敗於强暴誠服其利歸敵其夫猶盜賊仇讎不忍一視其面卒計以殺之無須臾之戚則凡以情愛相戀結者得不有邪利之猾其中耶亦足知恩之難恃矣朋友固如此况君臣之際尤可畏哉余故私自列云

箏郭師墓誌

郭師時之善箏者故以是稱焉公時在柳州劉

夢得集有與公書云發書得箏郭師墓誌一篇以爲其工獨得於天姿使木聲絲聲均其所自出抑折愉繹學者無能知又云郭師與不可傳者死矣絃張柱差枯然貌存中有至音含糊弗聞噫人亡而器存布在方冊者是已余之伊鬱也豈獨爲郭師發耶想足下因僕書重有槩耳蓋覩郭師之事覩公之文而有感也

郭師名無名無字父奭雲中大將無名生善音能鼓十三絃阮瑶箏賦曰箏長六尺以應律絃十有二象十二時柱高三寸象三才唐史音樂志云箏本秦聲也制與瑟同而絃少案京房造五音唯此瑟十三

絃此乃箏也今雅樂清樂箏竝十有二絃他樂皆十有三絃郭師所能者蓋十三絃者也
其爲事天姿獨得推七律三十五調切窔邃
靡布爪指運掌擊於煥切舊作緊胥山沈公謂當作擊儀禮曰鉤中指結于擊掌後節中也又音牽音慳擊也牽也使木聲絲聲均其所
自出屈折愉繹屈一作抑知一作如學者無能知自去
乳不近葷肉以是慕浮圖道既失父母即棄
去兄弟自髡緇入代清涼山代謂代州又南來楚
中然遇其故器不能無撫弄吳王宙刺復州
太宗子吳王恪恪子琨琨子祇祇子巘巘子宙皆嗣爲王或以告乃延入

強之宙號知聲音抃蹈以爲神奇會宙貶賀州遂以來性愛酒不能已因縱髮爲黃老術薛道州伯高抵宙以書必致之至與坐起伯高褒邪人也嗜其音至善處輒自爲擊節教闇管謹視出入餌仄柏不食穀三年變服遁逃九疑叢祠中史記神之依叢木者謂之叢祠披取之益善親遇終不屑卒乘暴水入小船下岣嶁山岣嶁山名○嶁力主反求道籙會歐陽師死不果受張誠副嶺南又強與偕誠死至是抵余時已得胥

髓病日猶鼓音四五行居數日益篤既病自爲歌死三日葬州北崗西志其詞曰

雲州生柳州死年五十病骨髓天與之音今止矣丁酉之年秋既季（元和十二年季秋也）月闕其團於是始（謂九月十六日也）心爲浮圖形道士仁人我哀埋勿棄

趙秀才羣墓誌

嬰曰死信孤乃立（史記趙世家曰晉至景公三年大夫屠岸賈殺趙朔趙同趙括趙嬰齊滅其族趙朔妻成公姊有遺腹走公宮趙朔客曰公孫杵臼杵臼謂朔

友人程嬰曰胡不死朔婦有遺腹若幸而男吾奉之後果生男屠岸賈索之嬰與杵臼謀乃取他人子使杵臼負而匿諸將遂索杵臼殺之程嬰與趙氏眞孤俱匿山中至十五年景公疾卜云大業之後不遂者爲祟於是召趙孤及程嬰復與趙田邑如故王侯

世家天水邑羣字容成系是襲祖某父某仕

相及一本止作祖仕相及一作考某嗟然秀才胡伋伋體貌

之恭藝始習娶于赤水禮猶執南浮合浦遠

遠集元和庚寅神永戢庚寅元和五年問年二紀益

以十年三十四也僕夫返柩當啓蟄左氏啓蟄而郊啓蟄建寅

之月蓋正月也瀟湘之交瘞原隰稚妻號叫幼女泣

和者悽欷行路悒追初憫夭銘茲什

太府李卿外婦馬淑誌公集有與李睦州書名字皆不得而詳然公誌及其私必與公相厚者元和五年公時與李俱在永州故云卒于湘水之東誌是時作也漢書齊悼惠王其母高祖微時外婦也顏師古曰謂與旁通者其云外婦本此

氏曰馬字曰淑生廣陵揚州母曰劉客倡也淑之父曰揔既孕而卒故淑爲南康謳者李君爲睦州詆狂冠見誣左官爲循州録過而慕焉李爲睦州刺史元和二年爲李錡所誣得罪貶循州納爲外婦偕竄

南海上及移永州（更大赦李量移永州）州之騷人多李之舊日載酒往焉聞其操鳴絃爲新聲撫節而歌莫不感動其音羡其容以忘其居之遠而名之辱方幸其若是也元和五年五月十九日積疾卒于湘水之東莽東崗之北垂年二十四銘曰

容之丰兮藝之功隱憂以舒和樂雍佳治彫殞逝安窮諧鼓瑟兮湘之滸（謂湘靈鼓瑟也）嗣靈音兮永終古（湘靈鼓瑟今淑之死能嗣其音也）

河東先生外集卷上

世綵廖氏刻梓家塾

河東先生外集卷下

表啓

爲文武百官請復尊號表六首公正集中有爲京兆府請復尊號表三又有爲耆老請復尊號表二皆在貞元十九年間蓋爲德宗復聖神文武之號作也其事已詳於正集之註今又有表六蓋在正集之表前作

臣等言臣竊觀前代之盛列辟之英司馬相如曰歷選列辟以迄于今咸保鴻名而崇明號或配其德或昭其功蓋所以揚耿光書以覲文王之耿光以揚武王之大烈耿

光光明也彰淳懿而示遠也其有暗然不耀後嗣
何觀左傳書而不法後嗣何觀蔽而不揚羣臣之罪伏惟
皇帝陛下由正統而臨祚承聖緒而受圖稟
高明之姿於天侔博厚之德于地禮記博厚配地高明
配天端教化之本制刑禮之中聲震八區威加
六合運玄造之化靡有不通成陰騭之功莫
之能測是用光膺聖神文武之號建中元年正月羣臣
上尊號曰聖神文武皇帝其後雖逢阨運興元元年正月以朱泚之亂去
尊號今睹昌期誠我武之掃清書我武惟揚猶自咎

而抑損同罪己之義左傳禹湯罪己其興也勃焉明愛人
之仁羣臣等上順聖心以成恭德而退懷大
懼謂掩全功五年于茲自貞元元年甲子至貞元四年戊辰爲五
年矣若墜氷谷貞元五年十月百寮請復尊號不允方今百職皆
理庶績其凝書皋陶謨人用咸和書用咸和于萬民俗惟
丕變陳師鞠旅兵法二千五百人爲師五百人爲旅無犯塞之
虞晝界封疆一本封疆在晝界上無專地之患四海寧
一萬類蕃滋薄刑溢不寃之聲漢書于定國爲廷尉民自
以爲不寃逋賦蒙勿收之惠一本逋作通西成有穰歲

之報南極見壽星之祥靈貺屢加天恩允荅
豈宜固爲菲薄（菲薄見孔明出師表不宜妄自菲薄）以掩盛明
尊號之崇顧復如舊況臣等親奉平明之理
久蒙覆露之恩恥德美之不彰憂罪戾之將
及伏惟陛下復循舊典俯徇羣情誠天地神
祇內外臣庶之所望也臣等無任屏營悃懇
之至

第二表

臣等言臣等前詣朝堂上表伏請復加尊號

奉被還旨未遂懇誠拳拳顒顒不勝大願臣等伏以崇明號昭盛德爰自中古實爲上儀以至于我祖宗莫不膺茲典禮伏惟皇帝陛下有廣運之德弘照微之仁燭幽以明威遠以武惠澤之被誠浹洽于八方。浹即協切英聲之揚宜越軼于千古。軼徒結切而乃久爲抑損以守謙恭事有曠而不遵禮有缺而未備臣等又以爲不私與己是謂至公有美之而莫敢辭有非之而莫敢隱必推於物而順於人

旣以徇於羣心又思叶於中典此皆聖人之
事也且夫虛而失實則誇耀而誣質而不華
則朴略而固所以王度資於潤飾昭十二年左傳思我
王度式如玉式如金帝者務於恢崇將以法日月之昭
明配天地之廣大易廣大配天地聳遠方之觀聽兼
前代之軌模然後表其全功謂之盡善不可
以方當陛下臨位羣臣在庭而使鴻名不彰
盛典猶闕旣無以光昭衆美又無以丕承舊
儀則臣等蒙恥於今獲罪於後實爲大懼敢

忘盡規尊號之崇願從羣議伏惟陛下俯迴
宸睠察納愚誠不惟臣等受恩天下幸甚無
任區區懇迫之至謹昧死重詣朝堂奉表固
請以聞臣等誠懇誠勤頓首頓首謹言

第三表

臣等言前再上表請加尊號實以功德俱茂
典禮宜崇然而不能鋪陳無以動寤漢書動寤萬乘
愚誠雖竭天鑒未迴臣某等誠恐誠懼頓首
頓首臣等謹按白虎通曰號者功之表也神

農有教田事之勤燧人有輿火食之利伏羲正五始白虎通云正五行祝融績三皇之白虎通曰謂者屬也融者續也言能屬續三皇之道而行之故謂之祝融也祝融何祝人爲之名以美其事其後帝王之盛洎我祖宗之明咸因人心而順古道雖損益咸異而表功明德一也臣等是以遵有國之令典採上古之遺文察人心於謳謡觀天意於符瑞敢以爲請累表陳誠囊者運丁艱難時或順動陛下思成湯之罪己左傳禹湯罪己其興也勃焉念周宣之側身詩雲

去徽號而不稱垂烱戒而自（漢宣王遇災而懼側身修行）徽。（烱古迥切）應天以德示人以恭聞于蠻貊戎夷告于天地宗廟是故咸知陛下之志慕義而歸仁潛感陛下之誠通靈而助順今者君臣同德上下叶心百職畢修庶官以序禮法明具教化流行方内歡康天下寧一四人遵業萬類樂生嘉應休徵神物靈貺形于草木著于星辰而辭之以仁壽未臻至化猶鬱遂使德誠可紀名號未崇不告於明神不示於殊俗將何以知陛下之戡難將何以表陛下之致平下無以威於四方上無以報於九廟其不可一也淳古之至化邈而不足烈祖之盛儀廢而不續續一作纘又一作績其不可二也庶正羣官宗室支屬西土耆長太學諸生黃冠之倫緇衣之侶萬衆伏闕彌旬織路而乃不從人心以違公議其不可三也守謙恭卑讓之志忽光大弘遠之圖臣等誠雖至愚以爲大謬伏以常久之德貞夫一也易天下之道貞夫一者也元

始之義善之長也易元者善之長也弁包覆露天之
大也清淨玄默道之妙也睿智之周物不可
以不稱夫聖也妙筭之無方不可以不稱夫
神也行仁義修典法歌詩頌考文章不可以
不稱夫文也却戎狄翦暴逆邊兵之整禁衛
以嚴不可以不稱夫武也而合於唐堯乃聖
乃神乃武乃文之德臣等謹稽之乾符叶於
古典侔德澤之廣配功業之崇昧冒萬死伏
請上尊號曰貞元大道聖神文武皇帝臣等

竭其精誠發於交感無以迴日甚能動天無任屛營悃懇之至謹復詣朝堂奉表固請以聞臣某等誠惶誠恐頓首頓首

第四表

臣等言去年貞元五年九月三度詣闕上表即前所上三表請復上尊號悃懇雖竭精誠莫通又懼於累塵聖聽是用中輟大願未畢羣心靡寧臣某等誠勤誠懇頓首頓首臣等生逢昌運早列清朝獲覩文明繼跡聖俊聖一作賢亦嘗考前

載於史氏訪遺儀於禮官至於保鴻名尊號之榮昭茂功盛德之美皆烈祖之垂法爲累代之成規子孫之所宜丕承臣下之所宜崇奉陛下纂聖緒而臨下遵令典以制中則亦俯從公卿大夫之請光膺聖神文武之號間者陛下以禍亂之故特貶損以自儆以從一時之宜信爲恭也今乃欲遂變更而不復以廢先祖之典則若專焉豈陛下或未之思然臣等實以爲懼雖欲行陛下之志奈先祖之

典法何伏惟陛下因於憂勞深自咎責命祝
史告于天地陳圭幣祠于祖宗布於羣臣聞
于兆庶固能降開祐之福致感悅之誠咸和
以叶心盡瘁而畢力獮成神造康濟艱難冦
逆掃除暴彊擾順侯衛奉守屛之職夷狄爲
來庭之賓兵戎不興邊鄙不聳文軌同於四
海貢賦修於九州至若時候將僣必惟思而
内省皇情微軫遂交感而潜通隂陽和而風
雨時年穀熟而財用足休祥數見福應屢臻

此皆天地祖宗垂靈錫祉以成陛下之志明無不荅不享之咎也陛下宜承天意以悦神心增修盛儀再加明號明一作名崇昭報之禮表恢復之功而辭以仁壽未臻至化猶鬱則若尚懷不足以要天地祖宗雖有固讓之勤而非重請之義且夫號者其來尚矣燧人神農各旌其事湯以其武而曰武王迨我祖宗崇尚古道垂著新法陛下獨爲辭讓以守謙冲則皇王將有愧於前祖宗將不悦於後而帝

德是非之辯固有所歸國典異同之文後難
以守且陛下本爲炯誡○炯古迥切一作鑑誡以示敬
恭誠謙德也今以先王之道而不敢不法烈
祖之訓而不敢不承又謙德之大也若乃守
獨善而遺公議執小讓而忽宏規違臣庶之
心廢祖宗之典乃所以失陛下之恭德又徒
以掩陛下之全功臣等雖誠至愚竊所不取
輒敢徵之國典酌於經義取夫貞者事之幹
元者善之長以配聖謨神化之盛文德武功

之崇叶紀年之嘉名遵舊號之美稱以如開
元故事謹冒萬死請上尊號曰貞元聖神文
武皇帝伏惟陛下沛然廻慮俯徇羣情然後
聖德之光昭玄功之茂著後代得揚盛美而
鑑至清是羣臣之願也不勝懇迫之至謹奉
表詣闕固請以聞臣等誠勤誠懇頓首頓首

第五表

臣頎等言（頎于頎）臣等伏以尊號未復累具陳
請（具一作表）伏奉詔旨固守謙恭臣等上授天地

神靈次奉祖宗典法列經義而順古因人心
以從時詞繁而不能陳明誠竭而未蒙察納
德美盛而猶蔽憲度鈌而莫修罪戾是憂氷
炭交集臣等誠惶誠恐頓首頓首臣某等伏
以先王之道由大中而可久近古之化以彌
文而益彰然則守謹而爲恭不如立中而垂
法表樸而略禮不如文明而化光況於文質
異時而國家自有制度豈直爲一王之法固
以遇三代之文其於規模信爲弘遠陛下嗣

訓先祖貽謀後聖當踐修以纂承寧變更而
廢墜臣等又伏讀詔書曰遐想哲王則自燧
人神農殷湯之時有其事也又曰欽若典訓
則自代宗肅宗玄宗而上有其儀也又曰所
誡者滿所尚者謙守之以誠期於終始臣等
以爲去鴻名而貶損謙之始也遵舊典而奉
承謙之終也造次而未嘗違於禮守之以誠
也敬恭而無或陷於專所誡者滿也又曰虛
美崇飾所不敢當伏惟皇帝陛下恤人之心

動天之德致理之文教戡難之武功著於頌聲光於史氏上有其實無虛美之嫌下盡其誠非崇飾之僞又曰勉一乃心共康庶政曩者公卿大夫侍御攜僕書左右攜僕僕攜僕者謂左右携持器物之僕或從扞牧圉僖二十八年左傳甯武子曰不有行者誰扞牧圉註牛曰牧馬曰圉或備持戈矛蓋有同力之誠而無離德之間今者四岳羣后九土庶邦外自藩維內及宗室黃髮耆老青衿諸儒或僉以同辭或遠而抗疏一心之效也羣材序進百職交修

烽燧不驚兵戎以息鑽鑿不用獄訟以衰六
氣和而風雨時五穀昌而倉廩實庶政之康
也誠由教化以致雍熙自當冠於皇王寧復
謝於堯禹宜加明號以表成功陛下雖以爲
辭臣等未知其說又伏奉詔旨令臣等斷表
伏以君親一致臣子一例而春秋之義不以
父命辭王父命臣某等得遵先帝之典以違
陛下之詔謹昧冒萬死伏請復上尊號如前
不勝惶懼懇迫之至

第六表（一本以上六表在前集）

臣頎等言臣等今月七日所上表昨十五日下詔旨加辭讓愈固臣等感謙冲於盛德而私有舊典隳廢之憂懼煩瀆於聖聽而内懷微誠懇迫之切進退兢惕不知所措臣某等誠惶誠恐頓首頓首臣某等伏以爲事貴舉其中立名惡浮於實（他本無爲立二字）得其中不宜變之而失正有其實不必避之以爲恭況於祖宗之矩儀國家之典制陛下教尊道備德

博化光辭取於貶損而自卑朴略而大簡者
也昔漢宣帝謂元帝曰我漢家亦自有制度見漢元帝紀諸葛孔明誡其主曰不宜妄自菲薄
前史載之詳矣幸陛下思之臣等又以爲執
小讓之賢不足以方得宜合度之善去鴻名
之敬不足以補變法改作之專陛下行之將
何所守伏以高祖受其明命歷代承以聖德
至陛下又有下武繼文重熙累盛之美不可
謂德之不嗣也躬上聖之姿合至神之化有

戡禍亂制夷狄之武一無有字修禮樂垂憲度之
文不可謂實之不孚也比年以來俗化斯厚
人少犯法吏無舞文獄犴將空梏拳不用可
謂人皆遷善豈曰俗未勝殘然若辭之所未
窹也況於尊號之美陛下已受於初去之即
由於艱虞復之宜因於康靖徒示其罰不旌
其功何以知區宇之削平何以知宗廟之興
復似非陛下之本意但自欲改先祖之遺儀
耳內之臣庶跂履山川思報主恩誓雪國恥

亦欲攄其宿憤表其成勞陛下猶掩鴻名罔窮其事則此等如有未盡不以爲歡儻陛下以自咎責之心尚或未弭則羣臣不能匡輔之罪（臣一作莊）亦當未除將何以蒙陛下之恩私將何以受陛下之爵賞君猶含垢臣以偷榮羣下之情必深反側又無以示於萬古無以威於四夷皆非遠圖且乖大體臣等懷此數者恨恨而不能自安謹昧冒萬死重違詔旨伏請復上尊號以如前表伏惟皇帝陛下思

聿脩無忝之言詩無忝爾祖聿脩厥德顧屈己從人之義再膺大典俯徇羣心因來月謁太清宮大廟郊祀上帝貞元六年十月百僚請復尊號上曰春夏亢旱宿麥不登朕情誠祈禱獲降甘雨既致豐穰告謝郊廟儻因禋祀而受尊號是有爲爲之匆煩固請十一月庚午祀南郊遂以告祠實臣等之至誠實臣等之厚幸不勝惶懼懇迫之至謹復詣朝堂奉表固請以聞

及大會議户部尚書班宏又請改所上尊號加奉道字故其文如後表宏衛

州汲人貞元五年二月自戶部侍郎遷本部尚書

伏以睿智之周物而靡不通不可以不稱夫聖也妙筭之無方而莫能測不可以不稱夫神也行仁義修典法歌詩頌考文章不可以不稱夫文也攘却戎夷戡翦暴逆邊兵以整禁衛以嚴不可以不稱夫武也而合於唐堯乃聖乃神乃武乃文之德博施不息而萬物以生推功不宰而萬化以成合於書之奉若天道之義臣等謹稽之乾符叶於古典侔德

澤之廣配功業之崇昧冒萬死伏請上尊號曰神聖文武奉道皇帝此是改第三表

及大會議國子祭酒韓洄請歷數近日徵應祥瑞故又改其文如後表貞元七年以韓洄爲國子祭酒

又伏見陛下以今年四月以來方當雩祭之修而有旱備之請纔愆期而未害於物深軫念而將卹其人氣潛通而交感以和澤旋流而滂霈思遠思本作斯由是風雨時而霜雹不降

稼穡茂而蝗螟不生農功以成年穀大熟休祥數見福應屢臻仁木連理而垂陰嘉禾同穎而挺秀壽星舒景炎之盛芝草布葩英之重白麞凝彩而雪暉蒼烏取象於天邑將徧於郡國相繼於歲時右具如表

爲崔中丞賀平李懷光表懷光謀反貞元元年爲其部將牛名俊斬首以獻則公之表當是時作也然公時年十三不應有此文中丞者不許其人矣文又闕不全云

臣某言伏奉某月日敕逆賊李懷光與臺末

人方言南楚凡罵庸賤曰臺奚虜遺醜懷光渤海靺鞨人醜類也備聞兇險之行頗有殘暴之名陛下略其細微假以符節盡委朔方之地建中元年七月以懷光爲朔方節度使猶分禁衛之兵二年五月詔懷光率神策及朔方軍討李惟岳不感殊私乃懷異望聞者饋貢不入王師問罪尋令舉軍赴敵而乃終歲無功時李燧抱眞同討魏城未拔朱滔王武俊連兵救田悅詔懷光統朔方兵一萬三千同討悅懷光勇而無謀爲滔等所敗洎駕幸近郊建中四年十月丁未車駕至咸陽戊申幸奉天勅還舊鎮將掃猾夏之盜因解奉天之圍十一月懷光引兵敗

朱泚兵于醴泉泚聞之懼引兵歸長安由是奉天之圍解豈伊人謀蓋是
天意陛下但嘉其排難不省其由列爲上公
命作元帥及躡寇滑汭頓軍咸陽闕

爲裴令公舉裴冕表大曆四年十二月戊戌裴冕卒八年公始生當無此表裴令公蓋裴遵慶也按冕傳云大曆中郭子儀言於代宗曰冕首佐先帝驅馳靈武有社稷勳程元振忌其賢遂加誣罔海內寃之與此表合然此表當爲郭令公作其云爲裴令公非也又傳云時元載秉政冕早所甄引載德之又貪其衰瘵且下已遂拜左僕射同中書門下平章事不踰月

卒據元載之誅在大曆十二年而柳生於大曆八年是時方五歲而此表又當在載未誅之前時公未生或謂公集先侍御府君神道表云汾陽王居朔方備禮延望恐此表乃其先人之作然亦不可得而考此决非公之文也明矣

臣某言聞忠邪不可以並立善惡不可以同道吳任宰嚭而伍胥誅夷吳王夫差元年以大夫伯嚭爲大宰常以報越爲志二年悉精兵以敗越於夫椒越王勾踐使大夫種因大宰而行成吳王將許之伍子胥諫不聽遂自殺吳王以鴟夷盛其尸投之於江○嚭普鄙切楚任靳尚而屈平放逐屈原名平事楚懷王爲三閭大夫同列上官靳尚共毀譖

之王乃踈原原既放逐遂投於汨羅江而死遠惟前事孰不痛心伏見澧州刺史裴冕忠肅一作忠肅明允一作明允忠肅道高德厚匪躬無忌有蹇諤之風易曰王臣蹇蹇匪躬之故道佐先帝道一作首驅馳靈武贊雲雷之業成社稷之勳至德元載玄宗幸蜀至益昌遥詔太子充天下兵馬元帥以冕爲御史中丞兼左庶子爲之副是時冕爲河東行軍司馬授御史中丞詔赴朝廷遇太子於平凉具陳事勢勸之朔方七月太子入靈武冕與杜鴻漸崔漪等勸進甲子以定策功以冕爲中書侍郎平章事程元振忌其直方遂加誣構投謫荒裔天下稱寃寶應元年四月肅宗崩以冕爲山陵使冕以倖臣李輔國權盛

將附之乃表輔國親暱衛士中書舍人劉烜充山陵判官烜坐法免晃亦以議事與程元振相違貶施州刺史移澧州刺史空懷醞正之悲莫雪增嫌之恥今姦邪屛退聖政大明廣德元年十一月削元振官爵放歸田里百度惟貞諸本作大度誤四門以穆寰海之內元元之人莫不延首德音思聞至化願特令追晃列在天朝俾之端揆庶寮平章百姓處詢謀之任當燮理之權必能協和萬邦致君堯舜臣位兼將相職忝股肱思進賢傑共熙帝載二年二月以晃爲右僕射兼御史大夫充東都河南江南淮南諸路轉運使

臣無任懇願之至

爲武中丞謝賜新茶表武元衡字伯蒼貞元二十年遷御史中丞公時爲監察御史乃其屬也正集有爲武中丞謝賜櫻桃表此當次其後

臣某言中使竇某至奉宣旨賜臣新茶一斤者天睠忽臨時珍俯及捧戴驚抃以喜以惶臣以無能謬司邦憲大明首出貞元二十一年正月德宗崩順宗即位易首出庶物萬國咸寧得親仰於雲霄渥澤遂行忽先霑於草木況茲靈味成自遐方照臨而

甲拆惟新煦嫗而芬芳可襲調六氣而成美

扶萬壽以效珍豈可賤微賫此殊錫銜恩敢

同於甞酒滌慮方切於飲冰莊子曰朝受命而夕飲冰我其內熱撫事循涯隕越無地臣不任感戴欣抃

之至

爲裴中丞賀破東平表元和十二年二月李師道誅東平盡平時御史中丞裴行立爲桂管觀察使

臣某言月日得進奏官狀報逆賊李師道以

某月日克就梟戮率土臣子慶抃無涯臣聞

負恩干紀者鬼得而誅之莊子爲不善于幽闇之中者鬼得而誅之

犯順窮凶者天奪其魄左傳襄公二十九年鄭伯有使公孫黑如楚辭曰楚鄭方惡而使余往是殺余也伯有強使之子晳怒將伐伯有氏大夫和之十二月鄭大夫盟於伯有氏裨諶曰善之代不善天命也其焉辟子產舉不踰等則位班也擇善而舉則世隆也天又除之奪伯有魄不自妖孽昌彰聖功伏

惟陛下先天不違與神合契掩周宣中興之業陋漢光再造之勳靈旗四臨氛沴皆散凡在臣庶盡覩升平伏以師道席父祖以作威大曆中以李正己爲平盧淄青節度使傳其子納師古納次子苞海岳而專

禄恃東秦十二之險漢高帝六年田肯賀上曰秦形勝之國也帶河阻山縣隔千里持戟百萬秦得百二焉齊地方二千里持戟百萬縣隔千里之外齊得十二焉此東西秦也百二者謂秦地險固二萬人足以當諸侯百萬人十二者謂二十萬人足當諸侯百萬人言齊雖固不如秦二萬乃當百萬人誘臨淄三七之兵史記蘇秦說齊宣王曰臨淄之中七萬戶不下戶三男子三七二十一萬不待發於遠縣而臨淄之卒固已二十一萬矣竊據一方歲踰五紀朝宗之地曠若外區禹貢海岱爲青州青州東北據海西南距岱也又云海岱及淮爲徐州東至海北至岱南至淮也以其淮海之所在故曰朝宗此言東海爲師道所據也封祀之山隔成異域謂東封泰山也在兗州累聖垂

德曾未悛心書惟受罔有悛心悛改也餘孽滔天果闇折首易有嘉折首獲匪其醜遂使云亭有主知玉牒之將封封禪書炎帝封泰山禪云云黃帝封泰山禪亭亭後漢志曰云云亭亭皆泰山下小山也風俗通曰封泰山封廣二丈高九尺下有玉牒書遼海無虞見石砮之已至國語武王克商通道于九夷八蠻使各以其方賄來貢使無忘職業於是肅愼氏貢楛矢石砮長尺有咫砮矢鏃也以石爲之○砮音奴此是陛下神籌獨得籌一作筭廟略無遺授任推盡力之威縱捨有感心之化金石可貫龜筮必從克成不戰之功遂洽無爲之理臣謬司戎旅遠守

方隅愧無橫草之功漢終軍當發使匈奴軍自請曰軍無橫草之功師古曰言行草中使草偃卧故曰橫草也坐見覆盂之泰東方朔客難連四海之外以爲帶安如覆盂抃蹈歡慶倍萬恒情

賀赦表

此謂順宗時蓋當公之世人主嗣位肆赦惟順宗一人耳又云謬當任用職在藩維此必代桂廣帥臣作

臣某伏奉某月日恩制大赦天下一人有慶百度惟新戴天履土罔不欣抃某聞天地成功施雨露而育物帝王繼統昇日月以垂曜羣品資始萬方文明伏惟陛下嗣守鴻業光

膺駿命淳化均於四序大德合於二儀保寧社稷光宅區宇弘孝慈以御下崇恭儉以垂休恩覃溪洞事冠千古况乃順時布政秉春導和敷作解之澤宣在宥之典九族旣睦四門廣闢而又洗滌幽縶雷雨之施也歸還流竄羅網之釋也移叙貶黜覆載之仁也蠲除逋債政理之源也褒寵勳賢激勸之方也廢金寶之貢有以彰儉德搜遺逸之士有以表至公元勳宿將賞延子孫庶尹卿士榮周存

歿廣直言之路啓進善之門德超虞夏道掩
軒頊必將平一殊俗發揮大猷億萬斯年永
荷天緒臣謬當任用守職藩維不獲奔赴闕
庭親覩盛禮感恱歡抃倍萬恒情
賀皇太子牋皇太子乃元和七年所立遂王宥既立更名恒
憲宗第三子
宗元皇恐言伏奉六月七日制元和聖文神
武法天應道皇帝光受徽號元和十四年七月羣臣上尊號曰元和聖文神武法天應道皇帝率土臣子歡抃無涯伏惟

皇太子殿下麗正居中輔成昌運消伏沴孽賛揚輝光鴻名允升大慶周洽表文武之經緯著天道之運行瑞景照臨示重輪之發耀崔豹古今註曰漢明帝爲太子樂人作四歌賛德其二曰月重輪恩波下濟見少海之增瀾山海經曰無皐之山南望幼涿郭璞註曰即少海也昔天子比大海太子爲少海宗元忝守遐方公時在柳州其年十月卒于柳獲聞盛禮踴躍之至倍萬恒情謹附牋賀宗元惶恐死罪死罪

賀裴桂州啓裴桂州即前中丞公行立也行立爲桂管觀察

使在元和十三四年間時淮西已平公前有爲賀淮西平赦表此豈赦後有所封贈故公以啓賀之歟

宗元啓伏承天恩榮加寵贈伏惟增感忭慶罔極某聞揚名以顯孔聖于是作經孔子曰揚名於後世以顯父母大孝所尊曾子以之垂訓禮記曾子曰大孝尊親雨露敷澤日月垂光盛德果驗於達人左傳昭七年聖人有明德者若不當世其後必有達人積善必徵於餘慶易積善之家必有餘慶天下人子羡慕無階某特承恩眷倍百恒品恨以守官不獲奔走拜賀無任

展轉惶灼之至

與衛淮南石琴薦啓衛淮南次公也以檢校工部尚書爲淮南節度使在元和十二年淮蔡平後傳云次公本善琴方未顯時京兆尹李齊運使子與之遊請授之法次公拒絶因終身不復鼓而公此文在柳州作則衛時尚鼓琴也史傳之載過乎實矣一作狀在前集

疊石琴薦一出當州龍壁灘下　右件琴薦躬往採獲稍以珍奇特表殊形自然古色伏惟閣下稟夔旦之至德蘊牙曠之玄蹤人文合宮徵之

深國器專瑚璉之重論語子謂子貢汝器也瑚璉也藝深攖

醳史記田完世家鄒忌子曰大絃濁以春溫者君也小絃廉折以清者相也攖攖之深醳

之愉者政令也○厭縛切醳音釋舒也攖將成玉燭之調爾雅四時和謂

之玉燭思叶歌謠足助薰風之化舜作五絃之琴以歌南風

曰南風之薰兮可以解吾民之慍兮願以頑璞上奉徽音增響

亮於五絃應鏗鏘於六律沉淪雖久提拂未

忘儻垂不徹之恩禮記士無故不徹琴瑟敢效彌堅之

用

荅鄭員外賀啓一作狀在前集

李師道三代受恩代宗永泰元年七月以李正己爲平盧淄青節度使德宗建中二年七月卒子納領軍務貞元八年五月卒子師古領留務憲宗元和元年閏六月卒弟師道領留務是爲三代受恩四兇負德四兇即謂正已納師古師道聖朝含育務在安人不知覆載之寬弘更縱豺狼之扞蠹王師一發兇首巳來萬姓稱歡四方無事一本有伏惟同增慰慶六字

荅諸州賀啓一作狀在前集

李師道累代負恩不起悛革餘孽怙亂○孽魚列切本作孽更肆猖狂王師暫勞巳致梟戮率土歡

抃慶賀難勝太平之功自此而畢一本有勞致書問悚息增深八字

河東先生外集下

世綵廖氏刻梓家塾

廖氏世綵堂家塾經史周公謹極言其精
今觀淂堂中丞所藏柳河東集信然康熙
壬午三月秀水朱彝尊跋尾盤山智朴同
觀公子敳葯公孫韋金看書

壬戌冬上虞羅振玉觀于申江讀記年再四
老眼猶能見世綵堂韓文時廿餘年矣

廖氏世綵堂河東集書後

草窗始稱韓柳集韓集點勘頗流傳謝山跋語又及柳項宋得此何殊然東雅濟美相競出意祖廖氏如比肩墨光歐體忽照眼煥若神明當我前樂庵遺藏郭氏本借校僅辨誰愚賢嗟余嗜柳自童稚六十摟見非壯年猶將抱書誦萬編識

穰簡古期華顛潘君好古不自秘
重價奚吝金累千賦詩容我題紙
尾願與竹垞為執鞭 蔣孟蘋號樂庵
癸亥二月十四日孝胥

（唐）柳宗元　撰

宋本河東先生集

第十册

國家圖書館出版社

第十册目録

卷第四十二　古今詩

同劉二十八院長述舊言懷感時書事奉寄澧州張員外使君五十二韵之作其韵增至八十通贈二君子……一
弘農公以碩德偉材屈於誣枉左官三歲復爲大僚天監昭明人心感悅宗元竄伏湘浦拜賀未由謹獻詩五十韵以畢微志……一八
酬韶州裴曹長使君寄道州呂八大使因以見示二十韵一首并序……三〇
酬婁秀才將之淮南見贈之什……三五
酬婁秀才寓居開元寺早秋月夜病中見寄……三七
初秋夜坐贈吴武陵……三八
晨詣超師院讀禪經……三九
贈江華長老……四一
巽上人以竹間自采新茶見贈酬之以詩……四二
零陵贈李卿元侍御簡吴武陵……四三
界圍岩水簾……四四
古東門行……四五
寄韋珩……四九
奉和楊尚書郴州追和故李中書夏日登北樓十韵之作依本詩韵次用……五二

楊尚書寄郴筆知是小生本樣令
更商榷使盡其功輒獻長句……五四
南省轉牒欲具江國圖令盡通風
俗故事……五五
與浩初上人同看山寄京華親故……五六
再至界圍岩水簾遂宿岩下……五七
詔追赴都回寄零陵親故……五八
過衡山見新花開却寄弟……五八
汨羅遇風……五九
朗州竇常員外寄劉二十八詩見
促行騎走筆酬贈……五九
離觴不醉至驛却寄相送諸公……六一
北還登漢陽北原題臨川驛……六二
善謔驛和劉夢得酹淳于先生……六三
詔追赴都二月至灞亭上……六四
李西川薦琴石……六四
同劉二十八哭呂衡州兼寄江陵
李元二侍御……六五
奉酬楊侍郎丈因送八叔拾遺戲
贈詔追南來諸賓二首……六七
衡陽與夢得分路贈別……六九
重別夢得……七二
三贈劉員外……七三
再上湘江……七四
青水驛叢竹天水趙雲余手種一
十二莖……七四
長沙驛前南樓感舊……七四
桂州北望秦驛手開竹逕至釣磯
留待徐容州……七五
登柳州城樓寄漳汀封連四州……七六
柳州寄丈人周韶州……七七
登柳州峨山……七八
得盧衡州書因以詩寄……七八
答劉連州邦字……七九

嶺南江行……八〇
柳州峒氓……八一
酬徐二中丞普寧郡内池館即事見寄……八二
酬賈鵬山人郡内新栽松寓興見贈二首……八三
種柳戲題……八四
柳州二月榕葉落盡偶題……八五
浩初上人見貽絶句欲登仙人山因以酬之……八五
雨中贈仙人山賈山人……八六
別舍弟宗一……八六
奉和周二十二丈酬郴州侍郎衡江夜泊得韶州書并附當州生黄茶一封率然成篇代意之作……八七
殷賢戲批書後寄劉連州并示孟崙二童……八八
重贈二首……九〇
疊前……九三
疊後……九四
銅魚使赴都寄親友……九四
韓漳州書報徹上人亡因寄二絶……九五
柳州城西北隅種甘樹……九六
聞徹上人亡寄侍郎楊丈……九七
段九秀才處見亡友吕衡州書迹……九八
柳州寄京中親故……九八
種木槲花……九九
摘櫻桃贈元居士時在望仙亭南樓與朱道士同處……九九
酬曹侍御過象縣見寄……一〇〇

卷第四十三　古今詩

法華寺石門精室三十韻……一〇三
游朝陽岩遂登西亭二十韻……一〇六

湘口館瀟湘二水所會……一〇八
登蒲洲石磯望横江口潭島深迴
　斜對香零山……一〇九
南澗中題……一一〇
游石角過小嶺至長烏村……一一二
與崔策登西山……一一三
構法華寺西亭……一一五
夏夜苦熱登西樓……一一六
覺衰……一一七
游南亭夜還叙志七十韵……一一八
韋道安……一二八
哭連州凌員外司馬……一三一
旦携謝山人至愚池……一三五
獨覺……一三五
首春逢耕者……一三六
溪居……一三六
夏初雨後尋愚溪……一三七
入黄溪聞猿……一三九
韋使君黄溪祈雨見召從行至祠
　下口號……一三九
郊居歲暮……一四〇
秋曉行南谷經荒村……一四一
雨後曉行獨至愚溪北池……一四一
中夜起望西園值月上……一四二
零陵春望……一四二
從崔中丞過盧少府郊居……一四三
夏晝偶作……一四四
雨晴至江渡……一四四
江雪……一四四
冉溪……一四五
法華寺西亭夜飲……一四六
戲題石門長老東軒……一四六
茅簷下始栽竹……一四七
種仙靈毗……一四九

種术……一五〇
種白蘘荷……一五二
新植海石榴……一五四
戲題階前芍藥……一五四
始見白髮題所植梅石榴樹……一五五
植靈壽木……一五五
自衡陽移桂十餘本植零陵所住
精舍……一五六
湘岸移木芙蓉植龍興精舍……一五八
早梅……一五八
南中榮橘柚……一五九
紅蕉……一五九
巽公院五咏……一六〇
梅雨……一六三
零陵早春……一六四
田家三首……一六四
行路難三首……一六六
聞籍田有感……一七一
跂烏詞……一七二
籠鷹詞……一七四
放鷓鴣詞……一七五
龜背戲……一七六
聞黄鸝……一七八
渾鴻臚宅聞歌效白紵……一七九
楊白花……一八〇
漁翁……一八一
飲酒……一八二
讀書……一八三
感遇二首……一八四
咏史……一八六
咏三良……一八七
咏荆軻……一八九
掩役夫張進骸……一九二
省試觀慶雲圖詩……一九四
春懷故園……一九四

河東先生集卷第四十二

古今詩

同劉二十八院長述舊言懷感時書事奉寄澧州張員外使君五十二韻之作其韻增至八十通贈二君子（劉二十八禹錫也初與公同爲監察御史故曰院長張員外署也貞元十九年與韓吏部李方叔三人爲幸臣所讒俱爲縣令南方後至澧州刺史公此詩貞元二十一年貶永州司馬後作也）

弱歲遊玄圃（東方朔十洲記曰崑崙山有三角一角正西北名玄圃臺弱歲

謂弱冠也增城縣圃閬風崑崙之山三重也縣圃出美玉以喻京城多賢才也先容

幸棄瑕漢鄒陽傳以左右先爲之容也容文采也禮記瑜不揜瑕名勞長

者記陳平門多長者車文許後生誇鷃翼嘗披隼莊子

曰斥鷃小鳥也說文云隼祝鳩也傳云鷃披隼翼○鷃音晏隼息尹切蓬心類

倚麻莊子夫子猶有蓬之心也註云蓬非直達者也荀子勸學篇蓬生麻中不扶而

直繼酬天祿署天祿閣名漢世以藏秘書天祿獸也因以爲名張署貞元

中舉進士博學宏詞爲校書郎公亦爲集賢殿正字酬當作讎謂校讎也揚雄校讎天祿

閣俱尉甸侯家甸侯謂甸服侯服也署爲京兆武功尉公亦爲藍田縣尉

憲府初收迹晉書漢官尚書爲中臺御史爲憲臺謁者爲外臺是爲三臺又

御史所居之地漢謂之御史府署至武功拜
監察御史公亦自集賢殿正字爲監察御史
丹墀共拜嘉張衡西京賦青瑣丹墀註丹墀
階也以丹塗之左傳云敢不拜
嘉分行參瑞獸參間也瑞獸獬豸也傳點亂宮鵶執簡
寧循枉左傳齊南史聞太史盡死執簡以往
簡謂簡策任昉爲御史中丞彈曹景
宗亦云謹奉白簡又崔篆御史箴
曰簡上霜凝蓋御史劾奏以簡也持書每去
邪漢有治書侍御史後曰持書後漢書蔡邕
舉高第補侍御史又轉持書御史遷尚書
持書亦御鸞凰摽魏闕周禮乃縣治象之法
史職也于象魏鄭司農註云
象魏闕也莊子身在江熊武負崇牙詩設業
湖之上心游魏闕之下設虡崇
牙樹羽注崇牙上飾周禮嬴者以辨色宜相
爲筍虡注嬴虎屬唐諱虎改作武

顧傾心自不諱金爐仄流月紫殿啓晨赧赧赤色謂曉起日光射殿宇也漢紀云神光降集紫殿言金爐之仄如流月之狀紫殿之啓如晨赧之色。赧音遐自弱歲遊玄圃至此皆叙其與張歷仕及同爲御史之意未竟遷喬樂未竟未終也詩曰遷于喬木俄成失路嗟貞元十九年署自監察御史貶爲郴州臨武縣令還如渡遼水李白詩屈平顦顇滯江潭亭伯流離放遼海更似謫長沙漢賈誼事文帝爲絳灌馮敬之屬妬害之謫長沙王太傅别怨秦城暮言别於長安途窮越嶺斜越嶺即謂郴州訟庭閑枳棘後漢仇香爲考城主簿縣令王渙謂曰枳棘非鸞鳳所棲百里豈大賢之路候吏逐麋麚。麚音加牝鹿麋音眉一作麏麚麏居云切轝也三載皇恩暢千年聖曆遐張自貞元十九年癸未貶官至元和元年乙酉憲宗即位爲三年矣故云朝宗延架海朝宗字見禹貢架海猶航海也師役罷梁溠溠水名莊四年左傳楚令尹鬬祁除道梁溠營軍臨隨梁溠作橋於溠水上○溠側加切京邑搜貞幹署自臨武量移江陵掾自江陵掾入爲京兆府司録參軍南宮步渥洼署自司録遷尚書刑部員外郎漢武帝元鼎四年秋馬生渥洼水中因以名馬○洼音蛙世推材是梓梓良木書若作梓材材一本作是杍人仰驥中驊驊謂驊騮駿馬也欻刺苗人地仍逾贑石崖署自員外出爲虔州刺史虔屬江南道古三苗之地贑縣名屬虔州有章貢二水合流有三百里贑石○贑音紺禮容

垂琿琫詩琿琫容刀琿佩刀下飾琫上飾○琿音必琫莫孔切一作琕琫王也琕必鄙切戉備鑾鋞鍜○說文云鋞鍜頭鎧也鋞音鵶鍜音遐寵即郎官舊威從太守加張以刑曹爲郡守建旟翾鷙鳥周禮司常云州里建旟又云鳥隼爲旟剝鳥皮毛置之竿頭爲之也鷙鳥即謂鳥隼也署爲州刺史故建旟○旟音余負弩繞文蛇漢書司馬相如奉使西南夷至蜀縣令負弩矢先驅文蛇謂畫爲蛇文也冊府榮八命八一作三周禮宗伯以九儀正邦國八命作牧註謂侯伯有功者加命得專征伐於諸侯鄭司農云一州之牧王之三公亦八命中闈盛六珈詩云君子偕老副笄六珈珈婦人首飾之盛者也韓吏部作張公墓誌云娶河東柳氏子則公蓋與張爲親故言及中闈也○珈音

加闌一作闌字

肯隨胡質矯

晉陽秋曰胡質爲荆州刺史其子威自京都來省之告歸質賜其絹一疋威跪曰大人清白不審於何得此絹質曰是吾俸祿之餘以爲汝資耳其父子清愼如此

方惡馬融奢

後漢馬融達生任性不拘儒者之節居宇器服多存侈飾常坐高堂施絳紗帳前授生徒後列女樂爲南郡太守大將軍梁冀奏融在郡貪濁免官

褒德符新換

漢文帝二年九月初與郡守爲銅虎符竹使符師古曰與郡守爲符符者謂各分其半右留京師左以與之今郡守多用分符合符事謂此署自虔州遷澧州刺史故曰符新換

懷仁道併遮

寇恂嘗爲潁川太守後從車駕擊潁川賊既平百姓遮道曰願復借寇君一年乃留恂謂署赴澧州虔人懷其仁惠遮道留之

俗嫌龍節晚

周禮掌節凡邦國之使節山國用虎節土國用

人節澤國用龍節節皆以金爲之使節者卿大夫聘於天子諸侯行道所執之信也朝

評介圭賖詩以其介圭入覲于王介圭大圭也賖遠也言其入覲之晚禹

貢輸苞匭禹貢苞匭菁茅苞橘柚也匭匣也荆州所貢澧屬山南道即荆州之地

周官賦秉秅周禮秋官掌客凡諸侯之禮上公車米眡生牢牢十車車秉有五籔車禾眡死牢牢十車車三秅註引聘禮曰十斗曰斛十六斗曰籔十籔曰秉秉有五籔則二十四斛也四秉曰筥十筥曰稯十稯曰秅每車秅則三十稯○秅宅加切

雄風吞七澤楚詞宋王曰此特大王之雄風也司馬相如子虛賦楚有七澤甞見其一曰雲夢

異產控三巴華陽國志曰武王克商封其子宗姬於巴故漢末益州牧劉璋以墊江以上爲巴郡江州至臨江爲永寧郡朐䏰至魚復爲固陵郡

巴遂分矣璋復改永寧爲巴郡以固陵爲巴東郡徙龐羲爲巴西太守是爲三巴又樂史寰宇記於渝州記云閬白二水東西流三曲如巴字是謂三巴其說不同然詩意則謂張所治灃州屬山南東道而劉璋所分三巴之地屬山南西道及劒南道山南劒南二道相接故曰控三巴也

即事觀農稼因時展物華秋原被蘭葉春渚漲桃花令肅軍無擾程懸市禁貰程法也○貰音奢貸也不應虞竭澤史記孔子曰竭澤涸魚則蛟龍不合陰陽虞防也寧復歎棲苴詩如彼歲旱草不潰茂如彼棲苴註云苴水中浮草言天下之人如旱歲之草皆枯槁無潤澤如樹上之棲苴○苴鉏加切今作葅字

蹀躞騶先駕○蹀躞馬行貌說文云騶廐御蹀音牒躞音燮騶音鄒籠

銅鼓報衙籠銅鼓聲染毫東國素韋誕非紈素不下筆素帛也

濡印錦溪砂砂丹砂也本草丹砂多出蠻洞錦州界貨積舟難

泊人歸山倍畬○畬音賒火種田也吳歈工折柳梁元帝纂要曰齊歌曰謳吳歌曰歈宋玉招魂云吳歈蔡謳秦大呂古樂府有折楊柳曲桓伊善笛撰折楊柳尤爲奇妙後人不能盡傳其指訣○歈音俞楚舞舊傳芭文選越艷楚舞後漢傳毅舞賦云宋玉曰激楚結風陽阿之舞材人之窮觀天下之至藝楚辭禮魂曰盛禮兮會鼓傳芭兮代舞芭巫者所持香草隱几松爲曲孟子隱几而卧隱據也松爲曲者以松爲曲几○隱於靳切傾罇石作汙禮記汙罇而抔飲鑿地曰汙石作汙者以石爲汙罇也○汙音蛙今作窊字寒初榮橘

柚橘小者曰柚夏首薦枇杷祀變荊巫禱史記封禪書荊巫祠堂下巫先司命施糜之屬蓋荊楚之俗好巫也風移魯婦髽禮記檀弓魯婦人之髽而弔也自敗於臺駘始也魯襄公四年左傳邾人伐鄫臧紇救鄫侵邾敗於狐駘國人逆喪者皆髽魯於是乎始髽說文云髽喪髻也○髽側瓜切已聞施愷悌還覿正奇衺周禮比長各長其比之治視有罪奇衺則相及註衺猶惡也音邪自未竟遷喬樂至此皆敘張出為南方令及改剌二州之意慕友慚連璧晉書夏侯湛幼有盛才而美容觀與潘岳友善每行止同輿接茵京都謂之連璧言姻喜附葭漢書中山靖王傳今群臣非有葭莩之親顏師古曰葭蘆也莩者其筩中白皮至薄也張壻於柳氏見前中闈盛六珈註沉埋全死地

流落半生涯入郡腰恒折陶潜曰吾不能爲五斗米折腰拳拳事鄉里小人逢人手盡乂馬援傳曰豈有知其無成而但萎腰咋舌乂手從戮乎敢辭親耻汙唯恐長疵瘕○瘕古牙切病也善幻迷氷火幻性也列子窮數達變因形移易者謂之化謂之幻○幻胡辨切齊諧笑栢塗莊子齊諧者志怪者也註云齊國俳諧之書東方朔傳時有幸倡郭舍人問朔隱語有曰老柏塗朔曰老者人所敬也柏者鬼之庭也塗者漸洳徑也○塗音茶東門牛屢飯王逸楚辭註云甯戚修德不用退而商賈齊東門外桓公夜出甯戚方飯牛叩角而商歌桓公聞之知其賢舉爲客卿出淮南子中散蝨空爬晉嵇康爲中散大夫山濤爲吏部郎舉康自代康遺濤絕交書曰性復多

蝨爬搔無已逸戲看猿鬬殊音辨馬撾馬撾馬箠也左傳繞朝贈士會以策註撾也○撾張瓜切渚行狐作孽孽妖孽說文魚獸虫蝗之怪謂之孽莊子孽狐爲之祥○孽魚列切林宿鳥爲𣨼○𣨼音嗟本作瘥病也同病憂能老新聲厲似姱○姱若瓜切好貌豈知千仞墜秖爲一毫差守道甘長絕明心欲自剄自剄自刎也見吳語○剄音鵛貯愁聽夜雨隔淚數殘葩梟族音常聒○梟堅堯切妖鳥也犲羣喙競呼○呼虛牙切張口貌一本喙作啄岸蘆翻毒蜃磎竹鬬狂犘犘牛獸名重千斤出巴中○磎音奚犘音麻野鶩行看弋江魚或共扠瘴

氛恒積潤（氛祥氣）訛火亟生煆（訛火野火也○煆虛加切火氣）

耳靜煩喧蟻（晉殷仲堪傳父師嘗患耳聰聞床下蟻動謂之牛鬬）魂驚

怯怒蛙（韓非子越王伐吳欲人之輕死也出見怒蛙乃爲之式從者曰奚敬於此王曰爲其有氣故也）風枝散陳葉霜蔓縱寒瓜（縱一作縋）霧

窖前山桂冰枯曲沼遰（遰荷葉爾雅芙蕖其葉遰○遰音遐）思

鄉比莊舄（史記陳軫傳越人莊舄仕楚執圭有頃而病楚王曰舄故越人今仕楚執圭富貴矣亦思越不中謝對曰凡人之思故在其病也彼思越則越聲使人往聽之猶尚越聲也）

遯世遇畦奇（北史隱逸傳畦奇趙郡高邑人高尚不仕寄情丘壑○畦息隨切遇一作慕）漁舍荄荒草（荄覆也）村橋臥古

槎○槎鉏加切水中浮木御寒衾用罽説文云罽西胡毳布蓋氈類也織毛爲之○罽音計挹水勺仍椰挹酌也異物志云椰子木名出交州樹高五六丈無枝條其葉如束蒲背面相似在其上實如瓠横破之可作椀或微長如括蔞子從破之可爲爵○椰于遮切窻蠹惟潛蝎甍涎競綴蝸○甍莫耕切屋棟引泉開故竇護藥挿新笆○笆音巴竹籬也樹怪花因槲木槲花南方所有多生於古樹朽壞中○槲胡谷切蟲憐目待蝦嶺表録異海鏡蟹爲腹水母蝦爲目水母者閩人謂之蛇渾然凝潔大如覆帽腹如懸絮有口而無目常有蝦隨之食其涎浮涎水上人或取之則欻然而沒乃蝦有所見耳驪歌喉易嗄嗄聲敗也老子曰號而不嗄○所嫁於介二切饒

醉鼻成皻。皻音查鼻上皰也曳捶牽羸馬捶即箠也垂蓑

牧艾猳左氏傳盍歸吾艾猳。猳音加豕也巳看能類鼈爾雅鼈三足曰能。能奴來切猶訶雉爲鷨。鷨音華鳥名似雉誰采中原菽詩中原有菽庶民采之徒巾下澤車周禮有巾車陶淵明詞或命巾車馬援傳曰吾弟少游嘗哀吾多大志曰士生一世但取衣食裁足乘下澤車馭款段馬註車人爲車行澤者欲短轂短轂則利也俚兒供苦筍傖父饋酸樝傖父楚人別種也又晉陽秋有云楚人謂中國人爲傖樝果也說文云似棃而酢。傖士行切樝音查勸策扶危杖邀持當酒茶道流徵

短褐禪客會袈裟香飯春菰米菰草名廣雅云蔣菰其米

謂之雕胡可炊以爲飯○菰音孤 珍蔬折五茄 五茄藥名本草云葉可作蔬菜食補註筆墨間録云子厚長韻屬對最精如以死地對生涯中原菽對下澤車右言對左轄皆的對至於香飯炊菰米珍蔬折五茄假菰爲孤獨之孤以對五也 方期

飲甘露 宋録曰新安王子鸞豫章王子尚詣曇濟道人於八公山濟設茶茗尚尚味之曰此甘露也何言茶茗 更欲吸流霞 抱朴子項曼都修道山中忽遊紫府飲流霞一杯酒忽思家爲上帝所斥河東呼爲斥仙人 屋鼠從穿穴林

狙任攫拏 ○狙七余切猿狙也 春衫裁白紵朝帽挂烏

紗屢歎恢恢網 老子天網恢恢○恢音魁 頻搖肅肅罝 罝亦網也詩肅肅兎罝 衰榮困蓂莢 帝王世紀曰堯時有草夾階而生每月朔

日生一莢至望日落一莢月小則餘一莢王者以是占曆名曰蓂莢盈缺幾蝦

蟇禮記禮運曰月三五而盈三五而缺五經通義曰月中有兎與蟾蜍蟾蜍即蝦蟇也

路識溝邊柳城聞隴上笳笳謂卷蘆葉吹之共思指

珮處楚詞湘君篇曰捐余玦兮江中遺余珮兮澧浦王逸註云屈原既放逐常思念

設欲遠去猶捐玦珮置於水涯冀君求已示有還意澧浦今澧州也署爲其州刺史故及

之千騎擁青緺緺綬也東郭先生拜二千石佩青緺出宮門行謝主人○

緺古華切自慕友慙聯璧至此皆自叙其貶黜之意

弘農公以碩德偉材屈於誣枉左官

三歲復爲大僚天監昭明人心感悅

宗元竄伏湘浦拜賀末由謹獻詩五十韻以畢微志（弘農公楊憑也字虛受一字嗣仁號州弘農人先是御史中丞李夷簡彈憑前爲江西觀察貪汚僭侈贓臨賀尉其後自外入爲王傅公是時爲永州司馬作詩以獻）

知命儒爲貴時中聖所藏（禮記君子之中庸也君子而時中藏善也）戱心齊寵辱遇物任行藏關識新安地（漢武帝紀元鼎三年冬徙函谷關於新安應劭曰時樓船將軍楊僕數有大功耻爲關外民上書乞徙東關以家財給其用度武帝亦好廣闊於是徙關於新安去弘農三百里）封傳臨晉鄉（楊氏譜楊朗爲秦將有功封臨晉君臨晉縣屬河中府）挺生

河東集卷四十二　世綵堂

推豹蔚易君子豹變其文蔚也蔚然有文章貌遐步仰龍驤魏書陳琳曰令將軍龍驤虎步高下在心驤躍也幹有千尋竦精聞百鍊鋼鋼堅鐵也文選誰知百鍊鋼化作繞指柔茂功期舜禹書時乃功懋哉懋與茂同高韻狀羲黃狀一作上又作挾足逸詩書圃鋒搖翰墨場雅歌張仲德詩侯誰在矣張仲孝友頌祝魯侯昌魯頌四篇皆頌僖公也其閟宮云俾爾熾而昌俾爾昌而熾俾爾昌而大憲府初騰價貞元中憑為監察御史故云神州轉耀鋩神州謂京師也右言盈簡策起居舍人一曰右史即禮記所謂言則右史書之者也唐制起居郎掌録天子起居法度天子御正殿則郎居左舍人居右有命俯陛以聽退

而書之季冬以授史官此言憑嘗爲起居舍人也左轄備條綱唐制左丞掌管轄諸司糾正省内通判都省事左司員外掌副左丞所管諸司事者也故亦稱左轄此謂憑嘗爲左司員外郎也響切晨趨佩煙濃近侍香司儀六禮洽周禮司徒修六禮以節民性此謂憑嘗爲禮部郎中論將七兵揚周禮司徒掌五兵至魏置五兵尚書謂中兵外兵騎兵別兵都兵爲五晉太康中乃分中兵外兵各爲左右與舊五兵爲七曹後魏遂爲七兵尚書此謂憑嘗爲兵部郎中合樂來儀鳳書簫韶九成鳳凰來儀儀四也尊祠重餼羊論語子貢欲去告朔之餼羊二句皆以謂憑嘗爲太常少卿卿材優柱石襄二十六年左傳晉卿不如楚其大夫則賢皆卿材也公器擅巖廊漢見

書晉灼曰巖峻節臨衡嶠貞元十八年九月廊巖峻之廊廊憑自太常少卿爲湖南觀察使和風滿豫章永貞元年十一月衡嶠衡山也憑自湖南遷江西觀察使江西觀察使治洪州人歸父母育郡得股肱良漢書季布傳河東吾股肱郡故特召君尔細故誰留念煩言肯過防左傳嘖有煩言壁非眞盗客史記張儀甞從楚相飲已而楚相亡壁門下意張儀曰儀貧無行必此盗相君之壁共執儀掠笞數百不服釋之金有誤持郎史記直不疑爲郎事文帝其同舍有告歸誤持同舍郎金去已而金主覺亡意不疑不疑謝有之買金償後告歸者至而歸金亡金郎大慙憑性素簡傲接下脫畧人多怨之及歷二鎮尤事奢侈龜虎休前寄龜印也衛宏漢舊儀列侯丞相將軍皆黃

金印龜鈕中二千石亦銀印龜鈕虎符也漢文帝初與郡守爲銅虎符曰休前寄者謂憑解江西觀察使

貂蟬冠舊行

貂蟬冠也晉太始中通直散騎常侍亦武冠右貂金蟬二句謂憑元和初解江西觀察使召還爲左散騎常侍也

訓刑方命呂

謂憑自散騎爲刑部侍郎也周書呂命穆王訓夏贖刑作呂刑

理劇復推張

謂憑元和四年自刑部爲京兆尹也張謂張敞漢宣帝時爲京兆尹京兆典京師長安中浩穰於三輔尤爲劇入守者皆以罪過罷唯趙廣漢及敞爲久任

直用明銷惡還將道勝剛敬逾齊國社

史記漢石慶爲齊相齊國慕其家行大治爲立石相社

恩比召南棠

詩甘棠蓋國人被其德故思其人而愛其樹也

希怨猶逢怒

論語怨是用希詩逢彼之怒謂憑雖能希怨而

猶不免逢人之怒多容競忤彊火炎侵琬琰書火炎崑崗琬琰圭名也鷹擊謬鸞凰言憑誤遭彈擊也憑爲京尹其年七月御史中丞李夷簡奏憑前在江西日贓罪及他不法事詔刑部尚書李鄘大理卿趙昌即臺參訊貶臨賀尉先是夷簡自御史出官在巡屬憑頗踈縱不顧接之夷簡切齒及憑歸朝修第於永寧里功作併興又廣畜妓妾於永樂里之別宅誇議頗讙故夷簡舉劾將欲殺之及下獄置對數日未得其事夷簡持之益急上聞之且貶焉刻木終難對漢書路温舒傳俗語曰畫地爲獄議不入刻木爲吏期不對顔師古註曰畫獄木吏尚不入不對况眞實乎又司馬遷報任少卿書曰士有畫地爲牢誓不入刻木爲吏議不對定計於鮮也焚芝未改芳抱朴子曰慮巫山之失火恐芝艾之併焚遠遷逾桂

嶺謂憑自京尹貶臨賀尉也臨賀屬賀州隸廣南道桂嶺賀州山名中從滯餘杭謂憑繼從餘杭長史也杭杭州爲餘杭郡顧土雖懷趙史記廉頗一爲楚將無功曰我思用趙人廉頗本趙將故也知天詎畏匡論語子畏於匡曰天之未喪斯文也匡人其如予何論嫌齊物誕莊子有齊物篇騷愛遠遊傷楚詞有遠遊章麗澤周羣品易麗澤兊註麗猶連也澤謂德澤重明照萬方易重明以麗乎正篇首題云三歲復爲大僚蓋憑自元和四年己丑貶至七年壬辰爲三歲是歲立遂王宥爲皇太子肆赦故此又有重明照萬方之句斗間收紫氣晉書吳之未滅也斗牛之間常有紫氣吳平之後紫氣愈明豫章人雷煥曰此寶劒之精上徹于天耳在豫章豐城煥爲豐城令掘獄中果得

雙劒臺上掛清光清光鏡也福爲深仁集妖從盛德
禳秦民啼眣敵謂秦民思之也周士舞康莊康莊大道爾雅
四達謂之衢五達謂之康六達謂之莊采綬還垂艾晉灼註漢書盭綬盭
草名出琅邪平昌縣似艾可染綠因以爲綬名又擄焦貢易林曰二千石官白艾綬也
華簪更截肪魏文帝與鍾繇書曰竊見玉書稱美玉白如截肪謂以玉爲簪
也○肪音方高居遷鼎邑左氏武王克商遷九鼎于洛邑遷鼎邑即謂洛
陽也遥傳好書王史記賈誼爲梁懷王太傅梁懷王文帝之少子愛而好書
故令賈誼傅之又漢書景帝子河間獻王修學好古實事求是從民得善書必爲好寫與
之留其眞故得書與漢朝等是時淮南王安亦好書二句謂憑自杭州召還遷諸王傅居

洛陽也集有祭憑文云入傅王國嘉聲聿興謂此碧樹環金谷晉書石崇有別館在河陽之金谷丹霞映上陽上陽宮名留歡唱容與要醉對清涼謂憑爲王傅留歡要醉與之爲好也故友仍同里常僚每合堂淵龍過許劭冰鯉弔王祥公自註云許侍郎尹河南許司業分司東都王舍人居憂在洛皆弘農公平生親友後漢許邵汝南平輿人兄虔亦知名汝南人稱平輿淵有二龍焉此喻許孟容及許司業也晉書王祥性至孝後母朱氏常欲生魚時天寒冰凍祥解衣割冰求之冰忽自解雙鯉躍出持之以歸此以謂王仲舒也玉漏天門靜張衡漏水轉渾天儀制云以銅爲器再疊差置寘以清水下各開孔以玉虬吐漏水入兩壺左爲晝右爲夜銅駝御路

荒華延雋洛陽記曰兩銅駝在宮之南街東西相向高九尺洛陽謂之銅駝陌又據筆墨閒録云此對妙同於老杜矣澗瀍秋瀲灩書我乃卜澗水東瀍水西○瀲力驗切灩音艷水動貌嵩少暮微茫戴延之西征記曰嵩山其東謂太室西謂少室嵩其揔名即中岳也在洛州界遵渚徒云樂詩鴻飛遵渚註云鴻大鳥不宜與鳧鷖之屬飛而遵渚以謂周公今與凡人處東都之邑失其所也憑今亦居東都故公又引此詩以喻之冲天自不違淳于髡說齊威王曰國中有大鳥三年不飛又不鳴王曰此鳥不飛則已一飛冲天降神終入輔詩維嶽降神生甫及申種德會明敭書皋陶邁種德又曰明明揚側陋揚亦作敭獨棄傖人國傖人註見前詩難窺夫子墻論語夫子之墻數仞

通家殊孔李後漢孔融年十歲隨父詣京師時河南尹李膺以簡重自居不妄接士勑外非通家不得白融造門語門者曰我是李君通家子弟膺見之問曰高明祖父嘗與僕有恩舊乎曰先君孔子與公先人李老君同德比義而相師友則融與君累世通家衆坐莫不歎息舊好即潘楊潘岳懷舊賦曰余十二而獲見於父友東武戴侯楊君始見知名遂申之以姻好楊君名肇以女妻岳公娶馮弟凝之女故及之世議排張摯史記張摯字長公釋之之子官至大夫免以不能取容當世故終身不仕時情棄仲翔吳志虞翻字仲翔孫權以爲騎都尉數犯顏諫諍權不悦又性不協俗多見謗毀坐徙丹陽縣尉不言縲紲枉論語雖在縲紲之中非其罪也徒恨纆牽長纆牽長出戰國策一本以牽爲徽非賈賦

愁單閼賈誼貶長沙作鵬賦曰單閼之歲鵬集予舍單閼太歲在卯也○閼烏曷切鄒書怯大梁鄒陽事梁孝王介於羊勝公孫詭之間勝等疾陽惡之孝王怒下陽吏將殺之陽乃從獄中上書梁王立出之烱心那自是昭世懶佯狂史記箕子乃佯狂爲奴鳴玉機全息王謂佩也懷沙事不忘屈原既逐乃作懷沙之賦自投汨羅而死戀恩何敢死垂淚對清湘公在永州州有湘水自獨棄傖人國已下皆公自叙己意

酬韶州裴曹長使君寄道州呂八大使因以見示二十韻一首并序裴韶州名字未詳題云曹長必嘗與公同在禮部者呂道州名温字化光元和

三年十月自御史知雜貶均州刺史再貶道州州刺史公此詩永州作筆墨閒録云疇韶州裴使君二十韻尤見奇險之功蓋山字不比遐字之多也

韶州幸以詩見及往復奇麗邈不可慕用韻尤爲高絶余因拾其餘韻酬焉凡爲韶州所用者置不取其聲律言數如之

金馬嘗齊入漢武時有東門京者善相馬鑄作銅馬法獻之有詔立於魯班門外因號曰金馬門賢才待詔於此銅魚亦共須唐志云高祖入長安罷隋竹使符頒銀菟符其後改爲銅魚符易守令則給之共頒言温與裴同出爲刺史也疑

山看積翠疑山謂九疑山也在道州湞水想澄灣湞水名說文水
出南海龍川西入溱在今韶州界灣水曲也○湞涉盈切標牓同驚俗後漢
書海內希風之流共相標牓註云標牓猶相稱揚也清明兩照姦乘軺
參孔僅公自註曰韶州常隨潘戶部出征賦漢書食貨志孔僅南陽大冶武帝時
鄭當時進言之為大農丞貞元二十一年七月以戶部侍郎潘孟陽為度支鹽鐵副使以
裴為屬孔僅以喻孟陽也按節服侯獮公自註云道州昔使絕域遂無猾夏
之虞按節持節也節以竹為之柄長八尺以髦牛尾為節旄三重取象竹節因以為名漢書
匈奴傳虛閭權渠單于子稽侯獮號呼韓邪單于貞元二十五年五月以史館修撰秘書
監張薦入為吐蕃弔祭使以溫為副○獮所姦切賈傅辭寧切賈誼為長

沙王太傅過湘水以文弔屈原虞童髮未鬣虞童虞翻也翻年十二客有候其兄不過翻翻追與之書客奇之○鬣音班髮半白也秉心方的的騰口任嚬嚬韓子云其鬪嚬嚬○嚬音顰爭貌聖理高懸象易懸象著明莫大乎日月爰書降罰鍰史記張湯掘熏得鼠及餘肉劾鼠掠治傳爰書訊鞫論報註云爰援也謂以文書代換其口詞書其罰百鍰註云六兩曰鍰鍰黃鐵也一曰錢也謂溫得罪貶斤德風流海外和氣滿人寰禦魅恩猶貸左傳投之四裔以禦魑魅恩猶貸公自言雖被竄謫猶未至死是爲寬貸也思賢淚自潛思賢謂思裴呂也詩潛然出涕○潛所班切淚流貌在亡均寂寞零落間惸鰥惸獨也孟子老而無妻曰鰥○惸渠

云切鰥姑頑切夙志隨憂盡殘飢觸瘴癘○癘五還切瘅也

月光搖淺瀨月一作日風韻碎枯菅菅茅也海俗衣

猶卉書島夷卉服註南海島夷草服葛越南方布名山夷髻不鬖鬖謂曲髮爲髻也涅沙潛虺蜮詩爲鬼爲蜮蜮水弩榛莽鬭犲㺑

○㺑音蠻狼屬似狸循省誠知懼安排秖自癇說文云憪愉也

○癇音閑食貧甘莽鹵詩自我徂爾三歲食貧被褐謝斕斒

斕斒色不純貌後漢書衣裳闌班語言侏離是也○斕連閑切斒離閑切遠物裁

青罽○罽居麗切織毛爲之時珍饌白鷴長捐楚客珮

見前詩註未賜大夫環說文云環璧也肉好若一謂之環宣二年穀梁傳註

禮三諫不聽則去待放於竟三年君賜之環則還賜之玦則往荀子召人以瑗絕人以玦反絕以環註亦云古者臣有罪待放於境三年不敢去與之環則還與之玦則絕異

政徒云仰高蹤不可攀空勞慰鷦鷯妍唱劇妖嫺○妖嫺謂閑雅嫺音閑

酬婁秀才將之淮南見贈之什婁秀才圖南也侍中師德之後集有送其之淮南序二詩與序當同時作

遠棄甘幽獨公自言得罪遷斥也誰言值故人好音憐鍛羽詩載好其音又懷我好音鍛殘也選鍛翮由時至好音以喻圖南鍛羽以自喻○鍛音殺又所介切濡沫慰窮鱗莊子魚相與處於陸相煦以濕相濡以沫

困志情惟舊困一作同相知樂更新楚辭九歌樂莫樂兮新相知浪遊輕費日醉舞詎傷春風月歡寧間星霜分益親巳將名是患還用道爲鄰機事齊飄瓦莊子有機事者必有機心又曰雖有忮心不怨飄瓦嫌猜比拾塵家語孔子窮於陳蔡之間顔回得米而爨之孔子望見回攫甑中飯而食之飯熟進孔子孔子曰今夢見先君食潔欲饋回曰不可向者炱煤入甑中弃食不祥因攫而食之孔子歎曰所信者目所恃者心今心目不足信而恃矣煤煙塵也因拾煙塵孔子疑惑也高冠余肯賦楚詞高余冠之岌岌兮長余珮之陸離長鋏子忘貧史記馮驩聞孟嘗君好士躡蹻而歸之孟嘗置傳舍十日問傳舍長曰客何爲長荅曰馮

先生甚貧猶有一劒耳又蒯緱彈其劒而歌曰長鋏歸來乎食無魚○鋏古協切

晼晚驚移律○晼晚日昳○晼音宛睽攜忽此辰開顏時不再絆足去何因○絆音半羈絆也海上銷魂別江淹賦黯然銷魂惟别而已天邊弔影身秖應西澗水西澗永州水名寂寞但垂綸

酬妻秀才寓居開元寺早秋月夜病中見寄

客有故園思客謂秀才圖南也瀟湘生夜愁瀟湘二水名在永州界病依居士室維摩居士丈室夢繞羽人丘楚詞遠遊

云仍羽人於丹丘兮留不死之舊鄉註云山海經曰有羽民之國不死之民或人得道身生羽毛也丹丘晝夜常明味道憐知止老子知足不辱知止不殆遺名

得自求壁空殘月曙○曙音樹署同門掩候蟲秋張文潛嘗論公此聯爲集中第一洪駒父則云明月江山夜候虫天地秋最爲奇警謬委

雙金重文選擬四愁曰美人遺我緑綺琴何以贈之雙南金難徵雜珮

酬詩之子之好之雜珮以報之註雜珮珩璜琚瑀衝牙之屬碧霄無枉路枉一作往孫曰枉路猶徑路也徒此助離憂

初秋夜坐贈吳武陵武陵永州流人來永州在元和三年公有此贈下又有簡武陵詩

稍稍雨侵竹翻翻鵲驚叢美人隔湘浦美人謂吳武陵一夕生秋風積霧杳難極滄波浩無窮相思豈云遠即席莫與同若人抱奇音朱絃縆枯桐禮記清廟之瑟朱絃而疏越朱絃謂以朱絲爲絃也楚詞緪瑟兮交鼓緪急張也枯桐謂瑟也○緪古鄧切亦作絙清商激西顥泛灔凌長空自得本無作天成諒非功希聲閟大樸老子大音希聲聾俗何由聰

晨詣超師院讀禪經詩眼云子厚晨詣超師院讀禪經詩一段至誠潔清之意參然在前眞源了無取妄跡世所逐

遺言冀可冥繕性何由熟眞妄以喻佛理言行以盡熏修外此亦無詞矣道人庭宇靜苕邑連深竹蓋遠勝竹逕通幽處禪房花木深日出霧露餘青松如膏沐予家舊有大松偶見露洗而霧披眞如洗沐未乾染以翠色然後知此語能傳造化之妙澹然離言說悟悦心自足蓋言因指而見月遺經而得道於是終焉其本末立意遺詞可謂曲盡其妙無毫髮遺恨耳

汲井漱寒齒清心拂塵服閒持貝葉書西域有貝多樹國人以其葉寫經步出東齋讀眞源了無取妄跡世所逐遺言冀可冥遺一作遺繕性何由熟莊子繕性

於俗註云繕治也道人庭宇靜道人即謂超師苔色連深竹筆墨間録云山谷學徒筆此詩於扇作日出翠色連深竹翠色語好而苔色義是

霧露餘青松如膏沐詩豈無膏沐誰適爲容澹然離言說悟悅心自足

贈江華長老江華道州縣名

老僧道機熟默語心皆寂去歲別春陵㳂流此投跡道州即古春陵室空無侍者巾屨唯掛壁一飯不願餘跏趺便終夕風牕踈竹響露井寒松滴偶地即安居滿庭芳草積

巽上人以竹間自採新茶見贈酬之

以詩巽上人重巽也時居永州龍興寺此詩公在永州作

芳叢翳湘竹芳叢茶樹也零露凝清華復此雪山

客晨朝掇靈芽○掇丁活切採也蒸煙俯石瀨○瀨音賴水流石上也石一作古咫尺凌丹崖圓方麗奇色圭璧

無纖瑕璧一作玉呼兒爨金鼎餘馥延幽遐滌慮

發真照還源蕩昏邪猶同甘露飯佛事薰毗

耶維摩詰經時化菩薩以滿鉢飯與維摩詰飯香普薰毗耶離城及三千大千世界時維摩詰語舍利弗等諸大聲聞仁者可食如來甘露味飯大悲所薰無以限意食之使不

消也咄此蓬瀛侶蓬萊方丈瀛洲海中三神山蓬瀛侶謂仙人也無乃貴流霞流霞事見前第一詩註矣

零陵贈李卿元侍御簡吳武陵吳武陵公

前有詩贈之矣集又有小丘記云李深源元克己同游深源克己李卿元侍御也時在元和四年九月此詩有朔雲窮秋之語意亦是時作矣

理世固輕士棄捐湘之湄陽光竟四溟陽光謂日竟滿也○竟一作競敲石安所施敲石擊石出火也選潘安仁詩欻如敲石火瞥若截道飈○敲口交切飈音標鎩羽集枯榦低昂互鳴悲

翗雲吐風寒寂歷窮秋時君子尚容與小人守兢危慘悽日相視離憂坐自滋樽酒聊可酌放歌諒徒爲惜無協律者窈眇絃吾詩窈眇琴聲

界圍巖水簾公自永州召還經巖下作筆墨間録云此詩奇麗工壯始言水簾之狀但發二語云忽如朝玉皇天冕垂前旒簡而工矣

界圍滙湘曲○滙胡對切又上聲回也青壁環澄流選琴賦丹崖嶮巇青壁萬尋懸泉粲成簾羅注無時休韻磬叩

疑碧鏘鏘徹巖幽丹霞冠其巔想像淩虛游靈境不可狀鬼工諒難求忽如朝玉皇天冕垂前旒言水簾之狀如冕旒之垂楚臣昔南逐有意仍丹丘楚詞屈原遠遊章仍羽人於丹丘今我始北旋新詔釋縲囚元和十年詔追公等赴上都采眞誠眷戀莊子古者謂是采眞之遊許國無淹留再來寄幽夢遺貯催行舟

古東門行鮑明遠樂府詩皆有東門行東門謂長安城門也觀詩意蓋以諷當時盜殺武元衡事元衡爲相宅在京師靜安里元和十年六月將朝出里東門有賊自暗中突出射之從者散

走遂遇害詳本篇註

漢家三十六將軍漢景帝三年七國反上乃拜中尉周亞夫爲太尉將三十六將軍往擊吳楚東方靁動橫陣雲史記天官書陣雲如立垣

先是王承宗拒命上怒削其官爵討之會淄青盧龍數表請赦乃詔浣雪畀以故地及元濟叉承宗與李師道上書請宥使人白事中書元衡叱去承宗怒與師道謀殺元衡故此詩首引七國事謂元衡之變亦起於削地也

雞鳴函谷客如霧史記孟嘗君夜半至函谷關關法雞鳴而出客孟嘗君恐秦追至客有爲雞鳴而雞盡鳴遂得出函谷秦關也

貌同心異不可數赤丸夜語飛電光前漢尹賞傳長安中姦猾浸多閭里少年羣輩殺吏受賕報仇相與探丸爲彈得赤丸者

斫武吏得黑者斫文吏白者主治喪徼巡司隸眠如羊漢百官表中尉掌徼巡註云徼遮徼司隸謂司隸校尉掌察三輔徼巡司隸不舉職而眠如羊故不知有變四皓謂太子將兵無異以羊將狼蓋弱不能以敵強況又眠耶此謂元衡入朝出靖安里第夜漏未盡賊乘暗呼曰滅燭射殺元衡而邏司傳譟莫知主名也○眠一作眼一作很皆非是當街一叱百吏走馮敬胷中函匕首賈誼傳陛下之臣雖有悍如馮敬者適啓其口匕首已陷其胷中矣如淳云馮敬無擇子名忠亘爲御史大夫奏淮南厲王誅之通俗文曰匕首劒屬此謂賊始一呼而徒御格鬬不勝皆駭走遂害元衡也兇徒側耳潛愜心悍臣破膽皆吐口魏王卧内藏兵符史記魏安釐王使將軍晉鄙將十萬衆救趙實

持兩端王弟信陵君無忌之客侯生曰嬴聞晉鄙之兵符在王臥内而如姬最幸力能竊之公子誠一開口請如姬如姬必許諾則得虎符奪晉鄙軍北救趙而西却秦此五伯之伐也臣客朱亥力士可與俱晉鄙不聽可使擊殺之

子西掩袂真無辜

左傳哀十六年白公殺子西子期于朝而刼惠王子西以袂掩面而死此謂盜殺武元衡而朝堂不知也

羌胡轂下一朝起

司馬相如諫疏曰陛下好陵險阻射猛獸卒然遇軼材之獸駭不存之地是胡越起於轂下而羌夷接軫也

敵國舟中非所擬

吳起諫武侯曰君不修德舟中之人盡爲敵國也

安陵誰辨削礪功

史記袁盎傳梁孝王欲求爲嗣袁盎進說其後語塞以此怨盎使人刺盎安陵郭門外梁孝王世家太史公曰王使人殺盎刺之刺者置其劒劒著身視其劒

新治問長安中削礪工工曰梁孝王子某韓來治此劒以此此知而發覺之功當作工

國詎明深井里史記刺客傳聶政河內軹縣深井里人嚴仲子事韓哀侯與韓相俠累有郤請政爲之報仇政刺殺俠累因自皮面抉眼自屠出腸韓取尸暴於市而問莫知誰子其姊嫈聞而往哭之曰是軹深井里聶政也以妾在自刑以絕從妾柰何畏歿身之誅終滅賢弟之名遂死于尸旁此謂當時元衡爲賊所殺初不知主名吏卒不敢窮捕後下詔積錢東西市以募告者而王士則王士平始以賊聞也絕臏斷骨那下補秦晉謂肌曰臏下字一作可可一作股。臏音穰或作臟臟唐韻作咽項也萬金寵贈不如土

寄韋珩珩正卿之子集有荅珩示韓愈相推以文墨事書

初拜柳州出東郊道旁相送皆賢豪迴眸炫晃別羣玉羣玉羣賢也獨赴異域穿蓬蒿炎煙六月咽口鼻胷鳴肩舉不可逃桂州西南又千里灕水鬪石麻蘭高灕水水名出陽海山即桂江也蘭麻山名在今桂州理定縣今本麻蘭恐誤○灕音離陰森野葛交蔽日懸蛇結虺如蒲萄到官數宿賊滿野縛壯殺老啼且號飢行夜坐設方略籠銅枹鼓手所操籠銅鼓聲○枹音膚擊鼓杖也奇瘡釘骨狀如箭奇一作剜鬼手脫命爭纖毫今年噬毒得霍疾謂霍亂支心攪腹

戟與刀鋋來氣少筋骨露蒼白㶑汩盈顛毛㶑瑟水流貌國語曰班序顛毛以爲民統紀註云顛項毛髮也。㶑則瑟切汩越筆切

君今矻矻又竄逐。矻口黠切又口骨切爾雅固也石堅也辭賦已復窮詩騷神兵廟略頻破虜時用兵討淮蔡故云四溟不日清風濤聖恩儻忽念行葦十年踐踏久已勞詩勤彼行葦牛羊勿踐履註云行道也公得罪至是十餘年矣幸因解網入鳥獸史記湯出見野張網四面祝曰自天下四方皆入吾網湯曰嘻盡之矣乃去其三面莊子曰入鳥不亂羣入獸不亂行畢命江海終遊遨願言未果身益老起望東北心滔滔東北珩所

謫處

奉和楊尚書郴州追和故李中書夏日登北樓十韻之作依本詩韻次用尚書名於陵字達夫元和十一年四月自戶部侍郎判度支貶郴州刺史坐供軍有闕也先是貞元中李吉甫爲郴州刺史有北樓詩十韻至是於陵和之公亦和焉○郴音琛

郡樓有遺唱新和敵南金選詩美人贈我綠綺琴何以報之雙南金南金良金也境以道情得人期幽夢尋層軒隔炎暑迴野恣窺臨鳳去徽音續徽美也芝焚芳

意深芝焚見上獻弘農公詩註所謂鳳去以比吉甫芝焚以比楊尚書也游鱗

出陷浦喉鶴繞仙岑風起三湘浪雲生萬里

陰宏規齊德宇麗藻競詞林靜契分憂術閑

同遲客心。遲除吏切待也驊騮當遠步鶗鴂莫相

侵離騷曰恐鵜鴂之先鳴兮使夫百草爲之不芳鵜一作鶗鶗鴂一曰杜鵑常以立夏鳴鳴則衆芳皆歇張平子思玄賦云恃巳知而華子兮鶗鴂鳴而不芳謂恃巳之芳華冀時知我而鶗鴂之鳴使衆草不芳猶讒邪所蔽不得進也。鶗音題又火系切鴂古穴切

今日登高處還聞梁父吟陸士衡雜擬詩齊僮梁父吟註梁父吟樂府曲名也諸葛亮躬耕隴畝好爲梁父吟

楊尚書寄郴筆知是小生本樣令更商搉使盡其功輙獻長句

截玉銛錐作妙形截玉銛錐謂錐之可截玉者○銛音纖利也貯雲含霧到南溟尚書舊用裁天詔李註漢以尚書郎作詔文漢官儀曰尚書郎主作文書起草夜更直五日於建禮門内内史新將寫道經晉書王羲之爲會稽内史山陰有道士好養鵝羲之往觀意甚悦固求市之道士云爲寫道德經當舉羣相贈羲之欣然寫畢籠鵝而歸曲藝豈能裨損益曲藝小藝謂書學也微辭秪欲播芳馨芳馨謂楊尚書治行桂陽郷月光輝徧毫末應傳顧兎靈楚詞夜光何德

死則又育厥利維何而顧兔在腹言月中有兔居月之腹顧望也詩意謂此筆當是顧兔之毫

南省轉牒欲具江國圖令盡通風俗故事江字一本作注

聖代提封盡海壖漢書食貨志提封萬井李奇註曰提舉也舉四封之內也海壖者海邊地○壖而緣切狼荒猶得紀山川狼荒荒遠之境

華夷圖上應初錄風土記中殊未傳晉書周處有風土記十卷椎髻老人難借問前漢書西南夷傳自滇以北此皆椎髻註謂髻如椎之形也○椎直追切黃茆深峒敢留連峒山穴也下有柳州

峒氓詩蓋柳州之民多有居巖峒間者南宮有意求遺俗南宮南省也試撿周書王會篇周武王時遠國歸款周史集其事爲王會篇見今汲冢周書第五十九篇

與浩初上人同看山寄京華親故浩初潭州人龍安海禪師弟子自臨賀至柳州謁公集又有浩初上人欲登仙人山詩及送浩初序

海畔尖山似劍鋩秋來處處割愁腸東坡曰退之詩水作青羅帶山爲碧玉簪子厚詩海畔尖山似劍鋩秋來處處割愁腸陸道士云二公當時不計會好做成一屬對子瞻爲之對曰繫懣豈無羅帶水割愁還有劍鋩山又曰僕自

〔東武適文登，並海行數日，道傍諸峰眞若劒鋩，誦子厚詩，知海山多奇峰也。〕若爲化得身千億散上峯頭望故鄉

再至界圍巖水簾遂宿巖下

發春念長違中夏欣再覩〔公元和十年春正月自永召還過巖下故云發春念長違是年三月出刺柳州五月復經從故云中夏欣再覩〕是時植物秀杳若臨玄圃〔東方朔十洲記崑崙有三角一角正西北名玄圃臺層城閬風玄圃皆在崑崙〕歊陽訏垂冰〔○歊許驕切熱氣出貌〕白日驚雷雨笙簧潭際起鸛鶴雲間舞〔詩鸛鳴于垤鸛鶴水鳥皆見此水簾而舞○鸛古玩切〕古苔凝青枝陰草濕翠羽

蔽空素彩列，激浪寒光聚。的皪沉珠淵，的皪，白貌。班孟堅《東都賦》：賤奇麗而不珍，捐金於山，沉珠於淵。○的，丁歷切。皪，音歷。鏘鳴捐珮浦。《楚詞》：捐余珮兮澧浦。幽巖畫屏倚，新月玉鉤吐。夜涼星滿川，忽疑眠洞府。一本作恍惚迷洞府。

詔追赴都迴寄零陵親故自此篇下至灞亭上詩皆元和十年北還道中作

每憶纖鱗遊尺澤，翻愁弱羽上丹霄。岸傍古堠應無數，次第行看別路遥。

過衡山見新花開却寄弟

故國名園久別離今朝楚樹發南枝大庾嶺上梅南枝落北枝開晴天歸路好相逐正是峯前迴鴈時衡山有五峯紫蓋天柱芙蓉石廩祝融等孔安國尚書註鴻鴈之屬九月而南正月而北左思蜀都賦曰木落南翔氷泮北徂

汨羅遇風說文云長沙汨羅淵屈平所沉之水○汨莫歷切

南來不作楚臣悲屈原投汨羅而死公方召回故云不作楚臣悲重入脩門自有期楚詞招魂曰魂兮來歸入脩門些註云脩門郢城門爲報春風汨羅道莫將波浪枉明時

朗州竇常員外寄劉二十八詩見促

行騎走筆酬贈實常字中行元和七年冬自水部員外郎為朗州刺史先是劉禹錫與公同貶今例召至京師常有此寄公因酬贈呂本有因以奉呈四字

投荒垂一紀公自永貞元年謫永州司馬至是元和十年為十一年故云垂一紀新詔下荆扉疑比莊周夢莊周夢為胡蝶栩栩然胡蝶也自喻適志與不知周也俄然覺則蘧蘧然周也不知周之夢為胡蝶與胡蝶之夢為周與情如蘇武歸蘇武使匈奴留十九年不遣至昭帝立乃得歸賜環留逸響賜環見上酬裴部州詩註五馬助征騑墨客揮犀云世謂太守為五馬或云詩曰素絲組之良馬五之鄭註謂周禮州長建旟漢太守比州長法御五馬故

云或曰古乘駟馬車至漢太守出則增一馬見漢官儀也又古今風俗通曰王逸少出守永嘉庭列五馬綉鞍金勒出則控之故永嘉有五馬坊古樂府使君從南來五馬立踟躕五馬言常也騑驂旁馬也助征騑即謂促其行騎○音非不羨衡陽鴈春來前後飛

離觴不醉至驛却寄相送諸公

無限居人送獨醒楚詞屈原曰衆人皆醉而我獨醒可憐寂寞到長亭庚子山江南賦十里五里長亭短亭五里一短亭十里一長亭也長亭短亭傳舍也荊州不遇高陽侶漢書酈食其曰吾高陽酒徒也非儒人也一夜春寒滿下廳下廳猶下舍也

北還登漢陽北原題臨川驛（漢陽在唐屬郢州）

驅車方向闕，迴首一臨川。多壘非余耻，（禮記：四郊多壘，卿大夫之辱也。）無謀終自憐。亂松知野寺，餘雪記山田。惆悵樵漁事，今還又落然。

題淳于髡墓　劉禹錫

生爲齊贅壻，死作楚先賢。應以客卿葬，故臨官道邊。寓言本多興，放意能合權。我有一石酒，置君墳樹前。

善謔驛和劉夢得酬淳于先生驛在襄州之南即淳于髡放鵠之所今訛爲善謔驛

水上鵠已去史記齊王使淳于髡獻鵠于楚出邑門道飛其鵠徒揭空籠造詐成詞往見楚王曰齊王使臣來獻鵠過水上不忍鵠之渴出而飲之去我飛亡吾欲刺腹而死恐人議王以鳥獸之故令士自殺吾欲買而代之是不信而欺吾王也楚王曰齊有信士若此哉厚賜之財倍鵠在也亭中鳥又鳴史記又曰齊威王喜隱髡說之以隱曰國中有大鳥止王之庭三年不飛又不鳴王知此鳥何也王曰不飛則已一飛沖天不鳴則已一鳴驚人辭因使楚重見上註名爲救齊成威王八年楚大發兵加齊齊王使髡之趙請救趙王與之精兵十萬革車千乘楚聞

之夜引兵而去荒壠遽千古羽觴難再傾宋玉招魂瑶漿蜜酌

實羽觴註觴酒器也揷羽於其上劉伶今日意劉伶以譬禹錫異代

是同聲易同聲相應

詔追赴都二月至灞亭上灞水在京城之左此

將入京時作也○灞音霸

十一年前南渡客四千里外北歸人詔書許

逐陽和至驛路開花處處新

李西川薦琴石元和八年正月以山南東道節度使李夷

簡爲西川節度使薦藉也

遠師騶忌鼓鳴琴史記田敬仲世家騶忌子以鼓琴見威王去和南風愜舜心家語舜作五絃之琴以歌南風文中子曰子驟而歌南風釣者云噫非今日事也其有虞氏之心乎從此他山千古重殷勤曾是奉徽音徽音美音也

同劉二十八哭呂衡州兼寄江陵李元二侍御元和六年九月衡州刺史呂溫卒元侍御名稹是時稹自東臺監察御史貶江陵士曹參軍或云李元二侍御即前李深源元克己也

衡岳新摧天柱峯衡山南岳也天柱乃衡山諸峯之一公意借以喻衡

州也士林顛頷泣相逢秖令文字傳青簡上古以竹

簡寫書後漢吳祐傳祐父恢欲殺青簡寫經
書註云殺青簡者以火炙簡令汗盖取其易
書復不蠹謂之殺青亦謂之汗簡不使功名上景鍾周禮鳧氏為鍾
鍾帶謂之篆篆間謂之枚枚謂之景景鍾大
鍾也襄十九年左傳季武子作林鍾而銘魯
功也是三畝空留懸罄室僖二十六年左傳齊侯謂展喜曰室如懸
罄九原猶寄若堂封禮記檀弓文子曰武也得從先大夫於九原註
晉卿大夫之墓地在九原又夫子曰吾見封
之有若堂者矣註封築土為壟堂形四方而
高遙想荊州人物論幾迴中夜惜元龍魏志陳登
字元龍為廣陵太守年三十九卒後許汜劉
備並在荊州牧劉表坐表與共論天下人汜

曰陳元龍湖海之士豪氣不除備曰元龍文武膽志當求之於古耳造次難得此也時李元二侍御皆在江陵故用此事

劉二十八詩

一夜霜風凋玉芝蒼生望絕士林悲空懷濟世安人略不見男婚女嫁時遺草一函歸太史旅墳三尺近要離朔方徙歲行將滿欲爲君刊第二碑

奉酬楊侍郎丈因送八叔拾遺戲贈詔追南來諸賓二首楊侍郎名於陵

貞一來時送彩牋彩牋即楊侍郎戲贈之什也一行歸鴈慰驚弦一行歸鴈以況南來諸賓驚弦言初自遷謫而歸翰林寂寞誰爲主一潘岳詩如彼翰林鳥雙飛一朝隻翰林鳥棲之林鳴鳳應須早上天鳴鳳以喻楊侍郎言早上天爲翰林衆鳥之主

六言

一生判却歸休謂著南冠到頭左傳有南冠而縶者誰歟南冠楚冠也坡翁嘗用此冶長雖解縲紲論語子謂公冶長可妻也雖在縲紲之中非其罪也無由得見東周見猶至也東周洛陽也言不得至洛陽也

商山臨路有孤松往來斫以爲明好事者憐之編竹成援遂其生植感而賦詩公赴柳州道中作盖有自況之意○援音爰籬也

孤松停翠蓋託根臨廣路不以險自防遂爲明所誤幸逢仁惠意重此藩籬護猶有半心存時將承雨露

衡陽與夢得分路贈别劉夢得集有重至衡陽傷柳儀曹詩引云元和乙未歲與故人柳子厚臨湘水爲别柳浮舟適柳州余登陸赴連州後五年予從故道出桂嶺至前别處

而君歿於南中因賦詩以投弔詩云憶昔與故人湘江岸頭別我馬映林嘶君帆轉山滅馬嘶循故道帆滅如流電千里江蘺春故人今不見元和乙未即十年也

十年顦顇到秦京誰料翻爲嶺外行元和十年二月公召至京師三月出爲柳州刺史伏波故道風煙在漢武帝紀南越相呂嘉反遣伏波將軍路博德出桂陽下湟水公適柳劉適連皆過桂嶺而去故所經乃伏波故道後漢伏波將軍馬援南征交趾翁仲遺墟草樹平魏志明帝鑄銅人二號曰翁仲又水經注鄗南千秋亭壇廟之東枕道有兩石翁仲南北相對此言翁仲謂墓前石人也直以慵踈招物議休將文字占時

名今朝不用臨河别垂淚千行便濯纓孟子滄浪之水清兮可以濯我纓

再受連州至衡陽酬贈别公前有衡陽與夢得分路贈别詩此夢得所以酬之　劉夢得

去國十年同赴召渡湘千里又分岐重臨事異黃丞相漢書黃霸爲頴川太守徵守京兆尹坐發民治馳道乏軍與有詔歸頴川太守官夢得初貶連州今又出刺連州故曰重臨三黜名慚柳士師論語柳下惠爲士師三黜禹錫初貶連州刺史再貶朗州司馬又除連州是爲三黜耳歸目併隨迴鴈盡愁腸正遇

斷猿時桂江東過連山下桂江即漢時號灘水在柳州城外連山即連州相望長吟有所思選詩有君子有所思篇

重別夢得此公再與夢得別詩

二十年來萬事同貞元九年公與禹錫同舉進士其後出處略同至是二十三年矣今朝岐路忽西東皇恩若許歸田去晚歲當爲隣舍翁

答此夢得答公前詩　劉夢得

弱冠同懷長者憂臨岐回想盡悠悠耦耕若便遺身世論語長沮桀溺耦而耕並耕也黃髮相看萬

事休

三贈劉貟外此公復贈夢得

信書成自誤經事漸知非今日臨岐別一作臨湘別何年待汝歸

答此夢得答公前詩

年方伯玉早蘧瑗字伯玉莊子曰蘧伯玉行年六十而六十化恨比四愁多張衡出爲河間相鬱鬱不得志爲四愁詩詩見文選會待休車騎文選謝朓休沐東還道中詩曰還邛歌賦似休汝車騎非相隨出尉羅禮記月令鳩化爲鷹然後設尉羅註尉小網

再上湘江湘水出零陵陽海山至巴丘入江

好在湘江水，今朝又上來。不知從此去，更遣幾年迴。

青水驛叢竹天水趙云呂本云作公余手種一十二莖別本此詩次善謔驛後

簷下疎篁十二莖，襄陽從事寄幽情。襄陽從事即謂天水趙也秪應更使伶倫見，寫盡雌雄雙鳳鳴。漢書律曆志黃帝使伶倫取竹嶰谷制十二篇以聽鳳之鳴其雄鳴為六其雌鳴亦六

長沙驛前南樓感舊公自註云昔與德公別於此

海鶴一爲別海鶴以譬德公存亡三十秋貞元初至此今來數行淚獨上驛南樓

桂州北望秦驛手開竹逕至釣磯留待徐容州舊史元和十年以長安令徐俊爲容管經略使公是年三月出爲柳州而徐之除在公後故公先至桂州留詩以待之

幽徑爲誰開美人城北來美人謂徐容州王程儻餘暇王程王事也一上子陵臺後漢嚴光字子陵隱於釣臺今嚴州後人名其釣處爲嚴陵瀨焉

登柳州城樓寄漳汀封連四州永貞元年

公與韓泰韓曄劉禹錫陳諫凌準程异韋執誼皆以附王叔文貶號八司馬凌準執誼皆卒貶所异先用餘四人元和十年與公皆例召至京師又皆出爲刺史公爲柳州泰爲漳州曄爲汀州禹錫爲連州諫爲封州公六月到柳州此詩是年夏所寄也

城上高樓接大荒山海經有大荒經海天愁思正茫茫驚風亂颭芙蓉水芙蓉荷花○颭式冉切密雨斜侵薜荔墻楚辭貫薜荔之落蘂注云薜荔香草也緣木而生○薜蒲計切荔郎計切嶺樹重遮千里月月一作目江流曲似九回腸司馬

還與任安書腸一日而九回劉僴云一本作雲駛去如千里馬江流曲似九回腸未知孰是共來百越文身地莊子越人斷髮文身越世家文身斷髮披草萊而邑焉猶自音書滯一鄉

柳州寄丈人周韶州

越絕孤城千萬峯越絕書名言越之絕境空齋不語坐高春淮南子曰經于泉隅是謂高春損于連石是謂小春高春日晏也淮南子天文訓曰日出于暘谷至于淵隅是謂高春註淵隅地名高春時加戌民碓春時也印文生綠經旬合硯匣留塵盡日封留呂本作流梅嶺寒煙藏翡翠梅嶺今大庾嶺是也桂江秋水露鰅鱅楚詞

大招曰鰅鱅短狐王虺騫只說文云狀如犂牛○鰅音娛魚皮有文鱅音庸魚名丈人本自忘機事莊子漢陰丈人曰有機事者必有機械爲想年來憔悴容

登柳州峨山峨山山名見公柳州山水諸記一本作岷山非是

荒山秋日午獨上意悠悠如何望鄉處西北是融州

得盧衡州書因以詩寄

臨蒸且莫歎炎方臨蒸衡州縣名後改爲衡陽爲報秋來

鳫幾行林邑東迴山似戟林邑漢象林縣馬援鑄銅柱處牂牁南下水如湯牂牁係船杙也華陽國志云楚頃襄王時遣莊蹻伐夜郎至且蘭椓船於岸而步戰既滅夜郎以且蘭有椓船牂牁處乃改其名曰牂牁史記云牂牁江廣數里出番禺城下蒹葭淅瀝含秋霧詩蒹葭蒼蒼白露爲霜陸機草木疏云蒹水草葭蘆葦橘柚玲瓏透夕陽非是白蘋洲畔客南史柳惲爲吳興太守嘗爲江南曲云汀洲采白蘋落日江南春還將遠意問瀟湘

答劉連州邦字連州刺史劉禹錫

連壁本難雙潘岳夏侯湛號爲連壁詳見上詩註分符刺小邦

崩雲下灘水灘水出零陵劈箭上潯江柳州州治在潯江北

負弩啼寒狖漢司馬相如傳縣令負弩矢先驅狖獸名似猿狖鼠屬善旋○狖余救切鳴枹驚夜狫枹擊鼓杖說文云狫犬多毛也○枹音膚狫音尾

遥憐郡山好謝守但臨窻

嶺南江行

瘴江南去入雲煙望盡黄茆是海邊山腹雨

晴添象跡潭心日暖長蛟涎射工巧伺游人

影博物志江南有射工虫長一二寸有弩形氣射人不治則殺人毛詩爲鬼爲蜮陸機疏云蜮一名射影南人將入水先以瓦石投水中令水濁然後入又春秋莊公十八年有

（蜮疏云含沙射人影也）

颶母偏驚旅客船（嶺表志云南海秋風雲物有暈如虹者謂之颶母必有颶風嶺南録異記云嶺嶠夏秋雄風曰颶發日午至夜半止什屋僵樹屋瓦若飛蝶累年一發或一歲再三○颶音具）從此憂來非一事豈容華髮待流年

柳州峒氓

郡城南下接通津異服殊音不可親青箬裹鹽歸峒客（楚人謂竹皮曰箬可以苂舟峒山宂也○箬而灼切）綠荷包飯趁虛人（嶺南人呼市爲虛盖市之所在有人則滿無人則虛而嶺南村市滿時少虛時多故謂之虛出青箱紀録）鵝毛禦臘縫山罽（邕管溪洞不産

絲纊民多以木綿茀花鵝毛爲被家家養鵝二月至十月孳取耎毳積以禦寒○劉居例切

雞骨占年拜水神漢書郊祀志粵祠雞卜自此始李奇曰持雞骨卜如鼠卜

愁向公庭問重譯前漢紀越裳氏重譯獻白雉○譯音亦

欲投章甫作文身禮記儒行孔子居魯冠章甫之冠莊子宋人資章甫而適越越人斷髮文身無所用之

酬徐二中丞普寧郡内池館即事見寄徐中丞即前望秦驛詩云徐容州者也按地理志容州普寧郡防禦經略而徐俊爲容管經略當是俊也然題云中丞考之史不載

鵷鴻念舊行鵷鴻公自喻虛館對芳塘芳一作方落日

明朱檻繁花照羽觴羽觴見上詩註泉歸滄海近樹

入楚山長榮賤俱爲累相期在故鄉

酬賈鵬山人郡内新栽松寓興見贈

二首郡内謂柳州也

芳杇自爲別杇枯也別異也言芳杇各異耳無心乃玄功玄功天功

夭夭日放花詩桃之夭夭榮耀將安窮青松遺

澗底文選古詩離離山上苗鬱鬱澗底松擢蒔兹庭中○蒔時吏切別種也

積雪表明秀寒花助葱蘢葱蘢翠色蘢力工切○貞

幽夙有慕易幽人貞吉文選顏延年詩幼壯困孤介末暮謝幽貞謂幽靜貞吉

（之道也夙素也）持以延清風

無能常閑閤偶以靜見名奇姿來遠山（奇姿謂所）

（栽松）忽似人家生勁色不改舊芳心與誰榮喧

卑豈所安任物非我情清韻動竽瑟諧此風

中聲

種柳戲題

柳州柳刺史種柳柳江邊談笑爲故事推移

成昔年垂陰當覆地聳幹會參天好作思人

樹（定九年左傳思其人猶愛其樹）慚無惠化傳

柳州二月榕葉落盡偶題藝苑雌黃云閩廣有木名榕子厚集有柳州二月榕葉落盡詩云榕葉滿庭鶯亂啼坡詩卧聞榕葉響長廊又云即令榕葉下亭皐即此木也其木大而多陰可蔽百牛故字書有寬庇廣容之説

宦情羈思共悽悽春半如秋意轉迷山城過雨百花盡榕葉滿庭鶯亂啼嶺物録異榕樹葉如冬青秋冬不凋根鬚繚繞枝幹屈盤

浩初上人見貽絶句欲登仙人山因以酬之仙人山在柳州

珠樹玲瓏隔翠微（珠樹亦言樹木之美耳）病來方外事多違（方外謂遊方之外）仙山不屬分符客一任凌空錫杖飛

雨中贈仙人山賈山人（賈山人即前賈鵬也○此山在柳州）

寒江夜雨聲潺潺（鉏山切流水聲）曉雲遮盡仙人山遥知玄豹在深處（列女傳陶荅子妻曰南山有玄豹霧雨十日不下食）下笑羈絆泥塗閒

別舍弟宗一（公之從兄弟見於集者有宗一宗玄宗直）

零落殘魂倍黯然江淹賦曰黯然銷魂唯別而已雙垂別淚越江邊一身去國六千里萬死投荒十二年自永貞元年乙酉至元和十一年丙申也桂嶺瘴來雲似墨洞庭春盡水如天欲知此後相思夢長在荊門郢樹煙荊郢宗一將遊之處

奉和周二十二丈酬郴州侍郎衡江夜泊得韶州書并附當州生黃茶一封率然成篇代意之作郴州侍郎楊於陵也韶州即周二十二丈

丘山仰德耀天路下征騑馬行貌夢喜三刀近晉書王濬爲廣漢太守夢懸三刀於其屋梁上驚覺意甚惡之主簿李毅曰三刀爲州字明府其臨州乎書嫌五載違凝情江月落屬思嶺雲飛會入司徒府還邀周掾歸後漢袁安爲司徒辟周榮爲掾

殷賢戲批書後寄劉連州幷示孟崙二童公自註云家有右軍書每紙背庾翼題云王會稽六紙二月三十日。按晉書王羲之字逸少咸康中爲右軍將軍會稽内史庾翼爲安西將軍。因話録云柳柳州書後生多師效就中尤長於章草爲時所寶湖湘以南童稚悉學其書頗有能若以此觀之蓋有之矣公與夢得聞問最數殷殷賢戲題其書後故舉庾翼事爲寄蓋劉家子弟當有學其書者孟崙二童必夢得之子殷賢雖不能詳亦必夢得家子弟也

書成欲寄庾安西紙背應勞手自題聞道近來諸子弟臨池尋已厭家雞王羲之曾與人書云張芝臨池書池水盡黑使人耽之若是未必後之也王僧虔論書云庾征西翼書少時與右軍齊名右軍後進庾猶不分在荆州與都下人書曰小兒輩賤家雞皆學逸少書須吾還叱之後山亦嘗用此事作詩云不解征西諸子弟却憐野鶩厭家雞

酬家雞之贈此夢得酬公前寄劉連州并示孟崙二童詩也

劉夢得

日日臨池弄小雛喻孟崙也還思寫論付官奴褚遂良撰右軍書目正書五卷第一樂毅論四十四行書賜官奴行書五十八卷其第十九有與官奴小女書官奴羲之女是時柳未有子故夢得以此戲之柳家新樣元和脚柳公權元和間有書名元和脚者指公權也補註復齋漫録云夢得此句人竟不曉高子勉舉以問山谷山谷曰取其字製之新昔元豐中晁無咎詩文極有聲陳無已戲之曰聞道新詞能入様相州紅纈鄂州花盖相州纈鄂州花也則柳家新樣元和脚者其亦類此且盡薑芽斂手徒

重贈二首此篇公答禹錫前所酬詩也

聞道將雛向墨池劉家還有異同詞漢書劉向父子俱好古博見強志過絕於人歆以爲左丘明親見夫子而公羊穀梁在七十子後傳聞之與親見其詳略不同歆數以難向向不能非間也如今試遣隈牆問已道世人那得知晉史謝安問王獻之曰君書何如君家尊荅曰固當不同安曰外論不爾答曰人那得知

世上悠悠不識真薑芽盡是捧心人莊子西施病心而矉其里其里之醜人見而美之歸亦捧其心而矉其里里之富人見之閉門而不出○矉扶真切蹙頞也若道柳家無子弟往年何事乞西賓班固西都賦有西都賓問於東都主人

答前篇此夢得答公前詩也　　劉夢得

小兒弄筆不能嗔涴壁書牕且賞勲羲之爲會稽內史子敬七八歲羲之從後掣其筆不脫歎曰此兒書後當有大名子敬出戲見北舘新白土壁白淨子敬取篲沾泥汁書方丈二字觀者如堵涴壁事本此○涴烏卧切聞彼夢熊猶未兆詩維熊維羆男子之祥女中誰是衛夫人衛夫人名鑠字茂猗隷書尤善右軍少師之抂書法入妙品按公墓誌云子男二人長曰周六始四歲蓋生於元和十一年此詩作於周六未生時柳未有子故夢得又戲之以衛夫人也

答後篇　　劉夢得

昔日慵工記姓名項籍少時學書不成季父梁怒之籍曰書足以記姓名而已遠勞辛苦寫西京謂寫班固西都賦也近來漸有臨池興臨池事見上爲報元常欲抗行王右軍云吾書比之鍾繇當抗行比張芝猶鴈行也繇字元常

疊前公又答夢得前所答二詩也○呂韓本疊前作重答

小學新翻墨沼波羨君瓊樹散枝柯瓊樹枝柯以喻夢得子弟在家弄土唯嬌女左思嬌女詩曰吾家有嬌嬌女皎皎頗白皙握筆刊形管篆刻未期益執書愛綈素誦習矜所獲空覺庭前鳥跡多蒼頡觀鳥跡因而遂滋則謂之字詩意謂小女學書其紙散落庭中覺鳥跡之多也

疊後

事業無成耻藝成禮記德成而上藝成而下南宮起草舊連名公與夢得嘗同爲禮部員外郎勸君火急添功用趁取當時二妙聲晉書衛瓘爲尚書令與尚書郎索靖俱善草書時人號爲一臺二妙○時字一本作初

銅魚使赴都寄親友公自注云嶺南支郡無綱官考典帳典等悉附都府至京柳州作

行盡關山萬里餘到時閭井是荒墟附庸唯有銅魚使禮記王制註附庸小城也附庸者以國事附於大國唐武德初改太

守爲刺史加號爲使持節而實無節但須銅魚而已此後無因寄遠書

韓漳州書報徹上人亡因寄二絕韓漳州名泰靈徹字澄源會稽人貞元中遊京師名振輦下緇流疾之造飛語因得罪貶汀州會赦歸東越吳楚間諸侯多賓禮招延之

早歲京華聽越吟越吟事始見上註劉夢得嘗爲靈徹文集序紀其行曰好篇什從越客維學爲詩聞君江海分逾深他時若寫蘭亭會莫畫高僧支遁林王羲之爲會稽內史會稽有佳山水名士多居之孫綽李充許詢支遁等皆以文義冠世並築室東土與羲之同好道林支遁

字也蘭亭在會稽山陰縣蘭亭修禊道與馬故後人寫修禊圖道亦在其列

頻把瓊書出袖中選詩置之懷袖中三歲字不滅獨吟遺句立秋風遺句謂靈徹詩桂江日夜流千里揮淚何時到甬東甬東地名在會稽句章縣東海洲中

柳州城西北隅種甘樹

手種黃甘二百株春來新葉徧城隅新一本作枝方同楚客憐皇樹楚詞屈原橘頌后皇嘉樹橘來服兮受命不遷生南國兮王逸註云言皇天后土生美橘樹異於衆木來服習南土便其性也屈原自喻材德如橘樹亦異於衆也不學荊州利木奴襄陽李衡種甘橘千株臨死敕

見曰汝母惡吾治家故窮然吾州里有千頭木奴不責汝衣食歲止一匹絹亦可足用爾吳末橘成歲得絹數千匹幾歲開花聞噴雪何人摘實見垂珠若教坐待成林日滋味還堪養老夫

聞徹上人亡寄侍郎楊丈徹上人靈徹也見上

韓漳州報徹上人亡詩題註楊侍郎於陵也

東越高僧還姓湯文選惠休上人姓湯令靈徹亦姓湯故云還姓湯也幾時瓊珮觸鳴璫空花一散不知處誰采金英與侍郎休上人贈鮑昭侍郎詩曰玳枝兮金英綠葉兮紫莖不入金玉杯低采還自榮想君不相艷酒上視塵生當令芳意重無使盛年傾

段九秀才處見亡友呂衡州書迹呂衡州名溫集有呂衡州誄云元和六年八月辛段九秀才弘古也呂衡州集亦有贈段九秀才詩公集又有祭段弘古文及墓誌亦云與呂溫游○一本止題作段秀才云云

交侶平生意最親衡陽往事似分身袖中忽見三行字選詩置之懷袖中三歲字不滅拭淚相看是故人

柳州寄京中親故

林邑山聯瘴海秋牂牁水向郡前流林邑牂牁並見上註勞君遠問龍城地龍城柳州郡名正北三千到錦

州錦州屬江南西道至長安三千五百里

種木槲花

上苑年年種物華飄零今日在天涯秖應長作龍城守剩種庭前木槲花

摘櫻桃贈元居士時在望仙亭南樓與朱道士同處韓呂謝本時在已下下並作小字註寫

海上朱櫻贈所思古樂府有君子有所思篇樓居況是望仙時史記封禪書公孫卿曰仙人好樓居是呂作植蓬萊羽客如相訪蓬萊方丈瀛洲海中三山仙人居之不是偷桃一小兒漢武帝內

傳帝好長生七夕西王母降其宮有頃索桃七枚以四枚與帝自食三枚時東方朔從殿東廂朱鳥牖中窺母母謂帝曰此窺牖兒嘗三來偷吾桃者○漢武故事又云東都郡獻短人帝呼東方朔朔至短人相朔謂上曰西王母種桃三千年一着子此兒不良已三過偷之矣言仙人若訪元朱二士見此櫻桃固非如東方朔偷桃者也

酬曹侍御過象縣見寄象縣柳州縣名

破額山前碧玉流騷人遙駐木蘭舟春風無限瀟湘意欲採蘋花不自由柳惲詩汀洲採白蘋

河東先生集卷第四十二

河東先生集十五

第四十三卷 古今詩

第四十四卷 非國語上

項墨林父秘笈之印

河東先生集卷第四十三

古今詩

法華寺石門精室三十韻集有永州法華寺新作西亭記云寺居永州地最高

拘情病幽鬱曠志寄高爽願言懷名緇東峰旦夕仰始欣雲雨霽尤悅草木長道同有愛弟愛弟公之弟也披拂恣心賞松溪窮窱入窮窱深邃貌詩作窮窕○窮胡了切窱他弔切石棧寅緣上蘿葛綿層甍蘿女蘿今兎絲是也○甍謨耕切屋棟葛一作蔦音鳥詩蔦與女蘿莓苔侵標榜

密林互對聳絕壁儼雙敞壍峭出蒙籠墟嶮臨滉瀁（嶮高峻貌滉瀁水貌。嶮爲檢切滉胡廣切瀁餘兩切又占文漾字）稍疑地脉斷悠若天梯徃結構皐羣崖廻環軀萬象小劫不逾瞬（維摩經或有衆生樂久住世而可度者菩薩即演七日爲一劫又云世尊世界名大莊嚴劫曰莊嚴佛壽二十小劫）大千若在掌（維摩經又云菩薩斷取三千大千世界如陶家輪著右掌中擲過恒河沙世界之外）體空得化元觀有遺細想喧煩困蠛蠓（蠛蠓小虫也。蠛音蔑蠓母總切）跼蹐疲魍魎（魍音罔魎音兩）寸進諒何嘗尋直非所枉（孟子枉尺直尋者以利言也）探奇極遥矚窮妙閱清響理會方在今神開庶殊曩茲游茍不嗣浩氣竟誰養道異誠所希名實匪余仗超攄藉外奬俛默有内朗鑑爾揖古風鑑一作鑒終焉乃吾黨潛軀委韁鎖班固自叙曰貫仁義之羈絆繫利名之韁鎖。韁音薑馬羈也高步謝塵坱。坱倚朗切亦塵也蓄志徒爲勞追蹤將焉傚淹留值頹暮眷戀睇遐壤映日鳫聯軒翻雲波泱漭泱漭大水貌。泱於黨切漭莫朗切殊風紛已萃鄉路悠且廣羈木畏漂浮離旌倦搖蕩昔人歎違志出處今已兩何用期所

歸浮圖有遺像幽蹊不盈尺虛室有函丈禮記席間函丈函猶容也微言信可傳申旦稽吾顙申旦謂旦暮也

遊朝陽巖遂登西亭二十韻永泰元年元結自道州以事至永州愛其郭中有水石之異泊舟尋之得巖與洞以其東向遂以朝陽命名焉西亭即法華寺西亭按始得西山宴游記云元和四年九月二十八日登法華西亭詩是時作

譎棄殊隱淪桓譚新論曰天下神人五一曰神仙二曰隱淪登陟非遠郊所懷緩伊鬱詎欲堅夷巢伯夷巢父皆遯世者髙巖瞰清江幽窟潛神蛟開曠延陽景迴薄攢

林梢○攢徂丸切西亭構其巔○巔音顛反宇臨呼㢒呼張口貌㢒宮室高貌○呼虛加切㢒虛交切他本或作呼哮背瞻星辰與下見雲雨交惜非吾鄉土得以蔭菁茆詩苞匭菁茆蔭菁茆謂爲此西亭也羈貫去江介昭十九年穀梁傳羈貫成童註羈貫謂交午翦髮以爲飾貫與丱同西都賦與江介之湫湄江介江之左也世仕尚函崤西都賦左據函谷二崤之間函函谷關崤山名也今俗呼爲土崤石崤在虢州界故墅即灃川灃長安水名詩所謂灃水東注者也數畝均肥磽臺館集荒丘集一作葺池塘踈沇坳○坳於交切坳地不平也會有圭組戀遂貽山林嘲北山移文南岳獻嘲薄軀

信無庸瑣屑劇斗筲（論語斗筲之人何足算也）囚居固其宜厚羞夂巳包庭除植蓬艾隟牖懸蠨蛸（東山詩註云蠨蛸長蹄也疏云河内人謂之喜母俗云喜子是也）所賴山水客扁舟枉長梢（梢船尾木）挹流敵清觴掇野代嘉肴適道有高言取樂非絃匏逍遙屏幽昧澹薄辭喧呶○（呶女交切）晨雞不余欺風雨聞嘐嘐（詩風雨瀟瀟雞鳴嘐嘐○嘐音膠）再期永日閑提挈移中庖

湘口館瀟湘二水所會（九域志瀟水湘水在祁陽皆永州縣此館當在永州也）

九疑濬傾奔九疑山名在永州界臨源委縈迴臨源嶺名九疑臨源瀟湘所出會合屬空曠會合謂合流於湘口館也泓澄停風雷高館軒霞表危樓臨山隈兹辰始澂霽澂清也與澄同纖雲盡褰開天秋日正中水碧無塵埃杳杳漁父吟叫叫羈鴻哀境勝豈不豫慮分固難裁升高欲自舒彌使遠念來歸流駛且廣○駛音史疾也汎舟絕沿洄

登蒲洲石磯望橫江口潭島深迴斜對香零山香零山在永州

隱憂倦永夜凌霧臨江津猿鳴稍已踈登石娛清淪日出洲渚靜澄明晶無垠晶精光也浮暉翻高禽沈景照文鱗雙江匯西奔詭恠潛坤珎孤山乃北時○孤山謂香零山時當作峙字森爽棲靈神洄潭或動容島嶼疑搖振陶埴兹擇土埴謂土黏可作瓦器蒲魚相與鄰信美非所安王粲登樓賦雖信美而非吾土兮曾何足以少留羈心屢逡巡紉結良可解紆鬱亦已伸已一作以高歌返故室自調非所欣○調音綢

南澗中題公永州諸記自朝陽巖東南水行至袁家渴自渴西

南行不能百步得石渠石渠既
窮爲石澗石澗在南集又有石
澗記即此詩所題者也補註筆
墨間録云南澗詩平淡有天工
在與崔策登西山
詩上奇語故也

秋氣集南礀獨遊亭午時迴風一蕭瑟林影久參差始至若有得稍深遂忘疲羈禽響幽谷寒藻舞淪漪
詩河水清且淪漪註云小風
水成文轉如輪其狀漪然也
去國魂已游懷人淚空垂孤生易爲感失路少所宜索寞竟何事徘徊秪自知誰爲後來者當與此心期
東坡嘗題此詩後云柳子厚
南遷後詩清勁紆徐大率類

此又云柳儀曹南澗詩憂中有樂樂中有憂蓋絕妙古今矣然老杜云王侯與螻蟻同盡隨丘墟儀曹何憂之深也

遊石角過小嶺至長烏村在永州作

志適不期貴道存豈偷生久忘上封事漢光武紀詔百寮竝上封事注云宣帝始令羣臣得奏封事以知下情復笑昇天行古樂府能昇天行謂學仙也竄逐宦湘浦搖心劇懸旌史記蘇秦傳心搖搖然如懸旌始驚陷世議終欲逃天刑歲月殺憂慄慵疏寡將迎追遊疑所愛疑一作款且復舒吾情石角恣幽步長烏遂遐征磴迴茂樹

斷○磴丁鄧切磴道也景晏寒川明曠望少行人時聞

田鸛鳴詩鸛鳴于垤註鸛致雨之鳥風篁冒水遠冒一作映霜

稻侵山平稍與人事間益知身世輕爲農信

可樂居寵眞虛榮喬木餘故國餘一作望孟子所謂故國者非有喬木之謂也願言果丹誠四支反田畝釋志東

皐耕隋末王績字無功至唐貞觀中爲大樂丞桂冠歸田葛中聯牛躬耕東皐每著書自稱東皐子見呂才東皐子集序釋志一本作澤志

與崔策登西山策字子符集有送崔九序即此人也序云發居八年崔子幸來覿余詩蓋是時作

鶴鳴楚山靜露白秋江曉連袂度危橋縈迴出林杪西岑極遠目毫末皆可了重疊九疑高微茫洞庭小迴窮兩儀際高出萬象表馳景泛頹波遥風遞寒篠（音小竹名可以爲箭也）謫居安所習稍厭從紛擾生同胥靡遺（莊子胥靡登高而不懼遺死生也）壽等彭鏗夭（彭祖姓籛名鏗壽八百歲）蹇連困顛躓愚蒙怯幽眇非令親愛疎誰使心神悄偶兹遁山水得以觀魚鳥吾子幸淹留緩我愁腸繞

構法華寺西亭集有永州法華寺新作西亭記云余時謫爲永州司馬外常貟而心得無事乃取官之祿秩以爲亭其高且廣蓋方丈者二焉

竄身楚南極山水窮險艱步登最高寺蕭散任踈頑西垂下斗絕欲似窺人寰反如在幽谷榛翳不可攀命童恣披翦葺宇橫斷山割如判清濁飄若昇雲間遠岫攢衆頂。攢徂九切聚也澄江抱清灣夕照臨軒墮照一作陽棲鳥當我還菡萏溢嘉色篔簹遺清班篔簹竹名異物志曰篔簹生於水邊長數丈圍一尺五六寸一節相去六七尺或一丈盧陵界有之始與以南又多○質音云當音當清一作漬神舒屛羈鎖志適忘幽滯棄逐久枯槁追今始開顏賞心難久留離念來相關北望閭親愛南瞻雜夷蠻置之勿復道且寄須臾閑

夏夜苦熱登西樓

苦熱中夜起登樓獨褰衣山澤凝暑氣星漢湛光輝火晶燥露滋野靜停風威探湯汲陰井論語見不善如探湯煬竈開重扉莊子煬者避竈憑欄久徬

徨流汗不可揮莫辨亭毒意仰訴璿與璣筆墨間録曰此以刺當時之政也諒非姑射子靜勝安能希莊子藐姑射之山有神人居焉大浸稽天而不溺大旱金石流火山焦而不熱希望也列子姑射山在海河洲中山上有神人焉吸風飲露不食五穀○射音亦

覺衰

又知老會至不謂便見侵今年宜未衰稍已來相尋齒踈髮就種左傳盧蒲嫳曰余髮如此種種余奚能爲種種髮短也○種音踵奔走力不任咄此可柰何未必傷我心彭聃安在哉周孔亦已沈古稱壽聖人

曾不留至今但願得美酒朋友常共斟是時春向暮桃李生繁陰日照天正緑杳杳歸鴻吟出門呼所親扶杖登西林高歌足自快商頌有遺音莊子曰曳縰而歌商頌聲滿天地若出金石

遊南亭夜還叙志七十韻詩云岷峩旣云捕元和元年擒西川劉闢也又云吴虜亦已鑿二年誅浙西李錡也浙西平在十二月而此詩有秋月高明之語其三年秋歟

夙抱丘壑尚率性恣遊遨中爲吏役牽十祀空悁勞○悁音淵又音絹怨也憂悒也外曲徇塵轍私心寄

英髦進之廊廟嚚退非鄉曲豪夭命斯不易鬼責將安逃屯難果見凌剥喪宜所遭神明固浩浩衆口徒嗷嗷投跡山水地（謂永州也）放情詠離騷（屈原離騷也賈誼傳曰離遭也憂勤曰騷遭憂而作是辭）再懷曩歲期容與馳輕舠（音刀小舟也）虛館背山郭前軒面江臯重疊間浦溆（浦溆出楚辭○溆音敘水浦也）邐迤驅巖嶅（音敖山多小石也）積翠浮澹灩始疑負靈鼇（楚辭天問鼇戴山抃何以安之）叢林留衝飇石礫迎飛濤曠朗天景霽樵蘇遠相號（樵取薪也蘇取草也漢書樵蘇後爨師不宿飽）

左太沖魏都賦樵蘇往而無忌澄潭湧沉鷗半壁跳懸猱如刃
切猴屬鹿鳴驗食野詩呦呦鹿鳴食野之苹魚樂知觀濠
莊子與惠子游於濠梁之上莊子曰儵魚出游從容是魚樂也孤賞誠所悼
暫欣良足褒留連俯櫺檻櫺窻櫺檻闌也注我壺中
醪朶頤進芰實易觀我朶頤朶頤爵也○芰奇寄切菱也擢手持
盤螯晉書畢卓傳左手持盤螯右手持酒盃炊稻視爨鼎鱠鮮
聞操刀聞作閔一野蔬盈頃筐詩采采卷耳不盈頃筐頃筐畚屬易
盈之器頗雜池沼芼左氏澗溪沼沚之毛芼草也○芼音毛又去聲緬
慕鼓枻翁嘯咏哺其糟楚辭漁父章屈原曰衆人皆醉惟我獨醒

漁父曰衆人皆醉何不餔其糟而歠其醨屈原曰云云漁父莞爾而笑鼓枻而去鼓枻者叩船鳴也枻楫也○枻音曳退想於陵子三咽資李螬孟子曰陳仲子豈不誠廉士哉處於於陵三日不食井上有李螬食實者過半矣匍匐往將食之三咽然後耳有聞目有見也○螬垂名音曹斯道難爲偕沉憂安所韜曲渚怨鴻鵠怨謂哀鳴也環洲彫蘭蕈音高葛之白花也暮景迴西岑北流逝滔滔徘徊遂昏黑遠火明連艘音騷船之揔名也木落寒山靜江空秋月高斂袂戒還徒善游矜所操列子曰吾嘗濟乎觴深之淵津人操舟若神吾問焉曰操舟可學耶曰善游者數能趣淺戢長枻戢斂

也乘深屛輕篙曠望援深竿哀歌叩鳴艚才勞切船也中川恣超忽漫若翔且翺淹泊遂所止野風自飅飅蘇曹切澗急驚鱗奔蹊荒飢獸嘷入門守拘縶悽戚憎鬱陶慕士情未忘懷人首徒搔內顧乃無有德輶甚鴻毛詩德輶如毛輶輕也名竊以自欺食浮固云叨坊記君子與其使食浮於人也寧使人浮於食食謂祿也問牛悲釁鍾齊宣王坐於堂上有牽牛而過堂下者曰將以釁鍾釁者殺牲以血塗其釁隙說彘驚臨牢莊子祝宗人玄端以臨牢筴說彘曰汝奚惡死吾將三月豢汝十日戒三日齋藉白茅加汝肩尻乎雕俎之上則汝

爲之乎爲彘謀曰不如食以糟糠而錯之牢筴之中○說音稅**永道刀筆吏**曹參傳蕭何曹參皆起秦刀筆吏師古曰刀所以削書古者用簡牒故吏皆以刀筆自隨

寧期簿書曹中興遂羣物裂壞分鞬櫜左傳右屬櫜鞬櫜鞬盛弓矢之器○鞬居言切櫜音皐

岷凶旣云捕岷岷蜀山名謂元和元年十月劉闢伏誅

吳虜亦已鏖謂二年十月李錡伏誅霍去病傳合短兵鏖皐蘭下師古曰鏖謂苦擊而多殺也○鏖於刀切

扞禦盛方虎方叔召虎周宣王二臣名

謨明冨伊咎○謂伊尹皐陶也咎與皐同

披山窮木禾山海經云崑崙山上有木禾長五尋大五圍郭璞云木禾穀類者也

駕海逾蟠桃史記東至于蟠木註海外經曰東海中有山焉名曰度索上有大桃

樹蟠屈三千里重來越裳雉周成王時越裳氏獻白雉重九譯而至冉
返西旅獒書西旅獻獒左右抗槐棘周禮左九棘孤卿大夫位
馬右九棘公侯伯子男位馬面三槐三公位馬縱橫羅鴈羔周禮卿執羔大
夫執鴈三辟咸肆宥左傳夏有亂政而作禹刑商有亂政而作湯刑周有
亂政而作九刑三辟之興皆叔世也肆宥赦也春秋肆大眚是也衆生均覆
燾徒刀切協韻安得奉皇靈在宥解天弢莊子聞在宥天
下不聞治天下又曰解其天弢墮其天袠〇弢音叨歸誠慰松梓陳力
開蓬蒿十室有鄠杜漢宣帝尤樂杜鄠之間杜鄠長安上邑〇鄠音
户名田占澧澇澧水出鄠南澇水出鄠北公與許孟容書云先墓在城南

又城西有數頃田樹其此耶○滂音旁磻溪近餘基磻溪在阿鳳翔界
城連故濠壕一作螟蛑顧親燎詩去其螟螣及其蟊賊無害我田穉田祖有神秉畀炎火荼堇甘自嫭詩周原膴膴堇荼如飴荼堇草名嫭除草也○嫭呼豪切飢食期農耕寒衣俟蠶繅及骭足
爲溫甯戚歌曰短布單衣纔至骭骭脛骨或曰脅也○骭音旰滿腹寧復
饕莊子偃鼠飲河不過滿腹饕饕貪財也○饕音叨安將蒯及菅左傳云詩曰雖有絲麻無弃菅蒯○蒯苦怪切菅音姦誰慕粱與膏戈林歐
雀鷚漁澤從鰌魛鰌魛魚名飲而不食○鰌音囚魛音刀觀象
嘉素履易履卦素履往無咎陳詩謝干旄詩干旄美好善也方

託麋鹿羣敢同騏驥槽處賤無溷濁固窮匪淫慆書無即慆淫慆慢也踉蹌辭東縛悅懌換煎熬登年徒負版語式負版者註負版者持邦國之圖籍興役趨伐鼛周禮以鼛鼓鼓役事○鼛音皐大鼓也長丈五尺目眩絕渾渾耳喧息嘈嘈音曹廣雅云嘈丼聲也兹焉畢餘命富貴非吾曹長沙哀糾纆賈誼爲長沙王太傅作鵩賦曰禍之與福何異糾纆漢陰嗤桔槔莊子南遊於楚過漢陰見一丈人方將爲圃畦鑿隧而入井抱甕而出灌子貢曰有械於此鑿木爲機後重前輕挈水若抽其名爲槔爲圃者忿然而笑曰吾非不知羞而不爲也苟伸擊壤情逸士傳曰堯時有壤父擊於康衢王充論

衢曰堯時百姓無事有五十之民擊壤於塗觀者曰大哉堯之德也擊壤者曰堯何力於我也**機事息秋毫**莊子漢陰丈人曰有機械者必有機事**海霧多**

蓊鬱越風饒腥臊寧唯迫魑魅所懼齊焄藨本註藨與蒿同禮記焄蒿悽愴註云氣也○焄音勳藨悲嬌切**知鎣懷褚中**左氏傳知鎣在楚鄭賈人有欲置諸褚中以出既謀之未行而楚人歸之賈人如晉知鎣善視之如實出己○知鎣音作智鎣**范叔戀綈袍**史記范雎字叔變姓名入秦爲相魏須賈使秦雎敝衣見賈賈取一綈袍賜之及見雎數其罪王曰公之所以得無死者以綈袍戀戀有故人之意故釋公○綈音題**伊人不可期**伊人謂褚中綈袍者**慷慨徒忉忉**詩無思遠人勞心忉忉忉忉憂心貌

韋道安公嘗爲韋道安傳集載其題而亡其文今觀此詩則公所以爲之傳者亦必指是事無疑也

道安本儒士頗擅弓劍名二十遊太行暮聞號哭聲疾驅前致問有叟垂華纓說文云纓冠系也言我故刺史失職還西京偶爲羣盜得毫縷無餘贏貨財足非恡二女皆娉婷娉婷並平聲蒼皇見驅逐誰識死與生便當此殞命休復事晨征一聞激高義眥裂肝膽橫挂弓問所往趫捷超崢嶸趫善走崢嶸山峻貌○趫音喬趫一作趫見盜寒磵

陰羅列方忿爭一矢斃酋帥餘黨號且驚麞今遞東縛纆索相拄撐纆黑索彼姝夂褫魄詩彼姝者子謂二女也張平子西京賦奪氣褫魄褫鷩也○褫音雉乃下侯誅刑却立不親授孟子男女授受不親禮也諭以從父行捃收自擔肩轉道趨前程夜發敲石火山林如晝明父子更抱持淚血紛交零頓首願歸貨納女稱舅甥甥壻也孟子帝館甥于貳室是也道安奮衣去義重利固輕師婚古所病威六年左傳齊侯欲以文姜妻鄭太子忽忽辭及其敗戎師也又請妻之忽曰今以君命奔齊之急而受室以歸是以師婚也民其

謂我何遂辟諸鄭伯合姓非用兵竭來事儒術十載所
能逞十一作千逞一作呈慷慨張徐州徐泗濠節度使張建封朱
邸揚前旌選朱邸方開注朱戶投軀獲所願前馬出王
城貞元十三年十月建封來朝道安從之轅門立奇士項籍傳羽見諸
侯將入轅門張晏曰軍行以車爲陳轅相向爲門顔師古曰周禮掌舍王行則設車宮轅
門也淮水秋風生君侯旣即世十六年六月建封卒麾下
相歙傾項籍傳戲下騎從者八百餘人師古曰戲大將之旗也○麾許宜切又許
爲切漢書通以戲爲旌麾指麾字立孤抗王命鐘鼓四野鳴
横潰非所壅逆節非所嬰舉頭自引刃顧義

誰顧形是月軍中立建封子愔爲兵馬留後觀詩意建封死軍亂立愔爲留後而道安自殺烈士不忘死忘一作妄所死在忠貞咄嗟徇權子翕習猶趨榮我歌非悼死所悼時世情

哭連州凌員外司馬凌準字宗一杭州富陽人永貞元年十一月謫連州司馬員外置同正員元和三年卒註詳於誌矣

廢逐人所棄遂爲鬼神欺才難不其然子曰才難不其然乎卒與大患期凌人古受氏周官凌人爲掌冰之官後因以爲氏吳世夸雄姿吳志凌統字公績事孫權爲偏將軍二子列封寂

寞冨春水寂寞謂統後無其人也冨春晉世改曰冨陽寞一作寥英氣

方在斯在斯謂在準也方在斯一作何凋衰也六學誠一貫六學六藝也

精義窮發揮易繫精義入神以致用也又曰發揮於剛柔而生爻

著書逾十年幽賾靡不推賾深也誌云著後漢春秋三十餘萬

言又著六經解圍人文集天庭掞高文萬字若波馳準年三十

以書干丞相丞相以聞試其文曰萬言詩擢爲崇文館校書郎記室征西府

宏謀耀其奇建中初準以金吾兵曹爲邠寧節度書掌涇原之亂以謀畫佐

節度使韓遊瓌嘗有大功輶軒下東越列郡蘇疲羸輶軒輕車

邠寧府喪準罷職爲淅東觀察判官撫循疲人按驗汙吏吏人敬愛東越即謂淅東也○

韜音由宛宛凌江羽來棲翰林枝準在浙東治名聞于上召爲翰林學士孝文留弓劍中外方危疑抗聲促遺詔定命由陳辭貞元二十三年正月德宗崩邇臣議祕五日乃下遺詔準獨抗危辭以語同列王伾晝其不可者十七八乃以旦日發喪徒隸肅曹官曹一作都征賦叅有司準自翰林叅度支調發出納姦利裛止出守烏江滸永貞元年九月準坐王叔文黨出爲和州刺史烏江即和州也滸水涯老遷湟水湄準由和州降連州司馬湟水連州也老一作左高堂傾故國葬祭限囚羈仲叔繼幽淪狂叫唯童兒高堂北堂也準母卒于家準不得歸二弟繼死準二子曰夷仲永仲一門既無

主焉用徒生爲舉聲但呼天孰知神者誰泣盡目無見準母死哭泣遂喪其明骨傷足不持溘死委炎荒○一溘渴答切奄忽也臧獲守靈帷平生負國譴負一作罹骸骨非敢私蓋棺未塞責劉毅云丈夫兒蹤跡不可尋常使混羣小中蓋棺事方定矣孤旐凝寒颸音思輕風也選音摛念昔始相遇腑腸爲君知腑一作肺進身齊選擇失路同瑕疵本期濟仁義今爲衆所嗤滅名竟不試竟今本作競誤世義安可支義一作議一恬死百憂盡苟生萬慮滋顧余九逝魂與子各何之我歌誠

自慟非獨爲君悲

旦携謝山人至愚池（愚溪詩序云溪有愚池即此也）

新沐換輕幘（楚詞漁父篇新沐者必彈冠）曉池風露清自諧塵外意況與幽人行霞散衆山迥天高數鴈鳴機心付當路（莊子有機事者必有機心孟子夫子當路於齊）聊適羲皇情（陶淵明高卧北窻自號羲皇上人）

獨覺

覺來牕牖空寥落雨聲曉良游怨遲暮末事驚紛擾爲問經世心（世一作濟）古人誰盡了

首春逢耕者

南楚春候早餘寒已滋榮土膏釋原野國語陽氣俱蒸土膏其動膏土潤也百蟄競所營○蟄直立切藏也莊子蟄虫始作綴景未及郊綴一作掇穡人先偶耕園林幽鳥囀渚澤新泉清農事誠素務羈囚阻平生故池想蕪沒遺畆當榛荆慕隱既有繫圖功遂無成聊從田父言款曲陳此情眷然撫耒耜迴首煙雲橫

溪居

乂爲簪組累幸此南夷謫閑依農圃鄰偶似山林客曉耕翻露草夜榜響溪石。榜孔孟切進船也一作塝地畔也蒲浪切來往不逢人長歌楚天碧

夏初雨後尋愚溪觀公前後諸詩序溪居之勝可見矣

公歿未幾而故址廢焉劉夢得集有傷愚溪詩三首其引云子厚之謫永州得勝地結茆樹蔬爲沼沚爲臺榭目曰愚溪子厚歿三年有僧遊零陵告余曰愚溪無復曩時矣一聞僧言悲不能自勝遂以所聞爲七言以寄恨今附于後

悠悠雨初霽獨繞清溪曲引杖試荒泉解帶

圍新竹沈吟亦何事寂寞固所欲幸此息營

營嘯歌靜炎燠

傷愚溪三首　劉禹錫

溪水悠悠春自來草堂無主燕飛回隔簾

唯見中庭草一樹山榴依舊開

草聖數行畱斷壁木奴千樹屬鄰家唯見

里門通德榜殘陽寂歷出樵車

柳門竹巷依依在野草青苔日日多縱有

鄰人解吹笛山陽舊侶更誰過

入黄溪聞猿黄溪在永州下有從韋使君黄溪祈雨詩此篇豈亦其時作耶

溪路千里曲哀猿何處鳴孤臣淚已盡虚作斷腸聲

韋使君黄溪祈雨見召從行至祠下口號時永州刺史韋中丞黄溪記云溪距州治七十里由東南行六百步至黄神祠即此也祠所從來記具之矣

驕陽從愆歲事良牧念菑畬易曰不耕穫不菑畬詩註田一歲曰菑二歲曰新田三歲曰畬列騎低殘月鳴笳度碧虚稍窮

樵客路遙駐野人居谷口寒流淨叢祠古木
踈史記吳廣之次近所傍叢祠中張晏云叢鬼所憑焉焚香秋霧濕奠
玉曉光初肸蠁巫言報肸蠁出禮記。肸思乙切又許訖切蠁音
享又音向精誠禮物餘惠風仍偃草靈雨會隨車
詩靈雨既零註曰靈善也後漢鄭弘爲淮陰太守政不煩苛天旱行春隨車致雨俟
罪非真吏賈誼謫長沙王太傅爲賦弔屈原其詞曰恭承嘉惠兮竢罪長沙公
爲永州員外司馬故曰非真吏翻慚奉簡書詩豈不懷歸畏此簡書簡書謂
韋使君之召

郊居歲暮

屏居負山郭歲暮驚離索野迥樵唱來庭空燒燼落世紛因事遠心賞隨年薄默默諒何爲徒成今與昨

秋曉行南谷經荒村

杪秋霜露重晨起行幽谷黃葉覆溪橋荒村唯古木寒花踈寂歷幽泉微斷續機心久已忘何事驚麋鹿

雨後曉行獨至愚溪北池

宿雲散洲渚曉日明村塢高樹臨清池風驚

夜來雨子心適無事偶此成賓主

中夜起望西園值月上

覺聞繁露墜開戶臨西園寒月上東嶺泠泠踈竹根石泉遠逾響山鳥時一喧倚楹遂至旦（至一作達）寂寞將何言

零陵春望（零陵永州郡名）

平野春草綠曉鶯啼遠林日晴瀟湘渚雲斷岣嶁岑（○岣古右切嶁九后切又音矩縷衡山別名）仙駕不可望世途非所任凝情空景慕萬里蒼梧陰（舜葬蒼梧）

之野於江南九疑是爲零陵

從崔中丞過盧少府郊居中丞崔公永州刺史

也

寓居湘岸四無鄰世網難嬰每自珍選世綱嬰我身詩藥閑庭延國老本草甘草名國老謂其於諸藥衆中爲君也開罇虛室值賢人魏志徐邈傳鮮于輔云醉客謂酒清爲聖人濁者爲賢人泉迴淺石依高柳逕轉垂藤間緑筠聞道偏爲五禽戲後漢華佗言吾有一術名五禽之戲一曰虎二曰鹿三曰熊四曰猿五曰鳳體有不快起作一禽之戲以當導引出門鷗鳥更相親列子

海上之人有好鷗鳥者每旦之海上從鷗鳥游鷗鳥之至者徃而不止

夏晝偶作

南州溽暑醉如酒隱机熟眠開北牖日午獨覺無餘聲山童隔竹敲茶臼

雨晴至江渡

江雨初晴思遠步日西獨向愚溪渡渡頭水落村逕成撩亂浮槎在高樹。槎鉏加切水中浮木

江雪

千山鳥飛絶萬逕人蹤滅孤舟蓑笠翁獨釣

寒江雪洪駒父詩話云東坡曰鄭谷詩江上晚來堪畫處漁人披得一蓑歸此村學中詩也子厚云孤舟蓑笠翁獨釣寒江雪信有格哉殆天所賦不可及也

冉溪冉溪即愚溪也元和五年公易其名爲愚溪

少時陳力希公侯論語陳力就列許國不復爲身謀風波一跌逝萬里○跌徒結切失足也壯心瓦解空縲囚漢書徐樂曰天下之患在於土崩不在瓦解縲囚終老無餘事願卜湘西冉溪地却學壽張樊敬侯種漆南園待成器後漢樊重字君雲嘗欲作器物先種梓漆時人嗤之然積以歲月皆得其用重封壽張侯謚曰敬

法華寺西亭夜飲賦得酒字。集有法華寺西亭夜飲賦詩序此其詩也序見二十四卷

祇樹夕陽亭祇樹取諸經中祇樹給孤獨園者也共傾三昧酒

霧暗水連堦月明花覆牖筆墨間録云平野青草緑曉鶯啼遠林日晴瀟湘渚雲斷峋嶁岑又云菡萏溢嘉邑篔簹遺清班又霧暗水連堦月明花覆牖其句律全似謝臨川莫厭樽前醉相看未白首

戲題石門長老東軒前有法華寺石門精室詩又法華寺西亭記云有僧曰覺照豈即此長老耶

石門長老身如夢旃檀成林手所種旃檀香名坐

來念念非昔人萬徧蓮花爲誰用誦妙法蓮華經也
如今七十自忘機貪愛都忘筋力微莫向東
軒春野望花開日出雉皆飛古樂府有雉朝飛操吳兢古題解云牧犢子所作也牧犢子年七十無妻出野見雉雄雌相隨因援琴而歌以自傷長老亦年七十公豈以是戲之耶

茆簷下始栽竹

瘴茆葺爲宇溽暑恒侵肌適有重腿疾威六年左傳有沈溺重腿之疾○腿直類切足腫也蒸鬱寧所宜東鄰幸導
我樹竹邀涼颸欣然愜吾志荷鍤西巖垂楚

壤多惟石壑鑿力已疲江風忽云暮輿曳還相追蕭瑟過極浦旖旋附幽堀旖旋旗從風貌○旖音倚旋乃倚切貞根期永固期一作既貽爾寒泉滋夜窓遂不掩羽扇寧復持諸葛亮乘素輿葛巾持白羽扇清泠集濃露枕簟凄已知網蟲依客葉選沈休文詩網虫垂戶織夕鳥傍簷飛網一作細曉禽棲迥枝豈伊紛囂間重以心慮怡嘉爾亭亭質嘉一作喜自遠棄幽期棄一作契不見野蔓草詩野有蔓草蓊蔚有華姿諒無凌寒色一作雲氣豈與青山辭

種仙靈毗藥名本草所謂淫羊藿者是也

窮陋闕自養癘氣劇囂煩癘謂疾疫隆冬之霜霰先見切稷雪也日夕南風温杖藜下庭際曳踵不及門門有野田吏呂作田野慰我飄零魂及言有靈藥近在湘西原湘西原永州地服之不盈旬躄躃皆騰騫躄躃跛也說文云旋行貌字出莊子云躄躃爲仁騰騫猶飛騰也○躄蒲結切躃音辟笑抃前即吏爲我擢其根蔚蔚遂充庭英翹忽已繁英華也翹高貌晨起自採曝杵臼通夜喧靈和理內藏攻疾貴自源壅覆逃積霧伸

舒委餘暄奇功苟可徵寧復資蘭蓀音孫香草也亦作荃我聞畸人術莊子子貢問孔子曰敢問畸人曰畸人者略於人而詳於天畸謂不耦於人闕於禮教也又云音異也○畸居宜切一氣中夜存孟子梏之反覆則其夜氣不足以存能令深深息呼吸還歸跟莊子其息深深又曰真人之息以踵跟踵也○跟音根一作根踈放固難效且以藥餌論痿者不忘起韓王信傳如痿者不忘起盲者不忘視○痿儒佳切風痺病也窮者寧復言神哉輔吾足幸及兒女奔

種术

守閑事服餌採朮東山阿東山幽且阻疲茶煩經過。茶乃結切戒徒斸靈根。斸陟玉切斫也封植閟天和違爾澗底石徹我庭中莎土膏滋玄液國語土膏其動膏潤澤之氣松露墜繁柯南東自成畝詩南東其畝繚繞紛相羅晨步佳色媚夜眠幽氣多離憂苟可怡孰能知其他爨竹茹芳葉寧慮瘵與瘥瘵瘥病也。瘵側界切瘥才何切留連樹蕙辭楚詞屈原離騷經余既滋蘭之九畹兮又樹蕙之百畝婉娩採薇歌伯夷叔齊隱於首陽山作歌曰登彼西山兮採其薇矣以暴易暴兮不知其非矣悟拙甘

自足激清愧同波莊子與道同波單豹且理内高門

復如何莊子魯有單豹者巖居而水飲不與民共利行年七十而有嬰孩之色不幸遇餓虎餓虎殺而食之有張毅者高門縣薄無不走也行年四十而有内熱之病以死豹養其内而虎食其外毅養其外而病攻其内。單音善

種白蘘荷白蘘荷蓴苴也春初生葉似甘焦根似薑而肥其根蓳堪為菹治蠱毒。蘘人羊切

皿蟲化為癘昭元年左傳於文皿蟲為蠱註云皿器也器受蟲害者為蠱

夷俗多所神銜猜每腊毒國語嗜味厚腊毒腊乾肉謀富

不為仁孟子陽虎曰為富不仁矣為仁不富矣蔬果自遠至盃

酒盈肆陳言甘中必苦何用知其眞華潔事外飾尤病中州人錢刀恐賈害漢書食貨志王莽造大錢幷契刀錯刀錢名爲刀以其利於民也○賈音古飢至益逡巡竄伏常戰慄懍故逾悲辛庶氏有嘉草氏一作民誤本草白蘘荷圖經引周禮庶氏以嘉草除蠱毒宗懍以嘉草卽蘘荷是也本草性好陰在木下生者尤羙攻禬事久泯周禮庶氏掌除蠱毒以攻說禬之嘉草攻之○禬古外切又音會泯音民山海經空桑之山西望泯澤炎帝垂靈編今本草也按本草白蘘荷主中蠱註云中蠱者服其汁幷卧其葉卽呼蠱主姓名言此殊足珍崎嶇乃有得託以全余身紛敷碧樹陰

眄睞心所親○眄音麪睞洛代切

新植海石榴

弱植不盈尺遠意駐蓬瀛蓬萊瀛洲海中山名此海石榴也故有蓬瀛之句月寒空堦曙幽夢綵雲生糞壤擢珠樹列子渤海之東有大壑焉其中有五山珠玕之樹叢生博物志三珠樹生赤水之上莓苔插瓊英詩尚之以瓊英乎而註云瓊英石似玉者此言瓊英則瓊玉之英華也芳根閟顏色徂歲爲誰榮

戲題堦前芍藥

凡卉與時謝妍華麗兹晨欹紅醉濃露窈窕

留餘春孤賞白日暮暄風動搖頻夜窻藹芳
氣幽卧知相親願致溱洧贈詩溱與洧方渙渙兮維士與女伊其相謔贈之以芍藥○洧榮美切悠悠南國人

始見白髮題所植梅石榴樹

幾年封植愛芳叢韶艷朱顏竟不同從此休
論上春事看成古木對衰翁

植靈壽木漢書孔光平帝時爲太師賜靈壽杖孟康曰扶老杖也服虔曰靈壽木名師古曰木似竹有枝節長不過八九尺圍三四寸自合杖制不須削治

白華鑒寒水，怡我適野情。前趨問長老，重復
欣嘉名。蹇連易衰朽，易往蹇來連○連力善切難也方剛謝
經營。詩旅力方剛，經營四方敢期齒杖賜，周禮共王之齒杖註云王所以賜老者之杖聊且移孤莖。叢蕚中競秀，分房外
舒英。柔條乍反植，勁節常對生。循翫足忘疲，
稍覺步武輕。安能事翦伐，詩蔽芾甘棠勿翦勿伐持用
資徒行。論語以吾從大夫之後不可徒行也

自衡陽移桂十餘本植零陵所住精
舍精舍謂永州龍興寺也公至永時即居此寺後四五年則居愚溪矣

謫官去南裔裔邊也官一作宦清湘繞靈岳靈岳謂衡山也晨登蒹葭岸霜景霽紛濁離披得幽桂芳本欣盈握火耕困煙燼火耕即畬田也漢武帝紀江南之地火耕水耨應劭曰燒草下水種稻草與稻竝生高七八寸因芟去復下水灌草死獨稻長所謂火耕水耨薪採久摧剝道旁且不顧岑嶺況悠邈傾筐壅故壤棲息期鸞鷟鸞與鸑鷟也○鷟仕角切路遠清涼宮路遠一作遠植一雨悟無學雨悟一作悟兩月中名廣寒清虛之府清涼宮指月而言也謂月中有仙桂而清涼此桂樹得一雨而霑澤之則亦敷榮矣何用學月中耶南人始珍重始一作喜微我誰先覺芳意

不可傳丹心徒自渥

湘岸移木芙蓉植龍興精舍

有美不自蔽安能守孤根盈盈湘西岸秋至風露繁麗影别寒水穠芳委前軒芰荷諒難雜反此生高原此詩所謂木芙蓉則今之拒霜花生於岸際非楚詞所謂芙蓉也故云芰荷諒難雜反此生高原

早梅

早梅發高樹逈映楚天碧朔吹飄夜香繁霜滋曉白欲爲萬里贈贈字本陸凱詩江南無所有聊贈一枝春杳

杳山水隔寒英坐銷落何用慰遠客

南中榮橘柚謝玄暉詩云南中榮橘柚寧知鴻鴈飛

橘柚懷貞質受命此炎方楚詞屈原橘頌后皇嘉樹橘徠服兮受命不遷生南國兮王逸曰南國謂江南也橘受命於江南不可移徙種於北地則化而爲枳永州在唐屬江南道故云密林燿朱綠晚歲有餘芳殊風限清漢飛雪滯故鄉攀條何所歎北望熊與湘熊與湘二山名

紅蕉廣志曰芭蕉一曰芭菹或曰甘焦

晚英值窮節綠潤含朱光以玆正陽色陽一作陰

窈窕凌清霜遠物世所重旅人心獨傷回暉眺林際慼慼無遺芳慼慼一作槭槭

巽公院五詠巽公重巽也居永州龍興寺集有送巽上人序補註筆墨閒録云退之號州三堂二十一詠子厚巽公院五詠取韻各精切非復縱肆而作隨其題觀之其工可知也

淨土堂

結習自無始淪溺窮苦源淪溺一作論極流形及茲世始悟三空門華堂開淨域華堂一作龍華圖像煥且繁清泠焚衆香微妙歌法言稽首媿導師

超遥謝塵昏

曲講堂

寂滅本非斷文字安可離曲堂何爲設高士方在斯聖默寄言宣分别乃無知趣中即空假名相誰與期一作誰與願言絶聞得忘意聊思惟

禪堂

發地結菁茆書包匭菁茆此云結菁茆謂以菁茆茨屋團團抱虛白莊子虛室生白山花落幽戶中有忘機客筆墨間録云此

聯不觀名篇知是禪室也涉有本非取照空不待析萬籟俱緣生窅然喧中寂○窅音杳深也心境本同如境一作鏡鳥飛無遺跡

芙蓉亭

新亭俯朱檻嘉木開芙蓉清香晨風遠溽彩寒露濃瀟灑出人世低昂多異容嘗聞色空喻多心經云造物誰爲工留連秋月晏月一作日迢遞來山鐘

苦竹橋

危橋屬幽徑橋一作梁繚繞穿䟽林䟽一作空迸籜分苦節輕筠抱虛心俯瞰涓涓流仰聆蕭蕭吟差池下煙日嘲哳鳴山禽○嘲陟交切哳陟轄切一本作嘶諒無要津用棲息有餘陰

梅雨四時纂要云梅熟而雨曰梅雨江東呼爲黃梅雨筆墨閒録云此時不減老杜

梅實迎時雨蒼茫值晚春愁深楚猿夜夢斷越雞晨莊子越雞不能伏鵠卵越雞小雞海霧連南極江雲暗北津素衣今盡化非爲帝京塵陸士衡詩京洛多風

塵素衣化爲緇謝朓詩云誰能久京洛緇塵染素衣

零陵早春

問春從此去幾日到秦原憑寄還鄉夢慇懃入故園

田家三首○邵武本作春懷故園筆墨間録云田家詩雞鳴村巷白云云又里胥夜經過云云絶有淵明風味

蓐食徇所務左氏秣馬蓐食蓐食晨炊○蓐音辱驅牛向東阡阡謂阡陌南北曰阡東西曰陌雞鳴村巷白夜色歸暮田札札耒耜聲飛飛來烏鳶竭兹筋力事持用窮

歲年盡輸助徭役（徭役一作淫侈○徭音揺）聊就空自眠（自一作舍）子孫日以長世世還復然籬落隔煙火農談四鄰夕庭際秋蟲鳴疎麻方寂歷（寂一作析）蠶絲盡輸稅機杼空倚壁里胥夜經過雞黍事筵席各言官長峻文字多督責東鄉後租期車轂陷泥澤公門少推恕（少一作日 恕一作問）鞭朴恣狼籍努力慎經營肌膚真可惜迎新在此歲（此一作今）唯恐踵前跡

古道饒蒺藜縈廻古城曲（古一作故）蓼花被隄岸

陂水寒更淥淥一作綠是時收穫竟落日多樵牧風高榆柳疎霜重梨棗熟行人迷去住野鳥競棲宿田翁笑相念昏黑慎原陸今年幸少豐無厭饘與粥○饘諸延切

行路難三首○三詩意皆有所諷上篇謂志大如夸父者竟不免渴死反不若北方之短人亦足終天年蓋自謂也中篇謂人才衆多則國家不能愛養遠天下多事則狼顧而嘆無可用之才蓋言同輩諸公一時貶黜之意也下篇謂物適其時則無有不貴及時異事遷則貴者反賤蓋言其前日居朝行而今日貶黜

之意也當是貶永州後作

君不見夸父逐日窺虞淵列子夸父不量力欲追日景逐之於隅谷之際註曰隅谷虞淵日所入處跳踉北海超崑崙○跳徒凋切踉呂唐切披霄決漢出流滂○流下黨切滂母黨切瞥裂左右遺星辰杜子美云千騎常瞥裂○瞥匹蔑切須臾力盡道渴死夸父渴欲飲走飲河渭河渭不足將北走飲大澤未至道渴而死弃其杖尸膏肉所浸生鄧林鄧林彌廣數千里狐鼠蜂蟻爭噬吞蜂一作蠭北方竫人長九寸列子東北極有人名竫人長九寸山海經曰東海之外有小山人名曰竫人○竫疾郢切又音爭廣韻音停開口抵掌更笑喧啾

啾飲食滴與粒（一作嘍啾）生死亦足終天年睢盱
大志小成遂。（睢許規切盱音吁一作天志一作失志一作志大）坐使
兒女相悲憐
虞衡斤斧羅千山（周禮虞衡作山澤之材註云虞衡掌山林之官掌山
澤者謂之虞掌川林者謂之衡周禮又云山虞掌山澤之禁令林衡掌巡林麓之禁令）
工命採斫杙與椽。（杙音弋杙與一作戕爲）深林土翦十
取一百牛連鞅摧雙轅（鞅牛羈也）萬圍千尋妨道
路（圍繞也）東西蹶倒山火焚遺餘毫末不見保
躪躒磵壑何當存。（躪音吝躒音歷）羣材未成質已

天突兀崪豁空巖巒○崪許交切諸韻無從山旁者唯集韻有崪字云㝐豁宮殿高貌栢梁天灾武庫火漢武帝太初元年十一月栢梁臺灾晉惠帝元康五年閏十月武庫火累代異寶一時蕩盡左傳人火曰火天火曰灾

匠石狼顧相愁寃君不見南山棟梁益稀少

愛材養育誰復論

飛雪斷道氷成梁侯家熾炭雕玉房雕玉房以雕玉飾房也蟠龍吐耀虎喙張熊蹲豹躑爭低昂古者屑炭和作獸形龍虎熊豹皆言炭之形也○蹲音存躑直炙切攢巒叢崿射

朱光○崿五各切丹霞翠霧飄奇香美人四向迴

明璫璫耳珠雪山氷谷晞太陽星躔奔走不得止奄忽雙燕棲虹梁風臺露榭生光飾死灰棄置參與商莊子心若死灰韓安國曰死灰獨不然乎左傳辰爲商星參爲晉星參商相去之遠也揚子曰吾不覩參辰之相比也王志長雜詩王事離我志殊隔過參商盛時一去貴反賤桃笙葵扇安可當當一作常

集註東坡云不知桃笙爲何物偶閱方言簟宋魏之間謂之笙乃悟桃笙以桃竹爲簟也梁簡文答湘南王獻簟書云五離九折出桃枝之翠筍乃謂桃枝竹簟也桃竹出巴渝間杜子美有桃竹杖歌詩話云余按唐萬年尉段公路北方録云瓊州紅藤簟方言謂之笙或曰籧篨亦曰行唐沈約奏彈歙令仲文秀恣橫云令吏輸六尺笙四十領何東坡忘此

耶又左思太冲吳都賦云桃笙象簟韜於筒中註云桃笙桃枝簟也吳人謂簟爲笙劉夢得亦有詩云蕙風香麈尾月露濡桃笙葵扇出晋謝安傳安鄉人有蒲葵扇五萬安乃取其中者捉之京師士庶競市價增數倍

聞籍田有感

元和五年十月憲宗詔來年正月十六日東郊籍田敕有司修撰儀注

天田不日降皇輿張衡東京賦云躬三推於天田修帝籍於千畝楚詞恐皇輿之敗績皇輿天子車也留滯長沙歲又除賈誼貶長沙王傅以誼況己也宣室無由問釐事後歲餘文帝思賈誼徵之至入見上方受釐坐宣室上因感鬼神事而問鬼神之本誼具道所以然之故○釐音禧祭餘肉也

周南何處託成書 司馬遷自叙太史公留滯周南執遷手泣曰今天子
封泰山而余不得從行是命也夫汝爲太史
無忘吾所欲論著矣元和五年十月憲宗詔
來年正月十六日東郊籍田敕有司修撰儀
注公自言留滯永州如太史公不得從行

跂烏詞 一作跂烏詞跂卑一足也此詞及下籠鷹放鷓鴣皆以自
況○跂音企山海經云有跂踵國人行脚不着地如人之跂足
跂烏病一足跂而行也作跂非

城上日出羣烏飛鵶鵶爭赴朝陽枝 鵶鵶烏聲詩梧
桐生矣于彼朝陽朝陽日初出處 刷毛伸翼和且樂爾獨落
魄今何爲 落魄不檢也又不得志貌○魄音託又旁各切 無乃慕高

近白日三足姤爾令爾疾五經通義春秋元命包皆云日中有三足烏無乃飢啼走路旁貪鮮攫肉人所傷漢書黃霸爲潁川太守嘗欲有所伺察擇長年吏遣行吏出不敢舍郵亭食於道旁烏攫其肉翹肖獨足下叢薄莊子肖翹之物獨足一足也口銜低枝始能躍還顧泥塗備螻蟻仰看棟梁防鷙雀左右六翮利如刀揚子鷦鵬冲天不在六翮乎踊身失勢不得高支離無趾猶自免莊子支離疏者上有大役則支離以有常疾不受功上與病者粟則受三鍾與十束薪夫支離其形者猶足以養生又魯有兀者叔山無趾見仲尼曰吾唯不知務而輕用吾身吾是以亡足今吾來也猶有尊足者存

吾是以務全之也努力低飛逃後患

籠鷹詞

淒風淅瀝飛嚴霜秋風曰淒風淅瀝風聲蒼鷹上擊翻曙光雲披霧裂虹蜺斷霹靂掣電捎平岡傳玄蜀都賦曰鷹則流星擢景奔電飛光○掣音徹砉然勁翮翦荊棘砉然羽翮之聲莊子砉然嚮然○砉呼鵙切下攫狐兔騰蒼茫爪毛吻血百鳥逝獨立四顧時激昂炎風溽暑忽然至月令孟夏之月土潤溽暑羽翼脫落自摧藏草中狸鼠足爲患一夕十顧驚且傷但願清商復爲

假孟秋之月凉風至則鷹乃祭鳥也拔去萬累雲間翔累一作里

放鷓鴣詞

楚越有鳥甘且腴嘲嘲自名爲鷓鴣鷓鴣鳥名出南越其鳴自呼南飛不北徇媒得食不復慮媒謂所以致鷓鴣者機械潛發罹罝罦○罝音嗟罦音孚網也羽毛摧折觸籠籞偶許切煙火煽赫驚庖廚鼎前芍藥調五味司馬相如賦芍藥之和具而後御芍藥香藥膳夫攘腕左右視齊王不忍觳觫牛孟子齊宣王坐於堂上有牽牛而過堂下者曰將以釁鍾王曰吾不忍其觳觫簡子亦放邯鄲鳩列子邯鄲之民獻鳩於簡子簡

子厚賞之客問其故簡子曰正旦放生示有恩也孔叢子亦曰元日有人獻鳩於簡子簡子厚賞之而放其鳩邯鄲趙地二子得意猶念此二子他本作二君或又作二臣況我萬里爲孤囚破籠展翅當遠去同類相呼莫相顧筆墨閒録云蓋以自況其欲遠儔類也

龜背戲其製不可詳觀詩意乃亦博綦之類爾狀如龜背因以爲名

長安新技出宮掖喧喧初徧王侯宅玉盤滴瀝黃金錢皎如文龜麗秋天麗著也易云日月麗乎天八方定位開神卦六甲離離齊上下投變轉動

玄機畢星流霞破相參差四分五裂勢未已出無入有誰能知乍驚散漫無處所須臾羅列已如故徒言萬事有盈虛終朝一擲知勝負劉毅家無儋石之儲樗蒲一擲百萬脩門象棊不復貴楚詞招魂章魂兮歸來入脩門些又云菎蔽象棊有六博些註脩門郢城門魏宮粧奩世所棄世說彈棊始自魏宮內粧奩之戲文帝於此技特妙能用手巾角拂之豈如瑞質耀奇文願持千歲壽吾君史記龜千年遊蓮葉之上廟堂巾笥非余慕莊子楚有神龜死已三千歲矣王巾笥而藏之廟堂之上錢刀兒女徒紛紛刀錢見上白囊荷詩註

聞黃鸝黃鸝即倉庚也一名摶黍

倦聞子規朝暮聲子規即鶗鴂不意忽有黃鸝鳴

一聲夢斷楚江曲滿眼故園春意生苕溪詩話云感物懷土不盡之意備見於此兩句中不在多也一本意生作草緑目極千里

無山河一本目極作故園麥芒際天搖青波王畿優

本少賦役務閑酒熟饒經過此時晴煙最深

處舍南巷北遙相語翻日迥度昆明飛昆明池名

凌風斜看細柳翥章恕切飛舉也我今誤落千萬山

身同傖人不思還○傖助耕切楚人別種鄉禽何事亦

來此令我生心憶桑梓詩維桑與梓閑聲迴翅歸務速西林紫椹行當熟說文椹桑實也詩食我桑椹懷我好音。椹食荏切

渾鴻臚宅聞歌效白紵白紵古歌詞名起於吴地疑爲吴曲

翠帷雙卷出傾城漢書李延年歌曰北方有佳人絕世而獨立一顧傾人城再顧傾人國龍劍破匣霜月明龍泉太阿皆劍名也晉雷煥得寶劍入水化爲龍而去朱脣掩抑悄無聲金簧玉磬宮中生笙有十三簧象鳳之身呂氏春秋曰堯命夔拊石擊石象上帝玉磬之音以舞

百獸下沈秋水激太清天高地迥凝日晶羽觴

蕩漾何事傾宋玉招寃瑤漿蜜勺實羽觴

楊白花南史楊白花武都仇池人少有勇才容貌瓌偉胡太后逼幸之白花懼禍會父大眼卒白花擁部曲南奔於梁太后追思不已爲作楊白花歌使宮人晝夜連臂蹋蹄歌之聲甚淒斷楊白花位至太子左衛率許彥周詩話曰子厚樂府楊白花言婉而情深古今絕唱也

楊白花風吹渡江水坐令宮樹無顏色搖蕩

春光千萬里茫茫曉日下長秋長秋皇后宮哀歌

未斷城鴉起

漁翁 東坡云詩以奇趣爲宗反常合道爲趣熟味此詩有奇趣然其尾兩句雖不必亦可

漁翁夜傍西巖宿 集中有西山宴遊記西巖即西山也 曉汲清湘燃楚竹煙銷日出不見人欸乃一聲山水綠 山谷嘗書元次山欸乃曲云欸烏好切乃音靄湘中棹歌聲子厚漁父詞有欸乃一聲山水綠之句誤書欸欠後生多承誤妄用之可笑苕溪漁隱曰按元次山集欸乃曲註云欸音襖乃音靄棹船之聲洪駒父詩話謂欸音靄乃音襖遂反其音是不曾看次山集及山谷碑而妄爲之音耳 迴看天際下中流巖上無心雲

相逐（陶淵明歸去來詞雲無心而出岫）

飲酒（筆墨閒録曰飲酒詩絕似淵明）

今旦少愉樂起坐開清樽舉觴酹先酒（本註云始爲酒者也○酹音耒先息見切）爲我驅憂煩須臾心自殊頓覺天地喧連山變幽晦緑水函晏温藹藹南郭門（集有與楊誨之書云吾待子郭南亭上而此云南郭門亦永州也）樹木一何繁清陰可自庇竟夕聞佳言盡醉無復辭偃臥有芳蓀彼哉晉楚富（孟子晉楚之富不可及也彼以其富我以吾仁）此道未必存

讀書

幽沈謝世事俛默窺唐虞上下觀古今起伏千萬途遇欣或自笑感戚亦以吁縹帙各舒散○縹疋沼切帛青白色本作縹帙各散後前後互相逾前後一作得失瘴痾擾靈府日與往昔殊臨文乍了了徹卷兀若無集有與楊京兆書云往時讀書自以不至氐滯今皆頑然無復省録每讀古人一傳數紙已後則再三伸卷復觀姓氏旋又廢失即此所謂徹卷兀若無者竟夕誰與言竟字今本多誤作競但與竹素俱選張景陽雜詩游思竹素園註竹素皆古人所用書文言游思古人典籍也倦極更倒卧更一

作便熟寐乃一蘇欠伸展肢體禮記君子欠伸撰杖屨吟咏心自愉得意適其適非顧爲世儒道盡即閑口蕭散損囚拘巧者爲我拙智者爲我愚書史足自悦安用勤與劬貴爾六尺軀勿爲名所驅

感遇二首○永州作

西陸動涼氣昭四年左傳日在北陸而藏氷西陸朝覿而出之陸道也驚烏號北林栖息豈殊性集枯安可任晋語云暇豫之吾吾不如烏烏人皆集於菀已獨集於枯集一作桊鴻鵠去不返勾吳

阻且深（吳越春秋太伯逃之荆蠻號為勾吳吳或作吴）徒嗟日沈湎九鼓鶩奇音（漢書史丹傳元帝留好音樂或置鼙鼓殿下天子自臨軒檻上隤銅丸以擿鼓聲中嚴鼓之節）東海久搖蕩南風已駸駸（七林切馬行疾）坐使青天暮小星愁太陰（詩嘒彼小星太陰月也）衆情嗜姦利居貨捐千金（史記呂不韋傳奇貨可居）一以振齊斧來相尋（漢書引易喪其齊斧齊斧利斧○齊側皆切）攬衣中夜起（○攬音覽一作擥）感物涕盈襟微霜衆所踐誰念歲寒心旭日照寒野鷽斯起蒿萊（詩弁彼鷽斯歸飛提提註云鷽卑居）

雅烏也小而多羣腹下白○鸒音豫啁啾有餘樂飛舞西陵隈

迴風旦夕至爾雅迴風曰飄零葉委陳荄音垓所棲不

足恃鷹隼縱橫來

詠史

燕有黃金臺上谷郡圖經曰黃金臺在易水東南十八里燕昭王置千金於臺上以延天下之士遠致望諸君望諸君樂毅也嗛嗛事強怨晉語嗛嗛之德不足就也嗛嗛之食不足狃也註云嗛嗛猶小小○嗛音歉三歲

有奇勳史記燕昭王以子之之亂而齊大敗燕昭王怨齊未嘗一日而忘報齊也樂毅爲魏使燕燕因委質爲臣昭王以毅爲上將軍伐齊下齊七十餘城皆爲郡縣悠

哉闢壃理東海漫浮雲寧知世世情異嘉穀坐熇焚昭王卒子惠王立齊田單縱反間於燕曰齊之所忌唯患它將之來惠王乃使騎劫代將而召樂毅毅畏誅遂西降趙趙封毅於觀津號曰望諸君○熇呼堯切致令委金石誰顧蠢蠕羣○蠢尺尹切蠕而尹切風波歘潛搆○歘許勿切遺恨意紛紜豈不善圖後交私非所聞爲忠不内顧晏子亦垂文

詠三良文六年左傳秦伯任好卒以子車氏之三子奄息仲行鍼虎爲殉皆秦之良也詩黄鳥哀三良也國人刺穆公以人從死而作是詩疏云秦本紀云穆公卒葬於雍從死者百七十人然

則死者多矣主傷害人故言哀三良也
東帶值明后顧眄流輝光一心在陳力鼎列
夸四方鼎列鼎足而列也款款效忠信恩義皎如霜
生時亮同體死沒寧分張壯軀閉幽隧猛志
填黃腸漢書霍光傳賜光黃腸題湊各一具蘇林曰以栢木黃心致累棺故曰黃
腸殉死禮所非禮記子車死於衛其妻與其家大夫謀以殉葬陳子亢曰
以殉葬非禮也況乃用其良東坡作秦穆公墓篇則云昔公生不誅孟明豈
有死之日而忍用其良乃知三子殉公意亦猶齊之二子從田横古人感一飯尚能殺其
身今人不復見此等乃以所見疑古人云云霸基弊不振晉楚更

張皇疾病命，固亂魏氏言有章。宣十五年左傳魏武子有嬖妾無子武子疾命其子顆必嫁是疾病則必以爲殉及卒顆嫁之曰疾病則亂吾從其治也從邪陷厥父，吾欲討彼狂。彼狂謂穆公子康公也一作彼康

詠荆軻

燕秦不兩立，太子巳爲虞。燕太子丹謂其太傅鞠武曰且燕秦不兩立願太傅圖之鞠武乃薦田光於太子光言荆軻可用千金奉短計，一本計作策匕首荆卿趨。荆軻曰樊將軍秦購之金千斤邑萬家誠得樊將軍首獻秦王秦王必悅臣乃得有以報太子豫求天下之利匕首得趙人徐夫人匕首

（取之百金裝爲遺荆軻）窮年徇所欲兵勢且見屠微言激幽憤怒目辭燕都朔風動易水揮爵前長（區荆軻將入秦至易水之上爲歌曰風驅蕭蕭兮易水寒壯士一去兮不復還）函首致宿怨獻田開版圖（荆軻斬樊於期之首及獻燕督亢之地圖函封以入于秦）炯然耀電光掌握罔正夫（正一作匹）造端何其銳臨事竟趑趄長虹吐白日（漢書鄒陽曰荆軻慕燕丹之義白虹貫日太子畏之）蒼卒反受誅（反一作乃秦王見燕使者咸陽宮發圖圖窮而匕首見荆軻因左手把其袖而右手持匕首揕之秦王驚自引起軻逐秦王時侍醫夏無且以其所奉藥囊提荆軻秦王拔劒斬之斷其右股於是左右前斬軻）按

劒赫憑怒風雷助號呼慈父斷子首狂走無容軀荆軻既死秦王大怒詔王翦伐燕燕代王嘉乃遺燕王書曰秦所以追尤燕急者以太子丹故也今誠殺丹獻之秦王秦兵必解其後秦將李信追丹丹匿衍水中燕王乃斬丹獻之後五年秦卒滅燕夷城芟七族鄒陽又云荆軻湛七族要離燔妻子臺觀皆焚汚焚一作潴始期憂患弭卒動灾禍樞秦皇本詐力事與桓公殊奈何效曹子曹沫事見佩韋賦註實謂勇且愚世傳故多謬太史徵無且太史公曰世言荆軻傷秦王非也始公孫季功董生與夏無且遊具知其事爲余道之如是○且子余切

掩役夫張進骸詩眼云公哭呂衡州詩足以發明呂温之俊偉哭凌員外詩書盡凌準平生掩役夫張進骸既盡役夫之事又反覆自明其意此一篇筆力規模不減莊周左丘明

生死悠悠爾一氣聚散之偶來紛喜怒奄忽巳復辭為役孰賤辱為貴非神奇一朝纊息定喪大記屬纊以俟絕纊今之新綿易動摇置之口鼻之上以為候枯朽無妍媸生平勤皂櫪剉秣不告疲剉一作莝詩乘馬在廄剉之秣之既死給槥櫝高祖紀士卒從軍者為槥服虔曰音衛應劭曰小棺也今謂之櫝舊本皆作轊櫝轊乃車軸頭也非是葬之東山基奈何

值崩湍蕩析臨路垂髐然暴百骸。髐古堯切髑髏貌骸一作體散亂不復支從者幸告余。從才用切睠之消然悲猫虎獲迎祭禮記古之君子使之必報之迎猫爲其食田鼠也迎虎爲其食田豕也迎而祭之也犬馬有蓋帷禮記仲尼之畜狗死使子貢埋之曰吾聞之也敝帷不弃爲埋馬也敝蓋不弃爲埋狗也佇立唁爾蒐豈復識此爲畚鍤載埋瘞於計切亦埋也溝瀆護其危我心得所安不謂爾有知掩骼著春令月令孟春之月掩骼埋胔。骼各百切兹馬適其時及物非吾輩一作事聊且顧爾私

省試觀慶雲圖詩晏元獻家本有此詩今附于此公貞元五年舉進士登第此詩九年所作也

設色初成象卿雲示國都卿雲一曰慶雲見西京雜記九天開祕祉百辟贊嘉謨抱日依龍衮非煙近御爐史記天官書若煙非煙若雲非雲郁郁紛紛蕭索輪囷是謂慶雲又瑞應圖曰非氣非煙五色氛氳謂之慶雲高標連汗漫向望接虛無裂素榮光發舒華瑞色敷恒將配堯德史記稱堯曰就之如日望之如雲垂慶代河圖

春懷故園

九扈鳴已晚昭十七年左傳郯子曰少昊之立九扈爲九農正說文曰九扈農桑候扈民不淫者也春扈頒鶞夏扈竊玄秋扈竊藍冬扈竊黃棘扈竊丹行扈唶唶宵扈嘖嘖桑扈竊脂老扈鷃鷃崔豹古今註云春扈氏趣民耕種夏扈趣民耘除秋扈趣民收斂冬扈趣民蓋藏棘扈掌民百藥行扈晝爲民驅鳥宵扈夜爲民除獸桑扈趣民收麥扈一作鳫楚鄉農事春悠悠故池水空待灌園人於陵子辭鄉相而桔橰灌園戴宏爲河間相自免歸而灌蔬以經教授向秀與呂安灌園山陽收餘利以供酒食之費范丹學通三經甞自賃灌園

河東先生集卷第四十三

世綵廖氏
刻梓家塾

（唐）柳宗元 撰

宋本河東先生集

第九册

國家圖書館出版社

第九册目録

卷第三十八　表

爲裴中丞賀克東平赦表……三
柳州賀破東平表……六
代裴中丞賀分淄青爲三道節度表……九
爲韋侍郎賀布衣竇群除右拾遺表……一一
爲樊左丞讓官表……一五
爲王户部薦李諒狀……一八
爲户部王叔文陳情表……二〇
代裴中丞謝討黄少卿賊表……二二
爲裴中丞舉人自代伐黄賊表……二五
爲崔中丞請朝覲表……二六
代柳公綽謝上任表……二九
代李愬襄州謝上任表……三一
代節使謝遷鎮表……三三
爲劉同州謝上表……三四
代裴行立謝移鎮表……三七
代韋永州謝上表……四〇
謝除柳州刺史表……四二
柳州謝上表……四四
代廣南節度使舉裴中丞自代表……四七
奏薦從事表……四九
代廣南節度使謝出鎮表……五〇
爲楊湖南謝設表……五一
爲武中丞謝賜櫻桃表……五三
謝賜時服表……五五

謝賜端午綾帛衣服表……五六

卷第三十九　奏狀

爲廣南鄭相公奏百姓產三男狀……五九
爲薛中丞浙東奏五色雲狀……六〇
爲裴中丞奏邕管黃家賊事宜狀……六一
讓監察御史狀……六三
爲京兆府昭應等九縣訴夏苗旱損狀……六四
爲南承嗣請從軍狀故某官贈某官南霽雲男某官承嗣……六六
進農書狀農書三卷……六九
代人進瓷器狀……七〇
柳州舉監察御史柳漢自代狀……七一
上户部狀……七二
柳州上本府狀……七三
爲裴中丞伐黃賊轉牒……七五

賀誅淄青逆賊李師道狀……八三
賀平淄青後肆赦狀……八六
賀分淄青諸州爲三道節度狀……八九
爲裴中丞上裴相賀破東平狀……九一
爲裴中丞上裴相乞討黃賊狀……九四
爲桂州崔中丞上中書門下乞朝覲狀……九五
爲南承嗣上中書門下乞兩河效用狀……九七
柳州上中書門下舉柳漢自代狀……一〇〇
爲長安等縣耆壽詣相府乞奏復尊號狀……一〇一
爲京畿父老上府尹乞奏復尊號狀……一〇三

卷第四十　祭文

祭楊憑詹事文……一〇七
祭穆質給事文……一一二
祭吕衡州温文……一一六
祭李中丞文……一二一
爲韋京兆祭杜河中文……一二五
爲韋京兆祭太常崔少卿文……一二九
爲李京兆祭楊凝郎中文……一三四
爲安南楊侍御祭張都護文……一三八
祭萬年裴令文……一四三
祭吕敬叔文……一四六
祭崔君敏文……一四九
祭段弘古文……一五二
哭張後餘詞……一五四
祭李中明文……一五八
楊氏子承之哀辭……一六〇

卷第四十一　祭文

舜廟祈晴文……一六七
雷塘禱雨文……一六九
祭纛文……一七一
禡牙文……一七四
祭井文……一七七
禜門文……一七八
祭六伯母文……一八〇
祭獨孤氏丈母文……一八二
祭從兄文……一八四
祭弟宗直文……一八六
祭姊夫崔使君簡文……一八九
又祭崔簡旅櫬歸上都文……一九二
祭崔氏外甥文……一九四
祭崔氏外甥女文……一九五
祭外甥崔駢文……一九八

河東先生集 廿三

第卅八卷 表

第卅九卷 奏狀

第四十卷 祭文

項子京家珍藏

河東先生集卷第三十八

表

爲裴中丞賀克東平赦表裴中丞桂管觀察使裴行立也

臣某言伏奉月日德音以淄青蕩平褒功宥罪布告遐邇者元和十四年二月淄青都知兵馬使劉悟斬其節度使李師道以降詔天下繫囚死罪降從流流已下放臣聞肅殺之後每致陽和雷霆既施必聞膏澤伏惟陛下體乾剛以運行協坤元之翕闢易至哉坤元又曰坤其靜也翕其動也闢

是以廣生焉百靈受職六合從風天地四方曰六合阻兵

怙亂者左氏傳云州吁阻兵而安忍阻恃也必就梟擒懷忠抱

義者無不甄録○甄居延切陶甄也激其效順特加旌

節之榮是月以悟爲義成軍節度使寵以元功遂兼鼎鉉

之任癸丑魏博節度使田弘正加檢校司徒同中書門下平章事弘正亦討師道者

故有是命易曰鼎玉鉉○鉉胡犬切扛鼎耳也戎行窮賞賚之重○行

胡剛切死事極褒卹之優劫脅之役盡除聚歛

之名皆去傷痍受眗老疾加恩豐財已復其

征徭復其征徭謂復除徭役也賜種更盈於穜稑詩黍稷穜稑先

種後熟曰種後種先熟曰稑○穜音童稑音陸嚴山川之祀神必有
依申義烈之家物無不感周王推忠厚之化
詩周家忠厚仁及草木漢帝懃愷悌之風太平之德斯
爲至盛一作太平之業既崇中興之德斯至然則虞巡可復告
成將慶於岱宗書歲二月東巡守至于岱宗柴岱宗在兗州而兗屬淄青
今兗州既復故及之漢典方行漢武帝元封元年登封太山應劭云功成治定
告成于天漢典謂此也講禮再榮於闕里漢宣帝元和二年東巡守
過魯幸闕里以太牢祠孔子淄青兼領兗州兗州魯地臣謬膺重寄獲
覩大和抃蹈之誠倍萬恒品謹已施行郡邑

宣示軍戎莫不動地歡呼若醉千鍾之酒孔融與魏武書曰堯非千鍾無以建太平孔非百觚無以堪上聖騰天鼓舞如聞九奏之音周禮鍾師註云王出入奏王夏尸出入奏肆夏牲出入奏昭夏四方賓來奏納夏臣有功奏章夏夫人祭奏齊夏族人侍奏族夏客醉而出奏陔夏公出入奏鷔夏是爲九奏史記鈞天廣樂九奏萬舞無任慶賀踴躍之至

柳州賀破東平表

臣某言即日被觀察使牒桂管觀察使牒也李師道以月日克就梟戮者帝德廣運唐命惟新詩周雖舊邦其命惟新霾曀廓清詩終風且霾終風且曀霾雨土曀陰而風也○

霾音埋又莫拜切曀音翳天地貞觀易天地之道貞觀者也率土臣

庶慶抃無涯伏惟睿文聖武皇帝陛下威使

百神德消六沴五行傳云凡六沴之作說曰氣之相傷謂之沴沴六沴六事之沴也○沴音戾俗作沵天降寶運時歸太平自克夏擒

吳夏謂夏綏銀節度使楊惠琳吳謂鎮海節度使李錡翦蜀平蔡蜀謂西川節度留後劉闢蔡謂淮西節度吳元濟殄類稽顙羣疑革心唯

此兇妖尚聞悖慢庭議既得廟謨必臧謨一作謀

旌旗燭燿於洪河金鼓震驚於靈嶽靈嶽太山鄆

城自潰寧同莒魯之爭左傳昭元年莒魯爭鄆爲日久矣二十九

年十月鄆潰子厚蓋謂師道初治鄆州城塹修守備而其將劉悟乃與諸軍卷旗束甲還取鄆州以求效順故也

齊地悉平無俟耿陳之戰

漢光武初興時長安政亂張步起琅邪五年乃遣耿弇率劉歆陳俊三將軍討之戰于臨淄步衆大敗步乃斬蘇茂以降弇復引兵至城陽降五校餘黨齊地悉平琅邪臨淄即青沂二州之屬邑也

五兵永戢

周禮司兵掌五兵五盾

七德無虧

左傳武有七德我無一焉

含生比堯舜之仁

董仲舒策堯舜行德則民仁壽

率土陋成康之俗

晏本更有伏以舜念克勤禹思受益無疆惟邮既聞致理之方靡不有初願獻特盈之誠六句

介丘霧息已望翠華之來

介丘太山選南都賦望翠華之葳蕤註翠華車蓋也

沂水風生更起舞

雩之詠沂水屬沂州亦淄青十二州之一也論語浴乎沂風乎舞雩詠而歸千歲之統司馬遷自序曰今天子接千歲之統封太山而余不得從行實在於斯臣守在蠻荒獲承大慶抃蹈之至倍萬恒情

代裴中丞賀分淄青爲三道節度表

臣某言伏見某月日制分淄青諸州爲三道節度都團練觀察等使者元和十四年二月命戶部侍郎楊於陵爲淄青宣撫使令分師道所管十二州爲三道於陵按圖籍視土地遠近計士馬衆寡校倉庫虛實使之適均以鄆曹濮爲一道淄青齊登萊爲一道兗海沂密爲一道此三道

之所以分也虵豕之穴（左傳吳爲封豕長虵荐食上國）忽爲樂郊（詩適彼樂郊）氛沴之餘盡成和氣伏惟皇帝陛下天付昌期神開寶曆復昇平之土宇挍妖孽之根源自西自東不違於指顧我疆我理（詩我疆我理東南其畝）咸得其區分山川備臨制之形道途適征繇之便俾侯既定（詩俾侯于魯大啓爾宇）賜履以寧（左傳僖四年管仲曰昔召康公命我先君太公曰五侯九伯女實征之以夾輔周室賜我先君履東至于海西至于河南至于穆陵北至于無棣）異青兗之封爰從古制解曹衛之地實契雅謀（左傳僖二十八

於晉文公分曹衛之地以畀宋人一作新謀車甲永藏馬牛勿用俗被雍熙之化代知仁壽之期農事載盛於耨芟儒風重興於俎豆足使季札觀魯更陳南籥之儀左傳襄公二十九年吳季札聘魯請觀周樂見舞象箾南籥者曰美哉猶有憾按註云南籥以籥舞也文王之樂此言魯地自是有禮之可觀也山甫徂齊復正東方之賦詩烝民王命仲仲山甫城彼東方仲山甫徂齊式遄其歸註東方齊也蓋去薄姑而遷於臨淄臨淄已見上註臣揔戎遠地不獲陪賀闕庭云云

爲韋侍郎賀布衣竇羣除右拾遺表

新舊史皆云擢羣爲左拾遺而諸本皆題云右拾遺未知孰是據竇羣傳韋夏卿爲京兆尹時薦羣夏卿傳先爲吏部侍郎後轉京兆尹太子賓客以至於卒恐不當作韋侍郎公時爲集賢正字

臣某伏見今月日制除布衣竇羣右拾遺者羣字丹列京兆金城人以處士隱於毗陵蘇州刺史韋夏卿薦之朝并表其所爲書數十篇不召貞元十六年十一月夏卿爲京兆尹復言之十八年三月召羣爲左拾遺按羣傳云陛下即位二十年始自草茅擢臣爲拾遺蓋自大曆十四年己未至貞元十四年戊寅德宗即位爲二十年臣聞直道之行論語三代之所以直道而行也四

方嚮德逸人是舉天下歸心（論語舉逸民天下之民歸心焉）臣伏以竇羣肥遯居貞（易肥遯無不利又曰遯亨小利貞肥優也）包蒙養正（易包蒙吉又曰蒙以養正聖功也）學術精果操行堅明讚詠道真以求其志臣頃守藩服（謂在蘇州）特所委知及歸朝廷輒有聞薦庶逃竊位之責（孔子曰臧文仲其竊位者歟知柳下惠之賢而不與立也）以塞曠官之尤（書無曠庶官曠廢也）豈謂天聽曲從聱言無廢況諫諍之職政化是叅擢於布衣久無其比周行慶抃（詩嗟我懷人寘彼周行周行列位也）林藪震驚晦迹寧慮

於遺賢懷才盡思於展效臣以性本庸踈動
無裨益唯思進抜以報恩榮區區懇誠實貫
金石言而不廢孔子曰君子不以言舉人不以人廢言微臣敢
竊於薦雄楊雄傳贊雄年四十餘自蜀來京師大司馬車騎將軍王音奇其文
因召以爲門下史薦雄待詔德必有鄰論語德不孤必有鄰聖代式
光於尊隗史記燕昭王欲厚幣以招賢者謂郭隗曰誠欲得賢士與共國以雪
先王之恥隗曰王必欲致士先從隗始況賢於隗者豈遠千里哉代一作政自羣
受命冀復面陳迫以疾病接於休假注心蓄
念寤寐兢惶無任喜躍屏營之至

爲樊左丞讓官表樊左丞或作韋左丞其名字年月未詳然當在京師時作附次貞元十五六年之文後

臣某言伏奉今月二十八日制除臣尚書左丞寵命俯臨慙顏自失泛大鯨之海但覺黿搖戴巨鼇之山列子渤海之東有無底之谷其中有五山焉常隨潮波上下帝恐流於西極乃命禺彊使巨鼇十五舉首而戴之五山始峙而不動未如恩重臣聞尚書百揆翊亮萬機故天上尊北斗中樞天上作太上陛下有南宮左轄李固策曰陛下之有尚書猶天之有北斗也北斗爲天喉舌尚書亦爲陛下喉舌左轄即左丞晉昇孔坦

諒直當時孔坦字方平咸和初爲尚書左丞深爲臺中之所敬憚卒贈光祿勳謚曰簡諒漢拜楊喬閑練故事後漢楊喬桓帝時爲尚書後以黨錮坐下獄竇武上疏曰尚書郎楊喬等文質彬彬建明國典陛下乃委任近習專任饕餮宜以次貶黜信任忠良於是帝意稍解庶得百僚有憚於會府諸俟取法於京師臣實謏才。謏先鳥切小也禮記足以謏聞謬登清貫握蘭起草漢官儀尚書郎主作文書起草直於建禮門內懷香握蘭趍走於丹墀昔忝朝經剖竹頒條漢文帝初與郡守爲竹使符以竹箭五枚長五寸鐫刻篆書第一至第五各分其半右留京師左以與之故云剖竹又武帝初置部刺史掌奉詔六條察州近貽人瘼備歷中外無閒聲彩版圖再緝貢賦未均於九州謂爲戶部尚書銅印更操威儀不檢於三署蔡質漢儀曰尚書郎初從三署試初上臺稱守尚書郎中歲滿稱尚書郎三年稱侍郎又漢中郎將分掌三署郎有議郎中郎比六百石侍郎比三百石郎中比二百石次郎補闕豈易其人聖主求才宜難此受竊謂旁求俊乂書旁求俊乂啓迪後人側訪瓌奇○瓌古回切必使德合準繩言成綱紀興化致理時無閒言況安上必在於薦賢危身莫踰於曠職儻蒙垂收紫渙舊傳武都紫泥用封璽故詔有紫泥之名今階州故武都山水皆赤爲泥正紫色然泥安能作封當

是用爲印色耳渙者取易渙汗其大號之意今本作紫綬非俯矜丹誠愚

臣保陳力之言孔子曰陳力就列不能者止聖鑒有責成

之地無任靦冒惶悚之極○靦他典切謹詣朝堂

奉表陳讓以聞臣所讓人别狀封進

爲王戶部薦李諒狀貞元二十一年五月以王叔文爲戶部侍郎職如故表是時作

臣某言臣聞知賢必進忠臣之大方擇善而

居一作舉明主之要道況臣特受恩遇超絶古

今報國之誠寤寐深切深一作斯是敢竭愚臣之

微分助陛下之至明恢張羽儀弘輔治化治一作理臣某誠惶誠恐頓首頓首竊見新授某官李諒清明直方柔惠端信强以有禮敏而甚文敏一作幹求之後來略無其比臣自任度支等副使貞元二十一年三月以叔文爲度支鹽鐵副使以諒爲巡官未及薦聞至某月日荆南奏官敕下赴本道諒實國器合在朝行臣之所知尤惜其去伏望天恩授以諫官使備獻納冀它日公卿之任斯焉取斯則聖朝無乏士之名微臣緩蔽賢

之罰漢武帝詔進賢受上賞蔽賢蒙顯戮無任誠懇屏營之至

爲戶部王叔文陳情表叔文本傳言叔文母死匿喪不發置酒翰林自稱親疾病令當請急左右竊語曰母死已腐方留此將何爲此表即爲叔文請急也

臣某言臣母劉氏今月十三日貞元二十一年六月庚戌忽患瘖風發動○瘖一作暗狀候非常今雖似退猶甚虛惙都活切驚惶憂苦不知所圖臣唯一身更無兄弟侍疾嘗藥難闕須臾伏乞聖恩停臣所職令臣見在家扶侍其官吏等並已

發遣訖臣以庸微特承顧遇拔自畢品委以劇司夙夜兢惶唯思答效至誠至懇天睠所知豈慮未效消塵遽迫方寸蜀先主南奔諸葛亮徐庶竝從爲曹公所追獲庶母庶辭先主而指其心曰本欲與將軍共圖伯業者以此方寸之地也今失老母方寸亂矣以開塞重輕之務謂爲度支鹽鐵轉運副使加焦勞憂灼之懷雖欲徇公無由枉志況忠孝同道臣子之心許國誠切於死生報親恐忘於顧復詩顧我復我進退窮蹙昧死上陳候母劉氏疾疢小瘳冀微臣駑蹇再效一本無此兩句無任

惶懼懇倒嗚咽之至是月丁丑叔文以母喪去位

代裴中丞謝討黃少卿賊表按史貞元十五

年黃洞首領黃少卿攻邕管等州經略使孫公器請發嶺南兵討之德宗不許元和閒曰黃承慶曰黃少度曰黃昌沔昌瓘皆迭起爲患桂管觀察使裴行立與容管經略使陽旻爭欲攻討憲宗許之實元和十四年也表是時作新史行立傳謂黃家洞賊叛行立討平之而資治通鑑則曰行立旻竟無功其抵捂如此韓文公嘗有論黃家賊事宜狀其別白利害正罪裴陽之輕用兵誠得之矣

臣某云云即日奉事官米蘭迴伏奉手詔云

云者元和十四年詔桂管觀察使裴行立討黄洞蠻黄少卿臣聞膚革

既平雖疥癬而必去國語申胥諫吳王夫差曰今王非越是圖而齊

魯以爲憂夫齊魯譬諸疥癬也豺狼已斃在狐鼠而宜除

漢書孫寶傳侯文曰豺狼當道安問狐狸臣某伏惟元和聖文神

武法天應道皇帝陛下受命上玄底寧下土

兇渠盡殄威武載揚蠢爾腥膻尚聞凌暴靈

旗斜指漢武帝爲伐南越告禱太一以牡荆畫幡日月北斗登龍以象天一三星

爲泰一鋒名曰靈旗爲兵禱則太史奉以指所伐國銅獸俯臨漢文帝二年初

與郡國爲銅虎符第一至第五國家當發兵遣使者至郡合符符合乃聽受之三軍知必勝之方萬姓喜永清之路書曰永清四海微臣忝司戎律親列顏行漢嚴助傳如使越人蒙死徼幸以逆執事之顏行註云顏行猶鴈行在前行故曰顏也○行戶郎切躡伏波之舊規漢光武建武十八年遣伏波將軍馬援擊交趾賊徵側等乘下瀨之故事漢武征南越東甌有伏波樓船下瀨橫海之號元鼎五年遣伏波將軍路博德出桂陽下湟水甲爲下瀨將軍下蒼梧服虔曰甲故越人歸漢者也臣瓚曰瀨湍也吳越謂之瀨桂陽蒼梧皆隸嶺南所謂黃賊正爲患於嶺南耳盡瘁事國詩或燕燕居息或盡瘁事國期畢命於戈矛不宿於家思奮身於原野

即以令日某時出師就道便披榛蹶石摩壘陷堅左傳宣十二年楚許伯曰吾聞致師者御靡旌摩壘而還註云摩近也蕩清海隅永息邊徼吉弔切境也竊以材非充國敢自贊於無踰漢神爵元年西羌犯塞時充國年七十餘上老之使御史大夫邴吉問誰可將者充國曰無踰於老臣者矣志慕孟公庶追蹤於不伐論語孟之反不伐奔而殿註魯大夫孟之側與齊戰軍大敗不自伐其功故獨殿後也謬承重委寤寐兢惶無任感恩隕越之至

爲裴中丞舉人自代伐黄賊表

伏以某官器宇端方風姿詳雅謙虚内敏籌略共推前佐湖南悉心匡佐後歷郡掾深負政聲惠愛在人姦邪屛息勤勞已著幹蠱無倫蠱事也易幹父之蠱今黄賊尚據荒陬犬巢未覆儻以某代某之任必能掃蕩氛祲子鴆切妖氣也廓清海濵竊惟斯人雅堪厥職云云

爲崔中丞請朝覲表代桂管觀察崔詠作也或本以爲崔能非是據能傳元和六年爲黔中觀察使長慶四年爲嶺南節度使初不爲臨桂而長慶初則公已死矣當是崔詠無疑

元和十一年作也

臣歷刺三州詠累遷鄧州刺史連摠二府舊史憲宗元和五年八月以鄧州刺史崔詠爲邕管經略使八年十二月復自邕管移桂管外任逾紀入覲無階就日望雲覔飛心注伏惟睿聖文武皇帝陛下覆載無私邇遐同致復昇平之故事繼前聖之高蹤中外踐更出入迭用臣以虛薄叨受恩榮徒竭夙夜之心未申朝夕之敬傳曰朝不廢朝暮不廢夕天威咫尺左傳僖九年王使宰孔賜齊侯胙孔曰天子以伯舅耋老無下拜對曰天威不違顏咫尺小白余敢貪天子之命無

下拜誠寤寐而無違雲漢昭回詩倬彼雲漢昭回于天固瞻仰而何及是以前在朗寧朗寧邕州封章累上及移臨桂臨桂桂州星紀屢周下卷有代上中書門下狀云理戎典郡十有四年頃在邕州累陳誠懇又云自領桂管又逾再周即謂此也蓋自八年十二月至十年是月為再周矣微衷尚隔於戴盆司馬遷書云僕以為戴盆何以望天積望徒懸於窺管莊子用管窺天用錐指地東方朔傳以管窺天以蠡測海葵藿之誠彌切犬馬之戀逾深人欲天從於玆未驗下情上達終冀不誣敢黷宸嚴罄陳丹懇伏乞賜臣除替許至闕庭厠蹈

舞於羣僚備班行於散地足趨中禁目覩大明俾成九族之榮以盡百生之幸非敢竊國賓五獻之禮希康侯三接之恩易晉康侯用錫馬蕃庶晝日三接也一覩龍顏萬死爲足無任懇迫激切之至至十一年方以裴行立代詠爲桂管觀察使

代柳公綽謝上任表公綽字起之京兆華原人史有傳元和六年作

肅恭休命晨夜趨程祗荷寵私不遑寢食以月日到所部上訖憲宗元和六年六月公綽自御史中丞爲潭州刺史

兼御史中丞充湖南觀察使臣聞古之制爵禄者爵以居有德禄以養有功臣本書生貞元元年四月公綽再中賢良方正直言極諫科官不期達值某皇帝睿聖文武皇帝文明撫運大闡玄猷搜采衆材幸忝甄録○甄居延切察也歷践中外星霜屢移曾無涓塵上答鴻造忘其薄陋委以雄藩顧無綏馭之能謬忝澄清之寄公綽先爲西川節度判官召爲吏部郎中踰月拜御史中丞今又兼中丞爲觀察故云將何以敷宣皇澤普諭天慈唯當察慝以爲防視俗而爲教蠲除細故務安黎獻

庶幾清靜無擾以慰遠人臣不勝忝冒荷恩之至

代李愬襄州謝上任表

（愬隴右臨洮人元和十二年夜入蔡州擒吳元濟十一月有詔進檢校尚書右僕射爲襄州刺史山南東道節度使然襄州與嶺表遼絕而公自柳州爲作謝上表恐非公之文）

捧對絲綸（禮記王言如絲其出如綸）慙悸無地拜命兢悚不知所裁臣凡賤瑣材智略無取幸賴先臣緒業（愬即西平王晟之子晟有大功於唐）累忝國恩天澤曲流

遂司節制元和十一年十二月勅自宮苑閑廄使拜撿校左散騎常侍兼鄧州刺史充隨唐鄧節度使寄深分閫任重專征顧無將領之才謬處衆人之上豈謂宸私軫念仁育爲心霈澤無涯德音屢降士衆感悅咸思竭忠遂得潛師暗入賊境不意兇渠就戮此皆聖謨豈敢叨天以爲己力左傳僖二十四年介之推曰竊人之財猶謂之盜況貪天之功以爲己力乎仰荷殊造重於丘山臣以月日上訖謹當敷宣皇化普諭聖慈綏撫三軍乂安百姓冀以塵露上荅鴻私臣云云

代節使謝遷鎮表

（節使不可考表謂率勵遠人此在永州作次元和九年文後）

鴻私曲臨獨越夷等祗荷明命寤寐不遑臣才非器能謬膺仕進雖竭盡駑劣力效忠勤冀寡僭尤敢望宦達某宗皇帝（德宗）不以臣儒術淺薄超授禮官尋遷正郎遂忝符郡某皇帝（順宗）不遺臣小善擢處諫曹叨承厚恩備職藩翰顧惟瑣劣多慙負恩伏遇陛下（憲宗）德紹唐虞無私庶政臣尸素歲久譴謫宜加豈冀

褒昇更遷重鎮再忝澄清之寄仍同獻替之榮將何以上答天慈下安氓庶臣當務修農稼率勵遠人鋤其奸慝以副勤恤無任云云

爲劉同州謝上表劉同州未詳德宗貞元十八年以同州刺史劉公濟爲鄭州刺史鄜坊丹延節度使豈即此人耶當在京師時作次貞元十六年文後

臣某言伏奉某月日制除臣同州刺史兼本州防禦營田長春宮使某月日到州上任訖臣初奉綸言震抃無極及臨所部驚懼逾深

投軀莫報於乾坤陳力無裨於造化臣某誠
惶誠恐頓首頓首臣出自諸生不習爲吏有
恇懦之質恇音匡懦弱也無區處之能託跡儒門
乏仲弓南面之德論語雍也可使南面雍字仲弓委身郎署
闕馮唐論將之對漢書馮唐以孝著爲郎中署長文帝曰吾居代時吾
尚食監高祛數爲我言趙將李齊之賢戰于
鉅鹿下吾每飲食未嘗不在鉅鹿也父老知
之乎唐曰齊尚不如廉
頗李牧之爲將也云云嘗懼叨冒清列蕪穢
聖朝豈意天聽忽臨鴻恩荐及八命作牧周禮
一命受職再命受服三命受位四命受器五
命賜則六命賜官七命賜國八命作牧九命

作伯一麾出守顔延之五君詠曰屢薦不入官一麾乃出守拔自下位寄之雄藩非臣庸瑣所宜膺據況馮翊密邇王都古稱三輔漢世左馮翊右扶風京兆謂之三輔馮翊即同州郡名爰自近代命秩逾崇有兵食之虞有宮室之制同州防禦長春宮使同州刺史領之皆公卿將相出入由之仰徽甲令漢書吳芮贊著于甲令而稱忠也註甲者令篇之次也俯窺圖記跼蹐無地以兢以惶恩重命輕不知所效庶當刻精運力一本作剋精畢力夙夜祗勤上奉雍熙旁流愷悌以日繫月儻或有成庶幾

之心懍懍增惕徒望雲而就日（史記放勛其仁如天其智如神就之如日望之如雲）喜近帝鄉（後漢南陽帝鄉多近親）將擊壤以成風共歌堯代天威咫尺敢布丹誠無任悃懇屏營之至

代裴行立謝移鎮表（行立移鎮在公卒後表蓋他人之文誤編在此）

星言即駕（詩星言夙駕）便道之藩祗荷寵榮不敢寧息臣某爰自弱齡即忝推擇階緣試吏累忝清資先聖以臣粗知兵要俾統師徒交蠻

俶擾黃賊不馴奉詔俾臣撲滅氛祲元和八年八月以蘄州刺史裴行立爲安南都護安南漢交趾郡也十二年遷桂管觀察使十四年令行立討黃少卿士衆賈勇左氏傳高固曰欲勇者賈予餘勇思酬渥恩冀因此時得立微效豈謂時多疫癘不副憂勤知臣特深復洗瑕責夙夜感戴捐軀有期徒增憤勇力未從願微臣不幸釁故重重泣血摧肝載崩載咽陛下龍興御極元和十五年正月庚子憲宗崩閏月丙午穆宗即位寰海永清道暢八埏地有八埏八埏八際也相如封禪書曰上暢九垓下泝八埏○埏音延威加九域鴻

私普洽靡不周泰伏蒙累垂休命遂越等夷循省何人過膺抽擢是歲二月行立自桂管復徙安南況臣比臨此鎮備更夷險故材舊壤宛在目前蓋言前為安南經略今復為都護也雖則殊鄉還同衣錦量巨鼇之力未足負恩猶蚊蚋之微焉能報德將何以宣揚聖造撫慰疲羸唯當遵守詔條貶棄姦慝平勻徭賦示以義方持清靜以臨人守無私以奉國重修前志再礪戈矛展駑駘之效申鷹犬之用庶荒陬夷獠盡沐皇風率土

生靈備聞斯慶微臣之志也限以　云云

代韋永州謝上表（公謫佐永州州刺史之見本集者六人元和元年刺史韋公見賀改元表二三年刺史馮公見修淨土院記元和五年以前刺史崔君敏見南池讌集序及墓後誌又有刺史崔簡未上被罪見簡墓誌集文等篇元和七年八月刺史即此所謂韋永州也表云曠牧守於再秋正言簡以罪去後無其人耳表當作於七年云）

臣某言伏奉月日制書除臣永州刺史以月日到州上訖（州一作任）受命若驚臨職彌懼臣以

無能累更事任神州赤縣史記鄒衍中國名曰赤縣神州赤縣神州內自有九州禹之序九州是也不得為州數中國外如赤縣神州者九乃所謂九州也神赤皆美言也實所備嘗過量逾涯每深兢惕不謂聖恩推擇濫駕朱輪漢志中二千石二千石皆皁蓋兩朱轓祿秩徒增詎施乳哺之惠服命虛受寧興襦袴之謠況此州地極三湘俗參百越左袵居椎髻之半孔子曰微管仲吾其被髮左衽矣陸賈使南越南越王尉佗魋結箕倨見賈魋即椎結即髻古字通用耳可墾乃石田之餘左傳哀十一年子胥曰得志於齊猶石田無所用之曠牧守於再秋彌驕獷俗

○獷古猛切代征賦於三郡，重困疲人，分災本出於一時（左傳：凡侯伯救患分災討罪，禮也），積弊遂逾於十稔。撫安未易，知法出而姦生（董仲舒策曰：法出而姦生，令下而詐起）；子育誠難，懼力勞而功寡。夙夜憂切，不敢遑寧。庶當宣布天慈，奉揚神化，以日繫月，儻或有成，少裨愷悌之風，用荅生成之造。無任感恩隕越之至。

謝除柳州刺史表

諸本表首云：伏奉三月十三日制，除臣使持節柳州諸軍事、守柳州刺史，六月二十七日到任上訖。

惟通鑑云三月乙酉除命而長曆乙酉爲十四日此云十三日字誤

早以文律參於士林德宗選於衆流擢列御史貞元十九年爲監察御史陛下嗣登寶位微臣官在禮司憲宗即位時爲禮部郎官百寮稱賀皆臣草奏臣以不慎交友旋及禍謡聖恩弘貸謫在善地累更大赦獲奉詔追違離十年一見宮闕親受朝命牧人遠方漸輕不宥之辜特奉分憂之寄銘心鏤骨無報上天謹當宣布詔條盡竭駑

蹇皇風不異於遐邇聖澤無間於華夷庶答
鴻私以塞餘罪云云

柳州謝上表貞元中代人作此表恐僞

臣某言伏奉詔書授臣柳州刺史以今月二
日至部上訖臣前歲以久停官秩去年蒙聖
恩除替便欲裂裳裹足趍赴京師公爲柳州正月已召至京師三月方出表謂蒙恩
除替乃在去年非公作明矣以舊疾所嬰彌
年未愈逮及今夏始就歸途襄陽節度使于
頔貞元十四年九月以頔爲襄陽節度使與臣早歲同官見臣

當暑在道懇留在館尋假職名意欲厚臣非
臣所願伏惟陛下光被之德道以洽於區中
憂濟之勤心每徧於天下常以萬邦共理必
藉於循良一物不遺尚延於愚藐莫角切遠也假
臣寵渥重領方州駑駘復效於奔馳枯朽更
同於華秀臣聞潢汚易竭潢汚小水也左氏傳潢汚行潦之水
抑有朝宗之願書江漢朝宗于海犬馬無識猶知戀
主之誠揣分則然惟天知鑒況臣昔因左官
漢書諸侯王表武有衡山淮南之謀作左官
之律漢因上古法朝廷之列以右為尊故降

秩爲左遷仕諸侯爲左官一紀于外子牟馳於魏闕莊子中山公子牟曰身在江湖之上心居乎魏闕之下奈何魏闕象魏觀闕人君門也汲黯積思於漢庭漢武帝以汲黯爲淮陽太守黯曰臣今病力不能任郡事願爲中郎出入禁闥補過拾遺臣之願也豈非夫人獨無斯戀去就者榮辱之主朝廷者仕進之源臣子之宜忠貞所志臣雖心同犬馬而分比潢污幸躡康衢意非往蹇易往蹇來譽往蹇來反言往則遇難來則得譽且得位也臣之此誠口不能諭意欲悉達文非盡言此臣所以自咎自恨復乖志願猶冀苦心勵節上

奉詔條惠寡卹貧下除人瘼恭宣皇化少答鴻私不勝慌欣之至○慌音荒博雅云忘也

代廣南節度使舉裴中丞自代表此表當是長慶後廣南節度使舉桂中丞仲武自代非裴中丞也亦他人作誤録于此一本註節度作鄭絪非是以桂仲武事與表合絪爲廣南乃元和五年也

前件官器宇深沉天才間出爰從撫字逮于察廉所職恪勤庶務皆勸日者安南夷獠反叛害其連帥元和十四年十月容管奏安南賊楊清陷都護府殺都護李象

古及妻子官屬部曲千餘清世爲蠻酋象古召爲牙將清鬱鬱不得志象古命清將兵三千討黃洞蠻清引兵夜還襲府城陷之毒痛黎人書毒痛四海痛病也痛一作痛某皇帝以某威惠茂著自某州刺史俾之撫臨是月憲宗以唐州刺史桂仲武爲安南都護夙夜經行盡除兵器賊徒識恩黨種歸義炎荒之俗靡不底寧仲武至安南楊清距境不納清用刑慘虐其下離心仲武遣人說其酋豪數月閒降者相繼得兵七千餘人後改鎮容州長慶二年十一月以仲武爲容管經略使勳效彌顯澄清庶類邁德前修深負能名合遷重鎮臣自惟凡懦不逮前人伏乞天恩

迴授某非惟旌德是亦飾能庶微臣免尸祿之憂某獲無私之舉

奏薦從事表

某績茂戎軒才優管記操刀必割賈誼傳日中必熭操刀必割豈謝剸犀王褒聖主得賢臣頌曰巧冶鑄干將之樸清水焠其鋒越砥斂其咢水斷蛟龍陸剸犀革王粲刀銘云陸剸犀兕水截鯨鯢落筆不休傳毅字武仲爲文下筆不休寧慙倚馬世說桓宣武北征袁虎從行時被責免會草露布文喚袁倚馬前令作手不輟筆俄得七紙殊可觀李白與韓荊州書請日試萬言倚馬可待況早登科選夙洽時譚匪惟詞藝雙

美抑亦器能多適比於流輩頗爲滯淹輒敢薦陳伏希奬録

代廣南節度使謝出鎮表（鄭絪傳初拜中書侍郎加集賢殿大學士轉門下侍郎憲宗初勵精求理絪與杜黃裳同當國柄黃裳多所關決首建議誅惠琳斬劉闢及它制置絪謙默多無所事由是出爲嶺南節度觀察使廣州刺史）

鴻霈曲臨惶駭交集捧對綸綍（音紼）不知所圖臣聞蕭曹佐漢六合爲家𩓐望匡周萬方同軌（記曰書同文車同軌）臣幸以芻賤累忝殊榮天德荐

臨遂加台政不能翊宣明聖增日月之光俾㐬渠勦絕（書天用勦絕其命○勦子小切）人用康寧實由臣不稱職使此艱患（使一作役）伐檀興議（詩伐檀刺貪也在位貪鄙無功而受祿君子不得進仕耳）負乘招譏（易曰負且乘致寇至負也者小人之事也乘也者君子之器也小人而乘君子之器盜斯奪之矣）常懷覆餗之虞（易鼎折足覆公餗餗鼎實也○餗音速）敢望專征之寄（元和四年二月絪罷爲太子賓客五年二月除嶺南）獻俘未遠展效有期希此微功上答殊造無任（云云）

爲楊湖南謝設表（德宗貞元十八年九月以太常少卿

楊憑爲潭州刺史湖南觀察使
癸亥宴羣臣于馬璘山池上賦
九日賜宴詩六韻賜
之敕設豈亦此時耶

臣某言中使某乙至奉宣聖旨賜臣長樂驛設者恩榮特殊宴飲斯及顧茲厚禮猥集微躬臣某誠懽誠慶頓首頓首臣以多幸屬此昌時任重方隅職忝文武甘受素餐之刺詩彼君子兮不素餐兮餐一作飧知無肉食之謀左傳莊十年齊師伐我莊公將戰曹劌請見其鄉人曰肉食者謀之又何間焉劌曰肉食者鄙未能遠謀以憂以惶寤寐無措豈謂鴻恩繼至豐膳爰來陸

海兼陳陸海即水陸也飴醴皆設飴米糵煎也醴酒名○飴音怡一作酒庶當奉揚聖澤覃布遠人流愷樂於皇風均乳哺於赤子少陳微效上答殊私無任感恩欣躍之至

爲武中丞謝賜櫻桃表武元衡貞元二十年遷御史中丞公集有諸使兼御史中丞壁記曰武公以厚德在位甚宜其職遂命其屬書之明年二月公已遷禮部元衡亦罷爲右庶子此表當在二十年夏作

臣某言中使某乙至奉宣聖旨賜臣櫻桃若

干者天睠特深時珍荐降寵驚里巷恩溢圓

方圓方謂俎豆臣某誠喜誠懼頓首頓首伏以含

桃之羞時令攸貴禮記月令仲夏之月天子羞以含桃先薦寢廟況

令採因御苑分自天廚使發九霄集繁星而

積耀味調六氣承湛露而不晞詩湛湛露斯匪陽不晞晞乾也

盈眥而外被恩光○眥疾智才詣二切目也適口而中

含渥澤顧慚素食詩彼君子兮不素食兮彌切自公詩委虵委虵自公退食

豈圖君子所先遂厭小人之腹左傳昭二十八年願以小人之腹爲君子之心屬厭而已

無任云云

謝賜時服表此表代人作當是在京師時也

祗荷寵私啓處無地詩不遑啓處臣久忝朝行歷職無効荏苒星紀偷榮歲時不能少益聖猷以副深寄致使賊遺君父後漢耿弇征張步帝在魯聞弇為步所攻自往救之未至副將陳俊謂弇曰劇盜兵盛且可閉營休士以須上來弇曰乘輿且到臣子當擊牛釃酒以待百官反欲以賊虜遺君父耶艱難未息合處嚴憲以正國章伏以陛下恢天覆之恩廣地載之厚不循彝典俾同冕紱重劇丘山捧戴以入閨門空知夕惕易夕惕若厲裁縫而為衣服

固可晝行項羽曰富貴不歸故鄉如衣錦夜行内省疲駑將何

答効

謝賜端午綾帛衣服表公在柳州亦代它人作

綸言曲臨寵服荐至跪捧殊錫慶耀交幷臣謬典方州効微涓滴叨承大貺榮重丘山非才忝恩俯伏慙荷朱明啓節爾雅夏爲朱明御府賜衣沐聖澤而溟海方深被仙衣而鶴龜齊壽馳心向闕蹈影望天慙分五嶺之憂裴氏廣州記云大庾始安臨賀桂陽揭陽是爲五嶺五嶺者西自衡山之南東窮于海一山之限耳而别

標名則莫副九重之詔臣無任云云
有五焉

河東先生集卷第三十八

世綵廖氏
刻梓家塾

河東先生集卷第三十九

奏狀

爲廣南鄭相公奏百姓產三男狀

鄭相公鄭絪也元和五年出爲廣南九年絪爲工部尚書此狀當六七年作

右臣所部貞節坊百姓某妻產三男者臣詳究往例實謂休徵洪範曰休徵徵驗也已量事給絹三十疋充其乳養者伏以陛下勤䘏黎元感通天地靈心昭答景福已興詩介爾景福介大也方使億

兆繁滋區夏充牣（音刃滿也）故表祥於字育是啓
運於昇平事沓化源慶延邦本鱗羽之瑞曾
何足云臣幸列藩維嘗叨樞近私賀之至

爲薛中丞浙東奏五色雲狀（元和三年正月）

以湖南觀察薛苹爲浙東觀察韓文元和十二年薛戎拜越州刺史兼御史中丞浙東觀察使未詳孰是此狀當在柳州作然兩地相去遼絕亦可疑云

右臣得管內台州奏（浙東管越睦衢台明處溫七州）月日五
色雲見者一州官吏僧道耆老悉皆瞻覩巳

具奏聞并寫圖奉進者伏以景雲上瑞景雲慶雲也孫氏瑞應圖曰景雲者太平之應也一曰慶雲王者祉符祉一作禎煥彩彰之在天知聖德之昭感伏惟陛下化孚有截詩相土烈烈海外有截註截整齊也道洽無垠承天地之貞明易天地之道貞明明者也導陰陽之和氣紛紛郁郁史記若煙非煙若雲非雲郁郁紛紛蕭索輪囷是謂卿雲自東而徂西若煙非煙一句而再至徵諸古諜音牒事罕前聞伏乞宣付史官以昭簡冊

爲裴中丞奏邕管黃家賊事宜狀裴中

丞桂管觀察使裴行立也前卷有代裴中丞謝討黃賊表

右今月四日邕管奏事官嚴訓過（謂過桂州）稱押衙譚叔向等與黃家賊五千餘人謀爲翻動雖已誅斬猶未清寧當時差本道同十將某至邕管界首賓州以來迎探事宜兼爲聲援昨得十四日狀幷嚴訓狀報同其黃家賊竝已退散各歸洞穴訖伏以鼠竊狗偷非足爲患陛下威靈遠被神化旁行遂使姦猾（猾一作狡）之謀先期而自露回邪之黨不戮而盡夷伏

恐飛章已達吉語未聞尚軫天心猶煩廟筭臣謬居方鎮忝接疆界所得事宜不敢不奏

讓監察御史狀公拜監察御史裏行諸本於此狀首尾或載名銜無裏行字後人妄削耳

右臣伏準名例律諸官與父祖諱者同不合冒榮居之律十二篇名例律其第一也節文諸府號官稱犯父祖名而冒榮居之者免所居官臣祖名察躬今臣蒙恩授前件官以幼年逮事王父禮律之制所不敢踰臣不勝進退惶恐之至謹詣光順門奉狀以聞伏聽

勑旨貞元十九年閏十月日承議郎新除監

察御史臣柳宗元奏一本無承議郎止宗元十三字只作具位臣某奏又一本議作奉

奉勑新除監察御史柳宗元祖名

察躬準禮二名不偏諱不合辭讓年月日撿

挍司空同中書門下平章事杜佑宣

爲京兆府昭應等九縣訴夏苗旱損

狀或曰貞元十九年自正月不雨至於七月時京兆尹李實也然史傳謂關中大歉而實爲政猛顧百姓所訴一不介意其說恐未必然按貞元十一年二月以鴻臚卿王權爲京兆尹此狀訴夏

苗旱損而首云謬領京畿已逾兩月疑與此合耳

右臣謬領京畿已逾兩月政術無取誠懇莫申遂使雨澤愆期田苗微損夙夜兢懼寢食靡遑今長安一十四縣當作二十四縣並准常年例全徵並一作皆其昭應等九縣臣各得狀並令詳審各絕隱欺謹具別狀封進臣當府夏稅通計約二十九萬石已上據所損矜免秖當三萬石有餘恤人則深減數非廣伏以聖慈弘貸憫念蒸黎臣忝職司不敢不奏無任懇懼

之至謹録奏聞伏聽勑旨

爲南承嗣請從軍狀故某官贈某官

南霽雲男某官承嗣一作故某官贈某官某乙男某乙按承嗣以元和元年謫永至三年量移澧州集有送承嗣序王承宗事在四年此狀必四年以後作

右臣亡父至德之歲死節睢陽至德二載十月安禄山陷睢陽霽雲死之陛下每降鴻恩必加襃寵霽雲初贈開府儀同三司再贈揚州大都督臣自七歲即忝班榮承嗣七歲爲婺州別駕垂五十年常居禄秩再守遐郡歷刺施涪二州績

用無成終貽官謗甘就嚴譴（承嗣爲涪州劉闢反承嗣以無備謫永州集有送南涪州量移澧州序云始由施州爲涪州捍蜀道勍寇敵畏不敢犯然而刀筆之吏以簿書計校盈縮受譴茲郡蓋謂永州也）無以負荷先志（左傳其父析薪其子不克負荷○荷音河）報效殊私以慙以懼隕越無地伏見某月日敕以王承宗負恩干紀命將徂征（元和四年十月制削奪成德軍節度使王承宗官爵以神策右軍中尉吐突承璀爲招討處置使討王承宗）雷霆所加殄滅在近臣竊不自揆思竭忠誠（誠一作效）願預一卒之任以答百生之幸庶得摧鋒觸刃摩壘搴旗冀獲

盡於微誠儻不墜於遺烈踴躍之至夙夜不寧敢希皇明俯鑒丹懇臣聞周官攷藝國子置車甲之司王制有發則命大司徒教士以車甲漢道推恩孤兒備羽林之用事詳註南府君睢陽廟碑及送南倍州量移澧州序内千秋思奮於事越漢南越傳粤至武帝時獨其相呂嘉不欲附從韓千秋奮曰以區區粤又有王應獨相嘉爲害願得勇士三百人必斬嘉以報仲孺期死於奔吳史記灌夫字仲孺張孟嘗爲潁陰侯灌嬰舍人得幸故蒙灌氏姓爲灌孟吳楚反灌何爲將軍屬太尉請孟爲校尉夫以千人與父俱孟年老死吳軍中夫奮曰願取吳王若將軍頭以報父仇夫募軍中壯士所善願從者數十人馳入吳軍義

激君親名高竹帛臣雖無似有慕昔人雖身塗草野死而不朽披肝瀝血昧死上陳無任懇迫忠憤之至謹録奏聞伏候勑旨

進農書狀 農書三卷

右伏奉某月日勑宜以二月一日爲中和節所司進農書永以爲恒式者臣伏以平秩東作虞書立制俶載南畝周雅垂文此皆奉天時以授人盡地力而豐食（而一作於）自陛下惟新令節益勵農功旣立典於可傳每陳書而作

則耕鑿之利敷帝力於嘉謨稼穡之難動天心於睿覽勤勞率下超邁古先凡在率土不勝幸甚前件農書謹函封進謹奏

代人進瓷器狀〇瓷才資切陶器之緻堅者公集有元饒州書在元和八年饒州嘗貢瓷器此必爲元作也

瓷器若干事一無此句右件瓷器等竝藝精埏埴埏和土也埴黏土也老子埏埴以爲器〇埏式延切制合規模稟至德之陶蒸自無苦窳音愈病也舜河濵器不苦窳合大和以融結克保堅貞且無瓦釜之鳴賈誼賦黃鍾毀弃瓦釜雷

嗚
是稱土鉶之德土鉶瓦器也以盛羹韓非子曰堯舜飯土塯啜土鉶又司馬遷傳堯舜飯土簋歠土鉶○鉶音刑器甎瑚璉力展切瑚璉祭宗廟之器夏曰瑚殷曰璉貢異砮丹書礪砥砮丹○砮音奴旣尚質而
爲先禮記器用陶匏尚質也亦當無而有用老子當其無有器之
謹遣某官某乙隨狀封進謹奏

柳州舉監察御史柳漢自代狀公元和十年三月出爲柳州六月二十七日到任後作

右伏準從前敕文元和六年十月十七日敕常參官上後上三日後舉一人自代者伏見前件官頗有才行

長於政術久歷嶺南使職臣之所知敢舉自代無任懇迫之至

上戶部狀 元註云左降官員外置同正員俸料舊用戶部省員闕官錢充今請改授正官占闕不用上件錢每年約計數萬貫柳州作

右伏以左降官是受責之人都不釐務戶部錢是准勑收貯不合別支又所授員外官亦非舊制宗元在永州日見百姓庄宅公驗有司戶李邕判給處足明皆是正官今請悉依

故事爲准並廢貟外所置凡在貶黜授以正貟責其成功俾無虛授貯錢既免支用加數足應軍須實蕒貨不濫分官無曠職謹狀

柳州上本府狀（元註云莫誠救兄莫蕩以竹刺莫果右臂經十一日身死其莫誠禁在龍城縣准律以它物毆傷十二日辜辜內死者依殺人論本府謂桂管觀察府也）

右奉牒准律文處分者已帖縣准牒待秋分後舉處分訖（舉一作與）伏以中丞（謂裴行立）慈惠化人孝悌成俗屬吏所見皆許申明至公之下敢

竭愚慮竊以莫誠赴急而動事出一時解難爲心豈思他物救兄有急難之戚詩兄弟急難中臂非必死之瘡不幸致殂揣非本意按文固當恭守撫事亦可哀矜斷手方迫於深哀漢王脩諫表譚曰兄弟左右手也將鬬而斷其右手可乎周身不遑於遠慮周防也律宜無赦使司明至當之心情或未安守吏切惟輕之願書罪疑惟輕況俟期尚遠稟命不遑伏乞俯賜興哀特從屈法幸全微命以慰遠黎則必闔境荷慈育之恩豈惟一夫受

生成之賜儻以律文難變使牒已行則伏望
此狀便令廢格（音閣）輕肆塵黷惶戰交深謹録
狀上奉聽處分

爲裴中丞伐黄賊轉牒（裴中丞行立也次前謝表作）

當管奉詔（當管桂管）與諸管齊進（諸管謂容管邕管廣南等路）
誅討邕管草賊黄少卿漢軍馬步等若干人
各具兵馬數及軍將若干前牒奉處分竊以
天啓昌期大功畢集神開興運微惡盡除黄

少卿等歷稔逋誅舉宗肆暴註見前表恃狡兔之穴戰國策狡兔有三窟僅得免其死耳窟穴也跧伏偷安王文考魯靈光殿賦曰狡兔跧伏於附側○跧徂頑莊緣二切憑孽狐之丘莊子步仞之丘陵巨獸無所隱其軀而孽狐爲之祥孽妖孽祥恠也跳踉見怪○跳音迢踉音良走也以爲威弧不射易弧矢之利以威天下天網可逃老子天網恢恢踈而不失侵逼使臣隳犯王略恣其毒虐速我誅鋤敵國盡在於舟中史記吳起謂武侯曰君不修德舟中之人皆敵國也還師已期於席上趙充國上屯田十二事其一事曰治湟陿中道橋令可至鮮水以制西域信威千里從枕席上過師謂宜投戈

頓顙面縛乞身左傳僖五年許男面縛銜璧面縛者謂縛手於後唯見其面歸郡邑於王官效黎獻於天吏書黎獻黎民之賢者又曰天吏逸德烈于猛火而乃繕兵補卒增壘閉途正當天討之辰書天討有罪更積鬼誅之罪莊子爲不善于幽闇之中者鬼得而誅之衆輕鬬蟻晉殷仲堪父嘗患耳聰聞床下蟻動謂之牛鬬勇劣怒蛙韓非子云越王伐吳欲人之輕死也出見怒蛙乃爲之軾從者曰奚敬於此王曰爲其有氣故也事亦見吳越春秋纖縞當强弩之初韓安國傳强弩之末不能入魯縞縞素也孤豚僨肥牛之下左傳昭公十三年牛雖瘠僨于豚上僨仆也○僨佛問切又音憤事同拾芥力易摧

枯杪忽蜂腰虛見辱於齊斧易旅卦旅于處得其資斧子夏
傳及衆家竝作齊斧張軌云齊斧蓋黃鉞斧也張晏云整齊也○齊側皆切突梯
鼠首濫欲寄於菴頭菴頭胡星也天子前驅勦絕有時
書天用勦絕其命○勦子小切不索何獲左傳吳光云上國有言曰不索何獲
某行立拱稽致命吳語擁鐸拱稽註云拱持也稽棨戟也或云稽計兵
名籍執銳忘生被堅執銳銳兵也車甲旣備於小戎詩秦
風小戎美襄公也備其兵甲以討西戎註云小戎兵車也鯨鯢豈逃於誅
戮左傳宣十二年古者明王伐不敬取其鯨鯢而封之以爲大戮鯨鯢大魚名以喻不
義之人吞食小國竊覵上略兵法有上中下三略總制中權制一

作帥左傳宣十二年前茅慮無中權後勁權謀也中權者謂中軍制謀戰士義激於身心列校勢成於臂指蹶張之技漢申屠嘉傳申屠嘉以材官蹶張從高祖擊項羽如淳曰材官之多力能脚踏强弩張之故曰蹶張師古曰弩以手張之曰擘張以足踏曰蹶張○蹶音厥盡出於山林技距之材漢甘延壽傳投石拔距絕於等倫顏師古曰拔距者有人連坐相把據地距以爲堅而能拔取之徧徼於川洞南夷皆居洞穴故曰川洞賞懸香餌黃石公記曰芳餌之下必有懸魚重賞之下必有死夫令布疾雷莫不鼓舞戎行虔恭師律易師出以律律法也投軀不僁於羽檄漢高祖曰吾以羽檄徵天下兵未有至者註檄木簡長二尺用徵召

急則揷以鳥羽示急也跂足惟俟於牙璋周禮典瑞云牙璋以起軍
旅以治兵守註牙璋瑑以爲牙牙齒兵象故以牙璋發兵也跂擧踵也○跂去智切令
月某日奏事官米蘭迴捧受詔命神飛首勇
足蹈心馳懽聲洽於萬夫勝氣橫於千里國
容不入司馬法曰古者國容不入軍軍容不入國屨且及於寢門
左傳宣十四年楚使申舟聘于齊及宋宋人殺之楚子聞之投袂而起屨及於窒皇劒及
於寢門之外窒皇寢門闕也家事勿關土已塡於左闥國語
勾越伐吳入命夫人自今日以後內政無出外政無入內有辱是子也外有辱是我也王
出夫人送王不出屏乃闔左闔塡之以土即以月日全軍出次左傳

（莊三年凡師一宿爲舍再宿爲信過信爲次）分道竝進所期戮力
敢告同心孔大夫（御史大夫嶺南節度使孔戣）貞直冠時
清明格物（禮記清明在躬又曰致知在格物註云格來也物猶事也）全體
許國一心在公兵精食浮（浮足也）爲日固久容
府楊中丞（御史中丞容管經略使陽旻本誤作楊耳）以義烈爲己
任勳襄太常（太常以紀成績）安南李中丞（御史中丞安南都護
李象古）以英武爲家風（象古嗣曹王皋之子）業傳彝器（彝謂
宗彝）竝賡邦寄克達皇威南則浮海濟師共集
堂堂之陣（孫子勿擊堂堂之陣）東則橫江誓衆用成善

善之功孫子見勝不過衆人之所知非善之善者也詩緇衣以明有國善善之功馬公此語義取孫子而句取緇衣以此鼓行坐觀盡敵刑惟勿喜誅有可哀徵側之勇冠一方竟就伏波之戮馬援傳交趾女子徵側及徵貳反於是璽書拜援伏波將軍南擊之軍至浪泊上與賊戰遂大破之援追徵側等斬其首傳洛陽呂嘉之威行五嶺終摧下瀨之師漢武帝時南越王願欲內附獨其相呂嘉建德反朝廷於是命路博德爲伏波將軍楊僕爲樓船將軍及歸義粵侯二人爲下瀨將軍共討之嘉遂與其屬數百人亡入海尋復追斬之南粵乃平見南粵傳嗟此陋微自貽擒滅勉成良畫速致殊勳雖荒徼之地固不

勞於有征而昇平之年將自此而何事書之竹帛實謂揚名事須移牒隣管以成掎角左傳譬諸捕鹿晉人角之戎人掎之舉牒者

賀誅淄青逆賊李師道狀一作賀中書門下下

同次前柳州賀破東平表作

右今月三日元和十四年三月初三日得知進奏官某報前件賊以前月九日二月九日斬李師道克就梟戮者伏以天啓聖期神資良弼書夢帝賚予良弼必有徵討以致昇平蠢爾兇渠詩蠢爾蠻荊蠢爾動貌敢行悖

亂絺交於雷霆之下○絺音帝結也時憲宗討吳元濟李師道王承宗陰黨援乃伏盜京師刺用事大臣效逆於化育之辰逞豺聲以欺天左傳蜂目而豺聲忍人也恣狼心而犯上左傳狼子野心嘉謨克協威命旁行破竹寧比其發機杜預伐吳曰今兵威已振譬如破竹數節之後迎刃而解走丸未喻於乘勝孫子如丸之走盤濁河清濟曾無溝洫之虞大峴濁河黃河琅邪劉裕伐南燕慕容超公孫五樓請据大峴超不從遂敗河濟大峴琅邪皆淄青閒山水名峴胡典切○不聞崖岸之阻天兵四合賊衆屢摧然後赦劫脅之辜許其歸復寬詿誤之

典漢文帝紀濟北王反註誤吏民○註古賣切期以撫循外怛皇威中感聖德雖在梟鏡郊祀志古者天子祠黃帝用一梟破鏡孟康曰梟鳥名食母破鏡獸名食父如貙而虎眼當作獍○梟堅堯切豈不知歸是以未極誅鋤遽聞内潰鯨鯢已戮見東海之無波氛沴盡消○沴音戾仰太陽之普照功格于天地化合于陰陽一德方繼於商書書咸有一德降神自同於周雅詩維嶽降神生甫及申遂使垂白遺老再逢大寶之安大寶一作天寶搢紳諸生遠期貞觀之理某特承朝奬謬列藩臣常以突刃

觸鋒未爲效節膏原潤草豈足酬恩寤寐撫心不遑寧處今則削平之際慙無尺寸之功開泰方初徒受丘山之寵無任憤激屛營之至抃舞歡慶倍百恒情

賀平淄青後肆赦狀 註見上

右伏奉二月日德音 一本云二十二日 以淄青削平慶賜大洽率土之內抃躍無窮伏以周滅三監俱明誅放之罰 書武王崩三監及淮夷叛漢書地理志周既滅殷分其地爲三國詩風邶鄘衛是也邶以封紂子武庚鄘管叔尹之衛蔡叔尹之以監殷民謂

之三監

漢平七國更嚴斬殺之科景帝紀七國反太尉周亞夫將軍竇嬰將兵擊破之斬首十餘萬級追斬吳王濞於丹徒膠西王等皆自殺六月詔曰令濞等已滅吏民當坐濞等及逋逃亡軍者皆赦之楚元王子藝等與濞等爲逆朕不忍加法除其籍毋令汙宗室未有翦覆兇渠撫存疑類感暫行而德洽誅纔及而恩加操兵者悉獲歸休秉耒者更聞優復與之種食豐以貨財疾苦盡除鰥孤咸育葬戰死之骨增以賞延憐刃傷之肌存其廩給滌山川之舊汙申節義之餘寃功多受三事之榮詩三事大夫莫肯夙夜註云三事謂

三公也元和十四年二月丁巳斬李師道壬戌田弘正奏捷到癸酉加弘正撿校司徒同平章事故云節著有十連之寵禮記十國以爲連連有帥是月庚午以淄青都知兵馬使劉悟爲義成軍節度使故云較然逆順益以彰明和氣遠周罷七旬之干羽書舞干羽于兩階七旬有苗格仁風溥暢收六月之車徒詩六月棲棲戎車既飭褱海永康夷夏均慶某忝司戎旅獲奉昇平當伊尹無恥之辰書伊尹曰予弗克俾厥后爲堯舜其心愧恥若撻于市見咎繇惟輕之德書罪疑惟輕抃躍之至倍萬恒情無任慶賀之至

賀分淄青諸州爲三道節度狀一作使註

見前卷賀分淄青三道表

右某伏見某月日制分淄青諸州爲三道節度都團練觀察等使者元和十四年二月命戶部楊於陵爲淄青宣撫使并分帥道地於陵按圖籍視土地遠近計士馬衆寡校倉庫虛實分爲三道使之適均以鄆曹濮爲一道淄青齊登萊爲一道兖海沂密爲一道害氣盡除和風漙暢一作遠暢裂壤既分其形勝經野必正其提封周禮體國經野註云經謂爲之里數河濟異宜書濟河惟兖州海岱殊服書海岱惟青州八命作牧周禮八命作牧九命作伯無聞

威福之源十國爲連見前篇註已肅澄清之政鼠無夜動左傳襄二十三年夫鼠晝伏夜動不穴於寢廟畏人故也鷃變好音詩翩彼飛鴞集于泮林食我桑葚懷我好音惠澤豈俟於崇朝仁化寧期於必代孔子曰如有王者必世而後仁遂使琅邪即墨田生無慮其異謀漢高祖六年田肯賀上曰齊有琅邪即墨之饒南有泰山之固西有濁河之限非親王子弟莫可王齊者聊攝姑尤晏子但聞其善祝左傳昭二十年晏子曰祝有益也詛亦有損聊攝以東姑尤以西爲人也多矣雖其善祝豈能勝億兆之詛聊攝齊西界也平原聊城縣東北有攝城姑尤齊東界也姑水尤水皆出城陽郡南入海恭以相公驀參禹

續詩云豐水東注維禹之績制出蕭規楊子蕭也規曹也隨光輔聖神永康黎獻某獲逢開泰忝守方隅抃躍之誠倍百恒品

爲裴中丞上裴相賀破東平狀裴中丞行立裴相度亦次表作

右伏以逆賊李師道克就梟擒已具中書門下狀賀訖某忝居末屬行立與度同族特受深恩踊躍不寧輒復披露竊以自古中興之主必有命代之臣一德同功以叶休運故申甫方邵

邵當作召謂申伯尹吉甫方叔召虎成宣王復古之勳詩車攻宣王復古也吳鄧寇耿謂吳漢鄧禹寇恂耿弇一作寇鄧耿吳致光武配天之業此皆上下齊志中外悉心雖成功則多而陳力甚易豈若閤下挺拔英氣邁越常流獨契聖謨以昌鴻業廟略初定異議紛然詆訕盈朝萋斐成市詩萋兮斐兮成是貝錦閤下秉心不惑定命彌堅詩訏謨定命討淮右之兇則下車而授首淮右謂吳元濟服恒陽之虜則馳使而革心恒陽謂王承宗度在淮西布衣柏耆以策說度曰元濟就擒王承宗破膽矣願得書往說

之可不煩兵而服度遣之承宗懼而請以二子爲質及獻德棣二州況師道惡稔禍盈鬼怨神怒恣行悖慢敢肆欺誣天兵四臨所至皆捷次又捨其將校許以歸還罪止一夫恩加百姓豺狼感化梟鏡懷仁梟鏡註已見上自致誅夷以成開泰萬方有慶四海無虞遂令率土之人盡識太平之理盛德大業振古莫儔然則布政明堂勒功東嶽光垂後祀輝映前王神化永屬於聖君崇勳實歸於宗衮慶賀之至倍萬恒情

爲裴中丞上裴相乞討黃賊狀韓本標曰

趙本與上裴相狀合爲一篇次前謝討賊表作

某材質無堪授任非次當有事之日忠懇莫施遇成功之辰慙憤空積陳力之志誓死不渝伏惟仁恩終賜展效令者中華寧謐異類服從唯此南方尚餘寇孽伏以黃少卿等憑培塿以自固自關而東小冢謂之培塿又云小阜也○培薄口切塿郎口切合莝脆以爲强○莝寸卧切斬芻也脆此芮切易斷也一曰莝當作莛七戈切巽稟質莛脆廣雅曰莛亦脆也刼脅使臣侵暴列郡雖孤

鼠之陋無足示威而蜂蠆之微○蠆丑邁切猶能害物必資翦伐方致和平庶盡駑蹇之勞以答恩榮之重撫心踴躍夙夜不寧私布丹誠敢期明鑒無任感激屏營之至

爲桂州崔中丞上中書門下乞朝覲狀 中丞崔詠一本作上宰相狀次前請朝覲表作

右某幸遇文明叨承委寄理戎典郡十有四年瞻戀闕庭神魂飛越頃枉邕州 註見前表 累陳誠懇謬尸進律之寵 禮記有功德於民者加地進律 未遂執

珪之願左傳朝聘有圭詩以其介圭入覲于王相公膺賢輔聖大叙彝倫書彝倫攸叙中外之臣出入更踐某自領桂管元和八年十二月詠遷桂管又逾再周註並見前企鸞鷺於紫霄獨無羽翼仰星辰於黃道渾天圖天有黃赤二道禮記疏日月四時遊於黃道其方不同徒竭丹誠丹一作精況正月會朝遠夷皆至六歲來見要服有期書六年五服一朝國語要服者貢註云要服六歲一見豈使班超之望長懸東漢班超傳超以久在絕域年老思歸十二年上疏曰太公封齊五世葬周狐死首丘代馬依風夫周齊同在中土千里之間況於遠夷絕域小臣能無首丘依風之思哉子

年之戀空積（莊子魏公子牟曰身居江湖之上心馳乎魏闕之下）伏乞特申微願錄受冗貟徵故事而不遺揆夙志而斯畢入天子之國願附禮於小侯拜丞相之車（袁盎爲吳相告歸道逢丞相申屠嘉下車拜謁）敢希榮於下客（下一作上）無任懇禱屛營之至輕瀆威重戰汗伏深謹狀（一本止於下客無後數句）

爲南承嗣上中書門下乞兩河效用狀（次前請從軍狀作）

右伏以越敗夫差多會稽納官之子（越語孤子寡婦

疾疹貧病者納官其子註云官仕也仕其子而教之趙摧栗腹即長平死事之孤趙世家武成王十五年燕王喜使丞相栗腹約歡於趙還報燕王曰趙壯者皆死長平其孤未壯可伐也燕師至趙廉頗逆擊之破殺栗腹何者義烈之餘色氣猛厲上將效於國用下欲濟其家聲所以憤激悽愴常思致命者也某先父死難睢陽事見集中南霽雲廟碑事存簡冊累降優詔榮及子孫爰自繈緥超昇品秩註見前狀肉食稟給未嘗暫停頃守涪州屬西蜀遘逆永貞元年八月劒南支度副使劉闢自爲節度留後將致死命以盡夙心寢戈

嘗膽志願未究會刀筆之吏寘以深文事見集中送南涪州序首級之差馮唐對文帝曰雲中守魏尚坐上功首虜差六級陛下下之吏削其爵今復誰辯薏苡之謗馬援征交趾常餌薏苡欲以爲種軍還載之一車後有上書譖之者以爲前所載還皆明珠文犀光武大怒不能自明猶賴舊勳謫居樂土時承嗣謫永州食人力之粟守無事之官拳拳血誠無所陳露伏見明制興師討伐恒冀註見前狀蔑爾小醜尚欲逋誅某材非古人志慕前烈願得身當一隊李陵曰臣所將屯邊者皆荊楚勇士奇才劍客願得自當一隊效死戎行竭乎

生之忠懇申幽明之寃痛撫劒心往發言涕零嘗聞漢法有奮擊匈奴者諸侯不得擁遏又况丞相揔軍國之重定廊廟之謀固當弘奬無所棄捐伏乞哀憫收撫以成其心無任懇迫惶恐之至

柳州上中書門下舉柳漢自代狀（與前舉監察御史柳漢自代表同作）

右伏准元和六年十月十七日勑常叅官授上後三日內舉一人以自代便具所舉人兼

狀上中書門下者令奏請前件官自代謹連狀

爲長安等縣耆壽詣相府乞奏復尊號狀（註已具三十七卷請復尊號表）

長安縣耆壽某乙若干人（一本無上文）右某等伏以生長明時游泳皇澤鼓腹且知於帝力食毛敢忘於君恩（左傳食土之毛誰非君臣）竊見近者祥瑞所陳周於百郡豐稔之報均于四方有以知上玄降靈誕告嘉應彰我君文明之化仁育

之恩大道既行鴻名未舉是以殷勤昭著如斯而不已者也某皆陶煦純仁〇煦吁具切温也成此耆老生既無補死而何求唯願上聞帝閽復建尊號用彰聖德以報皇慈披露血誠伏守天闕糜軀碎骨猶生之年謹以今日詣光順門輒進表訖表一作奏伏惟相公贊翊明主贊翊一作協贊共致太平而使名號尚鬱天人失望草野愚鄙竊有感焉伏望數奏之際開陳其要俾下情允達大願克從退就泉壤樂而無恨

輕黷相國伏待典刑謹狀

爲京畿父老上府尹乞奏復尊號狀 此當在前狀前作

長安縣耆老某乙等若干人一本無上文右某等幸以羸老獲覩昇平蹈舞薰風謳謌壽域譬之草木何以報天竊寐焦勞不知所措伏見
聖君臨御玄化升聞瑞應匝於萬方○匝作答切與帀同豐報窮於四海神祇注意天地傾心覺悟生人必有爲者一作以將有爲蓋以挹損徽號近二

十年興元元年罷尊號盛德益光大名未復致遠邇積慮幽明憤懷故自古以来嘉瑞之至未有如今歲之盛也斯乃上玄深旨下人懇誠勤勤相符正在於此某等眷戀明時朝夕是切唯願早復大號以契天心庶得聖政益光鴻化彌遠少遂踴躍之甚今請詣光順門進表昧死上陳伏以侍郎貞元十六年十月以吏部侍郎韋夏卿爲京兆尹道合君臣惠敷黎庶儻遂收採愚慮致貢天庭俾草萊微誠得達萬乘非所敢望惶懼

伏深謹狀

河東先生集卷第三十九

世綵廖氏
刻梓家塾

河東先生集卷第四十

祭文

祭楊憑詹事文

憑字虛受一字嗣仁弘農人公娶楊凝女為憑從子婿據楊氏誌父禮部郎中凝則子厚凝婿也然楊凝墓碣曰若宗元者以姻舊獲愛若凝婿不應曰姻舊楊氏誌恐誤以憑為凝此文元和十二年柳州作

年月子壻一本有使持節柳州諸軍事守柳州刺史柳某一十五字謹以清酌庶羞之奠昭祭于丈人之靈卿雲輪囷史記天官書郁郁紛紛蕭索輪囷是謂慶雲慶雲即卿雲蓋五色雲也天漢昭

回詩倬彼雲漢昭回于天昭回明也自然物外寧雜塵埃公稟閒氣○閒居莧切心靈洞開翺翔自得誰屑羣猜屑顧也孝友忠信憑工文詞尚氣節與母弟凝凌相友愛閒于九垓垓重也天有九重擒華發藻○擒抽知切又音離張也其動如雷世榮甲科大曆九年憑舉進士甲科亦務顯處務一作矜公之俊德有而不顧御史之選朝之所注公勤于養投劾引去憑累事節度府召爲監察御史不樂檢束輒自免去時任方隅威刑是務公施其惠貞元十八年九月自太常少卿出爲湖南觀察使永貞元年十月遷江西亦莫有遻五故切逆也與迕同

京兆之難下多怨怒或由以黜瓦石盈路貞元二十二年二月京兆尹李實貶通州長史市里歡呼皆袖瓦礫遮道伺之實由間道獲免

公捍其強仁及童孺元和十四年憑自江西入爲京兆尹左遷

而出擁道牽慕道峻多謗德優見憎煩言旣

詆左傳嘖有煩言倚法斯繩書無倚法以削憑與御史中丞李夷簡素有隙是歲七月夷簡劾憑江西姦贓及它不法詔刑部尚書李鄘大理卿趙昌即臺參訊時憑治第永寧里功役叢煩又幽妓妾於永寧別舍謗議頗讙故夷簡藉之痛擿發欲抵以死旣置對未得狀即建捕故官屬推擿籍憑家貲翰林學士李絳奏憑所坐贓不當同逆人法乃止憲宗以憑治京兆有績丁卯但貶賀州臨賀尉

南過九疑九疑山名

在永州界謂謫臨賀東逾秣陵秣陵江寧謂自臨賀徙杭州長史也顛沛

三載天書乃徵入傳王國自杭州入爲王傳嘉聲聿

興詹事東宮自王傳徙太子詹事致政是膺年唯始至

道則彌勵頡頏今古飛而上曰頡飛而下曰頏優游德藝

實期濬發再光文陛誰謂昊天遽兹降厲厲惡

也詩降此大厲嗚呼哀哉某以通家承德夙奉良姻

莫成子姓史記外戚世家或不能成子姓註謂趙飛燕等楊氏無子故云早

喪淑人貞元十五年八月一日公之夫人楊氏卒年二十二恩禮斯重

眷撫惟新綢繆其志實敬實勤迨今挈然十

有八祀自貞元十五年己卯至元和十二年丁酉爲十八年家鈌主婦

身遷萬里謗言未明黜伏逾紀十二年曰紀德輝

閒絕音塵莫俟歲首發函視遠如邇雖當沉

痼心術猶治撫膺頓首流泣瞪視○瞪文證切直視

既歛而還莫傳音旨鄉風長慟於玆已矣嗚

呼哀哉承訃之始卜兆既逾載馳斯文出拜

路隅哀從海澨視裔切禮致皇都寸誠相續終

歲不渝天道悠遠人世多虞寄心雙表表謂墓闕

長恨囚拘嗚呼哀哉

祭穆質給事文 質河內人秘書監寧之子一作祭穆撫州文據傳質自給事中出爲開州卒然此文謂黜刺南荒義言盈口又云王命南下郡符東剖留滯湮淪殲此遐壽必是自開移撫未及行而卒耳此文柳州作豈質元和十二三年閒方自開還撫故耶

昭祭于給事五丈之靈自古直道鮮不顛危禍之重輕則繫盛衰矯矯明靈克丁聖時一丁作生形軀獲宥三黜無虧論語孔子曰直道而事人焉往而不三黜賢良發策始振其儀天子動容敬我直辭貞元

元年九月德宗策賢良方正能直言極諫科問以天旱質言兩漢故事三公當免卜式著議洪羊可烹德宗深喜之擢第三等載之冊府命以諫司質以制舉自纖尉擢左補闕抗姦替否與正爲期奏書百上知無不爲誰謂劉賈劉向賈誼英風莫追給事黃門奉職樞機封還付外動獲其宜無曠爾位惟公柱斯質累遷給事中政事得失未嘗不盡言元和初鹽鐵轉運諸院擅繫囚笞掠嚴楚人多死質奏請與州縣參決自是不冤王承宗反用內官吐突承璀爲招討使四年十月質與度支使李元素極言其不可明日削承璀四道兵馬使帝頗不悅以質爲太子左庶子達道之行實惟交友患難相死其廢自

久公實毅然誓均悔咎挺身立氣不改其守黜刺南荒元和四年七月京兆尹楊憑貶臨賀尉質坐與憑善貶開州刺史義言盈口封章致命志期隕首邈矣高標誰嗣于後王命南下郡符東剖見題註留滯湮淪殲此遐壽嗚呼哀哉公之伯仲信惟先執穆質穆員穆賞皆見於公之先友碑陰記感激之風道同義立中司守直姧權是讐致之徽纆音墨索也易繫用徽纆誣以賄入瑣瑣其徒榜訊愈急贊字相明累擢侍御史分司東都陝虢觀察使盧岳妻分財不及妾子妾訴之贊鞫其事御史中丞盧佋欲重妾罪贊持平不

許佋與寗相竇參共誣贊受金捕送獄侍御史杜倫希其意鍛鍊甚急○搒音彭訊音信

詔下三司議于洛邑噫我先君邦憲是輯平反羣枉○反孚表切漢書平反註幡罪人辭使從輕也大忤三揖左傳襄三年三揖在下註卿大夫士危法旋加譖言俄及左官夔國贊弟賞詣闕撾登聞鼓訟寃詔三司使柳鎮李覿楊瑀覆治無之然猶出爲邢州刺史鎮亦坐貶夔州司馬義夫掩泣邪臣既黜乃進其級貞元八年竇參貶召質爲刑部郎中端于庶僚直聲允集虔虔小子夙奉遺則公在郎位再罹擯抑時忝憲司竊分枉直抗詞犯長有志無力惟韓洎劉

謂監察御史韓泰劉禹錫也同憒霑臆道之不行銜媿罔

極公在左掖議登秋官先定于志將發其難

決白無狀以申禍端秉心撰詞義不可干謂將

白公之枉會逢友累謂其坐楊憑遷斥曾莫自安感于褚

中○褚展呂切絮裝衣也事見左傳成公三年有涕汍瀾嗚呼哀

哉壽宮久翳狼荒萬里禮不可違誠不可弭

抽哀洩憤舒文致美願遡海風以窮洛涘清

明如在神鑒何已嗚呼格思以慰勤止

祭呂衡州温文温字和叔一字化光河東人温之生平公

嘗爲之誄極所稱道蓋不獨見之此文也作之年月具本篇

維元和六年歲次辛卯九月癸巳朔某日友人守永州司馬員外置同正員柳宗元謹遣書吏同曹同曹人名爲曹吏家人襄兒奉清酌庶羞之奠敬祭於呂八兄化光之靈嗚呼天乎君子何厲厲惡也天實仇之生人何罪天實讎之聰明正直行爲君子天則必速其死道德仁義志存生人天則必夭其身吾固知蒼蒼之無信莊子天之蒼蒼其正色耶莫莫之無神今於化光之

歿怨逾深而毒逾甚故復呼天以云云天乎痛哉堯舜之道至大以簡仲尼之文至幽以默千載紛爭或失或得倬乎吾兄獨取其直貫于化始與道咸極推而下之法度不忒旁而肆之中和允塞道大藝備斯爲全德（温從陸質治春秋梁肅爲文章勇于藝能咸有所祖）而官止刺一州（元和三年十月貶温均州刺史議者不厭再貶道州刺史五年移守衡州）年不逾四十佐王之志没而不立豈非修正直以召災（修一作循）好仁義以速咎者耶宗元幼雖好學晚未聞

道泊乎獲友君子乃知適於中庸削去邪雜顯陳直正而爲道不謬兄實使然嗚呼積乎中不必施於外裕乎古不必諧於今二事相期從古至少至於化光最爲太甚理行第一温在衡州治有善狀尚非所長文章過人略而不有素志所蓄巍然可知貪愚皆貴險很皆老則化光之夭厄反不榮歟所慟者志不得行功不得施蚩蚩之民不被化光之德庸庸之俗不知化光之心斯言一出内若焚裂海内甚廣

知音幾人自友朋凋喪志業殆絶唯望化光伸其宏略震耀昌大興行於時使斯人徒一無徒字知我所立今復往矣吾道息矣雖其存者志亦死矣臨江大哭萬事已矣六年八月温卒于衡州十二月十四日藁葬江陵窮天之英貫古之識一朝去此終復何適嗚呼化光今復何爲乎止乎行乎昧乎明乎豈蕩爲太空與化無窮乎將結爲光耀以助臨照乎豈爲雨爲露以澤下土乎將爲雷爲霆以泄怨怒乎豈爲鳳爲麟爲景

星爲卿雲以寓其神乎將爲金爲錫爲圭爲璧以棲其魄乎豈復爲賢人以續其志乎將奮爲神明以遂其義乎不然是昭昭者其得已乎其不得已乎抑有知乎其無知乎彼且有知其可使吾知之乎幽明茫然一慟腸絕嗚呼化光庶或聽之

祭李中丞文 中丞名字未詳作之年月具本篇

維貞元二十年歲次甲申五月某朔一本五月甲戌朔二十二日故吏儒林郎守侍御史王播將

仕郎守殿中侍御史穆贄穆質誤作贄字奉議郎行
殿中侍御史馮邈承奉郎守監察御史韓泰
泰字安平宣德郎行監察御史范傳正傳正字西老貞元十
年舉進士文林郎守監察御史劉禹錫承務郎監
察御史裏行柳宗元承務郎監察御史裏行
李程等程字表臣謹以清酌之奠敬祭于故中丞
贈刑部侍郎李公之靈惟公堅貞守道潔廉
成德當官秉彞卓爾孤直高節外峻純誠内
植臨事不回執心無惑矯矯勁質一本作節擢於

天枝中丞宗室式是邦族粲其羽儀發跡內史右內史令鳳翔府叅其軍事自下劘上漢書贊賈山自下劘上孟康曰劘謂劘切之也○劘音磨直詞屢至于後受邑歷撫疲人公去逾久人滋咏呻咏呻歌咏復從京邑辟署司録振其綱條端我甸服甸服謂畿甸也黜吏屛氣貪官窒慾易君子以懲忿窒慾赫赫有命登于王庭邦賦以修國用是經實抗其長以奉准程准程法令校其簿書無失奇贏○奇音羈與畸同殘田也贏音盈進爲正郎勾會是專○會古外切總合也乃刺于商出爲商州刺史虎

節登山周禮山國用虎節化堉爲沃○堉音脊薄土也致夷
於艱道途謳歌有詔徵還丞我御史自商州召爲御
史中丞執其憲矩糾逖之志直清是舉愼擇寮
史必薪之楚詩翹翹錯薪言刈其楚註云楚雜薪之中尤翹翹者終始
七載不忘祇勤事無觀瞻道有屈伸皁囊密
啓見上屢皁其囊註忠懇屢陳令望逾重名卿是屬
拖紳遽聞論語疾君視之東首加朝服拖紳○拖徒可切卷衣已復
復招魂也禮喪大記曰復者朝服君以卷夫人以屈狄大夫以玄赬世婦以襢衣士以爵
弁士妻以稅衣皆升自東榮中屋履危北面三號捲衣投于前禮備賵贈穀梁

傳隱元年乘馬曰賵一曰贈一作賻公羊曰車馬曰賵貨財曰賻註符遇切皆助生送死之禮○賵方鳳切恩加命服窀穸有時○窀株倫切穸音夕窀厚也穸夜也左傳窀穸之事註猶長夜也歲月逾遷播等猥備官屬況當薦延承其規模奉以周旋近或逾月遠則累年咸承至公官守獲全故事盡在遺風藹然俯仰庭除顧慕潺湲○潺鉏山切湲音爰致誠一觴拜訣堂筵嗚呼哀哉

爲韋京兆祭杜河中文註具本篇

維年月日甲子京兆尹韋夏卿夏卿字雲客京兆萬年人

（貞元十七年十月自吏部侍郎爲京兆尹）謹以清酌之奠敬祭于
故河中節度贈禮部尚書杜公之靈（貞元十五年十二月以同州刺史杜確爲河中尹河中晉絳觀察使）自古謀帥恒在諸
儒晉登郤縠亦以詩書（左傳僖二十七年晉作三軍謀元帥趙衰曰郤縠可臣亟聞其言矣說禮樂而敦詩書）爰及近代二柄殊途
授鉞之臣率由武夫時惟明靈道冠學徒天
子有命揔其戎車何以邦之維絳及蒲（即謂河中）
有山有河殿此大都焜燿昌時○（焜音混燿音曜）振
宣後學命服之盛光于列岳謂保豐福永縻

王爵壽如何期神不可度嗚呼哀哉大曆之歲詔徵茂才時忝同道（一作科）俱起草萊懷策旣陳綸言煥開考第居甲（大曆二年夏卿與弟正卿及確同舉賢良方正高第）自天昭回分命邦畿（夏卿爲高陵主簿）步武獲陪同志爲友星霜屢迴長我十年禮宜兄事周游歡洽莫不如志于後多幸謬列周行（戶剛切詩寘彼周行註行列也置周之列位箋謂朝廷臣也左傳襄十五年註周徧也言徧于列位周一作同）又同制書竝命文昌及余稍遷吏部爲郎公屬中兵此焉分行（夏卿爲吏部員外郎確爲兵部

貟外郎再獲聯事東西相望音忘出處同道樂惟其常惟一作謹後余出刺九載南服夏卿自給事中出爲常蘇二州刺史前後九年公自左輔遂膺推轂左輔謂同州自同帥河中故云遂膺推轂也馮唐曰王者遺將跪而推轂我勤魏闕勤一作覲爰揔九流貞元十六年夏卿爲吏部侍郎九流謂九品也誰謂河廣願言莫由詩誰謂河廣一葦杭之言自京至河中甚近欲往而不能也烹魚之問往復相醻文選古詩客從遠方來遺我雙鯉魚呼兒烹鯉魚中有尺素書惠好斯厚惟以綢繆余弟宗卿獲芘仁宇命佐廉問宗卿爲河中從事忘其愚魯論語柴也愚參也魯假以

羽翼俾之騫翥章恕切飛舉也惠文峩峩惠文冠也漢張敞傳秦時法吏冠柱後惠文峩峩高貌赤紱在股詩作芾小雅赤芾在股邪幅在下注云芾赤韋爲之古蔽膝之象也榮映斯極從容何補承慶惟深報恩無所嗚呼哀哉天子震悼哀我良臣密印追贈尚書禮殷殷盛也四方興嗟況此故人循念平昔徘徊悲辛卜葬斯及禮儀畢陳敬薦行潦左傳潢汙行潦之水可薦於鬼神洩哀兹辰嗚呼哀哉

爲韋京兆祭太常崔少卿文崔少卿考之史

傳未詳惟摭諸表系有崔隱甫之孫漑者一人爲太常少卿當即此也貞元十八年作

維年月日甲子京兆尹韋夏卿謹以清酌庶羞之奠敬祭于亡友故太常少卿崔公之靈惟靈率是良志蹈其吉德左傳孝敬忠信爲吉德炳蔚文彩周流學殖孔氏之訓專其傳釋黃老之言探乎幽賾六書奧祕周禮五曰六書六書者一曰象形二曰指事三曰會意四曰假借五曰形聲六曰轉注是究是索叩爾玄關保其眞宅藝成行備披雲騁跡康莊未窮康莊

大道也爾雅五達謂之康六達謂之莊史記有康莊之衢濛汜已極濛汜日入之處淮南子淪于濛谷是謂定昏濛汜已極言將死也楚詞天問出自湯谷次于濛汜註云汜水涯言出東方湯谷之中暮入西極濛水之涯也○濛汜音蒙似嗚呼哀哉夙歲同道從容洛師謂在東都接袂交襟以遨以嬉策駕嵩少嵩高少室二山名在河南府登封縣泝舟瀍伊書伊洛瀍澗伊瀍二水名在河南府河南縣皆本洛州也笑咏周星周星謂十二年也左傳一星終矣其樂熙熙丹霄何望青雲可期洛中十友談者榮之據夏卿傳始在東都傾心碎士頗得才彥其後多至卿相世謂之知人惟鄭泊齊各登鼎司鄭餘慶齊映並仕至

宰相或喪或存山川是違繄我夫子宜相清時命之不遐孰不悽悲嗚呼哀哉往佐居守謂佐東都留守及爾同寮笑遨交歡遨一作傲匪夕則朝入同其室一作入有同室出聯其鑣投文報章旣歌且謠及我爲郎優游吏部夏卿自長安令入爲吏部員外郎公爲御史持憲天路文陛徐趨眷戀相顧歡愛之分有加于素自我于邁邁往也詩從公于邁歷刺東吳夏卿自給事中出刺常蘇二州離憂十年離憂謂離別之憂夏卿在二州凡九年復會名都余爲侍郎銓揔攸居夏卿自蘇州召

爲吏部侍郎銓謂詮次也實得茂彦奉其規模聯事合情
又倍其初我尹京兆貞元十七年十月公亞以夏卿爲京兆尹
奉常謂爲太常少卿步武相望佩玉以鏘謂保愉樂
長此翺翔抱疾幾何忽焉其亡嗚呼痛哉原
念往昔愛均骨肉我有書筒盈君尺牘寤言
在耳今古何速失涕興哀匍匐往哭詩凡民有喪匍
匐救之撫踐一呼心焉摧剥普木切日月逾邁書日
月逾邁若弗云來佳城邊卜西京雜記佳城鬱鬱三千年見白日吁嗟滕公
居此室素車千里逶迤山谷○逶於危切迤音夷委曲也晦

爾精靈藏之斧屋禮記孔子曰吾見封之若堂者矣見若覆夏屋者矣
見若斧者矣吾從若斧者焉馬鬣封之謂也註斧形旁殺刃上而長嗚呼哀哉
丹旌即路祖奠在庭去此昭昭就爾冥冥敬
陳洞酌詩洞酌彼行潦註云洞遠也行潦流潦水之薄者遠酌取之以告
明靈臨觴永慟庶寫哀誠嗚呼哀哉伏惟尚
饗

爲李京兆祭楊凝郎中文時爲藍田尉作

維貞元十九年歲次癸未四月辛未朔某日
撿校工部尚書京兆尹司農卿李實貞元十五年三

月以司農卿李實爲京兆尹謹以清酌庶羞之奠敬祭于故兵部郎中楊公之靈楊凝字茂功弘農人是歲正月卒公嘗爲凝墓碣惟靈清標霜潔馨德蘭薰馨德書所謂明德惟馨沖和茂著孝友彰聞濬發洪緒激揚清芬芬謂芬芳思侔德祖○楊脩字德祖思蘇恣切學紹子雲瑩彼靈府彬其英文吐論冠時舒華軼羣百氏之奧一言可分旁貫釋老豈伊典墳謂躡公相賛揚聖君高山安仰詩高山仰止禮記夫子歌曰泰山其頽乎梁木其壞乎哲人其萎乎子貢曰泰山其頽則吾將安仰梁木其壞哲人其萎則吾將安放夫子殆

將死也逝水沄沄論語子在川上曰逝者如斯夫嗚呼哀哉唯

是伯仲竝爲士則凝兄憑弟凌皆有名於時陳寔碑云言爲世範行爲士則連擢首科大曆九年憑中進士第一十三年凝中第一迭居顯

職公之懿美發自朋儕播于四方令聞克昭

炯然獨識卓爾孤標翼翼其容羽儀清朝載

筆東掖動無不紀禮記史載筆士載言東掖謂爲起居郎禮記又曰言則左史書之動則右史書之凝爲右史書事不回故云動無不紀起草南宮

時論增美遷尚書司封員外郎華正封邑申明嫡媵事連權右斥退勿憚直聲彰聞大梁有艱天子是使貞元十二年八月凝自右司郎中撿挍吏

部郎中爲宣武軍節度判官是時宣武帥李萬榮卒其子迺擅領軍務故云大梁有艱密勿之謀詩密勿從事不敢告勞唯道是履復歸郎署一作歸復郎署職茲中兵十八年凝起家爲兵部郎中簡稽無撓周禮以八式經邦治二曰聽師田以簡稽遂人云稽其人民簡其兵器簡稽士卒兵器簿書簡猶閱也稽猶計也合也合計其士之卒伍閱其兵器爲之要簿也以考其成英風未攄沉痾遽嬰孰云積善降以促齡昔歲江表獲同宴語嗣曹王皋爲江西觀察使以實爲判官謬爲好仁不我遐阻公之元兄凝之兄憑復惠德音優游多暇眷眄逾深。眄音麪情言盈耳尺素相尋冀茲競爽左傳二惠競爽焜燿儒林及此凋落秖摧我心嗚呼哀哉遣車就引禮記遣車視牢具視牢具者言遣車多少各如遣奠所包牲體之數也又見集戶部郎中魏府君墓誌註○遣去聲哀挽先路迅風淒悲頹景幽暮傾都殄瘁詩人之云亡邦國殄瘁揮涕相顧矧茲故人誰任痛慕潰污一觴詎寫平素尚饗

爲安南楊侍御祭張都護文張都護安南都護御史中丞張舟也公嘗爲之誌所載與此文皆合楊侍御未詳

維年月日故吏某職官某敬祭于故都護御史中丞張公之靈交州之大南極天際禹績無施禹績謂禹治水之功秦強莫制或賓或叛越自漢世漢武帝元鼎六年平南越置交趾郡聖唐宣風初鮮寧歲稍臣卉服書島夷卉服卉服以草木爲衣漸化椎髻卒爲華人流我愷悌士燮之理吳志士燮字彥威漢末爲交趾太守在郡二十餘年疆埸無事惟公克繼勤勞遠圖敷賛嘉惠銅柱南表前功載修事見舟墓誌空道北出張騫傳云樓蘭姑師小國當空道孔穴也式遏蠻陬將侯切聚居也梯航連連旌旆

悠悠輻湊都會○輻音福湊千候切皇威以流方荷天寵宜公宜侯聲馳帝鄉魄降炎州嗚呼哀哉

公昔試吏謂舟初爲蘄州蘄春縣主簿時也時推清能公昔乘軺音搖使者車謂舟以左領軍衛兵曹爲安南經略巡官也人知準繩緜蕞以安征賦用登柱史稍遷謂舟三歷御史郎曹繼升謂舟檢校尚書禮部員外郎程功佐理海裔斯澄謂轉禮部郎中爲安南副都護充經略副使乃紀南方專任是憑謂遷檢校太子右庶子兼安南都護兼御史中丞充本管經略招討處置等使也禮分五玉書修五禮五玉五玉謂公執桓圭侯執信圭伯執躬圭子執穀璧男執蒲璧分

賜也恩錫百朋詩錫我百朋箋云古者貨貝五貝爲朋百朋言得祿之多開府辟掾羣英攸屬顧玆陋微敢厠甄録○甄稽延切既受筐篚載加命服賜有楚冠用懃豸角胡廣曰左傳有南冠而縶者則楚冠也或謂之獬豸冠一曰柱後惠文冠執法者服之續漢志云獬豸神羊能別曲直王嘗獲之故以爲冠星言赴命注望帷幄視險如夷瞻程非邈伯氏左宦伯氏謂侍御之兄也爰滯中途流連隱憂言念渧濡子姪莫在使命頓殊命一作令兢寃弔影敢廢斯須情留江徼音叫夢結天隅恩切有裕義乖從役顧慕長慟

展轉增惕膂力猶在○膂音呂脊骨也字或從肉此宜作旅詩旅力方剛註旅衆也中腸屢激方侯銷憂永期投跡謙德不福易鬼神害盈而福謙言舟有謙德而神不福也法星降灾法星熒惑庭懸邃徹禮記大夫無故不徹懸註云懸樂器鍾磬之屬正義曰無灾變則不去樂也馹訃爰來○馹音日驛傳也撫躬益恨循顧增哀瞻容莫及報德何階輤車北轅輤載柩之車蓋大夫以布士以葦席○輤七見切申奠克諧望拜徒至音塵永乖南州斗酒後漢橋玄傳曹操祭玄墓文曰斗酒隻雞過相沃酹庶寫幽懷

祭萬年裴令文

萬年令裴墐公嘗爲墐墓碣云元和十二年七月卒文必是時作

惟靈孝友之性實惟天與飾以儒書洽其譽處詩是以有譽處兮註云遠國之君稱揚德美使聲譽常處於天子也椁然其量椁當作号莊子非不呺然大也呺然虛大貌○椁許驕切廓爾其宇人以義來我以身許褰裳赴急不避寒暑交半域中多容鮮拒賢於博弈孔子曰不有博弈者乎爲之猶賢乎已墐喜博弈故云媚茲讌語或泛或沉兩得其所攷禮成文墜章克舉展樂承職音官式序事並見墐

墓碣既聯奏復奏復謂集禮亦圖筍簴圖畫也筍簴所以懸鍾磬者橫曰筍植曰簴。筍思允切簴其呂切播在奉常永傳儀矩脫略細微慠忽煩言坦然自居無顧仇怨於元切文選空負百年怨卒成官謗莫究禍源坐黜中徙再期騰騫音軒飛貌下從鳥孰云蓄憤遽此歸魂並見墓碣嗚呼哀哉世稱姻黨鮮克終吉唯我與君久而逾密追惟淑德嬪于君室墐墓碣云後夫人柳氏上順尊卑下歡儔匹致其孝敬式是仁卹爰友童孩處心勿失君之仲季墐兄弟四人堅墐埴墳茂於文術游藝相從操觚散帙○操平聲觚音孤木之方者古人用之以書猶今之簡顧余蹇劣厠迹奔逸二紀于今交情若一屢聞凋缺互見遷黜契闊伶俜○契詰結切契闊勤苦也伶音零俜普丁切行不正貌一云猶零丁也流落貌分形閒貧方期末路稍追曩日時不我謀於焉斯畢營營衞尉衞尉墐之兄弟獨守邦秩想其永哀淮海蕭索嗚呼哀哉聞疾馳簡其命未返翩其訃書來自番禺番禺二山名在南海今廣州與循爲近○番音潘禺音魚又魚容切塊守窮荒山夔與居山夔獸名如龍而一足國語木石之怪夔魍魎越人

謂之山獠人面猴身能言獨足有眉不申有志不舒況逢零悴當此囚拘拊膺長慟長慟何如一作天道何如菲禮無取況哀有餘嗚呼哀哉

祭呂敬叔文呂敬叔名恭公嘗爲呂侍御恭墓誌卒以元和八年六月年止三十有七此公所以重惜之也

維年月日朔當是朔日友人從內兄守永州司馬員外置同正員柳宗元謹以酒肉之奠致祭于亡友呂敬叔之靈嗚呼鞠躬歷聘論語入公門鞠躬如也歷聘謂歷聘諸侯之國或以不答屠漁乖離謂太公也楚詞

呂望之鼓刀兮遭文王而得舉註云太公屠於朝歌釣於渭濱文王舉以爲師夫何

克合大或不容小或見遺往來逢迎今古參

差惟子之中忠勇充之以誠與物退受其疵

智謀宏長辯論恢奇巖巖博大巖一作巍與世異

姿何付之器而躓於時○躓知利切跲也嘗曰余武

王功是期誓著其力詩著定爾功○著音指以達皇威

邊鄙不靖俾供輿師左傳無令輿師陷入君地輿衆也諸侯

順道戎貊咸宜事見墓誌今其沒矣哀志之違知

之無補世又罕知嗚呼哀哉昔與子游尚疑

其志及觀其長誠任其事日異其能歲增其智進如川行浩浩而遂夭乎有亡中道是棄余慎取友惟心之虔周遊人閒餘二十年擯辱非恥升揚非賢一貫于道無四五焉子之我知不以事遷言而見信貌阻心傳我黜終世子夭於前徒稱子志誰信我言與子俱已孰云我先惟子之兄恭兄温字化光志同義比論語義之與比官刺一州四十而死元和六年八月温卒於衡州年四十有一子仕方初百年有幾如何默默去我遄已遄○

渟公切往來數也有稺之妻有弱之子竝見墓誌海壖東周以海壖謂循州東周謂洛陽言恭死其妻子以柩如洛陽附葬於大墓○壖而宣切號哭萬里葬紼之行記葬引至于堩注在棺曰紼行道曰引○引紖同音獲出於此爰陳酒肉式嘉且旨讀茲哀辭以奠而誄嗚呼敬叔吾道已矣尚饗

祭崔君敏文崔君敏即朝散大夫永州刺史崔公也公嘗爲之誌元和五年九月在永州卒文是時作

夫產崑崙者難爲玉爾雅西方之美者有崑崙墟之璆琳琅玕焉植鄧林者難爲木列子夸父道渴而死生鄧林鄧林彌廣數千里焉

公以令望顯于華族藝邃六書六書見上祭崔少卿文註學該七録梁普通中有處士阮孝緒字士宗博采宋齊以來王公之家凡有書記參校官簿更爲七録一曰經典録紀六藝二曰紀傳録紀史傳三曰子兵録紀子書四曰文集録紀詩賦五曰伎術録紀數術六曰佛録七曰道録耽此黃老○耽丁酣切恬於寵辱入補黑衣謂敏以千牛備身佐環衞也戰國策左師觸龍言於趙太后曰老臣賤息舒祺最少不肖願令得補黑衣之數以衞王宮出參甸服敏更盩厔三原藍田尉三邑皆屬京兆故云甸服紀綱淮海政令惟肅事具墓誌書曰淮海惟揚州紀綱即謂録事參軍也宰制岳濱周於仁育謂敏爲許州臨潁汝州龍興令儲闈典議直清

攸屬之欲切自揚州入爲太子司議郎典即司也書曰直哉惟清久次推
能二州繼牧謂爲歸州刺史遷永州至于是邦率由舊
俗和易勿亟優游自足既有少吏勤於庶獄
妖誣殄除淫祠翦覆事詳見誌出令三歲人無怨
讟進律未行禮記王制有功德於民者加地進律律法也歸神何
速某咸以罪戾咸作頃一謫茲炎方公垂惠和枯
槁以光鳴鑾適野鑾鈴也鳴鑾謂驅馬而鑾鳴泛鷁沿湘
鷁首船名其首畫鷁因以爲稱沿順流也○鷁倪益切亦作鶂字廣筵命樂
華燭飛觴高歌屢舞詩屢舞僛僛終以無荒詩好樂無

荒紛慮斯併憂懷暫忘良時不再斯樂難常
今其奈何顧慕感傷嗚呼室有迭去川無息
流追懷曩辰怳若夢遊奠徹中寢徹去也中寢路寢也
竁遷乘舟謂遷神于舟歸葬故里邦人永思匍匐隱憂
況我懷德心焉若抽潔誠可鑒蘋藻非羞

祭段弘古文公嘗作段弘古墓誌載之外集云段以元和九年卒於桂州其喪來永此文必過永時作

世病乎直人悅其和行而不容雖聖奈何提
其信義誰與同波硜硜以終孔子曰言必信行必果硜硜然

小人哉○硜苦行切堅不可磨孔子曰不曰堅乎磨而不磷游得其仁友擇其益始如可進終會于厄事見誌中精誠介然將貫金石追恩懷舊興詞憤激君昔來辱謂初過永州備聞嘉言宵會北堂晝宴南軒去適于越謂往容州不日其旋載除我居望爾北轅今者之來丹旐有翩閟兹英志限此中年嗚呼哀哉居實斯貧有子而幼孰云履信惟天所祐易履信思乎順又以尚賢也是以自天祐之吉無不利道途之資敢廢于舊志君之行銘石斯授並見公所作誌銘有

潔其觴有楚其豆庶鑒于誠臨茲饗侑

哭張後餘詞此篇一本在祭李中明文後作之年月未詳辭謂既得進士明年卒當在京師時附次貞元十八年文

後餘常山張氏孝其家忠其友爲經術甚邃而文少余七年頗弟畜之與之居終日沖然沖和也持中也忘其有人與之言鏗爾而厲厲嚴正也○鏗兵耕切辯而歸乎中凡人有道而不顯於世則曰非其世也一無則曰二字道而得乎世然而不顯則曰命然而一作然猶命之微不可知知而索乎外

者曰性與貌後餘之性可謂良矣其貌可謂肅矣一無可謂肅矣博實弘裕宜爲大官耇老求其所以天賤無可得焉既得進士元和二年中進士第明年疽發髀卒○髀音陛股也後餘之死人咸痛之曰天之祐善人而殺是子何也激者曰天之殺恒在善人而佑不肖莊周之說以爲人之君子天之小人張君豈天所謂小人者耶是二者又非論之適也吾謂善惡與夭與壽貴與賤異道而出者也無取喜怒於其中道之出

者多一作道之出其離焉者固多其合焉者固少是以君子之難貴且壽也後餘毋老而喪良子東西行者一無行字助之哭焉況其知者耶然後餘不與諂冒者同貴不與悖亂者同壽歸潔乎身孟子或遠或近或去或不去歸潔其身而已聞道而死論語朝聞道夕死可矣雖勿哭焉可也嗚呼向更使一本無向字既聞道而且貴且壽則其顯庸也遠矣又烏能勿痛乎遂哭之以辭

嗟嗟張君善不必壽惟道之聞一日為老人

皆反是百稔猶幼（百稔百歲也）子之優游是亦黃
耇（詩內尊事黃耇黃耇老者之稱）嗟嗟張君寵不必貴尊嚴
爲仁早服高位淫訣肆慾銀艾淪棄（銀銀印艾艾綬）
（言雖服銀艾猶爲淪棄也）子之崇高無媿三事吾見皤皤
而童（皤老人白貌○皤博禾切）赫赫而辱進襦袴於几杖
負泥塗於冕服己雖有餘人視不足子之跡
不混乎其間者幸也宜賀而弔宜歌而哭吾
其過乎與其寵而加貴善而加壽道施於人
慶及其母（一作於母）從容邦家樂我朋友豈不光

裕顯大歟而不克也則弔而哭者其無過乎

嗚呼

祭李中明文 李行敏字中明趙郡贊皇人一本此篇在哭張後餘辭前公嘗答韋中立書云來南六七年二年冬大雪文謂水之綿綿山萬疊兮又淫以雨雪此必在永時作也

致祭于亡友中明之靈夫子之道邈以恒兮○恒胡登切夫子之志勵以兢兮求中慊末如履冰兮躬仁以孝實孫孫兮書克諧以孝孫孫又孫孫孝貌唯毀死虧禮其他莫懲兮左傳襄三十一年公薨立公子野爲嗣九

月癸巳卒毀也註過哀毀瘠以致滅一本作惟毀無虧禮莫懲兮韓死作無餘竝同秉端守一信厥明兮月踰歲長行若登兮外温其顏內類直繩兮謾言來加不遽陵兮舉世羣非自視弘兮庶優游於道大賚是承兮論語周有大賚善人是富掩冤舒抑與類升兮胡茫茫其不信卒以禍仍兮豈韜忠裒信裒一作裏裒信又作覆誼又作覆信鬼所憎兮將教言吾欺終不可懲兮懲考也成也吾方期子于暮冀有興兮今而棄余志若崩兮若將援而上○援干消切喪厥肱兮怛其隕

心交背膂兮水之綿綿山萬層兮又淫以雨雪紆委硱磳兮。硱綺兢切　磳子登切石貌　鵋鵂夜啼莊子鵋鵂夜撮蚤察豪末晝出瞋目而不見丘山鵋與鵂鶹二鳥名皆惡鳥也。鵋與鴟同鳶屬鵂音休羣暝凝兮寃鬼以行鬼一作思中道殘殑兮殘殑鬼出貌。殘力升切又魯蹬切殑巨與切唐韻其矜切又殑殑欲死貌其極切魑魅攜呵。魅音寐魑鬼屬魅老精物呵與訶同責也曷可憑兮聊致吾愼愼當作慣斯言孰稱兮

楊氏子承之哀辭考之表系楊憑子娭皆以之字命名曰渾之曰後之曰敬之是也獨未詳承之所出然必憑諸娭耳

辭謂世父孔戣兮湘水滔滔據水經馮水出臨賀下注湘水此必元和四五年憑謫臨賀時作

楊氏子承之既冠有成人之道其明年四月不幸而夭其外姻左傳天子七月而葬同軌畢至士踰月外姻至解人柳宗元公娶楊凝女而承之凝諸子也爲之慟且出涕噫是子也氣淳以愿志專以勤確然而直方吾未知其止也作詞賦書論其言甚偉余方愛之謂可以爲器者故不知慟且出涕況其親戚者乎凡天之生物也不類精麤紛厖厖雜也一

作精鹿作麁亂賢愚混同或遠而合或親而殊然則雖人一作聖人親戚亦將有不克知其美者若楊氏子者其親戚皆賢咸得知之者也使知之徒以增其悲愁怨號之聲無爲也用是爲之辭以相其哀焉

葆醇熙兮葆守也承貞則懿文章兮好循直誠耿介兮又綽寬學之勤兮行彌專質圭璋兮文虎豹超凌厲兮馳聖道力未具兮志求通道之遠兮足先窮有母嗷嗷兮。嗷音呌有弟哀號世父孔悲兮父之兄弟先生爲世父後生爲叔父孔甚也世父當是揚憑湘水滔滔去昭曠兮沉幽寞䆷冥冥兮竟難託難一作誰死者靜兮生者愁子之淑兮徒增憂志甚良兮命甚𡙡子之生兮又何欲悲吾耳兮動吾神吾耳一作于身誰使子兮淑且仁嗚呼已乎不可追終怨苦兮徒何爲徒一作獨

河東先生集卷第四十

世綵廖氏刻梓家塾

河東先生集十四

第四十一卷
祭文

第四十二卷
古今詩

項子京家珍藏

河東先生集卷第四十一

祭文

舜廟祈晴文史記舜南廵狩崩於蒼梧之野葬于江南是爲零陵零陵永州治也在永州代其州刺史作

年月日某官某敢用牲牢之奠昭祭于虞帝之神帝入大麓雷雨不迷書納于大麓烈風雷雨弗迷說文云林屬于山爲麓帝在璿璣七政以齊書在璿璣玉衡以齊七政註云在察也璣衡王者正天文之器七政日月五星九澤既陂錫禹玄圭禹貢九澤謂九州之澤陂障也又曰禹錫玄圭告厥成功註云禹功加于四海故堯錫之

玄圭以彰聞之至德神化後誰與稽勤事南巡祀典
以躋此焉告終見題註宜福遺黎廟貌如在精
誠不睽今陽德僭候有渰凄凄詩大田有渰凄凄渰雲興
貌降是水潦混爲塗泥岸有善崩史記河渠書自徵引
洛水至商顔下岸善崩注云善崩喜崩也流或斷堤泛濫疇隴陂
陁圍畦恒雨穫戾陂讀與坡同循咎增悽恐茲嘉
生楚語神降之嘉生註云嘉生善物均彼蓬蔾敢望誅黑蜧
淮南子黑蜧神虬潛泉中而居天將雨則躍○蜧音戾一本作蜦扶陰蜺春秋
元命包云虹蜺陰陽之精又月令章句云陰陽不和即生此氣蜺見有青赤色常依陰雲

而晝見於日衡扶擊也○扶音秩式乾后土宋玉九辨皇天淫溢而秋霖兮后土何時兮得乾以廓天倪字出莊子粢盛不害桓六年左傳奉盛以告曰潔粢豐盛謂其三時不害而民和年豐也餘糧可棲棲猶委也或簸或溲詩生民誕我祀如何或舂或揄或簸或蹂釋之叟叟烝之浮浮叟叟聲也爲酒爲醶即醯字鎗鎗笙鏞書笙鏞以間鳥獸蹌蹌坎坎鼓鼙坎坎鼓聲鼙小鼓也百代祀德左氏傳曰盛德必百世祀甿心不攜攜貳也豈獨蘋藻衛諸澗溪左傳澗溪沼沚之毛蘋蘩蘊藻之菜可薦于鬼神可羞於王公帝其聽之無作神羞

雷塘禱雨文公集有弟宗直殯志謂元和十年十月公至柳

州數日同其第宗直謁雨雷塘故有此文或載之於韓集非是事見志中

惟神之居爲坎爲雷〔坎北方震東方雷即震也震爲雷〕専此二象〔一作狀〕宅于巖隈風馬雲車〔馬一作斬〕肅焉徘徊〔馬一作然〕能澤地産〔澤潤澤也周禮以地産作陰德○澤一作宅〕以祛人災〔祛一作扶〕神惟智知〔一作誠爲致敬〕我以誠往〔一我作敬〕欽茲有靈爰以廟饗〔饗一作享一本神惟智知二句在此下〕苟失其應人將安仰〔將一作神〕歲既旱暵〔○暵音罕又音漢乾也〕害茲生長敢用昭告期于肸蠁〔肸蠁猶冥漠也〕

說文知聲蟲。肸黑乙切又許訖切蠁音享其自朝受命朝一作從臨

茲裔壤蒞政方初或作一方庶無淫枉廉潔自持

忠信是仗是一作猶苟有獲戾神其可罔擢擢嘉

生嘉生見上註惟天之養豈使粢盛夷於草莽騰

波通氣易山澤通氣出地奮響易雷出地奮豫欽若成功

成一作神惟神是獎

祭纛文元和十四年裴中丞行立討黃賊時公代之作。纛音道

又音毒

維年月日某官以牲牢之奠祭于纛神纛羽葆幢

也軍行則有之纛以旄牛尾為之在左騑馬首惟昔澧有大特○澧音豐化為巨梓秦人憑神乃建葺頭史記秦襄公二十七年伐南山大梓豐大特徐廣曰今武都故道有怒特祠圖大牛上生樹本有牛從木中出後見於豐水之中列異傳曰秦文公時梓樹化為牛以騎擊之不勝或墮地髮解被髮牛畏之入水故秦因是置旄頭騎以先驅與公所記少有不同未知孰是旄頭即纛也漢官儀曰舊選羽林為旄頭被髮先驅蓋起於此葺謂尾葺亂也是為兵主用以行師漢宗蚩尤史記高帝立為沛公祠黃帝祭蚩尤於沛庭應劭曰蚩尤古天子好五兵故祠祭之求福祥也亦作靈旗史記漢武帝為伐南越以牡荊畫幡日月北斗登龍以象天一三星為太一鋒名曰靈旗為兵禱則太史奉以指所伐國

既類既禡詩皇矣曰是類是禡是致是附禮王制曰天子將出征類于上帝禡于所征之地類祭天禡師祭也○禡音罵指于有罪北面詔盟抗侯以射詩賓之初筵大侯既抗註抗舉也舉鵠而棲之於侯也雖有古典今棄不用惟兹之制神實守祀有蠢黃孽蠢動也黃謂黃少卿孽妖孽也保固虐人固險固也俾兹太平猶用戎律天子有命施威于下惟守臣某桂管觀察使裴行立也董衆撫師董督也秉羽先刃莊子叔孫敖甘寢秉羽而郢人投兵或云羽翣也出用兹日敢修外事禮記外事以剛日外事即謂兵事爰薦求牛周禮牛人祭祀供其享牛求牛牛求牛者禱祀求

福之牛庶無留行以殄有罪國有祀典屬于神明傷夷大命傷夷大命謂死也無敢私顧惟克勝敵以全天兵去茲蟊蠈詩去其螟螣及其蟊賊爾雅云食苗心曰螟食葉曰螣食節曰蠈食根曰蟊皆食禾之虫也○蟊音矛蠈音賊達我涵育收厥隸圉隸奴隸左氏傳馬有圉牛有牧圉養馬者也役于校人周禮校人掌王之馬政言收黃孽以養馬者也海隅黎獻永底于理無或頓刃○頓徒困切左傳襄公五年甲兵不頓註頓壞也以爲神恥急急如律令

禡牙文與前篇同作

維年月日某官某以清酌少牢之奠禡于軍牙之神（禡師祭也周官典瑞掌牙璋以起軍旅以治兵守註云牙璋瑑以爲牙牙齒兵象故以牙璋起兵又兵書曰牙旗者將軍之精凡始豎牙必以剛日剛日者謂上魁也兵牙之日吉氣來應大勝之徵）秦定百越（史記秦始皇三十三年取百越之地以爲南海桂林象郡）漢開九郡（漢書武帝元鼎六年定越地以爲南海蒼梧鬱林、合浦交趾九真日南朱崖儋耳郡）自玆編列同于諸華天寶兆亂北方荐役惟是南方（方一作荒）久稽討伐藩蠻怙險乳字生聚悖傲威命虐夷齊人黃姓陋孽（孽魚列切○蠥通用）實恣盜暴僮壯殺老掠敓

使臣〇欲古奪字梟視洞窟以逃大戮今皇帝受
天景命詩景命有僕明命也敷于有仁凡百凶毒罔不
震伐齊魯詛殄或作青齊既殄書我乃劓殄滅之絕也齊魯謂東平李師
道一作齊青趙魏顯化顯或作亦趙謂成德節度使王承宗以德棣二州歸
于有司魏謂魏博節度使田弘正以所管六州歸于有司故云顯化溥天之下
咸順帝理唯是瑣眇小兒尚恣昏頑致天震怒
命底于罰書底商之罰底致也官臣某官一作守襄十八年左傳官臣
偃實先後之註云官臣守官之臣也欽率邦典統戎于征于往也
惟尒有神懋揚迺職敢告無縱詭類詩無縱詭隨詭

類謂凶醜無劉我徒劉尅也殺也鏃刃鋒鍔鏃說文矢末也鍔劒也○鏃作木切畢集于兇躬鎧甲干盾○鎧可亥切亦甲也盾亦干也咸完於義軀焚煬蕩沃往如行虛俾人懷于安以靖離之隅離南方之卦在是舉也往欽哉無作神羞急急如律令

祭井文元和十一年刺柳州作公集有井銘必同時也

致祭于水土之神惟神蓄是玄德玄幽也演爲人用演溢也國語曰夫水土演而民用也不窮之養易井彖曰井養而不窮也功齊乳湩○湩覩勇切又多貢切乳汁也惟古有制八家

所共孟子曰百里而井井九百畝其中爲公田百家皆私百畝是百家共一井也是邦闕焉官守斯恐蘊利滋久閟靈則深爰告有神惟測我心卜兹利兆于彼城隂神斯有仁是鑒是臨惟昔善崩善崩見上註今則堅好惟昔遞石遞一作匜今則順道終古所無聿從心禱非神是與人力焉保發自玄冥水神號曰玄冥成于富媪禮樂志后土富媪張晏註云媪老母稱也坤爲母故稱媪克長厥靈不愛其寶敬修報禮式薦蘋藻

禜門文周禮鬯人禜門用瓢齎註云禜謂營酇所祭門國門也春

秋傳曰日月星辰之神則雪霜
風雨之不時於是乎禜之山川
之神則水旱癘疫之不時於是
乎禜之禮記雩禜祭水旱也○
禜音詠

禜于城門之神惟神配陰含德司其翕闢能
收水沴○沴音戾妖也以佑成績淫雨斯降害于麰
麥左傳天作淫雨害於粢盛麰亦麥也野夫興憂官守增惕諸
陰既閉漢書董仲舒治國以春秋災異之變推陰陽所以錯行故求雨閉諸陽縱
諸陰其止雨反是謂若閉南門禁舉火及開北門水灑人之類休徵未獲洪範
八庶徵曰休徵敬用瓢齊事見題註瓢齊者謂取甘瓠割去柢以齊爲尊○瓢

婢遥切齊在西切或音咨以展周索定四年左傳疆以周索索法也納其

雲氣復我川澤惟神是依式佇來格

祭六伯母文清河令從裕子二人祭躬爲清德令某爲臨邛令六伯母臨邛之夫人李氏也

維貞元十七年歲次辛巳二月癸巳朔二十五日丁巳姪男華州華陰縣主簿纁公叔父四纁居其次謹以清酌庶羞之奠敬祭于六伯母之靈

伏惟天錫壽考貞元十六年六月二十九日李氏卒年八十一神資淑德高明而和柔惠且直敬長慈幼宗姻仰

則不偕貴位（偕一作階）孰不悽惻嗚呼哀哉移天夙喪丁此閔凶（移天謂夫也言臨卭令早卒左傳云少遭閔凶）主器繼夭莫承于宗（易主器者莫若長子李氏子終於宣州旌德尉）懿彼賢女（懿一作粲）孝誠自中温温良人竟揚德風承順必敬滑甘則豐致養有榮其道克終（李氏三女皆得良壻隴西李伯和爲楊子丞太原王綰爲右補闕潁川陳萇爲校書郎渭南尉貞元十六年王氏女定省扶侍自揚州至于京師道路遇疾遂館于陳氏以諸壻之良諸女之養無不得志焉）天禍弊族遠承哀訃纏牽官事（纏一作仕一作纏）奔哭無路亦旣請告聿來京師以號以

呼祇拜堂帷子姓凋落鄭玄註禮記姓子姓也謂衆孫宗門日衰託于外姻陳此靈儀李氏卒于平康里陳氏之第自小斂至于大斂二婿實參主之有孫二人長曰曹郎奉之以縗而正于位幼女號戀幼女即陳萇之室也誓言固之仁賢見容曲遂其私內顧孱眇秖益摧悲誠愧于人豈曰得宜今歲調選獲參士林主其簿書于華之陰受祿雖微莫遂曩心夙駕東征謂纏將往於華陰也祖軷將臨○軷音跋道祭也朔望是違哀懷豈任嗚呼哀哉

祭獨孤氏丈母文註具本篇

維年月日元和年某以清酌之奠祭于獨孤氏丈母之靈惟靈育德涵仁克生賢子生而不淑未壯而死獨孤申叔字子重貞元十八年四月五日卒年二十七名播九圍九圍九州望高羣士雖微祿位人羨其美在抱無孫漢書于今抱孫焉承家乏祀孝女良婿式遵燕喜詩魯侯燕喜某曩與子重道契義均知心爲貴實在斯人奉養宜繼將致其勤公言將致其勤於獨孤母也竟罹禍謫逾紀漂淪公謫永柳二州自貞元乙酉謫官至元和十一年丙申爲一紀矣夙志斯阻微衷莫申冀榮

未路私願獲陳遽此承訃天乎不仁嗚呼哀哉昔也高堂世悲其獨今兹玄室孝道當復言申叔將孝于地下也神感昭融不疾而速靈識逾濬承歡載穆式致其安寧寘其毒願言有知以慰幽躅

祭從兄文公從兄名寬字存諒唐濟房蘭鄜四州刺史楷生夏縣令繹繹生司議郎遺愛遺愛生御史開開葬鄧州生寬公嘗作大理評事柳君墓誌即寬也

嗚呼我姓嬋嫣揚雄賦有周氏之嬋嫣註云嬋嫣連也○嬋音蟬嫣于連

切由古而蕃鍾鼎世紹圭茅竝分至於有國
爵列加尊聯事尚書十有八人中遭諸武抑
蹷䶕寃踣獘不振○踣蒲北切數逾百年近者紛
紛稍出能賢族屬矜耀矜與旌同旌旗也耀與曜同照耀光也
期復于前君脩其辭楚越猶傳從事諸侯假
乎郡藩○假乎疑作假守人謡吏畏威惠咸宣神乎
我欺命返不延竝見墓誌興起之望是越是懲歲
首去我將濱海堧留遊歡娛涉月彌旬夜爇
膏炬晝凌風煙理策嶇嶔嶇嶔高險皃○嶇音區嶔音欽縻

舟潺湲潺湲流水貌○上鉏山切下于權切將辭又醉既往而旋令者之來徒御淒然垂帷襜襜○襜蚩占切垂皃又衣蔽前也飛旐翻翻升拜無形合哭誰聞合一作洽逝歸從祔于鄧之原銘墓有詞發我狂言秖陳其悲匪暇于文觴有旨酒豆有肫肩○肫音豚禮記晏子豚肩不揜豆伊奠之菲而誠孔繁靈耶罔耶有涕漣漣

祭弟宗直文公同祖弟宗直字正夫集有誌宗直殯云元和十年七月卒祭文亦同是時作

維年月日維元和十年七月二十四日八哥以清酌之奠祭于亡第十郎之靈吾門凋喪歲月已久一巳作自但見禍謫未聞昌延使爾有志不得存立延陵巳上四房子姓各爲單孑一作各有單緒慥慥早夭○慥七到切汝又繼終兩房祭祀令巳無主吾又未有男子爾曹則雖有如無一門嗣續不絕如綫仁義正直天竟不知理極道乖無所告訴汝生有志氣好善嫉邪勤學成癖攻文致病年纔三十不祿命盡竝見墓誌一作年過三十不掛

命書蒼天蒼天豈有眞宰如汝德業尚早合出身由吾被謗年深使汝負才自棄志願不就罪非他人死喪之中益復爲愧汝墨法絶代知音尚稀一本云識者尚希及所著文不令沉没吾皆收録以授知音文類之功更亦廣布使傳於世人並見墓誌以慰汝靈知在永州私有孕婦吾專優卹以俟其期男爲小宗女亦當愛延子長大必使有歸撫育教示使如己子吾身未死如汝存焉炎荒萬里毒瘴充塞汝已久

病來此伴吾到未數日自云小差雷塘靈泉言笑如故一寐不覺便爲古人見誌茫茫上天豈知此痛郡城之隅佛寺之北飾以殯紖註見上祭呂敬叔文寄於高原死生同歸誓不相棄庶幾有靈知我哀懇

祭姊夫崔使君簡文簡字子敬博陵安平人中書令仁師五世孫娶柳氏公之伯姊也公集有永州刺史流驩州崔君權厝誌即簡誌也元和七年作

永州刺史博陵崔公之靈天之生人或哲或

愚君取其英爰曜于初譽動京邑事具誌中施于方隅密勿書奏元侯是俞詩密勿從事密勿書奏即謂爲掌書記俞允也蜀寇内侮禍聯羌髳○音矛君出顯畫披攘其徒南平劒門西獲戎俘書曰及庸蜀羌髳微盧彭濮人註云羌在西蜀髳在巴皆夷狄名超受刑曹留捴南都移刺連州下民其蘇道不可常病惑中途悍石是餌元精以渝雷謗爰興按驗增誣始雖進律終以論辜以上並見墓誌溟海浩浩而君是逾嵩山茫茫嵩山當作崇山書曰放驩兜于崇山崇山在驩州界而君是居厥弟

抗憤叫于康衢四達爲衢五達爲康六達爲莊天子憫焉訊以文書御史既斥連帥是除期復中壞遽淪別區元和七年正月二十六日死于驩州喪還大浸又溺二孤莊子大浸稽天而不没大浸謂漲潦也痛毒荐仍振古所無何譎于天降此翦屠樞不及歸寓葬荒墟簡樞至永州八月甲子宗元藁葬于社之北四百步將葺將就誓還里閭嗚呼哀哉君之子姓惟自我出母儀先虧父訓又失煢煢相視○煢渠營切憂也與惸同撫悼增卹咸冀其才以大家室惟昔與君年殊志匹晝咨夕

討期正文律實契師友豈伊親昵誰謂斯人變易成疾良志莫踐乖離永訣嗚呼哀哉永山之西湘水之東殯絅以出斧屋爰封殯絅斧屋註並見上神非久留息駕于中書石爲誌世德斯崇註見題手[奠斗]以酹○[奠斗]音拘挹也酹酌也渫出焉窮

又祭崔簡旅櫬歸上都文据簡元和七年藁葬于永公謂三年將復故葬自七年至十年爲三年然公十年正月巳召至京而此文謂我生而留則當是九年作一本無旅櫬歸上都字

嘻乎崔公之樞嘻乎崔公楚之南其土不可以人室或坋而頹○坋扶吻切或确而萃○确音慤山多大石也崒昨没切又昨律切隂流泄漏瀸没渝溢爾雅泉一見一否爲瀸○瀸思廉切碩鼠大蟻傍穿側出虧踈脆薄久乃自室不如君之鄉式堅且密嘻乎崔公楚之南其鬼不可與友躁戾佻險○佻音眺超踰也睒眒欺苟○睒音閃暫視也眒書刃切張目脞賤暗曶○脞坐果切曶古文忽字輕嚚妄走○嚚音銀不思己類好是羣醜不如君之鄉式和且偶日月甚良子姓甚勤子姓見前註

具是舟轝○轝音預舁車也寧君之神去爾夷方返爾故隣簡歸葬長安少陵北奕奕其歸宜樂且欣君死而還我生而留遠矣殊世昌從之遊酹觴于座與涕俱流

祭崔氏外甥文崔氏外甥即簡之子處道守訥也奉簡喪逾海水遇暴風溺死詳見上註○一本作崔君殯側祭二甥文

年月日八舅十舅以酒肉之奠敬祭外甥韋六小卿之魂一本無此上文嗚呼生有孝姿淑且茂兮謂吉其終道克就兮胡典而喪典主也離厥

咎兮蹈道而違死誰祐兮豈汝之昧不能究兮將奪之鑒使昏霿兮○霿武賦切與霧同反復攬子哀何救兮骨肉無從魂焉覬兮庶幾來歸餕以侑兮餕熟食食餘曰餕言祭簡之餘以祭二甥也酒實于觴肉盈豆兮豈伊異人余所授兮來耶否耶歆氣臭兮

祭崔氏外甥女文崔氏即簡之女名嫚嫁朗州貟外司戶河東薛巽元和十三年五月二十八日卒公集有誌

叔舅宗元祭于二十六娘子之靈一作維年月日叔舅

宗元以酒肉之奠祭于蔡氏婦崔氏二十六娘子之靈

凡我諸甥惟爾爲首甥於我氏甥一作生恩顧彌厚惠明貞淑仁愛孝友女德之全素風斯守播於族屬芬馨自久芬一作棻恭惟伯姊崔氏之母子厚姊也道茂行高上承下訓克敬能勞夙有儀則刑于汝曹雖云性善抑自良陶汝之先君以文誨我周流辯論有疑必果恒革其非以成其可孰云具美易以生禍汝及諸弟流離莫從幸獲我依以慰困窮歸之令族有蔚其容方冀榮壽遽罹

灾凶嗚呼哀哉汝自艱酷二弟繼終海門之
哀今古罕同駢也英文敷暢洽通實期振耀
弘我儒風又玆夭閼○夭於表切閼音遏莊子莫之夭閼此謂崔氏
二子溺死駢亦死也神理何蒙盛德餘慶宜福其豐胡
然降戾惟禍之逢嗚呼哀哉前歲詔追廷授
遠牧元和十年三月十三日以公爲柳州刺史武陵便道往來信
宿武陵朗州去柳最近幸玆再見緩我心曲猶且輕別
瞻程務速孰知自此遂間幽躅○躅除玉切臨視
無路遡風慟哭怛焉自中如刃之觸卭阜有

位墓在北邙山南洛水東青烏載卜相冢書曰青烏子稱山三重相連名蓮華山葬出二千石道途尚艱歲月逾邁方俟歸紖棺索也再期奠沃寄哀斯文心焉往復嗚呼哀哉

祭外甥崔駢文駢疑是處道守訥之昆弟此在永時作

祭于卿郎之魂嗚呼天慳靈奇○慳音吝取不可貪既睿又力神誰以堪汝不是思而縱其志盜其管籥褰其篋匱抽深抉密擔重揭貴○擔都甘切或作襜昌占切重或平聲揭丘桀切舉也負也守吏失職訴帝行事果殄爾躬以寧其位豈不信耶不然無

鬼誅之行（鬼誅字出莊子見上註）而中道夭死有拔萃之材而三見廢委仁充其軀毒中骨髓其何以爲累也兄弟逾十我出惟八（左傳成十四年我之自出註外甥也謂柳氏所生八子）既孤數祀中分存没我爲汝舅汝爲我甥求仁具得爲藝繼成天下莫倫古罕竝行人而思之幾不欲生嗚呼哀哉（一本無哀哉字）既致其愛祇極其哀秦越萬里（秦長安）心寃排徊念與汝別栢公之臺顧余猶壯視爾如孩戲抽佛筴（與策同）前次沲隈（沲隈水曲也○沲徒何切）

猥烏回切笑頷即路嗚鞘不廻○鞘音筲鞭也豈云古今

自此而乖孰爲鬼神忍是陰誅得疾之日兄

弟莫在謁醫問巫卒以幽昧葬之東野誰賵

誰會穀梁傳車馬曰賵既虞以奠虞祭名禮記豈若速反而虞乎疏曰

葬既已竟神靈須安豈若速反虞祭安神乎誰主誰酹孤魂冥冥

何託何逝嗚呼哀哉刑曹繼之以病告余銜

憂驅使裹藥操書雖驚狀劇猶恃神扶豈知

所賴終以誤吾我自得罪無望還都想爾新

墓少陵之隅何時歸祔圯土下呼○圯被美切毀也

漬淚徹壙以沾以塗此心未慊秪益摧紆累見于夢寧知有無寄之哀辭惟俎及壺嗚呼哀哉

河東先生集卷第四十一

世綵廖氏
刻梓家塾